MAURICE 1965

MORCEAUX CHOISIS
DES
CLASSIQUES FRANÇAIS
DES XVIᵉ, XVIIᵉ, XVIIIᵉ ET XIXᵉ SIÈCLES

A L'USAGE

DES CLASSES DE TROISIÈME, SECONDE ET RHÉTORIQUE

PAR

F.-L. MARCOU
Professeur au lycée Louis-le-Grand
Ancien professeur suppléant à la Faculté des Lettres de Paris

POÈTES

OUVRAGE CONFORME AUX PROGRAMMES DU 22 JANVIER 1885

NOUVELLE ÉDITION

PARIS
GARNIER FRÈRES, LIBRAIRES-ÉDITEURS
6, RUE DES SAINTS-PÈRES, 6

MORCEAUX CHOISIS

DES

CLASSIQUES FRANÇAIS

DES XVIe, XVIIe, XVIIIe ET XIXe SIÈCLES

1624

POÈTES

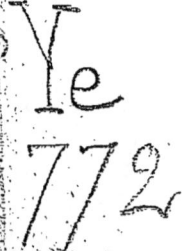

AVERTISSEMENT

Le présent recueil de *Morceaux choisis des poètes classiques français* a été composé sur le même plan que le recueil de *Morceaux choisis des prosateurs classiques français* qui l'a précédé. Il serait inutile de reproduire en tête du second les explications préliminaires que contenait l'Avertissement du premier. Il nous suffira de rappeler que, si nous avons réduit le nombre des passages empruntés aux maîtres de la poésie française du XVIIe siècle, qui sembleraient devoir occuper de droit la plus grande place dans un recueil classique, c'est que les nouveaux programmes leur ont précisément fait dans l'enseignement des classes une place plus étendue que les programmes antérieurs. Molière n'est plus restreint au *Misanthrope*, Corneille à quatre, Racine à trois de ses tragédies ; le cadre étroit du *théâtre* dit *classique* a été élargi, ou plutôt supprimé ; plusieurs comédies de Molière sont mises entre les mains des élèves de troisième, de seconde et de rhétorique ; plusieurs des tragédies de Corneille et de Racine sont étudiées dans les deux premières classes, leur théâtre complet est ouvert aux élèves de la dernière. Les douze livres des *Fables* de La Fontaine sont sous leurs yeux en seconde et en rhétorique. Les élèves connaîtront Boileau au sortir de la quatrième et retrouveront en rhétorique son *Art poétique*. Que devions-nous faire pour Boileau? Réduire notre choix à quelques passages qui pussent, entre l'une et l'autre de ces deux classes, graver le mieux dans les esprits l'impression qu'ils en avaient déjà reçue et préparer l'étude qu'ils en devaient achever. Pour La Fontaine? Faire la part de beaucoup la plus large à celles de ses poésies sur lesquelles reste muet le programme qui prescrit l'étude de ses *Fables* dans deux des trois classes d'humanités. Pour Molière? Choisir nos citations dans celles de ses comédies en vers qui sont restées en dehors du programme, afin de compléter la connaissance de cette partie de son théâtre. Pour Corneille et Racine? D'abord nous trouvions dans leurs poésies diverses un champ d'emprunts intéressants, plus resserré chez le second, plus étendu chez le premier. Quant à leur théâtre, une vue particulière qui nous a guidé souvent dans la composition du recueil tout entier, comme en feront foi plus d'une des notes qui accompagnent nos citations, nous a particulièrement dirigé dans le choix de celles qu'il nous a fournies: nous avons de préférence reproduit quelques scènes ou fragments de scènes qui offraient des éléments de comparaison avec les écrivains latins ou grecs, poètes ou prosateurs, qu'associent à nos poètes français les programmes des classes auxquelles notre recueil s'adresse.

On remarquera facilement que les notes du recueil de poésie sont plus nombreuses et plus développées que les notes du recueil de prose. C'est qu'en effet la connaissance du plan d'un poème, et en particulier du sujet et de la conduite d'une œuvre dramatique, est le plus souvent indispensable à l'intelligence et à l'appréciation du passage qui en est tiré. Aussi avons-nous ajouté aux notes grammaticales, étymologiques, explicatives des mots et de leur sens, des notes, relativement plus étendues, quoique aussi sommaires que possible, destinées à faire connaître le sujet, l'ensemble et quelquefois le caractère général de l'œuvre tout entière. Ces notes complèteront dans une certaine mesure, sur chaque poète, les notions nécessairement très resserrées dans le tableau d'ensemble qui précède chaque siècle.

Enfin nous n'avons pas oublié que les programmes prescrivent des notions de prosodie française. Sans prétendre empiéter sur l'enseignement théorique et pratique que les élèves reçoivent du professeur en cette matière, nous n'avons pas négligé de signaler à l'occasion dans nos notes, et spécialement dans celles qui accompagnent les citations des poètes lyriques, le choix, l'emploi et le caractère des rythmes qu'ils ont adoptés et appropriés à la nature de leur sujet et à l'expression de leur pensée.

MORCEAUX CHOISIS
DES
CLASSIQUES FRANÇAIS
DES XVI°, XVII°, XVIII° ET XIX° SIÈCLES

XVI° SIÈCLE

LA POÉSIE AU XVI° SIÈCLE

Quand le xvi° siècle s'ouvrit, l'héritage que lui laissaient le moyen âge et le xv° siècle, qui forme entre eux la transition, consistait dans : — un trésor considérable de *Chansons de Geste* des xi° et xii° siècles, trésor oublié de manuscrits dispersés et dormant, avec leurs enluminures, sous la poussière du temps, dans les manoirs des provinces et les hôtels des villes, épopées muettes comme leurs héros, dont quelques noms seulement étaient répétés encore par la prose populaire des romans de chevalerie; — la poésie allégorique et galante du *Roman de la Rose*, la poésie allégorique et satirique du *Roman de Renart* et des *Fabliaux*, la poésie allégorique et morale d'Alain Chartier, la poésie allégorique encore, mais originale, personnelle et souvent mélancolique, des Ballades et des Rondeaux de Charles d'Orléans, des Ballades et des *Testaments* de Villon; — les Ballades touchantes de Christine de Pisan, les Ballades patriotiques d'Eustache Deschamps, les couplets joyeux du Normand Olivier Basselin, qui ont légué à notre langue le mot de *vaudeville* (vau-de-vire); — et, plus récemment, les poésies allégoriques toujours, et les chroniques rimées de de JEAN MOLINET (mort en 1507), de GUILLAUME CRÉTIN (mort en 1525), son ami, et de leurs nombreux imitateurs; — enfin tout un répertoire dramatique de *Mystères* empruntés à la religion, de *Farces*, de *Moralités*, de *Soties*, où continue à régner l'allégorie morale, chère au moyen âge, et que gardent, que jouent, qu'enrichissent les *Confrères de la Passion*, les *Clercs de la Basoche* et la *Société des Enfants sans souci*.

Tel était l'inventaire du moyen âge : des épopées oubliées; un système de poésie allégorique, vieillot, mais toujours pratiqué par les imitateurs attardés et encore nombreux du *Roman de la Rose*; des moules poétiques (ballades, rondeaux, villanelles, etc.), gracieux, mais courts et maigres; enfin un théâtre déjà suranné, produit et image des temps qui finissaient, mais d'ailleurs toujours goûté, et répondant, faute de mieux, à cet éternel besoin de la représentation et de l'illusion dramatique qui a été, dans tous les temps, un des caractères et une des passions de l'esprit français, et qui faisait applaudir, dans la première moitié du xvi⁰ siècle, les soties, farces et moralités de PIERRE GRINGOIRE (mort en 1534), et au lendemain de l'interdiction des Mystères, l'*Abraham sacrifiant*, offert par THÉODORE DE BÈZE aux réfugiés français de Genève. C'est tout ce que la France poétique avait à sa disposition quand l'éclosion et l'épanouissement des deux grandes littératures antiques vinrent inonder de lumières nouvelles, remuer et enthousiasmer les intelligences : l'aurore de la Renaissance, qui avait jeté quelques lueurs dès la fin du xv⁰ siècle, se leva radieuse sur le xvi⁰.

Une révolution littéraire était inévitable. Pouvait-elle, en France, se faire dans la poésie, qui seule nous occupe ici, avec les formes du passé ? Marot les garda et les pratiqua, en empruntant quelques-unes de celles de l'antiquité, pour y faire entrer l'esprit nouveau qui débordait de toutes parts et qui l'avait pénétré comme les autres. Ronsard, et avec lui l'école à laquelle il donna son nom, répudia hardiment et brusquement le passé national, et ne demanda qu'à l'antiquité, et à l'Italie, qui avait été notre première initiatrice aux littératures antiques, les formes de sa poésie. Un enthousiasme indiscret et précipité gâta son œuvre. Malherbe reprit sur de nouvelles bases la constitution d'une poésie française. La marée montante de l'antiquité, contenue par Marot, avait débordé dans Ronsard : dans Malherbe, elle se retira, laissant sur le terrain qu'elle avait couvert et bouleversé le limon fécond sur lequel devaient pousser les moissons du xvii⁰ siècle. Autour des trois noms de Marot, de Ronsard et de Malherbe se groupe toute l'histoire de la poésie française au xvi⁰ siècle, qu'ils partagent en trois périodes : la première finit au milieu même du siècle; la seconde dure quarante ans; la troisième comprend quelques années seulement, et ne fait que montrer Malherbe au siècle finissant : son rôle et son école appartiennent à l'âge suivant.

I. ÉCOLE DE MAROT. — Rien ne s'improvise en ce monde. La Renaissance française, dont l'essor fut déterminé par l'arrivée des Grecs de Constantinople dans l'Occident, par la recherche et la découverte des manuscrits grecs et latins, par l'invention de l'imprimerie, par l'exemple de l'Italie, s'était préparée lentement et sourdement. L'antiquité n'avait pas été inconnue au moyen âge. Christine de Pisan et Alain Chartier citaient Sénèque, Cicéron, Virgile. Il arrivait même à la poésie de se gâter par l'érudition scholastique : Guillaume de Lorris imitait et traduisait déjà Ovide bien avant Octavien de Saint-Gelais (mort en 1502), qui, tout en accumulant rondeaux sur ballades, faisait aussi une traduction de l'*Énéide*, présentée à Louis XII en 1500. Les derniers siècles du moyen âge avaient donc commencé à initier la société laïque aux lettres antiques, comme à l'émanciper dans l'ordre politique et religieux par la décadence de la féodalité, les défaites de la théocratie pontificale et les essais de l'esprit d'examen. Mais au xvi⁰ siècle était réservé de faire avec éclat la *Réforme* et la *Renaissance*.

Clément Marot fut un adepte de l'une et un précurseur de l'autre, en restant avant tout le représentant de ce qu'il y avait de meilleur dans la tradition littéraire du passé. Il écrivit des ballades et des rondeaux comme le moyen âge, des élégies, des églogues, des épîtres, des épigrammes comme les anciens, et des psaumes que chantèrent les Huguenots. Ce qui fait son originalité et sa gloire, c'est d'avoir gardé, cultivé et développé dans sa grâce et sa fleur le seul germe vivace qui restait du moyen âge, ce vif esprit qui avait produit les Fabliaux, qu'il transmit des trouvères de l'Ile-de-France à Regnier, à La Fontaine et à Voltaire, et qui se conserva dans ses poésies comme dans le sel toujours piquant de la vieille Gaule, sans se perdre sous la floraison étouffante et désordonnée de Ronsard, sans se dessécher sous la rude main de Malherbe ou de Boileau[1].

---

1. Voici les noms des genres poétiques pratiqués par Marot et son école :

BALLADE. — Pièce de vers coupée en trois stances égales et suivie d'un court *envoi*; toutes les stances et l'envoi lui-même sont terminés par le même vers, qui sert de refrain. La *ballade redoublée* a deux refrains, l'un au milieu, l'autre à la fin de chaque stance. — On appelle aussi ballade, dans un sens plus moderne, un récit en vers disposé en stances régulières et souvent reproduisant des traditions ou légendes. Schiller, V. Hugo, etc., ont écrit des ballades. C'était primitivement un poème à chanter et à danser. (Etym. : *baller*, danser.)

CHANT ROYAL. — Diffère de la ballade en ce qu'il comprend cinq stances, et que l'envoi est de cinq à huit vers.

COQ-A-L'ANE. — Discours de fantaisie en vers sur tout sujet. Du Bellay en indique le caractère, quand il demande qu'on le remplace par la *satire*, dont l'étymologie latine (*satura lanx*, plat farci) exprime l'idée de la variété des sujets qu'elle traite. — Il s'appelait aussi, au moyen âge, *fatrasie* (*fartus* de *farcio*, qui a produit *farce*, et a précisément le même sens que *satur*).

COMPLAINTE. — L'étymologie en explique le caractère. L'école de Ronsard a pratiqué ce genre de l'ancienne poésie.

ETRENNE. — Petite pièce de vers offerte en souhait de nouvel an et en étrenne. Etymol. : *strena*, en latin étrenne.

DIXAINS, HUITAINS, SIXAINS, QUATRAINS. — Petites pièces de dix, huit, six et quatre vers.

MASCARADE. — Vers faits pour les personnages qui figurent dans les mascarades ou danses exécutées par des gens déguisés et masqués. — Marot n'en écrivit point. Son école la légua à celle de Ronsard, qui la cultiva fort.

RONDEAU. — 1° Le *rondel* ou rondeau primitif, ou *triolet*, est de huit vers. Le premier se répète après le troisième, et le premier et le deuxième après le sixième. — 2° Le rondeau proprement dit est de treize vers. Le premier ou les premiers mots seulement du premier vers se répètent après le huitième, et après le dernier, sans faire partie des vers. — 3° Le *rondeau redoublé* est de vingt vers, disposés en cinq quatrains; les quatre premiers vers font l'un après l'autre le dernier vers des quatre derniers quatrains.

TRIOLET. — Voir *Rondeau*.

VILLANELLE. — Chanson rustique où le refrain est obligatoire après chaque couplet. Il ne l'était pas dans la *pastourelle*, qui en est l'origine.

Ajoutons à cette liste le *blason*, fantaisie de Marot, plutôt que genre poétique, qui eut la vogue, comme au XVII° siècle le *portrait* en prose, au XIX° ce qu'on a appelé *physiologie*, et qui participe de l'un et de l'autre. Les amis et imitateurs de Marot font à l'envi les *blasons* du cœur, de l'esprit, du soupir, de la larme, du front, de l'œil, de la main, des cheveux, etc. Cela pouvait être mis au nombre des « épisseries », contre lesquelles se fâchait Du Bellay, à meilleur titre que les vieilles poésies gauloises.

Autour du nom de Marot, roi incontesté de la poésie dans la première moitié du XVIe siècle, se groupent en faisceau, — d'abord les noms de ses prédécesseurs et contemporains, parmi lesquels nous citerons JEAN BOUCHET (1475-1555), dont il faut renoncer à nommer les poèmes de toute espèce, comptant plus de cent mille vers ; — JEHAN DES MARES, dit MAROT, mort vers 1525, qui fut valet de chambre de François Ier, et qui écrivit, comme après lui son fils, des rondeaux, des épîtres, des élégies, des églogues ; — et surtout JEAN LE MAIRE DES BELGES, né en Hainaut (mort en 1524 ou 1548), qui fut historiographe de Louis XII, et qui dans ses poèmes allia, un des premiers, avec originalité, l'érudition antique à toutes les traditions épiques, allégoriques et satiriques du moyen âge ; — puis les noms de ses amis, de ses contemporains et de ses successeurs : d'abord ceux qui le défendirent dans sa querelle contre Sagon et consorts (voir *infra* sa Notice biographique), et qu'il mène gaiement à la victoire par la plaisante, mordante et triomphante épître de « Fripelippes, valet de Marot, à Sagon » (*Epîtres*, II, 12), tels que : Antoine HÉROET (1492-1568), qui fut évêque de Digne, et qui cultivait les Muses et Platon ; — Maurice SÈVE, échevin de Lyon, qui vivait encore en 1562, et qui écrivit des églogues, force dixains et un *Microcosme*, sorte de prélude à *la Création* de Du Bartas ; — Claude CHAPPUIS, d'Amboise, le « capitaine Chappuis » de Rabelais, qui fut, comme Marot, valet de chambre de François Ier et son bibliothécaire ; — Charles FONTAINE, de Paris, bien connu par ses « Ruisseaux de Fontaine », qui railla Du Bellay, et qui batailla vaillamment pour son maître et ami et pour lui-même contre Sagon et contre l'école de Ronsard ; — puis : l'imprimeur-poète CORROZET, traducteur d'Ésope, auteur de vers moraux, de chants royaux, etc., dont le joli conte du *Rossignol* se trouve *in extenso* dans le recueil d'Auguis (1824, t. III) ; — Étienne FORCADEL, de Béziers, poète mythologique, comme Marot en sa première manière, et, à sa suite, poète de *Blasons* ; — François HABERT, qui traita presque tous les mêmes sujets que Marot, qui reçut de Henri II le titre de poète royal, et dont un recueil de fables lues et imitées par La Fontaine doit sauver le nom de l'oubli avec ceux de HEUDENT et de GUÉROULT, fabulistes comme lui ; — Roger de COLLERYE, qui, comme Marot, sut parler gaiement de « Plate bourse » et popularisa le nom de Roger Bon Temps, qu'il se donnait ; — Victor BRODEAU, que Marot appelait son fils ; — le sieur de LA BORDERIE, qu'il appelait son mignon ; — BONAVENTURE DES PÉRIERS (mort vers 1544), qui fut comme lui valet de chambre de Marguerite, qui eut quelquefois de la grâce dans ses vers (voyez *infra*, Poés. Var.) comme il eut de l'esprit dans sa prose ; — MARGUERITE D'ANGOULÊME, qui le protégea, et qui, dans le mélange assez disparate de ses poésies diverses, chansons, épîtres, etc., cultiva l'allégorie mystique et l'allégorie mythologique ; — une autre femme, Louise LABÉ, « la Belle cordière » de Lyon (1526-1566), qui a fait le *Débat de la Folie et de l'Amour* et, comme lui, des élégies ; — FRANÇOIS Ier encore, si l'on veut, qui écrivit des vers dans le goût de Marot, comme son petit-fils Charles IX en écrivit à la gloire de Ronsard; — Jacques PELLETIER, du Mans, qui, avant 1550, ouvrit l'hospitalité de son Recueil à la première ode de Ronsard, supprimée depuis par son auteur, et qui passa ensuite dans le camp nouveau; — enfin, et surtout, pour clore une liste qui ne saurait épuiser tous les noms de cette époque, le plus brillant des seconds de Marot, MELIN DE SAINT-GELAIS, mort en 1558, qui ne ménagea pas les épigrammes aux jeunes poètes de l'école nouvelle, se réconcilia avec eux en souriant, et reçut leurs fleurs sur sa tombe; c'était un acte de reconnaissance : il avait emprunté le premier à l'Italie le sonnet, auquel ils firent une éclatante fortune à côté des genres renouvelés de l'antiquité.

II. ÉCOLE DE RONSARD. — L'antiquité avait déjà pénétré de toutes parts dans la prose par les travaux des érudits et la plume des écrivains. Elle était restée au seuil de la poésie, où n'y était entrée qu'en étrangère, poussant des reconnaissances de droite et de gauche sur le domaine où régnait encore le moyen âge, pour y dresser une tente d'un jour, ici une élégie, là une églogue, lorsqu'en 1548 deux jeunes gens de vingt-quatre ans conçurent et exécutèrent le projet de l'y introduire par conquête : c'étaient Joachim du Bellay et Pierre de Ronsard. Du fond du collège de Coqueret, où ils étudiaient avec ardeur, sous la direction d'un maître renommé dans la poésie française et latine, d'Aurat, Du Bellay, le dernier venu, lança dès 1549 un manifeste éloquent, la *Deffense et illustration de la langue françoyse*, où il appelait tous les Français « patriotes » (le mot lui est attribué) à accomplir une œuvre nationale en faisant de la langue maternelle une rivale des langues grecque et latine. Il fallait pour cela laisser là les ballades, rondeaux, virelais, coqs-à-l'âne et autres « épisseries » gauloises, ne plus revenir aux mystères, qu'un arrêt du Parlement venait fort à propos d'interdire (17 novembre 1548), « dévorer les anciens, les convertir en sang et en nourriture, » et du sein fécond de notre poésie fortifiée et régénérée tirer, à l'imitation de l'Italie, odes, tragédies, comédies, épopées, églogues, satires. La même année il publie dans son premier recueil des *Vers lyriques* ou *Odes*. L'année suivante Ronsard donne son premier livre d'*Odes*. En vain Charles Fontaine répond à la *Deffense* de l'un; en vain Melin de Saint-Gelais raille et parodie les *Odes* de l'autre. Le public, la cour, les poètes applaudissent. L'école nouvelle commence triomphalement son règne de quarante ans. — Elle se constitue dès le premier jour, d'abord sous le nom modeste de *Brigade*, puis, quand la gloire est venue, sous le titre brillant de *Pléiade*, renouvelé du siècle des Ptolémées. L'étoile la plus éclatante de la constellation poétique est RONSARD, qui, d'année en année, donne *Odes*, *Hymnes*, *Élégies*, *Églogues*, noms antiques, poèmes tout remplis, tout chargés des mots, des tours, des images de l'antiquité : — *discours* de toute nature, qui sont en réalité, ou des épîtres ou des satires à la manière antique, d'ailleurs la plus personnelle de ses œuvres; — *sonnets* par centaines, importation de l'Italie, cette seconde antiquité —;

épopée, pastiche avorté et inachevé de l'antiquité. — Les six autres étoiles sont : — d'abord le maître dont la direction, l'exemple, l'ardeur les a guidés, formés, échauffés, JEAN DORAT, ou DAURAT, ou D'AURAT, qui, avant d'être mis à la tête du collège du Coqueret, avait été précepteur d'Antoine de Baïf quand Ronsard était secrétaire de Lazare de Baïf, son père, puis précepteur des pages du roi ; — DU BELLAY, mort en 1560, à trente-six ans, sans avoir eu le temps d'être le premier dans la victoire après avoir été le premier au combat ; — JODELLE, mort en 1573, après avoir, à l'âge de vingt et un ans (1553), accompli dans l'œuvre commune la tâche, applaudie avec enthousiasme, de restaurer la tragédie antique par sa *Cléopâtre* et de créer la comédie par *Eugène ou la Rencontre* ; — ANTOINE DE BAÏF, qui survécut de quatre ans au chef et aux beaux jours de l'école, et produisit sans fin, et, souvent aussi, sans goût ; — REMI BELLEAU, l'ami de prédilection de Ronsard, plus jeune que lui de quatre ans, mort huit ans avant lui, le « gentil » Belleau, la grâce et la « mignardise » de l'école ; — enfin PONTUS DE THYARD, né en 1511, mort en 1603, abbé et évêque de Chalon-sur-Saône pendant vingt ans (1578-1598), un des derniers adeptes de l'école de Marot, une des premières conquêtes de l'école de Ronsard, le dernier survivant de la pléiade, qui, contemporain enfin de Malherbe, fut témoin des trois révolutions poétiques du siècle et renonça de bonne heure à la poésie, qui lui avait donné grande renommée, pour se livrer à l'étude des mathématiques et de la théologie.

Derrière le bataillon sacré viennent de tous les points de la France les volontaires de la poésie, qui font avant tout odes à l'antique et sonnets à l'italienne : — de la Champagne, AMADIS JAMYN (1540-1585), mort retiré à la campagne la même année que le maître et l'un de ses élèves préférés ; — d'Angoulême, JEAN DE LA PÉRUSE, mort à vingt-cinq ans, qui, comme le maître, a des odes en strophes, antistrophes et épodes ; — de Cahors, OLIVIER DE MAGNY, mort en 1560, qui a, comme le maître, ses *hymnes*, ses *gaytez*, ses *odes*, et, comme Du Bellay, son ami, a des *regrets*, a des *soupirs* ; — du Mans, JACQUES TAHUREAU, qui chante l'*Admirée* comme le maître chantait *Hélène*, *Cassandre* et *Marie*, et qui, avec SCÉVOLE DE SAINTE-MARTHE, de Loudun, poète lui aussi (*odes*, *élégies*) ; fut l'ami de Vauquelin de la Fresnaye et initia son jeune enthousiasme de dix-huit ans à la passion de la nature, de la poésie et de Ronsard.

JEAN DE LA TAILLE, né en 1540, le chantre gracieux de la marguerite et de la rose, et, plus tard, le satiriste vigoureux du *Courtisan retiré* (voir *infra*), et son frère JACQUES DE LA TAILLE, né en 1542, ont surtout leur place parmi les poètes dramatiques : le premier avec deux tragédies religieuses et bibliques, *Saül furieux* et les *Gabaonites*, le second avec deux tragédies antiques et profanes, un *Daire* (Darius) et un *Alexandre*. C'est, comme Jean de la Taille, à dix-huit ans que JACQUES GRÉVIN avait donné en 1558 son *César*, fort admiré de Ronsard, et suivi plus tard d'une comédie, la *Trésorière*. — De toutes parts on s'enrôlait ainsi sous le drapeau où Du Bellay et Ronsard avaient écrit « antiquité » et « Italie. » On imitait impartialement l'une et l'autre. Les poètes dramatiques éclos sur les pas de Jodelle, — la liste en serait longue, — écrivaient tragédies antiques, tragédies bibliques, tragédies modernes, voire contemporaines. D'autres reproduisaient des comédies de l'Arioste. L'expression complète de cette fusion, dans la comédie, sont la personne et le théâtre de Pierre LARIVEY (1540-1611), Italien francisé, Florentin d'origine par son père, Champenois et Troyen de naissance, imitateur de la comédie latine et de la comédie italienne. (Voir nos *Morceaux choisis de prosateurs*.)

On appellera encore fusion, ou, si l'on veut, confusion, cette nouvelle poésie pastorale qui sous le nom de *Bergerie* chez Remi Belleau, d'*Églogue* chez Ronsard, de *Bergeries* chez Desportes, mêla l'imitation de Sannazar et du Tasse à celle de Théocrite et de Virgile, et le roman et le drame à l'idylle ; qui, sous le nom de *Pastourelle* ou *Fable bocagère* chez NICOLAS DE MONTREUX, de *Pastorale*, *Pastorale dramatique* chez d'autres, ajoute au théâtre un genre qui s'y fera une large place au XVIIe siècle ; qui, sous le nom de *Bergerie spirituelle* chez LOUIS DES MAZURES, fait de l'Erreur un berger et de la Vérité une bergère, et de Dieu le « pasteur d'en haut » ; qui, sous le nom d'*Églogues spirituelles* chez Remi Belleau, repris plus tard par l'évêque Godeau et l'abbé Cotin, associe le sacré au profane et donne le nom de « Nymphettes » aux filles de Sion.

Ainsi s'échappait l'imagination affolée :

> Tum data libertas *animis*, resolutaque legum
> Frenis *Musa* ruit... (Lucain, II.)

Quand Ronsard mourut en 1585 à l'âge de soixante et un ans, une nouvelle génération de poètes s'était formée et s'était déjà fait connaître par bon nombre d'œuvres, qui, tout en se rattachant à son école, attestaient une inspiration plus personnelle. Vauquelin de la Fresnaye, le plus âgé, avait quarante-neuf ans ; Régnier, le plus jeune, en avait douze ; Du Bartas en avait quarante et un ; Robert Garnier, quarante ; Desportes, trente-neuf ; Bertaut, trente-trois ; D'Aubigné, trente-cinq, et Malherbe inconnu encore en avait trente. Plusieurs avaient « ronsardisé » dans leur jeunesse, comme Vauquelin avec Tahureau, et d'Aubigné à la cour de Henri III ; Ronsard s'était cru le maître de Garnier qu'il chanta et qui le pleura, et c'est encore Ronsard que Régnier devait défendre un jour contre Malherbe. Mais les triomphantes années n'étaient plus ; l'étoile du chef de la pléiade avait pâli sur la fin de sa vie, et l'avortement de la *Franciade* avait dès 1572 inquiété la sécurité de ses admirateurs, en même temps que le succès de Du Bartas, sans troubler sa confiance, inquiétait son amour-propre. Desportes et Bertaut, rendus, « retenus, » dit Boileau, par les erreurs du pontife de la poésie, « pétrarquisaient » plus qu'ils ne « ronsardisaient. »

Les poètes que nous venons de nommer forment un groupe à part entre Ronsard et Malherbe ; chacun d'eux suit la route qu'il s'est faite et a son caractère propre. — DU BARTAS (mort en 1590) a dans sa *Sepmaine de la Création*, la grandeur, et, tout en exagérant les défauts de Ronsard, se distingue de lui. — Vauquelin de la Fresnaye (mort en 1606) a une grâce piquante dans ses *Idillies* et une simplicité vigoureuse dans ses *Satyres françoyses*. — D'Aubigné (mort en 1630) a l'éclat, le nerf et le feu dans sa quasi épopée satirique des *Tragiques*. — Robert Garnier (mort en 1601) a l'accent « mâle et hardi » (c'est Ronsard qui le lui disait) qu'on trouve encore, avec la grâce et le pathétique, dans son imitateur Antoine de Montchrestien (mort en 1621). — Desportes (mort en 1606) et Bertaut (mort en 1611) ont une délicatesse ingénieuse dans leurs sonnets et leurs stances. Des deux voies que Ronsard avait ouvertes à la poésie, ils laissent l'une, celle du pédantisme grec et latin, et suivent l'autre, celle de l'afféterie italienne; ils sèment des fleurs du sentiment ces « petits sentiers tout parfumés de roses. »—Régnier, le dernier venu, qui, pour ne pas renier son oncle Desportes, se croit un disciple de Ronsard et ne veut pas être un tenant de Malherbe, est lui-même, ce qui vaut mieux, c'est-à-dire un des plus francs esprits de notre vieille langue, plein de sève et de sel.

A côté d'eux, mais à part, il faut nommer ensemble ceux que j'appellerai les « Ménippéens », bourgeois de Paris, de naissance ou d'adoption, tous, qui avocat, qui jurisconsulte, qui professeur, tous érudits et poètes à leurs heures, quelque peu amis de la gaillardise en prose et en vers, du sel attique et du sel gaulois, tenant pour Ronsard sans renier Marot en poésie, sans tenir pour la Ligue en religion ; — c'est Nicolas Rapin (mort en 1608), homme de robe, de plume et d'épée, avocat, un des braves d'Ivry, puis prévôt de la connétablie de France, qui traduisait ou imitait Horace, qui fit une ode sur la mort de Ronsard et reçut la dédicace de la satire de Regnier contre Malherbe;—c'est Gilles Durant, sieur de la Bergerie (mort en 1615), qui fit force sonnets et chansons, traduisit des psaumes, et dont l'écrin de la Ménippée nous garde la complainte *à Mademoiselle ma Commère sur le trépas de son âne*; — c'est Jean Passerat (mort en 1602), l'éminent latiniste du collège de France, ami de la vigne et de la poésie, fin chansonnier des Pastoureaux et Pastourelles, vert et vigoureux railleur des étrangers, Espagnols catholiques ou reîtres huguenots. Il convient de ne pas séparer d'eux leur ami Estienne Pasquier (mort en 1615), le savant auteur des *Recherches de la France*, qui, lui aussi, fit des vers sur tous sujets (*Jeux poétiques*); qui, juge aux Grands Jours de Poitiers en 1579, provoqua, à cinquante ans, une joute de petits vers dans le salon des dames Des Roches, et qui donna une pointe d'enjouement philosophique à sa *Pastorale du Vieillard amoureux*, fruit de sa souriante vieillesse, né en son plein hiver.

Enfin, dans le voisinage de ces franches et fines physionomies du vieux temps, demi-gaies, demi-graves, on peut mettre ce Guy du Faur de Pibrac (1529-1584), de Toulouse, magistrat comme son ami Pasquier, amateur et chantre de la Vie Rustique, comme tant d'autres en ce siècle, dont les *Quatrains moraux* furent avec ceux de Antoine Faure, président du sénat de Chambéry, père de Fabre de Vaugelas, le grammairien, et ceux de Pierre Mathieu (mort en 1621), avocat et historiographe de France, le code populaire de l'enfance aux XVIe et XVIIe siècles.

> Lisez-moi comme il faut, au lieu de ces sornettes,
> Les quatrains de Pibrac et les doctes tablettes
> Du conseiller Mathieu; l'ouvrage est de valeur
> Et plein de beaux dictons à réciter par cœur.
>   Molière, *Sganarelle*, I.

Nous voilà bien loin de Ronsard. Quelle que fût la diversité des esprits et l'indépendance de beaucoup d'entre eux, toute la littérature relevait plus ou moins directement de lui. S'il n'était pas la souveraine autorité, il restait la grande renommée du siècle. De Garnier à Rapin, de Rapin à Du Perron, qui n'avait, en vers et en prose, chanté sa gloire et pleuré sa mort? Qualités et défauts de la langue poétique, tout venait de lui. On peut lui faire sa part. La substitution constante de la mythologie grecque et latine aux allégories de la vieille poésie française; l'introduction et l'abus des épithètes composées à l'antique ou traduites de l'antique; le provignement systématique des vieux mots (voir M. Nisard, *Hist. de la Litt. franç.*, liv. II, ch. v, et MM. A. Darmesteter et Hatzfeld, *le Seizième Siècle en France*, sect. II, ch. II), qui de *verve* tirait *verver* et *vervement*, de *feu*, *fouer* et *fouement*; l'ambition de prouver la *précellence* de la langue maternelle, comme dit H. Estienne, de contribuer à son *illustration*, comme dit J. Du Bellay, en la mettant à la remorque des langues anciennes; les emprunts multipliés aux *patois* provinciaux qu'ils qualifiaient de *dialectes*, aux vocabulaires techniques des arts et des métiers; toutes ces innovations indiscrètement pratiquées dans des compositions multiples qui ne savaient s'arrêter que quand, par bonheur, le moule métrique lui en imposait la loi, avaient fait de son style une bigarrure étrange d'érudition, d'emphase, de trivialité, de prolixité; et sous une végétation parasite et emmêlée de langage, restaient trop souvent étouffées la délicatesse du sentiment, la grâce de l'imagination, la richesse de l'invention poétique, la force de la pensée, « la verve et l'enthousiasme » de l'inspiration que lui reconnaît La Bruyère (*Caractères*, I), et même l'éloquence mâle et nerveuse qui dans maint beau passage, surtout de ses *Élégies* et de ses *Discours*, se développent librement. Si Chapelain, qui caractérise excellemment son imitation des anciens de « servile et désagréable » (Lettre à Balzac, 27 mai 1640), si Boileau, qui qualifie durement son « faste pédantesque », sont suspects, l'un d'incompétence, l'autre de mauvaise humeur, on ne mettra pas en doute l'autorité de l'écrivain qui a su le mieux, au XVIIe siècle, revêtir notre langue de la couleur antique, ni l'impartialité du critique qui a justifié, en les reprenant, plusieurs idées de Ronsard sur l'enrichissement de la langue par les emprunts étrangers et la formation de mots nouveaux, sur les vers mesurés, sur la rime, sur les inversions. Fénelon a dit de lui : « Son langage est cru et informe », et, comme Boileau, « il parloit grec en françois. » La Fontaine, qu'on ne récusera pas davantage, avec sa bonhomie ordinaire, met le public de moitié dans ses torts :

> Il gâte des anciens les grâces infinies ;
> Nos aïeux, bonnes gens, lui laissoient tout passer,
> Et d'érudition ne se pouvoient lasser.
> (*Lettre à Racine.*)

Heareux Ronsard s'il avait su pratiquer ce qu'en un jour de clairvoyance, où sa vanité blessée par le triomphe inattendu de Du Bartas lui avait ouvert les yeux, il avait si bien exprimé dans quelques-uns de ses meilleurs vers :

> Je n'aime point les vers qui rampent sur la terre,
> Ny ces vers ampoullez, dont le rude tonnerre
> S'envole outre les airs ; les uns font mal au cœur
> Des liseurs dégoustez, les autres leur font peur :
> Ny trop haut, ny trop bas, c'est le souverain style ;
> Tel fut celuy d'Homere et celuy de Virgile.
> (Ed. Blanchemain, t. V^e, p. 349.)

III. MALHERBE. — Le poète qui prit pour tâche et pour rôle de « réparer » (c'est le mot de Boileau et de La Bruyère) la langue « corrompue », avait commencé par la gâter pour sa part lorsque, en Provence, tout en se battant pour la Ligue, il écrivait, à l'imitation d'un Italien, les *Larmes de Saint-Pierre* (1587). Il se convertit sur le tard et brusquement, à quarante-huit ans, et porta dans sa guerre aux « pédanterie, latinerie, pindarisme et pétrarchisme, » le fanatisme d'un néophyte et l'esprit de discipline d'un soldat. Il biffa tout Ronsard, le « pindarisant », il éplucha tout Desportes, le « pétrarquisant. »

Son programme est bien arrêté, il ne veut pas plus que Rabelais du jargon antique de « l'étudiant limosin. » Il ne veut pas plus qu'Henri Estienne du jargon moderne du français « italianisé »; il ne veut pas de patois provinciaux ; il demandera le français aux crocheteurs du Port-Saint-Jean ; il le « dégasconnera ». — Voilà pour la langue.

Il ne proscrit pas la mythologie et la métaphore antique, il les veut et il les fait discrètes. — Voilà pour le goût.

Il proscrit l'hiatus, l'élision, l'enjambement, la rime à l'hémistiche, la rime du simple et du composé, voire des mots de même famille, voire la rime facile ; il est exigeant pour la césure, impitoyable pour les transpositions, inflexible sur l'harmonie. — Voilà pour la versification. Il ne veut pas de *peu à peu, çà et là, toi et moi il y a* « qui cependant est très doux » (SAINTE-BEUVE) ; *à cheval et à pied en bataille rangée* » (Desportes), « cacophonie, dit-il (Commentaire sur Desportes), car de dire *pied en*, comme les Gascons, il n'y a pas d'apparence » ; il n'admet que l'élision de l'*e* muet ; il condamne *doncq', ell', aim', avecq', oncq', s'* pour *si*. — Ronsard, qui s'était d'abord refusé l'enjambement marotique, ne l'avait accepté et pratiqué que par respect et imitation des anciens. Malherbe se prive des heureux effets qu'à l'exemple de Marot en tireront La Fontaine, Voltaire, Delille lui-même à l'occasion, et A. Chénier. Il interdit à Desportes de faire rimer *temps* et *printemps*, *jour* et *séjour*, *mettre* et *promettre*, *défense* et *offense*, *père* et *mère*, *toi* et *moi*, *chair* et *cher*, *puissance* et *innocence*, *grand* et *prend*, *conquérant* et *apparent*. Il apprécie et demande la rime difficile, comme stimulant la pensée et l'invention, ce qui ne laisse pas d'être vrai; il argue contre Desportes de la césure dans :

> Il me fait voir assez | d'autres faits admirables ;
> Et mon cœur cessera | d'idolâtrer vos yeux ;
> Les premiers jours qu'Amour | range sous sa puissance.

Il trouve une transposition intolérable dans :

> Sitôt que m'apparut le chef-d'œuvre des cieux.

A chaque page de Desportes il souligne des cacophonies.

> Hélas ! c'est fait de lui ; il crie, il se tourmente

« I, i ; crie, i, se. »

> M'ôtant toute clarté, toute âme, tout pouvoir.

« Tan, tou, te, té, ta, en même vers. »

> En moi toute autre ardeur désormais soit éteinte.

« Té, tein, te. »

C'est par ces exigences sévères, quelquefois étroites, et cette rigueur intolérante de critique qu'il disciplina l'inspiration et la langue. Le faux, le vide, la prolixité, la cheville l'exaspèrent chez Desportes. Avant Boileau il prescrivait, il pratiquait le

> Avant donc que d'écrire apprenez à penser.

Une ode et une dizaine de stances de lui contre-pèsent un volume de Ronsard. « J'ai appris à faire les vers difficilement », disait-il : c'est le secret qu'enseigna plus tard à Racine Boileau, qui, lui aussi, avait à combattre une génération d'improvisateurs affolés. Plus d'un ronsardisant avait improvisé *stans pede in uno*. Il aligna, calcul fait, dit-on, trente-quatre vers par an, et les malicieux ont conté que quand il présenta au président de Verdun les Stances sur la mort de sa femme, qui lui avaient coûté trois ans, il le trouva remarié.

La hautaine et martiale figure du vieux poète, qui, encadrée dans une fraise antique, se voit en tête de son petit recueil, semble régenter la poésie et maintenir dans le devoir les six disciples, Racan, Maynard, Coulomby, Touvant, Yvande, Dumoutier (on sait leurs noms comme ceux de la pléiade), assis tous les soirs devant leur « président », sur les six chaises de sa petite chambre. Ils ne se donnaient pas pour des étoiles dans le ciel ni leur maître pour un astre. Mais le monde est aux sobres et aux obstinés ; le têtu Malherbe a vaincu où le fougueux Ronsard a échoué, et, comme on l'a dit, la langue française a fait avec lui un mariage de raison, qui, à côté de plus d'un enfant prodige et aventureux, a donné aux règnes de Henri IV, de Louis XIII et de Louis XIV une assez glorieuse lignée. Son histoire, comme celle de son père, appartient au XVIIe siècle.

CLÉMENT MAROT

1495-1544

Clément Marot naquit à Cahors, de Jean Marot, qui y était venu de Caen, sa patrie. Il suivit à Paris son père, devenu secrétaire d'Anne de Bretagne et poète de cour, et, pendant que Jean faisait et racontait en vers le *Voyage de Gênes* et le *Voyage de Venise*, Clément commençait et continuait ses études sous des pédants qu'il a ridiculisés, puis était successivement clerc de procureur, page chez M. de Villeroy, valet de chambre de la sœur de François Ier, Marguerite d'Angoulême, duchesse d'Alençon, valet de chambre du roi, qu'il suit au camp du Drap d'Or (1520), soldat dans l'armée du duc d'Alençon sous Mézières en 1521, soldat et vaillant soldat à Pavie, où il fut blessé et pris. — Rendu à la liberté, commença pour lui, en 1526, cette vie de persécutions, d'incarcérations, de proscriptions, qui pendant dix ans le conduisit, des prisons d'où à plusieurs reprises le tira François Ier, à Pau, auprès de Marguerite, devenue reine de Navarre, à Ferrare, auprès de Renée de France, enfin à Venise. — Il abjura le protestantisme à Lyon en 1536 et put dès lors reparaître à la cour. Dans cette nouvelle période de sa vie, il retrouva la protection de François Ier et les fonctions de valet de chambre du roi qu'il avait déjà exercées, mais aussi les hostilités religieuses et littéraires de Sagon, évêque de Beauvais, contre lequel l'avaient défendu ses amis et qu'il n'eut pas de peine à vaincre dans une joute où il fallait de l'esprit. Malheureusement, la traduction en vers des psaumes de David que chantèrent les huguenots fut le signal d'une nouvelle persécution religieuse dirigée contre lui par la Sorbonne (1543). Réfugié d'abord à Genève, puis obligé de quitter cet asile, où son libertinage d'esprit et de mœurs l'aurait envoyé à l'échafaud sans l'intervention de Calvin, il alla mourir à Turin.

Dans les conditions diverses de cette existence agitée, Marot a toujours écrit; il en a semé de vers tout le cours et toutes les étapes. A la première partie de sa vie appartiennent des poésies mythologiques et allégoriques, inspirées du *Roman de la Rose*, par exemple le *Temple de Cupido* (1515), dédié à François Ier, qu'il réunit et publia en 1532 sous le titre de *Adolescence Clémentine*. Son *Enfer* (c'est le Châtelet) est écrit dans la prison de Chartres, où en 1526 il est transféré de Paris; ses *Psaumes* sont de 1540 à 1543 : ils furent continués à Genève. Ses *Élégies* (deux livres), ses *Ballades et Chants royaux*, ses *Complaintes*, ses *Chansons*, son *Cimetière* (épitaphes), ses *Étrennes*, ses *Rondeaux* (deux livres), ses *Epigrammes* (sept livres), ses *Épîtres* (deux livres), ses *Eglogues*, éparses sous différents titres dans différents groupes poétiques, sont de toutes les époques.

Il a des traits d'une rare vigueur dans son *Enfer*. Il est, à part quelques heureuses exceptions, sec et prosaïque partout où il s'inspire de la Réforme. Mais sa gloire n'est pas là. « Il n'a pas été surpassé, dit M. Géruzez (*Hist. de la Litt. franç*, III, 1), dans les genres où il a pleinement réussi, l'épigramme, le rondeau, le madrigal (ses madrigaux sont compris dans son riche recueil d'épigrammes) et l'épître badine. Il a tout le sel et toute la grâce de l'esprit gaulois... Ce n'est pas que ce génie vif, alerte et délicat ait manqué de feu et d'énergie ; il avait tout de l'abeille : le miel, l'aiguillon, et même les ailes. »

ÉPITRES

I

A SON AMI LYON[1] (1526)

Une fable.

... Je te veulx dire une belle fable :
C'est à sçavoir du Lyon et du Rat.
 Cestuy Lyon, plus fort qu'un vieil verrat,
Veit une foys que le Rat ne sçavoit
Sortir d'ung lieu, pour autant qu'il avoit
Mengé le lard[2], et la chair toute crue :
Mais ce Lyon (qui jamais ne fut grue)
Trouva moyen, et maniere, et matiere
D'ongles et dentz, de rompre la ratiere,
Dont maistre Rat eschappe vistement ;
Puis meit à terre ung genouil gentement,
Et en ostant son bonnet de la teste,
A mercié mille foys la grand beste,
Jurant le dieu des souris et des ratz
Qu'il luy rendroit. Maintenant tu verras
Le bon du compte[3]. Il advint d'adventure
Que le Lyon pour chercher sa pasture
Saillit dehors sa caverne et son siege[4],
Dont (par malheur) se trouva pris au piege
Et fut lié contre un ferme posteau.
 Adonc le Rat, sans serpe ne cousteau,
Y arriva joyeux et esbaudy,
Et du Lyon (pour vray) ne s'est gaudy[5] :

---

1. Écrite de la prison du Châtelet. Lyon Jamet, seigneur de Chambrun, répondit à l'invitation allégorique qui lui était faite. Il contribua à la délivrance de son ami. Recherché et menacé du supplice comme huguenot, il passa en Italie, où il fut longtemps secrétaire de la duchesse de Ferrare.
2. Marot avait été arrêté pour avoir mangé du lard en carême. Les « six pendars » qui le saisirent criaient, dit-il (c'est le refrain de sa ballade IXe) : « Prenez-le, il a mangé le lard. »
3. Le xvie siècle, et souvent le xviie, ne distinguaient pas l'orthographe de *compter* et de *conter*. (Etymol. commune : *computare*.)
4. Séjour. *Sedes* a les deux sens de siège et de séjour.
5. Ne s'est amusé, moqué. Etymol. : *gaudere*.

Mais despita chatz, chates et chatons,
Et prisa fort ratz, rates et ratons,
Dont il avoit trouvé temps favorable [1]
Pour secourir le Lyon secourable ;
Auquel a dict : — « Tais toy, Lyon lié,
Par moy seras maintenant deslié :
Tu le vaulx bien, car le cueur joly as ;
Bien y parut quand tu me deslias.
Secouru m'as fort lyonneusement,
Or secouru seras rateusement. »
 Lors le Lyon ses deux grands yeulx vertit
Et vers le Rat les tourna un petit,
En luy disant : — « O povre verminiere,
Tu n'as sur toy instrument ne maniere.
Tu n'as cousteau, serpe, ne serpillon,
Qui sceust coupper corde ne cordillon,
Pour me jecter de ceste etroicte voye !
Va te cacher, que le Chat ne te voye !
— Sire Lyon (dit le filz de Souris),
De ton propos certes je me soubris ;
J'ay des cousteaux assez, ne te soucie,
De bel os blanc plus tranchans qu'une scie ;
Leur gaine c'est ma gencive et ma bouche :
Bien coupperont la corde qui te touche
De si trespres, car j'y mettray bon ordre. »
 Lors sire Rat va commencer à mordre
Ce gros lien. Vray est qu'il y songea [2]
Assez longtemps, mais il le vous rongea
Souvent, et tant qu'à la parfin tout rompt,
Et le Lyon de s'en aller fut prompt,
Disant en soy : « Nul plaisir en effect
Ne se perd point [3], quelque part où soit faict. »
Voyla le compte en termes rithmassez,
Il est bien long, mais il est vieil assez,
Tesmoing Esope et plus d'un million [4].
 Or vien me veoir pour faire le Lyon,
Et je mettray peine, sens et estude
D'estre le Rat, exempt d'ingratitude :

1. Méprisa (*despicere*) la race des chats, parce que (de ce que, *dont*) ni rat, il trouvait l'occasion de rendre service pour service.
2. Avisa à le faire, s'y appliqua.
3. Un plaisir fait à autrui, un bienfait n'est jamais perdu.
4. D'autres conteurs.

J'entends, si Dieu te donne autant d'affaire
Qu'au grand Lyon : ce qu'il ne veuille faire.[1]
(*Epitres*, I, 6.)

II

AU ROY, POUR AVOIR ESTÉ DESROBÉ [2] (1531)
Demande d'argent.

On dict bien vray, la maulvaise fortune
Ne vient jamais, qu'elle n'en apporte une,
Ou deux, ou troys avecques elle, Syre,
Vostre cueur noble en sçauroyt bien que dire[3] :
Et moy chetif, qui ne suis roy, ne rien,
L'ay esprouvé. Et vous compteray[4] bien,
Si vous voulez, comment vint la besongne.

J'avoys ung jour ung valet de Gascongne,
Gourmand, yvrongne, et asseuré menteur,
Pipeur, larron, jureur, blasphemateur,
Sentant la hart[5] de cent pas à la ronde,
Au demourant, le meilleur filz du monde[6].

Ce venerable hillot[7] fut adverty
De quelque argent que m'aviez departy,
Et que ma bourse avoit grosse apostume[8] :
Si[9] se leva plus tost que de coustume,
Et me va prendre en tapinoys[10] icelle ;

---

1. On voit que ce n'est pas seulement l'art du conteur, mais aussi celui du fabuliste que La Fontaine pouvait apprendre de ce « maître Clément » qu'il pratiquait si volontiers. Dans ce sujet, il est resté fort inférieur à son modèle. (Voyez *Fables*, II, 11.)

2. *Dérober* : 1° enlever une chose ; 2° dépouiller une personne. « Pour aller ainsi vestu, il faut que vous me dérobiez » (MOLIÈRE, *l'Avare*, I, 5). *Voler* s'emploie de même. Le sens étymologique de *robe* est dépouille, puis tout l'équipement d'un homme.

3. Le proverbe dit : Un malheur ne vient jamais seul. — L'épître est de 1531. La défaite de Pavie et la captivité du roi sont de 1525 à 1526. — On remarquera que Marot, non plus que son école, ne s'astreignait à une alternative régulière de rimes féminines et de rimes masculines.

4. V. *supra*, la note de l'épître précédente.

5. *Hart* (étymol. controversée) : 1° lien d'osier pour lier les fagots ; 2° corde pour pendre.

6. Vers resté proverbe. L'édition posthume de Rabelais (1555) l'ajoute, dit le bibliophile Jacob, au portrait de Panurge : Malfaisant, pipeur, beuveur, batteur de pavez, s'il en estoit à Paris, au demourant, etc. (1ᵉʳ livre de *Pantagruel*, chap. 16).

7. *Garçon*, en patois gascon. Etym. : *filius*, dont l'espagnol a fait *hijo*. C'est ainsi que *foris* a donné *hors*. On l'a cru longtemps venu de *hilote*, εἱλώτης, esclave lacédémonien.

8. Corruption de *apostème*, terme chirurgical, abcès (ἀπόστημα, écartement).

9. En cet état de choses, *sic*, οὕτως.

10. En cachette. Le mot a été longtemps adjectif. Etymol. controversée.

Puis la vous mist tres bien soubz son esselle [1] :
Argent et tout (cela se doibt entendre),
Et ne croy point que ce fust pour la rendre,
Car oncques puis n'en ay ouy parler.
 Brief, le villain ne s'en voulut aller
Pour si petit : mais encore il me happe
Saye [2], et bonnet, chausses, pourpoint et cappe :
De mes habitz (en effect) il pilla
Tous les plus beaulx : et puis s'en habilla
Si justement [3], qu'à le veoir ainsi estre,
Vous l'eussiez prins (en plein jour) pour son maistre.
 Finablement, de ma chambre il s'en va
Droit à l'étable, et deux chevaulx trouva ;
Laisse le pire, et sur le meilleur monte,
Picque, et s'en va. Pour abreger le compte,
Soyez certain qu'au partir dudict lieu
N'oublya rien, fors [4] à me dire adieu.
 Ainsi s'en va chatouilleux de la gorge [5]
Ledict valet, monté comme un sainct George :
Et nous laissa monsieur dormir son saoul,
Qui au resveil n'eust sceu finer [6] d'un soul [7].
Ce monsieur-là, Syre, c'estoit moymesme,
Qui, sans mentir, fuz au matin bien blesme,
Quand je me vey sans honneste vesture,
Et fort fasché de perdre ma monture.
Mais de l'argent, que vous m'aviez donné,
Je ne fuz point de le perdre estonné,
Car vostre argent, tresdébonnaire Prince,
Sans point de faulte est subject à la pince [8].
 Bien tost apres ceste fortune là,
Une autre pire encore se mesla
De m'assaillir, et chacun jour m'assault,

---

1. Auj. *aisselle*. Etym. : *axilla*, qui a d'ailleurs fait place à *ala*.
2. *Saie*, manteau grossier ; *saye*, sayon, casaque ouverte des paysans et des soldats. Etymol. : *sagum*.
3. Vêtement juste, a signifié d'abord : qui s'ajuste exactement (*justus* et *habilis* ont ce sens) ; auj., qui est trop étroit ou trop court.
4. Ou *hors*, excepté. Etym. : *foris*, dehors.
5. Sentant la hart lui chatouiller la gorge.
6. D'où *financer* (Etymol. : *finis*), proprement : terminer un marché en payant.
7. Etymol. : *solidum*, pièce de monnaie pleine et de poids. D'où vient aussi *solde*.
8. Est sans faute, assurément, sujet à être pris. *Pince*, dans cette locution usuelle, est pris dans le sens de : action de pincer, non de : instrument pour pincer.

Me menaçant de me donner le sault [1],
Et de ce sault m'envoyer, à l'envers,
Rithmer [2] soubz terre et y faire des vers.

　C'est une lourde et longue maladie
De troys bons moys, qui m'a toute eslourdie [3].
La povre teste, et ne veult terminer,
Ains me contrainct d'apprendre à cheminer [4]
Tant affoibly m'a d'estrange maniere,
Et si m'a faict la cuisse heronniere [5],
L'estomach sec, le ventre plat et vague.....

　Que diray plus? au miserable corps
Dont je vous parle il n'est demouré fors
Le povre esprit qui lamente et souspire,
Et en pleurant tasche à vous faire rire.

　Et pour autant, Syre, que suis à vous [6],
De trois jours l'ung viennent taster mon poulx
Messieurs Braillon, le Coq, Akaquia,
Pour me garder d'aller jusque à quia [7].

　Tout consulté, ont remis au printemps
Ma guérison; mais, à ce que j'entens,
Si je ne puis au printemps arriver,
Je suis taillé [8] de mourir en yver,
Et en danger, si en yver je meurs,
De ne veoir pas les premiers raisins meurs.

　Voylà comment depuis neuf moys en ça [9]
Je suis traicté. Or ce que me laissa
Mon larronneau, long temps a, l'ay vendu,
Et en sirops et julez [10] despendu :
Ce neantmoins, ce que je vous en mande
N'est pour vous faire ou requeste ou demande :
Je ne veulx point tant de gens resembler [11],

---

1. Faire sauter le pas de vie à trépas.
2. C'est le mot familier à Marot.
3. Edition de Lyon, 1544. D'autres éditions portent *estourdie*.
4. Marcher avec précaution, rapprendre à marcher.
5. Maigre comme la patte d'un héron.
6. Aussi vrai que.
7. *Etre à quia* représente la situation de celui à qui, dans la controverse, on pose une question *cur* ou *quare*, et qui répond *quia*, *parce que*, sans pouvoir aller plus loin. D'où le sens de : être réduit à la dernière extrémité. On dit : mettre, réduire à quia.
8. Capable de. On dit auj.: taillé à, taillé pour. Vient du sens propre de taillé, c.-à-d. formé : un homme bien, mal taillé.
9. Jusqu'*ici*, jusqu'à *ce jour*. Cf.: Venez ça, en *ce lieu*. Etymol.: *ecce hac*.
10. Potion adoucissante. Etymol. *julapium*, bas latin, de *jeláb*, arabe, potion faite de fruits, eau et miel.
11. *Ressembler* est encore employé activement par Malherbe, Bossuet.

Qui n'ont soucy autre que d'assembler[1].
Tant qu'ilz vivront, ils demanderont eulx;
Mais je commence à devenir honteux,
Et ne veulx plus à vos dons m'arrester[2].
Je ne dy pas, si voulez rien[3] prester,
Que ne le prenne. Il n'est point de presteur
(S'il veult prester) qui ne face ung debteur.
Et sçavez vous, Syre, comment je paye?
Nul ne le sçait, si premier[4] ne l'essaye;
Vous me debvrez (si je puis) du retour :
Et vous feray encores ung bon tour[5];
A celle fin qu'il n'y ayt faulte nulle,
Je vous feray une belle cedulle[6],
A vous payer (sans usure il s'entend)
Quand on verra tout le monde content;
Ou (si voulez) à payer ce sera,
Quand vostre loz[7] et renom cessera.
Et si sentez que soys foible de reins[8]
Pour vous payer, les deux princes lorrains
Me pleigeront[9]. Je les pense si fermes,
Qu'ilz ne fauldront pour moy à l'ung des termes.
Je sçay assez que vous n'avez pas peur
Que je m'enfuye, ou que je soys trompeur;
Mais il faict bon asseurer ce qu'on preste.
Brief, vostre paye (ainsi que je l'arreste)
Est aussi seure, advenant mon trespas,
Comme advenant que je ne meure pas.
Advisez donc : si vous avez desir
De rien prester, vous me ferez plaisir;
Car puis un peu[10], j'ay basty à Clement,
Là où j'ay faict un grand desboursement;

1. *Colligere*, amasser.
2. S'en tenir à, ne compter que sur.
3. *Rien, jamais, personne* ne doivent le sens négatif qu'à la négation, quand elle les accompagne.
4. Premièrement.
5. Je tournerai les choses d'une façon avantageuse pour vous.
6. 1° Simple feuille de papier pour prendre une note; 2° promesse de payer son seing privé, billet. Etymol.: *schedula*, de *scheda*, feuillet, page, venant de σχίδη, σχίζειν.
7. *Laus.*
8. On dit figurément : *avoir les reins solides, forts*, être riche.
9. La Fontaine emploie encore *pleiger*; Pascal, *pleige*, caution. Etymol. controversée. — Les deux Lorrains sont : Jean, cardinal de Lorraine, et Claude de Lorraine, duc de Guise
10. Depuis peu. Etymol. : *post*, qui a aussi le sens de *depuis*. Voyez Salluste, *Jug.*, V. — Il feint qu'il a, comme les grands seigneurs, deux terres portant ses noms.

Et à Marot, qui est un peu plus loing :
Tout tumbera, qui n'en aura le soing.
Voila le poinct principal de ma lettre,
Vous sçavez tout, il n'y fault plus rien mettre :
Rien mettre, las! certes, et si feray,
Et ce faisant, mon style j'enfleray,
Disant : O roy amoureux des Neuf Muses,
Roy, en qui sont leurs sciences infuses,
Roy, plus que Mars, d'honneur environné,
Roy, le plus roy qui fut onc couronné,
Dieu tout puissant te doint pour t'estrener
Les quatre coings du monde à gouverner,
Tant pour le bien de la ronde machine,
Que pour aultant, que sur tous en es digne [1].
  (Epitres, 1, 14).

III

DU CHAMP D'ATTIGNY A MADAME D'ALENÇON [2] (1521)

En campagne.

. . . .

De jour en jour une campaigne verte
Voit on icy de gens toute couverte,
La pique au poing, les trenchantes espees
Ceinctes à droict [3], chausseures découppees,
Plumes au vent, et haultz fiffres sonner
Sur gros tabours [4] qui font l'air resonner ;
Au son desquelz, d'une fiere façon,
Marchent en ordre, et font le lymaçon [5],
Comme en bataille, affin de ne faillir,
Quand leur fauldra deffendre, ou assaillir,
Toujours crians, les ennemys sont nostres !

---

1. Cette épître a toujours été citée comme un des chefs-d'œuvre de Marot. « Il n'y a rien, dans notre langue, de plus piquant, de plus naïf, de plus malicieux, de plus adroit » (GÉRUZEZ). On y remarquera bon nombre de ces enjambements dont, après lui et à son exemple, ont fait un si heureux emploi La Fontaine et Voltaire, dans les vers de huit et dix syllabes.

2. Marot servait sous le duc d'Alençon, qui commandait l'avant-garde de l'armée conduite par le Roi contre Henri de Nassau, général de Charles-Quint, au secours de Mézières.

3. Au côté droit.

4. Le XIe siècle dit *tabur* (Ch. de Roland), Rabelais, *tabour*, d'Aubigné, *tambour*. Etymol. controversée. — *Sus*, dominant le son des tambours.

5. « Les soldats nouveaux, à qui on apprend des limaçons [sorte de manœuvre], font bien davantage de tours et retours, pour leur plaisir » (LA-NOUE). Cité par LITTRÉ.

Et en tel poinct sont les six mil apostres
Déliberez soubz l'espee Sainct Pol.[1],
Sans qu'aucun d'eulx se montre lasche ou mol.
Souventesfoys par devant la maison
De monseigneur viennent à grand foyson
Donner l'aulbade[2] à coups de hacquebutes[3],
D'un autre accord qu'espinettes, ou flustes.
Apres oyt on sur icelle prairie
Par grand terreur bruyre l'artillerie
Comme canons doubles, et racourciz,
Chargez de poudre et gros bouletz massifz
Faisans tel bruict, qu'il semble que la terre
Contre le ciel veuille faire la guerre[4].
(Epitres, I, 3.)

IV

AUX DAMES DE PARIS [5] (1529)
Les larmes de Magdeleine.

Ayez bon cueur[6] et contenez vos larmes,
Que vous avez pour les *Adieux* rendues.
Las, mieulx vauldroit les avoir espandues
Dessus les piedz de Christ, les essuyans
De vos cheveulx, et vos pechez fuyans,
Par repentance, avecques Magdalaine.
Qu'attendez-vous? Quand on est hors d'alaine,
La force fault. Quand vous serez hors d'aage,
Et que vos nerfz sembleront un cordage,
Plus de vos yeulx larmoyer ne pourrez,
Car sans humeur seiches vous demourrez :
Et quand vos yeulx pourroient pleurer encores,
Ou prendrez-vous les cheveulx qu'avez ores[7]
Pour essuyer les piedz du roy des cieulx?
(Epitres, II, 4.)

1. François de Bourbon, comte de Saint-Pol (1491-1545), fait chevalier par Bayard sur le champ de bataille de Marignan.
2. Donner un concert à l'aube.
3. Etym.: l'allemand *Haken* (croc pour appuyer l'arme), *Buchse* (canon d'arme à feu). Auj. Arquebuse.
4. Marot, qui savait conter, savait peindre, au moins esquisser d'une touche brillante un vif et gai tableau.
5. On imputait à Marot des *Adieux* satiriques aux Dames de Paris. Il se défend dans une épitre (II. 3) de les avoir écrits. Ce désaveu ne désarma pas « six dames de Paris. » Il promet de les faire repentir; et, parlant des larmes qu'elles auront alors à répandre, il ajoute les vers suivants.
6. Soyez fermes.
7. A l'heure qu'il est. Etymol.: *hora*. *Or*, conjonction, a la même étymologie, et, indiquant la suite d'un raisonnement, signifie *maintenant*.

ÉLÉGIES

I

Lettre écrite [1]

Quand j'entreprins t'écrire ceste lettre,
Avant qu'un mot à mon gré sçeusse mettre
En cent façons elle fut commencee,
Plus tost escripte, et plus tost effacee,
Soudain fermee et tout soudain declose,
Craignant avoir oublié quelque chose,
Ou d'avoir mis aucun mot à refaire :
Et brievement, je ne sçaurois que faire
De l'envoyer vers toi, mon reconfort [2],
Car pour certain Doubte [3] advertissoit fort
Le mien esprit de ne la commencer
Ne devers toy en chemin l'advancer.
   Incessamment venoit Doubte me dire :
Homme abusé, que veulx-tu plus escrire ?
Tous tes escriptz envoyez à fiance
Sont mis au fond du coffre d'oubliance.
N'as-tu point d'yeulx ? ne veois-tu pas, que celle
Ou [4] tu escris, ses nouvelles te celle ?
Si tes envoys luy fussent agreables,
Elle t'eust faict responses amyables.
Croy moi, amy, que les choses peu plaisent
Quand on les veoit, si les voyans se taisent.
                        (*Elégies*, liv. I, 7.)

II

Lettre reçue

Qui eust pensé que l'on peust concepvoir
Tant de plaisir pour lettres recepvoir ?
Qui eust cuydé [5] le desir d'un cœur franc
Estre caché dessoubz ung papier blanc ?
Et comment peult ung œil au cœur eslire
Tant de confort par une lettre lire [6].....
   Bien heureuse est la main qui la ploya

---

1. Ecrite peu de temps après la bataille de Pavie, où il fut fait prisonnier.
2. Toi, ma consolation. Il n'est resté que le verbe *réconforter*.
3. Personnification qui est un souvenir du *Roman de la Rose*.
4. Où, à *laquelle*. Le XVIIe siècle fait souvent même emploi de *où*.
5. Penser. Etymol. : *cogitare*.
6. Comment un œil peut-il faire goûter au cœur tant...?

Et qui vers moy de grace l'envoya !
Bien heureux est qui apporter la sceut,
Et plus heureux celuy qui la receut!
Tant plus avant ceste lettre lisoye
En aise grand, tant plus me deduysoye.[1] ;
Car mes ennuyz sur le champ me laisserent
Et mes plaisirs d'augmenter ne cesserent,
Tant que j'euz leu ung mot qui ordonnoit
Que ceste lettre ardre [2] me convenoit.....
Aucunesfoys au feu je la boutoye [3]
Pour la brusler, puis soudain l'en ostoye,
Puis l'y remis, et puis l'en recullay.
Mais à la fin à regret la bruslay
En disant : Lettre (apres l'avoir baisee),
Puis qu'il luy plaist, tu seras embrasee :
Car j'ayme mieulx dueil en obeissant,
Que tout plaisir en desobeissant.
Voyla comment pouldre et cendre devint
L'ayse plus grand [4] qu'à moy oncques advint.

(Elégies, liv. 1, 14.)

ÉGLOGUE

L'ENFANCE DE MAROT

Sur le printemps de ma jeunesse folle,
Je ressemblois l'arondelle qui vole,
Puis çà, puis là : l'aage me conduisoit
Sans paour né soing, ou le cueur me disoit.
En la forest, sans la crainte des loups,
Je m'en allois souvent cueillir le houx,
Pour faire gluz à prendre oyseaulx ramages [5]
Tous differens de chantz, et de plumages,
Ou me soulais, pour les prendre, entremettre [6]

---

1. Je me réjouissais. Etymol. : *deducere*, détourner, distraire, divertir — Le substantif *déduit* a aussi ce sens : LA FONTAINE, IV, 20 :
   Il avoit dans la terre une somme enfouie,
   Son cœur avec, n'ayant d'autre déduit
   Que d'y ruminer jour et nuit.

2. Qu'il convenait que je brûlasse cette lettre. *Ardre*, actif, de *ardere*, neutre.

3. *Bouter*, mettre, a vieilli : MOLIÈRE l'emploie deux fois dans le *Médecin malgré lui*. Etymol.: mot germanique qui signifie heurter, pousser.

4. Le bonheur *le* plus grand qui...

5. *Ramage*, adj., bocager, sauvage ; subst., 1° branchage, 2° chant des oiseaux sous les branches. Etym. : *ramus*.

6. J'avais coûtume (*solebam*) de m'employer pour, m'occuper de.

A faire bricz ¹ ou cages pour les mettre.
Ou transnouois ² les rivieres profondes
Ou r'enforçois sur le genoil les fondes ³,
Puis d'en tirer droict et loing j'aprenois
Pour chasser loups et abbatre des noix.
O quantesfoys aux arbres grimpé j'ay,
Pour denicher ou la pye, ou le geay
Ou pour jeter des fruictz ja meurs et beaulx
A mes compaings qui tendoient leurs chapeaux :
Aucunesfoys aux montaignes alloye,
Aucunesfois aux fosses devalloye,
Pour trouver la les gistes des fouines,
Des herissons ou des blanches hermines,
Ou pas à pas le long des buyssonnetz
Allois chercher les nids des chardonnetz
Ou des serins, des pinsons, ou lynottes.
 Desja pourtant je faisois quelques nottes
De chant rustique, et dessoubz les ormeaux.
Quasy enfant sonnois des chalumeaux.
Si ne sçaurois bien dire, ne penser,
Qui m'enseigna si tost d'y commencer,
Ou la nature aux Muses inclinee,
Ou ma fortune, en cela destinee
A te servir : si ce ne fust l'un d'eux,
Je suis certain, que ce furent tous deux.
  (*Eglogue au Roy, sous le nom de Pan et Robin* ⁴.)

1. Engins pour prendre les oiseaux. *Bricole* en vient.
2. *Transnabam*.
3. *Funda*; auj. *fronde*.
4. C'est sous le nom rustique de *Robin*, traditionnel dans les pastourelles du moyen âge, que Marot s'adresse à François I*ᵉʳ*, qu'il appelle *Pan*. On voit la fusion de la vieille poésie gauloise et de l'églogue antique dans le poème bucolique de Marot. Marguerite d'Angoulême y est *Margot*, « bergère qui vaut tant »; Louise de Savoie y est *Loisette;* son père y est le bon *Janot*. Le tout pour aboutir à demander au roi, non pas de lui donner

  Deux mille arpentz de pâtis en Touraine,
  Ne mille bœufs errans par les herbis,

mais de préserver son « troupeau » des « loucerves », c'est-à-dire ses enfants, des créanciers,

  Et *luy* du froid, car l'yver qui s'appreste
  A commencé à neiger sur *sa* teste.

Il n'avait cependant que quarante-quatre ans (1539).
 C'est dans une églogue qu'il pleure la mort de Louise de Savoie, dans une églogue qu'il chante la naissance de son arrière-petit-fils, qui fut depuis François II. C'est encore sous le voile d'une allégorie pastorale que, dans une *Complainte d'un pastoureau chrétien faicte en forme d'églogue*

RONDEAUX

I

A M. DE POTHON[1]

La ou sçavez sans vous ne puis venir.
Vous estes cil, qui pouvez subvenir
Facilement à mon cas et affaire,
Et des heureux de ce monde me faire,
Sans qu'aucun mal vous en puisse advenir.

Quand je regarde et pense à l'avenir,
J'ay bon vouloir de sage devenir:
Mais sans support je ne puis retraire
    La ou sçavez.

Male fortune a voulu maintenir
Et a juré de toujours me tenir:
Mais, monseigneur, pour l'occire et deffaire
Envers le roi veuillez mon cas parfaire
Si que[2] par vous je puisse parvenir
    La ou sçavez.

                (*Rondeaux*, I, 4.)

II

DE L'AMOUR DU SIÈCLE ANTIQUE

Au bon vieulx temps, un train d'amour regnoit,
Qui sans grand art et dons se demenoit;
Si qu'un bouquet donné d'amour profonde,
C'estoit donné toute la terre ronde :
Car seulement au cœur on se prenoit.

---

rustique, exilé et voisin de la mort, il recommande à *Pan* (cette fois c'est Dieu lui-même) Marion, son « humble bergerette »
    Et le petit bergeret qu'elle allaicte.
Ainsi fit plus tard Mme Deshoulières pour ses filles, ses « chères brebis ». Il avait déjà mis la religion en bucolique : dans une ballade bucolique, intitulée *Carême*, il avait invité Pan à « rompre ses flageolets pour porter le deuil de Jésus »; dans un « balladin », la primitive Église, sous le nom de Christine la Bergerette, reçoit aide et protection d'Apollon, et cite l'Art d'aimer d'Ovide. — A toute cette fantasmagorie je préfère la peinture de son enfance champêtre.

1. M. de Pothon crut à son « bon vouloir de sage devenir »; il le présenta lui-même et le fit entrer « où il savait », c'est-à-dire auprès de la sœur de François 1er, alors duchesse d'Alençon (1518). Marot lui-même y contribua sans doute par la jolie ballade « à Madame d'Alençon pour être couché en son estat », entendez sur l'état de sa maison, et dont le refrain est :
    Il n'est que d'estre bien couché.

2. Si bien que.

Et si par cas[1] à s'aimer on venoit,
Sçavez-vous bien comme on s'entretenoit[2] ?
Vingt ans, trente ans : cela duroit un monde.
    Au bon vieulx temps.

Or's est perdu ce qu'amour ordonnoit ;
Rien que pleurs faintz, rien que ruses on n'oyt ;
Qui vouldra donc qu'à aymer je me fonde,
Il fault premier[3] que l'amour on refonde,
Et qu'on la meine ainsi qu'on la menoit
    Au bon vieulx temps.

(Rondeaux, II, 12.)

ÉPIGRAMMES

I

DU LIEUTENANT CRIMINEL ET DE SEMBLANÇAY

Lors que Maillart[4] juge d'enfer menoit
A Montfaulcon Semblançay l'ame rendre,
A vostre advis, lequel des deux tenoit
Meilleur maintien ? Pour le vous faire entendre,
Maillard sembloit homme que mort va prendre :
Et Semblançay fut si ferme vieillard,
Que l'on cuydoit, pour vray, qu'il menast pendre
A Montfaulcon le lieutenant Maillart[5].

(IV, 1.)

II

D'UN YVROGNE

  Le vin qui trop cher m'est vendu
  M'a la force des yeulx ravie :
  Pour autant[6] il m'est deffendu,
  Dont tous les jours m'en croist envie.

---

1. Par bonne fortune.
2. Comme on restait uni.
3. Premièrement.
4. Gilles Maillart, lieutenant-criminel de la prévôté de Paris depuis 1501. C'est devant lui que comparut Marot en 1526. — Semblançay ou Samblançay, surintendant des finances sous Charles VIII, Louis XII et François Ier, fut victime des machinations odieuses de Louise de Savoie, mère de François Ier. Le gibet de Montfaucon, établi au delà de la porte Saint-Martin, fut bâti par Enguerrand de Marigny, qui y fut pendu le premier, en 1315.
5. « C'est, dit Voltaire, de toutes les épigrammes, dans le goût noble, celle à qui je donnerais la préférence. » Elle a été faite l'année même de la mort de Semblançay.
6. Pour cela

Mais, puisque luy seul est ma vie,
Malgré les fortunes senestres [1],
Les yeulx ne seront point les maistres
Sur tout le corps, car par raison,
J'ayme mieulx perdre les fenestres
Que perdre toute la maison.

(IV, 20.)

III

DE CUPIDO ET DE SA DAME

Amour trouva celle qui m'est amere :
Et j'y estois, j'en sçay bien mieulx le compte [2] :
Bon jour, dit-il, bon jour Venus, ma mere;
Puis tout à coup il veoit qu'il se mescompte,
Dont la couleur au visage luy monte,
D'avoir failly honteux Dieu sçait combien :
Non, non, Amour, ce dy je, n'ayez honte;
Plus clair voyans [3] que vous s'y trompent bien [4].

(III, 24.)

ÉPITAPHE

DE MONSIEUR DUTOUR, MAISTRE ROBERT GEDOYN

Sçais-tu, passant, de qui est ce tombeau ?
D'un qui jadis, en cheminant tout beau [5],
Monta plus haut que tous ceulx qui se hastent.
C'est le tombeau, là ou les vers s'appastent [6]
Du bon vieillard agréable et heureux
Dont tu as vu tout le monde amoureux.
Cy gist, helas, plus je ne puis le taire,
Robert Gedoyn excellent secretaire,
Qui quatre roys servit sans desarroy [7].
Maintenant est avecques le grand Roy,

---

1. Malgré les mauvaises chances que je cours.
2. Je connais d'autant mieux l'histoire.
3. Allusion au bandeau que porte l'Amour.
4. « C'est, ce me semble, dit Marmontel, le sel le plus fin, le plus délicat de l'épigramme; mais sous une apparence de simplicité qui le rend plus piquant encore. »
5. Doucement. A ce sens dans l'emploi exclamatif que l'on en fait: *tout beau!* Cf. *infra*, CORNEILLE (*Don Sanche*), et la note.
6. Se nourrissent (*ad, pascor, pastus,* d'où *appast*).
7. Trouble, désordre. Etymol. : *dés, arroy*, train, équipage. On a dit aussi *desroi*.

Ou il repose apres travail et peine.
Or a vescu personne d'aage pleine[1],
Pleine de biens et vertu honorable :
Puis a laissé ce monde miserable,
Sans le regret qui souvent l'homme mord.
O vie heureuse, o bien heureuse mort[2] !

(*Cimetière*, XXV.)

MELIN DE SAINT-GELAIS

1486-1558

M. Nisard a dit de Clément Marot : « C'est Villon à la cour, valet de chambre d'une reine et page d'un roi. Sorti du peuple, le service de la cour où il s'est policé n'a pas altéré le cachet de naïveté et de poésie dont il est marqué. Le naturel a résisté à la condition. » C'est peut-être la condition qui a marqué d'un cachet d'afféterie et de mignardise son ami MELIN DE SAINT-GELAIS, fils de gentilhomme, abbé et aumônier de cour, poëte de cour, organisateur des fêtes et des mascarades de la cour, toujours pourvu d'un dixain, d'un quatrain, d'un rondeau, d'une chanson pour amuser tous et chacun, toujours en veine et en verve, rimant d'une main légère une bluette pour la belette d'une dame, une folie pour le psautier d'une demoiselle, spirituel, galant, mordant, aiguisant la pointe de l'épigramme gauloise ou affinant celle du madrigal italien, qu'il rapporta de l'Italie avec le sonnet. Fin et avisé, il sut ménager à sa renommée vieillissante un déclin doux et souriant. Il ne perdit le vent qu'une fois, sur la fin de sa vie, et le reprit habilement.

Le vieil enfant gâté de la cour de François Ier décocha quelques-unes de ces épigrammes où il excellait contre la jeune, brillante et belliqueuse école qui rajeunissait la poésie à la cour de Henri II. On les lui rendit; il les accepta en homme d'esprit, désarma toute colère, et, heureux jusqu'au bout, il s'endormit et mourut sous les fleurs sans épines que ses vainqueurs, généreux sans danger, jetèrent sur sa tombe.

Voir l'édition des Œuvres de Melin de Saint-Gelais par M. Blanchemain, 3 volumes, 1873 (Bibliothèque elzévirienne).

RONDEAU

A Dieu me plains, qui seul me peut entendre
Et qui congnoist quelle fin doyvent prendre

---

1. Plenus annis obiit (*Plin. j.*, II, 1).
2. Le ton de cette épitaphe est remarquable par un mélange de gravité, de douceur et de mélancolie.

Tant de travaux, de ce commencement;
Car je suis seur (s'ils durent longuement)
Que je puis bien certaine mort attendre.

Assez congnois que trop veux entreprendre;
Mais quel remède? ailleurs ne puis entendre
Ny ne feray : j'en fay vœu et serment
   A Dieu.

Tende la mort son arc, s'elle veut tendre.
Je ne luy puis commander ny deffendre;
Une en a pris le pouvoir seulement :
Mais si¹ tiendray-je en mon entendement
Ceste amitié, jusques à l'âme rendre
   A Dieu.

DIXAIN

Si j'ay du bien, hélas, c'est par mensonge,
Et mon tourment est pure vérité :
Je n'ai douceur qu'en dormant et en songe,
Et en veillant je n'ay qu'austérité :
Le jour m'est mal, et bien, l'obscurité :
Le court sommeil ma dame me présente,
Et le réveil la fait trouver absente.
Ah! pauvres yeux, où estes-vous réduits?
Clos, vous voyez tout ce qui vous contente,
Tandis qu'ouverts, ne voyez rien qu'ennuis² ?

ÉPIGRAMMES

D'UN PAÏSAN

Un maistre ès arts, mal chaussé, mal vestu,
Chez un paisan demandoit à repaistre,
Disant qu'on doit honorer la vertu
Et les sept arts, dont il fut passé maistre.
« Comment! sept arts, respond l'homme champestre :
Je n'en sçay nul, hormis mon labourage;
Mais je suis saoul lorsqu'il me plaist de l'estre,
Et si³ nourris ma femme et mon mesnage! »

---

1. Cependant (quoique les choses soient *ainsi*, sic).
2. Claude de Pontoux, mort jeune, en 1579, a exprimé la même idée dans un sonnet, dont plusieurs vers sont pris au dixain de Saint-Gelais.
3. Cf. le rondeau précédent et la note.

MELIN DE SAINT-GELAIS

D'UN CHARLATAN

Un charlatan disoit en plein marché
Qu'il monstreroit le diable à tout le monde;
Si[1] n'y eut nul, tant fust il empesché[2],
Qui ne courust pour voir l'esprit immonde.
Lors une bourse assez large et profonde
Il leur desploie, et leur dit : Gens de bien,
Ouvrez vos yeux, voyez, y a-t-il rien ?
— Non, dit quelqu'un des plus près regardans.
— Et c'est, dit-il, le diable, oyez vous bien,
Ouvrir sa bourse, et ne voir rien dedans.

A UN IMPORTUN

Tu te plains, amy, grandement,
Qu'en mes vers j'ay loué Clement[3]
Et que je n'ay rien dit de toy.
Comment veulx-tu que je m'amuse
A louer ny toy ny ta muse?
Tu le fais cent fois mieux que moy.

MALÉDICTION CONTRE UN ENVIEUX

Je prie à Dieu qu'il vous doint pauvreté,
Hiver sans feu, vieillesse sans maison,
Grenier sans bled en l'arriere-saison,
Cave sans vin tout le long de l'été.

Je prie à Dieu qu'à bon droict et raison
N'ayez chez vous rien qui ne vous deplaise,
Tant que pour estre un peu mieux à vostre aise
Vous pourchassiez[4] d'estre mis en prison.

Je prie à Dieu, le roy du paradis,
Que mendiant vostre pain alliez querre
Seul, inconnu, et en estrange terre,
Non entendu par signes ni par ditz.

Je prie à Dieu que vous puissiez attendre
Qu'on ouvre l'huis, une nuit toute entiere,
Tout en pourpoint dessous une gouttiere,
Et que l'huis à vous ne veuille entendre[5].

---

1. Aussi (comme les choses étaient *ainsi*, sic). Cf. le rondeau précédent et la note.
2. Quelque empêché qu'il fût.
3. Clément Marot.
4. Poursuivre avec ardeur, demander avec instances.
5. On voit que Saint-Gelais a à l'occasion la verve satirique.

THÉODORE DE BÈZE

1519-1605

Théodore de Bèze, né à Vézelay, après avoir étudié à Orléans et à Bourges, vint à Paris, et, comme d'Aubigné, auquel il ressemble par certains côtés, il s'y livra, avec tout l'emportement d'une jeunesse ardente, aux plaisirs, et avec tout le feu d'une vive imagination, à la poésie, particulièrement à la poésie latine, pour les chanter. Puis une maladie grave en fit un autre homme. Il alla à Genève embrasser la religion réformée, et là commença cette vie de travail, de controverse et de lutte par la plume, la parole et l'épée, qui lui donna un rôle considérable dans l'histoire politique et religieuse du xvie siècle et une place parmi ses écrivains. Il enseigna à Lausanne, il porta la parole au colloque de Poissy (voir au Musée du Luxembourg le chef-d'œuvre de M. Robert Fleury), il se battit à Dreux, et gouverna, après Calvin, pendant quarante-deux ans (1563-1605) la république protestante de Genève. Poète, il traduisit *Cent Psaumes de David*, pour servir de complément à ceux de Marot, et composa le dernier des mystères, *Abraham sacrifiant* (1552), mélange de grâce, de force, de naïveté et d'éloquence.

I

MONOLOGUE D'ABRAHAM[1]

O vaine attente, o vain espoir de l'homme !
C'est tout cela que je puis dire en somme.
J'ay prié Dieu qu'il me donnast lignee,
Pensant, helas ! s'elle m'estoit donnee,
Que j'en aurois un merveilleux plaisir :
Et je n'en ay que mal et desplaisir !
De deux enfans, l'un j'ay chassé moy mesme[2],
De l'autre il faut, o douleur tres extreme !
Que je sois dict le pere et le bourreau !
Bourreau, helas ! helas ! ouy, bourreau !
O Dieu ! o Dieu ! au moins fais moy la grace...

---

1. Le mystère d'*Abraham sacrifiant* est une pièce courte, dont les scènes se suivent sans division en actes, quoique le théâtre de l'action change, entre un prologue et un épilogue adressés à « gros et menus, petits et grands ». Les personnages sont Abraham, Sara, Isaac, Satan, un ange, une troupe de bergers. Le plan de la pièce comprend les adieux de la mère et du fils, les apprêts du sacrifice, le sacrifice, l'intervention de l'ange. On y rencontre un cantique d'Abraham et de Sara, un cantique des bergers, un monologue de Satan, un monologue (que nous citons) d'Abraham, entrecoupé par les apartés quelquefois railleurs, de Satan, que nous supprimons.
2. Ismaël.

Qu'un autre soit de mon filz le meurtrier [1].
Helas ! seigneur, faut-il que ceste main
Viene à donner ce coup tant inhumain ?
Las ! que feray-je à la mere dolente
Si elle entend ceste mort violente ?
Si je t'allegue, helas ! qui me croira ?
S'on ne le croit, las ! quel bruict en courra ?
Seray-je pas d'un chacun rejetté
Comme un patron [2] d'extreme cruauté ?
Et toy, seigneur. qui te voudra prier ?
Qui se voudra jamais en toy fier ?
Las ! pourra bien ceste blanche vieillesse
Porter le faiz d'une telle tristesse ?
Ay je passé parmy tant de dangers,
Tant traversé de pays estrangers,
Souffert la faim, la soif, le chaut, le froid,
Et devant toy tousjours cheminé droict,
Ay je vescu, vescu si longuement,
Pour me mourir [3] si douloureusement ?
Plustost on meurt, tant moins la mort est greve [4].....
Que dis-je ? ou suis-je ? o Dieu mon createur !
Ne suis-je pas ton loyal serviteur ?
Ne m'as tu pas de mon pays tiré ?
Ne m'as tu pas tant de fois asseuré
Que ceste terre aux miens estoit donnee ?
Ne m'as tu pas donné ceste lignee,
En m'asseurant que d'Isac sortiroit
Un peuple tien qui la terre empliroit ?
Si donc tu veux mon Isac emprunter,
Que me faut il contre toi disputer ?....
Arriere chair, arriere affections;
Retirez vous, humaines passions;
Rien ne m'est bon, rien ne m'est raisonnable,
Que ce qui est au Seigneur agreable.

1. Les finales en *ier* pouvaient alors ne faire qu'une syllabe
2. Modèle.
3. On dit encore *je me meurs*.
4. *Gravis*, pénible à supporter.

II

LE SACRIFICE

ABRAHAM, ISAAC, SATAN, L'ANGE

ABRAHAM.

Veila mon filz Isac qui se pourmeine.
O povre enfant, o nous povres humains
Cachans souvent la mort dedans nos seins,
Alors que plus en pensons estre loing !
Et pour autant, il est tres grand besoing
De vivre ainsi que mourir on desire.
Or ça, mon filz ! (helas ! que vay-je dire ?)

ISAAC.

Plaist il, mon pere ?

ABRAHAM.

Helas ! ce mot me tue,
Mais si faut il pourtant que m'esvertue [1].
Isac, mon filz, helas ! le cœur me tremble.

ISAAC.

Vous avez peur, mon pere, ce me semble.

ABRAHAM.

Ha, mon amy, je tremble voirement [2].
Helas, mon Dieu !

ISAAC.

Dites moi hardiment
Que vous avez, mon pere, s'il vous plaist.

ABRAHAM.

Ha, mon amy, si vous sçaviez que c'est.
Misericorde ! o Dieu ! misericorde !
Mon filz, mon filz, voyez vous ceste chorde,
Ce bois, ce feu, et ce cousteau icy ?
Isac, Isac, c'est pour vous tout cecy.

SATAN.

Ennemi suis de Dieu et de nature,
Mais pour certain ceste chose est si dure,
Qu'en regardant ceste unique amitié,
Bien peu s'en faut que n'en aye pitié.

ABRAHAM.

Helas ! Isac !

---

[1]. Que je prenne courage (*virtus*).
[2]. Véritablement.

ISAAC.

  Helas! pere tres doux,
Je vous supply, mon pere, à deux genoux,
Avoir au moins pitié de ma jeunesse.

ABRAHAM.

O seul appuy de ma foible vieillesse!
Las! mon amy, mon amy, je voudrois
Mourir pour vous cent millions de fois;
Mais le Seigneur ne le veut pas ainsi.

ISAAC.

Mon pere, helas! je vous crie mercy.
Helas! helas! je n'ai ne bras ne langue
Pour me defendre, ou faire ma harangue;
Mais, mais voyez, o mon pere, mes larmes!
Avoir ne puis ny ne veux autres armes
Encontre vous; je suis Isac, mon pere,
Je suis Isac, le seul filz de ma mere:
Je suis Isac qui tien de vous la vie:
Souffrirez vous qu'elle me soit ravie?
Et touteffois si vous faites cela
Pour obeir au Seigneur, me voila,
Me voila prest, mon pere, et à genoux,
Pour souffrir tout, et de Dieu et de vous.
Mais qu'ay je faict, qu'ay je faict pour mourir?
He Dieu, he Dieu, veuille me secourir!

ABRAHAM.

Helas! mon filz Isac, Dieu te commande
Qu'en cest endroit tu lui serves d'offrande,
Laissant à moy, à moy ton povre pere,
Las! quel ennuy[1]!

ISAAC.

  Helas! ma pauvre mere,
Combien de morts ma mort vous donnera!
Mais dites moy au moins qui m'occira.

ABRAHAM.

Qui t'occira, mon filz? mon Dieu, mon Dieu,
Ottroye moy de mourir en ce lieu!

ISAAC.

Mon pere.

---

1. Ce mot a conservé longtemps (il est fréquent dans Corneille et Racine) le sens de tourment, désespoir.

ABRAHAM.

Helas, ce mot ne m'appartient;
Helas, Isac, si est ce qu'il convient
Servir à Dieu.

ISAAC.

Mon pere, me voila.

SATAN.

Mais, je vous pry, qui eust pensé cela?

ISAAC.

Or donc, mon pere, il faut comme je voy,
Il faut mourir. Las, mon Dieu, aide moy!
Mon Dieu, mon Dieu, renforce moy le cueur!
Rend moy, mon Dieu, sur moymesme vainqueur;
Liez, frappez, bruslez, je suis tout prest
D'endurer tout, mon Dieu, puisqu'il te plaist.

ABRAHAM.

Ah, ah, ah, ah, qu'est ce et qu'est ce cy!
Misericorde, o Dieu, par ta mercy.

ISAAC.

Seigneur, tu m'as et créé et forgé,
Tu m'as, Seigneur, sur la terre logé,
Tu m'as donné ta saincte cognoissance;
Mais je ne t'ay porté obeissance
Telle, Seigneur, que porter je devois,
Ce que te prie, helas, à haute voix
Me pardonner. Et à vous, mon seigneur [1],
Si je n'ay faict toujours autant d'nonneur
Que meritoit vostre douceur tant grande,
Tres humblement pardon vous en demande.
Quant à ma mere, helas, elle est absente!
Veuille, mon Dieu, par ta faveur presente,
La preserver et garder tellement,
Qu'elle ne soit troublee aucunement.

Icy est bandé Isaac.

Las, je m'en vais en une nuict profonde;
Adieu vous dy, la clarté de ce monde,
Mais je suis seur que de Dieu la promesse
Me donnera trop mieux que je ne laisse.
Je suis tout prest, mon pere, me voila.

SATAN.

Jamais, jamais, enfant mieux ne parla.
Je suis confus, et faut que je m'enfuye.

---

1. Il s'adresse à son père.

ABRAHAM.

Las ! mon amy, avant la departie,
Et que ma main ce coup inhumain face,
Permis me soit de te baiser en face.
Isac, mon filz, le bras qui t'occira,
Encore un coup au moins t'accolera.....
Or est il temps, ma main, que t'esvertues
Et qu'en frappant mon seul filz tu me tues.

Icy le cousteau luy tombe des mains.

ISAAC.

Qu'est ce que j'oy, mon pere ? helas ! mon pere.

ABRAHAM.

Ah, ah, ah, ah.

ISAAC.

Las ! je vous obtempere.
Suis je pas bien [1] ?

ABRAHAM.

Fut il jamais pitié ?
Fut il jamais une telle amitié ?
Fut il jamais pitié ? ah, ah, je meurs,
Je meurs, mon filz.

ISAAC.

Ostez toutes ces pleurs,
Je vous supply ; m'empescherez vous doncques
D'aller à Dieu [2] ?

ABRAHAM.

Helas, las ! qui vit oncques
En petit corps un esprit autant fort ?
Helas ! mon filz, pardonne moy ta mort.

Icy le cuide frapper.

L'ANGE.

Abraham, Abraham ! ...... [3]

(*Abraham sacrifiant*, v. 760, sqq.)

---

1. Hélas ! je vous obéis pourtant. Ne suis-je pas bien placé pour être immolé ?
2. Voilà un sublime d'une simplicité héroïque. C'est lui qui réconforte son père et demande la mort. Cela vaut l'exaltation lyrique qu'Euripide prête à Iphigénie.
3. Le lecteur sentira facilement et goûtera les beautés touchantes, quelquefois sublimes, de ces deux scènes, et particulièrement, dans le rôle et le langage d'Isaac, la vérité et l'éloquence naïve de ses regrets de la vie, la dignité simple et spontanée de sa résignation et de son obéissance religieuse et filiale, qui remuent Satan lui-même, et les élans de son souvenir et de son cœur vers sa mère. On songera naturellement à comparer Isaac à l'Iphigénie d'Euripide et à celle de Racine, et Abraham à Agamemnon.

JOACHIM DU BELLAY

1525-1560

Joachim du Bellay, né à Lyré, près d'Angers, cousin des trois frères du Bellay, Guillaume et Martin, capitaines, diplomates et auteurs de *Mémoires* importants, et Jean, cardinal et ambassadeur, a consacré par la renommée littéraire leur commun nom. Il est mort à trente-cinq ans, sans avoir eu le temps d'être que le second de celui dont il fût peut-être devenu l'égal. Il a eu la gloire d'écrire et de signer le programme éloquent de la nouvelle école, la *Deffense et illustration de la Langue françoise* (1549) et de l'appliquer le premier par le recueil (même année) qui contenait les sonnets de *l'Olive* et des *Odes*; de léguer à la poésie française, dans ses *Antiquités de Rome*, impressions premières de son séjour en cette ville (1551-1554), et dans ses *Regrets*, souvenirs et appels de la patrie absente, les plus parfaits sonnets que le siècle ait produits; de donner, dans son *Poète courtisan*, le premier modèle de la satire en France; enfin de mériter, par les poésies diverses de ses *Jeux rustiques*, ajoutées à celles qui précèdent, le nom d'« Ovide français », si tant est que ce nom implique, avec la grâce et l'esprit, les qualités de mâle énergie qui nous frappent à chaque page des *Antiquités* et des *Regrets*.

Voir l'édition de M. Marty-Laveaux, 2 vol., 1866-67 (Collection de *la Pléiade*).

LES FRANÇAIS A ROME [1]

Marcher d'un grave pas et d'un grave sourci,
Et d'un grave soubris [2] à chascun faire feste,
Balancer tous ses mots, respondre de la teste,
Avec un *Messer no*, ou bien un *Messer si* [3];

Entremesler souvent un petit *e cosi* [4],
Et d'un son *servitor* contrefaire l'honneste,
Et, comme si l'on eust sa part en la conqueste,
Discourir sur Florence et sur Naples aussi;

Seigneuriser [5] chascun d'un baisement de main,
Et suivant la façon du courtisan romain,
Cacher sa pauvreté d'une brave apparence:

---

1. Du Bellay resta environ quatre ans à Rome (1551-1554), attaché en qualité de secrétaire à son cousin, le cardinal Du Bellay, ambassadeur de France.
2. *Subridere*, sourire.
3. *Monsieur, non; Monsieur, oui.*
4. *C'est ainsi.*
5. Traiter en seigneur.

Voila de ceste court la plus grande vertu,
Dont souvent, mal monté, mal sain et mal vestu,
Sans barbe et sans argent on s'en retourne en France[1].

(*Regrets*, sonnet 86.)

LES « PASSETEMPS » DE DU BELLAY A ROME

Panjas[2], veulx tu savoir quels sont mes passetemps?
Je songe au lendemain, j'ay soing de la despense
Qui se fait chaque jour, et si fault que je pense
A rendre sans argent cent crediteurs contens.

Je vays, je viens, je cours, je ne perds point le temps,
Je courtise un banquier, je prends argent d'avance :
Quand j'ai despeché l'un, un autre recommence,
Et ne fais pas le quart de ce que je pretends.

Qui me presente un compte, une lettre, un memoire,
Qui me dit que demain est jour de consistoire,
Qui me rompt le cerveau de cent propos divers,

Qui se plaint, qui se deult, qui murmure, qui crie;
Avecques tout cela, dy, Panjas, je te prie,
Ne t'esbahis tu point comment je fais des vers?

(*Regrets*, sonnet 15.)

TROIS POÈTES EXILÉS A ROME[3]

A Ronsard.

Ce pendant que Magny suit son grand Avanson,
Panjas son cardinal et moy le mien encore,

---

1. Voilà une esquisse spirituelle et railleuse. C'est d'un autre style que Du Bellay soupire avec tant de grâce et de mélancolie après la « douceur angevine ».

2. « Il prend à témoin des mille tracas dont il est assailli un autre Français exilé, Panjas ; il a à cette occasion des sonnets qui sont de véritables tableaux de genre, et qui rappellent à leur manière les satires de l'Arioste ». (SAINTE-BEUVE, *Nouv. Lundis.*)

3. L'auteur, Olivier de Magny, attaché à M. d'Avanson, et Panjas, attaché au cardinal de Châtillon ou de Lorraine. « Après le piquant revient le sensible, le vers ému et poétique. Je ne sais point de plus beau sonnet en ce genre élégiaque que le seizième des *Regrets*. Il est d'un sentiment tendre et d'une belle imagination » (SAINTE-BEUVE, *ibid.*) Et, après avoir cité les deux cygnes de Chateaubriand (*Génie du Christian.* I, 5, 7), le critique ajoute : « Même après le trait de pinceau de cette imagination merveilleuse, même après le *Poète mourant* de Lamartine, la similitude du cygne est le motif dominant, le sonnet de Du Bellay peut se relire. » Voici la strophe de Lamartine où la similitude est le plus accusée (*Nouvelles Méditations*, V) :

> Le poète est semblable aux oiseaux de passage
> Qui ne bâtissent point leurs nids sur le rivage,
> Qui ne se posent point sur les rameaux des bois ;
> Nonchalamment bercés sur le courant de l'onde,
> Ils passent en chantant loin des bords, et le monde
> Ne connaît rien d'eux que leur voix.

Et que l'espoir flateur qui nos beaux ans devore
Appaste noz desirs d'un friand hameçon,

Tu courtises les Roys, et d'un plus heureux son
Chantant l'heur de Henry, qui son siecle decore,
Tu t'honores toy mesme, et celuy qui honore
L'honneur que tu lui fais par ta docte chanson.

Las! et nous ce pendant nous consumons nostre aage
Sur le bord incogneu d'un estrange rivage [1]
Ou le malheur nous fait ces tristes vers chanter;

Comme on voit quelquefois, quand la mort les appelle,
Arrangez flanc à flanc parmy l'herbe nouvelle,
Bien loing sur un estang trois cygnes lamenter.

(Regrets, sonnet 16.)

REGRET DU PAYS

Heureux qui, comme Ulysse, a fait un beau voyage,
Ou comme cestuy la qui conquit la toison [2],
Et puis est retourné, plein d'usage [3], et raison,
Vivre entre ses parens le reste de son aage!

Quand revoiroy-je, helas! de mon petit village
Fumer la cheminee [4]? Et en quelle saison
Revoiroy je le clos de ma pauvre maison,
Qui m'est une province, et beaucoup davantage?

Plus me plaist le sejour qu'ont basty mes ayeulx
Que des palais romains le front audacieux;
Plus que le marbre dur me plaist l'ardoise fine [5];

Plus mon Loyre [6] gaulois que le Tybre latin;
Plus mon petit Lyré que le mont Palatin,
Et plus que l'air marin la doulceur angevine.

(Regrets, sonnet 31.)

REGRET DU FOYER

O qu'heureux est celuy qui peut passer son aage
Entre pareils à soy! et qui sans fiction,

---

1. Rivage étranger.
2. Jason, qui conquit la Toison d'or.
3. *Usus*, expérience.
4. Cf. *Odyssée*, I, v. 58:
   Ἱέμενος καὶ καπνὸν ἀποθρώσκοντα νοῆσαι
   Ἧς γαίης, θανέειν ἱμείρεται.
5. On sait que l'ardoise est particulièrement en usage dans l'Anjou; on l'y extrait du sol.
6. Le Loir.

Sans crainte, sans envie, et sans ambition,
Regne paisiblement en son pauvre mesnage!

Le miserable soing d'acquerir davantage
Ne tyrannise point sa libre affection,
Et son plus grand desir, desir sans passion,
Ne s'estend plus avant que son propre heritage.

Il ne s'empesche point des affaires d'autruy;
Son principal espoir ne depend que de luy.
Il est sa court, son Roy, sa faveur et son maistre [1].

Il ne mange son bien en païs estranger,
Il ne met pour autruy sa personne en danger,
Et plus riche qu'il est ne voudroit jamais estre.

(Regrets, sonnet 38.)

REGRET DE L'INDÉPENDANCE

C'estoit ores [2], c'estoit qu'à moy je devois vivre,
Sans vouloir estre plus que cela que je suis,
Et qu'heureux je devois de ce peu que je puis,
Vivre content du bien de la plume et du livre.

Mais il n'a pleu aux Dieux me permettre de suivre
Ma jeune liberté, ny faire que depuis
Je vesquisse aussi franc de travaux et d'ennuis,
Comme d'ambition j'estois franc et delivre [3].

Il ne leur a pas pleu qu'en ma vieille saison
Je sceusse quel bien c'est de vivre en sa maison,
De vivre entre les siens sans crainte et sans envie.

Il leur a pleu (helas) qu'à ce bord estranger
Je veisse ma franchise en poison se changer
Et la fleur de mes ans en l'hyver de ma vie.

(Regrets, sonnet 37.)

L'IDÉAL

Si nostre vie est moins qu'une journee
En l'eternel [4], si l'an, qui faict le tour,
Chasse noz jours sans espoir de retour,
Si perissable est toute chose nee;

---

1. Cf. Jean de la Taille, *le Courtisan retiré*, infra, et A. Chénier, *Élégie*, XXIII.
2. C'est maintenant que j'aurais dû vivre pour moi.
3. Dégagé, libre.
4. Dans l'éternité.

Que songes tu, mon ame emprisonnee ?
Pourquoy te plaist l'obscur de nostre jour,
Si, pour voler en un plus cher sejour,
Tu as au dos l'aele bien empennee ?

Là est le bien que tout esprit desire,
Là le repos où tout le monde aspire,
Là est l'amour, là le plaisir encore :

Là, ô mon ame, au plus hault ciel guidee,
Tu y pourras recognoistre l'idee
De la beauté qu'en ce monde j'adore [1].

(*L'Olive*, sonnet 113.)

D'UN VANNEUR DE BLÉ AUX VENTS

A vous, troppe legere,
Qui d'aele passagere
Par le monde volez,
Et d'un sifflant murmure
L'ombrageuse verdure
Doulcement esbranlez,

J'offre ces violettes,
Ces lis et ces fleurettes
Et ces roses icy,
Ces vermeillettes roses
Tout freschement ecloses
Et ces œillets aussi.

De vostre doulce halaine
Eventez ceste plaine,
Eventez ce sejour :

---

[1]. « Dans ce recueil de *l'Olive*, on sent parfois, on entend à l'avance comme un son et un accent précurseur de cette haute et pure poésie qui ne s'est pleinement révélée que si tard dans les *Méditations :* on y ressaisit un écho distinct, qui va de Pétrarque à Lamartine. Le 113ᵉ sonnet est dur, assurément, mais il est noble, élevé, et il faudrait peu de chose pour que l'essor se fît jour en plein ciel et se déployât. A ce mouvement, à ces formes, à ces rimes inusitées jusqu'alors en poésie française, on est transporté par delà, et l'on se prend à redire involontairement avec Lamartine :
   Là je m'enivrerais à la source où j'aspire, etc.

(Voir *infra*, xıxᵉ siècle). Du Bellay, gêné, et comme empêché dès le début, n'a donné que la note : *Que songes-tu, mon âme emprisonnée ?* Il l'a donnée du moins. C'est un commencement de Méditation. Le motif est trouvé. Jamais le *flageolet* de Marot n'eut de ces accents. » (SAINTE-BEUVE *ibid.*)

> Ce pendant que j'ahanne [1]
> A mon blé que je vanne
> A la chaleur du jour [2].

(Divers Jeux rustiques.)

LE POÈTE COURTISAN

Je ne veulx point icy du maistre d'Alexandre
Touchant l'art poëtic les preceptes t'apprendre :
Tu n'apprendras de moy comment jouer il fault
Les miseres des roys dessus un eschafault :
Je ne t'enseigne l'art de l'humble comœdie,
Ni du Mëonien [3] la muse plus hardie :
Je te veulx peindre icy, comme un bon artisan,
De toutes ses couleurs l'Apollon courtisan.
A ce gentil mestier, il fault que de jeunesse
Aux ruses et façons de la court il se dresse.
Ce precepte est commun : car qui veult s'avancer
A la court, de bonne heure il convient commencer.
Je ne veulx que long temps à l'estude il pallisse,
Je ne veulx que resveur sur le livre il vieillisse,
Feuilletant, studieux, tous les soirs et matins
Les exemplaires grecs et les autheurs latins.
Ces exercices-là font l'homme peu habile,
Le rendent catarreux, maladif et debile,
Solitaire, facheux, taciturne et songeard ;
Mais nostre courtisan est beaucoup plus gaillard.
Pour un vers allonger ses ongles il ne ronge,
Il ne frappe sa table, il ne resve, il ne songe [4],
Se brouillant le cerveau de pensemens divers,
Pour tirer de sa teste un miserable vers

---

1. *Ahaner*, éprouver une grande fatigue en faisant quelque chose. Atlas ahane, dit Marot. Tu sçais combien ahane mon âme en compaignie d'un corps si tendre, dit Montaigne. Étymol. : *ahan*, grand effort, comme de l'homme qui soulève un fardeau ou fend du bois. De là *suer d'ahan*, origine incertaine, probablement onomatopée.
2. Cette *Chanson* est quelquefois improprement intitulée « Villanelle » : la Villanelle comporte un refrain (voyez p. 3). Petite pièce « toute chantante et ailes déployées, qui sent la gaieté naturelle des campagnes au lendemain de la moisson, et qui nous arrive dans l'écho. » (SAINTE-BEUVE, 1840.)
3. HOMÈRE, *Mœonides*.
4. Cf. HORACE, *Sat.*, I, 10, 70 :
> In versu faciendo
> Sæpe caput scaberet, vivos et roderet ungues.

PERSE, I, 106 :
> Nec pluteum cædit, nec demorsos sapit ungues.

Qui ne rapporte, ingrat, qu'une longue risee
Par tout où l'ignorance est plus authorisee.
   Toy donc qui as choisy le chemin le plus court,
Pour estre mis au rang des sçavans de la court,
Sans mascher le laurier, ny sans prendre la peine
De songer en [1] Parnasse, et boire à la fontaine
Que le cheval volant de son pié fit saillir [2],
Faisant ce que je dy, tu ne pourras faillir.
   Je veux en premier lieu que, sans suivre la trace
(Comme font quelques uns) d'un Pindare et Horace,
Et sans vouloir, comme eux, voler si haultement,
Ton simple naturel tu suives seulement.
Ce procès tant mené, et qui encore dure,
Lequel des deux vault mieulx, ou l'art, ou la nature
En matiere de vers [3], à la cour est vuidé ;
Car il suffit icy que tu soyës guidé
Par le seul naturel, sans art et sans doctrine,
Fors cest art qui apprend à faire bonne mine ;
Car un petit sonnet qui n'a rien que le son,
Un dixain à propos, ou bien une chanson,
Un rondeau bien troussé, avec une ballade
(Du temps qu'elle couroit), vault mieux qu'une Iliade.
Laisse moy donques là ces Latins et Gregeois,
Qui ne servent de rien au poëte françois,
Et soit la seule court ton Virgile et Homere ;
Puis qu'elle est (comme on dit) des bons esprits la mere,
La court te fournira d'argumens suffisans,
Et seras estimé entre les mieulx disans,
Non comme ces resveurs, qui rougissent de honte,
Fors entre les sçavans desquelz on ne fait compte.
   Or, si les grands seigneurs tu veux gratifier [4],
Argumens à propos il te faut espier,
Comme quelque victoire ou quelque ville prise,
Quelque nopce, ou festin, ou bien quelque entreprise
De masque ou de tournoy, avoir force desseings [5]
Desquelz à ceste fin tes coffres [6] seront pleins.
   Je veux qu'aux grands seigneurs tu donnes des devises,

1. Sur le Parnasse.
2. Pégase.
3. Cf. HORACE, *A. P.*, 408, sqq.
4. *Gratificari*, χαρίζεσθαι, être agréable à.
5. Projets et plans d'ouvrages.
6. Les Latins appelaient *scrinium* le coffret où ils mettaient les manuscrits roulés

Je veux que tes chansons en musique soyent mises,
Et à fin que les grands parlent souvent de toy,
Je veux que l'on les chant' dans la chambre du Roy.
Un sonnet à propos, un petit epigramme
En faveur d'un grand prince ou de quelque grand Dame
Ne sera pas mauvais; mais garde toy d'user
De mots durs, ou nouveaux, qui puissent amuser [1]
Tant soit peu le lisant; car la douceur du stile
Fait que l'indocte vers aux oreilles distille [2],
Et ne fault s'enquerir s'il est bien ou mal faict;
Car le vers plus coulant est le vers plus parfaict.
   Quelque nouveau poëte à la court se presente,
Je veux qu'à l'aborder [3] finement on le tente :
Car s'il est ignorant, tu sçauras bien choisir
Lieu et temps à propos, pour en donner plaisir [4];
Tu produiras partout ceste beste, et, en somme,
Aux despens d'un tel sot, tu seras gallant homme.
S'il est homme sçavant, il te fault dextrement [5]
Le mener par le nez, le louer sobrement,
Et d'un petit soubriz et branslement de teste
Devant les grands seigneurs luy faire quelque feste,
Le presenter au Roy, et dire qu'il fait bien,
Et qu'il a merité qu'on luy fasse du bien.
Ainsi tenant tousjours ce povre homme soubs bride,
Tu te feras valoir, en luy servant de guide ;
Et combien que tu soys d'envie espoinçonné [6]
Tu ne seras pour tel toutesfois soubsonné.
   Je te veux enseigner un aultre poinct notable.
Pour ce que de la court l'eschole c'est la table,
Si tu veux promptement en honneur parvenir,
C'est où plus sagement il te fault maintenir :
Il fault avoir tousjours le petit mot pour rire,
Il fault des lieux communs, qu'à tous propos on tire,
Passer ce qu'on ne sçait et se monstrer sçavant
En ce que l'on a leu deux ou trois soirs devant.
   Mais qui des grands seigneurs veult acquerir la grace
Il ne fault que les vers seulement il embrasse;

---

1. Retarder, arrêter.
2. *Distiller* peut se prendre au sens neutre, couler doucement.
3. *Aborder* est pris substantivement, comme dans la locution *au sortir de*. En l'abordant.
4. Pour en amuser la cour.
5. Adroitement (*dexter*, qui est à droite).
6. Piqué. On disait aussi poinct, espoinct. Etymol. : *pungere, punctus.*

Il fault d'autres propos son stile deguiser,
Et ne leur fault tousjours des lettres deviser;
Bref, pour estre en cest art des premiers de ton aage,
Si tu veux finement jouer ton personnage,
Entre les Courtisans du sçavant tu feras,
Et entre les sçavans courtisan tu seras.

. . . .
. . . . Si tu m'en veux croire,
Au jugement commun ne hasarde ta gloire;
Mais, sage, sois content du jugement de ceux
Lesquelz trouvent tout bon, ausquelz plaire tu veux,
Qui peuvent t'avancer en estats et offices,
Qui te peuvent donner les riches benefices,
Non ce vent populaire [1], et ce frivole bruit
Qui de beaucoup de peine apporte peu de fruict.
Ce faisant, tu tiendras le lieu d'un Aristarque,
Et entre les sçavans seras comme un Monarque:
Tu seras bien venu entre les grands seigneurs,
Desquelz tu recevras les biens et les honneurs,
Et non la pauvreté, des Muses l'heritage,
Laquelle est à ceux-là reservee en partage,
Qui, dedaignant la cour, facheux et malplaisans,
Pour allonger leur gloire, accourcissent leurs ans [2].

(*Le Poëte courtisan.*)

RONSARD

1524-1585

Pierre de Ronsard, né au château de la Poissonnière, dans le Vendômois, d'une famille originaire de Hongrie, après avoir été page de cour auprès du duc d'Orléans, troisième fils de François Ier, et de Jacques V, roi d'Ecosse, attaché à la personne de Lazare de Baïf dans sa mission diplomatique auprès de la diète de Spire, soldat sous le capitaine de Langey en Piémont, atteint de surdité, se retira et s'enferma dans le collège de Coqueret, où, sous la direction de Daurat, il étudia avec passion l'antiquité en compagnie d'Antoine de Baïf, de Remi Belleau, de Jodelle, de Muret, de Tur-

---

1. *Aura popularis*, ont dit les Latins.
2. Il est facile de reconnaître, dans de nombreux passages de cette satire spirituelle et mordante, écrite par Du Bellay lorsqu'au sortir du service du cardinal, son cousin, trois ans avant sa mort, il se résigna à une pauvreté indépendante et fière, des traits épars qui referaient assez bien la figure de Melin de Saint-Gelais.

nèbe, que le maître avait échauffés de son ardeur. « Il continuoit l'étude jusqu'à deux ou trois heures après minuit, et se couchant, resveilloit Baïf, qui se relevoit et prenoit la chandelle et ne laissoit pas refroidir la place. » (Daurat). Tous ambitionnaient de rajeunir la poésie française aux sources antiques. Un jour, en revenant de Poitiers, Ronsard rencontra dans une hôtellerie un gentilhomme de son âge, qui y étudiait en droit, et le ramena avec lui en son colége. C'était en 1548 ; un an après, le dernier venu publiait, avec un volume de vers, le manifeste de la nouvelle école. En 1550, celui qui l'y avait conquis en fut du premier coup proclamé le roi ; il se révélait par le recueil intitulé : *Les quatre premiers livres des Odes de P. de Ronsard, Vandômois*. Puis successivement vinrent, publiés et republiés à différentes reprises, les *Amours de Cassandre*, avec le cinquième livre des *Odes* (1552), le *Bocage royal* (1552), les *Hymnes* (1555), les *Amours de Marie* (1557), des *Poèmes* (1560), des *Discours divers* (1562 et ann. suiv.), des *Elégies, Mascarades et Bergeries* (1565), les quatre premiers chants de la *Franciade* (1572) qui resta inachevée; puis, plus tard, du fond de sa retraite de l'abbaye de Croix-Val, en Vendômois, les *Troisièmes Amours* et *Amours d'Hélène* ; enfin épars à différentes dates dans différents recueils, des *Gayetez* (dont la plus piquante est le *Voyage d'Hercueil*, Arcueil), et *Epigrammes*. A l'apparition de chaque œuvre nouvelle c'était un nouvel applaudissement ; poètes et savants, amis ou disciples, Muret, Belleau, etc., se faisaient un honneur d'associer par des commentaires leur nom à celui du maître. Odes pindariques ou horatiennes, ou anacréontiques ; dans les « Amours », sonnets italiens par centaines, chansons ou élégies, poésies légères de toute espèce, épîtres sous les titres de *Poèmes, Bocage royal, Discours* qui sont souvent une éloquente intervention dans ce qui passionnait et divisait la société politique et religieuse; tout haussait sa gloire. Il fut un pontife et un oracle. Rois, reines, poètes, philosophes, hommes d'Etat, lui rendaient hommage. Charles IX, dans de beaux vers, inclina son diadème de roi devant la couronne du poète ; dans ses voyages il s'en faisait accompagner et le logeait sous son toit. Elisabeth d'Angleterre lui envoya un diamant. Le Tasse le visita en 1571. L'Hopital le glorifia. Montaigne « ne le trouva guère esloigné de la perfection ancienne aux parties en quoy il excelle » (II. 17). Lui-même, outrant l'orgueil ordinaire aux poètes, écrivit en tête de la seule œuvre qui pouvait faire hésiter l'admiration, la *Franciade* :

Il est aisé de me reprendre,
Mais malaisé de faire mieux.

Quand il mourut on couvrit sa tombe de fleurs et de vers. R. Garnier fit une élégie, Bertaut un discours en vers, A. Jamyn et R. Estienne des stances, Binet, son biographe, une églogue, Remi Belleau un chant pastoral, J.-B. de Thou et Daurat des vers grecs et latins ; le cardinal du Perron prononça son oraison funèbre. — Et cependant il fallut que, moins de quarante ans après sa mort, en 1623, quelques fidèles obstinés, les d'Urfé, les La Mothe le Vayer, les G. Colletet, les Hardy, unis à la fille adoptive de Montaigne, la belliqueuse Mlle de Gournay, cherchassent à raviver cette gloire morte en lui consacrant une édition monumentale, qui laissa le public indifférent.

Ronsard a porté la peine d'un double tort : son impatient et intempérant génie a brusqué la langue et ne s'est pas réglé. Il a voulu faire improviser à la langue française ce qu'elle devait attendre de « longueur de temps », et il a mis la bride sur le cou de sa muse, qui ne s'arrêta jamais :

Qui ne sait se borner ne sut jamais écrire.

Sa renommée de surprise a été un feu de paille; les fleurs hâtives de sa poésie se sont desséchées, et avec elles sa renommée, qui n'a reverdi que dans notre siècle en un jour d'ardente réaction contre le passé, revanche de celle dont il a été victime. Il reste définitivement acquis aujourdhui qu'il a eu le mérite, méconnu au XVIIe siècle, oublié au XVIIIe, proclamé enfin au XIXe, d'ouvrir à la poésie française les genres littéraires cultivés et consacrés par les anciens, de créer des rythmes lyriques qui ont profité à Malherbe et aux poètes de nos jours, de réhabiliter l'alexandrin, que, par une étrange fantaisie, il a d'ailleurs exclu de l'épopée, son domaine naturel; enfin, et c'est Malherbe qui l'a dit, d'avoir eu « dans ses fictions de la grandeur ». C'est moins qu'il n'ambitionnait, mais c'est assez pour lui assurer une belle place dans les gloires poétiques de la France.

Nous citons l'édition P. Blanchemain, 8 vol., 1858-1868 (Bibliothèque Elzévirienne.)

LA MORT D'UNE JEUNE FILLE
SONNET

Comme on void sur la branche au mois de may la rose
En sa belle jeunesse, en sa premiere fleur,
Rendre le ciel jaloux de sa vive couleur,
Quand l'aube de ses pleurs au point du jour l'arrose :

La grace dans sa fueille et l'Amour se repose,
Embasmant les jardins et les arbres d'odeur ;
Mais, batue ou de pluye ou d'excessive ardeur,
Languissante elle meurt, fueille à fueille desclose [1].

Ainsi, en ta premiere et jeune nouveauté [2],
Quand la terre et le ciel honoroient ta beauté.
La Parque t'a tuée, et cendre tu reposes.

Pour obseques reçoy mes larmes et mes pleurs,
Ce vase plein de laict, ce pannier plein de fleurs,
A fin que, vif et mort, ton corps ne soit que roses.

(*Amours*, livre II, 2e partie, sonnet 4). Tome Ier, p. 239.

LA VIEILLE AMIE
SONNET

Quand vous serez bien vieille, au soir, à la chandelle
Assise auprès du feu, devidant [3] et filant,

---

1. Cf. VIRGILE, *Æn.*, IX, 434.
   Purpureus veluti cum flos succisus aratro
   Languescit moriens, lassove papavera collo
   Demisere caput, pluvia cùm forte gravantur.
2. C'est, appliqué à un autre ordre d'idées, le *novitas florida* de LUCRÈCE.
3. *Dévidant* le fil en écheveau. Var. : *devisant*, causant.

Direz, chantant mes vers, en vous esmerveillant :
«Ronsard me celebroit du temps que j'estois belle.»

Lors, vous n'aurez servante oyant telle nouvelle,
Desja sous le labeur à demy sommeillant,
Qui au bruit de Ronsard [1] ne s'aille reveillant,
Benissant vostre nom de [2] louange immortelle.

Je seray sous la terre, et, fantosme sans os;
Par les ombres myrteux [3], je prendray mon repos;
Vous serez au fouyer [4] une vieille accroupie,

Regrettant mon amour et vostre fier desdain.
Vivez, si m'en croyez, n'attendez à demain ;
Cueillez dès aujourd'huy les roses de la vie [5].
    (*Sonnets pour Hélene*, livre II, 42). Tome 1er, p. 340.

LA ROSE
ODE

Mignonne [6], allons voir si la rose
Qui, ce matin, avoit desclose [7]
Sa robe de pourpre au soleil,
A point perdu, ceste vespree,
Les plis de sa robe pourpree
Et son teint au vostre pareil.

Las ! voyez comme en peu d'espace
Mignonne, elle a, dessus la place,
Las ! las ! ses beautez laissé cheoir !
O vrayment marastre Nature,
Puisqu'une telle fleur ne dure
Que du matin jusques au soir !

Donc, si vous me croyez, mignonne,
Tandis que vostre âge fleuronne
En sa plus verte nouveauté,

---

1. En entendant le nom de... Var. : au nom de Ronsard.
2. Par une louange.
3. L'ombrage des myrtes. *Ombre* était des deux genres.
4. Etym. : *focarium* (basse latinité), de *focus*, qui a donné *feu*.
5. Cf. la fin de l'ode qui suit. — Cf. *La bonne Vieille*, de Béranger, dont le refrain est :
    Et bonne vieille, au coin d'un feu paisible,
    De votre ami repétez les chansons.
6. *Mignon, onne*, 1° adj., qui plait par sa délicatesse et sa gentillesse ; — 2° subst., favori. — A produit *mignard*. — Etymol. : *minne* (haut allemand). amour.
7. Développé, épanoui (*de, claudere*).

Cueillez, cueillez vostre jeunesse :
Comme à ceste fleur, la vieillesse
Fera ternir vostre beauté [1],
(*Odes*, 1, 17). Tome I, p. 117.

CHANT D'UN BERGER [2]

Chantons donques, bergers, et en mille façons
A ces vertes forests apprenons nos chansons.
Icy de cent couleurs s'esmaille la prairie,
Icy la tendre vigne aux ormeaux se marie,
Icy l'ombrage frais va les fueilles mouvant
Errantes çà et et là sous l'haleine du vent [3].
Ici de pré en pré les soigneuses avettes
Vont baisant et succant [4] les odeurs des fleurettes,
Icy le gazouillis enroué des ruisseaux [5]
S'accorde doucement aux plaintes des oiseaux ;
Icy entre les pins les Zephyres s'entendent.
Nos flutes cependant trop paresseuses pendent

---

1. Ronsard a plus d'une fois, comme Baïf, Belleau, Vauquelin, etc., traduit ou imité Anacréon, sans lui conserver, non plus qu'eux, sa gracieuse et piquante précision. Il a été plus heureux et est resté original dans ces trois petites strophes, dont l'idée première est d'ailleurs empruntée à Ausone. (Voir, *infra*, l'imitation de Desperriers.) On a oublié ses odes en strophes, antistrophes et épodes, et l'on sait par cœur cette odelette, comme on n'a retenu de Bertaut qu'une strophe, d'Arnault, en notre siècle, que la *Feuille*. — Voyez le sonnet précédent, et ailleurs :

Les beautés en un jour s'en vont comme les roses.
(*Sonnets pour Hélène*, 1, 62.)

.... Cueillez vostre jeunesse :
Quand on perd son avril, en octobre on s'en plaint.
(*Ibid.*, II, 44.)

2. Voici un échantillon de ces *Eglogues* qu'a raillées Boileau (*Art poét.*, II). Leur moindre défaut est de n'avoir guère de l'églogue que le nom. Sous le masque d'une imitation de Théocrite et de Virgile, elles ne donnent ni leurs bergers, ni leurs nymphes. La cour de France y est déguisée sous des noms de ferme, quelquefois de basse-cour. — Dans la plus étendue des six, composée de chants, de chœurs, de dialogues et appelée en sous-titre *Bergerie*, Marguerite de France, duchesse de Savoie, a un double rôle, berger ici, Margot là. Les noms d'Orléantin, Angelot, Navarrin cachent le duc d'Orléans, le duc d'Anjou, le roi de Navarre. On y fait force descriptions, ou y chante la France délivrée des Allemands, la France honorée des Vatable et des Budé. Dans d'autres, Joachim du Bellay, Pierre de Ronsard, Michel de l'Hospital s'appellent Bellot, Perrot, Michau. Charles IX et Henri III, qui, dans la Vᵉ, étaient d'abord Daphnis et Thyrsis, deviennent dès l'édition de 1567 Carlin et Xandrin (Alexandre, nom porté par Henri III dans sa jeunesse), — cadres disparates et grimaçants qui renferment de charmants tableaux de détail.

3. Cf. *Elégie contre les Bûcherons*... et *Eglog.*, III :

D'une fresche ramée un ombrage mouvant.

4. Étymol. : *sugere*, *suctum*, d'où *succus*.

5. C'est le *raucum per lævia murmur Saxa*, de Virgile (*Géorg.* I, 109) ; mais *enroué* détonne.

A nos cols endormis[1], et semble que ce temps
Soit à nous un hyver, aux autres un printemps.

Sus[2] donques en cet antre ou dessous cet ombrage
Disons une chanson. Quant à ma part, je gage
Pour le prix de celuy qui chantera le mieux
Un cerf apprivoisé qui me suit en tous lieux...
Il va seul et pensif où son pied le conduit;
Maintenant[3] des forests les ombrages il suit,
Maintenant il se mire aux bords d'une fontaine
Ou s'endort sous le creux d'une roche hautaine,
Puis il retourne au soir, et gaillard[4] prend du pain
Tantost dessus la table et tantost en ma main,
Saute à l'entour de moy, et de sa corne essaye
De cosser[5] brusquement son mastin qui l'abaye[6].
(Eglogue Ire, *Bergerie*.) Tome IV, p. 9.

A UN ROI[7]

Sois paré de vertu, non de pompe royale :
La seule vertu peut les grands rois décorer.
Sois prince liberal : toute ame liberale
Attire à soy le peuple et se fait honorer.

Porte dessus le front la honte de mal-faire,
Aux yeux la gravité et la clémence au cœur,

---

1. Voici un rare bonheur d'expressions, d'harmonie et d'enjambement.
2. Allons! (levons-nous; de *susum*, arch.; depuis *sursum*).
3. *Nunc..., nunc...*: tantôt répété.
4. Vif et hardi. La Fontaine a dit: le gaillard savetier (II, 8), nos gaillards pèlerins (II, 10).
5. Se heurter de la tête l'un contre l'autre. Etym. : *co-icere* (frapper, d'où *ictus*).
6. Étymol.: *ad, baubari*, βαΰζειν. On a dit *baier*. Régnier écrit encore *abayer*. — Le berger en a fait présent à Thoinon, qui le fait

> Marcher entre les fleurs, le tenant à la corne...
> Puis le conduit au soir à la fraîcheur des eaux,
> Et de sa blanche main seule luy donne à boire.

Que de vers frais et gracieux perdus au milieu d'une intarissable profusion! Ailleurs, c'est une nymphe:

> Qui ses cheveux essuie aux rayons du soleil. (*Ibid.*)

Pendant la guerre,

> Oisives par les champs se rouilloient les charrues (*Ibid.*)

Le soir,

> Les vents sont assoupis, les bois dorment sans bruit. (*Egl.*, IV.)

La nuit,

> Fouler l'herbe des prés au son de l'eau qui bruit. (*Egl.*, III.)

7. Chanté (*carmen amœbæum*) par deux « pasteurs ». — Ce n'est pas une des moindres surprises des « Bergeries » de Ronsard, d'y rencontrer ces vers graves, fermes, à la Pibrac. — Cf. *infra*, p. 61, note 4, *Institution pour l'adolescence de Charles IX*.

La justice en la main, et de ton adversaire,
Fust-il moindre que toy, ne sois jamais moqueur.

Ren le droit à chacun, c'est la vertu premiere
Qu'un roy doit observer : sois courageux et fort :
La force du courage est la vive lumiere
Qui nous fait mespriser nous-mesmes et la mort.

Mesprise la richesse et toutesfois desire,
Comme roy valeureux, d'augmenter ton bonheur,
Et par armes un jour agrandis ton empire,
Moins pour avoir du bien que pour avoir honneur.
   (Eglogue Ire, *Bergerie*). Tome IV, p. 42.

ÉLÉGIE

CONTRE LES BUCHERONS DE LA FORÊT DE GASTINE

. . . .
Escoute, bucheron, arreste un peu le bras ;
Ce ne sont pas des bois que tu jettes à bas ;
Ne vois-tu pas le sang, lequel degoute à force
Des Nymphes qui vivoient dessous la dure escorce[2] ?
Sacrilege meurdrier, si on pend un voleur
Pour piller un butin de bien peu de valeur,
Combien de feux, de fers, de morts et de detresses
Merites tu, meschant, pour tuer nos Deesses ?

Forest, haute maison des oiseaux bocagers !
Plus le cerf solitaire et les chevreuls legers
Ne paistront sous ton ombre, et ta verte criniere
Plus du soleil d'esté ne rompra la lumiere !
Plus l'amoureux pasteur sur un tronq adossé,
Enflant son flageolet à quatre trous persé,
Son mastin à ses pieds, à son flanc la houlette,
Ne dira plus l'ardeur de sa belle Janette ;
Tout deviendra muet, Echo sera sans vois ;
Tout deviendra campagne, et, en lieu de tes bois,

---

1. Dans le pays Chartrain (auj. Eure-et-Loir). Plusieurs fois, Ronsard cite ensemble Gastine et le Loir (*Amours*, livre Ier, sonnets 66, 161). Voyez aussi *Odes*, liv. II, 15 : à *la Forest de Gastine*).
2. Les *Dryades* (δρῦς, chêne), nymphes des bois, vivaient sous l'ombrage et se retiraient dans les troncs des arbres. Les *Hamadryades* (ἅμα...) étaient prisonnières sous leur écorce et incorporées à eux. Cf. OVIDE, *Métam.*, VIII, 721, sqq. :

  Cujus (Erisichton) ut in trunco fecit manus impia vulnus,
  . . . . . fluxit, discusso cortice, sanguis....
  » Nympha sub hoc ego sum, Cereri gratissima, ligno »

Dont l'ombrage incertain lentement se remue [1],
Tu sentiras le soc, le coultre [2] et la charrue ;
Tu perdras ton silence, et haletans d'effroy
Ny Satyres ny Pans ne viendront plus chez toy.

Adieu, vieille forest, le jouet de Zephyre,
Où premier [3] j'accorday les langues de ma lyre,
Où premier j'entendi les fleches resonner
D'Apollon, qui me vint tout le cœur estonner [4] ;
Où premier admirant la belle Calliope,
Je devins amoureux de sa neuvaine trope [5],
Quand sa main sur le front cent roses me jetta,
Et de son propre laict Euterpe m'allaita.

Adieu, vieille forest, adieu testes sacrees,
De tableaux et de fleurs autrefois honorees,
Maintenant le desdain des passans alterez,
Qui, bruslez en l'esté des rayons etherez,
Sans plus trouver le frais de tes douces verdures,
Accusent tes meurdriers, et leur disent injures.

Adieu, chesnes, couronne aux vaillans citoyens,
Arbres de Jupiter, germes Dodonéens [6],

---

1. Cf. *Eglogue* Ire. — Voilà comme Ronsard aurait toujours dû « parler grec et latin en français ». Voilà le vrai sentiment de la langue d'Homère et de Virgile. On le retrouvera dans toute sa pureté chez A. Chénier, fondu en notre langue sans les disparates bizarres et quelquefois grotesques qui gâtent Ronsard. Aucune de ce genre ne dépare cette gracieuse et touchante élégie. Pour le mot *incertain*, voyez l'*Hymne à la France* de Chénier :

> Et la Loire en son sein
> Incertaine...

2. *Cultrum*, le couteau attaché au soc.
3. [En] premier, pour la première fois. D'où *premier que*, d'abord que... Régnier ; *Plainte* :

> Las! voici bien l'endroit où premier je la vis.

4. Ebranler fortement.
5. Les neuf Muses. Calliope, muse de la poésie épique et de l'éloquence. Euterpe, de la musique. C'est à Calliope que Ronsard adresse la seconde ode du livre II :

> C'est toy qui fais que j'aime les fontaines,
> Tout esloigné du vulgaire ignorant,
> Tirant mes pas, sur les roches hautaines,
> Après les tiens, que je vais adorant.
> Tu es ma liesse,
> Tu es ma déesse,
> Tu es mes souhais ;
> Si rien je compose,
> Si rien je dispose,
> En moy tu le fais.
>
> (Strophe VIe.)

Notons, en passant, l'heureux agencement du rythme qui accélère progressivement le mouvement de la pensée et du langage.

6. Les chênes de Dodone en Epire. Le murmure de leurs feuilles était interprété comme un oracle de Jupiter. Les premiers hommes se nourrissaient de glands. Juvénal, XIV, 183 :

> Gratæ post munus aristæ
> Contingunt homini veteris fastidia quercûs.

Qui premiers aux humains donnastes à repaistre ;
Peuples vrayment ingrats, qui n'ont sçeu recognoistre
Les biens reçeus de vous, peuples vrayment grossiers,
De massacrer ainsy leurs peres nourriciers.
    Que l'homme est malheureux qui au monde se fie!
O Dieux, que veritable est la philosophie,
Qui dit que toute chose à la fin perira,
Et qu'en changeant de forme une autre vestira !
    De Tempé la vallee un jour sera montagne,
Et la cyme d'Athos une large campagne :
Neptune quelquefois [1] de blé sera couvert :
La matiere demeure et la forme se perd.
        (*Elegies*, xxx; 1584). Tome IV, p. 347.

PROMENADE, LECTURE ET RÊVERIE

Six ans estoient coulez, et la septiesme annee
Estoit presque entiere en ses pas retournee,
Quand, loin d'affection, de desir et d'amour,
En pure liberté je passois tout le jour,
Et, franc de tout soucy qui les ames devore,
Je dormois dès le soir jusqu'au poinct de l'aurore :
Car, seul maistre de moy, j'allois, plein de loisir,
Où le pied me portoit, conduit de mon desir,
Ayant toujours ès mains, pour me servir de guide,
Aristote ou Platon, ou le docte Euripide,
Mes bons hostes muets qui ne faschent jamais ;
Ainsi que je les prens, ainsi je les remais.
O douce compagnie et utile et honneste !
Un autre en caquetant m'estourdiroit la teste [2].
Puis, du livre ennuyé, je regardois les fleurs,
Feuilles, tiges, rameaux, especes et couleurs,
Et l'entrecoupement de leurs formes diverses
Peintes de cent façons, jaunes, rouges et perses [3],
Ne me pouvant saouler [4], ainsi qu'en un tableau,
D'admirer la nature et ce qu'elle a de beau,
Et de dire, en parlant aux fleurettes escloses :
Celuy est presque Dieu qui cognoist toutes choses,
Esloigné du vulgaire et loin des courtizans,

---

1. Quelque jour, *aliquando*.
2. N'est-ce pas le ton, l'harmonie aisée, la plénitude des vers de certaines épîtres de La Fontaine ?
3. *Pers*, bleu de toutes les nuances. Etym. : *persicum*, pêcher.
4. Etym. : *satullare*, de *satullus*, diminutif de *satur*, rassasié.

De fraude et de malice impudens artizans.
Tantost j'errois seulet par les forests sauvages,
Sur les bords enjonchez¹ des peinturez rivages,
Tantost par les rochers reculez et déserts,
Tantost par les taillis, verte maison des cerfs.
J'aimois le cours suivy d'une longue riviere,
Et voir onde sur onde allonger sa carriere,
Et flot à l'autre flot en roulant s'attacher,
Et, pendu sur le bord, me plaisoit d'y pescher,
Estant plus resjouy d'une chasse muette
Troubler des escaillez la demeure secrete,
Tirer avecq' la ligne en tremblant emporté
Le credule poisson prins à l'haim apasté²,
Qu'un grand prince n'est aise ayant pris à la chasse
Un cerf qu'en haletant tout un jour il pourchasse³.

Puis, alors que Vesper vient embrunir nos yeux,
Attaché dans le ciel, je contemple les cieux,
En qui Dieu nous escrit en notes non obscures
Les sorts et les destins de toutes creatures;
Car luy, en desdaignant (comme font les humains)
D'avoir encre et papier et plume entre les mains,
Par les astres du ciel, qui sont ses caracteres,
Les choses nous predit et bonnes et contraires;
Mais les hommes, chargez de terre et du trespas,
Mesprisent tel escrit et ne le lisent pas⁴...

(*Sonnets pour Helene*, liv. II, *Élégie*.)
Tome Ier, p. 362.

1. Couverts de joncs.
2. Etym.; *hamus*, *appâter*, garnir d'appât, de *ad pastum* (supin de *pasco*, faire paître, nourrir). Un peuple appâté de sang. (BOSSUET.)
3. Peut-être trouvera-t-on qu'il y a plus de grâce et de sentiment de la nature et d'émotion dans le mol abandon et la complaisance descriptive de Ronsard que dans les vers précis de Boileau (*Epître VI* :
   Ici, dans un vallon bornant tous mes désirs.
   J'achète à peu de frais de solides plaisirs.
   Tantôt, un livre en main, errant dans les prairies,
   J'occupe ma raison d'utiles rêveries :
   Tantôt, cherchant la fin d'un vers que je construi,
   Je trouve au coin d'un bois le mot qui m'avait fui ;
   Quelquefois, aux appas d'un hameçon perfide,
   J'amorce en badinant le poisson trop avide.....

Je ne sens l'émotion que dans quatre vers qu'on trouvera plus loin, p. 55.
4. Cf. LA FONTAINE, *Fabl.*, XI, 4 :
   Quand pourront les Neuf Sœurs, loin des cours et des villes,
   M'occuper tout entier, et m'apprendre des cieux
   Les divers mouvemens inconnus à nos yeux
   Les noms et les vertus de ces clartés errantes,
   Par qui sont nos destins et nos mœurs différentes ?
CORNEILLE, *Pompée*, III, 4 :
   Heureuse en mes malheurs...... (dit Cornélie à César)
   ...Si j'eusse avec moi porté dans ta maison
   D'un astre envenimé l'invincible poison !
Mme DE SÉVIGNÉ : Son étoile est d'être utile à M. de Lavardin. BOSSUET,

SERVITUDE ET INDÉPENDANCE [1]

Si tost que le matin resveille la lumiere
Le soing en votre lict vous ouvre la paupiere ;
L'huissier ouvre vostre huis, et alors un chaqu'un
Y entre pesle-mesle et vous est importun.
L'un demande une grace et l'autre un benefice,
L'autre un present du Roy ; l'autre veut un office.
L'un cecy, l'un cela vous requiert humblement,
Vous baise le genoil et la main bassement.
Vous prenez leurs placets avec un clin d'oreille,
Puis vous allez trouver nostre Roy qui s'esveille,
Et là comme espiant avec beaucoup d'ennuy
Le moyen sans fascher de parler bien à luy,
Souvent vous rougissez vers le Prince, pour faire
Plaisir à mil et mil dont vous n'avez affaire.
De sa chambre à l'eglise allez en appareil,
Puis vous allez disner et de là au conseil,
Puis au coucher du Roy, si bien qu'il ne vous reste
Une heure en tout le jour qui ne vous soit moleste ;
Et tout à celle fin qu'un Roy vous tienne cher.
Que maudit soit l'honneur qui s'achette si cher !
Mais ainsi que Milon ne trouvoit point la charge
Pesante d'un grand bœuf sur son espaule large
Pour avoir dès enfance appris à le porter ;
Ainsi un tel fardeau vous est à supporter

Politique tirée de l'Ecriture: C'est mon étoile, disent-ils, c'est mon ascendant, c'est l'astre puissant et bénin qui a éclairé ma nativité, qui met tous mes ennemis à mes pieds.
Cette croyance à une influence prétendue des astres sur la destinée de chacun est de toute antiquité. De là l'expression, prise du latin, « né sous une bonne, sous une mauvaise étoile », qui est restée dans la langue, vestige d'une superstition éteinte. Tout autre est la crédulité à l'astrologie et à l'horoscopie, degré plus avancé dans la superstition. On pouvait croire à l'influence secrète de l'étoile, sans croire que l'homme pût la deviner et la prédire. LA FONTAINE dit, *Fabl.*, II, 13 :

> Auroit-il (Dieu) imprimé sur le front des étoiles
> Ce que la nuit des temps enferme dans ses voiles?
> Pour nous faire éviter des maux inévitables!
> Nous rendre, dans le bien, de plaisirs incapables!
> Et, causant du dégoût pour ces biens prévenus,
> Les convertir en maux devant qu'ils soient venus?
> C'est erreur, ou plutôt c'est crime de le croire.

1. Ronsard, qui a été diffus en maint sonnet, à plus forte raison dans les *hymnes* et *poëmes*, où aucune limite ne le retient, a souvent déployé une ampleur magistrale de développement et une élégance vraie, quand un sentiment sincère l'inspire et l'échauffe. On le verra dans ses *Discours*. On peut le pressentir déjà ici où, avec une grande souplesse, il passe de la verve satirique à la peinture émue des joies de la campagne et de l'indépendance.

Honorable et leger, pour avoir dès enfance
Accoustumé l'epaule aux choses d'importance,
Mais mal-aisé pour moy qui suis parmi les bois
Les nymphes qui n'ont rien que le luth et la vois.
  O bien heureux celuy qui peut user son age
En repos, labourant son petit heritage [1] !
Qui loin de ses enfans charitable ne part,
Qu'une mesme maison a veu jeune et vieillart,
Et qui par les moissons au printemps retournees [2],
Et non pas par les Rois, va contant [3] les annees ;
Qui se soustient les bras d'un baston appuyez
Parmy les champs ou jeune alloit à quatre piez ;
Qui voit les grand's forests qu'il plantoit en jeunesse
D'un mesme age que luy parvenir à vieillesse ;
Et qui, loin de la ville et d'horologe, a mis [4]
Un cadran naturel à l'essueil [5] de son huis [6] !...
Il dort au bruit de l'eau qui court parmy les prées,
Aimant mieux les ouïr qu'un bruit d'un tambourin
Ou le mugissement d'un orage marin.
  Heureux doncques, heureux qui de son champ ne bouge,
Qui ne voit le Senat vestu de robe rouge. [7]

1. Comparez à tout ce morceau l'épître VI de Boileau (vers 43, sqq.) Avec des différences considérables, le mouvement est le même, quelquefois l'allure et la coupe des vers. Les deux poètes peignent et maudissent l'importunité des sollicitations, que l'un prête au cardinal de Coligny, que l'autre se dit obligé de faire. Boileau, comme Ronsard, aboutit à s'écrier :

> Qu'heureux est le mortel qui, du monde ignoré,
> Vit content de lui-même en un coin retiré!
> Que l'amour de ce rien qu'on nomme renommée
> N'a jamais enivré d'une vaine fumée,
> Qui de sa liberté forme tout son plaisir,
> Et ne rend qu'à lui-même compte de son loisir!

2. Revenues.
3. Le XVI⁰ siècle, et souvent le XVII⁰, ne distinguent pas *compter* de *conter*. Tous deux ont pour étymologie *computare*.
4. *Horologium*.
5. Seuil. Etymol. : *solium* (bas latin), de *solea*, *solum*. — *Huis*, porte. Etymol. : *ostium*.
6. Cf. CLAUDIEN, *De Sene Veronensi*, traduit par Melin de Saint-Gelais, et dont quelques imitations se trouvent aussi dans les *Stances à Tircis* de RACAN :

> Felix qui patriis ævum consumpsit in agris,
>   Ipsa domus puerum quem videt, ipsa senem ;
> Qui, baculo nitens in quâ reptavit arenâ,
>   Unius numerat sæcula longa casæ !..
> Frugibus alternis, non consule, computat annum ;
>   Autumnum pomis, ver sibi flore notat.
> Idem condit ager soles idemque reducit.
>   Metiturque suo rusticus orbe diem.
> Ingentem meminit parvo qui semine quercum
>   Æquævumque videt consenuisse nemus.

7. Le Parlement de Paris.

Ny le palais criard[1], les Princes, ni le Roy,
Ny sa trompeuse cour qui ne tient pas de foy.
Si dés le poinct du jour quelqu'un ne le salue[2],
S'il n'est comme un grand prince honoré par la rue.
Si le velours, la soye, et le rouge chapeau
Ne luy flamboye au chef, si allant au chasteau
Une suite de gens sa trace ne talonne;
Il vit heureusement, et la terre très bonne,
Mere égale de tous, ne laisse pas pourtant
A luy donner les biens dont il se tient contant.
Il vit loin de la guerre et des querelles feintes
Dont ces grands courtizans ont les ames atteintes...
Miserables valets, vendant leur liberté
Pour un petit[3] d'honneur servement acheté!
Quoy? faut-il pas mourir? Bien que l'homme se face
Riche en tresor mondain et tous ceux de sa race[4],
Si[5] mourra-il pourtant, et ne sera cognu
Non plus qu'un crocheteur lequel est mort tout nu.
  Or aille qui voudra[6] mendier à grand peine
D'un prince ou d'un grand Roy la faveur incertaine;
Quant à moy j'aime mieux ne manger que du pain
Et boire d'un ruisseau puisé dedans la main,
Sauter, ou m'endormir sur la belle verdure,
Ou composer des vers prés d'une eau qui murmure,
Voir les Muses baller dans un antre de nuit[7],
Ouïr au soir bien tard pesle-mesle le bruit
Des bœufs et des aigneaux qui reviennent de paistre;
Et bref j'ayme trop[8] mieux ceste vie champestre,
Semer, enter, planter, franc d'usure et d'esmoy,
Que me vendre moy-mesme au service du Roy.

(*Les Poèmes*, livre II; à Odet de Colligny, cardinal de Chastillon.)
   Tome VI, p. 197 sqq.

---

1. *Insanumque forum* (VIRG., G., II, 501). — *Clamosi fori* (SEN. TRAG., *Hercules furens*, 172). — CLAUDIEN, *ibid.* :
  Non freta mercator metuit, non classica miles,
   Non *rauci* lites pertulit ille *fori*.
2. Cf. VIRGILE, *Géorg.*, II, 460; et LA FONTAINE, *Elégie aux Nymphes de Vaux*, et *Fabl.* XI, 4.
3. Pour un peu d'honneur. Cet emploi de *petit* pour *peu* est resté dans *petit à petit*.
4. L'homme a beau enrichir lui et tous ceux...
5. Les choses étant ainsi. Οὕτω s'emploie de la même façon.
6. Cf. *infra*, DESPORTES, *Toujours plus haut*, et la note.
7. Danser pendant la nuit dans... Fénelon eût dit une grotte.
8. Beaucoup. Même étymologie que *troupe*, exprimant une grande quantité.

POÈTE MALGRÉ SON PÈRE

Je fus souventes-fois [1] retansé de mon pere
Voyant que j'aimois trop les deux filles d'Homere [2]
Et les enfans [3] de ceux qui doctement ont sceu
Enfanter en papier ce qu'ils avoient conceu.
Et me disoit ainsi : « Pauvre sot, tu t'amuses
A courtiser en vain Apollon et les Muses !
Que te sçauroit donner ce beau chantre Apollon
Qu'une lyre, un archet, une corde, un fredon [4],
Qui se respand au vent ainsi qu'une fumee,
Ou comme poudre en l'air vainement consumee ?
Que te sçauroient donner les Muses qui n'ont rien,
Sinon autour du chef je ne sçay quel lien
De myrte, de lierre, ou, d'une amorce vaine,
T'allecher [5] tout un jour au bord d'une fontaine,
Ou dedans un vieil antre, à fin d'y reposer
Ton cerveau malrassis, et beant composer
Des vers qui te feront, comme plein de manie [6],
Appeler un bon fol en toute compagnie ?

« Laisse ce froid mestier qui ne pousse en avant
Celuy qui par sus tous y est le plus sçavant ;
Mais, avec sa fureur qu'il appelle divine,
Tout seul se laisse errer accueilly de famine.
Homere, que tu tiens si souvent en tes mains,
Que dans ton cerveau creux comme un dieu tu te peins,
N'eut jamais un liard ; si bien que sa vielle,
Et sa Muse qu'on dit qui eut la voix si belle,
Ne le sceurent nourrir, et falloit que sa faim
D'huis en huis mendiast le miserable pain.

« Laisse-moy, pauvre sot, ceste science folle ;
Hante-moy les palais, caresse-moy Bartolle,
Et d'une voix dorée au milieu d'un parquet
Aux depens d'un pauvre homme exerce ton caquet,
Et fumeux et sueux [7], d'une bouche tonnante

---

1. Souvent (*subinde*, successivement, plusieurs fois de suite) est transformé en adjectif.
2. L'*Iliade* et l'*Odyssée*.
3. Les œuvres enfantées par...
4. Une voix chantante et gazouillante. Etym. : *fritinnire*, gazouiller.
5. *Allicere*, attirer, séduire (de *lacere*, d'où *laqueus*, qui a donné *lacs* lacet).
6. *Folie*; comme plus bas, *fureur*. C'est le sens de μανία et de *furor*.
7. Tout à fait inusité aujourd'hui.

Devant un president mets-moy ta langue en vente[1];
On peut par ce moyen aux richesses monter,
Et se faire du peuple en tous lieux bonneter[2]...
« Ou bien si le desir genereux et hardy,
En t'eschauffant le sang, ne rend accouardy[3]
Ton cœur à mespriser les perils de la terre,
Pren les armes au poing, et va suivre la guerre,
Et d'une belle playe en l'estomac ouvert,
Meurs dessus un rempart de poudre tout couvert. »
Pour menace ou priere[4], ou courtoise requeste
Que mon pere me fist, il ne sceut de ma teste
Oster la poësie; et plus il me tansoit,
Plus à faire des vers la fureur me poussoit..

Je n'avois pas douze ans, qu'au profond des vallees,
Dans les hautes forests des hommes reculees,
Dans les antres secrets, de frayeur tout couvers[5],
Sans avoir soin de rien[6], je composois des vers;
Echo me respondoit et les simples Dryades,
Faunes, Satyres, Pans, Napées, Oreades,
Egipans[7] qui portoient des cornes sur le front
Et qui ballant sautoient comme les chévres font,
Et le gentil troupeau des fantastiques fees
Autour de moy dansoient à cottes[8] agrafees[9]

(*Ibid.*, à Pierre L'Escot[10].) Tome VI, p. 189 sqq.

1. SEN. TRAG., *Hercules furens*, 172:
>   Clamosi rabiosa fori
>   Jurgia vendens, improbus iras
>   Et verba locat.

2. Saluer du bonnet, d'où : honorer de marques de déférence.
3. *Couard*, lâche. Etymol. : *cauda*, queue; italien, *coda*, d'où *codardo*, et *coart*, *couard*, qui est à la queue de l'armée.
4. *Pour*, suivi d'un substantif, comme ici, ou d'un infinitif, ne se prend dans le sens de *malgré, quoique*, que quand la proposition principale est negative ou restrictive.
5. Encore un latinisme. VIRGILE a dit, *Georg.*, IV, 467 :
>   Et caligantem nigra formidine lucum.

6. Sans avoir souci de rien, *securus* (*cura*, soin et souci).
7. Satyres. Etymol. : *Pan*, divinité des bois, et αἴξ (génitif αἰγος), chèvre.
8. *Cotte*, jupe. DESPORTES a dit :
>   Que de plaisir de voir sous la nuit brune,
>   Quand le soleil a fait place à la lune,
>   Au fond des bois les Nymphes s'assembler,
>   Danser, sauter, se donner cotte verte (se jeter sur le gazon)
>   Et sous leur pas tout l'herbage trembler!

9. Cf. HORACE, *Od.*, I, 4, vers 7 sqq.
10. Ordinairement Lescot (1510-1571), architecte, ami et collaborateur de J. Goujon. — Ici encore on peut saisir quelques ressemblances d'expressions, de tours, de mouvements avec Boileau (*Sat.*, VIII) : Prends-moi le bon parti, etc.; *Épître* V : Mon père, etc.). Le satiriste qui a sévèrement traité Ronsard ne l'avait pas lu en vain. Ronsard peut, avec

REMONTRANCE AU PEUPLE DE FRANCE

O ciel! ô mer! ô terre! ô Dieu pere commun
Des Juifs, et des Chrestiens, des Turcs, et d'un chacun,
Qui nourris aussi bien par ta bonté publique
Ceux du pole antartique et ceux du pole artique;
Qui donnes et raison et vie et mouvement,
Sans respect[1] de personne, à tous egalement;
Et fais du ciel là haut sur les testes humaines
Tomber, comme il te plaist, et les biens et les peines!
O Seigneur tout puissant, qui as toujours esté
Vers toutes nations plein de toute bonté,
De quoy te sert là haut la foudre et le tonnerre
Si d'un esclat de feu tu n'en brusles la terre?
Es-tu dedans un trosne assis sans faire rien?
Il ne faut point douter que tu ne sçaches bien
Cela que contre toy brassent tes creatures,
Et toutes fois, Seigneur, tu le vois et l'endures!
Ne vois-tu pas du ciel ces petits animaux,
Lesquels ne sont vestus que de petites peaux,
Ces petits animaux qu'on appelle les hommes,
Qu'ainsi que bulles d'eaux tu creves et consommes,
Que les doctes Romains et les doctes Gregeois

Vauquelin, et avant Régnier, compter parmi les créateurs de la satire en France. Témoins la première partie du morceau précédent et de celui-ci, et, dans des sujets plus graves, plus élevés, avec plus de feu, les *Discours*. Voir ci-après:

Cf. RÉGNIER, *Sat.*, IV. Son père lui disait « de dépit et bouffy de colere:

« Badin, quitte ces vers, et que penses-tu faire?
La Muse est inutile; et si ton oncle a sceu
S'avancer par cet Art, tu t'y verras deceu.
Penses-tu que le luth et la lyre des Poetes
S'accorde d'harmonie avec les trompettes,
Les fiffres, les tambours, le canon et le fer,
Concert extravagant des musiques d'enfer!
Toute chose a son règne, et dans quelques années
D'un autre œil nous verrons les fières destinées.
Les plus grands de ton temps dans le sang aguerris,
Comme en Trace seront brutalement nourris,
Qui rudes n'aymeront la lyre de la Muse,
Non plus qu'une viele ou qu'une cornemuse.
Laisse donc ce mestier et sage prens le soin
De t'acquérir un Art qui te serve au besoin. »
Ainsi me tançoit-il d'une parolle esmeuë.
Mais comme en se tournant je le perdoy de veuë,
Je perdy la mémoire avecques ses discours,
Et resveur m'esgaray tout seul par les destours
Des Antres et des Bois affreux et solitaires,
Où la Muse, en dormant, m'enseignoit ses misteres,
M'aprenoit ses secrets, et m'eschauffant le sein,
De gloire et de renom relevoit mon dessein.
Inutile science, ingrate, et méprisée.
Qui sert de fable au peuple et aux grands de risée.

Sans *regarder* à aucune distinction.

Nomment songe, fumee et fueillage des bois,
Qui n'ont jamais icy la verité cognue
Que, je ne sçay comment, ou par songe ou par nue?
Et toutesfois, Seigneur, ils font les empeschez,
Comme si tes secrets ne leur estoient cachez,
Braves entrepreneurs, et discoureurs des choses
Qui aux entendemens de tous hommes sont closes,
Qui par longue dispute et curieux propos
Ne te laissent jouir du bien de ton repos...

   Comment pourrions nous bien avec nos petits yeux
Cognoistre clairement les mysteres des cieux,
Quand nous ne sçavons pas régir nos republiques,
Ny mesme gouverner nos choses domestiques?
Quand nous ne cognoissons la moindre herbe des prez?
Quand nous ne voyons pas ce qui est à nos piez?
Toutefois les docteurs de ces sectes nouvelles
Comme si l'Esprit Sainct avoit usé ses ailes
A s'appuyer sur eux, comme s'ils avoient eu
Du ciel dru et menu mille langues de feu,
Et comme s'ils avoient (ainsi que dit la Fable
De Minos) banqueté des hauts Dieux à la table,
Sans que honte et vergongne en leur cœur trouve lieu,
Parlent profondement des mysteres de Dieu;
Ils sont ses conseillers, ils sont ses secretaires,
Ils sçavent ses advis, ils sçavent ses affaires,
Ils ont la clef du ciel et y entrent tous seuls,
Ou qui veut y entrer, il faut parler à eulx...

. . . .

Madame [1], faut chasser ces gourmandes Harpyes,
Je dy ces importuns, qui les griffes remplies
De cent mille morceaux, tendent tousjours la main,
Et tant plus ils sont saouls tant plus meurent de faim,
Esponges de la cour, qui succent et qui tirent:
Plus ils crevent de biens, et plus ils en desirent!

   O vous, doctes prelats, poussez du Sainct Esprit,
Qui estes assemblez au nom de Jesus-Christ,
Et taschez sainctement par une voye utile
De conduire l'Eglise à l'accord d'un concile [2];
Vous-mesmes les premiers, prelats, reformez-vous,
Et comme vrais pasteurs faite la guerre aux loups;
Ostez l'ambition, la richesse excessive;

---

1. La reine-mère, Catherine de Médicis.
2. Le concile de Trente.

Arrachez de vos cœurs la jeunesse lascive,
Soyez sobres de table, et sobres de propos;
De vos troupeaux commis[1] cherchez-moy le repos,
Non le vostre, prelats; car votre vray office
Est de prescher sans cesse et de chasser le vice.
Vos grandeurs, vos honneurs, vos gloires despouillez;
Soyez-moy de vertus, non de soye habillez;
Ayez chaste le corps, simple la conscience;
Soit de nuit, soit de jour, apprenez la science;
Gardez entre le peuple une humble dignité,
Et joignez la douceur avec la gravité.
Ne vous entremeslez des affaires mondaines,
Fuyez la cour des roys et leurs faveurs soudaines,
Qui perissent plustost qu'un brandon allumé
Qu'on voit tantost reluire et tantost consumé.
Allez faire la cour à vos pauvres oueilles,
Faictes que vostre voix entre par leurs aureilles,
Tenez-vous prés du parc, et ne laissez entrer
Les loups en vostre clos, faute de vous montrer[2]...

    Et vous, nobles aussi, qui n'avez renoncee
La foy de pere en fils qui vous est annoncee,
Soustenez votre roy, mettez-luy derechef[3]
Le sceptre dans la main et la couronne au chef,
N'espargnez vostre sang, vos biens ny vostre vie:
Heureux celuy qui meurt pour garder sa patrie[4]!
    Vous, peuple, qui du coultre et des bœufs accouplez

1. Des troupeaux commis à votre garde.
2. Il y a en ce passage, du trop plein, des longueurs, des redites, mais de l'émotion, du cœur. Ces métaphores finales, un peu banales, sont à leur place, ou jamais. « Allez faire la cour... » est touchant et éloquent.
3. Etym.: *de, re*, indiquant retour, *chef* (caput, pris au sens de l'extrémité, origine). De nouveau, *ab initio, ab integro*.
4. Ronsard a souvent de ces vers pleins et francs. Ils donnent beaucoup d'accent et de fermeté à son *Institution pour l'adolescence du Roy tres chrestien Charles IX de ce nom*. (*Discours*, p. 33 sqq.). Elle commence ainsi:

    Sire, ce n'est pas tout que d'estre Roy de Franc,
Il faut que la vertu honore vostre enfance;
Car un roy sans vertu porte le sceptre en vain,
Et luy sert d'un fardeau qui luy charge la main...
    Un roy pour estre grand ne doit rien ignorer...
Il faut premierement apprendre à craindre Dieu
Dont vous estes l'image, et porter au milieu
De vostre cœur son nom et sa sainte parole,
Comme le seul secours dont [par lequel] l'homme se console.
    Après il faut tenir la loy de vos ayeux,
Qui furent Rois en terre et sont là haut aux cieux;...
Celuy qui se cognoist est seul maistre de soy
Et sans avoir royaume il est vrayment un Roy...
    Ne vous monstrez jamais pompeusement vestu,
L'habillement des Rois est la seule vertu...
    D'amis plus que d'argent montrez-vous desireux;
Les princes sans amis sont toujours malheureux.

Fendez la terre grasse et y semez des blez ;
Vous, marchans, qui allez les uns sur la marine,
Les autres sur la terre, et de qui la poitrine
N'a humé de Luther la secte ny la foy,
Monstrez-vous à ce coup bons serviteurs du roy.
  Je suis plein de despit, quand les femmes fragiles
Interpretent en vain le sens des evangiles,
Qui devroient mesnager et garder leur maison.
Je meurs quand les enfans qui n'ont point de raison
Vont disputant de Dieu qu'on ne sçauroit comprendre,
Tant s'en faut qu'un enfant ses secrets puisse entendre.
J'ay l'esprit tout geiné de deuil et de tourment,
Voyant ce peuple icy des presches si gourmand,
Qui laisse son estau, son banc et sa charue,
Et comme furieux par les presches se rue
D'un courage si chaud qu'on ne l'en peut tirer,
Voire en mille morceaux le deust-on deschirer.
J'ay pitié quand je voy quelque homme de boutique,
Quelque pauvre artizan devenir heretique ;
Mais je suis plein d'ennuy et de deuil quand je voy
Un homme bien gaillard abandonner sa foy,
Quand un gentil esprit pippé [1] huguenotise [2],
Et quand jusqu'à la mort ce venin le maistrise.
  Voyant ceste escriture [3] ils diront en courroux :
« Et quoy ? ce gentil sot escrit doncq' contre nous ?
Il flatte les seigneurs, il fait d'un diable un ange.
Avant qu'il soit long temps on luy rendra son change [4],
Comme à Villegaignon [5] qui ne s'est bien trouvé
D'avoir ce grand Calvin au combat esprouvé. »
  Quant à moy je suis prest, et ne perdray courage,
Ferme comme un rocher, le rempart d'un rivage,
Qui se moque des vents, et n'est jamais donté [6].

    (*Discours.* — Remontrance au peuple de France, 1564.)
    Tome VII, p. 54 sqq.

---

1. Tromper. Etymol. : *Pipare*, siffler ; imiter le cri de la chouette pour attirer les oiseaux sur des branches enduites de glu. D'où prendre à la *pipée*. — *Gentil*, noble, généreux, de race (*gens, gentis ; generosus*).
2. Verbe formé comme pindariser, ronsardiser.
3. Ce que j'écris.
4. Comme on dit familièrement, la monnaie de sa pièce.
5. « Docte personnage, alors qu'il fut en prise contre ce bon apostre de la nouvelle créance ; mais toujours l'Huguenot, à l'ouïr parler, est le maistre et vainqueur en dispute. » (Commentaire de l'édition de 1623.)
6. Dompté, *domitus*. — Les *Discours* de Ronsard, — ajoutez-y quelques parties du *Bocage royal*, faisceau ou bouquet d'épîtres au roi de France. — sont la partie de ses œuvres la moins connue et la plus digne

REMI BELLEAU
1528-1577

Né à Nogent-le-Rotrou, mort à Paris âgé de moins de cinquante ans, l'histoire de sa vie tient en deux lignes. Il fut précepteur des fils de Remy de Lorraine, marquis d'Elbeuf, le suivit à Naples, revint avec lui à Paris et y cultiva la poésie. Ses amis Ronsard, Baïf, Desportes et A. Jamyn portèrent son corps sur leurs épaules à l'église des Grands-Augustins, où il fut enterré.

Le « gentil », entendez le charmant Belleau, l'ami de prédilection de Ronsard, celui qu'il appelait « le peintre de la nature », n'a pas son essor. Il a quelquefois tenté de monter. La prose narrative et descriptive de ses *Bergeries* (1re journée, 1565 ; 2e journée, 1571) est un fond sur lequel se détachent, au milieu de séries de sonnets, des chants, des odes, des prières, des stances imitées des Ecritures, comme en écriront Desportes et Malherbe, plus tard J.-B. Rousseau, une complainte « de Prométhée », un discours sur Ixion, des épithalames et des « tombeaux » des grands de son temps : toutes

de l'être. Il faudrait pouvoir citer de ses *Discours sur les misères de ce temps*, de son *Institution pour l'adolescence de Charles IX*, de sa *Remontrance au peuple de France*, de sa *Response aux calomnies des prédicans*, etc., bien des pages d'un mouvement entraînant, d'une contexture ferme et pleine. Par elles il a sa place dans l'histoire de son temps, sinon par l'action, au moins par la plume et l'éloquence. Le patriotisme, l'horreur de la discorde et de la guerre civile lui donnent une émotion généreuse et chaude. Plus ou peu d'artifice, de pastiche, de mosaïque grecque et latine : l'expression vient de source, tour à tour chaleureuse et touchante, ou satirique et âpre. A part les exceptions qui deviennent rares, la prolixité complaisante de l'esprit y fait place à l'abondance du cœur, et la période s'y déroule avec une ampleur toute nouvelle. Il est simple et élevé quand il défend sa foi; il a des accents qui annoncent le *Saint-Genest* de Rotrou, l'*Imitation* de Corneille. Il est pathétique, il pleure sur « la pauvre France »; il s'adresse, pour guérir ses plaies, à tous, peuple et noblesse, noblesse catholique, noblesse huguenote, clergé, princes, rois, et tous les pousse vivement, indépendant, hardi. On songerait presque à ce noble l'Hospital, qui disait : « Otons ces noms diaboliques de partis, ne changeons le nom de chrétien, » n'étaient les accents de colère qui bientôt éclatent pour démentir tous les appels à la concorde, et cette prière finale à Dieu pour lui demander la mort de Coligny :

> Donne que de son sang il enyvre la terre
> Et que ses compagnons au milieu de la guerre,
> Renversés à ses pieds, haletans et ardens,
> Mordent dessus le champ la poudre entre leurs dens,
> Estendus l'un sur l'autre ; et que la multitude
> Qui s'asseure en ton nom, franche de servitude.
> De fleurs bien couronnée, à haute voix, Seigneur,
> Tout à l'entour des morts celebre ton honneur,
> Et d'un cantique sainct chante de race en race
> Aux peuples à venir tes vertus et ta grace.

Au moins ne demandait-il pas les assassins qui, huit ans après, couchaient par terre, dans les ruisseaux de Paris, Coligny et « ses compagnons », qui tuaient de douleur l'Hospital, qui faisaient courir, « de fleurs bien couronnée, » la multitude pour voir l'aubépine miraculeusement refleurie au cimetière des Innocents. — Aux imprécations publiques de Ronsard répondaient les imprécations, secrètes encore, des *Tragiques* de d'Aubigné.

les antiquités s'y mêlent au présent; ailleurs il a paraphrasé en des *Discours sur la Vanité* (1566) l'Ecclésiaste. Mais les ailes de sa muse gracieuse et fleurissante, toutes diaprées de vives couleurs, ne le portent pas si haut. A chaque page les épithètes jolies, les diminutifs mignards qu'il a prodigués dans la fluidité harmonieuse et molle de ses huit *Églogues sacrées*, tirées du Cantique des Cantiques (1556), détonnent dans les sujets élevés. C'est un fin artiste qui aime tout ce qui brille et chatoie dans les œuvres de la nature et de l'art. Il excelle à chanter avril et mai; — il traduit Anacréon (1555), dont les petits tableaux sont faits, comme on a dit, pour être gravés sur le chaton d'une bague; — dans ses *Petites inventions* (1557) il chante en petits vers le papillon, la cerise, le ver luisant, les jeux de l'ombre, etc.; — dans ses *Amours et nouveaux eschanges des pierres precieuses, vertus et proprietez d'icelles* (1566, il leur imagine une histoire allégorique et les décrit : c'est l'améthyste, le diamant, la perle, l'émeraude, le saphir, la turquoise; la pierre aqueuse est une nymphe, Iris a été aimée d'Opale. Nul, ce semble, ne représente mieux, dans la poésie du XVIe siècle, le culte de la Renaissance pour l'antiquité grecque et latine, l'Italie artistique et littéraire, et la nature. Théophile Gautier, de nos jours, a aimé à dessiner dans ses romans les châteaux du temps de Louis XIII, en briques rouges reliées par des cordons de pierre blanche; il fait dans ses poésies scintiller le soleil sur les vitres ogivales et sculpte *émaux* et *camées*. R. Belleau est de cette famille d'artistes littéraires. C'est dans les *Bergeries*, le plus renommé de ses ouvrages au XVIe siècle, le pied sur un perron, le coude sur un balustre, qu'il regarde, respire et chante les abeilles et les roses.

Voir l'édition A. Gouverneur, III vol. in-12 (Bibl. Elzévirienne).

CHANT DE LA PAIX[1]

Je te salue, ô Paix, fille de Dieu.
Fille de Dieu, tu sois la bien venuë.....

Donc que l'on voye à ton heureux retour
Rire les champs, verdoyer les campagnes,
Le ciel sans nuë, et le haut des montagnes
Toujours doré des rayons d'un beau jour :
Que les replis de la Seine ondoyante
Portent ton nom jusqu'aux flots escumeux
De la grand'mer, et puis la mer bruyante
Le pousse aux vents, et les vents jusqu'aux cieux.

Le moissonneur par toy librement dort
Dans sa moisson, la main sur la faucille [2].

---

1. Nous donnons quelques vers de ce chant pour montrer qu'il s'en était fallu de peu que R. Belleau ne sût joindre à la vivacité des images, qui lui est ordinaire, le mouvement de l'inspiration lyrique.
2. Voilà en deux vers un tableau parfait : fond, personnage, attitude tout y est.

Par toy l'humeur [1] du vin nouveau distille
Dedans la tonne écumant jusqu'au bord......

Doncques à fin que jamais n'esperions [2]
Guerre ici bas, que l'estendart fleurisse
En verds rameaux et que l'araigne ourdisse
Sa fine trame ès vuides morions [3] :
Que des brassarts et des corps de cuirasse
Le fer s'allonge en la pointe d'un soc [4],
Le coutelas, la pistolle [5] et la masse
Dans le fourreau se moisissent au croc [6].
      (*Bergeries*, 1ʳᵉ journée [7]).

1. *Humor*, liqueur, liquide. *Humida vina*, dit Virgile, *Géorg.*, III, 364.
2. Espérer employé ici dans le sens de *attendre*. Racine a dit de même (*Androm.* V, sc. dern.) :
    Grâce aux Dieux, mon malheur passe mon espérance,
3. Ancienne armure de tête plus légère que le casque. Etymol. espagnole.
4. Virgile, *Géorg.*, I, 508 :
    Et curvæ rigidum falces conflantur in ensem.
5. Les noms de *pistola* et *pistolese*, donnés en italien à un court poignard que fabriquait la ville de Pistoie, furent donnés en français (*pistole, pistolet*) à la plus courte des armes à feu. Le nom de *pistole* fut donné aussi, par assimilation diminutive, au *demi*-écu d'or. V. Littré.
6. Cf. Ronsard, *les Poëmes*, liv. IIᵉ: *la Paix*, au roy Henri II:
  O Paix, fille de Dieu ! nous viens réjouyr
  Comme l'aube du jour qui fait r'espanouyr
  Avecques la rosée une rose fleurie
  Que l'ardeur du soleil avoit rendu flétrie :
  Pends nos armes au croc, et au lieu des batailles
  Attache à des crampons les lances aux murailles,
  Et que le coutelas du sang humain souillé,
  Pendu d'une couraye (courroie), au fourreau soit rouillé,
  Et que le corcelet au plancher se moisisse,
  Et l'araigne à jamais ses filets y ourdisse.

7. La *Bergerie*, qui date du xvıᵉ siècle, est une extension considérable du cadre classique de l'antique églogue. Sannazar (1544) en fait un roman. Plus élastique et plus vague chez R. Belleau, à peine a-t-elle un plan et une action. Réunis sur une belle terrasse, dont le poète se complait à décrire, dans la prose qui relie ses poésies, les magnificences artistiques, de grands seigneurs et de grandes dames costumés en berger et bergères devisent, lisent et chantent. La nuit les sépare; le jour suivant les rassemble; de là, après une première *journée*, une seconde *journée*. Pas d'autre économie. — Les vers qui précèdent, le poète imagine les avoir lus sur des troncs d'arbres, représentés en une tapisserie. On voit tout ce que cache d'artificiel le titre rustique de *Bergeries*.

Voici, au surplus, le début, en prose, du poème. L'auteur, nous dit-il, arrive au point du jour en un lieu ravissant. « C'estoit une croupe de montagne, moyennement haute, toutesfois d'assez difficile accez: du costé où le soleil rapporte le beau jour, se descouvroit une longue terrace pratiquée sur les flancs d'un rocher, portant largeur de deux toises et demie, enrichie d'appuis et d'amortissemens de pierre taillée à jour, à petites tourelles, tournées et massonnées à cul de lampe, avancees hors la courtine de la terrace, pavee d'un pavé de porphyre bastard, moucheté de taches blanches, rouges, verdes, grises, et de cent couleurs différentes, nettoyée par des esgouts faits à gargouilles et muffles de lyon. L'un des bouts de ceste terrace estoit une gallerie vitrée, lambrissée sur un plancher de

4.

AVRIL[1]

> « Avril, l'honneur et des bois
> Et des mois ;

carreaux emaillez de couleur : le frontispice, à grandes colonnes canellées et rudentees. garnies de leurs bases, chapiteaux, architrave, frise, cornice, et mouleures de bonne grace et de juste proportion. La veüe belle et limitee de douze coupeaux de montagnettes, ruisselets, rivieres, fontaines, prez, combes, chasteaux, villages et bois ; bref, de tout cela que l'œil sçauroit souhaiter pour son contentement. Or dedans ceste gallerie couverte se monstroit une infinité de tableaux, faits de la main de quelque gentil ouvrier : entre autres j'en remarquay trois, le premier estoit un paisage si bien et si naisvement rapporté au naturel que la nature mesme se tromperoit, s'elle osoit entreprendre de faire mieux : au milieu se decouvroyent deux Bergers, assis et appuyez du dos contre le tronc de deux ormes : ils estoyent si pensifs et de si triste contenance, qu'on jugeoit aisement qu'ils se lamentoyent sur les miseres de nostre temps. Et à la vérité ils parloyent l'œil baissé, le visage palle et chagrin. Toutesfois inespérement decouvrent un Berger, qui leur annonce nouvelle de la paix : et si j'ay bonne memoire, je vous diray leurs complaintes que je vey si mignonnement tracees et contrefaites au pinceau, sur le tronc de ces arbres, qu'il sembloit qu'elles fussent de relief, cruës et engrossies avec leur escorce. Le premier qui estoit vers le soleil levant, souspirait en ceste façon. »

Et ailleurs un berger, après avoir lu à des bergères une vingtaine de sonnets (Belleau ne saurait disputer le prix du sonnet à J. Du Bellay et à Ronsard) leur montre un miroir qu'il a rapporté de ses voyages : « Le pié de ce miroir est en triangle comme tout le reste, il est de porcelaine elevé en demy-rond, enrichy de mille petits animaux marins, les uns en coque, les autres en escaille, les autres en peau, tous entortillez par le reply des vagues et des flots courbez, et entassez l'un sur l'autre : et semble à voir ces troupes escaillees, que ce soit un triomphe marin. On voit sur l'une des faces, entre ces petits animaux, deux Tritons eslevez par dessus les autres. qui embouchent leurs coques, tortillees et aboüties en poincte, mouchetees de taches de couleur, aspres et grumeleuses en quelques endroits, ils ont la queuë de poisson large et ouverte sur le bas. Sur l'autre face est un rocher, où il y a un Roy assis en majesté, couronné d'une couronne de joncs mollets, meslez de grandes et larges fueilles qui se trouvent sur la grève de la mer : il porte la barbe longue et herissee de couleur bleuë, et semble qu'une infinité de ruisseaux coule de ses moustaches allongees et cordonnees dessus ses levres ; il tient de la main dextre une fourche à trois poinctes, de l'autre il guide et conduit ses chevaux marins galoppans à bouche ouverte, ayans les piez dechiquetez et coupez menu comme les nageoires des poissons : ils ont la queuë entortillee comme serpens. Les roues de ce char sont faites de rames et d'avirons, assemblez pour fendre et couper la tourmente, et l'espaisseur des flots, comme à coups de cizeau. De l'autre face est une Déesse en face riante belle et de bonne grace : elle a un pié en l'air, et l'autre planté sur une coquille de mer. conduisant d'une main un petit enfant portant des ailes sur le dos. Entre ces colonnes sont mises les graces de ce miroir, enchassees en tableau fort bien elabouré de petites vignettes, lierres où rampent mille petits animaux, comme freslons, mousches, guespes, sauterelles, cigales, lezards, et mille sortes de petits oisillons. »

1. Voici la plus célèbre pièce de R. Belleau. Veut-on savoir comment elle est encadrée dans la *Bergerie*? « La vigne commençoit à ébourrer le coton délicat de son bourgeon, allongeant entre ses fueilles tendrettes deux petites menottes, tortillees et recourbees comme deux petites cornes de limaçon. En quelques lieux se voyoit le pampre verdissant qui commençoit à developper ses feuilles largettes decoupees, un peu jaunissantes sur les bords, et emperlees de rosee, comme de petit duvet, qui les rendoit argentees quand le Soleil rayonnoit sur ce coustau. Je vous diray quelques petits vers sur la description du mois d'Avril, que je trouvay tout frais-

Avril, la douce esperance
Des fruicts qui, sous le coton
    Du bouton,
Nourrissent leur jeune enfance [1];

Avril, l'honneur des prez verds,
    Jaunes, pers,
Qui, d'une humeur [2] bigarree,
Emaillent de mille fleurs
    De couleurs
Leur parure diapree [3];

Avril, l'honneur des soupirs
    Des Zephirs,
Qui, sous le vent de leur aile,
Dressent encore ès forests
    De doux rets,
Pour ravir Flore la belle;

Avril, c'est ta douce main
    Qui du sein
De la nature desserre [4]
Une moisson de senteurs
    Et de fleurs
Embasmant [5] l'air et la terre.

chement gravez, avec la pointe d'un poinçon, sur les appuis de ceste terrace, riche de cent chiffres, devises et entrelas, estant le receveur ordinaire de telles resveries et coleres passionnees de l'Amour. Ils commençoyent ainsi : »

1. Rythme gracieux et léger, où les rimes des deux petits vers semblent un joyeux écho de la rime précédente.
On le trouve heureusement employé par Ronsard :

    Bel aubespin verdissant,
        Fleurissant,
    Le long de ce beau rivage,
    Tu es vêtu jusqu'au bas
        Des longs bras
    D'une lambrunche sauvage.
        (Odes. IV, 21.)

(*Labrusca*, Virgile, vigne sauvage.)

    Quand ce beau printemps je voy,
        J'apperçoy
    Rajeunir la terre et l'onde,
    Et me semble que le Jour
        Et l'Amour
    Comme enfans naissent au monde.
        (*Amours*, livre II, chanson.)

2. *Bigarrer*, colorer diversement et capricieusement. Étym.: *bis, variare*
3. *Diaprer* (date du xiiie siècle), varier de vives couleurs. Etymol.: *diaspre*, sorte de drap à fleurs, venant du latin *jaspis*, jaspe (en italien *diaspro*).
4. Fait sortir du sein de la terre en la dilatant. C'est le *solvere* des Latins.
5. On a dit basme, bausme, auj. baume. Etym.: βάλσαμον, d'où balsamique.

Avril, la grace et le ris
　　De Cypris [1],
Le flair et la douce haleine;
Avril, le parfum des dieux,
　　Qui, des cieux,
Sentent l'odeur de la plaine;

C'est toy, courtois et gentil,
　　Qui d'exil
Retire ces passageres,
Ces arondelles [2] qui vont,
　　Et qui sont
Du printemps les messageres.

L'aubespine et l'aiglantin [3]
　　Et le thym,
L'œillet, le lys, et les roses,
En cette belle saison,
　　A foison,
Monstrent leurs robes écloses.

Le gentil rossignolet,
　　Doucelet [4],
Decoupe, dessous l'ombrage,
Mille fredons habillards,
　　Fretillards,
Au doux chant de son ramage.

Tu vois en ce temps nouveau
　　L'essaim beau
De ces pillardes avettes [5]
Volleter de fleur en fleur
　　Pour l'odeur
Qu'ils mussent [6] en leurs cuissettes.

May vantera ses fraischeurs,
　　Ses fruicts meurs,

---

1. Vénus, adorée à Chypre.
2. Arondelle, aronde, ironde, etc.: hirondelle (*hirundo*).
3. Eglantier.
4. Voilà ces diminutifs continuels chez R. Belleau. Il dit ruisselet, gorgette, ruchette, bec mignardelet, corail vermeillet, lèvres mollettes, Nymphetes de Sion (*Eglog. Sacrées*), l'aile brunette de la Nuit, etc.
5. Apette, avette, de *apicula*, petite abeille. (Les lettres *b*, *p*, *v*, se substituent souvent l'une à l'autre. *Turba* a donné *troupe*; *ripa*, *rive*; *aprilis*, *avril*; *cubare*, *couver*; *Ilva*, *Elbe*, etc.)
6. Cachent. *Ils* a pour sujet le collectif masculin *essaim*.

> Et sa feconde rosee,
> La manne, et le sucre doux,
> Le miel roux
> Dont sa grace est arrosee.
>
> Mais moy je donne ma voix
> A ce mois
> Qui prend le surnom de celle
> Qui de l'escumeuse mer
> Vit germer
> Sa naissance maternelle [1].

(*Bergeries*, 1ʳᵉ journée.)

VENDANGEURS [2]

C'estoit en la saison que la troupe rustique
S'appreste pour couper de ceste plante unique,
De ce rameau sacré le raisin pourprissant :
C'estoit en la saison que le fruit jaunissant
Laisse veusve la branche, et le souillart Autonne [3]
Fait écumer les bords de la vineuse tonne :
Un chacun travailloit, l'un après le pressoir,
L'autre à bien estouper le ventre à l'entonnoir,
Et d'un fil empoissé avec un peu d'estoupes
Calfeutrer les bondons [4] : les uns lavoyent les coupes,
Et rinsoyent les barils, autres sur leurs genoux
Aiguisoient des faucets [5] pour percer les vins doux,
Et piquettans leurs flancs d'une adresse fort gaye [6]
En trois tours de foret faisoyent saigner la playe,
Puis à bouillons fumeux le faisoyent doisiller [7]
Louche [8] dedans la tasse, et tombant petiller.

---

1. Vénus Ἀφροδίτη (ἀφρός, écume), née de la mer. Le mois d'avril (de *aperire*, ouvrir [le sein de la terre]) a été appelé *mensis cythereius*, mois consacré à la déesse de Cythère.
2. Vers que le poète feint avoir lus « tissus contre le ventre d'une grande cuve » sur un pan de tapisserie. »
3. C'est le *Sordidus Autumnus* d'Ovide.
4. Morceau de bois qui ferme la *bonde*, trou rond par lequel on emplit le tonneau. *Calfeutrer* et *calfater* ont la même étymologie arabe. Regnie les confond même, il a dit calfeutrer un vaisseau.
5. On appelle fausset ou broche la cheville de bois destinée à boucher le trou fait au tonneau par le foret.
6. *Gai* signifie, par son étymologie de haut allemand, *prompt*. (Voir Littré, *Dictionn.*)
7. *Doisiller*, sortir par le trou du fausset Le *doisil* (Étym.: *duciculum*, de *ducere*) est soit un entonnoir, soit le trou que bouche le fausset.
8. Un vin louche est un vin qui manque de transparence. Étym.: *luscus*, borgne

Les autres plus gaillards sur les grapes nouvelles
A deux piez s'affrondroyent jusques sous les aiscelles ;
Les uns serroyent le marc, les autres pressuroyent ;
Les uns pour vendanger sur la pierre émouloyent
Le petit bec crochu de leurs mousses [1] serpettes ;
Les uns trempoyent l'osier, les autres leurs tinettes [2],
Leurs hottes, leur estrain [3], dedans les clairs ruisseaux :
Autres alloyont raclant les costes des vaisseaux [4]
De gravelle [5] emaillees, et de mousses couvertes,
Les autres leur serroyent les levres entrouvertes
D'un cercle de peuplier, cordonné d'osiers francs,
Puis à coups de maillet leur rebatoyent les flancs ;
Les uns buvoyent au bord de la fumante gueule
Des cuves au grand ventre, autres tournoyent la meule,
Faisant craquer le grain et pleurer le raisin ;
Puis sous l'arbre avallé [6] un grand torrent de vin
Rouloit dedans le met [7], et d'une force estrange
Faisoyent geindre le bois et pleuvoir la vendange :
Autres à dos panché entonnoyent à plein seau
La bouillante liqueur de ce vin-tout nouveau,
Autres alloyent criant de leur puissance toute
Qu'au pied des seps tortus on fist la mere-goute [8],
Et chancelant de piés, de teste et de genoux,
S'enyvroyent seulement au fumet des vins doux [9].

(*Bergeries*, 1ʳᵉ journée.)

1. Émoussées.
2. Ou *tine*, tonneau qui sert à transporter la vendange de la vigne au pressoir. Etym. latine, *tina*.
3. Lit de paille, paille. Étym.: *stramen, inis* (de *sternere, stratum*, étendre.
4. Diminutif de *vase* (vas, vasis). A pris le sens de navire, comme καρχήσιον, *carchesium*, vase, a pris celui de hune, et κύμβη, coupe, celui de barque, *cymba*.
5. Ou *gravier*, Cf. *grève*, sable. Emaillé, de émail, dans la composition duquel entre le sable siliceux.
6. *Avaler*, faire descendre. Étym.: *à valle*, du fleuve qui descend la pente de la vallée. — *Arbre*, pièce principale d'une roue ou d'une machine.
7. *Met, mait, mée* (Etym.: *mactra*, μάκτρα, de μάττειν, pétrir) plancher ou table du pressoir.
8. On appelle ainsi le jus qui s'écoule sans que le raisin soit pressuré. Se dit aussi du cidre.
9. Ces vers ont une précision vigoureuse, une plénitude d'harmonie, une grasse et plantureuse richesse, un feu, qui ne sont pas ordinaires à Belleau. Ils respirent toute l'ardeur, la joie et l'enivrement du travail et de la vendange.

J.-A. DE BAÏF
1532-1589

Jean-Antoine de Baïf, né à Venise, de Lazare de Baïf, ambassadeur de François Ier, parlait à treize ans toutes les langues de l'Europe. Il étudia l'antiquité avec passion sous Daurat et avec Ronsard au collège de Coqueret, et dès 1551, avec la jeune ardeur de la savante et poétique pléiade, il publia ses premiers vers, suivis presque d'année en année d'autres recueils. Le « docte doctieur, et doctime » Baïf, comme l'a appelé J. Du Bellay, à qui Boileau auroit pu imputer comme à Ronsard de parler grec et latin en français ; qui, comme et plus que d'autres en ce siècle, tels que Jodelle, Scévole de Sainte-Marthe, Pasquier, d'Aubigné, essaya, enseigna et pratiqua la prosodie grecque dans la versification française ; qui imagina, comme Ramus, et appliqua un système d'orthographe simplifié ; qui chanta ses amours dans nombre de sonnets et de chansons, et l'astronomie agricole dans ses *Météores* ; qui fit odes, sixains moraux, apologues, églogues ; qui traduisit en vers Hésiode, Plaute (*le Brave*), Térence (*l'Eunuque*), Sophocle (*Antigone*), est un mélange singulier de roideur et de grâce, de gravité et de sensibilité, de labeur pédantesque et de facilité négligée. Cet érudit toujours en quête de nouveautés et en veine de galanteries poétiques, dont un portrait, gravé en tête du choix de ses poésies publié en 1874 par M. Becq de Fouquières, nous montre la chevaleresque et haute mine, devait faire bonne figure dans cette Académie de musique et de poésie, autorisée par lettres-patentes de Charles IX (1670), qu'il fonda, établit et présida pendant vingt ans dans sa maison de Saint-Victor, et que visitait Henri III. — Il publia (1573) ses œuvres en quatre volumes. Elles comprennent neuf livres de *Poèmes* divers, sept d'*Amours*, cinq de *Jeux et Passe-Temps*. Ses *Etrenes de poezie françoèze en vers mezurés* sont de 1574, ses *Mimes* de 1576.

HYMNE DE LA PAIX

. . . .
O qu'on deût [1] bien cherir la Paix toute divine !
Tout bien et tout plaisir par ses graces fleurit,
Les arts sont en honeur, la vertu se nourrit [2],
Le vice est amorty. Lors sans peur de domage,
De meurdre et de danger, le marchand fait voyage.
Alors le laboureur au labeur prend plaisir
Quand son champ non ingrat repond à son desir ;
L'ennemy fourageur [3] son bestial n'emméne,
Et pillart ne ravit le doux fruit de sa péne ;
Le vin est à qui fait des vignes la façon,

---

1. Qu'on devrait !
2. Se développe, prospère.
3. Étym. : *fourrage*, de *feurre*, paille à blé.

Et qui fait la semaille enleve la moisson ;
Et Cerés et Bacchus et Palés et Pomone
Font que parmy les chams grande planté ¹ foisone
De fruicts et de betail. Par tout regne le jeu
Et le gentil Amour chaufe tout de son feu.
Par tout roulent les fruicts du plein cor d'abondance ².
Sous l'ombrage l'on voit s'egaïer en la dance,
Trepignant pellemelle ³, et filles et garçons,
Tantost au flageolet, et tantost aux chansons ⁴...
Mais, humains inhumains, quelle fureur si forte
Vos esprits forcenez d'aveugle erreur transporte,
D'anoblir le cruel qui dans le sang humain
Trampe plus hardiment son inhumaine main ⁵ ?
Et vous n'estimerez ny louange ny gloire
Digne de meriter eternelle memoire,
Si vous ne l'emportez par outrager celuy
Qui jamais ne pensa de vous donner ennuy ?
O la pitié de voir la flamme qui sacage,
Devorant sans mercy les maisons d'un village !
De voir dans le faubourg le pauvre citoyen
Qui ne pardonne pas au logis qui est sien !
O la pitie de voir les meres desolees,
De leurs piteux ⁶ enfans tendrement acolees,
S'en aller d'huis en huis leur vie quemander,
A qui bien peu devant lon soulait demander ⁷.
O la pitié de voir labourer une ville !
O la pitié de voir la campagne fertile
Faite un hideux desert ! voir hommes et chevaux
Pesle-mesle ⁸ entassez ! voir de sang les ruisseaux !
Et quel plaisir prens tu, race frelle, chetive,
De te hâter la mort, qui jamais n'est tardive ⁹,

---

1. Abondance.. FROISSART a dit : Grand planté de mets et entremets. — *Foisonner*, vient de *foison* (Etym. : *fusionem*)..
2. *Corne d'abondance*. *Cornu* a donné *corne* et *cor*, tumeur épidermique dure. Cf. *cors de cerf*.
3. *Sic*. Voyez plus bas la note.
4. On remarque les traits d'un tableau champêtre épars en ces vers d'un tour facile et coulant, qui n'est pas ordinaire chez Baïf.
5. Les redites et la redondance de ces vers gâtent un peu le mouvement chaleureux et éloquent qui se continue dans les suivants.
6. Pitoyables, dignes de pitié. — *Accoler*, mettre les bras autour du col.
7. Encore un tableau qui fait un contraste touchant avec celui des danses villageoises, esquissé plus haut.
8. *Sic*. Etym. : *mêler* avec une *pelle*. De même pelleverser (archaïq.), labourer à la bêche. (LITTRÉ.)
9). Sénèque a dit dans un même sens: Stygias ultro quærimus undas. *Hercul. fur.*, 185.). Cf. *Quæstion. Natur.*, V. 18

Sinon quand, te donnant mille maux ennuieux,
Tu fais le vivre tel, que le mourir vaut mieux?...
　　Aveugle, ouvre tes yeux ; regarde, miserable,
Que ta condition est pauvre et peu durable.
Où vont les plus grands Rois et plus grands Empereurs?
Mais que sont aujourd'huy les plus grands conquereurs,
Qui par force ont donté, rangeans sous leur puissance
Les trois parts de la terre en serve obeissance ?
Ils ne sont plus que poudre, et n'en reste sinon
(S'il nous en reste rien) que le son de leur nom,
Qu'ils ont voulu nommer la bonne renommee,
Qui n'est aprés la mort qu'une ombre de fumee.
　　Mais qui veut en ce monde un bon bruit aquerir
Qui soit loüé de tous et ne puisse perir,
Güerdonne[1] la vertu, face punir le vice,
Maintienne le bon droit, exerce la justice,
Detourne du forfait les courages pervers,
Leur proposant la peur de chastimens divers ;
Qu'il mette en tous estats[2] la bonne discipline,
Que prestant sa faveur aux hommes de doctrine
Il honore les arts, et qu'il n'ait à mépris
Ceux à qui les neuf Seurs leurs segrets ont apris[3] ;
Que droiturier, prudent, liberal, debonnaire,
Ne mesfaisant à nul, tache à tous de bien faire ;
Rigoureux aux plus fiers, aux humbles gracieux,
Qu'il ait toujours l'honeur de Dieu devant les yeux
(Qui sont œuvres de paix); son renom et sa gloire
Seront dignes alors d'immortelle memoire,
Et sera mieux famé que quand il auroit mis
En route[4] le pouvoir de cent rois ennemis...
　　O Rois ! pensés à vous ; et, puis que Dieu vous done
Le beau don de la paix, chacun de vous s'adone[5]
A l'aimer et garder. Qui premier l'enfreindra,
Qu'il tombe à la mercy du Roi qu'il assaudra ;
Que de son ennemy son païs soit la proye :
Qu'en son trone royal jamais ne se revoye;

---

1. *Guerdon* signifiait récompense. Vient du haut allemand. Voir Littré, *Dictionnaire de la Langue française*.
2. Dans toutes les conditions et tous les rangs de la société.
3. C'est là un des lieux communs de la poésie. Voyez Boileau, *Ép.* I.
4. *Route* ou *roupte, de rumpere.* Ce mot a fait place à *déroute*.
5. *Que* chacun de vous...

Jamais ceux de son sang n'y puissent revenir,
Puis que la douce paix il n'a sceu maintenir [1].

(*Poëmes*, liv. V.)

LES MUSES AU POÈTE

SONNET

Un jour, quand de l'yver l'ennuieuse froidure
S'atiedist, faisant place au printemps gracieux,
Lorsque tout rit aux champs, et que les prez joyeux
Peignent de belles fleurs leur riante verdure ;

Pres du Clain [2] tortueux, sous une roche obscure,
Un doux somme ferma d'un doux lien mes yeux.
Voicy, en mon dormant, une clairté des Cieux
Venir l'ombre enflamer d'un lumiere pure [3],

Voicy venir des Cieux, sous l'escorte d'Amour,
Neuf nymphes qu'on eust dit estre toutes jumelles ;
En rond aupres de moy elles firent un tour ;

Quand l'une me tendant de myrte un verd chapeau [4],
Me dit : Chante d'amour d'autres chansons nouvelles,
Et tu pourras monter à nostre sainct coupeau [5].

(*Amours de Francine*, 1er liv.)

ÉPITAPHE DU COMTE DE BRISSAC

SONNET

Brissac, le vaillant fils d'un sage vaillant pere,
Pouvoit bien, casanant [6], du labeur paternel
Cueillir l'aise et le fruit ; mais n'aimant rien de tel,
Haït le mol repos comme dure misere.

En tenant de vertu le sentier non vulgaire,
Brave, se couronna d'un laurier eternel,

---

1. Tous les poètes du temps ont soupiré après la paix et l'ont appelée ou chantée. Voyez R. Belleau, Ronsard, etc.
2. Affluent de la Vienne.
3. Voici que, pendant mon sommeil, une lumière céleste vient éclairer l'ombre. — Ces deux vers, contournés et pesants, n'ont pas l'allure aisée et harmonieuse de la première strophe. — Le sonnet d'ailleurs a le dessin net, les parties se lient et s'équilibrent bien. C'est comme l'esquisse d'une ode d'Horace ou de telle pièce de Properce.
4. Couronne. Le moyen âge dit aussi en ce sens *chapelet*. (Étym. : *caput*.)
5. Sommet d'une colline. Semble, comme *coupole*, venir d'une assimilation à une coupe (*cuppa*) renversée.
6. Inusité aujourd'hui. Etymol. : *casa*. D'où *casanier*. Du Bellay a dit :

Je hais plus que la mort un jeune casanier
Qui ne sort jamais hors, sinon aux jours de feste.

Qui se vend pour la mort[1], quand, jeune colonel,
Ouvroit aux vieux soldats le chemin de bien faire :

Quand devant Musidan, Musidan l'execré,
Apres mille hasards encourus à son gré,
Gagna si beau loyer[2] en perdant sa jeunesse.

Pleurons nostre domage, et louons son bonheur;
Car jeune, en bien mourant, seul il a plus d'honneur
Que mille bien vaillans, qui sont morts en vieillesse.

SIXAINS MORAUX

Eusses-tu pour voler des ælles
Jusqu'aux demeures eternelles,
De Dieu ne cherche la grandeur.
Dieu tout sçavant, tout bon, tout sage,
Emplist le tout de son ouvrage
D'incomprenable resplendeur[3].

Pardonner au mal, c'est mal faire.
Qui à propos ne se peut taire,
Parler à propos il ne sçait.
N'a point d'amy, qui par trop s'aime;
Qui sert autruy, se sert soy-mesme;
Plaisir reçoit qui plaisir fait.

Tout l'été chanta la cigale ;
Et l'hyver elle eut la faim vale[4] :
Demande à manger au fourmi[5].
« Que fais-tu tout l'été ? — Je chante.
— Il est hyver : dance, faineante[6]. »
Apprend des bestes, mon ami.

(*Les Mimes*[7], *enseignements et proverbes.*)

---

1. Qui se vend et s'achète en échange (*pro*) de la mort.
    Qui vita bene credat emi, quò tendis, honorem (Virgile, *Æn.*, IX, 205).
    ,,... Vitamque volunt pro laude pacisci (*Ibid.*, V, 230).
2. *Loyer*, salaire. Étymol.: *locarium*, prix du gîte.
3. Aucun des deux mots n'est resté. Montaigne a employé le premier.
4. *Faim-walle*, faim subite et maladive des chevaux. Étym. : soit *fames caballi* (d'où *faim-calle*, qu'on dit aussi); soit *faim gwall* (en bas breton, mauvais), répondrait à *male faim*. Faim gale qui s'est dit a produit *fringale*.
5. *Fourmi* (et *fourmis*, employé par La Fontaine) était masculin. Voir AMYOT, MONTAIGNE, etc.
6. Prononcez *fainante*.
7. Ainsi nommés parce qu'ils contiennent, comme les *Mimes* latins, un enseignement moral. Ce recueil est divisé en quatre livres, et contient 1660 sixains. — Il contient plusieurs fables que La Fontaine a imitées (*Fables*, I, 17; II, 5, 13 ; IV, 13, 16.)

JODELLE
1532-1573

Estienne Jodelle, né à Paris, un des plus ardents de la « brigade », un des plus brillants de la Pléiade, après avoir, à l'âge de vingt ans, joué avec ses amis devant toute la cour la première tragédie du théâtre « renaissant », sa *Cléopâtre captive*, et donné encore la même année la première comédie régulière, son *Eugène ou la Rencontre*; après avoir été pendant six années le poète, le musicien, l'architecte, le peintre, l'inspirateur et l'ordonnateur des fêtes royales, — pour une mascarade qui échoua en 1558, fut mis de côté, dédaigné, et mourut pauvre et oublié à l'âge de quarante et un ans.

>   La France lui nia le pain,

a dit d'Aubigné.

>   Qui se sert de la lampe, au moins de l'huile y met,

a-t-il dit lui-même amèrement dans le dernier vers d'un sonnet à Charles IX. — Jodelle fit, outre sa *Cléopâtre*, écrite en vers de dix syllabes et sa comédie en vers de huit syllabes, une *Didon se sacrifiant* écrite en alexandrins, et des *Amours*, des sonnets, des odes, etc., le tout publié en 1574. S'il n'est plus lu, il a eu au moins la gloire assurée d'avoir attaché son nom à la première date mémorable du théâtre français.

CLÉOPÂTRE A OCTAVIEN (AUGUSTE)

. . . .
Au moins, Cesar, des goutes de mes yeux
Amolly toy, pour me pardonner mieux.
Celuy souvent trop tost borne sa gloire,
Qui jusqu'au bout se vange en sa victoire.
Pren donc pitié; tes glaives triomphans
D'Antoine et moy pardonnent aux enfans.....
Non, non, Cesar, contente toy du pere,
Laisse durer les enfans et la mere
En ce malheur où les Dieux nous ont mis.
Mais fusmes nous jamais tes ennemis
Tant acharnez que n'eussions pardonné,
Si le trophee à nous se fust donné?

>   (*Cléopâtre captive*[1], acte III.)

---

1. La pièce fut jouée devant Henri II, sur un théâtre élevé dans la cour de l'hôtel de Reims. Jodelle tint le rôle de *Cléopâtre*. A côté de lui jouaient Remi Belleau, La Péruse, Grévin, etc. Les privilèges de la *Confrérie de la Passion* lui conféraient le droit d'employer seule les acteurs publics. On sait qu'après la représentation, les jeunes poètes-acteurs offrirent à Jodelle, dans un festin célèbre au Pré-aux-Clercs, un bouc couronné de lierre, qu'ils avaient enlevé et qu'ils rendirent ensuite à son troupeau, et que des dithyrambes, composés par Ronsard et Baïf, furent chantés. L'affaire

DIDON A ÉNÉE

. . . .
Va, je ne tiens point! va, va, je ne replique
A ton propos, pipeur[1]! suy[2] ta terre Italique.
J'espere bien enfin (si les bons Dieux, au moins,
Me peuvent estre ensemble et vengeurs et tesmoins)
Qu'avec mille sanglots tu verras le supplice
Que le juste Destin garde à ton injustice.
Assez tost un malheur se fait à nous sentir;
Mais, las! toujours trop tard on sent un repentir.
Quelque isle plus barbare où les flots equitables
Te porteront en proye aux tigres, tes semblables,
Le ventre des poissons, ou quelque dur rocher,
Contre lequel les flots te viendront attacher,
Ou le fons de ta nef, aprés qu'un trait de foudre
Aura ton mas, ta voile et ton chef mis en poudre,
Sera ta sepulture, et mesmes en mourant,
Mon nom entre tes dents on t'orra[3] murmurant,
Nommant Didon, Didon, et lors, toujours presente,
D'un brandon infernal, d'une tenaille ardente,
Comme si de Megere on m'avoit fait la sœur,
J'engraveray ton tort dans ton parjure cœur :
Car, quand tu m'auras fait croistre des morts le nombre,
Partout devant tes yeux se roydira mon ombre.
Tu me tourmentes, mais, en l'effroyable trouble

fit grand bruit, on les accusa d'avoir sacrifié à un dieu païen, à Bacchus.
Garnier a traité dans *Marc-Antoine* un sujet voisin de celui de Jodelle. Cléopâtre a un rôle capital dans les deux pièces; mais celle de Garnier s'arrête au moment où commence celle de Jodelle, à la mort d'Antoine. Jodelle est encore à la fois diffus et maigre dans le développement; Garnier est déjà ferme et abondant.

L'histoire de la tragédie du xvi⁰ siècle ne commence pas plus à la *Cléopâtre* de Jodelle, que celle de la tragédie du xvii⁰ au *Cid*. La France, comme l'Italie, avait eu dans le moyen âge ses premiers essais d'imitation de la tragédie antique (Voir M. Chassang, *Essais dramatiques des* xiv⁰ *et* xv⁰ *siècles*). Le xvi⁰ siècle prélude par des traductions en français ou des imitations en latin au coup d'éclat de Jodelle. Lazare de Baïf, sous François I⁰ʳ, traduit l'*Electre* de Sophocle et l'*Hécube* d'Euripide; Buchanan *Alceste* et *Médée*. Buchanan écrit en latin et fait jouer au collège de Bordeaux un *Jean-Baptiste*, et une *Jephté*, que Florent Chrestien (1540-1596) traduisit presque littéralement en vers de 8, 10 ou 12 syllabes (1567). Muret donne en latin un *Jules César* qu'on accusera Grévin d'avoir pillé. Enfin Jodelle donne l'essor, bientôt suivi de Baïf, qui traduit l'*Antigone* de Sophocle, de La Péruse, qui imite la *Médée* d'Euripide, de Toutain, et des poètes dramatiques, dont on va voir les œuvres.

1. Trompeur. Étym.: *pipare*, siffler, pour prendre les oiseaux.
2. VIRGILE, *Æn.*, IV, 381: *I, sequere* Italiam ventis..., poursuis, cherche.
3. Futur d'*ouïr*.

Où sans fin tu seras, tu me rendras au double
Le loyer de mes maux. La peine est bien plus grande
Qui voit sans fin son fait : telle je la demande ;
Et si les Dieux du ciel ne m'en faisoyent raison,
J'esmouvrois, j'esmouvrois l'infernale maison.
Mon deuil n'a point de fin. Une mort inhumain
Peut vaincre mon amour, non pas vaincre ma haine[1].

(*Didon se sacrifiant*, acte II.)

GRÉVIN

1540-1570

Jacques Grévin, né à Clermont, en Beauvoisis, élève du savant Muret, donna avant l'âge de dix-huit ans sa comédie de la *Trésorière*, qui a plus d'un rapport avec l'*Eugène* de Jodelle. Ce n'était pas un premier essai : il avait écrit et montré à des amis sa *Maubertine*, qui lui fut dérobée, nous dit-il dans l'avis au lecteur de la seconde pièce ; puis vinrent, aussi applaudies que son début, la tragédie de *César* et la comédie des *Esbahis*, l'une qu'on accusa d'être un plagiat de Muret, l'autre qui est une imitation de la *Comédie du Sacrifice* de Charles Estienne. Réserves faites sur l'originalité du jeune poète, on goûta fort la vivacité, et quelquefois la vigueur de son style. Mais d'autres travaux le détournèrent du théâtre. Docteur en médecine il fut attaché à Marguerite de France, fille de François Ier et femme du duc de Savoie ; il la suivit à Turin et y mourut.

BRUTUS ET ANTOINE DEVANT LE PEUPLE APRÈS LE MEURTRE DE CÉSAR

MARC BRUTE, CASSIUS, DECIME BRUTE, MARC ANTOINE, soldats.

MARC BRUTE.

Le Tyran est tué, la liberté remise,
Et Rome a regaigné sa premiere franchise.
Ce tyran, ce Cesar, ennemy du Senat,
Oppresseur du païs, qui de son consulat
Avoit faict heritage[2], et de la Republicque

---

1. Cf. Virgile, *loc. cit.*, 380-392. — Jodelle a fait dans cette pièce tous les emprunts qu'il a pu au IVe livre de l'*Enéide*.
2. Non pas héritage reçu, mais héritage à transmettre. Ce mot a quelquefois le sens d'*acquisition, biens, fonds*. L'héritage d'un grand amour de simplicité de parure, et l'acquisition d'un grand fonds de haine pour le jeu. (Molière, *Av.*, II, 6.)

Une commune vente en sa seule praticque[1],
Ce bourreau d'innocens, ruyne de nos loix,
La terreur des Romains et le poyson des droicts,
Ambitieux d'honneur, qui monstrant son envye,
S'estoit faict appeler Pere de la patrie,
Et Consul à jamais, à jamais Dictateur,
Et, pour comble de tout, du[2] surnom d'Empereur,
Il est mort, ce meschant, qui, decelant sa rage,
Se feit impudemment eslever une image
Entre les Roys : aussy il a eu le loyer
Par une mesme main qu'eust Tarquin le dernier.
Respire donc à l'aise, o liberté romaine !
Respire librement sans la crainte inhumaine
D'un tyran convoiteux. Voylà, voylà la main
Dont ore est affranchy tout le peuple romain !

CASSIUS

Citoyens, voyez cy ceste dague sanglante ;
C'est elle, citoyens, c'est elle qui se vante
Avoir faict son devoir, puisqu'elle a massacré
Celuy qui mesprisoit l'aruspice sacré.....

DÉCIME BRUTE.

Puissent pour tout jamais ainsi perdre la vie
Ceux qui trop convoiteux couveront une envie
Pareille à celle là : puissent pour tout jamais
Perdre d'un pareil coup leur gloire et leurs beaux faicts.
Ainsi, ainsi mourront, non de mort naturelle,
Ceux qui voudront bastir leur puissance nouvelle
Dessus la liberté, car ainsi les tyrans
Finent[3] le plus souvent le dessein de leurs ans.

CASSIUS.

Allons au Capitole, allons en diligence,
Et premiers en prenons l'entiere jouissance.

MARC ANTOINE.

J'invoque des Fureurs la plus grande fureur ;
J'invoque le Chaos de l'eternelle horreur ;
J'invoque l'Acheron, le Styx et le Cochyte,
Et si quelque autre dieu dans les enfers habite,
Juste vangeur des maux, je les invoque tous,
Homicides cruels, pour se venger de nous.

1. Une vente à l'encan à son usage (*en*, *in*, pour).
2. Il s'était fait appeler du surnom... Entendez seulement, du titre militaire d'*imperator*. L'*Empire*, constitué civilement, a commencé avec Auguste, sous le nom de *Principatus*.
3. Finissent.

Hé! traistres! est-ce donc l'amitié ordonnee
De desrober la vie à qui nous l'a donnee?
J'atteste icy le ciel, seul juste balanceur
De tout nostre fortune, et liberal donneur
Des victoires, des biens, de l'heur et de la vie;
Qu'ainsi ne demourra ceste faulte impunie
Tant qu'Antoine sera non moins juste que fort.
    Et vous, braves soldats, voyez, voyez quel tort
On vous a faict, voyez ceste robbe sanglante!
C'est celle de Cesar, qu'ore je vous presente;
C'est celle de Cesar, magnanime empereur,
Vray guerrier entre tous; Cesar, qui d'un grand cœur
S'acquit avecque nous l'entiere jouissance
Du monde : maintenant a perdu sa puissance
Et gist mort estendu, massacré pauvrement
Par l'homicide Brute.

LE PREMIER SOLDAT.

               Armons nous sur ce traistre!
Armes! armes! soldats, mourons pour nostre maistre!
Si jamais nous avons croisez les ennemis
Aux froissis des harnois, si nous nous sommes mis
Quelquefois aux dangers d'une trenchante espee,
Lorsque nous poursuyvions la route de Pompee,
C'est maintenant, soldats, qu'il nous fault hazarder,
Voire plus promptement que n'est le commander.

MARC ANTOINE.

Sus doncques, suyvez moy, et donnez tesmoignage
De vostre naturel et de vostre courage
Pour Cesar; ne craignons de tomber au danger
De vostre propre mort pour la sienne venger [1].
                    (*Tragédie de César*, acte V.)

L'ARGENT

MONOLOGUE

LOYS, *gentilhomme*.

Aujourdhuy lon n'ha plus d'amis,
Si n'est la bource et les escus;

---

1. Cf. SHAKSPEARE, *Jules César* (1607); VOLTAIRE, *La Mort de César*, publiée en 1735, jouée en 1743. — Il n'est pas sans intérêt de remarquer que le drame de Shakspeare (1607) est de 48 ans postérieur à la tragédie de Grévin, et que notre théâtre n'était pas inconnu en Angleterre. Douze ans avant le drame d'*Antoine et Cléopatre* (1608) de Shakspeare, une traduction du *Marc Antoine* de Garnier (voir *infra*) avait paru à Londres. (*Etude sur R. Garnier*, par M. Bernage, 1881.)

Aujourdhuy l'on ne trouve plus
Qui veuille tenir la querelle
De quelque honneste demoiselle.
Le gain faict tout, le gain emporte
Les rempars d'une ville forte.
Le gain faict la joye et les ris,
Le gain est le Dieu de Paris;
C'est le Dieu des inventions
Et la fin [1] des intentions.
Le gain faict courir les marchans
Aux perils et dangers des champs [2];
Au peril des vens et tempestes,
Qui plus souvent dessus leurs testes
Tombans d'espouvantable effort,
Leur mettent dans les dents la mort,
Voyre au plus beau de leur jeunesse.
Encore qu'il soit tel, si est-ce [3]
Que jamais il n'eut la puissance
De faire flechir la constance
De ma cruelle... [4]

(*La Trésorière*, comédie [5], acte III, sc. 1.)

EMOI

MONOLOGUE

LOYS, *gentilhomme*.

Amour premier de nostre vie
Inventa la bourellerie [6]

---

1. Le but. *Finis* a ce sens.
2. Des voyages à travers les campagnes.
3. Il est vrai cependant.
4. Comparez à ce premier bégaiement de la comédie le ton et l'ampleur de développement qu'elle avait déjà pris, vingt-quatre ans après, dans le passage de la *tragi-comédie* de *Bradamante* de Robert Garnier (1582), où est développé le même lieu commun. On le trouvera ci-après.
5. L'*Eugène* de Jodelle, que Grévin a imité dans sa *Trésorière*, n'a pas été le premier pas dans le retour à la comédie antique, non plus que sa *Cléopâtre* dans la tragédie. Sans remonter aux essais du moyen âge (voir l'ouvrage déjà cité de M. Chassang), on voit le xve et le xvie siècle y préluder par des traductions des théâtres grec et latin. Octavien de Saint-Gelais traduit Térence; Bonaventure des Périers et Charles Estienne donnent en français l'*Andrienne*; Ronsard, au collège de Coqueret, traduit le *Plutus* d'Aristophane; plus tard (1567) J.-A. de Baïf fit représenter le *Miles gloriosus* de Plaute, sous le titre de *le Brave* ou *Taillebras*, et traduisit l'*Eunuque* de Térence. Parmi les imitateurs de Jodelle, il ne faut pas oublier R. Belleau; sa *Reconnue* ne fut publiée qu'après sa mort.
6. Inventa le premier ce qui est le tourment de notre vie. Étym.: *bourreau*.

Et cruauté, comme je croy,
Car assez en moy j'apperçoy
Combien sa rage est redoutable,
Moy qui suis le plus miserable
Qui soit en ce monde vivant.
Je suis ébranlé comme au vent
Je suis espoind [1] et tourmenté.
Demi mort, rompu, transporté,
Tourné dans la roue d'amour :
En mon esprit ne fait sejour
Aucun repos; je suis ja las;
Là je suis où je ne suis pas ;
Mon esprit n'est là où je suis;
Je veux cela que je ne puis ;
Vivant et mourant je demeure;
Ce qui me plaist en la mesme heure,
Me tourne en mescontentement,
Tant desja l'amoureux torment
S'est acquis sur moy de puissance.
Il me met en routte, il m'élance;
Ce qu'il me donne, il le retient;
Il me faict à l'instant deffaire
Ce que luy mesme m'a faict faire [2].

(*Ibid.*, acte IV, sc. 1.)

R. GARNIER

1534-1590

ROBERT GARNIER, né à La Ferté-Bernard, dans le Maine, après avoir étudié le droit à Toulouse et plaidé à Paris, vécut et mourut au Mans dans les fonctions de lieutenant criminel. C'est de là qu'il publia les huit pièces qui en font le précurseur véritable de nos tragiques du XVIIe siècle ; trois tragédies romaines : *Porcie* (1568), *Cornélie* (1574), *Marc-Antoine* (1578); trois tragédies grecques : *Hippolyte* (1573), la *Troade* (1579), *Antigone* (1580) ; une *tragédie sacrée*: *Sédécie* ou *les Juifves* (1583), dont le second titre prend son nom du chœur qu'il y a introduit comme dans toutes les autres, et dont le sujet est le supplice de la famille de Juda après la destruction de Jérusalem par Nabuchodonosor II ; enfin une *tragi-comédie*, Bra-

---

1. *Époindre*, piquer, frapper, torturer. Étymol.: *pungere*, d'où poigner et poindre.
2. C'est là une analyse juste, fine, faite de verve.

damante (1582), empruntée à l'épopée de l'Arioste. Ses contemporains, Ronsard, Belleau, Baïf, Robert Estienne, de Thou, etc., le proclamèrent « le prince des tragiques français ». Il donna au style et au ton de la tragédie une dignité et une énergie toutes nouvelles, et l'on peut surprendre dans le théâtre des siècles suivants, particulièrement chez Corneille, des souvenirs ou des imitations du vieux poète du xvie. En lui faisant honneur de cette influence salutaire, il faut reconnaître que la reproduction constante qu'il a faite de Sénèque le Tragique, dont les pièces étaient des exercices d'éloquence destinés aux déclamations des lectures publiques, a contribué à donner à la tragédie française ce caractère oratoire qui a souvent tourné à la solennité et a remplacé l'action par les analyses psychologiques, les entretiens et les monologues. Un acte de Garnier n'est, le plus ordinairement comme chez Sénèque, qu'un long monologue suivi d'un chœur exprimant des lieux communs de morale. C'est encore à Sénèque qu'il a, avec d'autres poètes s'inspirant comme lui du poète latin plus que des Grecs, emprunté ces dialogues coupés où le vers, le tour et le mot s'appellent et se répondent dans une symétrie calculée, faite pour saisir l'oreille et l'esprit.

R. Garnier, il faut le signaler pour finir, a des accents patriotiques. Il sentit vivement l'horreur des guerres qui désolaient la France; c'est sur elle qu'il pleure par les voix de plus d'un chœur antique de ses tragédies; c'est son passé héroïque qu'il glorifie par la voix de Bradamante :

> Aux François ne se veoit un teint si delicat,
> Mais une main robuste endurcie au combat.
> La sueur du harnois est nostre commun baume;
> Les combats, les assauts sont l'esbat du royaume.
> Nostre ame est courageuse et ne craint nul effort;
> Nous ne prisons rien tant qu'une honorable mort...
> Or vienne ce musqué qui ne fit jamais rien :
> A son dam apprendra qu'il n'est point de vaillance
> Qu'on doive comparer à la valeur de France.

ROIS ET EMPEREURS[1]

I

NABUCHODONOSOR

Pareil aux Dieux je marche, et, depuis le réveil
Du soleil blondissant jusques à son sommeil,

---

[1]. Nous choisissons et rapprochons ces trois monologues comme exemples de ces « superbes vers » encore que trop pompeux, qui enthousiasmaient Ronsard. Le goût délicat de Racine a baissé comme il convient ce ton de matamores; mais, quoi qu'il ait fait, il en est resté quelque chose chez nous dans le langage des rois de théâtre.

> *A Robert Garnier, prince des Tragiques.*
> SONNET
> Quel son masle et hardy, quelle bouche héroïque,
> Et quel superbe vers enten-je icy sonner?
> Le lierre est trop bas pour ton front couronner,
> Et le bouc est trop peu pour ta Muse tragique.
>
> Si Bacchus retournoit au manoir Plutonique,
> Il ne voudroit Eschyle au monde redonner.

Nul ne se parangonne [1] à ma grandeur royale.
En puissance et en biens Jupiter [2] seul m'égale :
Et encores n'estoit qu'il commande immortel,
Qu'il tient un foudre en main dont le coup est mortel,
Que son throne est plus haut et qu'on ne le peut joindre,
Quelque grand Dieu qu'il soit, je ne serois pas moindre.
Il commande aux éclairs, aux tonnerres, aux vens,
Aux gresles, aux frimats [3], et aux astres mouvans,
Insensibles sujets ; moy je commande aux hommes.
Je suis l'unique Dieu de la terre où nous sommes.
S'il est, alors qu'il marche, armé de tourbillons,
Je suis environné de mille bataillons,
De soudars [4] indomtez, dont les armes luisantes
Comme soudains éclairs brillent étincelantes.
Tous les peuples du monde ou sont de moy sujetz
Ou Nature les a delà les mers logez.
(Les Juifves, acte II.)

II

CÉSAR AUGUSTE

O grands Dieux immortels, qui avez toutes choses
Au celeste pouvoir de vos dextres encloses,
Par qui le chaud, le froid, le tonnerre et les vens,
Les propres qualitez des mois s'entresuivans

> Il te choisiroit seul, qui seul peux estonner
> Le theatre François de ton cothurne antique.
>
> Les premiers trahissoient l'infortune des Rois,
> Redoublant leur malheur d'une trop basse voix :
> La tienne comme foudre en la France s'écarte.
>
> Heureux en bons esprits ce siècle plantureux :
> Auprés toy, mon Garnier, je me sens bien-heureux,
> De quoy mon petit Loir est voisin de ta Sarte.
> (*Les Sonnets divers*, 81). — Ed. Blanchemain, t. V, p. 354.

Garnier rendit à Ronsard en élégie ce qu'il recevait de lui en sonnet. Son Élégie à Desportes sur la mort du grand poète a des strophes ou gracieuses ou touchantes. C'est, dit-il d'Apollon,

> C'est grand cas que ce Dieu qui dès l'enfance l'aime
> Affranchit du trépas
> Ses divines chansons, et que le chantre mesme
> N'en affranchisse pas !

1. Compare. Étymol. espagnole et italienne. — *Parangon*, subst., 1° comparaison, 2° modèle, n'est resté que dans ce dernier sens. « Louis XIV, ce parangon de l'orgueil monarchique. » (P.-L. COURIER, *Simple discours*.)

2. Du Bartas appelle bien Jehovah *Neptune* ! Garnier oublie Baal pour Jupiter.

3. De l'ancien français *frimer*, geler. Étymol. germanique.

4. *Soldats*. Aujourd'hui *soudard*, *soudart*, pris en mauvaise part. Étym. *solde*, de *solidum*, pièce de monnaie qui a produit aussi *sou*.

Ont leurs cours et leur estre, et qui par destinees,
Des empires avez les puissances bornees,
Leurs ages et leurs temps, et qui ne changeant point
Changez tout, sans tenir nulle chose en un poinct [1] ;
Vous avez élevé jusques au ciel qui tonne
La Romaine grandeur par l'effort de Bellonne,
Maistrisant l'univers d'une horrible fierté,
L'univers captivant veuf de sa liberté.
Toutefois aujourd'huy cette orgueilleuse Rome,
Sans bien, sans liberté, ploye au vouloir d'un homme :
Son empire est à moy, sa vie est en mes mains ;
Je commande, monarque, au monde et aux Romains ;
Je fay tout, je peux tout, je lance ma parole,
Comme un foudre bruyant, de l'un à l'autre pole :
Egal à Jupiter, j'envoye le bon-heur
Et malheur où je veux, sur Fortune seigneur.
Il n'est ville où de moy lon ne dresse une idole,
Où à moy tous les jours une hostie on n'immole.
Soit où Phebus attelle au matin ses chevaux,
Où la nuict les reçoit recreus de leurs travaux,
Où les flammes du ciel bruslent les Garamantes,
Où souffle l'Aquilon ses froidures poignantes,
Tout recognoist Cesar, tout fremist à sa voix,
Et son nom seulement espouvante les Rois [2].

(*Marc-Antoine*, IV, 1.)

III

CHARLEMAGNE

Les sceptres des grands Roys viennent du Dieu supréme,
C'est luy qui ceint nos chefs d'un royal diadéme,
Qui nous fait, quand il veut, regner sur l'Univers,
Et, quand il veut, fait choir nostre empire à l'envers.
Tout depend de sa main, tout de sa main procede,

---

1. On a souvent cité ce monologue en réduisant avec bonheur le début aux deux vers suivants :

> Grands Dieux qui, sans mourir, livrez tout en trespas,
> Qui, sans jamais changer, changez tout icy-bas,
> Vous avez élevé.....

Nous le transcrivons d'après l'édition de 1585, à laquelle sont conformes celles de 1592, 1595, etc.

2. Le mouvement de la période et l'accent du dernier vers ne rappellent-ils pas le passage célèbre d'*Esther* (III, 4) ?

> Ce Dieu, maître absolu de la terre et des cieux,
> Et du haut de son trône interroge les rois

Nous n'avons rien de nous, c'est lui qui tout possede,
Monarque universel, et ses commandemens
Font les spheres mouvoir et tous les elemens.
Il a mis sur mon chef la Françoise couronne,
Il a fait que ma voix toute la terre estonne,
Et que l'Aigle romain perche en mes étendars,
Guide des escadrons de mes vaillans soudars....
C'est toy, moteur du Ciel, qui la force leur donnes,
Pour estre de ta loy les solides colonnes :
C'est toy qui fais florir ces braves Paladins,
Pour sous ton estendart rompre les Sarasins,
Ennemis de ton nom, pour l'Eglise défendre,
Qu'ils veulent par le fer Mahumetique rendre.
Ils ont domté l'Asie et l'Afrique, courans
De rivage en rivage, ainsi que gros torrens
Qui tombent en avril des negeuses montagnes
Et passent en bruyant à travers les campagnes,
Rompent tout, fauchent tout, arrachent les ormeaux,
Entraînent les bergers, leurs cases et troupeaux.

(*Bradamante*, acte I.)

CONFIANCE ET DÉFIANCE

CESAR, ANTOINE.

CÉSAR.

Ceux conspirer ma mort, qui la vie ont de moy ?

ANTOINE.

Aux ennemis domtez il n'y a point de foy.

CÉSAR.

En ceux qui vie et biens de ma bonté reçoivent ?

ANTOINE.

Voire, mais beaucoup plus à la patrie ils doivent.

CÉSAR.

Pensent-ils que je sois ennemy du païs ?

ANTOINE.

Mais [1] cruel ravisseur de leurs droits envahis.

CÉSAR.

J'ay à Rome soumis tant de riches provinces.

ANTOINE.

Rome ne peut souffrir commandement de Princes.

CÉSAR.

Qui s'opposera plus à mon authorité ?

---

1. Mais (*magis*), plutôt.

ANTOINE.
Ceux que de force on fait vivre en captivité
CÉSAR.
Je ne crains point ceux-là qui restent de la guerre.
ANTOINE.
Je les crains plus que ceux qu'ensevelit la terre.
CÉSAR
On fait bien d'ennemis quelquefois des amis.
ANTOINE
On fait plus aisément d'amis des ennemis.
CÉSAR
On gaigne par bienfaits les cœurs les plus sauvages.
ANTOINE
Rien ne sçauroit fléchir les resolus courages.
CÉSAR
Et si bienfait aucun nos citoyens n'espoind,
De qui n'auray-je peur ?
ANTOINE
De ceux qui ne sont point.
CÉSAR
Quoy ? tûroy-je tous ceux de qui j'ai deffiance ?
ANTOINE.
Vous n'aurez autrement la vie en asseurance.
CÉSAR.
J'aimerois mieux plutost du tout ne vivre pas,
Que ma vie asseurer avec tant de trespas :
J'ay trop peu de souci de prolonger mon heure.
Je veux vivre si bien que mourant je ne meure,
Ains que laissant la tombe à mon terrestre faix,
Je vole dans le ciel sur l'aile de mes faicts.
Puis n'ay-je assez vécu pour mes jours, pour ma gloire ?
Puis-je trop tost aller dans le Cocyte boire ?
Hastive ores ne peut la mort siller mes yeux.
Celuy trop tost ne meurt qui meurt victorieux [1].

(*Cornélie*, acte IV.)

---

1. On trouve dans la *Didon* de Jodelle un exemple remarquable du dialogue coupé, ordinaire à Garnier :

Enée. O bienheureux depart ! o depart malheureux !
Le chœur. Quel heur en son départ?
Enée. L'heur que les miens attendent.
Le chœur. Les Dieux nous ont faits tiens.
Enée. Les Dieux aux miens me rendent.
Le chœur. La seule impieté te chasse de ces lieux.
Enée. La pieté destine autre siége à mes Dieux.
Le chœur. Quiconque rompt la foy encourt des grands Dieux l'ire.
Enée. De la foy des amants les Dieux ne font que rire.
Le chœur. La pieté ne peut mettre la pitié bas.
Enée. La pitié m'assaut bien, vaincre ne me peult pas.
Le chœur. Par la seule pitié les durs destins se meuvent.
Enée. Ce ne sont pas destins, si fléchir ils se peuvent.....

(Acte II.)

LA PIÉTÉ FILIALE
EDIPE, ANTIGONE.

EDIPE.

Toy, qui ton pere aveugle et courbé de vieillesse
Conduis si constamment [1], mon soutien, mon addresse [2],
Antigone ma fille, helas ! retire toy,
Laisse moy malheureux soupirer mon esmoy,
Vaguant par ces deserts : laisse moy, je te prie,
Et ne va malheurer [3] de mon malheur ta vie.
Ne consomme ton âge à conduire mes pas,
La fleur de ta jeunesse avec moy n'use pas,
Retire toy, ma fille. Et dequoy me profite,
Me voulant fourvoyer [4], ta fidelle conduite [5] ?
Je ne veux point de guide au chemin que je suy :
Le chemin que je cherche est de sortir d'ennuy,
M'arrachant de ce monde, et delivrant la terre
Et le ciel de mon corps, digne de son tonnerre....
Las ! pourquoy me tiens tu ? ma fille : vois tu pas
Que mon pere m'appelle et m'attire au trespas ?
Comme il se monstre à moy terrible, espouvantable ?
Comme il me suit tousjours et m'est inseparable ?
Il me monstre sa playe, et le sang jaillissant
Contre ma fiere [6] main, qui l'alla meurtrissant.

ANTIGONE.

Dontez, mon geniteur [7], ceste douleur amere.

EDIPE.

Et qui pourroit donter une telle misere ?
De quoy sert plus [8] mon ame en ce coupable corps ?
Que ne sors tu, mon ame ? helas ! que tu ne sors
D'un si mechant manoir [9] ? penses tu qu'il me reste
Encore un parricide et encore un inceste ?.....

ANTIGONE.

Rien, rien ne nous pourra separer que la mort,
Je vous seray compagne en bon et mauvais sort.

1. Avec un si ferme dévouement, *constanti mente*.
2. Il n'a d'adresse à se guider que par les yeux de sa fille.
3. Mot disparu. *Heur* vient de *augurium*.
4. Egarer. Étymol. : *foris* hors, *via* route.
5. 1° Action de conduire un aveugle, un troupeau ; au fig. une affaire, 2° Manière de se conduire soi-même, au fig.
6. Sauvage, cruelle. Étym. : *ferocem*.
7. De *Genitorem*. Le mot s'est maintenu après Garnier dans le genre burlesque. Il a disparu tout à fait, et n'est pas à regretter.
8. *Désormais*, sens que *plus* a conservé avec la négation.
9. Pourquoi ne sors-tu pas de ce corps que tu habites ? Encore un mot dont l'emploi bizarre n'est pas à regretter.

Que mes freres germains [1] le royaume envahissent
Et du bien paternel à leur aise jouissent :
Moy mon pere j'auray, je ne veux autre bien,
Je leur quitte le reste, et n'y demande rien [2].
Mon seul pere je veux ; il sera mon partage :
Je ne retiens que luy, c'est mon seul heritage [3]...
Ne me rejettez point ; me voulez-vous priver
Du bonheur le plus grand qui me puisse arriver ?
S'il vous plaist de gravir sur l'ombrageuse teste
D'un coustau bocager, me voilà toute preste :
S'il vous plaist un vallon, un creux antre obscurci,
L'horreur d'une forest, me voilà preste aussi :
S'il vous plaist de mourir, et qu'une mort soudaine
Seule puisse finir votre incurable peine,
Je mourray comme vous : le nautonnier Charon
Nous passera tous deux sur les eaux d'Acheron....
Mais ployez, je vous pry, cet obstiné courage,
Surmontez vostre mal, surmontez vostre rage,
Où est de vostre cœur la generosité ?
Voulez vous succomber sous une adversité ?

EDIPE

Laisse moy, mon souci [4], veux tu bien que j'endure
Que mon pere soit mort sans venger son injure ?
Je ne fay qu'allonger le trame de mes maux :
Je ne vy pas, je sens les funebres travaux
D'un qui tombe au cercueil ; mon ame prisonniere
Est close de ce corps comme un corps de sa biere.
Tu penses me bien faire en prolongeant ma fin,
Mais je n'ay rien si cher qu'accourcir mon destin...

ANTICONE.

N'aurez vous point pitié de ma douleur amere ?

EDIPE.

N'auras tu point pitié du malheur de ton pere ?

ANTIGONE.

Nostre malheur est grand [5], mais un cœur genereux
Surmonte tout malheur, et n'est point malheureux......
Par vos cheveux grisons ornement de vieillesse,
Par cette douce main tremblante de foiblesse,
Et par ces chers genoux, que je tiens embrassez,

1. *Germanus*, né du même père et de la même mère.
2. Je leur laisse le reste, et n'y prétends rien.
3. Dans le sens de *bien*. Voyez p. 78, note 2.
4. Latinisme : *mea cura*.
5. Cf. CORNEILLE, *Horace*, II, 3, v. 62.

Ce mortel pensement, je vous prie, effacez
De vostre ame affligée, et laissez cette envie
De mourir, où le sort trop cruel vous convie.
Vivez tant que nature icy vous souffrira.
Elle vient assez tost....

(*Antigone ou la piété*[1], acte Ier.)

L'ARGENT
Le duc AYMON, BEATRIX, sa femme [2].

AYMON.

Ce nous est toutefois un notable avantage
De ne bailler un sou pour elle en mariage.
Mesmement aujourd'hui qu'il n'y a point d'amour,
Et qu'on ne fait sinon aux richesses la cour,
La grace, la beauté, la vertu, le lignage
Ne sont non plus prisez qu'une pomme sauvage.
On ne veut que l'argent; un mariage est saint,
Est sortable et bien faict, quand l'argent est estreint.
O malheureux poison !

BEATRIX.

Et qu'y sçauriez-vous faire ?
Faut-il que pour cela vous mettiez en colere [3] ?
C'est le temps du jourd'hui.

AYMON.

C'est un siecle maudit.

BEATRIX.

Mais c'est un siecle d'or, comme le monde vit;

---

1. La tragédie de Garnier fond les *Phéniciennes* de Sénèque (dont le commencement était imité de celui de l'*Œdipe à Colone* de Sophocle, et la suite, des *Phéniciennes* d'Euripide) avec l'*Antigone* de Sophocle, déjà traduite par J.-A. de Baïf. Elle déroule toute la légende poétique qui a fait d'Antigone le type proverbial de la piété filiale et le modèle de la piété fraternelle dévouée jusqu'à la mort. On peut voir dans les *Etudes sur les tragiques grecs* de M. Patin la triple traduction de la réponse héroïque d'Antigone à Créon, d'après Sophocle, par Baïf (1573), Garnier (1580) et Rotrou (1638). — La longue scène, réduite de moitié dans notre citation, dont le développement dramatique et touchant a de l'ampleur, et aussi des redites et de la prolixité, contient plus d'un vers qui soutient la comparaison avec le début de l'*Œdipe à Colone* de Ducis. Voici quelques-uns des vers de Ducis qui offrent des similitudes avec ceux de Garnier :
   Œd. Va, crois-moi, prends pitié de ton malheureux père.
   Ma fille, assez longtemps j'ai gémi sur la terre.
   Ma vie est un supplice; et pour me secourir
   Il ne me reste plus que l'espoir de mourir....
   Ant. Que Thèbe à vos deux fils offre un trône en partage;
   Vous suivre et vous aimer, voilà mon heritage.

2. Le prince de Grèce leur a demandé la main de Bradamante, leur fille, sans dot.

3. *Vous* est régime. *Vous* sujet est supprimé par ellipse.

On a tout, on fait tout pour ce metal estrange ;
On est homme de bien, on merite louange,
On a des dignitez, des charges, des estats ;
Au contraire, sans luy, de vous on ne fait cas.
Il est vray ; mais j'ay veu, au temps de ma jeunesse,
Qu'on ne se gesnoit tant qu'on fait pour la richesse.
Alors vrayment, alors on ne prisoit sinon
Ceux qui s'estoient acquis un vertueux renom,
Qui estoient genereux, qui monstroient leur vaillance
A combattre à l'espee, à combattre à la lance.
On n'estoit de richesse, ains de l'honneur espris ;
Ceux qui se marioient ne regardoient au prix.
Le bon temps que c'estoit !.... [1]

(*Bradamante, tragi-comédie*, acte II, sc. 1.)

MONTCHRESTIEN

1575-1621

Antoine de Montchrestien, fils d'un apothicaire de Falaise, cultiva la poésie au milieu des hasards tragiques d'une vie de procès, de duels et de proscription, qui le conduisit en Angleterre pour échapper à un procès criminel, le ramena gracié en France, le fixa dans l'Orléanais par des travaux industriels, la fabrication d'instruments en acier, et finit par une mort sanglante dans une échauffourée de huguenots. C'est à sa tragédie de l'*Escossaise* (1605) qu'il dut la protection du fils de son héroïne, Jacques Ier, et les lettres de grâce de Henri IV. Son imagination vive et ardente puisa à plus d'une source. Il demanda sa *Sophonisbe* (1596) à celle du Trissin ; ses *Lacènes ou la Constance* (1600) à la Vie de Cléomène par Plutarque ; son *David ou l'Adultère* (1600), son *Aman ou la Vanité* (1601) à la Bible ; son *Hector* (1603) à Homère. La grâce souvent délicate et touchante de son style fait penser à Racine, comme l'énergie de Garnier à Corneille.

LA MORT DE MARIE STUART

Récit du *Messager*.

Par Paulet, son geolier, la reine estoit conduite,
Ses femmes se plaignoient et marchoient à sa suite,
Mais elle qui sans crainte à la mort se hastoit,
Leur redonnoit courage et les reconfortoit.

---

1. Cf. un passage de la *Trésorière* de Grévin, et la note 4, p. 81. — Ce passage montre ce que Garnier aurait pu faire dans la comédie.

« Que ma mort ne soit point, disoit elle, suivie
De pleurs ni de souspirs; me portés vous envie,
Si pour perdre le corps je m'acquiers un tel bien,
Que tout autre bonheur auprés de lui n'est rien? »
Il nous faut tous mourir, suis je pas bien-heureuse
De revivre avec gloire en ceste mort honteuse?
Si la fleur de mes jours se flestrit en ce temps,
Elle va refleurir en l'eternel printemps,
Où la grace de Dieu, comme une alme rosee,
La rendra toujours gaye et des ames prisee,
Luy faisant respirer un air si gratieux
Qu'il embasmera[1] tout dans le pourpris[2] des cieux.
Les esprits bien-heureux sont des celestes roses,
Au soleil eternel incessamment escloses;
Les roses des jardins ne durent qu'un matin:
Mais ces roses du ciel n'auront jamais de fin. »
Elle disoit ces mots à ses tristes servantes
Du mal-heur de sa mort plus mortes que vivantes;
Redoublant les souspirs en leurs cœurs soucieux,
Les regrets en leur bouche, et les pleurs en leurs yeux.
Mais estant arrivee au milieu de la salle,
Sa face parut belle, encor qu'elle fust palle,
Non de peur de la mort venuë avant saison,
Mais pour l'ennuy souffert en sa longue prison.
Lors tous les assistans émeus en leur courage,
Et d'aise tous ravis, regardoient son visage,
Admiroient ses beaux yeux, consideroient son port,
Lisoient dessus son front le mespris de la mort:
La merveille[3] en leur cœur faisoit place à la crainte,
De son prochain danger leur ame estoit atteinte.
Elle ne souspirant les faisoit souspirer,
Et s'abstenant de pleurs contraignoit à pleurer.
Sa constance admirable autant qu'infortunee
Glaçoit tous les esprits, rendoit l'ame estonnee:
Bref tous portans les yeux et les cœurs abbatus
Regrettoient ses beautés et loüoient ses vertus.
Comme tous demeuroient attachés à sa veuë,
De tant de traits d'amour mesme en la mort pourveuë;
D'un aussi libre pas que son cœur estoit haut,
Elle s'en va monter dessus son eschaffaut;

---

1. De baume, basme (balsamum, βάλσαμον).
2. Voir *infra*, *Les Roses*, par B. Despériers, et la note.
3. Émerveillement, admiration.

Et soubsriant un peu de l'œil et de la bouche,
« Je ne pensois mourir, dist elle, en ceste couche;
Mais puisqu'il plaist à Dieu de se servir de moy
Pour maintenir sa gloire et defendre ma foy,
J'acquerray tant d'honneur en ce honteux supplice,
Où je fay de ma vie à son nom sacrifice,
Qu'on m'en celebrera en langage divers :
Une seule couronne en la terre je pers,
Pour en regaigner deux dans le celeste empire,
La couronne de vie et celle du martire. »
Ces mots, sur des souspirs, elle envoyoit aux cieux,
Qu'elle invoquoit du cœur, de la bouche et des yeux [1]...

(*L'Escossoise*, acte V.)

PRIÈRE D'ESTHER

Y deussé je mourir, j'en courrai le danger :
Laisser ma gent en proye a l'orgueil estranger?
N'estouffer au berceau ses cruelles miseres?
Cessent de plus mouvoir mes nerfs et mes arteres [2],
Cesse mon cœur de battre, et mes deux yeux de voir,
Alors qu'un tel dessein je pourray concevoir.
Non, non, j'aime bien mieux courir mesme fortune,
Que trainer plus longtemps une vie importune...
Il est bon de mourir avecques ses amis,

---

1. Ce passage suffirait pour montrer ce que Montchrestien savait donner de grâce et quelquefois de fermeté et de plénitude à son style. Les vers heureux ne sont pas rares dans l'*Escossoise*.
Dans la suite du récit, le Messager dit que le bourreau, en frappant le coup mortel,

> Fay tomber le chef bas et monter l'ame aux cieux.

Ailleurs la reine dit :

> Le voyageur lassé sent rire son courage
> Quand il voit le clocher de son propre village.....
> Je finis mon voyage en bien rude saison.....

L'*Escossoise* est intéressante à plus d'un titre. Le choix de son sujet prouve que le XVIIe siècle qui, à bien peu d'exceptions près, oublia pour les Grecs et les Romains les sujets modernes et nationaux, que le XVIIIe qui fit un triomphe à De Belloy pour son *Siège de Calais*, s'étaient fermé une voie ouverte par le XVIe. Il convient pourtant de mentionner que le sujet national de Jeanne d'Arc fut plusieurs fois traité (voir les *Frères Parfait, Histoire du Théâtre françois*), et, ce qui est plus significatif, François de CHANTELOUVE donne une tragédie de *Coligny* (1575), sur l'assassinat de l'amiral; Pierre MATHIEU, l'auteur des *Quatrains moraux*, la *Guisiade* ou *Massacre du duc de Guise* (1589), et Claude BILLARD une tragédie de *Henri le Grand* sur l'assassinat du roi, l'année même de sa mort.

2. Puissent mes nerfs cesser désormais (*plus*, resté avec ce sens dans *ne plus*) de [se] mouvoir! *Mouvoir* est resté intransitif dans *faire mouvoir*.

Quand vivre avecques eux il ne nous est permis :
Il te faut donc, Esther, souffrir en leur souffrance
Ou bien les delivrer avec ta delivrance.
Et que te sert d'avoir ce bandeau sur le chef,
Si tu ne peux au loin destourner ce meschef[1] ?
Il ne te reste rien si non à bien mourir.
Mais Dieu qui tient en main de tous hommes la vie,
Peut il pas empescher qu'elle te soit ravie ?
Ou, s'il le veut permettre, as tu pas ce confort,
Que tu mourras afin de revivre en ta mort ;
Et que, fermant les yeux aux tenebres mortelles,
Tu les viendras ouvrir aux clartés eternelles ?
Certes je croy que Dieu veut se servir de moy,
Pour retirer les siens de ce mortel esmoy :
L'amour passionné qu'Assuére me porte
Fait revivre en mon cœur mon esperance morte :
Il prise trop Esther, il en fait trop de cas,
Pour causer aujourd'huy sa honte et son trespas.
A toy donc, seul object de ma triste pensee,
Puisse arriver ma voix de mes souspirs poussee,
Voix qui pour s'élever et gaigner jusqu'à toy
Pour ses deux aisles prend ton amour et ma foy
Toy qui tiens en ta main des princes le courage ;
Toy qui leurs volontés mets sous ton arbitrage,
Donne moy le pouvoir d'impetrer de mon roy,
Qu'ores il me conserve et tous les Juifs en moy.
Nous n'avons, apres toy, rien pour nostre deffense,
Que le foible rempart d'une simple innocence :
Mais fay le prevaloir à l'orgueil insolent
Du temeraire Aman qui va nous desolant.
Renvoye sur son chef tout le mal qu'il nous brasse[2] ;
Remüe un peu le bras, foudroye son audace[3].

(Aman, acte IV.)

1. Étym. : *mes*, préfixe privatif ou péjoratif (*mescompte, mespris*) et *chef, caput*, tête, bout, but. Mauvais résultat, fâcheuse issue.

2. Primitivement *bracer*, remuer la *brace*, orge trempée dans l'eau (Étym. : wallonne et celtique), brasser la bière ; d'où agiter, pratiquer une machination, etc. Brasser un méchant tour (La Fontaine.)

3. On peut mesurer par ce morceau, qui provoque naturellement une comparaison avec l'*Esther* de 1689, le chemin qu'avait encore à faire le style de la tragédie pour arriver à la perfection de Racine ; mais on peut voir aussi ce que lui fit perdre le mauvais goût qui, dans la première partie du XVIIe siècle, gâta le théâtre avant Corneille. — Mentionnons que les tragédies bibliques sont fréquentes au XVIe siècle. Sans rappeler le *Saül* et les *Gabaonites* de Jean de la Taille et les *Juifves* de Garnier, on trouve ici un *Holopherne*, là un *Pharaon*, de poëtes oubliés et dignes

DU BARTAS
1544-1590

Guillaume de Salluste, seigneur Du Bartas, est un Gascon des environs d'Auch. Son style se sent, il le reconnaît lui-même, du « naturel ramage »; c'est un mélange d'audace fanfaronne dans l'étrangeté, d'imagination brillante et de grandeur, parfois tendue et guindée. Mais il a par ses qualités et ses défauts son originalité. Ronsard est païen, Desportes est Italien : il est biblique, au moins par ses sujets, car la mythologie y fait souvent une singulière figure. Dès ses vingt ans il donnait *Judith*, poème en six chants. En 1579 il donne la *Sepmaine ou la Création du Monde*, en sept chants ou « jours ». Dans l'intervalle il était sorti de son château pour endosser la cuirasse à la suite de Henri de Navarre. Une paix passagère de cinq ans (1580-1585) laissa au public le temps de lire à loisir sa *Sepmaine*, suivie (1584) de la *Seconde Sepmaine* en deux « journées » (Adam et Noé), qui ne vaut pas la première. L'applaudissement fut universel; la première *Sepmaine*, dont la gloire profita à la seconde, commença cette série d'éditions qui, en dix ans, dépassa la vingtaine ; elle fut traduite dans presque toutes les langues européennes, et sa gloire se perpétua au moins à l'étranger. Le Tasse fit à son imitation ses « *Sept journées de la Création* ». Milton fit plus d'un emprunt à l'Eden de la Seconde Semaine (1re journée). Byron s'inspira de lui, Gœthe fut bien aise de reprocher au goût français l'oubli où il était tombé, et signala à l'admiration de l'Europe celui que ses compatriotes n'admiraient et ne connaissaient même plus. — Depuis que Sainte-Beuve l'a remis en lumière en 1828 (*Tableau de la Poésie française au* XVIe *siècle*), ses bizarreries grotesques : le soleil, « grand duc des chandelles », les vents, « postillons d'Éole » (dès le quatrième vers de la *Création*), Dieu, « archer du tonnerre » et « grand maréchal de camp », les monts, « enfarinés de neige éternelle », — j'en passe et des moins bonnes, — toutes ces « vilaines et sales métaphores » que lui reprochait le cardinal du Perron, lui ont peut-être fait plus tort que ses qualités ne lui ont fait honneur. Il reste néanmoins que, si la grâce et le charme lui manquent, s'il n'a que bien rarement des vers coulants et frais comme ceux-ci que je détache du début du septième jour, fort prisé de Gœthe :

> Ici la pastorelle, à travers une plaine,
> A l'ombre, d'un pas lent, son gras troupeau remène ;
> Cheminant elle file, et, à voir sa façon,
> On diroit qu'elle entonne une douce chanson ;

il rencontre souvent le vers fort et sonore ; il dira aussi bien que d'Aubigné en son Jugement dernier, que le Fils de Dieu

> Descendra glorieux des voûtes étoilées ;

il laissera dans toutes les mémoires ce vers fameux :

> Et l'Enfer est partout où l'Éternel n'est pas ;

en ses *Sepmaines*, œuvre de théologie, d'érudition scientifique,

de l'être, un *Saül* du trop fécond Claude Billard, une *Vasthi*, une *Esther*, un *Aman* de Pibrac, etc. (Voyez la *Notice sur Esther* de M. Bernardin, édit. classique de l'*Esther* de Racine.)

zoologique, géologique et aussi d'imagination, il prendra le premier rang dans la poésie descriptive, témoin le portrait renommé du cheval qu'on trouvera ci-après et qui rappelle quelquefois heureusement celui de Virgile (*Géorgiq.* III, 75 sqq.).

DIEU DANS SES ŒUVRES

O Pere [1], donc moy [2] que d'une vois faconde
Je chante à nos neveus la nessance [3] du monde :
O grand Dieu, donne moy que j'étale en mes vers
Les plus rares beautés de ce grand univers :
Done moy qu'en son front ta puissance je lise,
Et qu'enseignant autruy moy-méme je m'instruise...
    Or donq avant tout tans [4], matiere, forme et lieu,
Dieu tout en tout étoit, et tout étoit en Dieu,
Incompris, infini, immuable, impassible,
Tout-esprit, tout-lumiere, immortel, invisible,
Pur, sage, juste et bon. Dieu seul regnoit en paix :
Dieu de soi-méme étoit et l'hôte et le palais.
    Puis Dieu engendre son Fils,
. . . . sa Vois [5], son Conseil eternel,
De qui l'étre est égal à l'étre paternel.
De ces deux proceda leur commune Puissance,
Leur Esprit, leur Amour, non divers en essance,
Ains divers en Persone, et dont la Déité
Subsiste heureusement dés toute éternité
Et fet des trois ensemble une essence triple-une [6].
    Tout beau, muse, tout beau [7] : d'un si profond Neptune
Ne sonde point le fons : garde toi d'aprocher
Ce Caribde glouton, ce Capharé rocher [8],
Où mainte nef, suivant la raison pour son Ourse,
A fet triste naufrage au milieu de sa course.

1. Dieu. Ce vers est le septième du poème.
2. Ce tour latin est fréquent chez Ronsard.
3. On remarquera cette substitution, ordinaire à Du Bartas, de l'*e* à l'*ai*, *nessance*, *sésons*, *trés* (traîts), *parfets*, *fet*, *clers*, *éclers*, *mêtre*, *vesseau*.
4. *Sic.*, pour *temps*. Le *p* est supprimé aussi dans *cors* pour *corps*.
5. *Verbum*, le *verbe*.
6. On trouvera *infra* de beaux vers de Saint-Amand, de Chapelain et de Voltaire sur la trinité ; on pourra apprécier le progrès que, de Du Bartas à ces poètes, a fait en netteté, en grandeur et en harmonie, la langue poétique.
7. On sait l'emploi éloquent et tragique que Corneille a fait de cette locution, familière dans son origine. (Voir *infra*, dans les notes sur Corneille.)
8. Voilà de ces étrangetés plus que bizarres qui arrêtent le lecteur à chaque page dans la lecture des passages de Du Bartas, où le ton est le plus élevé, comme il l'est dans tout ce début.

Cil qui veut seurement par ce goufre ramer,
Sage, ne doit jamais cingler en haute mer,
Ains cotoier la rive, ayant la loi pour voile,
Pour vent le Saint Esprit, et la foi pour Etoile...

Echele[1] qui voudra les étages des Cieux;
Franchisse qui voudra d'un saut ambitieux
Les murs de l'univers[2]; et, bouffi d'arrogance
Contemple du grand Dieu face à face l'Essance...

Il me plait bien de voir cette ronde machine
Comme estant un miroir de la face divine;
Il me plait de voir Dieu, mais comme revêtu
Du manteau de ce Tout, témoin de sa vertu[3]:
Car si les rais ardens que le cler soleil darde
Ebloüissent les yeux de cil qui les regarde,
Qui pourra soutenir sur les Cieux les plus clers
Du visage de Dieu les foudroyans éclers?
Qui le pourra treuver separé de l'ouvrage
Qui porte sur le front peinte au vif son image?

Dieu qui ne peut tomber ès jours sens des humains[4],
Se rend come visible ès œuvres de ses mains...
Le monde est un grand livre, où du souverain Mêtre
L'admirable artifice on lit en grosse lettre.
Chaque œuvre est une page, et d'elle chaque effet
Est un beau caractere en tous sens très parfet.
Mais las! come enfançons[5], qui, lassés de l'étude,
Fuient pour s'égaier les yeux d'un mêtre rude,
Si fort nous admirons ses marges peinturés,
Son cuir fleurdelizé et ses bors sur-dorés
Que rien il ne nous chaud d'aprendre la lecture
De ce texte discret où la docte Nature
Enseigne aus plus grossiers qu'une Divinité
Police de ces lois ceste ronde cité[6].

(*La Sepmaine ou Création du monde*, 1ᵉʳ jour. —
Édition de 1579.)

1. Escalade. — *Qui voudra...* Cf. p. 56, n. 6; p. 127, n. 3.
2. Processit longe flammantia mœnia mundi.
(Lucrèce, I, 74.)
3. *Virtus*, puissance.
4. Sous les sens lourds des hommes.
5. Petits enfants. La Fontaine a employé ce mot, inusité aujourd'hui.
6. Cf. Ronsard, p. 53. Le sens est d'ailleurs différent. — FrançoisColletet, le poète *crotté* de Boileau, raconte, nous dit Sainte-Beuve (*Tableau de la poésie française au XVIᵉ siècle*), à la suite de la vie de Du Bartas par son père Guillaume Colletet, que Ronsard, dans un Jeu de Paume qu'il fréquentait, reçut un jour, et lut avec admiration, oubliant sa raquette, le début de la *Sepmaine*, et s'écria : « Oh! que n'ai-je fait ce poème! Il est temps que

LE DÉLUGE

. . . . Dans l'obscure grote
Du mutin Roy des vents le Tout-Puissant garrote[1]
L'Aquilon chasse nue[2], et met pour quelque tans
La bride sur le col aus forcenés Autans.
D'une æle toute moite ils comencent leur course :
Chaque poil de leur barbe est une humide source;
De nues une nuit enveloppe leur front ;
Leur crin froid et neigeux tout en pluyes se fond,
Et leurs dextres pressant l'épesseur des nuages
Les rompent en éclers, en pluyes, en orages.
  Les torrens écumeus, les fleuves, les ruisseaus
S'enflent en un moment. Ja les confuses eaus
Perdent leurs premiers bords, et dans la mer salee,
Ravageant les moissons, courent bride-avalee[3].
  Ja la terre se perd, ja Nerée est sans marge,
Les fleuves ne vont plus se perdre en la mer large;

Ronsard descende du Parnasse et cède sa place à Du Bartas. » Mais la renommée du nouveau poète ne tarda pas à l'inquiéter. « Comme son propos courait, qu'on lui prêtait même encore d'avoir envoyé à son rival une *plume d'or* en s'avouant vaincu, et d'avoir dit que Du Bartas avait plus fait en une semaine que Ronsard en toute sa vie, il lança un sonnet plein de fierté pour y répondre. » (SAINTE-BEUVE.)
  Voici ce sonnet :

A Jean D'Aurat.

Ils ont menty, D'Aurat, ceux qui le veulent dire,
Que Ronsard, dont la Muse a contenté les Rois,
Soit moins que le Bartas, et qu'il ait par sa voix
Rendu ce tesmoignage ennemy de sa lyre!

Ils ont menti, D'Aurat! si bas je ne respire;
Je sçay trop qui je suis, et mille et mille fois
Mille et mille tourmens plustost je souffrirois,
Qu'un adveu si contraire au nom que je désire.

Ils ont menty, D'Aurat! c'est une invention
Qui part, à mon advis, de trop d'ambition.
J'auroy menty moy-mesme en le faisant paroistre ;

Francus en rougiroit, et les neuf belles sœurs
Qui tremperent mes vers dans leurs graves douceurs,
Pour un de leurs enfans ne me voudroient cognoistre.

(*Les Sonnets divers*, 72.) — Tome V, p. 348).

1. *Garrot* a signifié 1° trait d'arbalète, 2° morceau de bois court que l'on passe dans une corde pour la serrer en tordant. D'où *garroter*, attacher comme avec un garrot; en espagnol, *garrotar*, étrangler. Ce mode de strangulation est encore le supplice usité en Espagne. — Etym.: l'espagnol *garrote* (origine inconnue).
2. Du Bartas a fait, plus que Ronsard, abus de ces mots composés : le ciel *porte-flambeau* (1er vers du poème).
  Le feu *donne-clarté, porte-chaud, jette-flamme*, (IIe jour).
  Mercure *eschelle* (escalade)-*ciel, invente-art, aime-lyre* (IIIe jour).
3. Abaissée, abattue ; les Latins disent *immissis* habenis, *laxis*, bride lâchée. — Etym.: *Aval* (de val, vallée), la pente de la vallée, le bas du courant, par opposition à *Amont* (*a valle, a monte*, du côté du val, du mont). D'où avaler la nourriture, la faire descendre.

Eus-même sont la mer; tant d'oceans divers
Ne font qu'un ocean; même cet univers
N'est rien qu'un grand etang qui veut joindre son onde
Au demeurant des eaus qui sont dessus le monde...
　　Tandis la sainte Nef sur l'échine azurée [1]
Du superbe ocean navigoit asseurée,
Bien que sans mât, sans rame, et loin, loin de tout port,
Car l'Eternel étoit son pilote et son nort.
Trois fois cinquante jours le general naufrage
Degâta [2] l'univers. Enfin d'un tel ravage
L'Immortel s'émouvant n'eut pas soné si tot
La retrete des eaus, que soudain flot sur flot
Elles gaignent au pié [3]. Tous les fleuves s'abaissent.
La mer r'entre en prison. Les montaignes renaissent.
Les bois montrent déjà leurs limoneus rameaus;
Ja la montagne croit par le décroit des eaus,
Et bref la seule main du Dieu darde-tonnerre
Montre la terre au ciel et le ciel à la terre [4].

(Ibid. IIe jour.)

LE CHEVAL [5]

. . . .

Ses paturons [6] sont courts, ni trop droicts, ni lunez [7];
Ses bras secs et nerveus, ses genoux descharnez.
Il a jambe de cerf, ouverte la poictrine,
Large croupe, grand corps, flancs unis, double eschine,

---

1. Cependant l'Arche. Cf. « sur le dos de la plaine liquide. » (RACINE, *Phèdre*, V, 6.)
2. Dévasta. *Gâter*, vient de *vastare*, rendre désert, désoler, ravager, comme *gué* de *vadum*.
3. *Gagner au pied*, s'enfuir, s'avancer vers (*petere*) du (à) pied. Je vais gagner au pied. (MOLIÈRE, *Préc.*, X.)
4. Nous ne donnons ces vers, dont l'harmonie a d'ailleurs un mouvement remarquable, que pour signaler, particulièrement dans la première partie du morceau, un curieux abus de l'imagination mythologique en un sujet qui devait puiser à une toute autre source son inspiration. (Voyez le *Déluge* d'Alfred de Vigny.) Nous faisons grâce, par des coupures, des moins pardonnables imitations des fautes de goût reprochées à Ovide (*Metam.* I.), par exemple :

　　L'estourgeon côtoiant les cimes de châteaus
　　S'émerveille de voir tant de tois dans les eaus.

Cela prépare les « poissons ébahis » de Saint-Amand. Il avait l'imagination plus heureuse quand il définissait la maladie,

　　Poison à mille noms, ministre du trépas,
　　Qui s'en vient au galop et s'en retourne au pas.

5. C'est le premier cheval dompté par l'homme, par Caïn.
6. Partie inférieure de la jambe du cheval, voisine de la corne (sabot). Étym.: *Pâture.* 1º pâturage; 2º corde liée au bas de la jambe de l'animal mis au pâturage.
7. En forme de croissant. Un coutelas *luné* en façon de serpe. (BAÏF.)

Col mollement vousté comme un arc my tendu,
Sur qui flotte un long poil crespement espandu,
Yeux gros, prompts, relevés, bouche grande, escumeuse,
Naseau qui ronfle [1], ouvert, une chaleur fumeuse.....
Son pas est libre et grand ; son trot semble egaler
Le tigre en la campaigne et l'arondelle en l'er:
Et son brave galop ne semble pas moins viste
Que le dard biscaïn ou le traict moscovite.
Mais le fameux canon, de son gosier bruyant,
Si roide [2] ne vomit le boulet foudroyant,
Qui va d'un rang entier esclaircir une armee
Ou percer le rempart d'une ville sommee [3],
Que ce fougueux cheval, sentant lascher son frein
Et piquer ses deux flancs, part viste de la main,
Desbande tous ses nerfs, à soi mesmes eschappe,
Le champ plat bat, abat ; destrappe, grappe [4], attrape
Le vent qui va devant ; couvert de tourbillons [5]
Escroule sous ses pieds les bluetans [6] sillons,
Fait descroistre la plaine, et, ne pouvant plus estre
Suivi de l'œil, se perd dans la nuë champestre [7].

(*Seconde sepmaine*, Ire journée.)

VAUQUELIN DE LA FRESNAIE

1536-1607

Jean Vauquelin, nè à la Fresnaie-au-Sauvage, près de Falaise, fut un enfant de cette verte et grasse Normandie, qui, aux XVIe et XVIIe siècles, a donné nombre de poètes et d'amis de la nature. Jeune il étudia le droit à Paris et à Poitiers, et en même temps s'enrôla avec passion dans la « brigade » de Ronsard. Plus âgé il fut magistrat à Caen et gentilhomme campagnard, et resta poète.

1. Collectumque fremens volvit sub naribus ignem.
(Virgile, *G.*, III. 85.)
2. Employé comme adverbe. On dit de même parler haut, parler franc, trancher net, etc.
3. Ellipse de *se rendre*. On dit sommer et attaquer une ville.
4. *Destrapper*, dégager, dénouer, passer au travers; *grapper*, cueillir, détacher, semer et laisser derrière soi. Cf. *carpere iter*, *legere littus*.
5. De poussière. C'est le *pulverulenta putrem*... de Virgile.
6. Virgile (*G.* II, 105) dit du laboureur : Cumulosque ruit male pinguis arenæ. — *Bluetans*, étincelants. *Bluette*, petite étincelle (*beluette*, patois normand). Etym.: *Ber*, préfixe péjoratif, et *lucere*.
7. Cette description vaut par plus d'un trait précis et expressif, et non par le puéril effet d'harmonie imitative du vers : « Le champ plat... », qui l'a rendue célèbre.

Les bois, les vergers, le Clain du Poitou, l'Orne de la Normandie, voilà toute sa vie, sa joie et son rêve. Faire de ses fils des amis des champs fut son dernier but. L'un d'eux, Des Yveteaux, n'y faillit qu'à moitié; il joua au berger dans son jardin du Pré-aux-Clercs à Paris. — A dix-neuf ans il publia (1555) en deux livres, sous le nom de *Foresteries*, qui n'a pas fait fortune, des pièces de mètres et de strophes très variés, où l'entrain de la jeunesse n'a d'égal que le mauvais goût. Il les renia lui-même; il ne les réimprima pas dans l'édition de ses œuvres qu'il donna deux ans avant sa mort. Elle contient ses *Satyres françoises* en cinq livres, ses *Idillies* en deux livres, son *Art poétique françois* en trois livres. — Le nom de Satire avait été renouvelé de l'antiquité par J. Du Bellay dans son *Illustration de la langue françoise;* le genre avait été accidentellement cultivé par du Bellay lui-même, par Ronsard, par Jean de la Taille. — Ses cent cinquante *Idillies*, « imagettes et petites tablettes de fantaisie d'amour, » dit-il dans sa préface, très variées d'étendue, d'allure, de mètre, ont leur originalité. Il a le bon goût de ne pas nommer son vieux maître Ronsard quand il déclare que les « noms de Guillot et de Pierrot, au lieu de Thyrsis et de Tityre, ne contentent pas son opinion »; ce sont les Phillis et les Galatée qu'il chante. — Son *Art poétique*, qui venait après plusieurs autres (Sibilet, Peletier du Mans, etc.), est le seul qui compte avant celui de Boileau; comme Boileau il y met judicieusement Horace à contribution. Partout son style, encore qu'un peu traînant parfois, a une grâce piquante dans ses *Idillies*, une grande franchise d'allure dans ses *Satyres*, d'heureuses rencontres dans son *Art poétique*. Il lui manque l'éclat de Ronsard dans les premières, la vigueur de Régnier dans les secondes, la netteté de Boileau dans le dernier; mais il suit son sentier après l'un et ouvre la route aux deux autres.

PORTRAIT DE VAUQUELIN PAR LUI-MÊME

A SON LIVRE [1].

. . . .
Va donc, va, mon enfant, va-t-en à l'aventure,
Puisque de mon conseil obstiné tu n'as cure.
Toutefois si tu as quelquefois ce bon heur
De voir autour de toy quelques hommes d'honneur
Qui te prestent l'oreille, et qu'un soleil aimable
De ses rais [2] échauffans te rende favorable.....
Si l'on s'enquiert de toy quel homme je puis estre,
Di [3]. . . . .
Di, que ne passant point encor dix et huict ans,

---

1. Cf. MARTIAL, *Epigramm.*, I, 4 :
        Argiletanas mavis habitare tabernas.
        Cum tibi, parve liber, scrinia nostra vacent....
        I, fuge; sed poteras tutior esse domi.

2. Rais (Etym. *radius*), d'où rayon, — se trouve encore dans Bernardin de Saint-Pierre. Inusité aujourd'hui.

3. Ici le poète dit son origine, ses ayeux, ses premières années, son enthousiasme pour Baïf et Ronsard.

Grimoult, Toutain et moy, poussez d'un beau printans,
Nous quittames Paris et les rives de Seine,
Vinmes dessus le Loir, sur la Sarte et sur Maine :
Lors Angers nous fit voir Tahureau, qui mignart
Nous affrianda tous au sucre de son art.
Delà nous vinmes voir les Nimphes Poitevines,
Qui suivoient par les prés, Françoises et Latines,
Le jeune Saintemarthe, et ses vers enchanteurs
Apres eux attiroient les filles et pasteurs.
Et di, qu'ayant encor sans cotton le visage,
Je mis au jour les vers de mon apprentissage.
Au lieu de demesler les epineuses lois,
Les Nimphes, les Sylvains nous suivions par les bois [1]...
Di, que je fus sujet [2] à la haine, à l'envie
De plusieurs qui depres epluchèrent ma vie :
Et ne m'ayant haineux par medits pardonné [3],
Secret sur leurs medits mes mœurs je façonné [4].
Di, que je fus d'ailleurs aimé de tout le monde,
D'un cœur ouvert et franc, de conscience ronde,
Et que j'aime chacun, mais, sur tous, ces esprits
Que la douceur d'amour et des muses tient pris.
(*Satyres françoises*, liv. Ier, dernière pièce :
A son livre.)

SUITE DU PORTRAIT DE VAUQUELIN PAR LUI-MÊME

Je ne sçauroy, quand je sçay le contraire,
Suivre le mal et laisser à bien faire [5],

---

1. Vers charmants, où, dans l'âge mûr, tout un regain de jeunesse reverdit, sous le souvenir des jeunes enthousiasmes et des amitiés poétiques de la vingtième année. Les uns et les autres ne se retrouvent-ils pas à un moment de notre histoire littéraire du XIXe siècle, qui a plus d'un rapport avec le temps de Ronsard ? Je parle de l'Ecole romantique et du cénacle de 1826. Avec quel charme de verve ou de gaieté mélancolique les rappellent et Th. Gautier en maint passage et Gérard de Nerval en sa *Bohême galante!* — TAHUREAU, du Mans, plus âgé que Vauquelin de neuf ans, l'avait initié à la poésie. Il mourut l'année même où parurent les *Foresteries* qui lui sont dédiées, après avoir chanté sous le nom de l'*Admirée* celle qu'il épousa deux ans avant sa mort. — SCÉVOLE DE SAINTE-MARTHE, dans un sonnet mis par Vauquelin en tête des mêmes *Foresteries*, leur promettait à tous deux, avec la confiance de la jeunesse, l'immortalité. Il survécut seize ans à son vieil ami.
2. Exposé à, *obnoxius*; l'objet de..
3. Leurs médisances haineuses ne m'épargnèrent pas.
4. Il tirait parti de ces « utiles ennemis » dont, après Plutarque, parle Boileau, *Epître* VII :
   Je sais sur leurs avis corriger mes erreurs
   Et je mets à profit leurs malignes fureurs.
5. Manquer à.

A l'honneur vray l'utile preferant :
Ni ne sçauroy trouver, au demeurant,
Fausses raisons pour rabattre à toute heure
Des gens d'honneur la fortune meilleure [1],
En élevant le jeune ambitieux,
L'avare ingrat et le traitre envieux.

    Je ne sçauroy avoir la conscience
D'offencer Dieu en certaine science [2],
Nuisant à tel, qu'en mon cœur je sçay bien
Estre tenu pour un homme de bien...

    Je ne sçauroy déguiser tant mon stile
Que de nommer un Thersite un Achille,
Ni, pour le sang antique et genereux,
Comme un Roland estimer un poureux [3].

    Je ne sçauroy d'une bouche effrontee
D'un sot marmot [4] la Muse avoir vantee,
En assurant que le Grec, le Romain,
Ni le François n'ont eu tel escrivain.

    Je ne sçauroy, de façon coustumiere,
Loüer quelqu'un devant, et en derriere
En dire mal et me rendre si faint
Qu'aux riants rire et plaindre si l'on plaint [5].

    Je ne sçauroy penser ce qu'il faut dire
Pour plaire au Prince en tout ce qu'il desire.
Je ne sçauroy la verité cacher
De peur de voir un autre s'en facher.

    Je ne sçauroy, double [6] et plein de falace,
Tromper l'ami sous une aimable face.
Je ne sçauroy apeler bon ami
Celuy qui parle en flatant à demi........

    Je ne sçauroy, promettant faussement,
Decevoir [7] Dieu par quelque faux serment,
Ni mes prochains : et je ne m'approprie
Ce qui n'est mien, ni de mon industrie [8].

---

1. Ravaler, dénigrer, médire de...
2. L'art de la calomnie.
3. On a dit pour peur : poür, peour, paour, poor (Étym. *pavorem*); pour peureux : paoros, peüros, paoureux (Amyot).
4. Anciennement, nom du singe.
5. Cf. Horace, A. Poët. v. 101 :
    Ut ridentibus arrident, ita flentibus adflent
    Humani vultus......
6. *Duplex*, par opposition à *simplex;* duplicité, simplicité (franchise).
7. *Decipere*.
8. Ce que je ne dois pas à mon activité et à mon intelligence (*de*, venant de).

Voilà pourquoi d'honorer ne me chaut [1]
Les grands à qui la Fortune plus vaut
Que le bon sens : et pourquoi tant m'agree
Auprès de Caen la Normande contree :
Et cela fait que nos lieux [2] me sont or [3]
Ma cour, mon Louvre et mon palais encor [4].
(Satyres françoises, liv. III.)

MISERE DES POÈTES

L'homme se fait pourement [5] immortel
Quand il n'a point de pain à son hôtel [6].
Il ne vit point de luths et d'epinetes,
D'odes, sonnets d'amours, de chansonnettes;
Car entre nous ne vaut pas un liard
Le bon Virgile, au prix d'estre gaillard
Comme Vaumord, dont la fine ignorance,
A vingt pour cent, double son abondance.
Phœbus au pres ne seroit qu'un coquin
Qu'un cagnardier [7] n'ayant ne pain ne vin.....
Tout son cœur met en ses vers le poete,
Mais le Milourd [8] son amie plus parfaite

---

1. *Chaloir*, importer, soucier. Ne s'emploie qu'impersonnellement. A vieilli. Étym.: *calere*, être chaud, et, de là, désirer. PASCAL : Que nous en chaut-il? LA FONTAINE: Non pourtant qu'il m'en chaille.

2. A nous autres qui vivons dans nos campagnes. Voyez cette idée développée largement, non sans un mélange de bonhomie, d'enthousiasme et de fierté, dans le morceau suivant.

3. *Or*, maintenant. Voyez le morceau suivant.

4. Cf. *infra* deux passages de Jean DE LA TAILLE et de PIBRAC, et RACAN, *Stances à Tircis* :

Sa cabane est son Louvre et son Fontainebleau.

A. CHÉNIER, *Elégies* XXIII, lui aussi trouve son indépendance et « son Louvre », non plus aux champs, comme le paysan de Racan, ou comme Vauquelin, gentilhomme campagnard, mais « sous le toit ».

Quid Romæ faciam? mentiri nescio.....

a dit JUVÉNAL, avant Vauquelin. C'est ce que dit, après lui, REGNIER, *Sat.* III. Voyez *infra*. On y trouvera le « je ne sçaurois » de Vauquelin. — MAYNARD (voir *infra* sa notice) a dit aussi :

Que ferai-je à la cour? j'adore la vertu,
Et les amis du Louvre adorent la fortune.

5. Pauvrement. Voy. le morceau précédent, note 4me.

6. *Sic*. On a souvent reproduit ce passage en écrivant *autel*. Le poète se comparerait à un Dieu dont l'autel est vide. Telle n'est ni l'orthographe ni la pensée de Vauquelin.

7. *Cagnard, cagnardier*, fainéant, gueux (Étym. : *Cagne*, chienne, du latin *canis*). On a dit cagnarder, cagnarderie. On a démoli récemment les *cagnards* de l'Hôtel-Dieu, arches sous lesquelles couchaient, aux siècles passés, les vagabonds. (Voyez Dictionn. de Richelet.)

8. *Milord* signifiait déjà, populairement, un homme très-riche. Henri ESTIENNE dit « un gros milort »; BRANTOME, « ces gras usuriers milorts »; SCARRON, « les gros milours ».

Met en son or : au pres duquel combien
Pourroit valoir des Muses tout le bien?
O que lourdauts et que bestes nous sommes
De tant louer indignement les hommes !
J'entends les grands qui pensent qu'on leur doit
Tous les beaux vers qu'un bel esprit conçoit.....
De peu de cas les poetes se paissent,
Mais les larrons abondamment s'engraissent
De bons chapons, de perdris, de faisans,
Et sur leur table ayant tous mets plaisans,
Ils ont encor souvent chez eux une plantee,
Comme en trophé', la corne d'Amaltee[1] :
Vautours goulus, non jamais assouvis
De tant de biens qu'au peuple ils ont ravis,
Et va pressant leur griffe deloyale
Le suc coulant de l'eponge royale.
Les doctes sont tenus comme pedants,
Les grands vanteurs[2] avisez et prudants,
Accorts[3] et fins : comme à poure canaille
Du pain au docte à grande peine on baille.....
On n'use point pour son manger et boire
De tous les chants des filles de Memoire[4]
Ni d'Apollon, lequel le plus souvent,
Ayant disné, ne soupe que de vent.
Et puis, en fait, ni d'odes ni de ryme,
Tant bonnes soient, on ne fait point d'estime;
Chacun s'en moque, et le riche usurier
Ne bailleroit là dessus un denier.
Il faut porter une autre chose en gage,
Car on ne vit de vers ni de langage[5].

(*Satyres françoises*, liv. III; à J.-A. de Baïf,
dernière pièce.)

1. Chèvre de Crète, nourrice de Jupiter. Une de ses cornes, arrachée et remplie de fruits par les Nymphes, devint la *Corne d'abondance*.
2. Aujourd'hui *vantard*. Ce troupeau vanteur qui tant en soy se fie (Desportes). De grands vanteurs petits faiseurs (ancien proverbe). La première édition de l'Académie maintient encore *vanteur*.
3. *Accort* (Etym.: italien *accorto*), tient de avisé et de fin.
4. Les Muses nées de Jupiter et de Mnémosyne (Μνημοσύνη de μνήμη, mémoire), fille du Ciel et de la Terre.
5. Cf. Molière, *Femmes Sav.*, III, 7.
Juvénal a exprimé le premier ces plaintes avec une âpre énergie. (*Sat.* VII, *Litteratorum egestas*) :

Frange, miser, calamos, vigilataque proelia dele,
Qui facis in parvâ sublimia carmina sellâ.
Ut dignus venias hederis et imagine macrâ.
Spes nulla ulterior ; didicit jam dives avarus
Tantùm admirari, tantum laudare disertos.

LA VIE CHAMPÊTRE

Bien heureux est celuy qui, trés loin du vulgaire,
Vit en quelque rivage esloigné, solitaire,
Hors des grandes cités, sans bruit et sans procés,
Et qui, content du sien [1], ne fait aucun excés;
Qui voit de son château, de sa maison plaisante [2],
Un haut bois, une prée, un parc qui le contente.....
Les pensers ennuyeux ne lui rident la peau,
Ne lui changent le poil ni troublent le cerveau [3];
Mais n'esperant plus rien et craignant peu de chose,
Son seul contentement pour but il se propose.
Il rit de la fortune, et de cet or trompeur
Que l'avare en un coin depose plein de peur [4].
Il prend son passe-temps de voir, dedans les villes,
Tant d'hommes convoiteux, tant de troupes servilles,
Courre [5] aux biens, aux profits, aux estats [6], aux honneurs,
Pour faire, aprés, parti [7] des grands et des seigneurs.....

> Ut pueri Junonis avem.....
> Sed vatem egregium, cui non sit publica vena,
> Qui nil expositum soleat deducere, nec qui
> Communi feriat carmen triviale monetâ,
> Hunc qualem nequeo monstrare et sentio tantùm,
> Anxietate carens animus facit, omnis acerbi
> Impatiens, cupidus sylvarum, aptusque bibendis
> Fontibus Aonidum. Neque enim cantare sub antro
> Pierio thyrsumve potest contingere sana
> Paupertas, atque æris inops, quo noete dicque
> Corpus eget. Satur est quùm dicit Horatius : Evohe.
> Quis locus ingenio, nisi quum se carmine solo
> Vexant, et dominis Cyrrhæ Nysæque feruntur
> Pectora nostra duas non admittentia curas ?
> Magnæ mentis opus, nec de lodice parandâ
> Attonitæ, currus et equos faciesque Deorum
> Aspicere.....

1. Dans le sens de *bien*, n'est plus resté que dans la locution : *y mettre du sien*, comme on dit aussi : *j'y mettrai du mien, tu y mettras du tien*.

2. *Qui plait*, comme dans le titre de la *Chronique de Bayart* : La très plaisante histoire de...; dans Racan :

> Plaisant séjour des âmes affligées,
> Vieilles forests...

3. On sent sous cette rudesse une pointe d'ironie contre ceux qui ne bougent des « grandes cités ».

4. Ailleurs Vauquelin s'égaie, en une épigramme, sur l'avare :

> *De la variété de la Fortune.*
> Celuy qui pauvre s'alloit pendre
> Trouve un tresor dans un poteau;
> Pour un tresor qu'il alla prendre
> Il laissa là son vil cordeau.
>
> Mais celuy qui riche avoit mis
> Sa pecune au poteau fendu
> A du pauvre la corde pris
> Et, miserable, s'est pendu.

5. Malherbe l'emploie encore.

6. Etablissemens, emplois, charges. Cf. LA BRUYÈRE, VIII : Le mérite dénué de grands établissemens.

7. Pour *partie*. On a dit prendre *à parti*, aujourd'hui *à partie*.

Il ne voit prés de lui l'horreur des grand's armees,
N'entend point la rumeur des troupes affamees
Qui mangent la substance au pauvre villageois [1]
Et rançonnent la ferme ou les biens du bourgeois.
   Le jour, il ne craint rien, et dans sa maison belle
On ne pose la nuit garde ni sentinelle :
Il n'est point desireux de hausser son renom
Plus haut qu'entre les siens avoir toujours bon nom [2].
Entre les bas vallons son humble renommee
Sans autre ambition se tient close et fermee.
Ni devant, ni derriere il n'a de gens au guet,
Il marche en tous endroits, sans craindre aucun aguet [3];
Il est sobre et joyeux, sans prendre nourriture
Que des biens qu'en ses champs apporte la nature [4].....
   Ores [5] seulet il va de campagne en campagne,
Ores de bois en bois, de vallon en montagne,
Prenant mille plaisirs jusqu'à ce que la nuit,
Ou bien le temps mauvais le mene en son reduit;
Et mille beaux pensers qui lui font compagnie
Sont cause qu'ainsi seul jamais il ne s'ennuie.
Et puis se reposant dessous l'ombrage épais
D'un grand hestre touffu, pour prendre un peu de frais,
Il oit dans les forests des vents le doux murmure,
Qui semble caqueter avecques là verdure [6];
Il oit le gazouillis de ces mille ruisseaux
Dont les Naïades font parler les claires eaux ;
Il oit mille oisillons qui sans cesse jargonnent,
Et les gais rossignols qui par dessus fredonnent ;
Il oit un escadron, un essaim bourdonnant
D'abeilles qui là vont un grand bruit demenant [7];
Il oit sourdre à bouillons les sources fontainieres;
Il contemple le cours des bruyantes rivieres :
Ce qui lui fait alors un tel desir venir

---

1. Le « château » n'oublie pas la chaumière.
2. Il ne porte pas ses prétentions plus haut que d'avoir...
3. Voyez aussi ce mot au singulier dans Malherbe.
4. *Que, si ce n'est des biens, autrement que des*..... Tour encore usité au XVIIe siècle, et fréquent dans Corneille et Molière. Descendons-nous tous deux *que* de bonne bourgeoisie ? (*Bourg. Gentil.*, III, 12.) Vous voyez des gens qui entrent sans saluer *que* légèrement. (LA BRUYÈRE, IV.)
5. *Or, ore, ores* (hora), a signifié maintenant (d'où dorénavant, d'ores en avant); répété, signifie tantôt..., tantôt, comme *nunc... nunc...*
6. Que de fois cette idée se trouve dans Ronsard, et se retrouve dans V. Hugo !
7. De même AMYOT (Vies de Plutarque, *Thésée*): demenant grand bruit, ils tirèrent vers la ville.

De sommeiller un peu, qu'il ne s'en peut tenir.....
Oh! qu'il est en son cœur content et satisfait,
Quand il tient un beau fruict du fruictier qu'il a fait¹!
Quand il tient une grappe en sa vigne choisie,
Dont la couleur combat avec la cramoisie!
Jamais il ne se fache; il est paisible et doux,
Si quelque mouton gras ne lui mangent les loups :
En dépit² il leur fait la chasse et la huee³;
Un grand peuple⁴ il assemble, une louve est tuee;
On en porte la hure⁵ aprés par les hameaux⁶,
On reçoit les presens des riches pastoureaux.
Il ne craint jamais faire en la mer de naufrage,
Il se rit de celuy qui risque à son dommage⁷.
Cette infidelle roue⁸, où chacun à son tour,
Tantost haut, tantost bas, va tournant à l'entour,
Ne le tourmente point; pour n'estre point haussee,
Pourtant on ne voit point sa fortune abaissee.
Au soir, à son retour, il conte à la maison
Au prix de quelle peine il eut sa venaison,
Qu'il met lors sur la table, prenant sa douce gloire
A montrer le beau fruict de sa belle victoire.
Sa femme l'accolant l'admire et le cherit,
Tous les siens en ont joie, et le ciel mesme en rit⁹.
O qu'il a d'aise à voir revenir pesle-mesle
Les vaches, les taureaux, et le troupeau qui bele,
Les aumailles¹⁰ marcher lentement pas à pas,

---

1. De l'arbre fruitier qu'il a fait pousser. *Fruitier* est ici substantif. Cf. MONTAIGNE, IV. 12 : Une haute montagne pleine de fruitiers et arbres verdoyans. — C'est la satisfaction, mais sans ridicule, de l'amateur de prunes; c'est l'esquisse, moins l'intention ironique, du tableau de LA BRUYÈRE (XIII). HORACE, *Epod.* II :

> Ut gaudet insitiva decerpens pira
> Certantem et uvam purpuræ.

2. *Dépit*, chagrin mêlé de colère. Étym.: *Despectus*.
3. *Huée*. 1o le bruit que dans une battue les paysans font après les loups; 2o cri de dérision. Étym. *hu*, onomatopée exclamative. On dit huer le loup.
4. Une nombreuse troupe de gens.
5. Hure, tête hérissée, d'homme ou d'animal. Hure de lion (LA FONTAINE).
6. Cf. BRIZEUX (voyez au XIXᵉ siècle, *infra*).

> Enfin, lâchant sa proie, il (le loup) fuit, lorsqu'une balle
> L'atteint ; et les bergers en marche triomphale
> De hameaux en hameaux promenent son corps mort.

7. S'expose aux périls, au détriment de ses biens ou de sa vie. — *Risquer* ne s'emploie plus qu'activement.
8. La roue de la Fortune, lieu commun de la poésie et de l'éloquence.
9. Voyez la joie et l'orgueil du gentilhomme chasseur !
10. Etymol.: *animalia*. Les animaux par excellence pour le cultivateur, les bêtes à cornes.

Et puis d'autre costé galoper le haras [1];
A voir les bœufs, ayant achevé leur journee,
Ramener sa charrue à l'envers retournee [2];
Et dans sa basse cour grand nombre de ses gens,
Chacun diversement s'employer diligens,
D'ailleurs force artisans, qui rendent tesmoignage
Qu'une riche abondance existe en ce mesnage [3].
(*Satyres françoises.*)

A SON FILS [4]

. . . .
Aime Dieu, cependant, et marchant en sa crainte,
Garde que sa lumiere en toy ne soit eteinte.
Elle te conduira par les obscurs detours
Où tu chemineras desormais tous les jours.
Car tousjours la jeunesse est la plus agreable,
Qui porte sur son front une douceur aimable,
Montrant par ses discours à chacun en tout lieu
Qu'en son ame est empreinte une image de Dieu,
Et qui, par des effects pleins d'un gentil [5] courage,
Fait gouster de bon fruict dès son apprentissage.....
Qui sçait bien à part soy dans son cœur consulter,
Tousjours un saint conseil Dieu lui vient apporter.
Sur tout ne sois ingrat, c'est une tache infette,
Qui noircit la blancheur de l'ame la plus nette.....

---

1. Les chevaux. Étymol.: l'arabe *faras*, cheval.
2. HORACE, *loc. cit.*:
   Has inter epulas, ut juvat pastas oves
   Videre properantes domum,
   Videre fessos vomerem inversum boves
   Collo trahentes languido!
3. En ce siècle de guerres religieuses et de guerres civiles, et de corruption raffinée, tous soupirent après la campagne. C'est la muse universelle. On l'aime et on la chante par imitation de l'antiquité et par passion; on y place ses amours, ses espérances et son repos; et Ronsard, et Du Bellay, et Remi Belleau, et Tahureau, et Desportes, et tant d'autres. En 1583 paraissent et un poème de Claude Gauchet, auparavant aumônier de Charles IX, intitulé *Plaisirs des champs*, et un petit livre qui est comme le manuel poétique de l'amateur des champs. On y trouve la chanson des *Bergeries*, de Desportes, sur la vie champêtre (voyez *infra*); les *Plaisirs du gentilhomme champestre*, de Nicolas Rapin; les *Plaisirs de la vie rustique* de Pibrac; les *Plaisirs de la vie rustique et solitaire* de Claude Binet, le biographe de Ronsard, mentionné avec Pibrac dans l'*Art Poétique* de Vauquelin. — Voir *infra* un passage de RAPIN, et un passage du *Courtisan retiré* de JEAN DE LA TAILLE.
4. Le IVe livre des *Satyres* contient dix pièces, épîtres bien plutôt que satires, adressées à chacun de ses enfants: Jerôme, François, Nicolas (depuis Des Yveteaux), Jean-Jacques, Charles, Guillaume, qui, lorsqu'il les publia, étaient, qui magistrat, qui abbé, etc.
5. *Gentil*, généreux (*gens, genus*).

Endure du malade, il a desja peut estre
Bien enduré de toy : son frere il faut connoistre.
Cheri les amitiez qui longues dureront,
Et les inimitiez qui bien tost finiront.
Mais on hait bien souvent les hommes qu'on offense [1] :
Et souvent le bien fait de mal se recompense.
Mais qui ferme se tient au roc de la vertu
Du courrous orageux n'est jamais abatu.....
Travaille en tes beaux ans, en tes ans plus parfaits,
Pour porter plus content de tes vieux ans le fais.
Travaille à t'elever aux vertus excellentes :
Les ans coulent tousjours comme les eaux coulantes,
Comme apres la saison tant de fruites plantureux
Perdent en pourrissant tous leurs gousts savoureux ;
L'age premier se passe : et la vieillesse blanche
Long temps apres les fruicts ne demeure en la branche [2].

(*Satyres françoises*, livre IV; à Guillaume Vauquelin, à present lieutenant general au baillage et presidial de Caen.)

IMITÉ D'ANACRÉON

Le rusé Cupidon,
Voyant Philis seulete,
Luy jetta son brandon
Et tira sa sagette :

Mais cet enfantelet
Ne pouvant de sa fleche,
Dans le cœur tendrelet,
Luy faire aucune breche,

Il va tout furieux
D'une pleine secousse
Jetter en ses beaux yeux
Son feu, ses traits, sa trousse [3] :

Puis que je n'ay, dit-il,
De pouvoir sur ton ame,
Tes yeux d'un feu subtil
Elanceront ma flame.

(*Idillies*, I, 53.)

---

1. Proprium humani animi est odisse quem læseris (TACITE, *Agric.*, XLII). Fénelon étoit odieux à madame de Maintenon, parce qu'elle l'avoit perdu (SAINT-SIMON).

2. Le métaphore resserre avec une grâce mélancolique ce qu'une comparaison eût délayé peut-être en une banalité, à moins qu'elle n'eût eu la brièveté de celle-ci, par exemple, qu'on a retenue de Menot, le prédicateur de la fin du XVe siècle : « Nous sommes comme l'oiseau sur la branche, qui meurt, en chantant, du trait qui le frappe à l'improviste. »

3. Carquois, trousse d'archer, d'amazone. Étym. controversée.

L'ALLÉGORIE

Comme en la vigne on void, dessous la feuille verte,
La grappe cramoisie et de pampre couverte
Se desrober aux yeux : ainsi sous les discours
D'un conte poëtique, et parmi les amours
Des heros et des dieux, entremeslés de fables,
Sont des enseignemens feconds et profitables.
Souvent nous nous plaisons aux parfums, aux couleurs,
Sans chercher les vertus des odorantes fleurs.
L'abeille toutesfois, ouvriere sacree,
En tire la liqueur dont son œuvre est sucree ;
De mesme on void plusieurs s'abuser aux beautés
Des paroles qui sont pleines de nouveautés ;
Mais d'autres, n'arrestant[1] à ces formes fleuries,
Recueillent le beau sens voilé d'allegories[2].
De feuillage d'acante et de plaisans festons,
Les Muses cachent l'or des vers que nous chantons.
(*L'Art poétique françois.*)

D'AUBIGNÉ
1550-1630

Dans cette existence complexe, agitée et fougueuse de Théodore Agrippa d'Aubigné (voir sa notice dans nos *Prosateurs*), où nous trouvons un enfant condamné à mort à dix ans, un élève de Théodore de Bèze, un duelliste, un soldat, un compagnon et un censeur d'Henri de Navarre, un historien, un pamphlétaire et un romancier, il y a eu place pour deux poètes : un poète de cour, tout aux amours, aux mascarades et aux carrousels du Louvre sous Henri III, — véritable intermède de plaisirs et d'oubli entre son passé et son avenir de huguenot militant, — qui écrit, sous le nom de *Printemps*, odes, sonnets et chansons ; et un poète sectaire, qui écrit en prison, sous la tente, dans la retraite, partout, l'épopée satirique et vengeresse des *Tragiques*. Son *Printemps*, que, d'ailleurs, il n'a pas

---

1. Employé comme neutre. C'est le sens étymologique : *restare ad*.
2. L'allégorie (ἀλληγορία, de ἄλλος, autre ; ἀγορεύειν, dire) dit une chose et fait entendre une autre chose. Elle peint à l'esprit un objet pour lui donner l'idée d'un autre objet ; souvent, donnant un corps à une abstraction, elle figure aux yeux ce qui n'a pas de figure.
L'Allégorie habite un palais diaphane.
a dit Lemierre (XVIII siècle) dans un vers ingénieux, qui est à la fois une explication et une application. « L'antiquité s'expliqua presque toujours par allégorie, » dit Voltaire. L'apologie est une allégorie.

jugé digne devoir le jour et qui a été publié, pour la première fois, d'après les manuscrits originaux en 1874, le laisse bien loin derrière les Ronsard, les Du Bellay, les Belleau, les Desportes. Ses *Tragiques* en font le créateur, resté inimitable, de la satire politique et religieuse. Ce poème, unique en son genre, a été pendant vingt ans (voir la Préface de l'édition de M. Ludovic Lalanne) comme le confident journalier des fureurs, des douleurs, des transports de foi et des ardeurs de vengeance de l'âpre huguenot. Il a versé ce qui débordait de son cœur. La prose de ses *Mémoires* y eût suffi ; mais l'accent de la colère vibre mieux dans le vers. Son vers, né de l'indignation, lui a rendu ce qu'il lui devait : il l'a fait vivre jusqu'à nous, brûlante comme une lave, qui s'y est moulée, sans s'y refroidir.

Les *Tragiques* font oublier qu'il a composé aussi des *Poésies religieuses*, publiées en 1630, dont quelques-unes sont en vers mesurés, rimés ou non rimés, et, à l'imitation de Du Bartas, un poème de la *Création* en vingt-cinq chants, publié en 1874.

Voir les *Œuvres complètes de Théodore Agrippa d'Aubigné publiées pour la première fois d'après les manuscrits originaux*, par MM. Réaume et de Caussade ; 4 vol. in-8°. Alph. Lemerre, 1872-1877.

LA MUSE DES *TRAGIQUES*

Je n'escris plus les feux d'un amour inconnu [1] ;
Mais, par l'affliction plus sage devenu,
J'entreprens bien plus haut, car j'apprens à ma plume
Un autre feu auquel la France se consume.
Ces ruisselets d'argent que les Grecs nous feignoient,
Où leurs poëtes vains beuvoient et se baignoient [2],
Ne courent plus icy ; mais les ondes si claires,
Qui eurent les saphirs et les perles contraires [3],
Sont rouges de nos morts ; le doux bruit de leurs flots,
Leur murmure plaisant heurte contre des os.
Le luth que j'accordois avec mes chansonnettes
Est ores estouffé de l'eclat des trompettes :
Icy le sang n'est feint, le meurtre n'y defaut [4] ;
La Mort jouë elle-mesme en ce triste eschaffaut....
D'icy, la botte en jambe, et non pas le cothurne,
J'appelle Melpomene en sa vive fureur,
Au lieu de l'Hippocrene, éveillant cette peur
Des tombeaux rafraischis, dont il faut qu'elle sorte,
Affreuse, eschevelee, et bramant en la sorte
Que faict la biche après le fan qu'elle a perdu ;
Que la bouche luy saigne, et son front esperdu

---

1. Allusion à ses *juvenilia* du *Printemps*.
2. On connaît la source de Castalie, d'Hippocrène, les *Aonios latices*, et toutes les gracieuses allégories grecques, passées dans la poésie latine.
3. Avec lesquelles pourraient seuls rivaliser les saphirs.
4. Défaillir, manquer.

Face noircir du ciel les voutes esloignees ;
Qu'elle esparpille en l'air de son sang deux poignees,
Quand, espuisant ses flancs de redoublez sanglots,
De sa voix enroüee elle bruira ces mots :
« O France desolee ! o terre sanguinaire !
Non pas terre, mais cendre : o mere ! si c'est mere
Que trahir ses enfans [1] aux douceurs de son sein,
Et, quand on les meurtrit [2], les serrer de sa main ;
Tu leur donnes la vie, et dessous ta mammelle
S'esmeut des obstinez la sanglante querelle ;
Sur ton sein blanchissant ta race se debat,
Là le fruict de ton flanc faict le champ du combat.[3] »

(*Les Tragiques*, livre Ier)

LE STYLE DES *TRAGIQUES*

Vous qui avez donné ce subject à ma plume,
Vous-mesmes qui avez porté sur mon enclume
Ce foudre rougissant aceré de fureur,
Lisez-le, vous aurez horreur de vostre horreur.
Si quelqu'un me reprend que mes vers eschauffez
Ne sont rien que de meurtre et de sang estoffez [4],
Qu'on n'y lit que fureur, que massacre, que rage,
Qu'horreur, malheur, poison, trahison et carnage,
Je lui respons : Ami, ces mots que tu reprens
Sont les vocables d'art [5] de ce que j'entreprens ;
Les flateurs de l'Amour ne chantent que leurs vices,
Que vocables choisis à prendre les delices,
Que miel, que ris, que jeux, amour et passe-temps,
Une heureuse folie à consommer son temps.
Ce siècle, autre en ses mœurs, demande un autre style.
Cueillons des fruicts amers desquels il est fertile.

---

1. *Aux*, par les, à, *ab*.
2. *Meurtrir* a perdu ce sens de *tuer*. Ailleurs : « Les corps de vos meurtris. » RÉGNIER : J'ai meurtri, j'ai volé... (*Elég.*, IV.)
3. Voilà le titre du poème expliqué par le nom de la Muse qui l'inspire. — Les *Tragiques*, publiés en deux fragments entre 1588 et 1594, parurent pour la première fois complets en 1616 : ils contiennent des allusions à des événements accomplis dans les premières années du XVIIe siècle. Ils comprennent sept livres, intitulés *Misères*, *Princes*, *la Chambre dorée*, *les Feux*, *les Fers*, *Vengeances*, *Jugement*, qui ont pour lien le sentiment qui les anime, ou, comme dit l'auteur dans son « Aux lecteurs » le rapport « des effets aux causes. » Les *Misères* du peuple de France ont pour cause les vices des *Princes*, la corruption des *juges*, les persécutions par le *feu* et le *fer*, *vengées* par Dieu sur la terre, et *jugées* dans le ciel.
4. Garnis et nourris.
5. Sont les termes « techniques », qui conviennent à mon sujet.

Non il n'est plus permis sa veine desguiser ;
La main peut s'endormir, non l'ame reposer,
Et voir en mesme temps nostre mere hardie
Sur ses costez jouer si rude tragedie,
Proche à sa catastrophe, où tant d'actes passez
Me font frapper des mains et dire : « C'est assez ! »
Et plus loin (même chant) :
On dit qu'il faut couler les execrables choses
Dans le puits de l'oubli et au sepulchre encloses,
Et que par les escrits le mal resuscité
Infectera les mœurs de la posterité.
Mais le vice n'a point pour mere la science,
Et la vertu n'est point fille de l'ignorance.
(Ibid., livre II).

PRIÈRE A DIEU CONTRE LES PERSÉCUTEURS

« Tu vois, juste vengeur, les fleaux [1] de ton Eglise,
Qui, par eux mise en cendre et en masure mise,
A, contre tout espoir, son esperance en toy,
Pour son retranchement, le rempart de la foy.

« Tes ennemis et nous sommes egaux en vice,
Si, juge, tu te sieds en ton lict de justice ;
Tu fais pourtant un choix d'enfans ou d'ennemis,
Et ce choix est celuy que ta grace y a mis.

« Si tu leur fais des biens, ils s'enflent en blasphemes ;
Si tu nous fais du mal, il nous vient de nous-mesmes ;
Ils maudissent ton nom quand tu leur es plus doux ;
Quand tu nous meurtrirois, si [2] te benirons-nous.

« Veux-tu long-temps laisser en cette terre ronde
Regner ton ennemy ? N'es-tu seigneur du monde,
Toy, Seigneur, qui abbas, qui blesses, qui gueris,
Qui donnes vie et mort, qui tues et qui nourris ?

« Les princes n'ont point d'yeux pour voir ces grand'mer-
[veilles ;
Quand tu voudras tonner, n'auront-ils point d'oreilles ?

---

1. *Fleau* est monosyllabique. Il est tel dans Marot. En Berry, aujourd'hui, *flau*. Étymol.: *flagellum*, *flagrum* (racine *flig*, qui a donné *affligere*).

2. *Si*, même alors (les choses étant ainsi, *sic*). Οὕτω s'emploie de la même façon.

Leurs mains ne servent plus qu'à nous persecuter ?
Ils ont tout pour Satan, et rien pour te porter [1].

« Les temples du payen, du Turc, de l'idolastre,
Haussent dedans le ciel et le marbre et l'albastre ;
Et Dieu seul, au desert pauvrement hebergé,
A basti tout le monde et n'y est pas logé !

« Les moineaux ont leurs nids, leurs nids les hirondelles ;
On dresse quelque fuye [2] aux simples colombelles [3],
Tout est mis à l'abri par le soin des mortels,
Et Dieu, seul immortel, n'a logis ny autels.

« Tu as tout l'univers, où ta gloire on contemple,
Pour marchepied la terre, et le ciel pour un temple.
Où te chassera l'homme, o Dieu victorieux ?
Tu possédes le ciel, et les cieux des haults cieux !

« Les premiers des chrestiens prioient aux cimetieres :
Nous avons faict ouïr au tombeau nos prieres,
Faict sonner aux tombeaux le nom de Dieu le fort,
Et annoncé la vie au logis de la mort.

« Tu peux faire conter ta louange à la pierre ;
Mais n'as-tu pas tousjours ton marchepied en terre ?
Ne veux-tu plus avoir d'autres temples sacrez
Qu'un blanchissant amas d'os de morts massacrez ?

« En ces lieux caverneux tes cheres assemblees,
Des ombres de la mort incessamment troublees,
Ne feront-elles plus resonner tes saincts lieux
Et ton renom voller des terres dans les cieux ?

« Quoi ! serons-nous muets, serons-nous sans oreilles,
Sans mouvoir, sans chanter, sans ouïr tes merveilles ?

[1]. A porter à tes autels. Cf. ὥστε suivi de l'infinitif.
[2]. Refuge. Etym.: *fuga*. Le *g* a disparu comme dans plaie (*plaga*), lier (*ligare*), châtier (*castigare*), etc.
[3]. Notez ces images gracieuses jetées, en passant, dans cette âpre et sombre poésie. Et ailleurs (fin du chant IIe) :

    .... Lors que l'esclat
D'un foudre exterminant vient renverser à plat
Les chesnes resistans et les cedres superbes,
Vous verrez là dessous les plus petites herbes,
La fleur qui craint le vent, le naissant arbrisseau,
En son nid l'escurieu, en son aire l'oiseau,
Sous ce daix qui changeoit les gresles en rosee,
La bauge du sanglier, du cerf la reposee,
La ruelle de l'abeille et la loge au berger,
Avoir eu part à l'ombre, avoir part au danger

As-tu esteint en nous ton sanctuaire? Non,
De nos temples vivans [1] sortira ton renom.

« Tel est en cet estat le tableau de l'eglise;
Elle a les fers aux pieds, sur la gehenne [2] assise,
A sa gorge la corde et le fer inhumain,
Un pseaume dans la bouche, et un luth en la main.

« Que ceux qui ont fermé les yeux à nos miseres,
Que ceux qui n'ont point eu d'oreille à nos prieres,
De cœur pour secourir, mais bien pour tourmenter,
Point de main pour donner, mais bien pour nous oster,

« Trouvent tes yeux fermez à juger leurs miseres,
Ton oreille soit sourde en oyant leurs prieres;
Ton sein ferré [3] soit clos aux pitiez, aux pardons;
Ta main seche, sterile aux bienfaicts et aux dons.

« Ils ont pour un spectacle et pour jeu le martyre;
Le meschant rit plus haut que le bon n'y souspire.
Ne partiront jamais du throsne où tu te sieds
Et la Mort et l'Enfer qui dorment à tes pieds? »

(Ibid., livre Ier, fin).

LE JUGEMENT DERNIER

L'heure du Jugement dernier a sonné. De toutes parts la terre et les tombeaux s'ouvrent, les corps reprennent vie et

Tous sortent de la mort comme l'on sort d'un songe.

Ils se rassemblent au pied du trône de Dieu

Rayonnans de saincte majesté.

Les bons sont à droite, les criminels à gauche:

Voicy le grand heraut d'une estrange nouvelle,
Le messager de mort, mais de mort eternelle.
Qui se cache? qui fuit devant les yeux de Dieu?
Vous, Caïns fugitifs, où trouverez-vous lieu?
Quand vous auriez les vents collez sous vos aisselles
Ou quand l'aube du jour vous presteroit ses aisles,
Les monts vous ouvriroient le plus profond rocher,

---

1. Les cœurs sont les temples vivants de Dieu.
2. D'où la contraction *gêne*. Torture, instrument de torture. Donner la gêne.
3. *Ferreus*, Tibulle, I. 10, v. 2:
  Quàm ferus et verè ferreus ille fuit!

Quand la nuict tascheroit en sa nuict vous cacher,
Vous enceindre la mer, vous enlever la nue,
Vous ne fuirez de Dieu ni le doigt ni la veüe.....
« Pourquoy (dira le feu) avez-vous de mes feux,
Qui n'estoient ordonnez[1] qu'à l'usage de vie,
Faict des bourreaux, valets de vostre tyrannie? »
L'air encor une fois contr' eux se troublera,
Justice au juge sainct, trouble, demandera,
Disant : « Pourquoy, tyrans et furieuses bestes,
M'empoisonnastes-vous de charongnes, de pestes
Des corps de vos meurtris ? — Pourquoy, diront les eaux,
Changeastes-vous en sang l'argent de nos ruisseaux ? »
Les monts qui ont ridé le front à vos supplices :
« Pourquoy nous avez-vous rendus vos precipices[2] ? »
« Pourquoy nous avez-vous, diront les arbres, faicts
D'arbres delicieux, execrables gibets[3] ? ».....
  O enfans de ce siecle, o abusez mocqueurs[4],
Imployables[5] esprits, incorrigibles cœurs,
Vos esprits trouveront en la fosse profonde
Vray ce qu'ils ont pensé une fable en ce monde.
Ils languiront en vain de regret sans mercy.
Vostre ame à sa mesure[6] enflera de soucy.
Qui vous consolera? L'amy qui se desole
Vous grincera les dents au lieu de la parole.
Les Saincts vous aimoient-ils ? un abyme est entr' eux ;
Leur cœur ne s'esmeut plus ; vous estes odieux.
Mais n'esperez-vous point fin à vostre souffrance ?
Poinct n'eclaire aux enfers l'aube de l'esperance.
Dieu auroit-il sans fin esloigné sa merci ?
Qui a peché sans fin souffre sans fin aussi.
La clemence de Dieu fait au ciel son office,
Il deploye aux enfers son ire et sa justice.
Transis[7], desesperés, il n'y a plus de mort
Qui soit pour vostre mer des orages le port:
Que si vos yeux de feu jettent l'ardente veüe

1. Disposé dans l'ordre de la nature.
2. Pourquoi avez-vous fait de nous des précipices, d'où on vous jetait ?
3. On connaît la belle prosopopée de la Nature dans Lucrèce (*De Nat. rerum*, III, 944-99). Cette prosopopée des éléments, armés contre les persécuteurs, a un caractère de merveilleux étrange et farouche, en harmonie avec la scène où elle a sa place.
4. Incrédules, aujourd'hui détrompés, qui nous railliez.
5. Montaigne avait dit : une âme forte et imployable.
6. *Ad modum*, *admodum*, complètement, autant qu'elle le pourra.
7. Pénétrés (*trans, ire*) de froid, puis de peur: la peur glace.

A l'espoir du poignard, le poignard plus ne tue.
Que la mort (direz-vous) estoit un doux plaisir !
La mort morte ne peut vous tuer, vous saisir.
Voulez-vous du poison ? en vain cet artifice :
Vous vous precipitez ? en vain le precipice :
Courez au feu brusler ? le feu vous gelera ;
Noyez-vous ? l'eau est feu, l'eau vous embrasera ;
La peste n'aura plus de vous misericorde ;
Estranglez-vous ? en vain vous tordez une corde ;
Criez après l'enfer ? de l'enfer il ne sort
Que l'eternelle soif de l'impossible mort [1].

(*Ibid.*, livre VIIe.)

PASSERAT
1534-1602

Jean Passerat, de Troyes, Champenois comme Pithou et La Fontaine, jurisconsulte comme l'un, poète comme l'autre, est une des physionomies les plus originales de la seconde partie du xvie siècle. Elève de Cujas à Bourges, latiniste consommé et successeur de Ramus au Collège de France, anti-ligueur, anti-espagnol, anti-allemand, Français avant tout, un des inspirateurs et des principaux collaborateurs, en vers et en prose, de la *Satire Ménippée;* il sema et égaya de poésies latines et françaises sa vie laborieuse de professeur et de savant; il fit des élégies comme Marot et Ronsard, des sonnets comme tout le monde, amoureux, patriotiques, satiriques, des épigrammes, des épitaphes, des « étrennes », au hasard des événements et de l'inspiration. Il a des vers pour la chasse et les chiens, des vers pour un oiseau mort, pour l'Espérance « aux grandes ailes vertes », pour le Dieu des procès. Il a tour à tour ou à la fois la fantaisie, la grâce, la verve, le sel, à l'occasion une pointe de la gaieté que la vigne donnait au vieil Olivier Basselin du xve siècle. Son vers plus sobre que ceux de l'école de Ronsard, plus châtié, et naturellement déjà moins archaïque que ceux de l'école de Marot, n'est d'aucune école. Passerat est un indépendant qui va de sa vive et franche allure à droite et à gauche : au milieu de ses livres, il chante le mois de mai et chansonne l'Espagnol, ami de la science, de la nature et de la France.

LE ROSSIGNOL

. . . .
Viens, ami, viens te promener
    Dans ce bocage,

---

[1]. Jamais le fanatisme n'a revêtu de plus éclatante poésie une plus âpre et plus furieuse éloquence. C'est, de poète à poète, la revanche des invectives de Ronsard.

Entens les oiseaux jargonner
　De leur ramage.

Mais escoute comme sur tous
Le rossignol est le plus doux,
　Sans qu'il se lasse.

Oublions tout deuil, tout ennuy
Pour nous resjouir comme luy :
　Le temps se passe [1].

　　　(*Ode du premier jour de may.*)

LA GUERRE

SONNET

Quelle est ceste influence? et de quelles planettes
Descend ce changement cause de tant de maus?
Peut bien souffrir Cérés emmener les chevaus
Du labour à la guerre, et brusler les charettes?

---

1. Mai, les roses, le rossignol, l'alouette, la fraîcheur, les grâces, les joies de la nature au printemps. ont été mille fois chantés par les poètes, au moyen âge et au XVIᵉ siècle. Cette strophe, demi joyeuse, demi mélancolique, échappée du milieu des livres du docte professeur, mériterait d'être renommée et répétée comme la strophe qui a immortalisé Bertaut. — On ferait un joli bouquet de ces fleurs printanières de notre poésie. En voici deux ou trois, détachées de la poésie antérieure à Ronsard :

Marie de France (XIIIᵉ siècle) dans le lai du rosssignol, que son langage archaïque nous empêche de citer, dit :

　　Tant doucement le oi la nuit
　　Que mut me semble grand deduit (séduction, plaisir).
　　Tant me delit (*delectat*), et tant le voil (veux)
　　Que je ne puis dormir del oil.

Alain Chartier (XVᵉ siècle) :

　　Tout autour oiseaulx volletoient,
　　Et si tres doulcement chantoient
　　Qu'il n'est cueur qui n'en fust joieux,
　　Et en chantant dans l'air montoient.
　　De bleu se vestoient les cieulx,
　　Et le beau soleil cler luisoit.
　　Violettes croissoient par lieux....

　　Les arbres regarday flourir
　　Et lievres et connins (lapins) courir.
　　Du printemps tout s'esjouissoit;
　　Et en bruiant par la vallee
　　Ung petit ruisselet passoit
　　Dont l'eau estoit comme perlee.

Pelletier du Mans (voir les *Poètes du* XVIᵉ *siècle*, tableau préliminaire)

　　Alors que la vermeille aurore
　　Le bord de notre ciel colore,
　　L'alouete, en ce meme point,
　　De sa gentile voés honore
　　La foeble lumière qui point.

　　Tant plus ce blanc matin eclère,
　　Plus d'ele la voés se fait clère;
　　Et samble bien, qu'en s'eforçant
　　D'un bruit vif ele veulhe plère
　　Au soleilh qui se vient haussant

On ne voit par les champs qu'enseignes et cornettes[1] ;
En la ville on ne voit que brebis et pourceaus,
En la ville on n'oit plus que vaches et taureaus,
On n'oit plus par les champs que tambours et trompettes.

De la ville s'en vont trafiques[2] et marchants,
En la ville s'en vient le bon-homme des champs,
Emportant à son col sa charrue inutile.

Que le ciel faict d'horreur sur la France pleuvoir !
Delbene, en nostre temps eussions nous pensé voir
La ville dans les champs et les champs dans la ville[3] !

CONTRE LES ESPAGNOLS[4]
SONNET

Mais où est maintenant ceste puissante armee[5],
Qui sembloit en venant tous les dieux menacer ?
Et qui se promettoit de rompre et terrasser
La noblesse françoise avec son prince armee ?

Ce superbe appareil s'en retourne en fumee,
Et ce duc qui pensoit tout le monde embraser,
Est contraint, sans rien faire, en Flandre rebrosser[6] ;
Il a perdu ses gens, son temps, sa renommee.

Henry, nostre grand roy, comme un veneur le suit,
Le presse, le talonne ; et le renard s'enfuit,
Le menton contre terre, honteux, despit et blesme.[7]

Espagnols, apprenés que jamais estranger
N'attaque le François qu'avec perte et danger :
Le François ne se vainc que par le François mesme.

---

1. *Cornette.* 1º Sorte de coiffure en pointe de *corne* ou *cornet* ; 2º étendard de cavalerie ayant cette forme, comme ici ; 3º compagnie de cavalerie ; 4º officier de cette compagnie.
2. Aujourd'hui *trafic*, commerce. Étym.: *tra*, *vices* (échanges).
3. Les images précises, les contrastes crus de ce court tableau sont plus expressifs et aussi éloquents que les invectives contre la guerre civile, lieu commun de la poésie. On y reconnaît le ton à la fois demi-sérieux, demi-narquois, et toujours sincère et franc, des Ménippéens.
4. Appelés en France et soudoyés par les Ligueurs.
5. L'armée du duc de Parme, en retraite devant Henri IV.
6. On a dit *rebourser, reborser ;* aujourd'hui *rebrousser* (actif ou neutre) Étym.: *rebours*, contre-poil des étoffes.
7. *Despit*, aujourd'hui *dépité*. Etymol.: *despicere, despectus.* — *Blême,* très pâle. Même étymol. que *bleu* : vient du haut-allemand.

SIXAIN

Pleurés, mauvais François, la Ligue est trespassee ;
Riés tous, bons François, la tempeste est passee.
Quand le Roy est entré, les Seize sont sortis,
Et les feus de la guerre ont été amortis.
France se va remettre en paix et en concorde ;
Pendés vous, Espagnols, nous fournirons la corde [1].

CONTRE LES ALLEMANDS [2]

Sauvegarde pour la maison de Baignolet contre les Reistres [3]

Empistolés [4] au visage noirci,
Diables du Rhin, n'approchés point d'ici :
C'est le sejour des Filles de Memoire.
Je vous conjure en lisant le grimoire [5] ;
De par Bacchus, dont suivés les guidons,
Qu'alliés ailleurs combattre les pardons [6].
Volés ailleurs, Messieurs les heretiques :
Icy n'y a ne chappes ne reliques.
Les oiseaux peints [7] vous disent en leurs chants :
Retirés vous, ne touchés à ces champs ;
A Mars n'est point ceste terre sacree,
Ains à Phœbus qui souvent s'y recree.
N'y gastés rien et ne vous y joués :
Tous vos chevaus deviendroient encloués [8] ;
Vos chariots, sans aisseüils [9] et sans roües,
Demeureroient versés parmi les boües.
Encore un coup, sans espoir de retour,
Vous trouveriés le Roi à Montcontour [10],
Ou maudiriés vostre folle entreprise,
Rassiegeans Mets gardé du duc de Guyse :

---

1. La chanson sur la *Journée de Senlis*, avec son malin refrain : « Il n'est que de bien courir », compléterait cette revue des poésies patriotiques de Passerat. Elle se trouve dans la *Satire Ménippée*.
2. Appelés en France et soudoyés par les Huguenots.
3. *Reîtres* ou *rêtres*. Etymol.: *reiten*, chevaucher ; *reiter*, cavalier.
4. Armés de pistolets.
5. *Conjurer* signifie souvent détourner par des cérémonies religieuses ou des pratiques magiques. *Grimoire*, livre (Etymol.: controversée, γράμμα ?) des sorciers pour évoquer ou conjurer les démons.
6. *Indulgences*, dont l'abus fut un des griefs de la Réforme.
7. Les Latins disent souvent *pictæ volucres*.
8. Blessés par un clou de leur fer.
9. Essieu, *axiculus*, de *axis*.
10. Henri III y battit en 1560 Coligny et ses mercenaires allemands.

Et en fuyant, batus et desarmés,
Boiriés de l'eau que si peu vous aimés.
Gardés vous donc d'entrer en ceste terre :
Ainsi jamais ne vous faille la guerre [1];
Ainsi jamais ne laissiés en repos
Le porc sallé, les verres et les pots :
Ainsi tousjours rouliés vous soubs la table
Ainsi toujours couchiés vous à l'estable,
Vaincueurs de soif, et vaincus de sommeil,
Ensevelis en vin blanc et vermeil,
Sales et nuds, veautrés dedans quelque auge,
Comme un sanglier qui se souille en sa bauge.
Brief, tous souhaits vous puissent advenir,
Fors seulement d'en France revenir,
Qui n'a besoin, o estourneaux estranges [2],
De vostre main à faire ses vendanges [3].

LES PROCÉS

. . . . A la vérité,
Rien ne ressemble mieux à la Divinité.
On n'y peut garder ordre : il faut à l'adventure
Comparer des procés et des dieux la nature.
— Pour rendre leur venue aux mortels incertaine,
Les dieux les viennent voir avec des *pieds de laine* [4] :
Les procés, au venir, marchent si doucement,
Qu'ils ne sont entendus pour le commencement;
Puis d'un son esclatant leur presence est connüe.
Les dieux et les procés sont voilez d'une nüe....
— Les dieux vendent leurs biens aux hommes cherement,
Achetez par soucy, par peine et par tourment,
Dont la proprieté n'est par eux garantie.
Avant que par procés soit riche une partie [5],
Il se faut coucher tard et se lever matin,

---

1. *Ainsi*, à cette condition. *Sic* et *ita* s'emploient de même en latin dans l'expression d'un souhait.
2. En latin *sturnus*, oiseau friand de raisin, qui s'en « saoule » comme les grives.—*Estranges*, étrangers. Ἀλλόκοτος s'emploie aussi dans le double sens de *étranger* et *étrange*.
3. Le mélange de verve patriotique, d'humeur satirique, de gaieté bachique, — la dernière discrete, et de pointe légère, — fait de cette pièce (*La Divinité des Procés*) un modèle du meilleur et du plus vif Passerat.
4. *Jambes de laine*, jambes molles; *pieds de laine*, pieds qui marchent sans bruit.
5. Un des deux contestants. — *Ma partie* s'emploie dans le sens de « mon adversaire. »

Et faire à tous propos le diable saint Martin [1];
Remarquer un logis, assieger une porte,
Garder que par derrière un conseiller ne sorte,
S'accoster [2] de son clerc, caresser un valet,
Reconnoistre de loing, aux ambles, un mulet [3];
Avoir nouveaus placets en main et en pochette;
Dire estre de son cru tout cela qu'on achette
A beaus deniers contans : bref, il faut employer
Possible et impossible à procés festoyer [4].
— On n'ose dementir des dieux les sainctes oracles,
Ni l'arrest des procés. — Les dieux font des miracles :
Les procés, que font-ils? les plus goutteux troter,
Galoper les boiteux, pour les solliciter,
Les rendant, au besoin, prompts, dispos et habiles.
Du profond des forests ils attraînent aux villes
Cerfs, et daims, et sangliers, sans rets ny hameçons,
Et sans moüiller la patte ils prennent les poissons [5].
Leur occulte cabale attire metairies,
Villages et chasteaux, rentes et seigneurie;
Comme le luth d'Orphé, les arbres desplantez,
Ou celui d'Amphion, les rochers enchantez,
Qui descendant des monts en une grasse plaine,
Bastirent sans maçons la muraille thebaine [6].
— Ce qui est jà passé, et une fois est faict,
Par tous les dieux ensemble estre ne peut defaict :
Les procés, en ce poinct, ont sur eux l'advantage,
Pour ce qu'un *alibi*, avec un tesmoignage
Presté par charité, defaict tout le passé,
Fait un mort estre vif, et un vif trespassé.
— On recognoist les dieux, ainsi que dit Homere,
Au mouvement des pieds, qu'ils tournent en arriere :
Mon procés prend plaisir à tousjours reculer.
— Les dieux sont recogneuz souvent à leur parler,

1. On dit faire le diable, le diable à quatre, le diable Saint-Martin, — expressions proverbiales venues des Mystères, où le diable avait un rôle, ou « diableries ».
2. Se faire de son clerc un compagnon, que l'on aborde et qu'on ne quitte plus. VOLTAIRE (*Le Pauvre diable*) l'emploie encore.
3. *Amble*, ou *ambleure* (étymol. *ambulare*), allure par laquelle la bête lève en même temps les deux jambes du même côté. — Les procureurs, comme les médecins, montaient chevaux ou mulets.
4. Nourrir et entretenir.
5. Allusion d'abord aux cadeaux de gibier faits aux juges par les plaideurs.
6. Allusion aux frais des procès. On y perd terres et rentes.

Car tout autre est leur voix que n'est nostre langage :
Les procés, vrais Bretons, ont à part un ramage.
— Aux dieux, francs de la mort, on dresse des autels :
Qu'on en dresse aux procés, puisqu'ils sont immortels ;
Mon procureur Guillon en sçauroit bien que dire [1],
Qui mon procés jugé tire encore et retire [2],
Et depuis seize mois m'a tant villonizé [3]
Que je le tiens dejà pour immortalizé.......
— On n'ose offrir aux Dieux que victimes de choix :
Les escus des procés doivent estre de poids.
— La main de Jupiter par un horrible foudre
Porté d'estourbillons [4], met en cendre et en poudre
Les orgueilleuses tours et les haultes forests :
Aussi font bien souvent les foudres des arrests ;
Les plus grosses maisons, à plaider obstinees,
Par l'effort des procés se trouvent ruinees.
— Jupiter courroucé d'un don va s'appaisant :
Un vigoureux procés s'adoucit d'un present.
L'ambroisie et nectar font des dieux les delices,
Et le procés friand aime fort les espices [5].
— Apollon est à craindre, avec son arc d'argent,
Comme avec un exploit est à craindre un sergent [6].
— D'Apollon et Bacchus on vante la jeunesse :
Un procés rajeunit souvent en sa vieillesse.
Si les dieux deguisés, changeant leur majesté,
En bestes et oiseaux par la terre ont esté,
Et ont fait de bons tours dessous forme empruntee.
Le procés ne doit rien aux changes de Protee [7] ;
Vous le pensez civil, il devient criminel ;
Vous l'estimez fini, le voilà eternel...

1. Comme on dit familièrement: en sait quelque chose, en aurait long à dire.
2. Allonge sans fin mon procès, même jugé.
3. Ou *villoner*, tromper, friponner.
4. Porté par des tourbillons.
5. On a appelé anciennement *épices* les dragées et confitures. Les plaideurs en faisaient présent à leurs juges et rapporteurs. Ce mot s'est conservé quand les présents se sont faits en argent. — On voit la justesse de la métaphore « friand ».
6. Les *sergents* (Etymol.: *servientem*, qui sert, qui remplit un office), officiers de justice, aujourd'hui huissiers, dressaient et signifiaient les *exploits* pour assigner, notifier, saisir (Etymol.: *explicitum*, achèvement, exécution).
7. Ne devoir rien à, n'être pas moins riche que... Est aussi changeant que Protée.

DESPORTES
1546-1606

Philippe Desportes, né à Chartres, d'abord clerc de procureur, puis abbé, et abbé successivement et grassement pourvu, fit bonne figure à la cour des Valois par ses poésies galantes, fort goûtées du brillant entourage de Charles IX et de Henri III, fort applaudies de Ronsard et de Baïf. On chantait encore au XVII$_e$ siècle sa *Villanelle* de « Rozette » que fredonnait le duc de Guise à Blois quelques heures avant de mourir. La part qu'à la suite de nobles protecteurs il prit à la Ligue le compromit un peu ; il y perdit quelques bénéfices, il y gagna quelques épigrammes de ses amis de la Ménippée. Mais Henri IV et Sully ne lui tinrent pas rigueur : il recouvra ses abbayes, dont l'une, celle de Tiron, près de Chartres, le désignait communément ; et, l'âge venu, et avec l'âge le repos, il traduisit ces *Psaumes* qui « valaient mieux que ses potages », si l'on en croit la boutade de Malherbe, dont son neveu Régnier le vengea, s'enferma dans sa riche bibliothèque de Bonport, où il vécut et mourut doucement, réconcilié avec les Ménippéens.

Desportes proclamé par Ronsard, avec une générosité sans péril, le « premier poète françois », n'a ni sa pédantesque érudition poétique, ni non plus son essor de génie. Sa douceur, sa délicatesse, sont gâtées par l'afféterie, ce que Malherbe appelle drôlerie italienne », et, brutalement, « imagination prise de l'italien et sotte partout ». Il a trop bien entendu l'appel que, dans son éclectisme, le chef de l'école faisait à l'imitation de l'Italie comme de l'antiquité. Chez lui les souvenirs d'Ovide, de Catulle, de Properce, de Tibulle, se fondent avec ceux d'Arioste, de Pétrarque, de Sannazar, dont il prend, avec la grâce, la pointe.

Ses *Amours de Diane, Hippolyte, Cléonice* et *diverses*, ses *Bergeries* contiennent force sonnets, plaintes, complaintes, chansons ; ses *Élégies* sont suivies de *Mascarades* ; ses *Œuvres chrestiennes* comprennent des prières, des psaumes, des sonnets spirituels. (Édition A. Michiels, 1 vol. 1858). On trouvera dans l'édition de Malherbe de la Collection des grands Écrivains de la France, tome IV, ses Remarques sur les Œuvres de Desportes : il a, à l'exception des Psaumes, tout corrigé « d'une horrible manière », dit, dans une lettre à Conrart, Balzac qui a possédé le manuscrit. Ces notes, d'un bon sens prosaïque et quelquefois étroit, ont souvent, dans leur mauvaise humeur ou leur gaieté, de la finesse.

LA VIE CHAMPÊTRE[1]

CHANSON

O bien-heureux qui peut passer sa vie,
Entre les siens, franc de haine et d'envie,
Parmy les champs, les forests et les bois,

---

1. Cf. *supra*, p. 106, sq. ; et les *Stances à Tircis*, de Racan.

Loin du tumulte et du bruit populaire
Et qui ne vend sa liberté pour plaire
Aux passions des princes et des rois !

Il n'a soucy d'une chose incertaine ;
Il ne se paist d'une esperance vaine ;
Nulle faveur ne le va decevant ;
De cent fureurs il n'a l'ame embrasée,
Et ne maudit sa jeunesse abusée,
Quand il ne trouve à la fin que du vant.

Il ne fremist, quand la mer courroucée
Enfle ses flots, contrairement poussée
Des [1] vens esmeus, soufflans horriblement ;
Et quand, la nuict, à son aise il sommeille,
Une trompette en sursaut ne l'éveille [2],
Pour l'envoyer du lict au monument [3].

L'ambition son courage n'attise ;
D'un fard trompeur son ame il ne déguise ;
Il ne se plaist à violer sa foy ;
Des grands seigneurs l'oreille il n'importune ;
Mais, en vivant content de sa fortune,
Il est sa cour, sa faveur et son roy [4].

Je vous rends grace, ô deïtez sacrées
Des monts, des eaux, des forests et des prées,
Qui me privez de pensers soucieux,
Et qui rendez ma volonté contente ;
Chassant bien loin ma miserable attente
Et les desirs des cœurs ambitieux.

Si je ne loge en ces maisons dorées,
Au front superbe, aux voûtes peinturées
D'azur, d'esmail, et de mille couleurs,
Mon œil se paist des thresors de la plaine,
Riche d'œillets, de lis, de marjolaine
Et du beau teint des printanieres fleurs [5].

---

1. *Des*, par les vents.
2.   Nec excitatur classico miles truci.
                                    HORACE, *Epod.*, II, 5.
3. Au tombeau. C'est le σῆμα des Grecs.
4. Cf. VAUQUELIN, p. 104, n. 4 ; JEAN DE LA TAILLE, *infrà*, POÉS. VAR.
5. On reconnaît le mouvement des vers célèbres de LUCRÈCE (II, 24) : Si non aurea sunt...; et de VIRGILE (*Géorg.*, II, 460) : Si non ingentem... Voyez LA FONTAINE et les notes.

Ainsi vivant, rien n'est qui ne m'agrée :
J'oy des oiseaux la musique sacrée,
Quand au matin ils benissent les cieux,
Et le doux son des bruyantes fontaines
Qui vont coulant de ces roches hautaines [1]
Pour arrouser nos prez delicieux.

Douces brebis, mes fidelles compagnes,
Hayes, buissons, forests, prez et montagnes,
Soyez témoins de mon contentement [2] !
Et vous, ô dieux ! faites, je vous supplie,
Que cependant que durera ma vie,
Je ne connoisse un autre changement.
 (*Bergeries*, première pièce. Éd. A. Michiels, p. 431).

TOUJOURS PLUS HAUT!

Appelle qui voudra [3] Phaëton miserable
D'avoir trop entrepris, je l'estime loüable ;
Car au moins il est cheut un haut fait poursuivant,
Et par son trespas mesme il s'est rendu vivant :
J'aimeroy mieux courir à ma mort asseurée,
Poursuivant courageux une chose honorée,
Que lasche et bas de cœur mille biens recevoir
De ceux que le commun aisément peut avoir.

---

1. Cf. (*Procès contre Amour*) cet adjectif pris au sens moral. Il a perdu le sens propre qu'il a ici, comme dans « route hautaine et inaccessible » (MONTAIGNE). *Roches hautaines* est fréquent chez Ronsard (par exemple, *Odes*, I, 2) :

2. Boileau qui a excepté Desportes, avec Bertaut, de la proscription dont il frappait Ronsard, ne semble-t-il avoir gardé quelque souvenir de ce vers quand il dit (*Ep.*, VII) :

  O fortune séjour ! ô champs aimés des cieux !
  Que, pour jamais foulant vos prés délicieux,
  Ne puis-je ici fixer ma course vagabonde,
  Et connu de vous seuls oublier tout le monde !

— Cf. encore, *Bergeries*, IV :

  O champs plaisans et doux ! ô vie heureuse et sainte !
  Où, francs de tout soucy, nous n'avons point de crainte
  D'estre accablez en bas, quand, plus ambitieux
  Et d'honneurs et de biens, nous voisinons les cieux !
  Où nous vivons contens, sans que la chaude rage
  D'avancer en credit nous brûle le courage ;
  Où nous ne craignons point l'effort des medisans,
  Où nous n'endurons point tant de propos cuisans,
  Où nous n'avons soucy de tant nous contrefaire
  Et ployer le genouil, mesme à notre adversaire.

3. On sent le chaleureux accent de défi de cette tournure. Cf. CORNEILLE, *Don Sanche*, I. 3 :

  Se pare qui voudra du nom de ses ayeux :
  Moi je ne veux porter que moi-même en tous lieux.

Mon esprit, nay du ciel, au ciel toujours aspire,
Et ce que chacun craint, c'est ce que je desire.
L'honneur suit [1] les hazars, et l'homme audacieux
Par son malheur s'honore et se rend glorieux.
Le jeune enfant Icare en sert de temoignage,
Car si volant au ciel il perdit son plumage [2],
Touché des chauds rayons du celeste flambeau,
Le fameux ocean luy servit de tombeau,
Et depuis de son nom cette mer fut nommée :
Bien-heureux le malheur qui croist la renommée [3] !

(Élégie, dans *Hippolyte*. Éd. A. Michiels, p. 125).

PROCEZ CONTRE AMOUR AU SIEGE DE LA RAISON [4]

« Ingrat est-il vrayment et sans reconnoissance,
De me rendre à present si pauvre recompense
Pour cent mille bien-faits qu'il a receus de moy ;
J'ai purgé son esprit par ma divine flame,
L'enlevant jusqu'au ciel et remplissant son ame
D'amour, de beaux desirs, de constance et de foy.

« Je l'ay fait ennemy du tumulte des villes,
J'ay repurgé son cœur d'affections serviles,
Compagnon de ces dieux qui sont parmy les bois.
J'ay chassé loin de luy l'ardante convoitise,
L'orgueil, l'ambition, l'envie et la feintise,
Cruels bourreaux de ceux qui font la cour aux rois.

« J'ay fait par ses escrits admirer sa jeunesse,
J'ay reveillé ses sens engourdis de paresse,
Hautain [5] et genereux je l'ay fait devenir ;
Je l'ai separé loing [6] des sentiers du vulgaire
Et luy ay enseigné ce qu'il luy falloit faire
Pour au mont de vertu seurement parvenir.

---

1. La gloire est la conséquence des tentatives périlleuses.
2. Désigne aujourd'hui toute la plume qui est sur le corps de l'oiseau, et non les ailes seulement, comme ici.
3. Et ailleurs (*Hippolyte*, premier sonnet, p. 115) :
    Il mourut poursuivant une haute advanture ;
    Le ciel fut son desir, la mer sa sepulture :
    Est-il plus beau dessein ou plus riche tombeau ?
4. Le poète plaide devant le tribunal de la Raison, contre l'Amour qui le rend malheureux. L'Amour se défend avec une généreuse éloquence. — Ce genre d'allégorie rappelle le *Roman de la Rose*. — Voyez la même allégorie dans le II⁰ livre des *Sonnets pour Helene*, de Ronsard, sonnet 21.
5. Qui a l'âme haute.
6. Je l'ai separé et éloigné *des*...

« Je luy ay fait dresser et la veuë et les ailes
Au bien-heureux sejour des choses immortelles ;
Je l'ay tenu captif pour le rendre plus franc.
Or, si quelque douleur luy a livré la guerre,
Hé ! qui sans passion pourroit vivre sur terre,
Ayant des os, des nerfs, des poumons et du sang ? »
. . . .

Ainsi parloit Amour avec grand'violence ;
Puis nous teusmes tous deux, attendant la sentence
De Raison, qui vers nous son regard adressa :
Vostre debat, dist-elle, est de chose si grande,
Que pour le bien juger plus long terme il demande,
Et, finis ces propos, en riant nous laissa.

(*Diane*, liv. I. Éd. A Michiels, p. 53).

ÉPITAPHE DE GILLES BOURDIN

PROCUREUR GÉNÉRAL DU ROY

Bourdin eut un esprit veillant incessamment
Et un corps endormi, chargé d'âge et de graisse ;
L'esprit pront se plaignoit du corps toujours dormant,
Le corps lourd, de l'esprit qui n'avoit point de cesse.
Le ciel, pour appaiser ces étranges discords,
A fait venir la mort cependant qu'il sommeille,
Qui d'un somme éternel a fait dormir son corps
Afin que son esprit plus à son aise veille [1].

(*Epitaphes*. Éd. A Michiels, p. 471).

ÉPITAPHE

SONNET

Comme on void parmy l'air un esclair radieux
Glisser subtilement et se perdre en la nuë,
Cette ame heureuse et sainte, aux mortels inconnuë,
Coula d'un jeune cœur pour s'envoler aux cieux [2].

Mon penser la suivit, au defaut de mes yeux,
Jusqu'aux voûtes du ciel tout clair de sa venuë,
Et voit qu'en tant de gloire où elle est retenuë
Elle a dueil que je sois encor en ces bas lieux.

---

1. C'est une des trois ou quatre pièces que Malherbe trouve bonnes.
2. Voilà une strophe d'une grâce qui fait penser à Lamartine, comme tel sonnet de Du Bellay. (Voir plus haut.)

Mais tu n'y seras guere, ô deesse ! à m'attendre,
Car je n'estois resté que pour cueillir ta cendre
Et ta memoire sainte orner comme je doy ;

Maintenant que j'ay fait ce devoir pitoyable,
Las de pleurer, de vivre et d'estre miserable,
J'abandonne la terre et vole aupres de toy.

(*Ibid.*, p. 485).

SONNET AU SOMMEIL

Sommeil, paisible fils de la nuict solitaire,
Pere-alme [1], nourricier de tous les animaux,
Enchanteur gracieux [2], doux oubly de nos maux,
Et des esprits blessez l'appareil salutaire ;

Dieu favorable à tous, pourquoy m'es-tu contraire ?
Pourquoy suis-je tout seul rechargé de travaux,
Or, que l'humide nuict guide ses noirs chevaux,
Et que chacun jouyst de ta grace ordinaire ?

Ton silence où est-il ? ton repos et ta paix,
Et ces songes vollans comme un nuage espais,
Qui des ondes d'oubly vont lavant nos pensées ?

O frere de la mort, que tu m'es ennemy !
Je t'invoque au secours [3], mais tu es endormy,
Et j'ards [4], toujours veillant, en tes horreurs glacées [5].

(*Hippolyte*, sonnet LXXV. Éd. A. Michiels, p. 164).

1. Étymol. : *Almus*, de *alere*, nourrir ; qui soutient et fortifie. RONSARD, *Eleg.* IX :
    Pere alme, nourrissier des hommes et des Dieux
2. Dont le charme magique est le bienvenu.
3. Je t'appelle à mon secours.
4. Je brûle, *ardeo*.
5. *Frigidus horror*, dit Virgile, frisson, glacé. — On cite encore souvent de Desportes la *Prière au Sommeil* (*Diane*, liv. II). — Les hymnes, odes, prières au Sommeil, sont un lieu commun de la poésie au XVIe siècle. — Cf. SOPHOCLE, *Philoct.*, 827 sq. ; EURIPIDE, *Hercule furieux*, 1065, et *Oreste*, 211 sq. :
    Ὦ φίλον ὕπνου θέλγητρον, ἐπίκουρον νόσου...
    Καὶ τοῖς δυστυχοῦσιν εὐκταία ἕξις...
OVIDE, *Metam.* XI, 623 :
    Somne, quies rerum, placidissime somne Deorum,
    Pax animi.....

On connaît, dans un opéra célèbre de nos jours, la *Muette*, 'air du Sommeil.

SONNET

Helas ! si tu prens garde aux erreurs que j'ay faites,
Je l'advouë, ô Seigneur ! mon martyre est bien doux;
Mais, si le sang de Christ a satisfait pour nous,
Tu decoches sur moi trop d'ardentes sagettes [1].

Que me demandes-tu ? mes œuvres imparfaites,
Au lieu de t'adoucir, aigriront ton courroux ;
Soy-moy donc pitoyable, ô Dieu ! pere de tous,
Car où pourray-je aller si plus tu me rejettes ?

D'esprit triste et confus, de misere accablé,
En horreur à moy-mesme, angoisseux [2] et troublé,
Je me jette à tes piés ; soy-moy doux et propice !

Ne tourne point les yeux sur mes actes pervers,
Ou, si tu les veux voir, voy-les teints et couvers
Du beau sang de ton fils, ma grace et ma justice.

   (*Poésies chrestiennes* [3], sonnet XI. Éd. A. Michiels,
  p. 506).

---

1. *Sagitta*, flèche.
2. *Angoisse* (Etymol. : *angustus, angustiæ,* de *ango,* ἄγχω, serrer) :
1º resserrement douloureux de la gorge; 2º douleur qui étreint. Bossuet
emploie encore *angoisser*.
3. Les *Poésies chrestiennes* de Desportes sont, ou des paraphrases des
psaumes, ou des imitations d'originaux divers, ou des inspirations personnelles, prières, complaintes, etc. Les psaumes sont heureux aux poètes ;
ils élèvent et soutiennent le ton de Desportes, comme celui de Malherbe et
de J.-B. Rousseau. Ecoutons-le

  Delivre-moy, Seigneur de la mort éternelle,
  Et regarde en pitié mon ame criminelle,
  Languissante, estonnée et tremblante d'effroy,
  Cache-la sous ton aile au jour espouvantable,
  Quand la terre et les cieux s'enfuiront devant toy
  En te voyant si grand, si saint, si redoutable.

  Les anges fremiront au regard de ta face;
  Helas! où pourront donc les meschans trouver place ?
  Où se pourront cacher ceux qui sont reprouvez?
  Où faudra-t-il, Seigneur, que lors je me retire,
  Si les justes seront à grand'peine sauvez,
  Miserable pécheur, pour apaiser ton ire?

  Que diray-je? ô chétif! que me faudra-t-il faire?
  Je ne trouveray rien qui ne me soit contraire.
  Je verray mon peché s'elever contre moy.....

     (Éd. Michiels, p. 498.)

BERTAUT
1552-1611

Jean Bertaut, de Caen, entra dans les ordres, fut précepteur du duc d'Angoulême, secrétaire et lecteur ordinaire de Henri III, passa les mauvais temps de la Ligue à l'abbaye de Bourgueil, en Anjou, auprès du cardinal de Bourbon, contribua à la conversion de Henri IV et reçut de lui (1594) l'abbaye d'Aulnay, en Normandie, qu'eut plus tard son compatriote Daniel Huet, puis (1606) l'évêché de Séez. Il avait été témoin oculaire de l'assassinat de son premier bienfaiteur royal, il mena à Saint-Denis le corps du second, auquel il ne survécut qu'un an.

Bertaut, jeune encore, fut introduit par Desportes auprès de Ronsard, et comme son patron, fit d'abord des poésies galantes d'un style trop « sage », dit le maître, au rapport de Régnier (Satire V, à Bertaut); comme lui et plus que lui il fit ensuite des poésies religieuses qui restent son véritable titre. Depuis le vers de Boileau son nom est inséparable de celui de Desportes. Mais de l'un à l'autre la langue poétique a fait un pas : Bertaut est plus voisin de son compatriote Malherbe. Il n'avait pas eu dans sa première veine les élans de Ronsard, malgré les nobles aspirations qu'il exprimait en beaux vers :

> J'aime mieux en soucis et pensers élevés
> Estre un aigle abattu d'un grand coup de tonnerre,
> Qu'un cygne vieillissant ès jardins cultivés.

Il n'a pas davantage dans son second âge le ressort et les fiers coups d'aile de Malherbe; mais Malherbe a beau dire de lui, nous raconte Racan, que pour mettre une pointe à la fin de ses stances il faisait les trois premiers vers insupportables : la netteté de son langage, l'harmonie et la plénitude de sa période en font un précurseur du réformateur de notre poésie.

Les œuvres de Bertaut parurent successivement de 1602 à 1623. Elles contiennent des sonnets, des chansons, des élégies, des complaintes, des stances, des hymnes, des discours, des cantiques.

AU ROY

POUR LE CONVIER DE RENTRER DANS PARIS

Venez revoir Paris, cet antique navire
Qu'un orage excité par la fureur du sort
Alloit ensevelir dans les flots de son ire,
Sans vostre heureux secours, son vray phare et son port [1].
Voyez comme le ciel l'en ayant preservée,
Elle brave l'orgueil des vents plus inhumains,
Et trouve moins de joye au bien d'estre sauvée
Que de gloire en l'honneur de l'estre par vos mains.

---

1. Ce début métaphorique est assurément ce que contiennent de moins bon ces stances.

Non : ceste ville auguste, invincible monarque,
Ne sçauroit desormais fleurir qu'à vostre honneur,
Sa grandeur n'estant plus qu'une eternelle marque
Et de vostre clemence, et de vostre bonheur.
Qu'un autre l'ait fondée et ceincte de murailles,
Qu'un autre ait faict l'empire en ses murs resider :
Vous, vous l'avez sauvée au milieu des batailles,
Et sauver une ville est plus que la fonder.

Aussi m'est-il avis que je vois son genie,
Tout couronné de tours et tout ceinct de rempars,
Detestant à vos pieds l'injuste tyrannie
Qui la donnoit en proye à la rage de Mars,
Vous dire incessamment : O grand roy qui pardonnes,
Dés que le ciel a mis la vengeance en tes mains,
Il n'appartient qu'à toy de porter les couronnes
Qu'on donnoit aux sauveurs des citoyens Romains.

Le ciel veuille assister la valeur de tes armes,
Toy qui, joignant tousjours la force au jugement,
Sçais si vaillamment vaincre au milieu des alarmes,
Et puis de la victoire user si doucement.
Bien montrent tes effects, prince né pour éteindre
Les flammes qui souloient [1] la France consumer,
Que ny ton ennemy ne peut assez te craindre,
Ny ton sujet loyal ne peut assez t'aimer....

Croissez en ceste gloire : ô l'honneur des bons princes,
Vainquez et pardonnez, le ciel le veut ainsi :
Puis, si tousjours ce mal travaille vos provinces,
Vainquez et punissez, le ciel le veut aussi.
Ne faites point qu'encor nous voyions en vous-mesme,
Pour estre de Cesar trop grand imitateur,
Des effects de clemence et de douceur extresme
Conserver tout le monde et perdre leur auteur.

La clemence est pour ceux que l'aveugle ignorance
Ou la juste douleur dans leur faute a poussés,
Non pour ceux qui, conduits d'une impie esperance,
Arment d'ingrats desseins leurs desirs insensés.
Ayez escrit au cœur, d'un trait ineffaçable,
Que tout vice fleurit sans un prince trop doux,
Et qu'enfin on se rend egalement blasmable,
Ne pardonnant à nul, et pardonnant à tous.

[1]. *Solebant.*

CANTIQUE EN FORME DE CONFESSION

L'ennuy qui rend mes yeux si fertiles en larmes
Durant le cours des maux dont je suis oppressé,
Ce n'est point, ô Seigneur, d'endurer ces alarmes,
Mais de les meriter pour t'avoir offensé.

Ma faute, et non ma peine, est ce qui me tourmente :
J'en soupire la cause, et non pas les effects,
Et batant ma poitrine, à par moy [1] je lamente,
Non les maux que j'endure, ains les maux que j'ai faicts.

L'avarice enchantant mon cœur de son breuvage
M'a faict suivre à clos yeux [2] la Rapine sa sœur ;
L'avarice a changé mes biens en mon servage,
M'en rendant possedé, plustost [3] que possesseur.

J'ay veu souffrir le pauvre et vers son indigence
Mon secours au besoin ne s'est point estendu,
J'ai veu la calomnie opprimer l'innocence,
Et n'ay point d'un seul mot son bon droict defendu.

Mais en vain, ô Seigneur, mes forfaicts je te conte,
Tu les sçais, et leur nombre ainsi cogneu de toy,
Pensant à ta bonté, me fait rougir de honte,
Pensant à ta rigueur, me fait pâllir d'effroy.

Aussi (las !) n'est-ce pas à fin que tu les sçaches
Qu'en me les reprochant d'horreur je me remply :
Mais je te les decouvre à fin que tu les caches,
Et te les ramentoy [4] pour t'en causer l'oubly.

CHANSON

Les cieux inexorables
Me sont si rigoureux
Que les plus miserables
Se comparans à moy se trouveroient heureux...

---

1. *Sic.* RÉGNIER écrit :
   Je disois *à part moi* : las! mon Dieu, qu'est ceci?
2. Les yeux fermés.
3. *Sic.* — D'ailleurs *plutôt* est venu de *plus tôt*, qui est l'orthographe première dans les deux sens. — *Tôt, tost*, vient de *tostus*, brûlé, par allusion à la rapidité de la flamme (LITTRÉ). CATULLE dit, *Thet. et Pel.* 842 :
   Flammea prævortet celeris vestigia flammæ.
4. De *ramentevoir* (*re*, *à*, *ment* — *mens, tis, avoir*), rappeler. Voltaire l'emploie encore, par imitation archaïque.

Mon lict est de mes larmes
Trempé toutes les nuits,
Et ne peuvent ses charmes,
Lors mesme que je dors, endormir mes ennuis.

Si je fay quelque songe
J'en suis espouvanté,
Car mesme son mensonge
Exprime de mes maux la triste vérité...

Toute paix, toute joye
A prins de moy congé,
Laissant mon ame en proye
A cent mille soucis dont mon cœur est rongé.

La pitié, la justice,
La constance et la foy,
Cedant à l'artifice,
Dedans les cœurs humains sont esteintes pour moy [1].

L'ingratitude paye
Ma fidelle amitié,
La calomnie essaye
A rendre mes tourmens indignes de pitié.

En un cruel orage
On me laisse perir,
Et, courant au naufrage,
Je voy chacun me plaindre et nul me secourir

Bref, il n'est sur la terre
Espece de malheur,
Qui me faisant la guerre
N'experimente en moy ce que peut la douleur [2].

---

[1]. Sainte-Beuve a signalé comme une qualité propre à Bertaut « une certaine note plaintive, dans laquelle l'amour et la religion se rejoignent et peuvent trouver tour à tour leur vague expression touchante. » Ces caractères ne sont-ils pas, avec beaucoup d'autres, ceux de Lamartine, et n'y a-t-il pas parenté entre les vers de Bertaut et bien des passages de Lamartine, par exemple, ceux-ci, du *Vallon* (premières *Médit.*, IV) :

    Tes jours, sombres et courts comme les jours d'automne,
    Déclinent comme l'ombre au penchant des coteaux ;
    L'amitié te trahit, la pitié t'abandonne,
    Et seule, tu descends le sentier des tombeaux.

Seulement la nature, qui, peinte si souvent avec des traits charmants dans les poètes du xvie siècle, était la compagne, et comme le cadre de la joie et de l'amour heureux, n'était pas encore la consolation et le refuge de l'amour malheureux, et Bertaut n'eût pas ajouté comme Lamartine :

    Mais la nature est là qui t'invite et qui t'aime ;
    Plonge-toi dans le sein qu'elle t'ouvre toujours.

[2]. Dans un tout autre ordre d'idées, Quintilien a employé la même forme de langage ; il dit de Cicéron : Dono quodam providentiæ genitus, in quo totas vires suas eloquentia experiretur (X, 1).

Et ce qui rend plus dure
La misere où je vy,
C'est, ès maux que j'endure,
La memoire de l'heur que le ciel m'a ravy.

Felicité passée
Qui ne peux revenir,
Tourment de ma pensée,
Que n'ay-je, en te perdant, perdu le souvenir [1] !

Helas ! il ne me reste
De mes contentemens
Qu'un souvenir funeste,
Qui me les convertit à toute heure en tourmens.

Le sort plein d'injustice
M'ayant enfin rendu
Ce reste un pur supplice [2],
Je seroys plus heureux si j'avoy plus perdu.

MATHURIN RÉGNIER

1573-1613

Destiné à l'Eglise où la protection de son oncle Desportes lui était assurée, tonsuré à neuf ans, l'enfant commença par chansonner les habitués du Jeu de paume appelé « tripot Régnier », que son père, bourgeois de Chartres, avisé et gai vivant, avait ouvert l'année même de sa naissance. Voilà son entrée dans la vie. Tel il est au début, tel il restera. « Tancé », comme jadis Ronsard, et menacé des « verges » (*Sat.* IV) par son père qui lui demandait d'être abbé renté comme son oncle et non poète comme lui, il s'échappe et rejoint l'oncle poète à Paris. A vingt ans il suit à Rome le cardinal de Joyeuse, revient à Paris, retourne à Rome à la suite de l'ambassadeur Philippe de Béthune. Il « n'avance guère (*Sat.* II); insouciance ou fierté, il en prend son parti, et dès lors (1605-1613) vit à Paris, à Chartres, à Royaumont, dont l'abbé était son ami, faisant des vers dans les bois, faisant pis à la ville, héritant un jour d'une pension de son oncle sur l'abbaye des Vaux-de-Cernay, recevant un autre jour un canonicat de la cathédrale de Chartres;

---

1. Ce couplet n'a jamais été oublié. « Fontenelle a remarqué que les solitaires de Port-Royal le trouvèrent si beau, qu'ils le voulurent consacrer en le citant. Dans le commentaire de Job, en effet (chap. XVII), à ce verset: *Dies mei transierunt, cogitationes meæ dissipatæ sunt torquentes cor meum*, on pourroit peut-être, pour expliquer cet endroit, dit M. de Sacy, se servir ici de ces petits vers qui en renferment le sens : *Félicité passée...* » (SAINTE-BEUVE.)

2. Ayant fait de ce souvenir, qui me reste, un pur supplice pour moi.

et il meurt à quarante ans en laissant seize satires, trois épîtres, cinq élégies et quelques odes, stances et épigrammes, bagage léger, mais de prix, à part les réserves morales de Boileau.

Indépendant de caractère et léger de mœurs, il voudrait bien faire croire (Sat. III) que, s'il n'a pas « avancé », c'est qu'il ne savait pas flatter et parler à propos; mais il ne savait pas non plus se taire ni se conduire, et ne tenait ni sa langue, ni sa plume, ni sa vie; il se venge et se console de ses torts et de ses travers en les justifiant et en riant de ceux des autres, gens de cour et gens de ville. Il a une satire (VI⁰) contre l'honneur « ce conteur de sornettes »; il a, comme tous les poètes satiriques, sa satire apologétique (XII⁰), sa satire littéraire (IX⁰); il a, comme Horace, sa Satire du Fâcheux (VIII⁰), comme Horace et Boileau, son Repas ridicule (X⁰), comme Juvénal, Vauquelin, Boileau, sa Satire de la Misère des Poètes (IV⁰).

Heureusement ce railleur qui voudrait bien suivre la trace de Juvénal et qui trouve Horace « trop discret (Sat. Iʳᵉ), a plus d'une fois une sorte de nonchaloir philosophique piquant et narquois; le coup de fouet sanglé, il hausse les épaules :

> Mais, comte, que sert-il de se mettre en colère ?
> Puisque le temps le veut, nous n'y pouvons rien faire.
> Il faut rire de tout.
> Sat. I.

> Mon goust sera, Bertaut, de n'en faire que rire.
> Sat. V.

Et de fait il ne nomme personne, pas même Malherbe, qui l'a piqué au vif :

> Tout le monde s'y voit et ne s'y sent nommer.
> Sat. XII.

Aussi bien sa querelle avec Malherbe est-elle, à vrai dire, querelle d'honneur, qui, souvent, n'est que malentendu. Le vieux Malherbe et le jeune Régnier semblent faits pour s'entendre, en dépit des attaches que par son oncle l'un a avec Ronsard et de la guerre que l'autre lui a déclarée. Ils ont tous deux une langue libre et nette, de bonne et verte venue française. Tout au plus Malherbe, qui de l'Italie n'estimait que l'*Aminte* du Tasse, pouvait-il reprocher à Régnier son accointance avec l'école italienne de la poésie plaisante, burlesque, ou plutôt, du nom de son chef, Bernesque, dont un adepte, Mauro, avait écrit une satire *in dishonor del honore*, imitée dans la satire VI, que Régnier écrivit dans son voisinage même, à Rome. Quant à « pétrarquiser », Régnier n'y songeait ni ne le pouvait. Son vers sonore et ferme, coulé d'un jet, ne s'affine pas en pointe. Il a l'image hardie, le mot salé, nulle mièvrerie, nulle fadeur, « une conversation brusque, franche et à saillies; nulle préoccupation d'art,

> Ses nonchalances sont ses plus grands artifices,

nul *quant à soi*, de la rondeur, du bon sens, une malice exquise, par instants une amère éloquence ». (SAINTE-BEUVE). Il va droit à son but, à sa pensée, indépendant jusqu'à maudire la muse même qui l'obsède :

> Je crois prendre en galère une rame à la main.

Mais quels vigoureux coups de rame quand il la tient ! Quand il secoue sa paresse, avec quelle verve, dans sa satire du *Goût de chacun* (VI, à Bertaut), avec quel mélange de sincérité naïve, d'enthousiasme et de hauteur, il réclame la liberté de son génie qu'échauffe et vivifie cette intempérance dans le plaisir qu'on lui reprochait. C'est un de ses frères en plaisir, en paresse et en poésie qui a dit :

> Esprit mâle et hautain,
> De l'immortel Molière immortel devancier.

Molière ! voilà un périlleux voisinage, mais Macette (*Sat.* XIII), grand'mère de Tartuffe, le justifie, et c'est A. de Musset qui l'établit, après Boileau (« Régnier, le poète français, qui, du consentement de tout le monde, a le mieux connu avant Molière les mœurs et les caractères des hommes » *Réflex. critiq. sur Longin*, V^e), et qui, donnant à la figure de Régnier deux traits qui conviennent à celle de Malherbe, affirme la parenté de Régnier, Malherbe et Molière. Sainte-Beuve y ajoute le nom un peu inattendu d'André Chénier. La gloire de Régnier peut s'en contenter.

LA VRAIE SCIENCE

A MONSIEUR LE MARQUIS DE CŒUVRES [1]

Marquis, que doy-je faire en cette incertitude ?
Doy-je las de courir me remettre à l'estude,
Lire Homere, Aristote, et, disciple nouveau,
Glaner ce que les Grecs ont de riche et de beau ;
Reste de ces moissons que Ronsard et Desportes
Ont remporté du champ sur leurs espaules fortes ;
Qu'ils ont comme leur propre [2] en leur grange entassé,
Esgallant leurs honneurs aux honneurs du passé ?
Ou si, continuant à courtiser mon maistre,
Je me doy jusqu'au bout d'esperance repaistre,
Courtisan morfondu, frenetique et resveur,
Portrait de la disgrace et de la defaveur [3],
Puis, sans avoir du bien, troublé de resverie,
Mourir dessus un coffre en une hostellerie,
En Toscane, en Savoye, ou dans quelque autre lieu,
Sans pouvoir faire paix, ou tresve avecques Dieu ?

Sans parler je t'entends : il faut suivre l'orage ;
Aussi bien on ne peut où choisir avantage.

---

1. Fr. Annibal d'Estrées, marquis de Cœuvres, frère de Gabrielle d'Estrées, maréchal de France, mort en 1670 presque centenaire. — Cette satire se termine par une fable, qui appelle une comparaison avec LA FONTAINE. — La satire suivante, qui contient la profession de foi poétique de Régnier, en provoque une avec Boileau. On trouvera dans le Recueil poétique des classes de grammaire la satire du Repas ridicule, qui prêtera à une comparaison plus directe (*Sat.* X de Régnier, *Sat.* VI de Boileau). La dernière que nous citons en offre une avec Horace (*Sat.* I, 9, le *Fâcheux*) pour les élèves de Seconde et de Rhétorique.

2. Comme leur bien propre.

3. Régnier, comme Du Bellay et Ollivier de Magny, s'est plaint, avec quelque amertume, d'avoir, sans profit, aliéné sa liberté au service de

Nous vivons à tastons, et dans ce monde icy
Souvent avecq' travail on poursuit du soucy :
Car les Dieux courroussez contre la race humaine
Ont mis avecq' les biens la fureur et la peine.
Le monde est un berlan [1] où tout est confondu.
Tel pense avoir gagné qui souvent a perdu.
Ainsi qu'en une blanque [2] où par hazard on tire,
Et qui voudroit choisir souvent prendroit le pire.
Tout despend du destin, qui, sans avoir esgard,
Les faveurs et les biens en ce monde depart.
  Mais puisqu'il est ainsi que le sort nous emporte,
Qui voudroit se bander [3] contre une loy si forte ?
Suivons doncq' sa conduite en cet aveuglement.
Qui peche avecq' le Ciel peche honorablement.
Car penser s'affranchir, c'est une resverie.
La liberté par songe en la terre est cherie.
Rien n'est libre en ce monde, et chaque homme depend,
Comtes, Princes, Sultans, de quelque autre plus grand.
Tous les hommes vivans sont icy bas esclaves ;
Mais, suivant ce qu'ils sont, ils different d'entraves.
Les uns les portent d'or, et les autres de fer :
Mais, n'en desplaise aux vieux [4], ny leur philosopher,
Ny tant de beaux escrits, qu'on lit en leurs escoles,
Pour s'affranchir l'esprit ne sont que des paroles.
  Au joug nous sommes nez, et n'a jamais esté
Homme qu'on ait veu vivre en pleine liberté.

maîtres ingrats. Comme eux, il était allé à Rome, à la suite des prélats ambassadeurs.

> C'est donc pourquoi, si jeune abandonnant la France,
> J'allay, vif de courage, et tout chaud d'esperance,
> En la cour d'un Prélat qu'avec mille dangers
> J'ay suivy, Courtisan, aux païs estrangers ;
> J'ay changé mon humeur, altéré ma nature.
> J'ay beu chaud, mangé froid, j'ay couché sur la dure.
> Je l'ay, sans le quitter, à toute heure suivy,
> Donnant ma liberté je me suis asservy,
> En public, à l'Eglise, à la chambre, à la table,
> Et pense avoir esté maintefois agréable.
>   Mais instruict par le temps, à la fin j'ai connu
> Que la fidélité n'est pas grand revenu ;
> Et qu'à mon temps perdu, sans nulle autre esperance,
> L'honneur d'estre sujet tient lieu de recompense :
> N'ayant d'autre interest de dix ans ja passez,
> Sinon que sans regret je les ay despensez.

(Sat. II.)

1. Se disait encore au XVIIIe siècle. Brelan a prévalu : 1o jeu qui se joue avec trois cartes ; 2o tripot où il se joue. Le mot étymologique, allemand, signifie la table sur laquelle on joue.
2. Jeu en forme de loterie. Étymol. : italien *bianco*, blanc, parce que les billets blancs étaient plus nombreux que les noirs.
3. Se roidir. Voltaire l'emploie encore.
4. Aux anciens.

En vain, me retirant enclos en une estude,
Penseroy-je laisser le joug de servitude ;
Estant serf du desir d'aprendre et de sçavoir,
Je ne ferois sinon que changer de devoir.
C'est l'arrest de nature, et personne en ce monde
Ne sçauroit controler sa sagesse profonde.
   Puis, que peut-il servir aux mortels icy bas,
Marquis, d'estre sçavant ou de ne l'estre pas,
Si la science pauvre, affreuse et mesprisée,
Sert au peuple de fable, aux plus grands de risée ;
Si les gens de latin des sots sont denigrez,
Et si l'on est Docteur sans prendre ses degrez ?
Pourveu qu'on soit morgant [1], qu'on bride sa moustache,
Qu'on frise ses cheveux, qu'on porte un grand panache,
Qu'on parle barragoüyn [2] et qu'on suive le vent,
En ce temps du jourd'huy l'on n'est que trop sçavant [3].....
   Or, quant à ton conseil qu'à la Cour je m'engage,
Je n'en ay pas l'esprit, non plus que le courage.
Il faut trop de sçavoir et de civilité,
Et, si j'ose en parler, trop de subtilité.
Ce n'est pas mon humeur ; je suis melancolique,
Je ne suis pas entrant [4], ma façon est rustique ;
Et le surnom de bon me va-t-on reprochant,
D'autant que je n'ay pas l'esprit d'estre meschant.
   Et puis, je ne sçaurois me forcer ny me feindre ;
Trop libre en volonté je ne me puis contraindre ;
Je ne sçaurois flatter, et ne sçai point comment

---

1. Inusité aujourd'hui. Le verbe est resté.

    Morguant la destinée et gourmandant la mort.
                                 (RÉGNIER, S. IV.)
    Et de son large dos morguant les spectateurs.
                               (MOLIÈRE. *Fâcheux*, 1, 1.)
Morguer le public. (VOLTAIRE.)

2. Bas-breton, *bara*, pain, et *gwin*, vin ; mots que les Français entendaient souvent dans la bouche des Bretons, et qui leur servirent à désigner un langage inintelligible. (LITTRÉ.)

3. VAUQUELIN (*Sat. franç.*, liv. IV) dit des courtisans avec la même verve :

    Chacun d'eux fait le grand, fait le roy, fait le prince,
    Chacun veut sa maison gouverner en province,
    Chacun se deconnait et veut son nom changer,
    Chacun sous d'autres mœurs veut les siens engager...
    Chacun veut estre noble et faire le seigneur,
    Prendre les mœurs des roys et des princes d'honneur,
    Imiter leur marcher, saluer de la nuque,
    Retrousser la moustache et hausser la perruque.

4. Qui pénètre, s'insinue. *Id., ib.*:

    Sois entrant, effronté, et sans cesse importune ;
    En ce temps l'impudence élève la fortune.

Mᵐᵉ de Noailles étoit trop entrante et trop intrigante (SAINT-SIMON.)

Il faut se taire accort [1], ou parler faussement,
Benir les favoris de geste et de parolles,
Parler de leurs ayeux, au jour de Cerizolles [2],
Des hauts faits de leur race, et comme ils ont acquis
Ce titre avecq' honneur de Ducs et de Marquis.
Je n'ay point tant d'esprit pour tant de menterie :
Je ne puis m'adonner à la cageollerie [3] :
Selon les accidens, les humeurs, ou les jours,
Changer comme d'habits tous les mois de discours.
Suivant mon naturel, je hay tout artifice,
Je ne puis desguiser la vertu ny le vice,
Offrir tout de la bouche, et, d'un propos menteur,
Dire, pardieu, Monsieur, je vous suis serviteur [4];
Pour cent bonadiez [5] s'arrester en la ruë,
Faire sus l'un des pieds en la sale la gruë ;
Entendre un marjollet [6], qui dit avecq' mespris,
« Ainsi qu'asnes, ces gens sont tous vestus de gris,
Ces autres, verdelets, aux perroquets ressemblent,
Et ceux cy mal peignez devant les Dames tremblent. »
Puis au partir de là, comme tourne le vent,
Avecques un bon-jour amis comme devant.
Je n'entends point le cours du Ciel, ny des planetes ;
Je ne sçay deviner les affaires secretes,
Connoistre un bon visage, et juger si le cœur,
Contraire à ce qu'on voit, ne seroit pas mocqueur...
  Pour moy, j'ai de la cour autant comme [7] il m'en faut :
Le vol de mon dessein ne s'estend point si haut.
De peu je suis content, encore que mon maistre,
S'il luy plaisoit un jour mon travail reconnoistre,
Peut autant qu'autre Prince, et a trop de moyen
D'eslever ma fortune et me faire du bien...

---

1. Étym.: italien *accorto* (à, *corrigere*). Être assez avisé pour se taire.—
Cf. Vauquelin, p. 102 ; on y trouvera ce mouvement : *Je ne sçaurois*, etc.
2. Victoire de Cerizolles (*Ceresole*, province de Coni, en Piémont), remportée en 1544 sur les Espagnols.
3. Étym : cageole, de cage : chanter comme un oiseau en cage, et, de là, flatter.
4. Molière, *Mis.* II, 5 :
     Lui présenter la main et d'un baiser flatteur
     Appuyer le serment d'être son serviteur
5. Cent « bonjour » *bona dies*.
6. Petit-maître parfumé de marjolaine, comme on a dit *muguet* et *muscadin*. On propose aussi l'étymologie *mariolet*, poupée.
7. Usité encore au XVIIe siècle. Corneille, *Poly.* III, 3 :
     Qu'il fasse autant pour moi comme je fais pour lui.
Autant malins comme ils étoient bons, dit Bossuet des démons.

Que me sert de m'asseoir le premier à la table,
Si la faim d'en avoir me rend insatiable?
Et si le faix leger d'une double Evesché [1],
Me rendant moins contant, me rend plus empesché?
Si la gloire et la charge à la peine adonnée
Rend souz l'ambition mon ame infortunée?
Et quand la servitude a pris l'homme au colet,
J'estime que le Prince est moins que son valet.
C'est pourquoy je ne tends à fortune si grande:
Loin de l'ambition, la raison me commande ;
Et ne pretends avoir autre chose sinon
Qu'un simple benefice [2], et quelque peu de nom:
Afin de pouvoir vivre avec quelque asseurance,
Et de m'oster mon bien que l'on ait conscience.
  Alors vrayment heureux, les livres feüillettant,
Je rendrois mon desir et mon esprit contant.
Car sans le revenu l'estude nous abuse,
Et le corps ne se paist aux banquets de la Muse [3].
Ses mets sont de sçavoir discourir par raison,
Comme l'ame se meut un temps en sa prison ;
Et comme delivrée elle monte divine
Au Ciel, lieu de son estre et de son origine ;
Comme le Ciel mobile, esternel en son cours,
Fait les siécles, les ans, et les mois, et les jours ;
Comme aux quatre Elemens les matieres encloses
Donnent, comme la mort, la vie à toutes choses;
Comme premierement les hommes dispersez
Furent par l'armonie en trouppes amassez,
Et comme la malice en leur ame glissée
Troubla de nos ayeux l'innocente pensée;
D'où nasquirent les loix, les bourgs et les citez,
Pour servir de gourmette [4] à leurs meschancetez;
Comme ils furent enfin reduicts sous un empire,
Et beaucoup d'autres plats qui seroient longs à dire.
Et quand on en sçauroit ce que Platon en sçait,
Marquis, tu n'en serois plus gras, ny plus refait.

---

1. Étym.: *episcopatus*. Le mot est féminin jusqu'au XVIe siècle, comme *comté*, *duché*.
2. Bénéfice simple, ou à simple tonsure, c.-à-d. n'ayant pas charge d'âmes, et pouvant être possédé par un clerc tonsuré, qui n'a d'autre obligation que de dire son bréviaire. (LITTRÉ.) Régnier n'avait pas reçu les ordres, non plus, croit-on, que son oncle Desportes.
3. Cf. VAUQUELIN, p. 104 et 105.
4. Petite chaîne réunissant les deux branches du mors de la bride. On dit gourmer un cheval.

Car c'est une viande en esprit consommée,
Legere à l'estomach, ainsi que la fumée.
　Sçais-tu, pour sçavoir bien, ce qu'il nous faut sçavoir?
C'est s'affiner le goust de connoistre et de voir,
Apprendre dans le monde, et lire dans la vie,
D'autres secrets plus fins que de Philosophie ;
Et qu'avecq' la science il faut un bon esprit.
　Or entends à ce point ce qu'un Grec en escrit [1].
Jadis un Loup, dit-il, que la faim espoinçonne [2],
Sortant hors de son fort, rencontre une Lionne,
Rugissant à l'abort, et qui monstroit aux dents
L'insatiable faim qu'elle avoit au dedans.
Furieuse elle approche, et le loup, qui l'advise,
D'un langage flateur lui parle et la courtise :
Car ce fut de tout temps que, ployant sous l'effort,
Le petit cede au grand, et le foible au plus fort.
Luy, di-je, qui craignoit que, faute d'autre proye,
La beste l'attaquast, ses ruses il employe.
Mais enfin le hazard si bien le secourut,
Qu'un mulet gros et gras à leurs yeux apparut.
Ils cheminent dispos, croyant la table preste,
Et s'approchent tous deux assez pres de la beste.
Le loup qui la cognoist, malin et deffiant,
Luy regardant aux pieds, luy parloit en riant :
« D'où es-tu ? qui es-tu ? quelle est ta nourriture,
Ta race, ta maison, ton maistre, ta nature ? »
Le mulet estonné de ce nouveau discours,
De peur ingenieux, aux ruses eut recours ;
Et comme les Normans, sans luy respondre, voire [3],
« Compere, ce dit-il, je n'ay point de memoire,
Et comme sans esprit ma grand mere me vit,
Sans m'en dire autre chose, au pied me l'escrivit. »
Lors il leve la jambe au jarret ramassée ;
Et d'un œil innocent il couvroit sa pensée,
Se tenant suspendu sur les pieds en avant.
Le loup, qui l'apperçoit, se leve de devant,
S'excusant de ne lire, avecq' ceste parolle,
Que les loups de son temps n'alloient point à l'école,
Quand la chaude lionne, à qui l'ardente faim

---

1. Les Italiens, dit Ménage, qui les cite. Cf. La Fontaine, *Le cheval et le loup* (V, 8).
2. Etym : *poinçon*, de *punctionem* (*pungere*, piquer, *punctum*).
3. Vraiment. On prononçait aussi *vère*. Etym. : *verus*. Les Normands, dit-on, répondaient *voire*, pour se dispenser de dire oui ou non.

Alloit précipitant la rage et le dessein,
S'approche, plus sçavante, en volonté de lire.
Le mulet prend le temps, et du grand coup qu'il tire
Luy enfonce la teste, et d'une autre façon,
Qu'elle ne sçavoit point, luy aprit sa leçon.
  Alors le loup s'enfuit voyant la beste morte,
Et de son ignorance ainsi se reconforte :
« N'en desplaise aux Docteurs, Cordeliers, Jacobins,
Pardieu les plus grands Clercs ne sont pas les plus fins[1]. »
                                   (*Satire* III).

1. Les clercs, les hommes d'église (d'où clergé) étaient savants, d'où le second sens de clerc. — Régnier, qui ne trouve profit et honneur à être ni savant ni courtisan, ne le trouve pas plus à être poète. Comme tous les poètes, il tance et ceux qui font tort à la profession par leurs ridicules, et le public qui ne l'honore point comme il le devrait.
  Voici pour le public :

    Motin, la Muse est morte, ou la faveur pour elle.
    En vain dessus Parnasse Apollon on appelle,
    En vain par le veiller on acquiert du sçavoir,
    Si fortune s'en mocque et s'on ne peut avoir
    Ny honneur, ny crédit, non plus que si nos peines
    Estoient fables du peuple inutiles et vaines.
    Or va, romps-toy la teste, et de jour et de nuict,
    Pallis dessus un livre, à l'appetit d'un bruict
    Qui nous honore après que nous sommes souz terre,
    Et de voir paré de trois brins de lierre,
    Comme s'il importoit, estans ombres là bas,
    Que nostre nom vescust ou qu'il ne vescust pas...
    Doncq par d'autres moyens à la cour familiers,
    Par vice ou par vertu acquerons des lauriers..
    Apprenons à mentir, nos propos desguiser,
    A trahir nos amis, nos ennemis baiser,
    Faire la cour aux grands, et dans leurs anti-chambres,
    Le chapeau dans la main, nous tenir sur nos membres...
      Encore quelques grands, afin de faire voir,
    De Mœcene rivaux, qu'ils aiment le sçavoir,
    Nous voyent de bon œil, et tenant une gaule,
    Ainsi qu'à leurs chevaux, nous en flattent l'espaule;
    Avecque bonne mine, et d'un langage doux,
    Nous disent souriant : Eh bien que faictes-vous ?
    Avez-vous point sur vous quelque chanson nouvelle ?
    J'en vis ces jours passez de vous une si belle,
    Que c'est pour en mourir : ha! ma foy, je voy bien
    Que vous ne m'aimez plus, vous ne me donnez rien.
    Mais on lit à leurs yeux et dans leur contenance
    Que la bouche ne parle ainsi que l'ame en pense ;
    Et que c'est, mon amy, un grimoire et des mots
    Dont tous les Courtisans endorment les plus sots.   (*Sat.* IV.)

  Voici pour les poètes :

         ..... ces tiercelets de poètes
    Qui par les carrefours vont leurs vers grimassans,
    Qui par leurs actions font rire les passans ;
    Et quand la faim les poind, se prenant sur le vostre,
    Comme les estourneaux, ils s'affament l'un l'autre.
    Cependant sans souliers, ceinture, ny cordon,
    L'œil farouche et troublé, l'esprit à l'abandon,
    Vous viennent accoster comme personnes yvres,
    Et disent pour bon-jour, Monsieur, je fais des livres,
    On les vend au Palais, et les Doctes du temps
    A les lire amusez, n'ont autre passe-temps.
    De là, sans vous laisser, importuns ils vous suivent,
    Vous alourdent de vers, d'alegresse vous privent,
    Vous parlent de fortune, et qu'il faut acquerir
    Du credit, de l'honneur, avant que de mourir ;
    Mais que, pour leur respect l'ingrat siecle où nous sommes,
    Au prix de la vertu n'estime point les hommes ;
    Que Ronsard, du Bellay, vivants, ont eu du bien,
    Et que c'est honte au Roy de ne leur donner rien...   (*Sat.* II).

CONTRE MALHERBE ET SON ÉCOLE[1]

A M. RAPIN

. . . .
Pensent-ils, des plus vieux offençant la memoire,
Par le mespris d'autruy s'acquerir de la gloire,
Et, pour quelque vieux mot estrange ou de travers,
Prouver qu'ils ont raison de censurer leurs vers?
    Cependant leur sçavoir ne s'estend seulement
Qu'à regratter un mot douteux au jugement,
Prendre garde qu'un *qui* ne heurte une diphtongue,
Espier si des vers la rime est breve ou longue,
Ou bien si la voyelle à l'autre s'unissant
Ne rend point à l'oreille un vers trop languissant,
Et laissent sur le verd[3] le noble de l'ouvrage.
Nul esguillon divin n'esleve leur courage;
Ils rampent bassement[4], foibles d'inventions,
Et n'osent, peu hardis, tenter les fictions,
Froids à l'imaginer[5] : car, s'ils font quelque chose,
C'est proser de la rime, et rimer de la prose,
Que l'art lime, et relime, et polit de façon,
Qu'elle rend à l'oreille un agreable son;
Et voyant qu'un beau feu leur cervelle n'embrase,
Ils attifent[6] leurs mots, enjolivent[7] leur phrase,

---

1. On raconte que Desportes, recevant Malherbe à dîner, lui offrit un exemplaire de ses psaumes. Malherbe répondit brusquement : « Votre potage vaut mieux que vos psaumes. » Le poète fut piqué, et le dîner silencieux. Régnier vengea son oncle par cette satire, dirigée contre l'école nouvelle et son chef. — Sur Rapin, voir les *Poëtes du* XVI*e siècle*.

2. Par exemple compter deux syllabes dans *vie*, trois dans *patrie*. Corneille a dit encore :

    Justifie César et condamne Pompée.
                                (*Pompée*, v. 14, 1re édition.

3. Négliger, abandonner, comme on laisse sur le pré les toiles que l'on blanchit.

4. HORACE, *A. P.* v. 28 :

    Serpit humi cautus nimium timidusque procellæ.

5. Comme on dit : le bien dire, le parler (voir plus bas), etc.

    La belle en qui j'ay la pensée,
    D'un doux imaginer si doucement blessée.
                      (*Sat.* XIII.)

6. De Tiffer, vieux mot qui signifie couper et parer les cheveux. — La métaphore n'est pas nouvelle ; Cicéron dit *calamistris* (fer à friser) inurere orationem.

7. Du primitif jolif (*julivoo*, italien), comme on dit *apprentif*. — Régnier reproche à Malherbe : 1o de ne pas savoir admirer ses devanciers ; 2o de prétendre les corriger ; 3o d'avoir des sévérités étroites de versification ; 4o d'être pauvre d'imagination ; 5o de peigner et farder son style. Il faut rabattre de ces critiques. L'avant-dernière est contestable ; mais il faut

Affectent leur discours tout si relevé d'art [1].
Et peignent leur defaux de couleur et de fard.
Aussi je les compare à ces femmes jolies,
Qui par les affiquets [2] se rendent embellies,
Qui gentes en habits, et sades en façons [3],
Parmy leur point coupé [4] tendent leurs hameçons;
Dont l'œil rit mollement avecque affeterie [5],
Et de qui le parler n'est rien que flaterie :
De rubans piolez [6] s'agencent proprement,
Et toute leur beauté ne gist [7] qu'en l'ornement;
Leur visage reluit de ceruse et de peautre [8];
Propres en leur coiffure, un poil ne passe l'autre.

Où [9] ces divins Esprits, hautains [10] et relevez,
Qui des eaux d'Helicon ont les sens abreuvez [11],
De verve et de fureur leur ouvrage estincelle,
De leurs vers tout divins la grace est naturelle,
Et font, comme l'on voit, la parfaicte beauté,
Qui, contente de soy, laisse la nouveauté
Que l'art trouve au Palais ou dans le blanc d'Espagne [12].
Rien que le naturel sa grace n'accompagne :
Son front, lavé d'eau claire, esclate d'un beau teint,
De roses et de lys la nature la peint;
Et, laissant là Mercure [13], et toutes ses malices,

---

songer qu'à la date de la satire (1607) Malherbe, établi seulement depuis deux ans à Paris, avait encore peu publié. La dernière encore plus : *attifer* et *enjoliver* détonnent. Malherbe est plutôt sévère et sobre. Il coupe plus qu'il ne peigne, pour rester dans la métaphore du satirique. « Un poil ne passe l'autre. » Voilà le vrai.

1. Si relevé dans toute son étendue. — *Relevé d'art*, par l'art, comme on dit tapisserie relevée d'or.
2. Petits objets d'*ajustement* (ajuster, *affigere*, d'où *affique* et affiche).
3. Gent, gente (archaïque). de *gentilis* (de bonne race, noble), qui a donné gentil. — Sade, qui a du goût, de *sapidus* ; de là sapide, insipide et maussade.
4. Ancienne sorte de dentelle, faite avec des feuilles pointues. — Parmy, entre, le cou entouré de...
5. Affété, même mot que *affecté* (*affectatus*). Le s a disparu comme dans *auteur*.
6. *Piolés*, bigarrés (de pie, oiseau de deux couleurs). *Roman de la Rose* : Estoit la terre piolee et pointe (peinte) de flors de divers colors. — Agencer, même étymol. que gentil.
7. *Jacet*, posita est, consisté dans.
8. De *peltro*, étain raffiné.
9. Là où, au lieu que, tandis que ces divins..., leur ouvrage... Anacoluthe fréquente.
10. Hauts, comme roche hautaine (Ronsard, Desportes, etc.).
11. De bevrage, breuvage (bèvre, boivre, *bibere*, d'où boire).
12. Que l'on achète, pour remplacer la beauté par l'art, aux marchands du Palais-de-Justice. — La galerie du Palais avait encore des boutiques au milieu de notre siècle.
13. Le dieu des marchands.

Les nonchalances [1] sont ses plus grands artifices.
 Or, Rapin, quant à moy, je n'ay point tant d'esprit.
Je vay le grand chemin, que mon oncle m'aprit,
Laissant là ces Docteurs que les Muses instruisent
En des arts tout nouveaux; et s'ils font, comme ils disent,
De ses fautes un livre aussi gros que le sien [2],
Telles je les croiray quand ils auront du bien,
Et que leur belle Muse, à mordre si cuisante [3],
Leur don'ra, comme à luy, dix mil escus de rente,
De l'honneur, de l'estime, et quand par l'Univers
Sur le lut de David [4] on chantera leurs vers,
Qu'ils auront joint l'utile avecq' le delectable,
Et qu'ils sçauront rimer une aussi bonne table [5]...
 S'ils ont l'esprit si bon, et l'intellect si haut,
Le jugement si clair, qu'ils facent un ouvrage
Riche d'inventions, de sens et de langage,
Que nous puissions draper [6] comme ils font nos escris,
Et voir, comme l'on dit, s'ils sont si bien apris [7] :
Qu'ils monstrent de leur eau [8], qu'ils entrent en carriere.
Leur âge deffaudra [9] plustost que la matiere.
Nous sommes en un siecle où le prince est si grand,
Que tout le monde entier à peine le comprend [10].
Qu'ils facent par leurs vers rougir chacun de honte :
Et, comme de valeur nostre prince surmonte
Hercule, Ænée, Achil', qu'ils ostent les lauriers
Aux vieux, comme le Roy l'a fait aux vieux guerriers;

1. De *non* et de *chaloir*, importer, soucier (de *calere*, brûler [de désir]).
— Que nous en chaut-il ? dit encore Pascal. Μέλειν s'emploie de même personnellement et impersonnellement.
2. Malherbe n'y manqua pas. Voyez la fin de sa notice.
3. Qui fait des morsures cuisantes. *Loris urere* (HORACE). Douleurs cuisantes, remords cuisants. Malheurs cuisans (CORNEILLE, *Cinna*, I, 1). Propos cuisans (DESPORTES).
   Fuyez le médisant, son parler est cuisant.
         (*Sat.* XII.)
4. La traduction des *Psaumes* par Desportes fut mise en musique et publiée en 1607. Rapin mourut en 1608. Ainsi se trouve fixée la date de cette satire.
5. Où Malherbe vint s'asseoir pour offenser celui qui l'y recevait.
6. Draper, comme le peintre son modèle; d'où *habiller de toutes pièces*, rendre de tout point ridicule. BOILEAU, *Sat.* VI :
   On dit qu'on l'a drapé dans certaine satire.
7. Auquel on a appris; instruit, entendu, avisé. D'où : bien appris, mal appris. MOLIÈRE, *École des maris*, I, 3 :
   Allez, langue maudite, et des plus mal apprises
8. *Faire voir de son eau*, proverbe.
9. Le temps de la vie leur manquera.
10. *Capere* ou *comprehendere*; être capable de contenir.

Qu'ils composent une œuvre : on verra si leur livre,
Après mille et mille ans, sera digne de vivre,
Surmontant par vertu l'envie et le destin,
Comme celuy d'Homere et du chantre Latin.

Mais, Rapin mon amy, c'est la vieille querelle [1].
L'homme le plus parfaict a manque de cervelle...
Moy-mesme en ce discours qui fais le suffisant [2],
Je me cognoy frappé [3], sans le pouvoir comprendre,
Et de mon ver-coquin [4] je ne me puis deffendre.
Sans juger, nous jugeons, estant nostre raison
Là haut dedans la teste, où, selon la saison
Qui regne en nostre humeur, les broüillars nous embroüil-   [lent,
Et de lièvres cornus [5] le cerveau nous barboüillent.

Philosophes resveurs, discourez hautement :
Sans bouger de la terre allez au Firmament ;
Faites que tout le Ciel branle à vostre cadence,
Et pesez vos discours mesme dans sa balance :
Cognoissez les humeurs qu'il verse dessus nous [6],
Ce qui se fait dessus, ce qui se fait dessous ;
Portez une lanterne aux cachots de nature ;
Sçachez qui donne aux fleurs ceste aimable peinture [7],
Quelle main sur la terre en braye [8] la couleur,
Leurs secrettes vertus, leurs degrez de chaleur ;
Voyez germer à l'œil les semences du monde,
Allez mettre couver les poissons dedans l'onde,
Deschiffrez les secrets de Nature et des Cieux :
Vostre raison vous trompe, aussi bien que vos yeux... .

(Satire IX).

1. C'est le vieux sujet de plainte, le vieux débat.
2. Boileau, Sat. IX :
   Mais lui qui fait ici le régent de Parnasse...
3. Je me reconnais *féru* de mon idée.
4. Ver coquin (mauvais), nom : 1o de diverses larves ; 2o d'un ver qui est dans la tête du mouton et lui donne le vertige ; 3o le vertige même ; 4o d'où imagination fantasque. Chacun a son ver-coquin dans la teste (Guy-Patin). On dit : quel vertigo lui a pris ?
5. Aussi impossibles que la *Chimère* (chèvre) des anciens. D'elle on a fait chimérique, comme on a dit visions cornues, raisons cornues.
6. 1o Disposition du tempérament, résultat de la qualité des humeurs ; 2o disposition du caractère, que la superstition a toujours cru être influencée par les astres :
   ... De verser sur les corps certaines influences.
   (La Fontaine, II, 13) Voyez p. 54.
7. Racine, *Ath.*, 1, 4 :
   Il (Dieu) donne aux fleurs leur aimable peinture.
8. *Broye.* Cf. l'anglais *to bray*, écraser.

UN FÂCHEUX[1]

A M. L'ABBÉ DE BEAULIEU

J'oyois un de ces jours la Messe à deux genoux,
Faisant mainte oraison, l'œil au ciel, les mains jointes,
Le cœur ouvert aux pleurs, et tout percé de pointes,
Qu'un devot repentir eslançoit dedans moy,
Tremblant des peurs d'enfer, et tout bruslant de foy,
Quand un jeune frisé, relevé de moustache,
De galoche, de botte, et d'un ample pennache[2],
Me vint prendre, et me dict, pensant dire un bon mot :
« Pour un Poëte du temps vous estes trop devot. »
Moy civil je me leve, et le bon jour luy donne.
Qu'heureux est le folastre[3], à la teste grisonne,
Qui brusquement eust dit, avecq' une sambieu[4] :
« Ouy bien pour vous, Monsieur, qui ne croyez en Dieu. »
  Sotte discretion, je voulus faire accroire
Qu'un Poëte n'est bisarre et fascheux[5] qu'apres boire.
Je baisse un peu la teste, et tout modestement
Je luy fis à la mode un petit compliment.
Luy, comme bien appris, le mesme me sceut rendre,
Et ceste courtoisie à si haut prix me vendre,
Que j'aimerois bien mieux, chargé d'age et d'ennuis,
Me voir à Rome pauvre, entre les mains des Juifs.
  Il me prit par la main, apres mainte grimace,
Changeant sur l'un des pieds à toute heure de place,
Et, dansant tout ainsi qu'un Barbe encastelé[6],
Me dist, en remaschant un propos avalé[7] :
« Que vous estes heureux, vous autres belles ames,
Favoris d'Apollon, qui gouvernez les Dames,
Et par mille beaux vers les charmez tellement,
Qu'il n'est point de beautez que pour vous seulement !

---

1. Voyez sur ce mot une note des *Fâcheux* de Molière, *infra*. — Comparez avec HORACE, *Sat*. I, 9.
2. Etym. *penna*, plume. — Relevé. Voyez p. 146, note 1.
3. Le suffixe *astre* est approximatif : presque fou, étourdi. HORACE, v. 11.
   O te Bolane, cerebri
   Felicem! aiebam tacitus.
4. Par la Sambleu, Palsambleu (par le sang de Dieu). Cf. Parbleu, Têtebleu (par Dieu, etc.).
5. *Fâcheux*, ici, désagréable, bourru.
6. Barbe, cheval de Barbarie. L'encastelure est la défectuosité du sabot et du talon trop étroits.
7. Redisant ce qu'il avait déjà dit souvent, comme le bœuf qui rumine ce qu'il a déjà mâché et avalé.

Mais vous les meritez : vos vertus non communes
Vous font digne, Monsieur, de ces bonnes fortunes. »
  Glorieux de me voir si hautement loüé,
Je devins aussi fier qu'un chat amadoüé;
Et, sentant au palais mon discours se confondre,
D'un ris de Sainct Medard[1] il me fallut respondre.
Je poursuis. Mais, amy, laissons le discourir,
Dire cent et cent fois : « Il en faudroit mourir! »
Sa barbe pinçoter, cageoller la science,
Relever ses cheveux, dire : « En ma conscience! »
Faire la belle main, mordre un bout de ses gants,
Rire hors de propos, monstrer ses belles dents,
Se carrer sur un pied, faire arser son espée[2],
Et s'adoucir les yeux ainsi qu'une poupée....
  Aprés tous ces propos qu'on se dict d'arrivée,
D'un fardeau si pesant ayant l'ame grevée,
Je chauvy de l'oreille[3], et, demourant pensif,
L'eschine j'alongeois comme un asne retif,
Minutant[4] me sauver de ceste tirannie.
Il le juge à respect : « O! sans ceremonie,
Je vous suply, dit-il, vivons en compagnons »....
Il me pousse en avant, me presente la porte,
Et, sans respect des Saincts, hors l'Eglise il me porte,
Aussi froid qu'un jaloux qui voit son corrival[5].
Sortis, il me demande : « Estes vous à cheval?
Avez vous point ici quelqu'un de vostre troupe?
— Je suis tout seul, à pied. » Lui, de m'offrir la croupe.
Moy, pour m'en depestrer[6], luy dire tout exprés,
« Je vous baise les mains, je m'en vais icy prés[7],

---

1. Rire niais et contraint.
2. *Ardere*, brûler et briller.
3. Chauvir, et chauver, chouer dans Rabelais, dresser l'oreille, comme l'a droite la chouette. — Horace dit, au contraire, v. 20 :
  Demitto auriculas ut iniquæ mentis asellus.
4. Projetant. Etym. : *minute* (minuta scriptura), original, en petits caractères, d'un acte notarié; puis brouillon,
  Avec un froid adieu, je minute ma fuite.
    (*Sat.* X.)
Molière, *Fâch.*, I, 1 :
  Minutant à tout coup quelque retraite honnête.
5. Le mot est dans Montaigne. Etym.: *cum, rivalis*. Jean de la Taille a écrit *Les Corrivaux*, comédie.
6. Débarrasser les pieds d'un animal, à la pâture, de ses entraves (*pastorium*). L'entraver : c'est l'*empêtrer*.
7. Horace, v. 16 :
  Nil opus est te
  Circumagi : quemdam volo visere.

Chez mon oncle disner. — O Dieu ! le galand homme !
J'en suis. » Et moy pour lors, comme un bœuf qu'on as-
[somme¹,
Je laisse choir la teste, et bien peu s'en falut,
Remettant par despit en la mort mon salut,
Que je n'allasse lors, la teste la premiere,
Me jetter du Pont-Neuf à bas en la riviere.
   Insensible, il me traîne en la court du Palais,
Où, trouvant par hazard quelqu'un de ses valets,
Il l'appelle, et lui dit : « Hola hau ! Ladreville,
Qu'on ne m'attende point, je vay disner en ville. »
Dieu sçait si ce propos me traversa l'esprit². !
Encor n'est-ce pas tout : il tire un long escrit,
Que voyant je fremy. Lors, sans cageollerie,
« Monsieur, je ne m'entends à la chicannerie,
Ce luy dis-je, feignant l'avoir veu de travers.
— Aussi n'en est-ce pas, ce sont des meschans vers,
(Je cogneu qu'il estoit veritable à son dire,)
Que pour tuer le temps je m'efforce d'escrire ;
Et pour un courtisan, quand vient l'occasion,
Je montre que j'en sçay pour ma provision³. »
   Il lit, et se tournant brusquement par la place,
Les banquiers estonnez admiroient sa grimace,
Et monstroient en riant qu'ils ne luy eussent pas
Presté sur son minois quatre doubles ducats ;
(Que j'eusse bien donnez pour sortir de sa pate).
Je l'escoute, et durant que l'oreille il me flate,
(Le bon Dieu sçait comment) à chasque fin de vers,
Tout exprés je disois quelque mot de travers.
Il poursuit nonobstant d'une fureur plus grande,
Et ne cessa jamais qu'il n'eut fait sa legende⁴.
Me voyant froidement ses œuvres advoüer⁵,
Il les serre, et se met luy-mesme à se loüer :
« Doncq' pour un cavalier n'est-ce pas quelque chose ?

1. HORACE, v. 21 :
        Cum gravius dorso subiit onus.

2. Traverser l'esprit, se présenter rapidement à l'esprit. Si j'en fus frappé, et comme transpercé.

3. En avoir *pour sa provision*, être suffisamment pourvu de... HORACE, v. 23 :
        Nam quis me scribere plures
      Aut citius possit versus?.

4. 1º Actes des saints à lire (*legenda*) jour par jour ; 2º récits merveilleux et populaires ; 3º Enumération interminable, comme ici.

5. Dans le langage de la féodalité, reconnaître un seigneur, lui faire vœu. D'où approuver.

Mais, monsieur, n'avez-vous jamais leu de ma prose? »
Moy de dire que si, tant je craignois qu'il eust
Quelque procès-verbal qu'entendre il me fallust.
« Encore, dites-moy, en vostre conscience,
Pour un qui n'a du tout acquis nulle science,
Cecy n'est-il pas rare? — Il est vray, sur ma foy, »
Luy dis-je, sousriant. Lors, se tournant vers moy,
M'accolle à tour de bras [1], et tout petillant d'aise,
Doux comme une espousée, à la joüe il me baise,
Puis, me flattant l'espaule, il me fist librement
L'honneur que [2] d'approuver mon petit jugement.
Aprés cette caresse il rentre [3] de plus belle :
Tantost il parle à l'un, tantost l'autre l'appelle,
Tousjours nouveaux discours; et tant fut-il humain [4],
Que tousjours par faveur il me tint par la main.
J'ay peur que, sans cela, j'ay l'ame si fragile
Que, le laissant d'aguet [5], j'eusse pu faire gile [6];
Mais il me fut bien force, estant bien attaché,
Que ma discretion expiast mon peché...
Il vint à reparler dessus le bruit qui court,
De la Royne, du Roy, des Princes, de la Cour,
Que Paris est bien grand, que le Pont-Neuf s'acheve [7];
Si plus en paix qu'en guerre un Empire s'esleve.
Il vint à definir que c'estoit qu'Amitié [8],
Et tant d'autres vertus, que c'en estoit pitié.
Mais il ne definit, tant il estoit novice,
Que l'indiscretion est un si fascheux vice,
Qu'il vaut bien mieux mourir de rage ou de regret,
Que de vivre à la gesne avec un indiscret.
Tandis que ces discours me donnoient la torture,

---

1. Jette ses *bras* autour de mon *col*.
2. Equivaut à : tant d'honneur que d'approuver...
3. Il reprend ses propos. HORACE, v. 43;
       Mœcenas quomodo tecum !
  Hinc repetit.
4. *Humanus*, civilisé, civil, poli.
5. Adroitement, en lui tendant un piège (*aguet*, embuscade, de guetter, tiré d'un verbe du haut-allemand qui signifie veiller, garder). — Régnier a employé encore trois fois cette expression.
6. Faire gille, ou giller; locution populaire, s'esquiver. Etymol. controversée. Vient-elle du Gille de la foire, qui s'enfuit quand on le menace? ou de Saint Gille, qui s'enfuit de son pays pour ne pas être fait roi? ou d'un verbe du haut-allemand qui signifie se hâter?
7. HORACE, v. 12.
       Quum quidlibet ille
  Garriret, vicos, urbem laudaret.
8. Latinisme : que [c'] estoit [qu'] Amitié : *quid esset*...

Je sonde tous moyens pour voir si d'avanture
Quelque bon accident eust peu m'en retirer,
Et m'empescher enfin de me desesperer.
　Voyant un Président, je luy parle d'affaire ;
S'il avoit des procés, qu'il estoit necessaire
D'estre tousjours aprés ces Messieurs bonneter [1] ;
Qu'il ne laissast, pour moy, de les solliciter ;
Quant à luy, qu'il estoit homme d'intelligence,
Qui sçavoit comme on perd son bien par negligence,
Où marche l'interest, qu'il faut ouvrir les yeux.
« Ha ! non, Monsieur, dit-il, j'aymerois beaucoup mieux
Perdre tout ce que j'ay, que vostre compagnie ; »
Et se mist aussi-tost sur la ceremonie [2].
Moy qui n'ayme à debatre en ces fadèses là [3],
Un temps, sans luy parler, ma langue vacila....
　Mais comme Dieu voulut, aprés tant de demeures [4],
L'orloge du Palais vint à fraper onze heures ;
Et luy, qui pour la souppe avoit l'esprit subtil :
« A quelle heure, Monsieur, vostre oncle disne-t-il ? »
Lors bien peu s'en fallut, sans plus long-temps atendre,
Que de rage au gibet je ne m'allasse pendre.
Encore l'eussé-je fait, estant desesperé ;
Mais je croy que le Ciel contre moy conjuré
Voulut que s'accomplist ceste avanture mienne,
Que me dist, jeune enfant, une Bohemienne :
« Ny la peste, la faim, la gravelle, la tous,
La fievre, les venins, les larrons, ny les lous,
Ne tueront cestuy-cy ; mais l'importun langage
D'un fascheux : qu'il s'en garde, estant grand, s'il est
　Comme il continuoit ceste vieille chanson, 　　　　[sage [5]. »
Voicy venir quelqu'un d'assez pauvre façon.

1. Rendre des respects, proprement tirer son bonnet à...
2. Se mettre sur, prendre une certaine façon: Se mettre sur l'homme de qualité, sur son quant à soi, etc.
3. HORACE, v. 40 :
　　　　Dubius sum quid faciam, inquit ;
　Te-ne relinquam, an rem ? — Me, sodes. — Non faciam, ille ;
　Et præcedere cœpit. Ego, ut contendere durum est
　Cum victore, sequor.
4. CORNEILLE dit encore *sans plus de demeure;* LA FONTAINE. *sans plus longue demeure.* Retard, délai.
5. HORACE, v. 30 :
　　　　Namque instat fatum mihi triste Sabella
　　　Quod puero cecinit divina mota anus urna :
　　« Hunc neque dira venena, nec hosticus auferet ensis,
　　Nec laterum dolor, aut tussis, nec tarda podagra :
　　Garrulus hunc quando consumet cumque : loquaces,
　　Si sapiat, vitet, simul atque adoleverit ætas. »

Il se porte au devant, luy parle, le cageolle ;
Mais cest autre, à la fin, se monta de parole :
« Monsieur, c'est trop long-temps... tout ce que vous voudrez...
Voicy l'arrest signé... Non, Monsieur, vous viendrez...
Quand vous serez dedans, vous ferez à partie[1]. »
Et moy, qui cependant n'estois de la partie,
J'esquive doucement, et m'en vais à grands pas[2],
La queue en loup qui fuit et les yeux contre bas,
Le cœur sautant de joye, et triste d'aparence.
Depuis aux bons sergens j'ay porté reverence,
Comme à des gens d'honneur par qui le ciel voulut
Que je receusse un jour le bien de mon salut[3].

(*Satire* VIII.)

POÉSIES *VARIORUM*

On ne lira pas sans intérêt quelques pièces ou quelques passages de poètes dont les noms ont trouvé place dans notre tableau de la poésie au XVIe siècle, et dont les uns touchent de près au premier rang, dont les autres, au second ou au troisième, méritent un souvenir. Tels sont BONAVENTURE DES PÉRIERS, qui, fin prosateur, eut une heureuse rencontre en vers; OLIVIER DE MAGNY, exilé à Rome dans les fonctions de secrétaire d'ambassadeur, comme son ami Du Bellay; GUEROULT le fabuliste; AMADIS JAMYN et JEAN DE LA TAILLE, tous deux « courtisans retirés » à la campagne, où ils moururent l'un trop jeune, l'autre vieux; SCÉVOLE DE SAINTE-MARTHE, le jeune et vieil ami de Vauquelin; PIBRAC, qui a aimé et chanté la bonne campagne comme la bonne morale[4]; NICOLAS RAPIN, qui,

---

1. Quand vous serez devant le tribunal, vous réclamerez contre l'arrêt; vous ferez [l'acte qui consiste à prendre à partie] le juge, c'est-à-d. à se porter partie (plaideur) contre le juge.
2. Aujourd'hui *s'esquiver*. Esquiver se trouve dans LA FONTAINE, IV, 6; VI, 2; BOILEAU, *Sat.* III, Origine germanique. — Cf. BOILEAU, *Sat.* VI :
 Je gagne doucement la porte sans rien dire.
MOLIÈRE, *Fâch.*, I, 1 :
 Je me suis doucement esquivé sans rien dire
3. HORACE, v. 74 :
 Casu venit obvius illi
 Adversarius : et, quo tu, turpissime ? magna
 Exclamat voce; et, licet antestari? Ego vero
 Oppono auriculam ; rapit in jus: clamor utrinque,
 Undique concursus. Sic me servavit Apollo.
4. Gui du Faur de PIBRAC (1529-1584), de Toulouse, qui fut conseiller et président à mortier au Parlement de Paris, qui fut un des représentants du roi au concile de Trente (1562), et, en Pologne où il avait accompagné le duc d'Anjou, montra le plus grand courage, mit en pratique les préceptes de saine et ferme morale, qui ont fait de ses 126 *Quatrains* un manuel populaire pendant un siècle. « On nous mettoit au bras, dit ma-

comme Vauquelin, Jean de la Taille, Gauchet et Pibrac, a chanté la vie rustique du gentilhomme campagnard et a aimé les champs ailleurs que dans les vers d'Horace qu'il traduisait.

LES ROSES

Un jour de may, que l'aube retournee [1]
Rafraischissoit la claire matinee,
Afin d'un peu recreer mes esprits,
Au grand verger, tout le long du pourpris [2]
Me promenois par l'herbe fraische et drue
Là où je vis la rosee espandue.
L'aube naissante avoit couleur vermeille
Et vous estoit aux roses tant pareille
Qu'eussiez douté si la belle prenoit
Des fleurs le teint, ou si elle donnoit
Aux fleurs le sien, plus beau que mille choses :
Un mesme teint avoient l'aube et les roses.
Jà commençoient à leurs ailes estendre [3]
Les beaux boutons ; l'un estoit mince et tendre,
Encor tapi dessous sa coëffe verte ;
L'autre monstroit sa creste descouverte ;
Dont le fin bout un petit rougissoit :
De ce bouton la prime rose issoit [4]...
Et dis ainsi : las ! à peine sont nees
Ces belles fleurs, qu'elles sont jà fanees ;
Et, tant de biens que nous voyons fleurir,
Un mesme jour les fait naistre et mourir :
Mais si des fleurs la beauté si peu dure,
Ah ! n'en faisons nulle plainte à nature.
Des roses l'aage est d'autant de duree
Comme d'un jour la longueur mesuree...
Or, si ces fleurs un seul instant ravit,
Ce neanmoins [5], chacune d'elle vit

dame de Maintenon, un petit panier où étoit notre déjeuner avec un petit livret des *Quatrains* de Pibrac, dont on nous donnoit quelques pages à apprendre par jour. » Il écrivit aussi les *Plaisirs de la vie rustique*.

1. Revenue.
2. Participe passé de l'ancien verbe *pourprendre*; employé substantivement dans le sens de enclos, jardin. (Textes des anciennes *coutumes Roman de la Rose* ; FROISSART). LA FONTAINE, *Phil. et Baucis* :
    Le chaume devient or, tout brille en ce pourpris.
On a dit *Les célestes pourpris* pour *les cieux*.
3. Déjà les boutons commençaient à étendre leurs ailes, c'est-à-dire les feuilles qui forment le calice de la rose.
4. La première rose sortait.
5. Malgré cela, toutefois (la chose n'étant pas moins qu'elle est, étant telle qu'elle est).

Son aage entier. Vous donc, jeunes fillettes,
Cueillez, cueillez bientost les roses vermeillettes,
Puisque la vie, à la mort exposee,
Se passe ainsi que roses ou rosee[1].

(Bonaventure des Périers).

AU SERVICE D'AUTRUI
SONNET

Servez bien longuement un seigneur aujourd'huy,
Despendez vostre bien à luy faire service,
Corrompez, en servant, la vertu pour le vice,
Et soiez attaché nuict et jour pres de luy;

Pour luy donner plaisir, donnez vous de l'ennuy,
Sans nul respect à vous servez-le en tout office,
Adonnez vous aux jeux dont il fait exercice,
Et ne demandez rien pour vous ny pour autruy.

Continuez long tens, pour quelque bien acquerre,
A le servir ainsi; puis, cassez quelque verre,
Ou faillez d'un seul mot, vous perdez vostre espoir.

Vous perdez vostre tens, vostre bien, vostre peine,
Et ne vous reste rien qu'une promesse vaine,
Et un vain souvenir d'avoir fait le devoir[2].

(Olivier de Magny, *Souspirs* (1557), sonnet CXXXVI.)

LE LYON, LE LOUP ET L'ASNE
FABLE

Le fier lyon, cheminant par la voie,
Trouva un loup et un asne basté,
Devant lesquels tout court s'est arresté,
En leur disant: « Jupiter vous convoie[3]! »

Le loup, voyant cette beste royale
Si près de soi, la salue humblement;
Autant en fait l'asne semblablement,
Pour lui monstrer subjection loyale.

---

1. Cf. Ronsard, p. 48, n. 1; et Ausone (*Idylle* XIV): l'idée appartient à Ausone, mais la roideur du style et de la versification en gâtent chez lui l'expression.
2. Cf. les plaintes exprimées aussi par Du Bellay et Régnier, qui avaient, comme lui, servi à Rome des ambassadeurs, sur l'oubli qu'ils leur reprochent.
3. Conduise.

« O mes amis, maintenant il est heure,
Dit le lyon, d'oster les grands peschés
Desquels nos cœurs se trouvent empeschés.
Il est besoin que chascun les siens pleure ;

Et pour avoir, de la majesté haute
Du Dieu des cieulx, pleine rémission,
Il sera bon qu'en grand contrition
Chascun de nous confesse ici sa faute. »

Ce conseil fut de si grand vehemence [1],
Qu'il fut soudain des aultres approuvé,
Dont le lyon fort joyeux s'est trouvé ;
Et ses peschés à confesser commence :

Disant qu'il a par bois, montagne et plaine,
Tant nuict que jour, perpetré divers maux,
Et devoré grand nombre d'animaux,
Bœufs et chevreaux, et brebis portant laine,

Dont humblement pardon à Dieu demande,
En protestant de plus n'y retourner.
Ce fait, le loup le vient arraisonner [2],
Lui remonstrant que l'offense n'est grande.

« Comment, dit-il, seigneur plein d'excellence,
Puis que tu es sur toutes bestes roy,
Te peut aucun establir quelque loy,
Veu que tu as sur icelle puissance ?

Il est loisible à un prince de faire
Ce qu'il lui plaist, sans contradiction.
Pourtant [3], seigneur, je suis d'opinion,
Que tu ne peux, en ce faisant, mal faire. »

Ces mots finis, le loup, fin de nature,
Vint reciter les maux par luy commis :
Premierement, comme il a à mort mis
Plusieurs passans pour en avoir pasture ;

Puis que, souvent, trouvant en lieu champestre
Moutons camus de nuit enclos es parcs,

---

1. Produisit une si vive impression.
2. Chercher à convaincre par des raisons. Les exemples abondent, de la *Chanson de Roland* à AMYOT. SAINT-SIMON l'emploie encore.
3. On dit aussi *partant*, qui est resté. A cause de tout, sans plus ni moins, ce qui vient d'être dit (*tantum*, τοσοῦτον).

Il a bergier et les troupeaux espars [1],
Pour les ravir, afin de s'en repaistre ;

Enfin qu'il a, ensuivant sa coustume,
Fait plusieurs maux aux juments et chevaux,
Les devorant et par monts et par vaux,
Dont il en sent en son cœur amertume.

Sur ce respond, en faisant bonne mine,
Le fier lyon : « Cecy n'est pas grand cas,
Ta coustume est d'ainsy faire, n'est pas?
Outre [2], à cela t'a contraint la famine. »

Puis dit à l'asne : « Or, conte-nous ta vie,
Et garde bien d'en obmettre un seul point.
Car, si tu faux, je ne te faudray point [3],
Tant de punir les menteurs j'ay envie. »

L'asne, craignant de recevoir nuisance,
Respond ainsi : « Mauvais sont mes forfaits,
Mais non si grands que ceux-là qu'avez faits,
Et toutesfois j'en reçoy desplaisance.

Quelque temps fut [4] que j'estois en servage,
Sous un marchand qui bien se nourrissoit,
Et au rebours [5] pauvrement me pansoit [6],
Combien [7] il eust de moy grand advantage.

Le jour advint d'une certaine foire,
Où, bien monté sur mon dos, il alla ;
Mais arrivé, jeun [8] il me laissa là,
Et s'en va droict à la taverne boire.

Marry [9] j'en fus (car celuy qui travaille
Par juste droict doit avoir à manger);

---

1. Il a dispersé berger et troupeaux.
2. En allant plus loin, *ultra*, en outre.
3. Je ne te manquerai point, dirait-on aujourd'hui. De *faillir*, manquer le but (Etym. σφάλλω, *fallere*, qui a donné aussi *falloir*, faire besoin, manquer).
4. Il y a quelque temps, j'étais... *Que*, lorsque, *cum*.
5. Le *rebours* est le contre-poil des étoffes. On dit aussi : à *rebours*, et, *au rebours de*...
6. Panser : 1o appliquer des appareils sur une partie malade; 2o un cheval, un âne, l'étriller; 3o des chiens, des oiseaux, leur donner à manger. Pris ici dans ce dernier sens.
7. Plus ordinairement *combien que*, employé encore par Malherbe, aujourd'hui *bien que*, quoique.
8. *Jejunus*.
9. Fâché et repentant. Pascal, *Prov.*, V : Je serois bien marri que vous crussiez...

Or je trouvay, pour le compte [1] abreger,
Ses deux souliers remplis de bonne paille.

Je la mangeay sans le sceu de mon maistre.
En ce faisant j'offensay grandement,
Dont je requiers pardon très humblement,
N'esperant plus [2] telle faute commettre.

— O quel forfait! ô la fausse practique !
Ce dit [3] le loup fin et malicieux ;
Au monde n'est rien plus pernicieux,
Que le brigand ou larron domestique.

Comment ! la paille aux souliers demeurce
De son seigneur manger à belles dents !
Et si le pied eust esté là dedans,
Sa tendre chair eust esté devoree.

— Pour abreger, dit le lyon à l'heure [4],
C'est un larron, on le voit par effet ;
Pour c', il me semble [5], et j'ordonne de fait,
Suivant nos lois anciennes, qu'il meure. »

Plustost ne fust la sentence jetee [6],
Que maistre loup le pauvre asne estrangla,
Puis de sa chair chacun d'eux se saoula ;
Voilà comment ell' fut executee.

Parquoy appert [7] que des grands on tient compte,
Et, malfaisans, qu'ils sont favorisés ;
Mais les petits sont toujours mesprisés
Et les fait-on souvent mourir de honte [8].

(GUÉROULT, *Emblèmes*, 1ᵉʳ livre.)

---

1. Au XVIIᵉ siècle encore, on n'établissait point de distinction orthographique entre *compter* et *conter* (même étymol.: *computare*).
2. Ne comptant plus.
3. Le loup dit cela ; voilà ce que dit le loup.
4. Aujourd'hui, *sur l'heure*.
5. Il me semble bon, *placet*.
6. La sentence ne fût pas plus tôt jetée, que. L'orthographe illogique *plutôt* a prévalu.
7. *Apparet*.
8. Honteusement.

On a reconnu l'esquisse de la fable de LA FONTAINE. La scène est plus restreinte, mais déjà le drame y est. Les physionomies s'y dessinent dans leur vérité et leur variété. Voyez comme le lion, hypocritement sévère pour lui-même, indulgent — et de quel ton léger ! — pour le loup, est, de prime abord, roide envers l'âne. Le récit de l'âne est un chef-d'œuvre: circonstances atténuantes, justification modeste et raisonnable, repentir naïf, tout s'y trouve. Et l'indignation sentencieuse du loup ! et son exclamation, imitée par La Fontaine ! et son hypothèse tragique ! et sa sensi-

UNE CHASSE ROYALE

Au devant du chasteau l'attend [1] son esquipage,
Ses piqueurs, ses veneurs, ses limiers, ses valets,
Et ses pages montez pour se mettre aux relais ;
Une belle noblesse est aussi toute preste,
Joyeuse à vaincre au courre une sauvage beste.
Sa carrosse l'attend à quatre blancs chevaux
Plus vistes [2] que les vents. . . . .
Ou s'il monte à cheval, son cheval vigoureux,
En la bouche maschant le frein d'or escumeux,
Frappe du pié la terre, et sur l'eschine large
Hennist de recevoir telle divine charge.
Ses archers de la garde environnent son corps.
   Ainsin accompagné, le roy marche dehors
Avec tout l'attirail d'une aboyante chasse.
Cent chiens prompts à courir et flairer une trace
Sont autour de ses flancs, dont les oreilles sont
Pendantes, et la queue est droite en contremont [3]. . . .
   Quand toute la brigade au buisson est allee,
De verd la plus grand'part et de rouge voilee [4],
L'enceinte retentist de trompes et d'abbois [5],
Car chacun porte au col sa trompe par les bois
Où cent couples [6] de crin pendillent cordelees.
On suit le cerf lancé par monts et par valees,
Par estangs, par buissons espineux et tranchans ;
Le cerf, en traversant l'ouverture des champs,
Fait voler la poussierre aux voyes de sa fuite.
La meute dresse [7] après d'une ardante poursuite.
Des chiens bien ameutez l'abboy fait un grand bruit ;
Mais entre les veneurs personne ne le suit
D'un tel cours que le roy volant par la campagne,

---

bilité pour la « tendre chair » ! Cela vaut le : Manger l'herbe d'autrui ! Et l'horreur du lion ! « C'est un larron. » Et son respect de la légalité ! « Je crois juste... les lois anciennes... » L'art est déjà parfait.

1. Attend le roi.
2. BOSSUET (*Or. fun. de la princesse Palatine*) fait encore de *vile* un adjectif.
3. En haut, vers le haut. Gravir contre-mont un rocher, aller à contremont sur l'eau. A vieilli.
4. Vêtue de verd et de rouge.
5. Aboiements. Le cerf est *aux abois*, quand il est serré par les chiens qui aboient après lui.
6. *Couple* (Étymol. : *copula*) lien.
7. En terme de venerie *dresser* (neutre) ou *aller le droit*, signifie suivre les vraies traces de la bête.

Et Fontaines, qui joinct son cher maistre accompagne.
La pierre qui jaillit d'une fonde [1] en sifflant,
Les levriers genereux qu'on va desaccouplant
Après un lievre viste, en leur course attenduë
Ne partent si legers............
Le roy ferme à cheval d'une course legiere
Ceux-cy, ceux-là devance, et laisse loin derriere,
Et premier comme en tout; aux abbois voit mourir
Le grand cerf mal mené haletant de courir [2].

    (AMADIS JAMYN, *Poëme de la Chasse*).

I

A LA COUR

Il [3] doit négocier pour parens importuns,
Demander pour autruy, entretenir les uns;
Il doit, estant gesné, n'en faire aucun murmure,
Prester des charitez, et forcer sa nature,
Jeuner s'il faut manger, s'il faut s'asseoir, aller,
S'il faut parler, se taire, et, si dormir, veiller;
Se transformer du tout, et combattre l'envie :
Voylà l'aise si grand de la cour, et ma vie.   [aussi,
Mais quels pieds, mais quel cueur, mais quelle bourse
Pour courrir, supporter, et fournir à ceci [4] ?

II

A LA CAMPAGNE

O demi-Dieu qui vit en son champ retiré,
Où l'on dit librement tout ce qui vient à gré;
Où avec ses voysins, sans que l'on diminuë

---

1. *Funda*. Auj. fronde.
2. Nous signalons à l'attention, dans ce morceau, bien des vers expressifs et pittoresques, et particulièrement des hémistiches et des rejets d'une harmonie rapide et légère. — Cf. *Infra*, le récit d'une chasse dans les *Fâcheux* de MOLIERE.
On sait la passion de Charles IX pour la chasse. Elle fut beaucoup chantée pour lui ou autour de lui. Deux poètes lui dédièrent, CLAUDE DE FOUILLOUX, sa *Vénerie* (1562), prose et vers, citée plus d'une fois comme autorité par Buffon, JAMYN sa *Chasse*. Les *Plaisirs des champs* (1589) de CLAUDE GAUCHET, son aumônier, sont principalement ceux de la chasse. C'est à lui que PASSERAT adresse son *Chien courant*, suivi de *Adonis ou la chasse au sanglier* (*œuvres poétiques*). — En 1625, fut publié le *Livre de la chasse, composé par le Roy Charles IX et dédié au Roy Louis XIII, recueilli par la diligence de M. Villeroy*. Réimprimé en 1857 (veuve Renouard).
3. Le courtisan.
4. Cf. RONSARD, p. 54 et 55.

En rien d'autorité, on devise à la ruë,
A la fenestre, à l'huis, à toute heure, en tous lieus,
Sans estre tant bragard ny ceremonieus, ...
. . . . et ne vivant qu'à soy
Est luy-mesme sa cour, son seigneur et son roy[1]...

O le plaisir que c'est, ayant au poing un livre,
De se perdre en un bois, et de tout soing delivre,
D'ainsi philosopher au pris des maux cuisans,
Qui dechirent les cueurs des pauvres courtisans !...

Quel plaisir est-ce aux champs, où semble que le jour
Soit plus clair, et plus beau, et moins court qu'à la cour,
De jouir du printemps, de voir faire aux tourtr'elles
Et leurs nids et leurs chants et et leurs amours fidelles,
D'ouïr du rossignol la fredonnante voix,
Le chant d'autres oyseaux qui caquettent aux bois,
Le chant de la bergere et son amour rustique,
Voir des mouches à miel la gente republique,
Voir le vert et l'azur et des bois et des eaux,
Voir d'automne et d'esté meurir les fruits nouveaux,
Les bleds et les raysins, de voir en son menage
Le bestail retourner au soir du paturage !

(JEAN DE LA TAILLE, *Le Courtisan retiré*)

VŒUX D'UN VIEILLARD

STANCES

J'ay passé mon printemps, mon esté, mon automne ;
Voicy le triste hyver qui vient finir mes vœux [2] ;
Desja de mille vents le cerveau me bouillonne.
J'ay la pluye en la bouche et la neige aux cheveux.

D'un pas douteux et lent à trois pieds je chemine,
Appuyant d'un baston mes membres languissans,
Mes reins n'en peuvent plus, et ma debile eschine
Se courbe peu à peu sous le fais de mes ans.

---

1. Cette idée a été bien souvent exprimée dans les mêmes termes. Cf. supra, VAUQUELIN, fin de son portrait par lui-même ; DESPORTES, La vie champêtre, quatrième stance, et CL. BINET, *Plaisirs de la vie rustique*

> Heureux, trois fois heureux celuy qui se peut plaire
> Dans le séjour secret d'un désert solitaire !
> Il a pour compagnon les Fées et les Dieux ;
> Il hume purement l'air plus serein des cieux ;
> Il ne craint d'un voisin l'envieuse rancune ;
> Luy-mesme il est son Roy, sa Cour et sa fortune.

2. Le poète avait alors 87 ans.

Une morne froideur sur mes nerfs espanchee
Engourdist tous mes sens, desormais ocieux;
D'un glaçon endurcy j'ay l'oreille bouchee,
Et porte en un estuy la force de mes yeux.

Mais, bien que la jeunesse en moy ne continuë,
Pour tout ce changement je n'ai perdu le cœur;
Autant que de mon sang la force diminuë,
Autant de mon esprit s'augmente la vigueur.

Que sert de prolonger une ingrate vieillesse
Pour regarder sans fruit la lumiere du jour?
Heureux qui, sans languir en si longue vieillesse (sic),
Retourne de bonne heure au celeste séjour!

Adieu l'honneur mondain, qui les jeunes enyvre,
Adieu toute richesse et tous ebatemens;
Apprendre à bien mourir, afin de mieux revivre,
C'est desormais le but de mes contentemens.

(SCÉVOLE DE SAINTE-MARTHE, *Poësies chrestiennes*)

QUATRAINS MORAUX

Ce que tu vois de l'homme n'est pas l'homme,
C'est la prison où il est enserré,
C'est le tombeau où il est enterré,
Le lict branlant où il dort un court somme.

Recognoy donc, homme, ton origine,
Et brave et haut desdaigne ces bas lieux,
Puisque fleurir tu dois là haut ès cieux,
Et que tu es une plante divine.

Cacher son vice est une peine extreme,
Et peine en vain : fay ce que tu voudras,
A toy au moins cacher ne te pourras :
Car nul ne peut se cacher à soy mesme.

Aye de toy plus que des autres honte;
Nul plus que toy par toy n'est offensé :
Tu dois premier, si bien y as pensé,
Rendre de toy à toy mesme le compte.

Las! que te sert tant d'or dedans ta bourse,
Au cabinet maint riche vestement,
Dans tes greniers tant d'orge et de froment,
Et de bon vin dans ta cave une source :

Si cependant le pauvre nud frissonne
Devant ton huys, et, languissant de faim,
Pour tout enfin n'a qu'un morceau de pain,
Ou s'en reva sans que rien on luy donne ?

Ne voise[1] au bal, qui n'aymera la danse,
Ny au banquet qui ne voudra manger,
Ny sur la mer qui craindra le danger,
Ny à la Cour qui dira ce qu'il pense.

Plus n'embrasser que l'on ne peut estreindre ;
Aux grands honneurs convoiteux n'aspirer ;
User de biens, et ne les desirer ;
Ne souhaiter la mort, et ne la craindre.

(PIBRAC).

PLAISIRS DU GENTILHOMME CHAMPÊTRE

Heureux, dit le poète, le gentilhomme champêtre,
. . . .

Qui n'a point en son voisinage
Un prince ny un grand seigneur,
Mais seul commande en son vilage
Sans s'obliger à davantage,
Qu'à vivre selon son humeur ;

Qui en un temps bien pacifique
Ne voit plus fort que luy chez soy,
Mais sans querelle domestique
Sur sa petite republique
Commande comme un petit roy ;

Qui n'oit plus sonner la diane
D'une trompette ou d'un tambour,
Mais plutost au braire d'un asne,
Au chant d'un coq ou d'une cane,
S'esveille dés le point du jour ;

Qui pourtant a vu de la guerre
Pour en parler en devisant,
Sans plus vouloir vendre sa terre
Pour mille inimitiez acquerre [2]
Aux troubles civils d'apresent ;

---

1. Quelque part où je voise (où j'aille), dit RONSARD.
2. S'attirer.

Qui n'espouse point de querelle
Si le droict n'y est apparent ;
Mais ne craint de monter en selle,
Quand l'occasion l'y appelle
Pour son amy ou son parent ;

Qui a trois chevaux en l'estable,
Six chiens courans et deux levriers,
Six espagneux, et pour la table
L'autour ou le lanier [1] traictable,
Sans faulcons et sans esperviers ;

Qui a le furet et la poche [2]
Et les panneaux [3] tant seulement
Pour aider à fournir la broche
Quand une compagnie approche,
Sans en user journellement.

Quelquefois le long d'un rivage
Il voit conduire son troupeau,
Voit ses vaches au pasturage,
L'une bonne pour le laitage,
L'autre meilleure à porter veau.....

Puis curieux du jardinage,
S'il a veu de bon fruit ailleurs,
Il met d'un genereux courage
Luy mesme la main à l'ouvrage
Pour anter des greffes meilleurs.

O que ses tonneaux il arange
Et sa futaille de bon cœur,
Pour y recevoir la vendange,
Et voir le gracieux échange
Du fruit noir en rouge liqueur !

O quel plaisir quand il entonne
Ce breuvage desja fumeux,
Et qu'en un muyd il emprisonne
Ce Dieu furieux qui bouillonne
D'un flot et reflot escumeux !

1. Oiseaux de chasse, tenant, l'un du milan, l'autre du faucon (on dit lanier faucon), mais n'allant qu'à la perdrix et au lapin.
2. Filet qui a la forme d'une poche, pour prendre perdrix et faisans.
3. Filets pour prendre les lièvres.

Qui est celuy qui eust envie
Manger des paons et des phaisans,
Et changer ceste heureuse vie
A la friandise asservie
Des miserables courtisans ?......

Vivez contens, ô gentils hommes,
Avec la paix et la santé,
Estimant vos fruits et vos pommes
Plus que ne fait ses grosses sommes
L'usurier de peur tourmenté[1].

Si vous n'avez auprés d'un prince
Les estats[2] et les pensions
Pour gouverner quelque province,
Aussi personne ne vous pince
Et n'observe vos actions.

Vous ne cherchez point l'artifice
Pour attrapper un don du roy,
Ou pour voler un benefice,
Ou pour faire vendre un office
Contre la raison et la loy.

Vous n'estes point dans une sale
A vous mocquer d'un estranger,
Et par trahison desloyale
D'un compagnon qui vous esgale
Ne taschez point à vous vanger.

Aussi vous n'avez point la peine
De vous friser tout le matin,
De faire bien sentir l'haleine,
Et chacun jour de la sepmaine
Changer de velours[3] et satin,

De gaudronner[4] vostre chemise
Et toujours y porter la main,
De vous habiller à la guise
Tantost d'un seigneur de Venise,
Tantost d'un chevalier Romain[5]....

(Nicolas Rapin).

1. Il y a là quelques souvenirs d'Horace. Voyez la deuxième *Epode*.
2. Fonctions officielles dans lesquelles on est établi.
3. Velours. Italien *velluto*. On a fait *velouter*.
4. Ou *godronner*, faire des plis ronds (godrons) aux fraises qui entourent le cou.
5. Cette jolie pièce, d'allure vive et ronde, à la bonhomie spirituelle,

ROIS ET REINES

Les princes de la race des Valois-Angoulême ont droit à une place parmi les poètes du siècle où ils ont régné : ils ont cultivé les lettres qu'ils protégeaient. FRANÇOIS Iᵉʳ écrivit des vers sur les dames de sa cour et à sa sœur. HENRI II, son fils, en adressa à Diane de Poitiers. CHARLES IX, son petit-fils, célèbre la royauté poétique de Ronsard. Les femmes aussi ont tenu la plume ; l'une d'elles, n'eût-elle pas été sœur de roi et reine, se fût fait un nom inoubliable dans l'histoire du XVIᵉ siècle. MARGUERITE D'ANGOULÊME ou de Valois, duchesse d'Alençon, puis reine de Navarre (1492-1549), écrivit, outre l'*Heptaméron*, qui lui assure le premier rang entre les conteurs du XVIᵉ siècle, des poésies nombreuses (poèmes mystiques, poèmes mythologiques, mystères, farces, épîtres, complaintes, chansons spirituelles), publiés en 1547 sous le titre de *Marguerites de la Marguerite des Princesses*). — JEANNE D'ALBRET (1531-1572), fille de la précédente, « qui, dit d'Aubigné, n'avoit de femme que le sexe, l'âme entière aux choses viriles, l'esprit puissant aux grandes affaires, le cœur invincible aux adversités », n'a pas dérogé au goût de sa race pour les choses de l'esprit. Elle l'a transmis au sang des Bourbons dans son fils HENRI IV, dont on sait l'originalité épistolaire et oratoire ; on cite de la mère des sonnets, du fils des chansons. — Ne séparons pas de cette lignée royale la seconde MARGUERITE DE VALOIS, la sœur de Charles IX, qui a écrit de charmants Mémoires, et sa belle-sœur MARIE STUART, dont les vers touchants n'ont pas été oubliés.

HUITAIN

Celle qui fut de beauté si louable
Que pour sa garde elle avoit une armee [1],
A aultre plus qu'à vous ne fut semblable,
M de Pâris, son ami, mieulx aimee,
Que de chacun vous estes estimee :
Mais il y a difference d'un poinct ;
Car à bon droict elle a esté blasmée
De trop aimer, et vous de n'aimer poinct.
  (FRANÇOIS Iᵉʳ).

VERS A UN CRUCIFIX [2]

C'est vous, Seigneur, pendant en ceste croix,
Qui montrés bien que, cloué et lyé,

percée d'une pointe d'épigramme, qui est le caractère des Ménippéens en leur prose et leur poésie. Le mot y est franchement rustique, et sent parfois le basse-cour, le chenil et la cuisine, plus que les parfums subtils de la cour et les roses et œillets qu'on respire dans les vers des Ronsard et des Belleau. On y entend là « cane » plus que le rossignol et l'alouette mais à l'occasion, la boute-selle. Sous le paysan, il y a le gentilhomme.

1. Hélène.
2. C'est le premier couplet d'une ballade, qui accompagnait un crucifix envoyé par le roi à sa sœur.

Vous commandés aux princes et aux roys,
L'humble haulsant, le fier humilié[1];
Et je ton serf, Seigneur, t'ay supplié :
Tu m'as ouy, selon mon seur espoir,
En me donnant, ne m'ayant oublyé,
Conqueste, enffans, et defence, et pouvoir.

(François I*er*).

PRIÈRE A DIEU POUR SON FRÈRE MALADE[2]

De touttes ses graces et dons
A vous seul a rendu la gloire ;
Parquoy à vous les mains tendons,
Afin qu'ayés de luy memoire :
Puisqu'il vous plaist luy faire boire
Vostre calice de douleur,
Donnés à nature victoire
Sur son mal et nostre malheur.

O grand medecin tout puissant !
Redonnés luy santé parfaite,
Et des ans vivre jusqu'à cent,
Et à son cueur ce qu'il souhaite.
Lors sera la joye refaicte
Que douleur brise dans nos cueurs :
Dont louenge vous sera faicte
De femme, enffans et serviteurs.

Par Jesus-Christ, nostre Sauveur,
En ce temps de sa mort cruelle[3],
Seigneur, j'attendz vostre faveur
Pour en oyr bonne nouvelle.
J'en suis loing : dont j'ai douleur telle,
Que nul ne la peult estimer.
O ! que la lettre sera belle
Qui le pourra sain affermer[4] !

Le desir du bien que j'attendz
Me donne de travail matiere :
Une heure me dure cent ans,
Et me semble que ma lictiere

---

1. Le fier [étant] humilié.
2. Nous commençons notre citation à la sixième strophe de la *Chanson faicte par Madame Marguerite dans sa litière, durant la maladye du Roy*, son frère, auprès duquel elle se rendait. — On donne aussi ce titre : *Pensées de la reine de Navarre estant en sa..*
3. La semaine sainte.
4. Affirmer.

Ne bouge, ou retourne en arriere,
Tant j'ay de m'avancer desir.
O ! qu'elle est longue, la carriere
Où à la fin gist mon plaisir !

Je regarde de tous costés
Pour veoir s'il arrive personne,
Pryant sans cesser, n'en doubtés,
Dieu, que santé à mon roi donne.
Quand nul ne voy, l'œil j'abandonne
A pleurer ; puis sur le papier
Ung peu de ma douleur j'ordonne :
Voilà mon douloureux mestier.
(Marguerite d'Angoulême).

ADIEUX A LA FRANCE [1]

Adieu, plaisant pays de France,
   O ma patrie
   La plus cherie,
Qui as nourri ma jeune enfance ;
Adieu, France ! adieu mes beaux jours !
La nef qui disjoint nos amours
N'a cy de moy que la moitié ;
Une part te reste, elle est tienne.
Je la fie à ton amitié
   Pour que de l'autre il te souvienne.
(Marie Stuart).

A RONSARD

L'art de faire des vers, deust on s'en indigner,
Doit estre à plus haut prix que celuy de regner.
Tous deux egalement nous portons des couronnes ;
Mais, roy, je la reçus ; poëte, tu la donnes.
Ton esprit enflammé d'une celeste ardeur
Esclatte par soy-mesme, et moy par ma grandeur.
Si du costé des Dieux je cherche l'advantage,
Ronsard est leur mignon et je suis leur image.
Ta lyre, qui ravit par de si doux accords,
Te soumet les esprits dont je n'ai que les corps ;
Elle s'en rend le maistre, et te fait introduire
Où le plus fier tyran n'a jamais eu d'empire,
Elle amollit les cœurs et soumet la beauté :
Je puis donner la mort, toi l'immortalité.
(Charles IX).

---

[1]. Vers écrits en vue des côtes de France, sur le vaisseau qui conduisait la reine en Ecosse.

XVIIᵉ SIÈCLE

LA POÉSIE AU XVIIᵉ SIÈCLE

Entre Malherbe qui, après les brillantes aventures poétiques du xvıᵉ siècle, avait ouvert magistralement la carrière au xvııᵉ, et meurt respecté quarante-trois ans après Ronsard oublié, et Boileau qui, en 1660, commence à écrire quand Louis XIV commence à régner et ouvre le *Siècle de Louis XIV*, entre les deux maîtres sévères qui enseignent et représentent la discipline, la poésie prit ses aises, s'émancipa et suivit librement plusieurs voies. Pendant un demi-siècle, le faisceau d'unité que le premier avait noué et que le second renoua, se délia et se dispersa.

On peut compter plusieurs groupes distincts.

D'abord les disciples restés fidèles aux leçons du maître qui avait régenté et dominé la poésie. Ils les suivent, chacun dans la liberté de sa nature et de son esprit, mais tous respectueux de la langue, de l'harmonie, du goût et de la raison : Racan (1589-1670), quelquefois négligé ; Godeau (1605-1672), souvent prolixe ; Maynard (1582-1646), un peu froid ; Gombauld (1570-1666), plus vigoureux qu'abondant ; et, si l'on veut encore, Segrais (1624-1701), venu après eux, mais venu avant Boileau, qui, dans le peu qu'il a légué, est héritier de leurs traditions.

Opposons-leur tout de suite les indépendants, amoureux de la fantaisie, imaginations brillantes et hardies, mais hasardeuses. Ce sont les Théophile de Viau (1590-1626), les Saint-Amand (1593-1660), les Georges de Scudéry (1601-1667), les Cyrano de Bergerac (1620-1655), les improvisateurs de la poésie, dont plusieurs s'aventurent dans l'épopée (*Moïse sauvé*, 1653, par le second ; *Alaric*, 1654, par le troisième). Il faut leur adjoindre le créateur de la poésie burlesque en France et de la *Mazarinade*, Scarron (1611-1660), gai et fin conteur en prose, plus d'une fois *marotiste* en vers, poète comique, protée infatigable. Leur plume court, libre en ses caprices, et eux-mêmes, à part Scarron, cloué à vingt-sept ans dans son lit ou son fauteuil, sont sujets à courir les grands chemins, Saint-Amand, de la Pologne, Théophile, des Pyrénées. Quelques-uns sont suspects ou convaincus de libertinage religieux, comme Théophile, et les épicuriens Des Yveteaux (1560-1649), fils de Vauquelin de la Fresnaye, Des Barreaux (1602-1673), dont un sonnet a rendu célèbre la conversion finale, Hesnaut (mort en 1682), qui traduisit Lucrèce et qui fut le maître de Mme Deshoulières, — ou d'intempérance bachique, comme FARET (1594-1640), le rédacteur des statuts de l'Académie française, l'ami de Saint-Amand, fort compromis par la rime qu'appelaient son nom et ses habitudes, fort enclin à

Charbonner de ses vers les murs d'un cabaret;

ainsi que plus tard le spirituel ami de Molière, Chapelle.

Entre les disciplinés et les indépendants, les sobres et les intempérants, se place le groupe des beaux esprits et gens d'esprit de cour et de ruelles : à leur tête le brillant VOITURE (1598-1648), et, après lui, à quelque distance, l'ingénieux SARRAZIN (1603-1654), qui tous deux ont eu leur jour de gravité et d'éloquence historique, l'un en une lettre, l'autre en deux compositions étendues; derrière eux, MALEVILLE (1597-1647), le fidèle Maleville, auprès de Bassompierre libre ou prisonnier; BOISROBERT (1592-1662), auprès de Richelieu; LA FONTAINE (1621-1695), auprès de Fouquet, dans une première veine d'esprit qu'il ne faut pas oublier, parce que rien de lui n'est indifférent; BENSERADE (1612-1691), qu'attendaient les ballets de la cour de Louis XIV pour faire applaudir ses jolis vers; et, à leur suite, toute la foule des poètes à sonnets, des « madrigaliers », des épigrammatistes, des adeptes du burlesque et des pointes à l'italienne, qui oubliaient à l'envi les anathèmes de Malherbe. Il faut pourtant faire une exception pour Mme DE LA SUZE (1618-1673), qui eut un des salons renommés du siècle, et écrivit, entre autres poésies, des élégies d'un « agrément infini », dit Boileau (Lettre à Ch. Perrault, 1700).

Il convient de ranger à part un groupe auquel un peu de pédantisme, d'importance ou d'ambition a porté malheur : CHAPELAIN (1595-1674), le plus illustre et le plus déchu d'entre eux, depuis sa *Pucelle* (1656); COTIN (1604-1682), tout meurtri des coups de Boileau et de Molière; MÉNAGE (1613-1692), que protège, après tout, le nom de son élève, Mme de Sévigné: le P. LEMOYNE (1602-1671), que sauve une belle page de son *Saint Louis* (1653-1657); DESMARETS DE SAINT-SORLIN (1595-1676), qui chanta sans succès *Clovis* (1657) et *Marie-Madeleine*; BRÉBEUF (1618-1661), dont le nom est resté synonyme d'hyperbole et d'emphase, et qui trouva le moyen d'outrer Lucain.

Notons enfin un petit groupe à part, de ces rieurs de race bourgeoise, volontiers frondeurs en politique et en littérature, tout pétris de bon sens et de malice, Ménippéens au XVIe siècle, anti-Mazarins au XVIIe, avocats, hommes de lettres, qui avaient un pied dans les salons et un autre au Palais : tels, LINIÈRE (1628-1704). « un petit fou qui avoit de l'esprit », dit Tallemant, qui chansonna la *Pucelle* avant et après l'impression, et qui piqua un peu Boileau; FURETIÈRE (1620-1688), qui, avant les satires et aux applaudissements de Boileau, fit aussi des satires; FOURCROY (mort en 1692), qui fut ami de Molière, de Boileau et de Racine, fit de jolis vers et jugea bien ceux des autres; GILLES BOILEAU (1631-1669), qui voyageait toujours avec Régnier en poche, frère aîné du satirique, de l'Académie avant lui, malin comme lui, quelquefois contre lui, et qui ne fut pas, disait-on, « Gilles le Niais » dans sa petite guerre contre Gilles Ménage, auteur malencontreux d'une églogue intitulée *Christine*. — C'est à dessein qu'à côté de ces noms nous faisons revenir celui de Boileau : ils ont ri avant qu'il grondât, et ont vu le mauvais goût avant qu'il donnât les lois du bon.

Les poètes de ces groupes divers se rencontraient sur trois terrains communs : le théâtre, ouvert à tout le monde, auteurs et public; les salons aristocratiques ou bourgeois, ouverts à des initiés; l'Académie française, ouverte à une élite se recrutant elle-même.

Le théâtre. — Le théâtre a toujours été, dans les villes, la passion littéraire la plus vive de la France populaire, bourgeoise, aristocratique. On sait ce qu'il fut au xvi° siècle. Dans les premières années du xvii° siècle, un improvisateur inépuisable, ALEXANDRE HARDY (1560-1630), fournit de pièces de toute espèce (six cents, dit-on) les acteurs aux gages desquels il écrit. Ce chiffre dit tout. Tragédies, comédies, tragi-comédies, pastorales dramatiques (importation italienne et espagnole acclimatée sans peine chez nous au xvi° siècle, toujours cultivée au xvii° siècle, et qui ne finit pas encore avec Molière), inondent le théâtre. Un prélat même, Richelieu, imagine des plans, et les fait exécuter par ses « cinq auteurs » (Boisrobert, Colletet, l'Étoile, Rotrou, Corneille) pour la scène de son Palais-Cardinal. Quelques noms et quelques renommées de poètes surnagent : *Pyrame et Thisbé* (1617), tragédie de Théophile; *Mariane* (1636), tragédie de TRISTAN L'HERMITE (1601-1655), *Sophonisbe* (1629), tragédie de MAIRET (1604-1686), deux sujets traités et manqués plus tard par Voltaire; *Arténice ou les Bergeries* (1618), pastorale, chef-d'œuvre du genre, de Racan; *Sylvie* (1621), pastorale de Mairet; *Amaranthe* (1625), pastorale de Gombauld; *Lygdamon* (1629), tragédie, et l'*Amour tyrannique* (1638), comédie, dont Voltaire dit (Préface de *Sophonisbe*) que « bien rétablie au théâtre, elle pourrait faire de prodigieux effets », de G. de Scudéry; *Scévole* (1646), tragédie de DU RYER (1605-1648), dont Voltaire parle (*ibid.*) dans les mêmes termes; *Agrippine* (1653), tragédie de Cyrano de Bergerac. Le faux goût, les fadeurs ou l'emphase gâtent le style de ces pièces, comme les invraisemblances et les gasconnades gâtent les comédies, sans les compromettre auprès du public; mais l'éloquence dramatique de R. Garnier est retrouvée, le vers y a de l'aisance et du nombre; Malherbe, malgré qu'en aient dit quelques-uns de leurs auteurs, y a laissé quelque chose, ou, si l'on veut, le progrès naturel de la langue s'y est fait et accusé de lui-même.

Mais voici venir ROTROU (1609-1650), qui a un coin de génie, et enfin le grand Corneille (1606-1684), qui, dans ses comédies (1625-1634), épure le dialogue encore libre et même licencieux, et trouve le ton des honnêtes gens, élève celui de la tragédie dans *Médée* (1635), et atteint les hauteurs du *Cid* (1636). Il reste, jusqu'aux chefs-d'œuvre de Racine, qui n'est pas né encore, le maître de la scène, avec Rotrou, qui l'y avait précédé et désormais le suit de loin.

Les salons. — Ce qu'avait été au xvi⁰ siècle la cour de Charles IX et de Henri III, l'hôtel de Rambouillet le fut au xvii⁰ siècle dès 1608. Avec le sang et la race, l'esprit et la poésie y avaient entrée. Mais les guerres civiles et religieuses dispersaient ou ensanglantaient la cour des Valois ; la cour de Catherine de Vivonne se fixa paisiblement autour d'elle pendant quarante ans. L'âge seul de la marquise et la Fronde la séparèrent ou l'interrompirent. Sans parler de l'allégorique *Guirlande de Julie*, que tressèrent en vingt-neuf madrigaux sur autant de fleurs bon nombre de poètes, y compris Corneille, et que lui offrit en 1640 son fiancé M. de Montausier, on lut chez sa mère bien des vers, on y fit bien des portraits, on y élabora bien des romans, on y traita bien des questions de galanterie, on y fit un peu de mal par l'affectation et la préciosité qui pouvaient se guérir, beaucoup de bien par la culture de l'esprit et la politesse des mœurs qui ne pouvaient s'effacer. L'hôtel de Rambouillet fut une pépinière, dont sortirent et les salons bourgeois, qui, comme les samedis de Mlle de Scudéry, l'exagérèrent et le ridiculisèrent, et les salons aristocratiques qui le continuèrent et, sauf les égarements de la mode, l'épurèrent, comme ceux de Mmes de La Fayette, de la Sablière, de la Suze, de Bouillon, etc.

L'Académie, — qui était née en 1630 et avait grandi sans nom dans le salon de Conrart, qualifiée, consacrée et, par lettres patentes du 22 janvier 1635, mariée à l'État sur la présentation et sous la garantie de Richelieu, fut, sans acception de genre ni d'école, un « réduit d'honneur » où se rencontraient dès l'origine Faret et Racan, Saint-Amand et Maynard, Voiture et Chapelain.

Tel était l'état de la poésie française quand commença en 1660 ce que l'histoire a nommé le *Siècle de Louis XIV*. L'âge précédent lui léguait Corneille, qui ne pouvait plus que descendre, Molière et La Fontaine, qui n'avaient plus qu'à monter. Molière était à Paris depuis deux ans, Racine y arrivait, Boileau y débutait, et du premier coup s'emparait de la dictature du goût pour lui donner des lois comme ses deux amis allaient en donner des modèles.

Boileau, comme Malherbe, a combattu le mal, qui, après Malherbe, avait repris une partie des poètes, la facilité hâtive et prolixe, et, à sa suite, les écarts de la « folle du logis », et la préciosité française qui avait succédé au pédantisme grec et latin et à la « drôlerie italienne », les « pâtés de bourre », les « pâtés de chevilles », le « galimatias royal », etc., que l'impitoyable Malherbe harcelait chez ses victimes, et nommément chez Desportes. Comme Malherbe il a prêché d'exemple : il a écrit peu et lentement.

Comme Malherbe, et plus que lui, il a eu ses victimes, il les a exécutées quelquefois d'un vers, d'un mot, sans phrases :

> On ne lit guère plus *Rampale* et *Ménardière*,
> Que *Magon, du Souhait, Corbin* et *la Morlière*. (A. P., IV.)
> Et, jusqu'à *d'Assoucy*, tout trouva des lecteurs. (A. P., I.)
> *Boyer* est à *Pinchêne* égal pour le lecteur. (A. P., IV.)

Ainsi disait Virgile :

> Qui *Bavium* non odit, amet tua carmina, *Mœvi.*

Il a des fournées :

> Que vous ont fait *Perrin, Bardin, Pradon, Hesnaut,
> Colletet, Pelletier, Titreville, Quinault?* (*Sat.* IX.)

En trois vers il enterre l'un sur l'autre, le *Jonas* de Coras, le *David* de Les Fargues, le *Moïse* de Saint-Amand (*Sat.* IX.) Il laisse aux sots campagnards le *Pays* (*Sat.* III), à l'épicier *Neuf-Germain* (*Sat.* IX), à « la fange » l'abbé *De Pure* (*Ibid.*) Il fait à *Scudéry* à *Cotin*, à *Chapelain*, à *La Serre* l'honneur de plusieurs coups, mais bien assénés. — En somme quels sont ceux de ses arrêts que la critique contemporaine, curieuse de révisions et de justice, n'a pas ratifiés, ou à peu près? Indulgent à l'excès pour *Voiture*, il a été injuste pour *Boursault* et *Quinault*, mais il s'est rétracté sur le compte de tous deux. Il a médit de Mme *Deshoulières* et de son ami *Linière*; mais la préciosité de l'une et le « libertinage » de l'autre le chagrinaient fort. A d'autres il n'a pas tenu rigueur. Il a « bien voulu avouer » qu' « il y a du génie dans les écrits de *Saint-Amand*, de *Brébeuf*, de *Scudéry* » (Préface de 1683); que *Chapelain*, « quoique assez méchant poète », a fait, « il ne sait comment», une assez belle ode (*Ibid.*) Il a un faible pour la « burlesque audace » de *Bergerac* (*Art. poét.*, IV.)

Absolvons-le donc de ses rigueurs, sauf, bien entendu, d'une injure gratuite à la pauvreté de *Colletet* (*Sat.* Ire); écartons pour le moment ceux qu'il a proscrits, sauf à en rappeler quelques-uns avec honneur, et l'unité poétique du siècle de Louis XIV nous apparaîtra dans quelques noms souverains.— BOILEAU, nommons-le le premier, Boileau, « correct auteur de quelques bons écrits », a dit Voltaire en un jour de froideur pour ce « Nicolas », dont, a-t-il dit aussi en ses jours de justice et de reconnaissance, on ne médit pas impunément », Boileau donne au siècle de Louis XIV des modèles de langage, de goût et de raison dans ses *Satires* et ses *Épîtres*, d'utiles leçons dans son *Art poétique*, un chef-d'œuvre dans le genre secondaire du poème héroï-comique, dans le *Lutrin*; — RACINE, la perfection de la tragédie classique astreinte aux lois des trois unités, que Corneille avait discutées avec réserve et respectées sans servilité, et que son heureux rival observe avec un art consommé; — MOLIÈRE, la perfection de la comédie, n'était la hâte de quelques dénouements; — LA FONTAINE, la perfection de la Fable sans restriction, — et, si l'on veut encore, QUINAULT, le degré de perfection que peut ambitionner la poésie d'opéra.

Voilà de quoi suffire, sans compter les chefs-d'œuvre de la prose, qui ne sont pas de notre sujet, à l'autorité et à la gloire du siècle de Louis XIV, et de quoi faire oublier que, si par le génie d'un homme il a élevé la Fable à la dignité d'un genre de premier ordre, il n'a pas su, dans le genre lyrique, entretenir l'héritage de Malherbe, et ne peut citer qu'une ode de Sarrazin, quelques strophes, accident heureux de Chapelain, des stances dans deux tragédies de

Corneille, des chœurs dans deux tragédies de Racine, en attendant, sur sa fin, les odes plus industrieuses qu'inspirées de J.-B. Rousseau; — que, dans un genre illustré par Théocrite et Virgile, il est resté avec Fontenelle et Lamotte, bien au-dessous de Racan et de Segrais, dont les *Bergeries* et les *Églogues* sont, les unes du premier, les autres du second quart du siècle; — que, dans le genre le plus élevé de la poésie, auquel toutes les littératures depuis Homère ont donné des chefs-d'œuvre, il ne s'est signalé, comme d'ailleurs l'autre moitié du XVIIe siècle, que par des avortements. « Après les gentilshommes qui tentent l'épopée, MM. de Saint-Amand et de Scudéry, après l'illuminé Desmaretz, après l'abbé Chapelain et le P. Lemoyne, tous antérieurs à 1660, un ministre luthérien de Toulouse, converti plus tard, Jacques de Coras (1630-1677) accumule, à partir de 1663, *Josué* sur *Jonas*, *Samson* sur *Josué*, *David* sur *Samson*, Pélion sur Ossa; rien ne lui coûte et rien ne lui réussit:

Le *Jonas* inconnu sèche dans la poussière,

et Coras reste enterré à tout jamais par la main de Boileau (*Sat.* IX, 1669), à côté d'un autre Toulousain, Les Fargues (1600-?), auteur malheureux d'un autre *David* (1666):

Le *David* imprimé n'a point vu la lumière.

Avec eux un homme de loi, Louis Le Laboureur (?-1679), bailli du duché de Montmorency, se met sur les rangs. Pour être poète épique il faut, selon lui, « avoir du feu, du flegme, être politique et galant, courtisan et philosophe, entendre la paix et la guerre »; et il est tout cela, et il entend tout cela, puisqu'il donne au public son *Charlemagne* (1664). Enfin Carel de Sainte-Garde (?-1684), renchérissant sur l'ambition du présomptueux bailli, rêve une « Encyclopédie poétique, rassemblant tous les objets de la nature et des arts », et il exécute le « plaisant projet » (c'est encore Boileau qui parle) de donner la gloire épique à Childebrand! (*Childebrand ou les Sarrasins chassés de France*, seize chants, 1666-1670) [1] ». De tout ce fatras ambitieux il n'est rien resté, et la postérité a relu le *Petit Voyage* (en Provence et en Languedoc) de deux hommes d'esprit qui l'écrivirent en vers et en prose: Chapelle (1626-1686), dont le nom est inséparable aussi de ceux de Molière, de Boileau et de Racine, et Bachaumont (1624-1702), qui a sa place dans une ligne de l'histoire pour avoir baptisé la *Fronde* du nom qu'elle a gardé.

Les poètes dramatiques sont aussi féconds et plus heureux, et, sans pouvoir rester à la hauteur où Corneille, Racine et Molière ont élevé le théâtre, suivent honorablement leurs traces.

Thomas Corneille (1625-1709), successeur de son frère à l'Académie en 1684, donne trente-huit pièces, tragédies, comédies, tragi-comédies. Deux de ses tragédies n'ont jamais été oubliées:

---

[1]. Les *Chefs-d'œuvre épiques de tous les peuples*, notices et analyses, par MM. Chassang et Marcou, 1 vol. chez Furne, Jouvet et Cie.

Ariane (1672), son chef-d'œuvre, est touchante, éloquente et passionnée; le *Comte d'Essex* (1678) a des situations dramatiques. — Quinault prélude à la gloire de ses opéras par quelques succès sur la scène tragique, où l'*Astrate* ferait encore, dit Voltaire, un « prodigieux effet ». — La Fosse (1653-1718) se fait un nom durable par la meilleure des tragédies de second ordre, *Manlius* (1698). — Des deux imitateurs de Racine, l'un, Duché (1668-1704), continue à écrire pour la maison de Saint-Cyr des pièces bibliques, parmi lesquelles *Absalon* (1790) est la plus estimée; l'autre, Campistron (1656-1723), fait apprécier son élégante facilité. — Longepierre (1659-1721) fait applaudir sa *Médée* (1694).

Dans la comédie nous retrouvons Quinault et Campistron. Des acteurs poètes : Montfleury (mort en 1685), Hauteroche (mort en 1707), Baron (mort en 1729), qui fut élevé par Molière, méritent un souvenir; Boursault (1638-1701) a de jolies scènes; Dufrény (1648-1724) et Dancourt (1661-1725) ont beaucoup de verve, de naturel et d'esprit (voir dans nos Prosateurs les groupes secondaires du xviie siècle); Brueys (1640-1723) donne avec Palaprat (1650-1721) le *Grondeur* (1691), « supérieur, dit Voltaire, à toutes les farces de Molière », et l'*Avocat Patelin* (1706), imitation de la farce célèbre du xve siècle: « Ce sont, dit encore Voltaire, les deux seuls ouvrages de génie que deux auteurs aient composés ensemble. » — Tous, qu'ils aient écrit en prose ou en vers, sont effacés par Regnard (1655-1709), qui faisait rire Despréaux, vieux et difficile.

La dernière comédie de Regnard, le *Légataire*, couvre de sa gaîté d'étranges libertés contre la morale et la loi, symptôme de cette dissolution de mœurs qui se préparait dans l'ombre, autour de la cour de Versailles attristée par la vieillesse de Louis XIV, et qui, après sa mort, devait éclater et s'étaler sous la Régence. Elle se mêlait au libertinage d'esprit et au culte de la poésie dans le palais du Temple bâti par le commandeur de Souvré, épicurien émérite, dont un vers de Boileau a gardé le souvenir (*Sat*. III, v. 23), et où le grand prieur de Vendôme réunit après lui dans des « soupers » célèbres tant de joyeux convives. C'est là que le spirituel abbé De Chaulieu (1630-1720), « l'Anacréon du Temple », et le marquis de La Fare (1663-1712), dont le dieu était la paresse, lisaient leurs vers ingénieux et faciles. Ce sont, avec le spirituel Senecé (1643-1737), satirique, épigrammatiste et conteur de *Nouvelles*, les derniers représentants de la poésie du siècle de Louis XIV. On les retrouve tous les deux avec Fontenelle, La Motte, Saint-Aulaire, chez la duchesse du Maine, dans la petite cour littéraire de Sceaux, qui, ouverte avant, pendant et après la Régence, relie l'histoire des salons poétiques des xviie et xviiie siècles.

MALHERBE
1555-1628

François de Malherbe, gentilhomme et catholique comme Ronsard, naquit à Caen, six ans après le manifeste de l'école qu'il devait combattre et remplacer. Son père ayant embrassé le calvinisme, il en conçut un tel chagrin qu'il quitta son pays natal à dix-sept ans, et suivit le grand-prieur Henri d'Angoulême en Provence : il s'y maria, s'y battit pour la Ligue, et y fit des vers. C'est à ces premières poésies (*les Larmes de saint Pierre*, 1687 ; *Bouquet de Fleurs de Sénèque*, odes morales, 1590), dans lesquelles, il l'a reconnu, il « ronsardisait », comme tout le monde, et, comme Desportes, imitait les Italiens, qu'il dut de venir à Paris fonder contre eux une nouvelle école de poésie. Signalé à Henri IV comme « excellent poète » par Des Yveteaux, un des fils de Vauquelin de la Fresnaye, et par le cardinal Duperron, il fut attiré à Paris, attaché à la maison du grand écuyer, M. de Bellegarde, et plus tard nommé gentilhomme ordinaire de la chambre. Il commença en 1605 le rôle qu'il poursuivit avec une inflexible ténacité par ses leçons et par ses exemples, sévère envers les autres et envers lui-même, pour la pensée, pour le langage, pour l'harmonie, écrivant peu, publiant peu, donnant dans des recueils collectifs, ou seul, mais une à une, ses pièces diverses, odes, stances, paraphrases des Psaumes, chansons, etc. Tyran des mots et des syllabes, a-t-on dit, grammairien-poète, dit Sainte-Beuve, il mit la langue poétique à l'école ; entêtée du vin fumeux de Ronsard, et affadie par les sucreries de Desportes, il lui impose un régime sévère, qui a pu l'amaigrir chez les faibles et les malingres, mais auquel résista le mâle et vigoureux tempérament de son génie. Le style sobre, plein et fort de Malherbe a un éclat quelque peu dur, mais il a son étincelle, et parfois aussi ses fleurs. Ses fresques magistrales sont, en somme, — malgré des strophes sublimes de Corneille et de Racine, malgré de brillantes rencontres au XVIIe et au XVIIIe siècle, malgré la profession de lyrisme que firent J.-B. Rousseau et Le Brun-Pindare, — notre vraie et classique poésie lyrique, jusqu'à la révolution qu'y apporta le XIXe siècle.

Son premier recueil complet est de 1621. Ménage annota et publia en 1666 ses œuvres réunies. La Collection des grands écrivains de la France contient une édition définitive de ses œuvres de vers et de prose, en cinq volumes in-8° : le premier suffit à ses poésies ; les autres renferment ses traductions du XXXIIIe livre de Tite-Live, des *Bienfaits* et de quatre vingt-onze lettres de Sénèque, sa correspondance, son curieux Commentaire critique de Desportes, et un précieux Lexique.

ODE AU ROY LOUIS XIII
Allant châtier la rébellion des Rochellois, et chasser les Anglais qui en leur faveur étoient descendus en l'île de Rhé [2].

1627

Donc un nouveau labeur à tes armes s'appreste :
Prends ta foudre, Louis, et va comme un lion

---

[1]. La pièce de Malherbe le plus souvent citée sont les *Stances à Du-*

Donner le dernier coup à la derniere teste
 De la rebellion [1].

Fais choir en sacrifice au demon [2] de la France
Les fronts trop eslevés de ces ames d'enfer;
Et n'espargne contre eux pour notre delivrance
 Ny le feu ny le fer.

Assez de leurs complots l'infidele malice [3]
A nourri le desordre et la sedition :
Quitte le nom de Juste [4], ou fais voir ta justice
 En leur punition.

Le centieme decembre a les plaines ternies,
Et le centieme avril les a peintes de fleurs,
Depuis que parmy nous leurs brutales manies [5]
 Ne causent que des pleurs !

Dans toutes les fureurs des siecles de tes peres,
Les monstres les plus noirs firent-ils jamais rien
Que l'inhumanité de ces cœurs de viperes
 Ne renouvelle au tien ?

Par qui sont aujourd'huy tant de villes desertes,
Tant de grands bastimens en masures changés,
Et de tant de chardons les campagnes couvertes,
 Que [6] par ces enragés ?

Les sceptres devant eux n'ont point de privileges,
Les immortels [7] eux-mesme en sont persecutés;

périer (voir dans notre Recueil des classes de grammaire). « Les quatre stances où il a paraphrasé une partie du psaume CXLV sont parfaites. Elles sont des derniers temps de sa vie, car sa vieillesse est allée jusqu'au terme en s'affermissant et se perfectionnant (voir *ibidem*). Son Ode à Louis XIII partant pour La Rochelle, qu'il a faite à 72 ans (près de 73; voyez la note à la strophe 22e), est la plus complete de toutes, la plus hardie de composition, de style, d'images, et vers la fin, la plus virilement touchante. » (SAINTE-BEUVE, *Causer. du Lundi*, t. VIII.)

1. Tout, dès cette première strophe, donne le ton du reste de l'ode: et le début d'une brusquerie insolite, et la mâle vigueur du troisième vers, et ces images courtes et pressées, ajoutons même, jusqu'à se relier mal entre elles ; elles ne manqueront pas dans les strophes suivantes, mais avec un goût plus discret. La brièveté de ce rythme serré contribuera à accentuer la pensée.

2. Δαίμων, génie.

3. *Malitia*, la méchanceté ; *infidèle*, révoltée. Ailleurs, il appelle *noire malice* le don d'Eurydice, si tôt retiré à Orphée par les Enfers.

4. Louis XIII a été surnommé Louis *le Juste*.

5. Μανία, *furor*, délire.

6. *Que...*, si ce n'est. Ce tour se retrouve constamment dans CORNEILLE, MOLIÈRE, etc.

7. Traces du paganisme latin, restées dans notre langue qui se remit à l'école de l'antiquité au XVIe siècle. De même, on dit encore : Grands dieux! Bons dieux ! jurer ses Grands dieux.

Et c'est aux plus saincts lieux que leurs mains sacrileges
　　　Font [1] plus d'impietés.

Marche, va les destruire, esteins-en la semence ;
Et suis jusqu'à la fin ton courroux genereux,
Sans jamais escouter ni pieté ni clemence,
　　　Qui te parle pour eux.

Ils ont beau vers le ciel leurs murailles accroistre [2],
Beau d'un soin assidu travailler à leurs forts,
Et creuser leurs fossés jusqu'à faire paroistre
　　　Le jour entre les morts. [3]

Laisse-les esperer, laisse-les entreprendre.
Il suffit que ta cause est la cause de Dieu,
Et qu'avecque ton bras elle a pour la defendre
　　　Les soins de Richelieu [4] :

Richelieu, ce prelat de qui toute l'envie
Est de voir ta grandeur aux Indes se borner [5],
Et qui visiblement ne fait cas de sa vie
　　　Que pour te la donner [6].

Rien que ton interest n'occupe sa pensée,
Nuls divertissemens ne l'appellent ailleurs [7],
Et, de quelques bons yeux qu'on ait vanté Lyncée [8],
　　　Il en a de meilleurs.

1. *Le plus* serait exigé aujourd'hui.
2. Grandir, élever jusqu'au ciel.
3. Cf. Virgile, *Æn.*, VIII, 242 sqq. :

　　Non recus ac si qua penitus vi terra dehiscens
　　Infernas reseret sedes et regna recludat
　　Pallida, Dis invisa, superque immane barathum
　　Cernatur, trepidentque immisso lumine manes.

4. Parmi les odes et les sonnets écrits par les poètes à la gloire de Richelieu, il faut distinguer une Ode de Chapelain, qui commença sa réputation, et, dans cette ode, la strophe suivante :

　　　De quelque insupportable injure
　　　　Que ton renom soit attaqué,
　　　　Il ne sauroit être offusqué ;
　　　La lumière en est toujours pure ;
　　　　Dans un paisible mouvement
　　　　Tu t'élèves au firmament,
　　　Et laisses contre toi murmurer sur la terre ;
　　　Ainsi le haut Olympe à son pied sablonneux
　　　Laisse fumer la foudre et gronder le tonnerre,
　　　Et garde son sommet tranquille et lumineux.

On a gardé encore le souvenir de deux odes à Richelieu, l'une de Racan, l'autre de Adam Billaut, de Nevers, connu sous le nom de *Maître Adam*, qui resta menuisier en devenant poète (mort en 1662).

5. Non pas s'arrêter aux Indes, mais n'avoir de bornes que les Indes.
6. Te la consacrer.
7. Rien ne peut le distraire de la préoccupation de ton intérêt.
8. Les anciens attribuaient une vue perçante au *lynx* et à *Lyncée*, pilote

Son ame toute grande est une ame hardie,
Qui pratique si bien l'art de te secourir,
Que, pourveu qu'il soit creu, nous n'avons maladie
  Qu'il ne sache guerir. . . . .

Certes, ou je me trompe, ou desjà la Victoire,
Qui son plus grand honneur de tes palmes attend,
Est aux bords de Charente en son habit de gloire,
  Pour te rendre content.

Je la vois qui t'appelle, et qui semble te dire :
« Roy, le plus grand des roys, et qui m'es le plus cher,
Si tu veux que je t'aide à sauver ton empire,
  Il est temps de marcher. »

Que sa façon est brave [1], et sa mine asseurée !
Qu'elle a fait richement son armure estoffer [2] !
Et qu'il se connoist bien [3], à la voir si parée,
  Que tu vas triompher !

Telle, en ce grand assaut où des fils de la Terre
La rage ambitieuse à leur honte parut,
Elle sauva le ciel, et rua [4] le tonnerre
  Dont Briare mourut.

Desjà de tous costés s'avançoient les approches [5] ;
Ici couroit Mimas, là Typhon se battoit,
Et là suoit Euryte à destacher les roches
  Qu'Encelade jetoit [6].

Ces colosses d'orgueil furent tous mis en poudre,
Et tous couverts des monts qu'ils avoient arrachés [7] ;
Phlegre [8], qui les reçut, put [9] encore la foudre
  Dont ils furent touchés.

des Argonautes, qui tua Castor et fut tué par Pollux (voyez PINDARE, Nem. X). HORACE, Ep. I, 1, v. 28 :
  Non possis oculo quantum contendere Lynceus.

1 Que sa manière (façon) d'être, que son air est beau et brillant ! Brave 1° vaillant; 2° bien vêtu.
  2. Garnir richement. Étym. : étoffe (de *stupa*, qui a donné étoupe).
  3. *Agnoscitur*, on reconnaît.
  4. *Ruere*, actif, lancer. — Briare, ou Briarée, *centumgeminus* (VIRGILE, AEn. VI, 287).
  5. Travaux d'attaque, terme de génie militaire.
  6. Deux vers pleins et serrés, dont chaque mot parle aux yeux, et la rude harmonie, à l'oreille.
  7. Cf. QUINAULT, *Les Géants*, infra. La strophe de Quinault est incomparable.
  8. C'est dans une vallée de Macédoine, près de Phlégra ou Pallène, que la fable place le combat des Géants contre les Dieux.
  9. *Put* est la troisième personne de l'indicatif présent de l'ancien verbe *puir*, aujourd'hui *puer*.

L'exemple de leur race à jamais abolie
Devoit sous ta merci [1] tes rebelles [2] ployer ;
Mais seroit-ce raison qu'une mesme folie
    N'eust pas mesme loyer [3] ?

Desjà l'estonnement [4] leur fait la couleur blesme [5];
Et ce lasche [6] voisin, qu'ils sont allés querir,
Miserable qu'il est, se condamne lui-mesme,
    A fuir ou mourir......

Bien semble estre la mer une barre assez forte
Pour nous oster l'espoir qu'il puisse estre battu ;
Mais est-il rien de clos dont ne s'ouvre la porte
    Ton heur et ta vertu ?.,..

Par cet exploit fatal [7] en tous lieux va renaistre
La bonne opinion des courages françois [8] :
Et le monde croira, s'il doit avoir un maistre,
    Qu'il faut que tu le sois [9].

Oh ! que pour avoir part en si bonne aventure,
Je me souhaiterois la fortune d'Eson [10],
Qui, vieil comme je suis, revint contre nature
    En sa jeune saison !

De quel peril extreme est la guerre suivie,
Où je ne fisse voir que tout l'or du Levant
N'a rien que je compare aux honneurs d'une vie
    Perdue en te servant ?

Toutes les autres morts n'ont merite ni marque ;
Celle-ci porte seul un esclat radieux,

---

1. *Sous ta merci*, sous ta miséricorde. Étymol. : *mercedem*, de *merces*, récompense, grâce. Crier merci, prendre à merci, recevoir à merci (faire grâce).
2. *Tes rebelles*. Ceux qui sont révoltés contre toi.
3. *Loyer*, salaire (Etym. *locarium*, prix du gîte). Toute peine, dit-on, est digne de loyer. (LA FONTAINE, XII, 22.)
4. La consternation qui paralyse, comme l'homme près duquel le tonnerre est tombé.
5. *Blémir*, devenir blême (front blémi). Du scandinave *bla*, bleu, bleu pâle, pâle. Les Parques blêmes (LA FONTAINE, XI, 8).
6. Pourquoi *lâche*?
7. Marqué par le destin.
8. Latinisme : bonam, magnam facere sui, virtutis suæ opinionem.
9. Boileau (*Sat.* VI) fait rimer de même *quelquefois* avec *François* (Français). La prononciation, qui en assimilait la finale, la rapprochait de *mirouër, tirouër* (sic, dans le cardinal de Retz par exemple).
10. Père de Jason, rajeuni par les enchantements de Médée. — Malherbe avait près de 73 ans. « Il travaillait encore à son ode le 22 décembre 1627, lorsque depuis six semaines les Anglais avaient été chassés de l'île. » (Notes de l'édition des *Grands écrivains de la France*, Malherbe, t. Ier.)

Qui fait revivre l'homme, et le met de la barque
  A la table des dieux [1].

Mais quoy ! tous les pensers dont les ames bien nées
Excitent leur valeur et flattent leur devoir,
Que sont-ce que regrets, quand le nombre d'années
  Leur oste le pouvoir ?

Je suis vaincu du temps, je cede à ses outrages ;
Mon esprit seulement, exempt de sa rigueur,
A de quoi tesmoigner en ses derniers ouvrages
  Sa premiere vigueur !

Les puissantes faveurs dont Parnasse m'honore
Non loin de mon berceau commencerent leur cours :
Je les possedai jeune, et les possede encore
  A la fin de mes jours.

Ce que j'en ai receu, je veux te le produire ;
Tu verras mon adresse [2], et ton front cette fois
Sera ceint de rayons qu'on ne vit jamais luire
  Sur la teste des rois [3].

Soit que de tes lauriers ma lyre s'entretienne,
Soit que de tes bontés je la fasse parler,
Quel rival assez vain pretendra que la sienne
  Ait de quoy m'egaler ?

Le fameux Amphion, dont la voix nonpareille,
Bastissant une ville, estonna l'univers,
Quelque bruit qu'il ait eu, n'a point fait de merveille
  Que ne fassent mes vers.

Par eux de tes beaux faicts la terre sera pleine,
Et les peuples du Nil qui les auront ouïs
Donneront de l'encens comme ceux de la Seine
  Aux autels de Louis [4].

(*Poésies*, CIII, édition Lalanne, dans les *Grands
écrivains de la France*).

---

1. Le fait passer de la mort à l'immortalité, de la barque de Charon à l'Olympe :

   ... tu das epulis accumbere Divum.
   (Virg., Æn., I, 79.)

2. *Solertiam, artem.*
3. Hyperboles familières à l'orgueil des poètes. La suite renchérit. Mais on ne saurait blâmer, dans la strophe suivante, le témoignage poétique de sa reconnaissance envers le roi son bienfaiteur.
4. Nous renvoyons à l'édition Lalanne ; mais nous restituons l'orthographe

PARAPHRASE DU PSAUME CXXVIII
à l'occasion de la première guerre des Princes
1614

Les funestes complots des ames forcenées,
Qui pensoient triompher de mes jeunes années [1],
Ont d'un commun assaut mon repos offensé [2].

du temps. — Déjà, dix-huit ans auparavant, Malherbe disait (Ode à la Reine, 1610, *Poésies*, LIII) :

> Apollon à portes ouvertes
> Laisse indifferemment cueillir
> Les belles feuilles toujours vertes
> Qui gardent les noms de vieillir.
> Mais l'art d'en faire des couronnes
> N'est pas su de toutes personnes ;
> Et trois ou quatre seulement,
> Au nombre desquels on me range,
> Peuvent donner une louange
> Qui demeure éternellement.

Voyez avec quel air (Corneille le retrouvera) il frappe et raille l'envie (*Ibid.* LXIV).

> Si quelque avorton de l'envie
> Ose encore lever les yeux,
> Je veux bander contre sa vie
> L'ire de la terre et des cieux,
> Et dans les savantes oreilles
> Verser de si douces merveilles,
> Que ce miserable corbeau,
> Comme oiseau d'augure sinistre,
> Banni des rives de Caïstre,
> S'aille cacher dans le tombeau.

Et plus loin, s'adressant aux muses :

> Quand le sang bouillant en mes veines
> Me donnoit de jeunes desirs,
> Tantost vous soupiriez mes peines,
> Tantost vous chantiez mes plaisirs ;
> Mais aujourd'huy que mes années
> Vers leur fin s'en vont terminées,
> Siéroit-il bien à mes escrits
> D'ennuyer les races futures
> Des ridicules aventures
> D'un amoureux en cheveux gris ?

Cf. les *Stances à la marquise* de Corneille.
Enfin, il avait dit en 1624 :

Sonnet au Roy.

> Qu'avec une valeur à nulle autre seconde,
> Et qui seule est fatale à nostre guerison,
> Vostre courage, meur en sa verte saison,
> Nous ait acquis la paix sur la terre et sur l'onde ;

> Que l'hydre de la France, en revoltes feconde,
> Par vous soit du tout morte ou n'ait plus de poison :
> Certes, c'est un bonheur dont la juste raison
> Promet à votre front la couronne du monde.

> Mais qu'en de si beaux faicts vous m'ayez pour tesmoin,
> Connoissez-le, mon roy, c'est le comble du soin
> Que de vous obliger ont eu les destinées.

> Tous vous savent louer, mais non egalement :
> Les ouvrages communs vivent quelques années ;
> Ce que Malherbe escrit dure eternellement.

1. C'est le roi Louis XIII, alors âgé de treize ans, qui parle.
2. Attaqué : *offendere*, heurter.

Leur rage a mis au jour [1] ce qu'elle avoit de pire,
    Certes, je le puis dire :
Mais je puis dire aussi qu'ils n'ont rien avancé [2].

J'estois dans leurs filets, c'estoit fait de ma vie ;
Leur funeste rigueur, qui l'avoit poursuivie,
Mesprisoit le conseil de revenir à soy ;
Et le coutre [3] aiguisé s'imprime sur la terre
    Moins avant, que leur guerre
N'esperoit imprimer ses outrages sur moy.

Dieu, qui de ceux qu'il aime est la garde [4] eternelle,
Me tesmoignant contre eux sa bonté paternelle,
A selon mes souhaits terminé mes douleurs.
Il a rompu leur piége ; et de quelque artifice
    Qu'ait usé leur malice,
Ses mains, qui peuvent tout, m'ont degagé des leurs.

La gloire des meschans est pareille à cette herbe
Qui, sans porter jamais ni javelle [5] ni gerbe,
Croist sur le toit pourri d'une vieille maison.
On la voit seiche et morte aussitost qu'elle est née ;
    Et vivre une journée
Est reputé pour elle une longue saison.

Bien est-il mal aisé que l'injuste licence
Qu'ils prennent chaque jour d'affliger l'innocence
En quelqu'un de leurs vœux ne puisse prosperer :
Mais tout incontinent [6] leur bonheur se retire,
    Et leur honte fait rire
Ceux que leur insolence avoit fait souspirer [7].

                    (*Poésies*, LXIII).

1. Encore un souvenir du latin, *edidit*.
2. Quel simple et ferme accent ! Je le retrouve à la fin de la strophe suivante.
3. *Culter*, le couteau fixé au soc de la charrue.
4. *Custodia* s'emploie dans le même sens.
5. *Javelle*, poignée de blé coupée et couchée à terre. De *capulus, capellus*, poignée ; comme jambe vient de καμπή, geôle de *cavea* (en italien *gabbiula*).
6. Etymol.: *In continenti* [*tempore*], dans un temps ininterrompu, aussitôt.
7. On remarquera l'agencement industrieux de ce rythme. La période ne semble s'affaisser et se briser sur l'avant-dernier vers, à rime féminine, que pour se relever avec plus de vigueur et d'ampleur sur le dernier, qu'accentue fermement la rime masculine. Cf. l'ode de Thomas *au Temps*. — Malherbe ne déroule pas avec moins d'art la plus belle strophe lyrique française (dix vers de huit syllabes) :

    Que direz-vous, races futures,
    Si quelquefois un vrai discours

LES SAINTS INNOCENTS [1].

« Que je porte d'envie à la troupe innocente
De ceux qui, massacrés d'une main violente,
Virent dès le matin leur beau jour accourci !
Le fer qui les tua leur donna cette grace,
Que, si de faire bien ils n'eurent pas l'espace,
Ils n'eurent pas le temps de faire mal aussi.

« De ces jeunes guerriers la flotte vagabonde
Alloit courre [2] fortune aux orages du monde,
Et desjà pour voguer abandonnoit le bord,
Quand l'aguet [3] d'un pirate arresta leur voyage ;

>   Vous recite les aventures
>   De nos abominables jours?
>   Lirez-vous, sans rougir de honte,
>   Que nostre impieté surmonte
>   Les faicts les plus audacieux,
>   Et les plus dignes du tonnerre,
>   Qui firent jamais à la terre
>   Sentir la colere des cieux !...
>   (Ode sur l'attentat commis en la personne de
>   Henri IV, 19 déc. 1605. — *Poésies*, XIX.)

On sait que c'est cette ode qui éveilla le génie poétique de La Fontaine. Voici encore un rythme large, sonore et ferme :

>   C'est assez que cinq ans ton audace effrontée,
>   Sur des ailes de cire aux estoiles montée,
>   Princes et rois ait osé défier :
>   La fortune t'appelle au rang de ses victimes ;
>   Et le ciel, accusé de supporter tes crimes,
>   Est resolu de se justifier.
>   (Contre le maréchal d'Ancre, 1617, —
>   *Poésies*, LXXVI.)

On reconnaît le mot de Claudien :

>   Abstulit hunc tandem Rufini pœna tumultum
>   Absolvitque Deos.

C'est ce poète d'une si fière énergie qui devait dire avec tant de grâce :

>   L'Orne comme autrefois nous reverroit encore,
>   Ravis de ces pensers que le vulgaire ignore,
>   Egarer à l'escart nos pas et nos discours ;
>   Et, couchés sur les fleurs comme estoiles semées,
>   Rendre en si doux esbats leurs heurs consumées
>   Que les soleils nous seroient courts (1605).

Et :

>   Tout le plaisir des jours est en leurs matinées ;
>   La nuict est desjà proche à qui passe midi. (1615).

Et :

>   L'air est plein d'une haleine de roses... (1614).

1. *Les larmes de Saint-Pierre* (66 stances), imitées de *Le lagrime di San Pietro*, que publia en 1560 Luigi Tansillo de Nola, mort en 1568, et qui ne parurent en entier qu'en 1585, furent le premier essai de Malherbe (1587). — Notre citation commence à la stance 32e. C'est Saint-Pierre qui parle. — L'Eglise célèbre le 28 décembre la fête des Innocents, en mémoire des enfants qu'Hérode fit périr l'année de la naissance de Jésus, espérant l'envelopper dans le massacre.

2. Pour *courir* ; resté dans *courre le lièvre*, *chasse à courre*. Bossuet dit encore : *courre* dans la carrière. Vaugelas préfère *courre* à *courir* la poste.

3. Ne s'emploie plus qu'au pluriel.

Mais leur sort fut si bon, que d'un mesme naufrage
Ils se virent sous l'onde, et se virent au port.

« Ce furent de beaux lis, qui, mieux que la nature,
Meslant à leur blancheur l'incarnate [1] peinture
Que tira de leur sein le couteau criminel,
Devant que d'un hiver la tempeste et l'orage
A leur teint delicat pussent faire dommage,
S'en allerent fleurir au printemps eternel...

« Le peu qu'ils ont vecu leur fut grand avantage,
Et le trop que je vis ne me fait que dommage :
Cruelle occasion du souci qui me nuit [2],
Quand j'avois de ma foy l'innocence premiere,
Si la nuit de la mort m'eust privé de lumiere,
Je n'aurois pas la peur d'une immortelle nuit.

« Qui voudra se vanter avec eux se compare,
D'avoir reçu la mort par un glaive barbare,
Et d'estre allé soy-mesme au martyre s'offrir [3] ;
L'honneur leur appartient d'avoir ouvert la porte
A quiconque osera d'une ame belle et forte
Pour vivre dans le ciel en la terre mourir.

« Le soir fut avancé de leurs belles journées ;
Mais qu'eussent-ils gagné par un siecle d'années ?
Ou que leur avint-il en ce vite [4] depart,
Que laisser promptement une basse demeure,
Qui n'a rien que du mal pour avoir de bonne heure
Aux plaisirs eternels une eternelle part ? »

(*Les larmes de Saint-Pierre*, — *Poésies*, III.)

---

1. De l'italien *incarnato*, de couleur rouge de chair (en latin *incarnare*; racine *caro*, chair).

2. *Occasion*, ce qui donne lieu à, sujet, cause. — *Nuit*, fait mal, tourmente.

3. L'inversion que contient cette phrase serait aujourd'hui inadmissible. On dirait : Qu'avec eux se compare quiconque voudra se vanter d'avoir...

4. Cf. Bossuet, *Or. fun. de la princesse Palatine* : Ni les chevaux ne sont vites... La Fontaine, V, 17 (*Le Lièvre et la Perdrix*) :

Tu te vantois d'être si vite.

RACAN

1589-1670

Ce que la postérité a retenu de Honorat de Bueil, marquis de Racan, né à la Roche-Racan, en Touraine, et ce qui suffit à sa gloire, tiendrait en trois lignes : Il fut le disciple préféré et l'ami passionné de Malherbe ; il fit les *Bergeries* et les *Stances à Tircis;* il fut prisé très haut par La Fontaine et Boileau. Ajoutons cependant que son cousin et tuteur le duc de Bellegarde le fit entrer à seize ans dans les pages du roi; qu'il fut brave capitaine, et, dit Tallemant des Réaux, « grand rêveur », et que, homme d'épée et, à l'hôtel de Rambouillet, homme de salon, il chanta les bergers, la campagne et la retraite avec un charme pénétrant. Voilà de piquants et touchants contrastes.

Son œuvre poétique est courte et de prix. A vingt-neuf ans, en 1618, il écrit la seule pastorale dramatique qui soit restée de la profusion de pièces de ce genre qui inonda le siècle, *Arténice ou les Bergeries*. en cinq actes. Joignez-y un petit recueil d'*Odes, Stances, Sonnets, Épigrammes, Chansons, Épitaphes*, et les cent cinquante *Psaumes*, suivis de quelques *Cantiques*, qu'il écrivit quand il reprit la plume, vingt ans après la mort de Malherbe, qui l'avait fait tomber de ses mains.

La Fontaine et Boileau ont toujours associé son nom à celui de Malherbe. Le premier a dit :

> Ces deux rivaux d'Horace, héritiers de sa lyre,
> Disciples d'Apollon, nos maîtres, pour mieux dire.

Boileau n'a jamais varié sur son compte. En s'excusant de chanter lui-même les louanges du roi, il disait en 1667 :

> Sur un ton si hardi, sans être téméraire,
> Racan pourroit chanter au défaut d'un Homère;
>
> (*Sat.* IX.)

hommage platonique d'ailleurs, car le vieux poète avait alors soixante-dix-huit ans. Vingt-cinq ans après sa mort, il lui reconnaissait encore « plus de génie » qu'à Malherbe (*Lettre à Maucroix*, 25 avril 1695) ; jugement qui a un peu étonné et dont il faut peut-être rabattre, mais ne l'entendons que du style ; lisons deux pages des *Bergeries*, et nous comprendrons que Boileau ait été, comme nous le serons, sous le charme de ces vers pleins, francs, coulants, harmonieux, où l'imagination et le cœur mettent tour à tour ou à la fois de la couleur, de la grâce, de la bonne humeur, et, à l'occasion, de la mélancolie, en dépit et des étranges incohérences du fond permanent et du mauvais goût passager.

PLAINTES D'ARTÉNICE[1]

O Dieux! qui disposez de la terre et de l'onde
Arbitres absolus des fortunes du monde,

---

1. Étant donnés : une jeune bergère, l'héroïne, Arténice, consacrée dès son enfance à « la bonne déesse », qu'on veut séparer d'Alidor, et qui par désespoir se jette dans un « couvent » de « filles dévotes consacrées à

Vous dont les affligez implorent le secours,
Finissez mes ennuis ou finissez mes jours.
Faut-il tant de longueur en chose si legere?
Il n'y va que du sort d'une pauvre bergere.
Et vous, qui nous couvrez d'une feinte bonté
Les projets inhumains de vostre cruauté,
Que ne me chassez-vous de vostre souvenance?
Helas! je vieilliray sans aucune esperance,
Comme fait une fleur en un champ deserté,
Qui reste à la mercy des rigueurs de l'esté,
Dont la vive fraîcheur, par le chaud assaillie,
Se voit seiche et passée avant qu'estre cueillie.
Pourquoy m'ordonnez-vous, injustice des cieux,
De borner mes desirs au sang de mes ayeux?
Voulez-vous limiter en choses si petites
La puissance d'un Dieu qui n'a point de limites?
Est-ce avecque raison que vous m'avez enjoinct
De donner mon amour à qui ne la veut point?

(*Les Bergeries*, I, 2.)

LE COUVENT

ARTENICE.

Que cette vie est douce! ah! que je suis contente
De me voir en ce lieu conforme à mon attente!
Que j'y trouve d'appas qui charment ma douleur!
Que le sort m'a rendue heureuse en mon malheur!
Maintenant que je gouste une paix si profonde,
Que j'ay pitié, ma sœur, de ceux qui sont au monde,
Et qui sur cette arene esmeuë à tous propos
Fondent sans jugement l'espoir de leur repos[1]!.....

Diane »; un jeune berger, le héros, Alidor, qu'on veut séparer d'Arténice, et qui par désespoir se jette dans la Seine; des bergers et des bergères dont chacun et chacune aime qui ne l'aime pas; des parents qui traversent, à plaisir, ces bergères dans leurs affections; un druide, Chindonax, qui veut en immoler une sur l'autel; un satyre, personnage traditionnel des pastorales dramatiques, qui sème ses libres propos à travers toutes ces complications; voilà pour les personnages : — un miroir magique et menteur, fabriqué par un sorcier faussaire, miroir qui brouille toutes ces amours et « d'où provient tout le mal »; un bracelet qui raccommode tout, remet toute chose en place et tout le monde en joie; voilà pour les instruments et le mobilier dramatique; — faire de ces éléments incohérents, grotesques ou usés, avec force monologues, chansons ou chœurs, une pièce intéressante, souvent touchante; tel est le problème, en apparence insoluble, qu'a résolu Racan. Son secret pour captiver le spectateur, l'auditeur et le lecteur, c'est le charme du style.

1. Comparez l'expression du calme bonheur qu'elle trouve dans la retraite du couvent avec la douloureuse agitation que traduisent les vers du morceau précédent. Une tranquille sérénité respire dans l'harmonie même de ceux-ci.

PHILOTHÉE.

Quand on vient en ce lieu, devant que s'engager
Au vœu que nous faisons, il faut bien y songer;
Nostre reigle est estroicte et malaisée à suivre :
Dans un desert austere il faut mourir et vivre,
Prendre congé du monde et de tous ses plaisirs,
N'avoir plus rien à soy, pas mesme ses desirs [1].

(Ibid. III, 1.)

UN DRUIDE

Prenez garde, mon fils, d'accuser l'innocence.
Les Dieux, justes et bons, veillent pour sa deffence,
Qui, des faits incogneus arbitres et tesmoins,
Descouvrent tost ou tard ce que l'on sait le moins.
Ils parlent par ma voix des actions passées,
Et, par mes propres yeux lisans dans les pensées,
M'y font voir clairement les faits les plus douteux;
Bref, estant devant moy, vous estes devant eux [2].

(Ibid., IV, 5.)

UN PÈRE

Les conseils du vieux Silène à sa fille Arténice sont un mélange de bon sens et de bonté. « Ces jeunes bergers, » dit

SILÈNE,

Ce sont esprits volages
Qui souvent sont tout gris avant que d'estre sages.
Oubliez, oubliez l'amour de ce berger,
Et prenez en son lieu quelque bon mesnager
De qui la façon masle, à vos yeux moins gentille,
Tesmoigne un esprit meur à regir sa famille,
Et dont la main robuste au mestier de Cerés
Fasse ployer le soc en fendant les guerets.....
Et certes le seul bien à quoy je veux pretendre
Est qu'avant mon trespas vous me donniez un gendre
Dont le bon naturel, me venant à propos,
Me donne le moyen de mourir en repos.
Je n'auray plus regret de luy quitter la place

---

[1]. Racan a plus d'un de ces vers graves et fermes. Ainsi, Alcidor dit (V, 2) :

... Pour mon ame
La mort est sans repos et l'enfer sans oubly.

[2]. On sent la dignité simple, calme et douce de ce langage.

Quand je verray mon sang revivre en vostre race.
Je croy que Lucidas seroit bien vostre fait :
La fortune luy rit, tout luy vient à souhait ;
De vingt paires de bœufs il sillonne la plaine ;
Tous les ans ses acquests augmentent son domaine;
Dans les champs d'alentour on ne voit aujourd'huy
Que chèvres et brebis qui sortent de chez luy;
Sa maison se fait voir par dessus le vilage,
Comme fait un grand chesne au dessus d'un bocage,
Et sçay que de tout temps son inclination
Vous a donné ses vœux et son affection.

(*Ibid.*, I, 4.)

Quand sa fille veut le quitter pour le couvent, sa douleur est grave et attendrie :

SILÈNE.

Il falloit que mon frere eust part à ma douleur :
Il n'avoit comme moy que ceste seule fille,
Il perd en la perdant l'espoir de sa famille ;
Et moy, si je vous perds, je perds en mesme temps
Le seul bien qui rendoit tous mes desirs contens.
Vostre bon naturel maintenant vous convie
D'avoir pitié de ceux dont vous tenez la vie ;
Ce froid et pasle corps, victime du tombeau,
Verra bien tost ses jours esteindre leur flambeau.
Attendez le succes des tristes destinées
Qui destordent desja le fil de mes années.
Helas! ma fille, helas? qui me clorra les yeux
Mais que [1] mon pasle corps soit monté dans les cieux?

ARTÉNICE.

Je sçay ce que je dois à l'amour paternelle;
Mais il faut obeyr à celuy qui m'appelle [2],
Et qui, mon premier pere, a voulu prendre soing
De me tendre les bras et m'aider au besoing.

SILÈNE.

Les Dieux que vous servez en ce desert austere
N'ostent point les enfans d'entre les bras d'un pere.

(*Ibid.*, II, 2.)

1. *Magis* (porrŏ) quŭm, lorsque. Locution usitée encore dans le patois normand.
2. Elle entend par là Dieu.

Il cède enfin, il lui laisse épouser son jeune berger, et il le leur dit avec une larme et un sourire :

SILÈNE.

Je ne me vis jamais si touché de pitié ;
Il me faut malgré moy souffrir leur amitié.
Sus donc, mes chers enfans, qu'aux nopces l'on s'appreste.
Je veux dès à [1] ce soir en commencer la feste.
Pardonnez-moy tous deux si trop injustement
J'ay tousjours traversé vostre contentement.
Allons donc au logis. Venez aussi, Cleante,
Voir accomplir l'hymen d'une amour violente ;
Venez disner chez moy. Vous n'y trouverez pas
Ces mets servis par ordre aux superbes repas
Qui de tant d'artifice ont leur grace pourveuë
Qu'ils semblent n'estre faits que pour paistre la veuë ;
Mais ce qui se pourra selon ma pauvreté
D'un cœur libre et sans fard vous sera presenté.

(*Ibid.*, III, 4.)

C'est lui qui donne la note finale, avec la même rondeur de bonne humeur touchante, relevée de je ne sais quelle dignité de vieillard et d'aïeul.

SILÈNE.

Sus donc, preparez-vous à gouster les delices
Dont l'amour satisfait vos fidelles services ;
Et nous autres vieillards, amoureux du repos,
Allons vuider en rond les verres et les pots.
Le Ciel de toutes parts nous met en asseurance.
Il faut, mon frere, encor, après cette alliance,
Pour joindre de nos cœurs l'estroicte liaison,
Faire de nos maisons une seule maison.
Nous y verrons un jour nos gendres et nos filles
Dans un mesme foyer eslever nos familles ;
Et vous, sage vieillard [2], y viendrez avec nous
Prendre part au repos que nous tenons de vous.

(*Ibid.*, V, 5.)

MONOLOGUE DU VIEIL ALCIDOR

Ne sçaurois-je trouver un favorable port
Où me mettre à l'abry des tempestes du sort ?
Faut-il que ma vieillesse, en tristesse feconde,

---

1. A partir de, *a*, *ab*.
2. Le vieil Alcidor.

Sans espoir de repos erre par tout le monde?
Heureux qui vit en paix du laict de ses brebis,
Et qui de leur toison voit filer ses habits;
Qui plaint de ses vieux ans les peines langoureuses,
Où sa jeunesse a plaint les flammes amoureuses;
Qui demeure chez luy comme en son element,
Sans cognoistre Paris que de nom seulement[1],
Et qui, bornant le monde aux bords de son domaine,
Ne croit point d'autre mer que la Marne ou la Seine!
En cet heureux estat, les plus beaux de mes jours
Dessus les rives d'Oyse ont commencé leurs cours.
Soit que je prisse en main le soc ou la faucille,
Le labeur de mes bras nourrissoit ma famille;
Et lorsque le soleil en achevant son tour
Finissoit mon travail en finissant le jour,
Je trouvois mon foyer couronné de ma race;
A peine bien souvent y pouvois-je avoir place :
L'un gisoit au maillot, l'autre dans le berceau;
Ma femme, en les baisant, devidoit son fuseau.
Le temps s'y mesnageoit comme chose sacrée;
Jamais l'oisiveté n'avoit chez moy d'entrée.
Aussi les Dieux alors benissoient ma maison;
Toutes sortes de biens me venoient à foison.
Mais, helas! ce bonheur fut de peu de durée :
Aussi-tost que ma femme eut sa vie expirée,
Tous mes petits enfans la suivirent de prés,
Et moy je restay seul, accablé de regrets,
De mesme qu'un vieux tronc relique de l'orage,
Qui se voit despouillé de branches et d'ombrage.
Ma houlette en mes mains, inutile fardeau,
Ne regit maintenant ni chèvre, ni troupeau.....
Voyant tant d'accidens m'arriver d'heure en heure,
Je cherche à me loger en une autre demeure,
Pour voir si ce malheur, à ma fortune joinct,
En quittant mon pays ne me quittera point,
Et si les champs où Marne à la Seine se croise
Me seront plus heureux que le rivage d'Oyse[2].

(*Ibid.*, V, 1.)

---

1. Cf. *Le vieillard de Vérone*, de Claudien.

2. Ce touchant monologue, cité partout, a toujours passé pour le morceau capital de l'ouvrage. Que de traits sobres et nets y peignent la nature! Quelles esquisses charmantes de tableaux rustiques et domestiques! En

A M. LE COMTE DE BUSSY DE BOURGOGNE

ODE

Bussy, nostre printemps s'en va presque expiré,
Il est temps de joüir du repos asseuré
    Où l'âge nous convie :
Fuyons donc ces grandeurs qu'insensez nous suivons [1],
Et, sans penser plus loin, joüissons de la vie
    Tandis que nous l'avons.

Donnons quelque relasche à nos travaux passez ;
Ta valeur et mes vers ont eu du nom assez
    Dans le siecle où nous sommes ;
Il faut aimer nostre aise, et, pour vivre contens,
Acquerir par raison ce qu'enfin tous les hommes
    Acquierent par le temps [2].

Que te sert de chercher les tempestes de Mars,
Pour mourir tout en vie au milieu des hazards
    Où la gloire te mene ?
Ceste mort qui promet un si digne loyer [3]
N'est toûjours que la mort qu'avecque moins de peine
    L'on trouve en son foyer.

Voici quelques autres, épars dans le poème :

    Je ne vois rien parestre
Que l'ombre de la nuict dont la noire pasleur
Peint les champs et les prez d'une mesme couleur
Les troupeaux que la faim a chassez des bocages
A pas lents et craintifs entrent dans les gagnages

(I, 2.)

Et j'entendis de loing sa musette et sa voix
Qui troubloit doucement le silence des bois.

(I, 3.)

Que le soleil est haut ! Desja de ces collines
L'ombre ne s'estend plus dans les plaines voisines,
Desja les laboureurs, lassez de leurs travaux,
Tous suans et poudreux, emmeinent leurs chevaux ;
Desja tous les bergers se reposent à l'ombre,
Et, pour se festoyer de mets en petit nombre
Que la peine et la faim leur font trouver si doux,
Font servir au besoin de table à leurs genoux.
Les oyseaux, assoupis, la teste dans la plume....

(II, 5.)

Nous passions tous les jours à l'ombre d'un buisson.
Il m'appelloit sa sœur, je l'appellois mon frere ;
Nous mangions mesme pain au logis de mon pere.
Cependant qu'il y fut nous vescumes ainsi ;
Tout ce que je voulois, il le vouloit aussi ;
Il m'ouvroit ses pensers jusqu'au fond de son ame...

(II, 2.)

1. Nous poursuivons, recherchons. *Sequi* s'employe en ce sens.
2. Avec le temps ; en laissant venir, sans l'avancer, l'âge du repos.
3. Salaire (prix du gîte, *Locarium*).

Que sert à ces galans ce pompeux appareil
Dont ils vont dans la lice esbloüir le soleil
    Des tresors du Pactole?
La gloire qui les suit après tant de travaux,
Se passe en moindre temps que la poudre qui vole
    Du pied de leurs chevaux.

A quoy sert d'eslever les murs audacieux
Qui de nos vanitez font voir jusques aux cieux
    Les folles entreprises?
Maints chasteaux, accablez dessous leur propre fais,
Enterrent avec eux les noms et les devises
    De ceux qui les ont faits[1].....

---

[1]. Cf. L'expression des mêmes idées dans les *Stances à Tircis* (*Morceaux choisis* pour les classes de Grammaire). — Racan, en ses odes, psaumes et stances, a su conduire harmonieusement toute période poétique et développer avec ampleur une idée morale dans tout genre de strophes. Voici une stance dont Malherbe, dit-on, était jaloux :

> Il voit ce que l'Olimpe a de plus merveilleux,
> Il y voit à ses pieds ces flambeaux orgueilleux
> Qui tournent à leur gré la Fortune et sa roüe,
> Et voit comme fourmis marcher nos légions
> Dans ce petit amas de poussière et de boue
> Dont nostre vanité fait tant de regions.
> (*Consolation à M. de Bellegarde sur la mort de M. de Termes son frère.*)

Cf. SÉNÈQUE, *Q. Nat.*, præfatio : Quum te in illa vere magna sustuleris, quoties videbis exercitus subrectis ire vexillis, et, quasi magnum aliquid agatur, equitem modo ulteriora explorantem, modo a lateribus affusum, libebit dicere :

> It nigrum campis agmen...
> (Voyez VIRGILE, *Æ.*, VI, 405; il s'agit des fourmis)

Formicarum iste discursus est et in angusto laborantium... Punctum est istud in quo navigatis, in quo bellatis, in quo regna disponitis. — Sénèque devait être familier à Racan comme il l'était à Malherbe.

La stance suivante a devancé *le Chêne et le Roseau*, dont un passage la rappelle. On sait que La Fontaine proclamait Racan son « maitre » avec Malherbe.

> Tel qu'un chesne puissant, dont l'orgueilleuse teste,
> Malgré tous les efforts que lui fait la tempeste
> Fait admirer nature en son accroissement;
> Et son tronc venerable aux campagnes voisines
> Attache dans l'enfer ses secondes racines,
> Et de ses larges bras touche le firmament.
> (*Ode pour M. de Bellegarde.*

Cf. VIRGILE, *G.*, II, 296.
Période plus large encore :

> L'effort de peu de jours mettra dans le cercueil
> Ces contempteurs du Ciel, ces tirans de la terre;
> Le courroux du Seigneur, touché de leur orgueil,
> A déjà sur leur teste appresté son tonnerre:
> Leurs vains titres d'honneur seront anéantis,
> Leurs palais, leurs chasteaux, si richement bastis,
> A peine laisseront leurs traces dans les herbes,
> Tandis que vous verrez couvrir en la saison
> Vos costeaux de raisin, vos campagnes de gerbes,
> Et la paix en tout temps benir vostre maison.
> (*Psaume* XXXV.)

VOITURE
1598-1648

Vincent Voiture, né à Amiens d'un fermier des vins, fut le plus goûté des roturiers auxquels s'ouvrit l'aristocratique hôtel de Rambouillet. Il y tint son rang par le talent et s'y fit applaudir et respecter. Boileau, qui, en un vers, a mis Racan dans le voisinage d'Homère, a mis Voiture à côté d'Horace (*Sat.* IX, 1669), et, une autre fois, à côté de Malherbe (*Epit.* IX, 1675). La même année, il le déclare « inimitable » (*Lettre à M. de Vivonne*). Vieilli, et à distance, il est plus froid : Voiture, encore « charmant », a d'insipides jeux de mots et des « finesses aiguës » (*Sat.* XII, de l'Equivoque). Voiture n'est en réalité, comme on l'a dit, que le père de l'ingénieuse badinerie. Mais, « dans sa manie de broder des riens, il avait quelquefois beaucoup de délicatesse et d'agrément » (Voltaire, *Dictionn. philosoph.*, Goût). Il avait avant tout de l'esprit : « Il était beaucoup plus homme d'esprit que poète « (La Harpe). Cela ne suffit pas à la postérité. Elle est moins indulgente pour lui que Boileau, qui ne s'est dédit qu'à moitié de ses premières admirations; que l'hôtel de Rambouillet, qu'il amusait et qui lui passait la hardiesse de ses reparties ; que Anne d'Autriche, qui un jour lui pardonna la familiarité un peu vive de quelques jolis vers. Elle a peu à glaner dans son petit recueil de *Stances*, *Chansons*, *Epîtres* et *Sonnets*. Les *Rondeaux*, où il ne pouvait être prolixe, sont peut-être le meilleur de ses fantaisies poétiques : ce sont des bagatelles lestes et piquantes.

ÉPISTRE A MONSEIGNEUR LE PRINCE[1] SUR SON RETOUR D'ALLEMAGNE, l'an 1645

Soyez, Seigneur, bien revenu
De tous vos combats d'Allemagne :
Et du mal qui vous a tenu
Sur la fin de cette campagne....
Mais dites-nous, je vous supplie,
La Mort, qui dans le champ de Mars,

Strophe lyrique :

> Leurs (des années) courses entre-suivies
> Vont comme un flus et reflus;
> Mais le printemps de nos vies
> Passe et ne retourne plus.
> Tout le soin des destinées
> Est de guider nos journées
> Pas à pas vers le tombeau.
> Le Temps de sa faux moissonne,
> Et sans respecter personne,
> Ce que l'homme a de plus beau.
>
> (Ode. *La Venue du Printemps*, à M. de Termes.)

1. Le duc d'Enghien, devenu prince de Condé en 1646, par la mort de son père. Il tomba malade après la victoire de Nordlingen sur les Impériaux (août 1645). — La pièce que nous citons en partie est celle que La Harpe et Voltaire s'accordent à signaler particulièrement. « Voiture écrit au grand Condé sur sa maladie : Commencez doncques à songer, etc. Ces vers passent encore aujourd'hui pour être pleins de goût, et pour être les meilleurs de Voiture. » (Voltaire, *Dictionn. philosophique*, Goût.)

Parmy les cris et les allarmes,
Les feux, les glaives et les dards,
Le bruit, et la fureur des armes,
Vous parut avoir quelques charmes,
Et vous sembla belle autrefois,
A cheval et sous le harnois,
N'a-t-elle pas une autre mine
Lors qu'à pas lents elle chemine
Vers un malade qui languit?
Et semble-t-elle pas bien laide [1],
Quand elle vient, tremblante et froide [2],
Prendre un homme dedans son lit?

Lors que l'on se voit assaillir
Par un secret venin qui tuë,
Et que l'on se sent defaillir
Les forces, l'esprit et la veuë,
Quand on voit que les medecins
Se trompent dans tous leurs desseins,
Et qu'avec un visage blesme
On oit quelqu'un qui dit tout bas,
Mourra-t-il? ne mourra-t-il pas?
Ira-t-il jusqu'au quatorzieme [3]?
Monseigneur, en ce triste estat,
Confessez que le cœur vous bat,
Comme il fait à tant que nous sommes [4];
Et que vous autres Demy-Dieux,
Quand la mort ferme ainsi vos yeux,
Avez peur comme d'autres hommes.

Tout cet appareil des mourans,
Un confesseur qui vous exhorte,

---

1. Etymol. : des adjectifs des langues germanique et anglo-saxonne, qu signifient haïssable.
2. « A la cour on prononce beaucoup de mots écrits avec la diphtongue *oi* comme s'ils estoient escrits avec la diphtongue *ai*, parce que cette dernière est incomparablement plus douce et plus délicate. A mon gré, c'est une des beautés de nostre langue à l'ouïr parler que la prononciation d'*ai* pour *oi*; je *faisais*, prononcé comme il vient d'estre escrit, combien a-t-il plus de grâce que, je *faisois*, en prononçant à pleine bouche la diphtongue *oi* comme l'on fait d'ordinaire au Palais!... » (VAUGELAS, *Rem. sur la langue françoise*, t. Ier, p. 183, éd. de M. Chassang, 2 vol. 1880.) Et parmi les mots qu'il recommande de prononcer *ai* il donne *froid*. Etymol. *frigidus*.
3. S.-entendu *jour*.
4. Aujourd'hui à *tous tant que*...

Un amy qui se deconforte [1],
Des valets tristes et pleurans,
Nous font voir la mort plus horrible ;
Et croy qu'elle estoit moins terrible
Et marchoit avec moins d'effroy [2],
Quand vous la vistes aux montagnes
De Fribourg, et dans les campagnes
Ou de Nordlingue, ou de Rocroy....

Voyant qu'un trespas ennuyeux
Vous alloit mener en ces lieux
Que nous appellons l'onde noire,
Vous consoliez-vous sur la gloire
De vivre long-temps dans l'Histoire ?....
Mais nous eussions eu beau chanter,
Avant que vous faire revivre,
Les Neuf filles de Jupiter
Qui sçavent tant d'autres merveilles,
Avecque leurs voix nompareilles,
N'ont pas l'art de ressusciter.
La Mort ne les peut escouter,
Car la cruelle est sans oreilles [3].

Commencez doncques à songer
Qu'il importe d'estre et de vivre.
Pensez mieux à vous mesnager.
Quel charme a pour vous le danger,
Que vous aimiez tant à le suivre ?
Si vous aviez dans les combats
D'Amadis l'armure enchantée [4],
Comme vous en avez le bras
Et la vaillance tant vantée ;
De vostre ardeur precipitée,
Seigneur, je ne me plaindrois pas.
Mais en nos siecles où les charmes [5]

1. A vieilli. *Réconforter* est resté.
2. Nouvel exemple des hésitations de la prononciation entre *ai* et *oi*. *Effrayer* (Froissard), d'où *effrayant*. *Effroyer* (Amyot), d'où *effroyable* et *effroi*.
3.   La cruelle qu'elle est se bouche les oreilles
                Et nous laisse crier.
                            (MALHERBE, *Stances à Dupérier*).
4. Héros d'un long roman de chevalerie, en prose, du XVe siècle, qui fut longtemps populaire.
5. *Charme* (*carmen*) est proprement une formule magique, en vers ou en prose, à laquelle on attribue le pouvoir de changer l'ordre de la nature ; d'où le sens d'effet magique, et les sens dérivés métaphoriquement.

Ne font pas de pareilles armes;
Qu'on [1] voit que le plus noble sang,
Fust-il d'Hector ou d'Alexandre,
Est aussi facile à respandre
Que l'est celuy du plus bas rang,
Que d'une force sans seconde
La mort sçait ses traits eslancer [2],
Et qu'un peu de plomb peut casser
La plus belle teste du monde [3];
Qui l'a bonne y doit regarder.
Mais une telle que la vostre
Ne se doit jamais hazarder.
Pour vostre bien et pour le nostre,
Seigneur, il vous la faut garder.

C'est injustement que la vie
Fait le plus petit de vos soins :
Dès qu'elle vous sera ravie,
Vous en vaudrez de moitié moins.
Soit roy, soit prince, ou conquerant,
On dechet [4] bien fort en mourant;
Ce respect, cette deference,
Cette foule qui suit vos pas,
Toute cette vaine apparence,
Au tombeau ne vous suivront pas.
Quoy que vostre esprit se propose,
Quand vostre course sera close,
On vous abandonnera fort :
Et, Seigneur, c'est fort peu de chose
Qu'un demy-Dieu, quand il est mort....

Ces deux syllabes precieuses
Qui font ensemble vostre nom
Seront de tout vostre renom
Les heritieres glorieuses.
Ces trois faits d'armes triomphans,

---

1. On voit fréquemment dans Corneille, Molière, etc., le temps, le jour, l'heure, etc., *que*... pour *où*. Du relatif latin, ou de la conjonction *quum*.
2. « La crainte, le desir, l'espérance, nous eslancent vers l'advenir. » (Montaigne.) Inusité aujourd'hui dans cet emploi l'actif.
3.   Et qu'un plomb, dans un tube entassé par des sots,
      Peut casser d'un seul coup la tête d'un héros.
                              (Voltaire).
4. On dit plutôt aujourd'hui au singulier *dechoit*; et on ne dit plus au pluriel *déchéent*, que Bossuet a encore employé.

Ces trois victoires immortelles,
Les plus grandes et les plus belles
Qu'on trouve en la suite des ans;
Tant d'exploits et tant de combats,
Tant de murs renversez à bas,
Dont parlera toute la terre,
Seront pour elle seulement,
Et pour les figures de pierre
Qui feront vostre monument [1].......

Aimez, Seigneur, aimez à vivre;
Et faites que de vos beaux jours
Le long et le fortuné cours
De toutes craintes nous delivre.
Conservez-vous pour l'univers;
Parmy tant de perils divers
De vos faits allongez l'histoire;
Et voyant qu'un destin puissant
Doit à vostre bras agissant
Tous les estez une victoire,
Pour la France et pour vostre gloire,
Taschez d'en vivre jusqu'à cent [2].

L'AMOUR D'URANIE

SONNET [3]

Il faut finir mes jours en l'amour d'Uranie !
L'absence ni le temps ne m'en sçauroient guerir :

---

[1]. « Dans ce passage, Voiture fait un emprunt à Montaigne, qui avait dit : Ces quatre victoires sœurs, les plus belles que le soleil ayt oncques veu de ses yeulx, de Salamine, de Platée, de Mycale, de Sicile... (Voyez nos *Morceaux choisis* de Prosateurs, p. 32.), et comme une avance à Bossuet, qui dira plus tard, dans l'oraison funèbre du même héros : Des figures qui semblent pleurer autour d'un tombeau, et des fragiles images que le temps emporte avec tout le reste. » (GÉRUZEZ.).

[2]. Voltaire a quelques réminiscences de ces jolis vers dans son Epître XX, au maréchal de Villars (1721). — Les exploits de Condé ont inspiré heureusement Sarrazin. On a retenu cette belle strophe de son *Ode sur la bataille de Lens* :

   Il monte un cheval superbe,
   Qui, furieux aux combats,
   A peine fait courber l'herbe
   Sous la trace de ses pas;
   Son regard semble farouche :
   Prêt au moindre mouvement,
   Il frappe du pied la terre,
   Et semble appeler la guerre
   Par un fier hennissement.

[3]. C'est ce sonnet, dit le Sonnet d'Uranie, qui, avec le Sonnet de Job,

Et je ne voy plus rien qui me pût secourir,
Ni qui sceust r'appeler ma liberté bannie.

Dès long-temps je connois sa rigueur infinie !
Mais pensant aux beautez pour qui je dois perir,
Je benis mon martyre, et content de mourir
Je n'ose murmurer contre sa tyrannie.

Quelquefois ma raison, par de foibles discours,
M'invite à la revolte et me promet secours.
Mais lors qu'à mon besoin je me veux servir d'elle,

Apres beaucoup de peine et d'efforts impuissans,
Elle dit qu'Uranie est seule aymable et belle,
Et m'y rengage plus que ne font tous mes sens.

LA BELLE MATINEUSE

SONNET

Des portes du matin l'amante de Cephale [1]
Ses roses espandoit dans le milieu des airs,

par BENSERADE, partagea la cour, la ville et la France, dit La Harpe, en *Uranistes* et *Jobelins*. Voici celui de Benserade :

> Job, de mille tourments atteint,
> Vous rendra sa douleur connue,
> Et raisonnablement il craint,
> Que vous n'en soyez point esmue.
>
> Vous verrez sa misere nue :
> Il s'est lui-mesme ici dépeint.
> Accoutumez-vous à la vue
> D'un homme qui souffre et se plaint.
>
> Bien qu'il eust d'extremes souffrances,
> On vit aller des patiences
> Plus loin que la sienne n'alla.
>
> S'il souffrit des maux incroyables,
> Il s'en plaignit, il en parla ;
> J'en connois de plus miserables.

CORNEILLE dit son mot dans le débat :

SONNET

> Deux sonnets partagent la ville,
> Deux sonnets partagent la cour,
> Et semblent vouloir à leur tour
> Rallumer la guerre civile.
>
> Le plus sot et le plus habile
> En mettent leur avis au jour,
> Et ce qu'on a pour eux d'amour
> A plus d'un échauffe la bile.
>
> Chacun en parle hautement
> Suivant son petit jugement,
> Et s'il y faut mêler le nôtre,
>
> L'un est sans doute mieux rêvé,
> Mieux conduit et mieux achevé ;
> Mais je voudrois avoir fait l'autre.

[1] L'Aurore.

Et jettoit sur les cieux nouvellement ouvers
Ces traits d'or et d'azur, qu'en naissant elle estale,

Quand la Nymphe divine, à mon repos fatale,
Apparut, et brilla de tant d'attraits divers,
Qu'il sembloit qu'elle seule esclairoit l'univers
Et remplissoit de feux la rive orientale.

Le soleil se hastant pour la gloire des cieux
Vint opposer sa flame à l'esclat de ses yeux
Et prit tous les rayons dont l'olympe se dore.

L'onde, la terre et l'air s'allumoient à l'entour,
Mais auprès de Philis on le prit pour l'Aurore,
Et l'on creut que Philis estoit l'astre du jour [1]

ROTROU

1609-1650

Jean Rotrou, né à Dreux, précéda d'un an à Paris et au théâtre (1628) Corneille, qui, plus âgé que lui, reçut ses conseils et l'appela son père: tous deux faisaient, avec l'Etoile, G. Colletet et Boisrobert, partie de la « société des cinq auteurs » qui exécutaient les plans dramatiques imaginés par Richelieu pour son théâtre du Palais-Cardinal. Il reste de Rotrou dix-sept tragi-comédies et douze comédies. Il a imité *Hercule mourant*, de Sophocle et de Sénèque le tragique; *Iphigénie en Aulide*, d'Euripide; *Antigone*, d'Euripide et de Sophocle; de Plaute: *les Captifs*, *les Deux Sosies*, que reprit Molière, *les Ménechmes*, que reprit Regnard. Son *Saint Genest* (1646), malgré une incontestable originalité, peut offrir dans le détail quelques points de rapport avec *Polyeucte*, qui l'avait précédé;

---

1. La lice était ouverte depuis longtemps sur cette idée. François Ier y entra avec une Ballade. Malleville ne l'a pas fermée avec son célèbre sonnet de la *Belle Matineuse*, auquel Boileau donnait le prix. Nous donnons les sonnets de Voiture et de Malleville, comme deux documents de l'histoire poétique du XVIIe siècle.

> Le silence regnoit sur la terre et sur l'onde,
> L'air devenoit serein et l'Olympe vermeil,
> Et l'amoureux Zéphyre, affranchi du sommeil,
> Ressuscitoit les fleurs d'une haleine féconde
>
> L'Aurore deployoit l'or de sa tresse blonde,
> Et semoit de rubis le chemin du soleil;
> Enfin ce Dieu venoit au plus grand appareil
> Qu'il soit jamais venu pour esclairer le monde
>
> Quand la jeune Phylis au visage riant
> Sortant de son palais plus clair que l'Orient,
> Fit voir une lumière et plus vive et plus belle.
>
> Sacré flambeau du jour, n'en soyez point jaloux,
> Vous parustes alors aussi peu devant elle
> Que les feux de la nuit avoient fait devant vous.

mais, s'il en existe entre le sujet, sinon le ton, de son *Cosroës* (1649) et celui du *Nicomède* de Corneille, il est venu le premier (voir Saint-Marc-Girardin, *Cours de Litt. dramat.*, leçon XXI); et son *Venceslas* (1647), la première des tragédies après les chefs-d'œuvre de la scène, au jugement de La Harpe, n'a rien dû ni rien prêté à personne ; elle reste la marque propre de son génie. Ses comédies et tragi-comédies ont les défauts qui, malgré Corneille, plaisaient encore, inventions bizarres et imbroglios compliqués ; et son style, abondant et facile, manque de précision : mais, dans son théâtre, la verve, le feu, les traits ne manquent pas. Il avait l'imagination brillante et l'âme haute qui respirent dans la mine héroïque de cette jeune et noble tête, voisine de celle du vieux Corneille au foyer de la Comédie Française.

Rotrou, comme les héros de son ami, mourut victime du devoir. « Lieutenant au baillage de Dreux en 1650 et chargé, à ce titre, de l'administration de la ville de Dreux, il ne voulut pas abandonner cette ville, que désolait une maladie contagieuse. En vain ses amis et son frère le pressaient : « Ce n'est pas que le péril où je me trouve ne soit grand, répondait-il à son frère, puisqu'au moment où je vous écris on sonne pour la vingt-deuxième personne qui est morte aujourd'hui. Ce sera pour moi quand il plaira à Dieu. » Rotrou mourut le 28 juin 1650, à l'âge de quarante ans, quelques jours après avoir écrit cette belle et simple lettre. En lui l'homme valait le poète. » (Saint-Marc-Girardin, *loc. cit.*)

APRÈS LE MEURTRE[1]

VENCESLAS, LADISLAS, *Gardes*.

VENCESLAS.

Est-ce vous, Ladislas ?
Qui vous a si matin tiré de votre couche ?
Quel trouble vous possède et vous ferme la bouche ?

LADISLAS.

Que lui dirai-je, hélas ?

VENCESLAS.

Répondez-moi, mon fils ;
Quel fatal accident...

LADISLAS.

Seigneur, je vous le dis...
J'allois... j'étois... l'amour a sur moi tant d'empire...
Je me confonds, seigneur, et ne puis rien vous dire[2].

1. Ladislas, fils du roi de Pologne Venceslas, âme ambitieuse, caractère fougueux, éprouve une ardente passion pour une jeune princesse élevée à la cour de son père : il la croit aimée du duc de Courlande, premier ministre de son père ; elle est en réalité fiancée secrètement à son frère puîné. Une nuit, agité par sa jalousie et ses soupçons, il tue son frère, croyant frapper le ministre. Condamné à mort par son père, il est sauvé par la généreuse intercession du ministre, et monte sur le trône, qu'abdique le vieux roi. Tels sont le sujet et le dénouement de la tragédie. — L'exposition, trop longue pour trouver place ici, met, dès le début, en scène le roi et son fils, et en action le caractère de Ladislas.

2. « *Je vous le dis*, lorsque on n'a rien dit encore, est l'expression vraie

VENCESLAS.

D'un trouble si confus un esprit assailli
Se confesse coupable, et qui craint a failli.
N'avez-vous point eu prise avecque votre frère?
Votre mauvaise humeur lui fut toute contraire,
Et si pour l'en garder mes soins n'avoient pourvu...

LADISLAS.

M'a-t-il pas satisfait [1]? Non, je ne l'ai point vu.

VENCESLAS.

Qui vous réveille donc avant que la lumière
Ait du soleil naissant commencé la carrière?

LADISLAS.

N'avez-vous pas aussi précédé son réveil?

VENCESLAS [2].

Oui, mais j'ai mes raisons qui bornent mon sommeil.
Je me vois, Ladislas, au déclin de ma vie,
Et sachant que la mort l'aura bientôt ravie,
Je dérobe au sommeil, image de la mort,
Ce que je puis du temps qu'elle laisse à mon sort :
Près du terme fatal prescrit par la nature,
Et qui me fait du pied toucher ma sépulture,
De ces derniers instans dont il presse le cours,
Ce que j'ôte à mes nuits je l'ajoute à mes jours;
Sur mon couchant, enfin, ma débile paupière
Me ménage avec soin ce reste de lumière.
Mais quel soin peut du lit vous chasser si matin,
Vous à qui l'âge encor garde un si long destin?

LADISLAS.

Si vous en ordonnez avec votre justice,
Mon destin de bien près touche son précipice :
Ce bras, puisqu'il est vain de vous déguiser rien,
A de votre couronne abattu le soutien :
Le duc est mort, seigneur, et j'en suis l'homicide;
Mais j'ai dû l'être [3].

---

du plus grand désordre d'esprit, et ce qui suit est celle de la passion. »
(LA HARPE.)

1. « Il conserve au milieu de son trouble toute sa fierté naturelle : *M'a-t-il pas satisfait?* Ce sont de ces traits qui peignent l'homme. Il ne se récrie pas sur l'horreur d'attenter aux jours de son frère, mais sur ce qu'il en est incapable après avoir reçu satisfaction. » (ID.)
2. « La réplique est aussi naturelle qu'inattendue... » (ID.)
3. « C'est toujours Ladislas, » dit LA HARPE, le Ladislas ombrageux et hautain du *M'a-t-il pas satisfait?*

VENCESLAS.

O dieu ! le duc est mort, perfide !
Le duc est mort, barbare ! et pour excuse enfin
Vous avez eu raison d'être son assassin !
A cette épreuve, ô ciel, mets-tu ma patience ?

(Entre le duc).

LE DUC.

La duchesse, seigneur, vous demande audience.

LADISLAS.

Que vois-je ? quel fantôme et quelle illusion
De mes sens égarés croît la confusion ?

VENCESLAS.

Que m'avez-vous dit, prince, et par quelle merveille
Mon œil peut-il sitôt démentir mon oreille ?

LADISLAS.

Ne vous ai-je pas dit qu'interdit et confus
Je ne pouvois rien dire et ne raisonnois plus[1].

(*Venceslas*, IV, 3 et 4.)

APRÈS LA CONDAMNATION

VENCESLAS, LADISLAS

LADISLAS.

M'annoncez-vous, mon père, ou ma mort ou ma grâce ?

VENCESLAS.

Embrassez-moi, mon fils.

LADISLAS.

Seigneur, quelle bonté,
Quel effet de tendresse et quelle nouveauté !

VENCESLAS.

Savez-vous de quel sang vous avez pris naissance ?

LADISLAS.

Je l'ai mal témoigné, mais j'en ai connoissance.

VENCESLAS.

Sentez-vous de ce sang les nobles mouvemens ?

LADISLAS.

Si je ne les produis, j'en ai les sentimens.

VENCESLAS.

Enfin d'un grand effort nous sentez-vous capable ?

---

1. « Ce dialogue m'a toujours paru admirable. Il est parfaitement adapté aux circonstances et aux personnages, et il a surtout un caractère de simplicité touchante; on ne trouve rien, même dans Corneille, qui ressemble au ton de cette scène. » (LA HARPE.)

LADISLAS.

Oui, puisque je résiste à l'ennui qui m'accable,
Et qu'un effort mortel ne peut aller plus loin.

VENCESLAS.

Armez-vous de vertu, vous en avez besoin.

LADISLAS.

S'il est temps de partir, mon âme est toute prête.

VENCESLAS.

L'échafaud l'est aussi, portez-y votre tête.
Plus condamné que vous, mon cœur vous y suivra ;
Je mourrai plus que vous du coup qui vous tûra.
Mes larmes vous en sont une preuve assez ample :
Mais à l'État enfin je dois ce grand exemple,
A ma propre vertu ce généreux effort,
Cette grande victime à votre frère mort.
J'ai craint de prononcer autant que vous d'entendre
L'arrêt que mon devoir me commandoit de rendre.
Pour ne vous perdre pas j'ai longtemps combattu ;
Mais, ou l'art de régner n'est plus une vertu,
Et c'est une chimère aux rois que la justice,
Ou, régnant, à l'État je dois ce sacrifice.

LADISLAS.

Eh bien! achevez-le, voilà ce cou tout prêt.
Le coupable, grand roi, souscrit à votre arrêt :
Je ne m'en défends point, et je sais que mes crimes
Vous ont causé souvent des courroux légitimes.
Je pourrois du dernier m'excuser de l'erreur
D'un bras qui s'est mépris et crut trop ma fureur :
Ma haine et mon amour qu'il vouloit satisfaire
Portoient le coup au duc et non pas à mon frère.
J'alléguerois encor que ce coup part d'un bras
Dont les premiers efforts ont servi vos Etats,
Et m'ont dans votre histoire acquis assez de place
Pour qu'ils pussent de vous solliciter ma grâce :
Mais je n'ai point dessein de prolonger mon sort.

VENCESLAS.

Allez vous préparer à cet illustre effort.

(Il l'embrasse).

Adieu: sur l'échafaud portez le cœur d'un prince,
Et faites-y douter à toute la province

Si, né pour commander et destiné si haut,
Vous mourez sur un trône ou sur un échafaud [1].

(*Ibid.*, V, 4)

ASPIRATION AU MARTYRE [2]

I. ADRIEN (*joué par Genest*), *seul*.

Ne délibère plus, Adrien ; il est temps
De suivre avec ardeur ces fameux combattans :
Si la gloire te plaît, l'occasion est belle ;
La querelle du ciel à ce combat t'appelle,
La torture, le fer et la flamme t'attend :
Offre à leurs cruautés un cœur ferme et constant ;
Laisse à de lâches cœurs verser d'indignes larmes,
Tendre aux tyrans les mains et mettre bas les armes :
Offre ta gorge au fer, vois-en couler ton sang,
Et meurs sans t'ébranler, debout et dans ton rang.
La faveur de César, qu'un peuple entier t'envie,
Ne peut durer au plus que le cours de sa vie ;
De celle de ton Dieu, non plus que de ses jours,
Jamais nul accident ne bornera le cours.

---

1. Cf. dans CORNEILLE, la séparation du vieil Horace et de son fils (*Horace*, III, 6), et, dans RACINE (*Iphig.* IV, 4), Agamemnon à sa fille :
   Du coup qui vous attend vous mourrez moins que moi...
   Allez, et que les Grecs, qui vous vont immoler,
   Reconnoissent mon sang en le voyant couler.
Et Rotrou déjà, dans son *Iphigénie* :
   Votre sang
   Prouvera malgré vous sa source en se versant.

2. *Saint-Genest, comédien païen, représentant le martyre d'Adrien, tragédie* (tel est le titre), est une pièce dans une pièce. Dioclétien et sa Cour sont sous nos yeux spectateurs d'une tragédie, que jouent sous les leurs l'acteur Genest et sa troupe. Cette représentation fait partie des fêtes que Dioclétien donne pour le mariage de sa fille avec Maximin ; elle a pour sujet le martyre d'Adrien, condamné récemment à mort par Maximin lui-même. Elle commence à la scène 5e du IIe acte et finit à la scène 6e du IVe acte de la pièce de Rotrou. Dans le cours du rôle d'Adrien qu'il joue, Genest, touché de la grâce, fait en son propre nom une profession de foi chrétienne (acte IV, sc. 4e et 5e) ; il est conduit au supplice à l'acte suivant, scène 3e. — Ce plan original nous ménage des contrastes piquants. Entendez au IIe acte Genest donner des conseils au décorateur ; puis l'actrice Marcelle minauder coquettement :
   Dieu ! comment en ce lieu faire la comédie ?
   De combien d'importuns j'ai la tête étourdie !
   Combien à les ouïr je fais de languissans !...
   Mes plus simples regards sont des meurtres visibles...
Et, quand Genest, sortant de son rôle, l'interrompt pour dire :
   Adrien a parlé, Genest parle à son tour.
   Ce n'est plus Adrien, c'est Genest qui respire
   La grâce du baptême et l'honneur du martyre...
l'actrice dit étonnée :
   Ma réplique a manqué ; ces vers sont ajoutés.

J'ai vu, ciel, tu le sais, par le nombre des âmes
Que j'osai t'envoyer par des chemins de flammes,
Dessus les grils ardens et dedans les taureaux,
Chanter les condamnés et trembler les bourreaux ;
J'ai vu tendre aux enfans une gorge assurée
A la sanglante mort qu'ils voyoient préparée,
Et tomber sous le coup d'un trépas glorieux
Ces fruits à peine éclos, déjà mûrs pour les cieux [1] ;
J'en ai vu, que le temps prescrit par la nature
Etoit près de pousser dedans la sépulture,
Dessus les échafauds presser ce dernier pas
Et d'un jeune courage affronter le trépas.
J'ai vu mille beautés en la fleur de leur âge,
A qui jusqu'aux tyrans chacun rendoit hommage,
Voir avecque plaisir meurtris et déchirés
Leurs membres précieux de tant d'yeux adorés.
Vous l'avez vu, mes yeux, et vous craindriez [2] sans honte
Ce que tout sexe brave et que tout âge affronte !
Cette vigueur peut-être est un effort humain...
Non, non, cette vertu, Seigneur, vient de ta main :
L'âme la puise au lieu de sa propre origine,
Et, comme les effets, la source en est divine.
C'est du ciel que me vient cette noble vigueur
Qui me fait des tourmens mépriser la rigueur,
Qui me fait défier les puissances humaines,
Et qui fait que mon sang se déplaît dans mes veines,
Qu'il brûle d'arroser cet arbre précieux
Où pend pour nous le fruit le plus chéri des cieux.
J'ai peine à concevoir ce changement extrême,
Et sens que, différent et plus fort que moi-même
J'ignore toute crainte, et puis voir sans terreur
La face de la mort en sa plus noire horreur.

. . . .

II. ADRIEN (*joué par Genest*).
FLAVIE (*joué par Sergeste*).

ADRIEN.

C'est le Dieu que je sers qui fait régner les rois
Et qui fait que la terre en révère les lois.

---

1. Cf. MALHERBE, *Les larmes de Saint-Pierre*, stances :
    Ce furent de beaux lis, etc.

2. *Craindriez* forme deux syllabes. C'est un reste de la métrique du XVIe siècle.

FLAVIE.

Sa mort sur un gibet marque son impuissance.

ADRIEN.

Dites mieux, son amour et son obéissance.

FLAVIE.

Sur une croix enfin...

ADRIEN.

Sur un bois glorieux,
Qui fut moins une croix qu'une échelle des cieux.

FLAVIE.

Mais ce genre de mort ne pouvoit être pire.

ADRIEN.

Mais, mourant, de la mort il détruisit l'empire....

FLAVIE.

César vous peut ôter vos biens si précieux.

ADRIEN.

J'en serai plus léger pour monter dans les cieux.

(Saint-Genest, II, 5 et 6.)

DIEU

ADRIEN, *chargé de chaînes (joué par Genest).*
MAXIMIN *(joué par Octave).*

MAXIMIN.

Sont-ce là les faveurs, traître, sont-ce les gages
De ce maître nouveau qui reçoit tes hommages,
Et qu'au mépris des droits et du culte des dieux
L'impiété chrétienne ose placer aux cieux?

ADRIEN.

La nouveauté, seigneur, de ce maître des maîtres
Est devant tous les temps et devant tous les êtres :
C'est lui qui du néant a tiré l'univers,
Lui qui dessus la terre a répandu les mers,
Qui de l'air étendit les humides contrées,
Qui sema de brillans les voûtes azurées,
Qui fit naître la guerre entre les élémens,
Et qui régla des cieux les divers mouvemens;
La terre à son pouvoir rend un muet hommage,
Les rois sont ses sujets, le monde est son partage;
Si l'onde est agitée, il la peut affermir;
S'il querelle les vents, ils n'osent plus frémir;
S'il commande au soleil, il arrête sa course :
Il est maître de tout, comme il en est la source;

Tout subsiste par lui, sans lui rien n'eût été.
De ce maître seigneur, voilà la nouveauté [1].

(*Ibid.*, III, 2).

PROFESSION DE FOI CHRÉTIENNE

GENEST (*reprenant son nom d'acteur*),
MARCELLE, SERGESTE, LENTULE, *acteurs* ;
DIOCLÉTIEN *et sa cour, spectateurs*.

. . . .

MARCELLE.

Il ne dit pas un mot du couplet qui lui reste.

SERGESTE.

Comment, se préparant avecque tant de soin.....

LENTULE, *regardant derrière la tapisserie*.

Holà, qui tient la pièce [2] ?

GENEST.

Il n'en est plus besoin.
Dedans cette action, où le ciel s'intéresse,
Un ange tient la place, un ange me redresse ;
Un ange par son ordre a comblé mes souhaits,
Et de l'eau du baptême effacé mes forfaits.
Ce monde périssable et sa gloire frivole
Est une comédie où j'ignorois mon rôle ;
J'ignorois de quel feu mon cœur devoit brûler,
Le démon me dictoit quand Dieu vouloit parler ;
Mais, depuis que le soin d'un esprit angélique
Me conduit, me redresse et m'apprend ma réplique,

---

1. Cf. CORNEILLE, *Polyeucte*, III, 2 (Discours de Polyeucte au peuple, dans le récit de Stratonice), et RACINE, *Esther*, III, 4 (Ce Dieu, maître absolu, etc.). — Ce n'est pas le seul passage du *Saint-Genest* qui offre des similitudes avec *Polyeucte*. Genest en prison (V, 1) comme Polyeucte (IV, 1) dit, comme lui, des stances ; il y est supplié par Marcelle, sa « camarade » de théâtre, comme Polyeucte par sa femme, de rétracter sa profession de foi chrétienne. — Rotrou, par un anachronisme touchant, a mis dans la bouche de Genest, parlant à Dioclétien, un hommage au génie de Corneille et une allusion à ses chefs-d'œuvre :

> Nos plus nouveaux sujets, les plus dignes de Rome,
> Et les plus grands efforts des veilles d'un grand homme
> A qui les rares fruits que la muse produit,
> Ont acquis dans la scène un légitime bruit,
> Et de qui certes l'art comme l'estime est juste,
> Portent les noms fameux de Pompée et d'Auguste ;
> Ces poèmes sans prix où son illustre main
> D'un pinceau sans pareil a peint l'esprit romain,
> Rendront de leurs beautés votre oreille idolâtre,
> Et sont aujourd'hui l'âme et l'amour du théâtre.

(I, 5.)

1. Qui tient le manuscrit pour *souffler* l'acteur.

J'ai corrigé mon rôle, et le démon confus,
M'en voyant mieux instruit, ne me suggère plus.
J'ai pleuré mes péchés, le ciel a vu mes larmes.
Dedans cette action il a trouvé des charmes,
M'a départi sa grâce, est mon approbateur,
Me propose des prix et m'a fait son acteur.
LENTULE.
Quoiqu'il manque au sujet jamais il ne hésite.
GENEST.
Dieu m'apprend sur le champ ce que je vous récite,
Et vous m'entendez mal si dans cette action
Mon rôle passe encor pour une fiction.
DIOCLÉTIEN
Votre désordre enfin force ma patience ;
Songez-vous que ce jeu se passe en ma présence ?
Et puis-je rien comprendre au trouble où je vous voi ?
GENEST.
Excusez-les, seigneur, la faute en est à moi ;
Mais mon salut dépend de cet illustre crime ;
Ce n'est plus Adrien, c'est Genest qui s'exprime,
Ce jeu n'est plus un jeu, mais une vérité
Où par mon action je suis représenté,
Où moi-même l'objet et l'acteur de moi-même,
Purgé de mes forfaits par l'eau du saint baptême,
Qu'une céleste main m'a daigné conférer,
Je professe une loi que je dois déclarer.
Ecoutez donc, Césars, et vous, troupes romaines,
La gloire et la terreur des puissances humaines,
Mais foibles ennemis d'un pouvoir souverain,
Qui foule aux pieds l'orgueil et le sceptre romain :
Aveuglé de l'erreur dont l'enfer vous infecte,
Comme vous des chrétiens j'ai détesté la secte,
Et, si peu que mon art pouvoit exécuter,
Mon bonheur consistoit à les persécuter :
Pour les fuir et chez vous suivre l'idolâtrie,
'ai laissé mes parens, j'ai quitté ma patrie,
Et fait choix à dessein d'un art peu glorieux,
Pour mieux les diffamer et les rendre odieux :
Mais par une bonté qui n'a point de pareille,
Et par une incroyable et soudaine merveille
Dont le pouvoir d'un Dieu peut seul être l'auteur,
Je deviens leur rival de leur persécuteur...
Je renonce à la haine et déteste l'envie

Qui m'a fait des chrétiens persécuter la vie ;
Leur créance est ma foi, leur espoir est le mien ;
C'est leur Dieu que j'adore ; enfin je suis chrétien.
Quelque effort qui s'oppose à l'ardeur qui m'enflamme,
Les intérêts du corps cèdent à ceux de l'âme :
Déployez vos rigueurs, brûlez, coupez, tranchez ;
Mes maux seront encor moindres que mes péchés.
Je sais de quel repos cette peine est suivie,
Et ne crains point la mort qui conduit à la vie.
J'ai souhaité long-temps d'agréer à vos yeux ;
Aujourd'hui je veux plaire à l'empereur des cieux ;
Je vous ai divertis, j'ai chanté vos louanges ;
Il est temps maintenant de réjouir les anges,
Il est temps de prétendre à des prix immortels,
Il est temps de passer du théâtre aux autels.
Si je l'ai mérité, qu'on me mène au martyre :
Mon rôle est achevé, je n'ai plus rien à dire.

(*Ibid.*, IV, 6.)

ANTIGONE A CRÉON [1]

Je mets le plus haut trône au-dessous des autels,
Et revère les dieux sans égard des mortels :
Ils sont maîtres des rois ; ils sont pieux, augustes ;
Tous leurs arrêts sont saints, toutes leurs lois sont justes :
Ces esprits, dépouillés de toutes passions,
Ne mêlent rien d'impur en leurs intentions ;
Au lieu que l'intérêt, la colère et la haine,
Président bien souvent à la justice humaine,
Et, n'observant amour, devoir, ni piété,
N'y laissent qu'injustice et qu'inhumanité.
Quoi ! vous osez aux morts nier la sépulture ?
Eh ! cette loi naquit avecque la nature.
Votre règne commence et détruit à la fois,
Par sa première loi, la première des lois.
Ici la faute est juste et la loi criminelle ;
Le prince pèche ici bien plus que le rebelle.
J'offense justement un injuste pouvoir,
Et ne crains point la mort qui punit le devoir ;

---

1. Rotrou a emprunté la première partie de sa tragédie aux *Phéniciennes* d'Euripide, la seconde à l'*Antigone* de Sophocle, dont ces belles paroles d'Antigone, le plus célèbre passage de la pièce grecque (v. 458 *sqq.*) sont directement imitées. Cf. l'imitation qu'en ont faite avant lui BAIF et GARNIER. (Voir M. Patin. *Études sur les tragiques grecs*, III, 6.)

La plus cruelle mort me sera trop humaine,
Je me résous sans peine à la fin de ma peine ;
Elle m'affranchira de votre autorité,
Et ma punition sera ma liberté,

(*Antigone*, 1638, IV, 3.)

CORNEILLE

1606-1684

Pierre Corneille, né à Rouen le 6 juin 1606, vint à Paris en 1629, y séjourna à plusieurs reprises, s'y fixa en 1662 et y mourut en 1684.

Le succès de sa comédie de *Mélite* (1629) lui fit quitter le barreau pour le théâtre, et Rouen pour Paris, où déjà étaient venus du Havre, Scudéry, gentilhomme provençal égaré en Normandie par le hasard de la naissance, et de Dreux, Rotrou ; et bientôt le petit avocat normand, arrivé la veille avec sa pièce en poche, donna comédies sur comédies en cinq actes et en vers, entra dans la « société des cinq auteurs » (voir la Notice de Rotrou), et se fit applaudir de ses rivaux qu'il surpassait. Ce fut quand il se surpassa lui-même que la jalousie commença. *Médée* annonça un poète tragique (1635). Le *Cid* (1636) le révéla tout entier et dota la langue française d'un proverbe nouveau, « Beau comme le Cid », et son auteur du surnom « de grand », de mille envieux et d'un ennemi, Richelieu. Il les réduisit au silence par de nouveaux chefs-d'œuvre : *Horace* (1640), *Cinna* (1640), *Polyeucte* (1640). Monté à cette hauteur, Corneille put descendre sans tomber, dans *Pompée* (1642), *Rodogune* (1644), *Héraclius* (1647), *Don Sanche*, comédie héroïque (1650), *Nicomède* (1651). Poète comique, il ne pouvait que grandir ; il le montra bien par le *Menteur* (1642) et la *Suite du Menteur* (1643).

La chute de *Pertharite*, qui n'avait encore eu qu'un précédent, celle de *Théodore, vierge et martyre* (1645), l'éloigna du théâtre en 1652. Il y reparut avec *Œdipe* (1659), dont le sujet lui fut indiqué par Fouquet ; *la Toison d'Or* (1661), second essai de pièce « à machines », qui eut autant de succès que son *Andromède* de 1650 ; *Sertorius* (1662), où, dans une scène, les Romains parlent encore comme lui seul sait les faire parler ; *Sophonisbe* (1663), sujet si souvent remis sur la scène ; *Othon* (1664), dont l'exposition est, au jugement de Voltaire, la plus belle du théâtre ; *Agésilas* (1666), dont une scène triomphe encore de la mauvaise humeur de Voltaire ; *Attila* (1667), dont le nom ne rappelle plus que la saillie de Boileau, et la date, celle du premier chef-d'œuvre du jeune et brillant rival de « Corneille vieilli » ; *Tite et Bérénice* (1670), lutte inégale avec « l'élégie » dramatique de Racine ; *Psyché* (1671), modèle de grâce égaré au milieu de ces aventures tragiques, qui associe le nom de Corneille à ceux de Molière et de Quinault ; *Pulchérie* (1672), comédie héroïque « où il n'y a, dit Voltaire, ni comique ni héroïsme » ; enfin *Suréna* (1674), où il y a un beau vers :

Non, je ne pleure pas, Madame, mais je meurs.

Corneille n'a jamais été apprécié avec plus de justesse et d'autorité que par Racine. Racine s'honora en faisant de lui devant l'Académie française, dans sa réponse à Thomas Corneille, qui prenait la place de son frère, un éloge qui n'est pas une oraison funèbre, mais un jugement. Il dit ce qu'était le théâtre avant Corneille, ce qu'en fit Corneille, ce qu'il fait sur les spectateurs qu'il « surprend », qu'il « enlève ». En représentant les hommes « tels qu'ils devroient être », selon le mot de La Bruyère, il nous ravit avec lui et avec eux sur les hauteurs où l'héroïsme du devoir porte Chimène et Rodrigue, l'héroïsme du patriotisme les Horaces, l'héroïsme de la clémence Auguste, l'héroïsme du martyre Polyeucte, l'héroïsme de la fierté royale Nicomède, l'héroïsme de l'honneur Don Sanche, l'héroïsme de la vertu républicaine Sertorius, l'héroïsme du respect aux vaincus César, l'héroïsme de la fidélité conjugale Pauline et Cornélie. Il ne se contente pas de « pratiquer les grandes âmes de l'antiquité », comme dit Montaigne, il leur rend ou leur donne la vie; il crée en tous lieux et en tous temps, et groupe à tous les plans de ses nobles tableaux, de nobles figures autour des figures principales : Don Diègue, Sévère, Sabine, Viriathe, Laodice, le vieux soldat Philippe, — galerie de héros et d'héroïnes de tous les degrés, « toujours uniformes avec eux-mêmes et jamais ne se ressemblant les uns les autres » (Racine), si ce n'est par leur air de grandeur. Le vieux Géronte de la Comédie lui-même est leur frère, et son étourdi de fils a aussi de l'honneur.

Tous les siècles et toute la terre sont à lui. Il nous conduit de Rome à Sparte, à Thèbes, à Nicomédie, à Nicée, à Séleucie, à Constantinople, de la Mauritanie aux déserts asiatiques des Parthes, du Danube au Guadalquivir, des temps héroïques d'Œdipe au règne d'Héraclius. L'ensemble de plusieurs de ses tragédies déroule sous nos yeux les grandes époques et les grands drames de l'histoire romaine. Pour ne parler que des plus significatives, *Horace* représente le patriotisme sous les rois; *Nicomède*, la politique extérieure du sénat sous la république; *Sertorius*, les guerres civiles et la résistance à la dictature de Sylla; *Pompée* et *Cinna*, le dénouement des guerres civiles par la paix et la clémence; *Othon*, la révolution militaire qui suit la chute de la dynastie d'Auguste; *Polyeucte*, la lutte du christianisme et de l'empire; *Attila*, l'invasion des Barbares; *Héraclius*, les révolutions sanglantes de l'empire de Byzance.

Tel est l'ensemble de ses tableaux, telles sont la physionomie de ses personnages et l'âme qui vit en eux. Cette âme respire dans leur langage ample et nerveux, simple et grand; l'imagination y est haute et hardie, la passion franche et chaude. S'il arrive même, dans les chefs-d'œuvre de Corneille, que la déclamation surcharge, que la subtilité refroidisse, que le mauvais goût gâte son style, ces défauts sont de son temps, le reste est de lui. Il faut oublier les œuvres de sa vieillesse où les défauts que j'impute au temps s'aggravaient chez lui à l'époque même où Racine contribuait à les corriger par l'exemple de sa perfection, et ne songer qu'aux années incomparables qui ont vu

Le Grand Condé pleurant aux vers du grand Corneille.

VENGEANCE

Cléopatre, *seule*[1].

Enfin, grâces au ciel, j'ai moins d'un ennemi[2].
La mort de Séleucus m'a vengée à demi.
Son ombre, en attendant Rodogune et son frère,
Peut déjà de ma part les promettre à son père.
Ils le suivront de près, et j'ai tout préparé
Pour réunir bientôt ce que j'ai séparé.
    O toi qui n'attends plus que la cérémonie
Pour jeter à mes pieds ma rivale punie,
Et par qui deux amans vont d'un seul coup du sort
Recevoir l'hyménée et le trône et la mort,
    Poison, me sauras-tu rendre mon diadème?

---

1. Dans *Rodogune*, tragédie farouche, dont l'héroïne véritable est Cléopâtre, reine de Syrie. Deux mots la résument : ambition et jalousie. Après avoir goûté du pouvoir pendant la captivité de son mari, prisonnier des Parthes, elle le tue au retour, pour le punir d'aimer la sœur du roi des Parthes, Rodogune, qu'il a ramenée, et pour conserver l'autorité. Elle a deux fils jumeaux qui, après leur père, aiment Rodogune. Elle promet le trône à celui des deux qui lui apportera la tête de cette femme ; sur leur refus, elle se débarrasse de l'un par l'assassinat, et se prépare à se débarrasser de l'autre et de Rodogune par le poison. C'est elle qui finit par le boire. Rodogune la vaut : au deuxième acte Cléopâtre demande à deux amants (je l'entends au sens discret et chaste du XVIIe siècle) la tête de leur maîtresse ; au troisième acte, Rodogune demande à deux fils la tête de leur mère. Il faut les entendre au cinquième acte s'accuser réciproquement d'assassinat avec une âpreté féroce. Dans ces noires horreurs, il n'y a qu'une éclaircie, l'affection touchante que le poète prête aux deux frères.
Corneille avoue sa prédilection pour cette tragédie. Le cinquième acte a toujours passé pour un chef-d'œuvre. C'est, avec le cinquième d'*Athalie*, de tout le théâtre du XVIIe siècle, celui où, dans une situation d'une nouveauté puissante et terrible, la représentation scénique aide le plus, avec les passions violentes et le langage éloquent des personnages, à l'effet tragique. Cette coupe empoisonnée, préparée en secret par une mère, présentée solennellement à son fils dans une cérémonie religieuse et nuptiale, portée, puis arrêtée aux bords de ses lèvres, déposée, reprise, arrêtée encore, pour passer aux lèvres et porter la mort au cœur de la meurtrière, qui meurt à temps pour se trahir et préserver elle-même la victime, — est plus qu'un de ces accessoires d'utilité, en réserve au vestiaire du théâtre, sous la main du poète ; c'est un acteur muet et foudroyant.
Un autre caractère de cette tragédie, c'est la fréquence, justifiée et nécessaire, des monologues du principal personnage. Ce qui souvent n'était qu'un thème à déclamation et un triomphe personnel, fort recherché par les acteurs, est ici la vérité même. Cléopâtre a, par situation et par tradition, comme tous les princes et princesses de tragédie, une confidente, mais à laquelle elle ne se confie pas. Ces âmes-là se suffisent. « Moi seule, et c'est assez. » Elles n'ont besoin ni de conseil, ni d'étai. Elles se tiennent toutes seules. Ainsi la Roxane du *Bajazet* de Racine,
Le quatrième acte finit, et le cinquième commence sur un monologue de Cléopâtre.
2. Ce soupir de soulagement, ce cri de triomphe, c'est une mère qui les pousse, après avoir assassiné un de ses fils !

Le fer m'a bien servie, en feras-tu de même ?
Me seras-tu fidèle [1] ? et toi, que me veux-tu,
Ridicule retour d'une sotte vertu,
Tendresse dangereuse autant comme importune ?
Je ne veux point pour fils l'époux de Rodogune,
Et ne vois plus en lui les restes de mon sang,
S'il m'arrache du trône et la met en mon rang.
  Reste du sang ingrat d'un époux infidèle,
Héritier d'une flamme envers moi criminelle,
Aime mon ennemie et péris comme lui.
Pour la faire tomber j'abattrai son appui :
Aussi bien sous mes pas, c'est creuser un abîme
Que retenir ma main sur la moitié du crime [2] ;
Et, te faisant mon roi, c'est trop me négliger
Que te laisser sur moi frère et père à venger.
Qui se venge à demi court lui-même à sa peine :
Il faut ou condamner ou couronner sa haine.
Dût le peuple en fureur pour ses maîtres nouveaux
De mon sang odieux arroser leurs tombeaux,
Dût le Parthe vengeur me trouver sans défense,
Dût le ciel égaler le supplice à l'offense,
Trône, à t'abandonner je ne puis consentir [3] ;
Par un coup de tonnerre il vaut mieux en sortir ;
Il vaut mieux mériter le sort le plus étrange.
Tombe sur moi le ciel pourvu que je me venge [4] !
J'en recevrai le coup d'un visage remis :
Il est doux de périr après ses ennemis :
Et, de quelque rigueur que le destin me traite,
Je perds moins à mourir qu'à vivre leur sujette [5].
            (*Rodogune*, V, 1).

1. Le poison est son serviteur, son confident, son complice, son ami.
2. Que d'images neuves, saisissantes, concises, dans le langage tragique de Corneille ! Par exemple :

> Pourra prêter l'épaule au monde chancelant. (*Pompée*, I, 1.)
> Et que de sa victoire il couronne sa tête. (*Nicomède*, II, 3.)
> Il ne fait que sortir encor d'une victoire. (*Ibid.*)
> Je n'appelle plus Rome un enclos de murailles
> Que ses proscriptions (de Sylla) comblent de funérailles ;
> Ces murs dont le destin fut autrefois si beau
> N'en sont que la prison, ou plutôt le tombeau...,
> Et, comme autour de moi, j'ai tous ses vrais appuis,
> Rome n'est plus dans Rome, elle est toute où je suis. (*Sertorius*, III, 1.)

3. C'est la quatrième apostrophe que contient ce monologue. Laquelle ne vient pas à propos ? D'abord un encouragement et une caresse au poison; puis un défi plein de dépit et de menace à la « sotte vertu »; un cri de rage contre son fils ; un élan passionné pour le trône et le pouvoir.
4. La vengeance est ce « plaisir des Dieux » du proverbe, qui console de tout.
5. « Écoutons cet hymne de haine et de colère, le plus terrible que le

UN SOLDAT DE FORTUNE

I

D. ISABELLE, D. LÉONOR, D. ELVIRE, D. LOPE, D, MANRIQUE, D. ALVAR, D. CARLOS [1].

D. ISABELLE.

Que chacun prenne place.

Ici les trois reines prennent place chacune dans un fauteuil, et après que les trois comtes et le reste des grands se sont assis sur des bancs préparés exprès, Carlos y voyant une place vide, s'y veut seoir, et D. Manrique l'en empêche.

D. MANRIQUE.

Tout beau, tout beau [2], Carlos! d'où vous vient cette audace?
Et quel titre en ce rang a pu vous établir?

CARLOS.

J'ai vu la place vide, et cru la bien remplir.

D. MANRIQUE.

Un soldat bien remplir une place de comte!

CARLOS.

Seigneur, ce que je suis ne me fait point de honte.
Depuis plus de six ans il ne s'est fait combat
Qui ne m'ait bien acquis ce grand nom de soldat.

---

théâtre ait jamais entendu... Jamais l'ambition, la colère, la vengeance, toutes les passions qui peuvent dévorer le cœur humain n'ont été exprimées avec plus de grandeur et d'énergie. » (SAINT-MARC GIRARDIN, *Cours de littér. dramat.*, XVIII.)

1. *Don Sanche d'Aragon*, comédie héroïque. — Dona Isabelle, reine de Castille, doit se choisir un époux. Trois comtes prétendent à sa main. Elle les réunit, avec la reine d'Aragon et sa fille, et d'autres grands de Castille, en un conseil auquel assiste également Carlos, cavalier inconnu, qu'elle aime en secret — Carlos sera reconnu, à la fin de la pièce, pour Don Sanche, roi d'Aragon, et épousera la reine.

2. Locution adverbiale et familière, qui signifie : Modérez-vous, songez à ce que vous dites, à ce que vous faites. Corneille l'a ennoblie par l'heureux emploi qu'il en fait. Elle est ici ironique, comme dans *Nicomède* (IV, 4) :

Tout beau, Flaminius, je n'y suis pas encore (à Rome, où il eût été ôtage)

C'est ailleurs une interruption sévère de Polyeucte à Pauline (*Polyeucte*, IV, 3) :

Tout beau, Pauline, il (Dieu) entend vos paroles;

hautaine, de César à Ptolémée (*Pompée*, III, 2) :

Tout beau, que votre haine en son sang assouvie
N'aille point à sa gloire, il sufût de sa vie;

grave et réfléchie, d'Emilie à elle-même (*Cinna*, I, 2) :

Tout beau, ma passion, deviens un peu moins forte;

héroïque, du vieil Horace à sa fille (*Horace*, III, 6) :

O mes frères! — Tout beau, ne les pleurez pas tous

J'en avois pour témoin le feu roi votre frère,
Madame, et par trois fois...

D. MANRIQUE.

      Nous vous avons vu faire,
Et savons mieux que vous ce que peut votre bras.

D. ISABELLE.

Vous en êtes instruits, et je ne la suis pas [1] ;
Laissez-le me l'apprendre. Il importe aux monarques
Qui veulent aux vertus rendre de dignes marques,
De les savoir connoître, et ne pas ignorer
Ceux d'entre leurs sujets qu'ils doivent honorer.

D. MANRIQUE.

Je ne me croyois pas être ici pour l'entendre.

D. ISABELLE.

Comte, encore une fois, laissez-le me l'apprendre,
Nous aurons temps pour tout. Et vous, parlez, Carlos.

CARLOS.

Je dirai qui je suis, madame, en peu de mots.
On m'appelle soldat : je fais gloire de l'être ;
Au feu roi par trois fois je le fis bien paroître.
L'étendard de Castille, à ses yeux enlevé,
Des mains des ennemis par moi seul fut sauvé :
Cette seule action rétablit la bataille,
Fit rechasser le Maure au pied de sa muraille,
Et, rendant le courage aux plus timides cœurs,
Rappela les vaincus et défit les vainqueurs.
Ce même roi me vit, dedans l'Andalousie,
Dégager sa personne en prodiguant ma vie,
Quand, tout percé de coups, sur un monceau de morts,
Je lui fis si longtemps bouclier de mon corps,
Qu'enfin autour de lui ses troupes ralliées,
Celles qui l'enfermoient furent sacrifiées ;
Et le même escadron qui vint les secourir
Le ramena vainqueur, et moi prêt à mourir.
Je montai le premier sur les murs de Séville,
Et tins la brèche ouverte aux troupes de Castille.
Je ne vous parle point assez d'autres exploits
Qui n'ont pas pour témoins eu les yeux de mes rois :
Tel me voit, et m'entend, et me méprise encore,
Qui gémiroit sans moi dans les prisons du Maure.

---

1. Elle devrait le savoir, dit Voltaire. La grammaire exige aujourd'hui : je *le* suis pas.

D. MANRIQUE.

Nous parlez-vous, Carlos, pour Don Lope et pour moi ?

CARLOS.

Je parle seulement de ce qu'a vu le roi,
Seigneur, et qui voudra parle à sa conscience.
Voilà dont [1] le feu roi me promit récompense ;
Mais la mort le surprit comme il la résolvoit.

D. ISABELLE.

Il se fût acquitté de ce qu'il vous devoit ;
Et moi, comme héritant son sceptre et sa couronne,
Je prends sur moi sa dette, et je vous la fais bonne.
Seyez-vous, et quittons ces petits différens.

D. LOPE.

Souffrez qu'auparavant il nomme ses parens.
Nous ne contestons point l'honneur de sa vaillance,
Madame ; et, s'il en faut notre reconnoissance,
Nous avouerons tous deux qu'en ces combats derniers
L'un et l'autre, sans lui, nous étions prisonniers :
Mais enfin la valeur, sans l'éclat de la race,
N'eut jamais aucun droit d'occuper cette place.

CARLOS.

Se pare qui voudra du nom de ses aïeux ;
Moi, je ne veux porter que moi-même en tous lieux
Je ne veux rien devoir à ceux qui m'ont fait naître,
Et suis assez connu sans les faire connoître.
Mais, pour en quelque sorte obéir à vos lois,
Seigneur, pour mes parens je nomme mes exploits ;
Ma valeur est ma race, et mon bras est mon père.

D. LOPE.

Vous le voyez, madame, et la preuve en est claire,
Sans doute il n'est pas noble.

D. MANRIQUE.

Eh bien, je l'ennoblis [2]
Quelle que soit sa race, et de qui qu'il soit fils.
Qu'on ne conteste plus.

D. MANRIQUE.

Encore un mot, de grâce.

---

1. Ellipse de l'antécédent *ce*, usuelle au XVIe siècle, que l'on trouve encore plusieurs fois dans Corneille.
2. On distingue aujourd'hui *anoblir*, conférer la noblesse, et *ennoblir*, donner de l'éclat. La confusion existait encore au XVIIIe siècle. « L'amour n'*anoblit*-il pas tous les sentiments ? » (J.-J. ROUSSEAU.)

D. ISABELLE.

Don Manrique, à la fin c'est prendre trop a audace.
Ne puis-je l'ennoblir si vous n'y consentez?

D. MANRIQUE.

Oui, mais ce rang n'est dû qu'aux hautes dignités;
Tout autre qu'un marquis ou comte le profane.

D. ISABELLE, à Carlos.

Eh! bien! seyez-vous donc, marquis de Santillane,
Comte de Peñafiel, gouverneur de Burgos [1].
Don Manrique, est-ce assez pour faire seoir Carlos?
Vous reste-t-il encor quelque scrupule en l'ame?

Don Manrique et don Lope se lèvent et Carlos se sied.

D. MANRIQUE.

Achevez, achevez; faites-le roi, madame :
Par ces marques d'honneur l'élever jusqu'à nous,
C'est moins nous l'égaler que l'approcher de vous!

. . . .

D. ISABELLE.

. . . .

Je l'ai fait votre égal, et quoiqu'on s'en mutine,
Sachez qu'à plus encor ma faveur le destine.
Je veux qu'aujourd'hui même il puisse plus que moi.
J'en ai fait un marquis, je veux en faire un roi.
Marquis, prenez ma bague, et la donnez pour marque
Au plus digne des trois que j'en fasse un monarque.
Je vous laisse y penser tout ce reste du jour.
Rivaux ambitieux, faites-lui votre cour :
Qui me rapportera l'anneau que je lui donne
Recevra sur le champ ma main et ma couronne.

II

LES TROIS COMTES, CARLOS.

D. LOPE.

Eh bien! seigneur marquis, nous direz-vous, de grâce,
Ce que pour vous gagner il est besoin qu'on fasse?
Vous êtes notre juge, il faut vous adoucir.

CARLOS.

Vous y pourriez peut-être assez mal réussir.
Quittez ces contre-temps de froide raillerie.

---

1. Cf. V. Hugo, *Hernani*, IV, 4 : Charles-Quint à D. Sol :
   Allons, relevez-vous, duchesse de Segorbe,
   Comtesse Albatera, marquise de Monroy....

D. MANRIQUE.

Il n'en est pas saison, quand il faut qu'on vous prie.

CARLOS.

Ne raillons ni prions, et demeurons amis.
Je sais ce que la reine en mes mains a remis ;
J'en userai fort bien : vous n'avez rien à craindre,
Et pas un de vous trois n'aura lieu de se plaindre.
Je n'entreprendrai point de juger entre vous
Qui mérite le mieux le nom de son époux ;
Je serois téméraire, et m'en sens incapable ;
Et peut-être quelqu'un m'en tiendroit récusable.
Je m'en récuse donc, afin de vous donner
Un juge que sans honte on ne peut soupçonner ;
Ce sera votre épée et votre bras lui-même.
Comtes, de cet anneau lui-même dépend le diadème :
Il vaut bien un combat ; vous avez tous du cœur :
Et je le garde...

D. LOPE.

A qui, Carlos?

CARLOS.

A mon vainqueur.
Qui poura me l'ôter, l'ira rendre à la reine ;
Ce sera du plus digne une preuve certaine.
Prenez entre vous l'ordre et du temps et du lieu ;
Je m'y rendrai sur l'heure, et vais l'attendre. Adieu [1].

(*Don Sanche*, I, 3 et 4).

UN CONFLIT D'AUTORITÉ

AGÉSILAS, à Lysandre [2].

. . . .

On s'empresse à vous voir, on s'efforce à vous plaire;
On croit lire en vos yeux ce qu'il faut qu'on espère ;

---

1. L'anoblissement improvisé de Carlos, et son défi, la bague en main, sont deux coups de théâtre des plus heureux. L'élan de cœur, de fierté et d'impatience de la reine, la soudaineté de sa riposte triomphante à l'importune obstination des comtes, le dépit et l'ironie des prétendants déçus, la hauteur, à la fois grave et légèrement railleuse de Carlos, donnent à ces scènes un caractère d'héroïsme chevaleresque et de comique discret et noble qui répond parfaitement au titre de « comédie héroïque ». Un souffle de galanterie et de fierté castillane respire dans toute la pièce. Ces péripéties ingénieuses et naturelles sont loin des complications bizarres et incohérentes qui enchevêtraient le théâtre avant Corneille.

2. Pour montrer ce que pouvait encore Corneille déchu, nous choisissons, dans une de ses pièces condamnées et oubliées (quatre vers immor-

On pense avoir tout fait quand on vous a parlé.
Mon palais près du vôtre est un lieu désolé;
Et le généralat, comme le diadème,
M'érige sous votre ordre en fantôme éclatant,
En colosse d'état qui de vous seul attend
    L'ame qu'il n'a pas de lui-même...
Général en idée, et monarque en peinture,
De ces illustres noms pourrois-je faire cas
 S'il les falloit porter moins comme Agésilas
    Que comme votre créature,
Et montrer avec pompe au reste des humains
En ma propre grandeur l'ouvrage de vos mains?
Si vous m'avez fait roi, Lysandre, je veux l'être.
Soyez-moi bon sujet, je vous serai bon maître;
Mais ne prétendez plus partager avec moi
    Ni la puissance ni l'emploi.
Si vous croyez qu'un sceptre accable qui le porte
A moins qu'il prenne une aide à soutenir son poids,
    Laissez discerner à mon choix
Quelle main à m'aider pourroit être assez forte.
Vous aurez bonne part à des emplois si doux
    Quand vous pourrez m'en laisser faire;

tels ont sauvé *Othon* de l'oubli), une scène à laquelle ont rendu justice, en faisant des réserves sévères, peut-être trop sévères, pour le style, Voltaire et La Harpe. Fontenelle avait écrit de l'*Agésilas* de son oncle : « Il faut croire qu'il est de Corneille, puisque son nom y est; et il y a une scène d'Agésilas et de Lysandre qui ne pourroit pas facilement être d'un autre. » Voltaire restreint ainsi l'éloge : « Si le style est foible, du moins les pensées sont fortes, sages, vraies, sans enflure et sans amplification de rhétorique »; et il ajoute que le P. Tournemine allait jusqu'à préférer ce morceau « à toutes les pièces de Racine. » Il est vrai que le P. jésuite ne pardonnait pas à Racine d'avoir été élevé par les jansénistes.
Lysandre avait contribué à faire nommer Agésilas roi de Sparte et généralissime des Grecs contre les Perses; puis, regrettant sa conduite, jaloux, et tenu dans un rang inférieur par Agésilas, il avait cherché à élever pouvoir contre pouvoir. Agésilas le lui reproche. Le sujet est pris aux Vies de Lysandre et d'Agésilas par Plutarque. La pièce est de 1666. On y remarquera la nouveauté des mètres variés et des rimes croisées.
Voici les quatre vers célèbres d'*Othon* :

    Je les voyois tous trois se hâter sous un maître
    Qui, chargé d'un long âge, a peu de temps à l'être,
    Et tous trois à l'envi s'empresser ardemment
    A qui dévoreroit ce règne d'un moment.
                  (I, 1).

« *Dévorer un règne!* Quelle effrayante énergie d'expression! et cependant elle est claire, juste et naturelle. C'est le sublime. » (LA HARPE.) « Corneille n'a jamais fait quatre vers plus forts, plus pleins, plus sublimes. » (VOLTAIRE.) — Jam afferebant venalia cuncta praepotentes liberti; servorum manus subitis avidae, et tanquam apud senem festinantes. (TACITE, *Hist.*, I, 7.) — Cette première scène d'*Othon*, dit encore Voltaire, peut « de toutes les expositions passer pour la plus belle », celle du *Bajazet* de Racine mise hors de pair.

Mais soyez sûr aussi d'un succès tout contraire
Tant que vous ne voudrez les tenir que de vous.....
    Chez tous nos Grecs asiatiques
Votre pouvoir naissant trouva des républiques,
Que sous votre cabale il vous plut asservir :
La vieille liberté si chère à leurs ancêtres
Y fut partout forcée à recevoir dix maîtres ;
Et dès qu'on murmuroit de se la voir ravir,
On voyoit par votre ordre immoler les plus braves
    A l'empire de vos esclaves.
J'ai tiré de ce joug les peuples opprimés :
En leur premier état j'ai remis toutes choses ;
Et la gloire d'agir par de plus justes causes
A produit des effets plus doux et plus aimés.
J'ai fait, à votre exemple, ici des créatures,
Mais sans verser de sang, sans causer de murmures ;
Et comme vos tyrans prenoient de vous la loi,
Comme ils étoient à vous, les peuples sont à moi.
Voilà quelles raisons ôtent à vos services
    Ce qu'ils vous semblent mériter,
    Et colorent ces injustices
Dont vous avez raison de vous mécontenter.
Si d'abord elles ont quelque chose d'étrange,
Repassez-les deux fois au fond de votre cœur.
Changez, si vous pouvez, de conduite et d'humeur,
    Mais n'espérez pas que je change [1].
        (*Agésilas*, III, 1.)

DE LA DOCTRINE DE LA VÉRITÉ [2]

Un jour, un jour viendra qu'il faudra rendre compte,
Non de ce qu'on a lu, mais de ce qu'on a fait ;

---

1. Cinq ans après *Agésilas*, en 1671, le même Corneille, qui avait fait parler à Cléopâtre le langage de la haine et de la vengeance que nous connaissons, trouvait, à 65 ans, les accents enchanteurs, qu'il prêtait à Psyché (voir sur *Psyché*, *infrà*, une note d'une scène de MOLIÈRE) :

    Par quel ordre du ciel que je ne puis comprendre
      Vous dis-je plus que je ne dois,
    Moi de qui la pudeur devroit du moins attendre
    Que vous m'expliquassiez le trouble où je vous vois ?
    Vous soupirez, seigneur, ainsi que je soupire ;
    Vos sens, comme les miens, paraissent interdits :
    C'est à moi de m'en taire, à vous de me le dire ;
     Et cependant c'est moi qui vous le dis.
        (*Psyché*, III, 3.)

2. L'ampleur du développement et la fermeté de la strophe sont également frappantes. Les dix strophes que nous citons finissent la

Et l'orgueilleux savoir à quelque point qu'il monte
    N'aura lors que la honte
    De son mauvais effet.

Où sont tous ces docteurs qu'une foule si grande
Rendoit à tes yeux même autrefois si fameux?
Un autre tient leur place, un autre a leur prébende [1],
    Sans qu'aucun te demande
    Un souvenir pour eux.

Tant qu'a duré leur vie ils sembloient quelque chose;
Il semble après leur mort qu'ils n'ont jamais été :
Leur mémoire avec eux sous leur tombe est enclose;
    Avec eux y repose
    Toute leur vanité.

Ainsi passe la gloire où le savant aspire
S'il n'a mis son étude à se justifier;
C'est là le seul emploi qui laisse lieu d'en dire
    Qu'il avoit su bien lire
    Et bien étudier.

Mais, au lieu d'aimer Dieu, d'agir pour son service,
L'éclat d'un vain savoir à toute heure éblouit,
Et fait suivre à toute heure un brillant artifice
    Qui mène au précipice,
    Et là s'évanouit.

La grandeur véritable est d'une autre nature [2];
C'est en vain qu'on la cherche avec la vanité :
Celle d'un vrai chrétien, d'une âme toute pure
    Jamais ne se mesure
    Que sur sa charité.

Vraiment grand est celui qui dans soi se ravale,
Qui rentre en son néant pour s'y connoître bien [3],

---

pièce, qui en compte 35. — Corneille consacra à la traduction de l'*Imitation de Jésus-Christ*, qu'il dédia au pape Alexandre VII, les années où il resta éloigné du théâtre, après la chûte de *Pertharite*. Cette traduction, ou paraphrase, est écrite en strophes ou stances, de forme et d'étendue très-diverses.

1. 1° Revenu ecclésiastique attaché à un canonicat; 2° le canonicat lui-même. Etymol.: *præbenda*, les revenus qui doivent être *fournis*.

2. L'accent du vers cornélien se reconnaît en tout sujet. Cf. *Nicomède*, II, 3. Flaminius :

    Mais on ne voit qu'à Rome une vertu si pure;
    Le reste de la terre est d'une autre nature.

3. C'est ici le ton et le langage de Bossuet, et ses surprises d'harmonie

Qui de tous les honneurs que l'univers étale
    Craint la pompe fatale,
    Et ne l'estime rien.

Vraiment sage est celui dont la vertu resserre
Autour du vrai bonheur l'essor de son esprit,
Qui prend pour du fumier les choses de la terre,
    Et qui se fait la guerre
    Pour gagner Jésus-Christ.

Et vraiment docte enfin est celui qui préfère
A son propre vouloir le vouloir de son Dieu,
Qui cherche en tout, partout, à l'apprendre, à le faire,
    Et jamais ne diffère
    Ni pour temps ni pour lieu.

(*L'Imitation de Jésus-Christ, traduite et paraphrasée en vers françois*, I, 34.)

CORNEILLE SUR LUI-MÊME, en 1636

Nous nous aimons un peu, c'est notre foible à tous ;
Le prix que nous valons, qui le sait mieux que nous ?
Et puis la mode en est, et la cour l'autorise.
Nous parlons de nous-même avec toute franchise ;
La fausse humilité ne met plus en crédit ;
Je sais ce que je vaux et crois ce qu'on m'en dit.
Pour me faire admirer, je ne fais point de ligue ;
J'ai peu de voix pour moi, mais je les ai sans brigue ;
Et mon ambition, pour faire plus de bruit,
Ne les va point quêter de réduit en réduit ;
Mon travail sans appui monte sur le théâtre ;
Chacun en liberté l'y blâme ou l'idolâtre ;
Là, sans que mes amis prêchent leurs sentimens,
J'arrache quelquefois leurs applaudissemens ;

---

cassante. « De quelques superbes distinctions que se flattent les hommes, ils ont tous une même origine, et cette origine est *petite*. » (*Or. fun. de Madame.*) « Ne l'estime *rien* » offre la même chûte brève et sèche.

    Corneille traduisit aussi cinquante *Psaumes*; les beautés y sont plus rares que dans son *Imitation*. On peut cependant signaler quelques belles stances, par exemple :

    Heureux sont les mortels dont les saints artifices
    Ont lavé les péchés par des pleurs assidus,
    Et par le rude choix de leurs justes supplices
    Les ont si bien couverts que Dieu ne les voit plus. (*Psaume* 8º.)

Ailleurs, quelle grâce charmante !

    Tel qu'un passereau solitaire,
    J'ai peine à supporter mon ombre qui me suit. (*Psaume* 26º.)

Là, content du succès que le mérite donne,
Par d'illustres avis je n'éblouis personne ;
Je satisfais ensemble et peuple et courtisans,
Et mes vers en tous lieux sont mes seuls partisans ;
Par leur seule beauté ma plume est estimée :
Je ne dois qu'à moi seul toute ma renommée,
Et pense toutefois n'avoir point de rival
A qui je fasse tort en le traitant d'égal [1].

(*Poésies diverses, Excuse à Ariste* [2])

QUARANTE ANS APRÈS (1676)

AU ROI

Sur Cinna, Pompée, Horace, Sertorius, Œdipe, Rodogune, qu'il a fait représenter de suite devant lui à Versailles, en octobre 1676 [3].

Est-il vrai, grand monarque, et puis-je me vanter
Que tu prennes plaisir à me ressusciter ;
Qu'au bout de quarante ans, Cinna, Pompée, Horace,
Reviennent à la mode et retrouvent leur place,
Et que l'heureux brillant de mes jeunes rivaux [4]
N'ôte point leur vieux lustre à mes premiers travaux ?
Achève : les derniers n'ont rien qui dégénère,

---

1. Quel mélange de bonne grâce, spirituelle et souriante au commencement, et de fierté simple, franche et haute à la fin ! Corneille n'avait que faire de s'excuser sur le « foible » des poètes et la « mode ». Il est encore le plus discret des poètes qui sentent et disent ce qu'ils valent. Qui d'entre eux ne s'est pas promis l'immortalité ? HORACE (*Od.*, III, 30), VIRGILE (*Æn.*, IX, 445), OVIDE (*Met.*, XV, 871), LUCAIN (*Phars.*, IX, 983) et, hier, MALHERBE :

    Ce que Malherbe écrit dure éternellement.

2. Il s'excuse de ne pas écrire pour son ami quelques couplets qu'il lui demandait :

    Ariste, c'est en vers qu'il vous faut des excuses ;
    Et la mienne pour vous n'en plaint point la façon :
    Cent vers lui coûtent moins que deux mots de chanson.

Cette fière *Excuse* fut le signal du déchaînement des ennemis de Corneille. On peut lire dans sa *Réponse à Scudéry* (Prosateurs, p. 145) : « Vous vous plaignez d'une *Lettre à Ariste*, où je ne vous ai point fait de tort de vous traiter d'égal, puisqu'en vous montrant mon envieux vous vous confessez moindre... »

3. Le vieux poète, depuis longtemps blessé par la critique ou l'oubli, est ranimé un instant par un dernier écho des applaudissements d'autrefois, venu de Versailles même, et trouve encore, à 70 ans, de vifs accents, et surtout, dans son illusion persévérante, des accents paternels d'une touchante naïveté pour les derniers enfants de sa plume : ils sont comme attendris par un ton de reconnaissance et de prière, et voilés de tristesse.

4. Pas un mot d'amertume. Racine a dû regretter, devant cette générosité simple et fière, son trait fâcheux et injuste (« malevoli veteris poetæ », 1re préface de *Britannicus*), si huit ans passés ne le lui avaient pas fait oublier

Rien qui les fasse croire enfans d'un autre père ;
Ce sont des malheureux étouffés au berceau,
Qu'un seul de tes regards tireroit du tombeau.
On voit Sertorius, Œdipe et Rodogune,
Rétablis par ton choix dans toute leur fortune ;
Et ce choix montreroit qu'Othon et Suréna
Ne sont pas des cadets indignes de Cinna.
Sophonisbe à son tour, Attila, Pulchérie,
Reprendroient pour te plaire une seconde vie ;
Agésilas en foule auroit des spectateurs,
Et Bérénice enfin trouveroit des acteurs[1].
Le peuple, je l'avoue, et la cour les dégradent [2]:
Je foiblis, ou du moins ils se le persuadent ;
Pour bien écrire encor j'ai trop longtemps écrit,
Et les rides du front passent jusqu'à l'esprit.
Mais, contre cet abus [3], que j'aurois de suffrages,
Si tu donnois les tiens à mes derniers ouvrages !
Que de tant de bonté l'impérieuse loi
Ramèneroit bientôt et peuple et cour vers moi !

   Tel Sophocle à cent ans charmoit encore Athènes,
Tel bouillonnoit encor son vieux sang dans ses veines,
Diroient-ils à l'envi, lorsque Œdipe aux abois
De ses juges pour lui gagna toutes les voix[4].
Je n'irai pas si loin ; et si mes quinze lustres
Font encor quelque peine aux modernes illustres,
S'il en est de fâcheux jusqu'à s'en chagriner,
Je n'aurai pas longtemps à les importuner.
Quoi que je m'en promette, ils n'en ont rien à craindre ;
C'est le dernier éclat d'un feu prêt à s'éteindre ;
Sur le point d'expirer il tâche d'éblouir,
Et ne frappe les yeux que pour s'évanouir.
Souffre, quoi qu'il en soit, que mon âme ravie
Te consacre le peu qui me reste de vie.
L'offre n'est pas bien grande, et le moindre moment
Peut dispenser mes vœux de l'accomplissement.
Préviens ce dur moment par des ordres propices ;
Compte mes bons désirs comme autant de services.....

                        (Poésies diverses.)

---

1. Corneille semble faire la revue de son théâtre : on remarquera, entre autres, l'omission de *Polyeucte* et du *Menteur*. Pour le reste, voir la notice.
2. *Les rabaissent.*
3. *Erreur* de qui *s'abuse.*
4. Sophocle était poursuivi en justice par ses fils. — Le cerf est *aux abois* quand il est poursuivi et serré de près par la meute *aboyante.*

SUR LE CARDINAL DE RICHELIEU

Qu'on parle mal ou bien du fameux cardinal,
Ma prose ni mes vers n'en diront jamais rien :
Il m'a fait trop de bien pour en dire du mal ;
Il m'a fait trop de mal pour en dire du bien.

(Poésies diverses)

UNE LEÇON

STANCES

Marquise, si mon visage
A quelques traits un peu vieux,
Souvenez-vous qu'à mon âge
Vous ne vaudrez guère mieux.

Le temps aux plus belles choses
Se plaît à faire un affront :
Il saura faner vos roses
Comme il a ridé mon front.

Le même cours des planètes
Règle nos jours et nos nuits :
On m'a vu ce que vous êtes ;
Vous serez ce que je suis.

Cependant j'ai quelques charmes
Qui sont assez éclatans
Pour n'avoir pas trop d'alarmes
De ces ravages du temps.

Vous en avez qu'on adore ;
Mais ceux que vous méprisez
Pourroient bien durer encore
Quand ceux-là seront usés.

Ils pourront sauver la gloire
Des yeux qui me semblent doux,
Et dans mille ans faire croire
Ce qu'il me plaira de vous.

Chez cette race nouvelle,
Où j'aurai quelque crédit,
Vous ne passerez pour belle
Qu'autant que je l'aurai dit.

Pensez-y, belle marquise,
Quoiqu'un grison fasse effroi,
Il vaut bien qu'on le courtise
Quand il est fait comme moi [1].

(*Poésies diverses*)

LA FONTAINE

1621-1695

Jean DE LA FONTAINE, né a Château-Thierry, séminariste à vingt ans, marié à vingt-six, héritier d'une charge de maître des eaux et forêts, fut un séminariste de passage, un mari de hasard, un forestier de nom. Il fut avant tout et de bonne heure poète. En suivant les étapes de sa vie, nous voyons d'abord le pensionnaire de Fouquet, fidèle et éloquent ami de la disgrâce et du malheur dans les vers de sa belle *Élégie*, comme Pellisson le fut dans la prose de ses *Défenses*, Mme de Sévigné dans ses lettres; puis l'ami de Molière, de Boileau et de Racine, le familier et le « fablier » de Mme de la Sablière, l'hôte et l'enfant, en ses jours de vieillesse, de M^{r} et de Mme d'Hervart; toujours rêveur, oublieux de sa femme, de son fils. de son *Florentin*, dont la première représentation le faisait dormir; paresseux, ami du « somme » avec délices, ami des Muses, des bois, des bêtes; académicien sur le tard (en 1684), et académicien convaincu et fidèle jusqu'au dernier jour, parce que cela « l'amusait »; défenseur reconnaissant et ému des Anciens dans la fameuse querelle; écrivant, au gré de son inspiration, fables morales et contes qui sont tout le contraire, sans se douter peut-être qu'il portait le génie dans un genre dont son nom est devenu synonyme, « volage en vers comme en amour »; finalement, repentant sincère en ces deux points, jusqu'à la conversion, jusqu'à l'austérité, jusqu'au cilice, jusqu'au tremblement, à la pensée de paraître devant ce Dieu, qui, disait une bonne femme qui le soignait, « n'aurait pas le courage de le damner. »

Il y a deux poètes en La Fontaine : le bel esprit des premiers jours, qui, dans le *Songe de Vaux*, décrivait en vers et en prose les merveilles de la résidence princière de son protecteur, qui composait, pour la société galante et polie de Fouquet, ballades, rondeaux, madrigaux, qui chantait les Clymènes, et que «maître Vincent Voiture pensa gâter ». Ce premier La Fontaine se relie par l'*Élégie aux Nymphes de Vaux* et par le roman en prose et en vers des *Amours de Psyché et de Cupidon* (1669) à l'inimitable La Fontaine des *Fables* (Liv. I-VI, 1668; VII-XI, 1678; XII, 1693). Le fond était trop bon pour s'altérer par ses premières aventures poétiques. Il s'amusa, sans s'y attarder trop, dans ces « petits chemins tout parsemés de roses » qui ne lui cachaient pas la nature. Avec elle d'ailleurs il avait eu de bons maîtres : Malherbe, dont une ode

---

[1]. C'est-à-dire quand il est ce que je suis. Le vers est court, net, le ton fier, la leçon verte. Le vieux lion piqué relève la tête et gronde.

éveilla en lui le poète, et qui le guida sans l'enchaîner, et, avec Malherbe, Racan, tous deux « maîtres de la lyre »; et puis, en remontant aux sources vives de l'esprit français, « maître Clément et maître François » (entendez Marot et Rabelais), et, plus haut encore, le « bon Platon » et « le bon Horace. »

Ainsi s'est formé, de son propre fond d'abord et du sel gaulois qui l'a avivé, de la moelle et de la fleur des anciens qui l'ont revêtu de force et de grâce, le génie le plus solide et le plus charmant. Ami de la nature comme beaucoup au XVIe siècle (on l'a trop oublié) l'avaient, en dépit des pastorales de mode et de commande, aimée sincèrement et naïvement, il est resté le seul qui ait su nous la faire aimer avant J.-J. Rousseau. Quand il tenait encore à l'école du brillant et de l'esprit, il décrivait; dans ses *Fables* il ne décrit plus, il sent, il rend, il peint : de ses yeux, l'impression est passée dans son âme, de son âme dans un vers, dans un mot qui la reçoit et nous la communique. De là ces vers qu'il a rêvés et que notre imagination achève :

> Sur les humides bords des royaumes des vents... (I, 22.)
> Au bord d'un clair ruisseau buvoit une colombe... (II, 12.)
> ... Dans le temps
> Que les tièdes zéphyrs ont l'herbe rajeunie..., (V, 8.)
> ... Un jour
> Qu'il étoit allé faire à l'aurore sa cour.
> Parmi le thym et la rosée. (VII, 16.)

Son âme, avons-nous dit; disons son cœur : il saigne devant ce « trou »,

> Non pas trou, mais trouée, horrible et large plaie,
> Que l'on fit à la pauvre haie. (IV, 4.)

Au sein de la nature ce rêveur observait et pénétrait les mœurs de ses bêtes, et, sous les mœurs des bêtes, celles des hommes. Il est moraliste comme La Bruyère, dramatique comme Molière, en son « ample comédie à cent actes divers. » Chacun de ses personnages a son caractère, ses habitudes, son langage, son nom, son surnom : comme Homère il a créé des types, comme lui il leur a attaché un mot qui les marque et leur reste. Son style est le plus souple, le plus vrai, le plus vivant des styles; par l'expression, le mouvement, la coupe, il suit, il revêt, il moule et fixe la pensée, l'action, le geste; son style a une figure et une physionomie, une voix et un accent. Il est la nature même. Il charme l'enfant, il fait réfléchir l'homme. Si Horace est le livre de tous les sages, La Fontaine est le livre de tous les âges.

LA MORT ET LE BUCHERON [1]

Un pauvre bûcheron, tout couvert de ramée [2],
Sous le faix du fagot aussi bien que des ans
Gémissant et courbé, marchoit à pas pesans,
Et tâchoit de gagner sa chaumine enfumée.

---

1. Cf. Esope, et Corrozet (1510-1568), qui a traduit ou imité Esope.
2. 1o Assemblage de branches entrelacées : Aller sous la ramée; 2o branches coupées avec leurs touffes vertes, comme ici : Joncher de ramée une route.

Enfin, n'en pouvant plus d'effort et de douleur,
Il met bas son fagot, il songe à son malheur [1].
Quel plaisir a-t-il eu depuis qu'il est au monde ?
En est-il un plus pauvre en la machine ronde?
Point de pain quelquefois, et jamais de repos :
Sa femme, ses enfans, les soldats, les impôts,
    Le créancier et la corvée [2],
Lui font d'un malheureux la peinture achevée.
Il appelle la Mort. Elle vient sans tarder,
    Lui demande ce qu'il faut faire.

1. Chaque hémistiche de ces six vers s'arrête et tombe, lourd, peinant : c'est l'allure même du bûcheron épuisé, comme le début du *Coche et la Mouche* (VII, 9) rend l'essoufflement. Dans le quatrième vers, l'œil du lecteur suit de mot en mot le pauvre homme qui se traîne jusqu'à la « chaumine enfumée », qui est le terme de la période, comme il sera le terme de son labeur. Ainsi, dans l'autre fable, l'œil voit successivement la *montée*, les *chevaux*, la *traction*, et enfin le *coche*, qui arrive le dernier au bout du vers. Cf. VIRGILE, G., III, 335 :

    Montesque per altos
Contenta cervice *trahunt* stridentia *plaustra*.

Id., ibid., 412 :

    Montes que per altos
Ingentem clamore *premes* ad *retia cervum*.

La disposition des mots est la même dans ces derniers vers : l'harmonie seule en change l'allure. Voilà l'art de peindre par le choix des mots et leur place. C'est l'art des maîtres qui ont su rendre la nature, Homère, Virgile, La Fontaine. Les vers de La Fontaine conforment leur mouvement, leur marche, leur longueur au fait, à son caractère et à sa durée. Ici les vers se ralentissent, se coupent, se débitent, en pauses, en menus détails (voyez la fable suivante). Là, le vers court sans s'arrêter, un et plein, ou vif et preste :

    Trouvent l'ours qui s'avance et vient vers eux au trot. (V. 20)
    Légère et court vêtue elle alloit à grands pas. (VII, 10).
    Elle bâtit un nid, pond, couve et fait éclore
    A la hâte... (IV, 22).

Ici, il s'arrête et se fixe en une image qui cloue notre regard

    Jetant des deux côtés la griffe en même temps. (VII, 16).
    Où de tout leur pouvoir, de tout leur appétit
    Dormoient les deux pauvres servantes. (V, 6).
    Le pendu ressuscite, et sur ses pieds tombant... (III, 18.)
    Perrin fort gravement ouvre l'huître et l'a gruge,
    Nos deux messieurs le regardant. (IX, 9).

Là, il glisse en jetant une image, que suit notre œil :

    Voyez-vous cette main qui dans les airs chemine ? (I, 8)

On sent la différence d'harmonie de ce dernier mot, qui s'envole léger sur sa finale féminine, et de la lourde syllabe masculine *regardant*. Ailleurs, le vers se rompt à chaque mot et hésite :

    Si sur le point du jour parfois il sommeilloit (VIII, 2)

Cf. JUVÉNAL, XIII, 197 :

    Nocte brevem si forte indulsit cura soporem.

On pourrait multiplier et étendre à l'infini ces remarques. Nous ne faisons que mettre le lecteur sur la voie.

2. Les soldats de passage, qu'il fallait loger ; — la corvée (*corrogata* [opera]), journées de travail gratuit que les vassaux devaient à leur seigneur.

— C'est, dit-il, afin de m'aider
A recharger ce bois; tu ne tarderas guère[1].

Le trépas vient tout guérir :
Mais ne bougeons d'où nous sommes :
PLUTÔT SOUFFRIR QUE MOURIR,
C'est la devise des hommes[2].

(*Fables*, I, 16.)

LE RAT ET L'HUÎTRE[3]

Un rat, hôte d'un champ, rat de peu de cervelle,
Des lares paternels un jour se trouva soûl.
Il laisse là le champ, le grain et la javelle,
Va courir le pays, abandonne son trou.
 Sitôt qu'il fut hors de sa case :
« Que le monde, dit-il, est grand et spacieux !
Voilà les Apennins, et voici le Caucase[4] ! »
La moindre taupinée étoit mont à ses yeux.
Au bout de quelques jours le voyageur arrive
En un certain canton où Téthys sur la rive
Avoit laissé mainte huître; et notre rat d'abord
Crut voir en les voyant des vaisseaux de haut bord.

1. Cela ne te retardera pas beaucoup. Tu ne t'attarderas pas à cela, *non moraberis*.
2. Le bûcheron, comme le *malheureux* de la fable précédente, se ment à lui-même en appelant la mort. C'est ce que dit Sénèque dans une de ses *Epîtres à Lucilius* (107), traduites par Pintrel, l'ami de La Fontaine, qui s'associait à lui en traduisant, pour sa part, en vers les citations des poètes qu'elles renferment : Longam viam ingressus es : et labaris oportet, et arietes, et cadas, et lasseris, *et exclames: O mors ! id est mentiaris*.

« O Mort ? lui disoit-il, que tu me sembles belle !
 Viens vite.... »
« N'approche pas, ô Mort ! ô Mort, retire toi ! »   (I, 15.)

3. Cf. ÉSOPE, et ABSTEMIUS (Astemio, italien du xve siècle).
4. Quel émerveillement du rat, quelle largeur du monde dans ces deux vers ! Même solennité dans le langage du souriceau « qui n'avoit rien vu » (VI, 5) :
 J'avois franchi les monts qui bornent cet état,
suivi d'un brusque changement d'allure :
 Et trottois comme un jeune rat....
Allure légère et vive, comme ailleurs :
 Après qu'il eut brouté, trotté... (VII, 16.)
Elle a des secousses joyeuses, mais pesantes, avec l'âne (VI, 8).
 Il y lâche sa bête;
le vers glisse et part avec le baudet :
 Et le grison se rue
 Au travers de l'herbe menue,
 Se vautrant, grattant et frottant,
 Gambadant, chantant et broutant.
voilà l'harmonie modifiée par les lourds ébats de l'animal.
Le vers a la force et la grandeur épique dans maint passage. Voyez l'*Astrologue* (II, 13), le *Songe* (XI, 4) cité ci-après, le *Lion et le Moucheron* (II, 9), etc.

« Certes, dit-il, mon père était un pauvre sire !
Il n'osoit voyager, craintif au dernier point.
Pour moi, j'ai déjà vu le maritime empire ;
J'ai passé les déserts, mais nous n'y bûmes point[1]. »
D'un certain magister le rat tenoit ces choses,
 Et les disoit à travers champs,
N'étant pas de ces rats qui, les livres rongeans,
 Se font savans jusques aux dens.
 Parmi tant d'huîtres toutes closes,
Une s'étoit ouverte, et bâilloit au soleil,
 Par un doux zéphyr réjouie,
Humoit l'air, respiroit, étoit épanouie,
Blanche, grasse[2], et d'un goût, à la voir, nonpareil.
D'aussi loin que le rat voit cette huître qui bâille :
« Qu'aperçois-je, dit-il ; c'est quelque victuaille !
Et, si je ne me trompe à la couleur du mets,
Je dois faire aujourd'hui bonne chère ou jamais. »
Là-dessus maître rat, plein de belle espérance,
Approche de l'écaille, allonge un peu le cou[3],
Se sent pris comme aux lacs ; car l'huître tout d'un coup
Se referme[4]. Et voilà ce que fait l'ignorance[5].

Cette fable contient plus d'un enseignement :
 Nous y voyons premièrement

---

1. RABELAIS, I, 33. Un hâbleur raconte ses voyages à travers le désert :
« ...Nous ne busmes point frais. »

2. Harmonie molle et coulante, comme celle du portrait du chat (VI, 6).
Comparez (*ibid.*) l'harmonie brusque et cassante du portrait du coq.

3. Cf. pour cet art de détailler le fait, *le Chat et le vieux rat* (III, 18, v. 24 sqq.), *le Singe et le Chat* (IX, 17, v. 2 sqq.), *l'Ours et les deux Compagnons* (V, 20, v. 30 sqq.), *la Vieille et les deux Servantes* (V, 6, v. 17 sqq.), etc.

4. Cf. pour cet art de coupes et de rejets : *le Chat et le Rat* (VIII, 21) :
 Les derniers traits de l'ombre empêchent qu'il ne voie
 Le filet : il y tombe...;
Les deux Pigeons (IX, 2) :
 ...Voit un pigeon auprès ; cela lui donne envie ;
 Il y vole, il est pris...
Le Renard, le Loup et le Cheval (XII, 17) :
 Le loup, par ce discours flatté,
 S'approcha. Mais sa vanité
 Lui coûta quatre dens: le cheval lui desserre
 Un coup, et haut le pied...

5. Ces conclusions courtes, aiguisées en pointe d'épigramme, ne sont pas rares :
 Martin bâton accourt ; l'âne change de ton :
 Ainsi finit la comédie (IV, 5).
 Le chat sortant de sa cage
 Lui fit voir en moins d'un instant
 Qu'un rat n'est pas un éléphant (VIII, 15).
 Une servante vient : adieu, mes gens. Raton
 N'étoit pas content, ce dit-on (IX, 17).
 On écorche, on taille, on démembre
 Messire loup. Le monarque en soupa
 Et de sa peau s'enveloppa (VIII, 3).

Que ceux qui n'ont du monde aucune expérience
Sont, aux moindres objets, frappés d'étonnement ;
    Et puis nous y pouvons apprendre
    Que tel est pris qui croyoit prendre [1].

                      (*Fables*, VIII, 9.)

LE SONGE D'UN HABITANT DU MOGOL [2]

Jadis certain Mogol vit en songe un visir
Aux Champs-Élysiens possesseur d'un plaisir
Aussi pur qu'infini, tant en prix qu'en durée :
Le même songeur vit en une autre contrée
    Un ermite entouré de feux,
Qui touchoit de pitié même les malheureux.
Le cas parut étrange, et contre l'ordinaire :
Minos en ces deux morts sembloit s'être mépris.
Le dormeur s'éveilla, tant il en fut surpris.
Dans ce songe pourtant soupçonnant du mystère,
    Il se fit expliquer l'affaire.
L'interprète lui dit : « Ne vous étonnez point ;
Votre songe a du sens ; et, si j'ai sur ce point
    Acquis tant soit peu d'habitude,
C'est un avis des Dieux. Pendant l'humain séjour,
Ce visir quelquefois cherchoit la solitude ;
Cet ermite aux visirs alloit faire sa cour. »

    Si j'osois ajouter au mot de l'interprète,
J'inspirerois ici l'amour de la retraite :
Elle offre à ses amans des biens sans embarras,
Biens purs, présens du ciel, qui naissent sous les pas.
Solitude, où je trouve une douceur secrète,
Lieux que j'aimai toujours, ne pourrai-je jamais
Loin du monde et du bruit, goûter l'ombre et le frais [3] !

---

1. LA FONTAINE se donne toute liberté à l'égard de l'affabulation, tantôt simple, tantôt double, comme ici, ce que l'on a blâmé (voyez encore *le Lion et le Moucheron*), comme nuisant à l'unité de la fable ; tantôt précédant, tantôt suivant le récit ; ici resserrée, là développée.

2. Imité du Persan SAADI (1193-1291), traduit par DU RYER en 1634.

3. Cf. VIRGILE, *Egl.*, I, 51 :
                Hic inter flumina nota
        Et fontes sacros frigus captabis opacum.

Oh ! qui m'arrêtera sous vos sombres asiles[1] !
Quand pourront les neufs Sœurs, loin des cours et des villes,
M'occuper tout entier, et m'apprendre des cieux
Les divers mouvemens inconnus à nos yeux,
Les noms et les vertus de ces clartés errantes
Par qui sont nos destins et nos mœurs différentes[2] ?
Que si je ne suis né pour de si grands projets[3],
Du moins que les ruisseaux m'offrent de doux objets!
Que je peigne en mes vers quelque rive fleurie !
La Parque à filets d'or n'ourdira point ma vie,
Je ne dormirai point sous de riches lambris[4] :
Mais voit-on que le somme en perde de son prix ?
En est-il moins profond et moins plein de délices[5] ?
Je lui voue au désert de nouveaux sacrifices.

1. Qui me fixera, m'établira ? Cf. VIRGILE, G., II, 485
>   Rura mihi et rigui placeant in vallibus amnes,
>   Flumina amem sylvasque inglorius....
>   ...... O qui me gelidis in vallibus Hæmi
>   Sistat, et ingenti ramorum protegat umbra ?

La Fontaine goûtait autant Virgile et Homère qu'Horace. Voici un passage où l'un est nommé, et tous deux imités :
>   L'herbe l'auroit portée; une fleur n'auroit pas
>   Reçu l'empreinte de ses pas ;
>   Elle sembloit raser les airs à la manière
>   Que les Dieux marchent dans Homère.
>   (*Le Songe;* pour la princesse de Conti, 1689.)

Cf. HOMÈRE, *Il.*, XX, 226 sqq. et VIRGILE, *Æn.*, VII, 808 sqq. :
>   Illa vel intactæ segetis per summa volaret
>   Gramina, nec teneras cursu læsisset aristas....

2. C'est encore le vœu de Virgile, *ibid.*, 475-481. — Voyez sur l'horoscopie et la divination les vers de Ronsard, p. 54, et dans la note les vers de La Fontaine, tirés de la fable 13, liv. II.

3. VIRGILE, *ibid.*, 482 :
>   Sin has ne possim naturæ accedere partes...

4. Nous trouvons aussi ces « riches lambris », où l'équivalent et le développement, dans le début du passage de Virgile, 460 sqq., et dans un passage célèbre de LUCRÈCE, dont plusieurs images et plusieurs tours contiennent le germe de celui de Virgile, *De Nat. rerum.*, II, 20 sqq.:
>   Si non aurea sunt juvenum simulacra per ædes,...
>   Nec citharis reboant *laqueata aurataque tecta*....

Nous signalons aux élèves ces divers rapprochements, auxquels on peut ajouter le *somno et inertibus horis* d'HORACE (*Sat.* II, 7, 61); SÉNÈQUE, *Herc. fur.*, 164 sqq. ; les vers de DESPORTES (voyez p. 125); les *Stances* de RACAN (Recueil des classes de grammaire), etc.

5. Voilà un accent de conviction qui n'est pas joué. On sait que l'*Epitaphe d'un paresseux* a été faite par La Fontaine pour lui-même (1659) :
>   Jean s'en alla comme il étoit venu,
>   Mangeant le fonds avec le revenu,
>   Tint les trésors chose peu nécessaire.
>   Quant à son temps, bien le sut dispenser.
>   Deux parts en fit, dont il souloit passer
>   L'une à dormir, et l'autre à ne rien faire.

Quand le moment viendra d'aller trouver les morts,
J'aurai vécu sans soins, et mourrai sans remords[1].

(*Fables*, XI, 4.)

AUREA MEDIOCRITAS

Ni l'or ni la grandeur ne nous rendent heureux.
Ces deux divinités n'accordent à nos vœux
Que des biens peu certains, qu'un plaisir peu tranquille.
Des soucis dévorans c'est l'éternel asile[2] ;
Véritables vautours, que le fils de Japet[3]
Représente, enchaîné sur son triste sommet.
L'humble toit est exempt d'un tribut si funeste ;
Le sage y vit en paix, et méprise le reste :
Content de ses douceurs, errant parmi les bois,
Il regarde à ses pieds les favoris des rois ;
Il lit au front de ceux qu'un vain luxe environne
Que la Fortune vend ce qu'on croit qu'elle donne.
Approche-t-il du but, quitte-t-il ce séjour,
Rien ne trouble sa fin, c'est le soir d'un beau jour.

(*Philémon et Baucis*, début).

ÉLÉGIE AUX NYMPHES DE VAUX[5]

Remplissez l'air de cris en vos grottes profondes,
Pleurez, nymphes de Vaux, faites croître vos ondes,

---

1. Quelle plénitude d'harmonie douce et calme, et de béatitude finale, où il se repose et s'endort ! C'est le ton du vers qui finit le morceau suivant. — Nous avons cité cette fable, et nous citons, ci-après, l'*Elégie aux Nymphes de Vaux*, pour fournir aux élèves, qui en Troisième étudient les *Géorgiques* de Virgile, la matière d'une comparaison avec l'Eloge de la vie champêtre (IIe liv. fin). LA FONTAINE n'avait pas besoin de puiser dans les vers ravissants de VIRGILE l'amour des champs et des bois ; mais il s'en était pénétré, et la poésie du maître coulait de source dans sa libre imitation, avec ce facile et mol abandon qui est son originalité et sa grâce. — Le « bon Horace » a fourni aussi plus d'un souvenir à LA FONTAINE. Les élèves, qui en Seconde et en Rhétorique étudient Horace et notre fabuliste, les trouveront. Je parle moins de la fable des deux rats, où LA FONTAINE est resté inférieur à son modèle, que des traces éparses dans son style, par exemple, le « long espoir » de la fable du *Vieillard et des trois jeunes hommes*, qui est le *spem longam* des *Odes* (I et 11).

2. L'or, un *asile* des soucis ? L'image est hardie, mais juste, et l'esprit s'y prête.

3. Prométhée, enchaîné sur le Caucase. — *Iapetus*, Japhet.

4. Voyez comme ces idées que nous avons vues exprimées par Vauquelin, de la Taille, Desportes, Racan, etc., trouvent ici comme leur forme définitive à la fois riche, précise, ferme et noble.

5. Le surintendant des finances, Fouquet, donna, en 1661, des fêtes princières à Louis XIV et à sa cour, dans son château de Vaux, près Melun, dont Le Vau avait dressé les plans, Le Nôtre dessiné les jardins, Le Brun

Et que l'Anqueuil¹ enflé ravage les trésors
Dont les regards de Flore ont embelli ses bords.
On ne blâmera pas vos larmes innocentes :
Vous pouvez donner cours à vos douleurs pressantes ;
Chacun attend de vous ce devoir généreux :
Les Destins sont contens, Oronte est malheureux.
Vous l'avez vu naguère au bord de vos fontaines,
Qui, sans craindre du sort les faveurs incertaines,
Plein d'éclat, plein de gloire, adoré des mortels,
Recevoit des honneurs qu'on ne doit qu'aux autels.
Hélas ! qu'il est déchu de ce bonheur suprême !
Que vous le trouveriez différent de lui-même !
Pour lui les plus beaux jours sont de secondes nuits :
Les soucis dévorans, les regrets, les ennuis,
Hôtes infortunés de sa triste demeure,
En des gouffres de maux le plongent à toute heure.
Voilà le précipice où l'ont enfin jeté
Les attraits enchanteurs de la prospérité.
Dans les palais des rois cette plainte est commune :
On n'y connoît que trop les jeux de la Fortune,
Ses trompeuses faveurs, ses appas inconstans ;
Mais on ne les connoît que quand il n'est plus temps.
Lorsque sur cette mer on vogue à pleines voiles,
Qu'on croit avoir pour soi les vens et les étoiles,
Il est bien malaisé de régler ses désirs :
Le plus sage s'endort sur la foi des zéphyrs.
Jamais un favori ne borne sa carrière :
Il ne regarde pas ce qu'il laisse en arrière ;
Et tout ce vain amour des grandeurs et du bruit
Ne le sauroit quitter qu'après l'avoir détruit².

décoré les appartements. Le 17 août les *Fâcheux* y furent joués (voir plus bas, note sur les *Fâcheux*). Dix-neuf jours après, Fouquet, dont l'arrestation était décidée par le roi avant que le luxe accusateur de ses fêtes achevât de le perdre, fut arrêté à Nantes, puis traduit devant une chambre de justice et condamné à un emprisonnement perpétuel.

1. Petite rivière qui passe à Vaux. (Note de La Fontaine.)
2. Détruire (*de, struere*), renverser une construction. Appliqué figurément aux hommes. Cf. l'épitre suivante, v. 2. Corneille, *Cinna*, I, 2 :

J'attendrai du hasard qu'il ose le (Auguste) détruire.

Cf. Lucain :

Sic longius ævum
Destruit ingentes animos.

Manilius, I, 9, exprime ainsi l'écroulement d'une grande puissance :

Materiam struimus magnæ per vota ruinæ.

On a remarqué l'emploi figuré de deux verbes dans ce vers de Racine (*Andromaque*, I, 2) :

Hector tomba sous lui, *Troie expira* sous vous

Tant d'exemples fameux que l'histoire en raconte
Ne suffisoient-ils pas sans la perte d'Oronte ?
Ah ! si ce faux éclat n'eût pas fait ses plaisirs,
Si le séjour de Vaux eût borné ses désirs,
Qu'il pouvoit doucement laisser couler son âge !
Vous n'avez pas chez vous ce brillant équipage,
Cette foule de gens qui s'en vont chaque jour
Saluer à longs flots le soleil de la cour :
Mais la faveur du ciel vous donne en récompense
Du repos, du loisir, de l'ombre et du silence,
Un tranquille sommeil, d'innocens entretiens,
Et jamais à la cour on ne trouve ces biens [1].

Mais quittons ces pensers : Oronte nous appelle.
Vous, dont il a rendu la demeure si belle,
Nymphes, qui lui devez vos plus charmans appas,
Si le long de vos bords Louis porte ses pas,
Tâchez de l'adoucir, fléchissez son courage [2].
Il aime ses sujets, il est juste, il est sage :
Du titre de clément rendez-le ambitieux [3] ;
C'est par là que les rois sont semblables aux dieux.
Du magnanime Henri qu'il contemple la vie :
Dès qu'il put se venger, il en perdit l'envie.
Inspirez à Louis cette même douceur :
La plus belle victoire est de vaincre son cœur.
Oronte est à présent un objet de clémence :
S'il a cru les conseils d'une aveugle puissance,
Il est assez puni par un sort rigoureux,
Et c'est être innocent que d'être malheureux [4].

(Élégies, I.)

---

1. Cf. VIRGILE, *G.*, II, 460 qq. :

<pre>
    Si non ingentem foribus domus alta superbis
    Mane salutantum totis vomit œdibus undam...
    At secura quies et nescia fallere vita...
    .... mollesque sub arbore somni.
    .... (alii) penetrant aulas et limina regum.
</pre>

Voyez la fable du *Songe d'un habitant de Mogol*, p. 233, et les notes

2. Les Latins disent *flectere animum*.
3. Elision de *le* déjà signalée.
4. Cette élégie a immortalisé la reconnaissance de LA FONTAINE, comme les *Défenses de M. Fouquet*, celle de Pellisson.

DISCOURS A MADAME DE LA SABLIÈRE[1]

1684

Désormais que ma muse, aussi bien que mes jours,
Touche de son déclin l'inévitable cours,
Et que de ma raison le flambeau va s'éteindre,
Irai-je en consumer les restes à me plaindre,
Et, prodigue d'un temps par la Parque attendu,
Le perdre à regretter celui que j'ai perdu ?
Si le ciel me réserve encor quelque étincelle
Du feu dont je brillois en ma saison nouvelle,
Je la dois employer, suffisamment instruit
Que le plus beau couchant est voisin de la nuit.
Le temps marche toujours; ni force, ni prière,
Sacrifices, ni vœux, n'allongent la carrière ;
Il faudroit ménager ce qu'on va nous ravir.
Mais qui vois-je que vous[2] sagement s'en servir ?
Si quelques-uns l'ont fait, je ne suis pas du nombre ;
Des solides plaisirs je n'ai suivi que l'ombre ;
J'ai toujours abusé du plus cher de nos biens.
Les pensers amusans, les vagues entretiens,
Vains enfans du loisir, délices chimériques ;
Les romans et le jeu, perte des républiques,
Par qui sont dévoyés les esprits les plus droits,
Ridicule fureur qui se moque des lois[3],
Cent autres passions, des sages condamnées,
Ont pris comme à l'envi la fleur de mes années.
L'usage des vrais biens répareroit ces maux :

---

1. *Discours*, tel est le titre de LA FONTAINE. — Il intitule encore *Discours à Madame de la Sablière* la fable qui commence le dixième livre, et où il réfute la doctrine de Descartes sur l'animal-machine. « Iris, » assez sage et assez modeste pour « refuser l'encens » de la flatterie, assez savante pour que le poète lui adresse de préférence une fable philosophique, était la femme d'un riche financier, ami des lettres, qui écrivit de jolis madrigaux. Elle était lettrée, érudite, spirituelle et bonne. Elle recueillit en 1672 La Fontaine, dont le nom reste attaché au sien. Elle mourut en 1693.
2. *Que* équivalant à *sinon*. Tour déjà signalé, usuel au XVIe siècle, fréquent dans Corneille et Molière.
3. Voilà une bien grosse indignation ! Quelle bonhomie sérieuse et naïve dans le *meâ culpâ* de La Fontaine, qui est toute cette épître ! Il veut de bonne foi se convertir, il y fait ses efforts, se gronde du passé et y tient encore un peu, dans ses repentirs sincères, par la complaisance avec laquelle il s'y arrête et sourit en soupirant en « la fleur de ses années ». Il se sent faible encore : suivre « en tout » les conseils austères de son amie, qui faisait de fréquentes retraites aux Incurables, c'était, alors, « trop » pour lui.

Je le sais, et je cours encore à des biens faux.....
Si¹ faut-il qu'à la fin de tels pensers nous quittent;
Je ne vois plus d'instans qui ne m'en sollicitent.
Je recule, et peut-être attendrois-je trop tard :
Car qui sait les momens prescrits à son départ?
Quels qu'ils soient, ils sont courts : à quoi les emploîrai-je?
   Si j'étois sage, Iris (mais c'est un privilége
Que la nature accorde à bien peu d'entre nous),
Si j'avois un esprit aussi réglé que vous,
Je suivrois vos leçons, au moins en quelque chose :
Les suivre en tout, c'est trop ; il faut qu'on se propose
Un plan moins difficile à bien exécuter,
Un chemin dont sans crime on se puisse écarter.
Ne point errer est chose au-dessus de mes forces :
Mais aussi, de se prendre² à toutes les amorces,
Pour tous les faux brillans courir et s'empresser,
J'entends que l'on me dit : « Quand donc veux-tu cesser?
Douze lustres³ et plus ont roulé sur ta vie :
De soixante soleils la course entresuivie
Ne t'a pas vu goûter un moment de repos;
Quelque part que tu sois, on voit à tout propos
L'inconstance d'une âme en ses plaisirs légère,
Inquiète, et partout hôtesse passagère;
Ta conduite et tes vers, chez toi, tout s'en ressent :
On te veut là-dessus dire un mot en passant.
Tu changes tous les jours de manière et de style;
Tu cours en un moment de Térence à Virgile :
Aussi rien de parfait n'est sorti de tes mains⁴.
Eh bien! prends, si tu veux, encor d'autres chemins;
Invoque des neuf Sœurs la troupe tout entière :
Tente tout, au hasard de gâter la matière;
On le souffre, excepté tes contes d'autrefois. »
J'ai presque envie, Iris, de suivre cette voix;
J'en trouve l'éloquence aussi sage que forte.
Vous ne parleriez ni mieux ni d'autre sorte :
Seroit-ce point de vous qu'elle viendroit aussi⁵?
Je m'avoue, il est vrai, s'il faut parler ainsi,

1. Et pourtant il faut. — Tour rencontré souvent au xvıᵉ siècle.
2. Pour ce qui est de se prendre...
3. LA FONTAINE avait 63 ans lorsqu'il lut cette épître à l'Académie; c'est-à-dire douze « lustres complets, surchargés de trois ans, » comme dit Boileau (*Ep.* X) quand il nous donne aussi son âge.
4. LA FONTAINE est bien modeste.
5. Ellipse de la négation, acceptée quelquefois en poésie:
   Seront-ils point traités par vous de téméraires? (*Fabl.* VIII, 4)

Papillon du Parnasse, et semblable aux abeilles
A qui le bon Platon compare nos merveilles.
Je suis chose légère[1], et vole à tout sujet ;
Je vais de fleur en fleur, et d'objet en objet ;
A beaucoup de plaisir je mêle un peu de gloire.
J'irois plus haut peut-être au temple de mémoire,
Si dans un genre seul j'avois usé mes jours ;
Mais, quoi ? je suis volage en vers comme en amours.
(*Épitres*, XVI.)

ÉPITRE A MONSEIGNEUR L'ÉVÊQUE DE SOISSONS[2],
en lui donnant un Quintilien de la traduction d'Orazio Toscanella

Je vous fais un présent capable de me nuire.
Chez vous Quintilien s'en va tous nous détruire ;
Car enfin qui le suit ? qui de nous aujourd'hui
S'égale aux anciens, tant estimés chez lui ?
Tel est mon sentiment, tel doit être le vôtre.
Mais, si votre suffrage en entraîne quelque autre,
Il ne fait pas la foule, et je vois des auteurs
Qui, plus savans que moi, sont moins admirateurs.
Si vous les en croyez, on ne peut sans foiblesse
Rendre hommage aux esprits de Rome et de la Grèce.
« Craindre ces écrivains ! on écrit tant chez nous !
La France excelle aux arts, ils y fleurissent tous ;
Notre prince avec art nous conduit aux alarmes :
Et sans art nous louerions le succès de ses armes !
Dieu n'aimeroit-il plus à former des talens ?
Les Romains et les Grecs sont-ils seuls excellens ? »
Ces discours sont fort beaux, mais fort souvent frivoles;
Je ne vois point l'effet répondre à ces paroles ;
Et, faute d'admirer les Grecs et les Romains,
On s'égare en voulant tenir d'autres chemins.
Quelques imitateurs, sot bétail[3], je l'avoue,

---

1. Κοῦφον γὰρ χρῆμα ποιητής ἐστι καὶ πτηνόν (PLATON, *Ion.*).
2. La querelle dite *des Anciens et des Modernes*, ouverte par Desmarets de Saint-Sorlin, continuée plus tard par Fontenelle, venait d'être renouvelée par Charles Perrault, qui avait lu à l'Académie son poème du *Siècle de Louis le Grand* (1687), préludant aux *Parallèles des Anciens et des Modernes* qui suivirent.—Huet (1630-1721), évêque de Soissons depuis 1685, auparavant adjoint par Bossuet à l'éducation du Dauphin, devint en 1689 évêque d'Avranches: c'est sous ce titre qu'il est le plus connu. C'était un lettré, un savant, et un ami de la nature comme La Fontaine. Il était de l'Académie française depuis 1674. C'est lui qui, le premier, prit la plume contre les détracteurs des Anciens.
3. HORACE, *Ep.* I, 19, v. 19 :

O imitatores, servum pecus... !

Suivent en vrais moutons le pasteur de Mantoue [1].
J'en use d'autre sorte, et, me laissant guider,
Souvent à marcher seul j'ose me hasarder.
On me verra toujours pratiquer cet usage.
Mon imitation n'est pas un esclavage :
Je ne prends que l'idée, et les tours, et les lois
Que nos maîtres suivoient eux-mêmes autrefois.
Si d'ailleurs quelque endroit, plein chez eux d'excellence,
Peut entrer dans mes vers sans nulle violence,
Je l'y transporte, et veux qu'il n'ait rien d'affecté,
Tâchant de rendre mien cet air d'antiquité.
Je vois avec douleur [2] ces routes méprisées :
Art et guides, tout est dans les Champs-Élysées.
J'ai beau les évoquer, j'ai beau vanter leurs traits,
On me laisse tout seul admirer leurs attraits.
Térence est dans mes mains ; je m'instruis dans Horace ;
Homère et son rival sont mes dieux du Parnasse.
Je le dis aux rochers [3], on veut d'autres discours :
Ne pas louer son siècle est parler à des sourds.
Je le loue, et je sais qu'il n'est pas sans mérite ;
Mais, près de ces grands noms, notre gloire est petite :
Tel de nous, dépourvu de leur solidité,
N'a qu'un peu d'agrément, sans nul fonds de beauté.
Je ne nomme personne : on peut tous nous connoître.
Je pris certain auteur autrefois pour mon maître [4] :
Il pensa me gâter ; à la fin, grâce aux dieux,
Horace, par bonheur, me dessilla les yeux [5].
L'auteur avoit du bon, du meilleur, et la France
Estimoit dans ses vers le tour et la cadence.
Qui ne les eût prisés ? j'en demeurai ravi ;
Mais ses traits ont perdu quiconque l'a suivi.
Son trop d'esprit s'épand en trop de belles choses :

---

1. VIRGILE :

    Mantua me genuit....

2. La douleur de La Fontaine vaut bien les fâcheries et les épigrammes du grondeur Boileau.

3. A des gens que rien ne touche ni ne convainc. SAINT-SIMON : J'eus un aveu formel sur chaque article : toutefois je parlois aux rochers.

4. *Maître Vincent* VOITURE.

5. Boileau, par aventure, a été une fois moins judicieux, et il a associé Horace et Voiture en un vers célèbre, dont depuis, mais après La Fontaine, il a un peu rabattu. La Fontaine d'ailleurs enterre Voiture sous des fleurs.

Tous métaux y sont or, toutes fleurs y sont roses [1].
On me dit là-dessus : De quoi vous plaignez-vous ?
De quoi ? Voilà mes gens aussitôt en courroux ;
Ils se moquent de moi, qui, plein de ma lecture,
Vais partout prêchant l'art de la simple nature.
Ennemi de ma gloire et de mon propre bien,
Malheureux, je m'attache à ce goût ancien.
« Qu'a-t-il sur nous, dit-on, soit en vers, soit en prose [2] ?
L'antiquité des noms ne fait rien à la chose,
L'autorité non plus, ni tout Quintilien. »
Confus à ces propos, j'écoute, et ne dis rien.
J'avouerai cependant qu'entre ceux qui les tiennent
J'en vois dont les écrits sont beaux et se soutiennent :
Je les prise, et prétends qu'ils me laissent aussi
Révérer les héros du livre que voici.
Recevez leur tribut des mains de Toscanelle.
Ne vous étonnez pas qu'il donne pour modèle
A des ultramontains un auteur sans brillans [3].
Tout peuple peut avoir du goût et du bon sens :
Ils sont de tous pays, du fond de l'Amérique [4];
Qu'on y mène un rhéteur habile et bon critique,
Il fera des savans. Hélas ! qui sait encor
Si la science à l'homme est un si grand trésor ?
Je chéris l'Arioste, et j'estime la Tasse ;
Plein de Machiavel, entêté de Boccace [5],
J'en parle si souvent qu'on en est étourdi.
J'en lis qui sont du Nord, et qui sont du Midi.
Non qu'il ne faille un choix dans leurs plus beaux ouvrages.
Quand notre siècle auroit ses savans et ses sages,
En trouverai-je un seul approchant de Platon [6] ?

---

1. Vers de Malherbe (Note de LA FONTAINE). Malherbe a écrit (*Récit d'un berger, au ballet de Madame, princesse d'Espagne*):
La terre en tous endroits produira toutes choses :
Tous métaux seront or, toutes fleurs seront roses.
2. Quel avantage a-t-il sur nous ?
3. BOILEAU, *A. P.*, I, 43 :
Laissons à l'Italie
De tous ces faux brillans l'éclatante folie.
4. Le goût et le sens peuvent appartenir même à un peuple du fond de l'Amérique.
5. LA FONTAINE a, dans ses *Contes*, emprunté des sujets aux Contes de BOCCACE (1313-1385), aux comédies et aux nouvelles de MACHIAVEL (1469-1530), au poème épique *Orlando furioso*, de l'ARIOSTE (1474-1533), tous trois italiens.
6. Le « bon » Platon, la grâce et la fleur de la langue grecque, que devait goûter celui qui s'appelait « papillon du Parnasse ». C'est précisément Platon que Perrault dépréciait le plus dans son poème sur le *Siècle de Louis le Grand*.

La Grèce en fourmilloit dans son moindre canton.
La France a la satire et le double théâtre [1];
Des bergères d'Urfé [2] chacun est idolâtre ;
On nous promet l'histoire, et c'est un beau projet [3].
J'attends beaucoup de l'art, beaucoup plus du sujet.
Il est riche, il est vaste, il est plein de noblesse ;
Il me feroit trembler pour Rome et pour la Grèce.
Quant aux autres talens, l'ode, qui baisse un peu,
Veut de la patience, et nos gens ont du feu [4].
Malherbe avec Racan [5], parmi les chœurs des anges,
Là-haut de l'Éternel célébrant les louanges,
Ont emporté leur lyre ; et j'espère qu'un jour
J'entendrai leur concert au céleste séjour.
Digne et savant prélat, vos soins et vos lumières
Me feront renoncer à mes erreurs premières :
Comme vous, je dirai l'auteur de l'univers.
Cependant agréez mon rhéteur et mes vers.

(*Épîtres*, XXI.)

MOLIÈRE

1622-1673

Jean-Baptiste Poquelin, qui prit le nom de Molière, naquit et mourut à Paris. Ce qu'on a appelé « ses années d'apprentissage » le conduisirent (1646-1658), dirigeant une troupe de théâtre, écrivant pour elle des comédies et jouant lui-même, à travers la province, de Nantes à Narbonne, de Lyon à Toulouse et Bordeaux. De cette première période il est resté deux comédies, l'*Étourdi* et le *Dépit Amoureux*, et le souvenir et les titres de « farces » nombreuses, esquisses qui depuis sont devenues dans ses comédies des portraits. En 1658 il arriva à Paris où il débuta par un coup de maître, par les *Précieuses Ridicules*, mince petite pièce en un acte et en prose, qui est une révolution dans l'histoire du goût et une date dans celle de la comédie. Dès lors il écrivit pour les fêtes et les amusements du roi, pour le public, pour l'immortalité, des

---

1. Allusion à Boileau, Molière, Racine, ses amis.
2. Le roman pastoral de d'Urfé, l'*Astrée* (1610 et années suivantes) a ravi presque deux siècles, depuis Henri IV jusqu'à Rousseau.
3. Si La Fontaine fait allusion à ce que promettait la charge d'*historiographe*, exercée par Boileau et Racine depuis 1677, il a été déçu.
4. La patience ne manquait pas à Boileau. Elle ne lui suffit pas pour faire une *Ode* sur la prise de Namur, qui relevât la poésie lyrique.
5. Il les associe, comme Boileau, *Sat.* IX :

    A Malherbe, à Racan, préférer Théophile.

Voyez plus haut leurs Notices.

comédies de tout genre, en vers, en prose, en un acte, en cinq actes; — depuis la comédie-ballet (la *Princesse d'Elide*, l'*Amour Médecin*, le *Sicilien*, les *Amants Magnifiques*), la pastorale héroïque (*Mélicerte*), la comédie héroïque (*Don Garcie de Navarre*), la comédie à tiroirs (les *Fâcheux*), — jusqu'à la comédie de mœurs (l'*Ecole des Maris*, l'*Ecole des Femmes*, *Sganarelle* et *Georges Dandin*, qui sont l'école des jaloux, les *Femmes Savantes*, le *Bourgeois Gentilhomme*, la *Comtesse d'Escarbagnas*) et la comédie de caractère (*Don Juan*, *Tartufe*, le *Misanthrope*, l'*Avare*, le *Malade imaginaire*). — Ajoutons une *Pastorale comique*, deux « farces » qui sont deux chefs-d'œuvre de naturel, de gaieté et d'esprit, les *Fourberies de Scapin* et le *Médecin malgré lui;* un acte de circonstance, l'*Impromptu de Versailles;* une fantaisie antique empruntée à Plaute, *Amphitryon*, d'une merveilleuse souplesse de style et de dialogue ; une fantaisie mythologique imitée d'Apulée, et signée aussi des noms de Corneille et de Quinault, *Psyché*.

Molière, observateur et peintre des ridicules et des vices de la nature humaine, a tiré la comédie de ce cercle d'imbroglios et de bouffonneries sans vérité et sans vraisemblance, où avant lui (Corneille mis à part) elle s'agitait pour amuser l'imagination sans instruire l'esprit. Il a eu le double génie, l'un le plus rare, l'autre le plus difficile, de ne pas se montrer derrière ses personnages, et de donner la vie à des types généraux de l'humanité. Chacun de ses personnages, comme ceux de La Fontaine, parle le langage de son naturel et de sa condition. Sérieux, et même attristé souvent par la vie, il a une source inépuisable de gaieté comique qui jaillit d'eux et de leurs travers. Spirituel, il n'a que leur esprit, s'ils en ont; ses traits les plus plaisants ne sont pas des mots d'esprit, mais des mots de caractère et de situation. Ses types comiques rassemblent les traits empruntés aux individus isolés par une observation constante et pénétrante, en une physionomie vivante qui se dessine dans notre imagination avec un relief ineffaçable et reste dans notre souvenir avec un nom personnel : Don Juan, Tartufe, Alceste, M. Jourdain, etc. Ainsi animé par la vérité et la vie des personnages qui y agissent et des types qui s'y détachent, son drame comique se déroule avec clarté, largeur et proportion. Il excelle à tirer d'une situation simple, sans complication d'intrigue, sans incidents de pure fantaisie, par le développement seul du germe qui est en elle, une suite continue d'effets plaisants dont l'ensemble forme un tout qui se tient et où circule et s'élargit progressivement sa verve comique. Son style sain, dru, nourri, de franche veine, de bon cru, a la sève, l'éclat et le nerf; emporté d'un plein courant, il s'épand largement sur l'idée, sans petites façons de dire, sans pointes et sans fleurs, en un puissant épanouissement de verve, de force, d'imagination et de bon sens, ce bon sens qui, sous les mille ridicules de caractère et de langage richement déployés dans ses comédies, en est le fond solide et se résume et se condense toujours à un moment donné dans le langage de ces sages, gens de cœur et de tête qui parlent d'or, les Ariste, les Cléante, les Clitandre, les Béralde. L'entraînement de l'improvisation à laquelle la hâte et la surcharge du travail ont plus d'une fois condamné Molière, a laissé échapper des négligences, des termes et des tours contestables, « jargon et barbarisme », dit Fénelon, »; « galimatias », dit La Bruyère; « incorrection et impropriété », dit Vauvenargues. Rabattons beaucoup de la rigueur de cette critique, et il restera que ce sont, avec l'insuffisance de l'agencement final de certains dénouements que Voltaire regrette, les seules réserves qui soient à faire. Quant au « tour gracieux donné au vice » dont se plaignent Fénelon et Rousseau, Molière a été spirituellement défendu par Saint-Marc Girardin (*Cours de litt. dram.* XIIIe leçon), et sa cause est gagnée.

L'INDULGENCE DANS L'ÉDUCATION[1]
SGANARELLE, ARISTE.

. . . .

SGANARELLE
Chansons que tout cela.
ARISTE
Soit; mais je tiens sans cesse
Qu'il nous faut en riant instruire la jeunesse,
Reprendre ses défauts avec grande douceur,
Et du nom de vertu ne lui point faire peur.
Mes soins pour Léonor ont suivi ces maximes;
Des moindres libertés je n'ai point fait des crimes,
A ses jeunes désirs j'ai toujours consenti,
Et je ne m'en suis pas, grâce au ciel, repenti.
J'ai souffert qu'elle ait vu les belles compagnies,
Les divertissemens, les bals, les comédies :
Ce sont choses, pour moi, que je tiens de tout temps
Fort propres à former l'esprit des jeunes gens;
Et l'école du monde en l'air dont il faut vivre
Instruit mieux à mon gré que ne fait aucun livre.
Elle aime à dépenser en habits, linge et nœuds :
Que voulez-vous ? je tâche à contenter ses vœux;

---

1. L'*Ecole des Maris* (1661) est à peu près faite sur le patron des *Adelphi* de Térence, imités eux-mêmes des Ἀδελφοί de Ménandre. Chacune des deux comédies nous montre deux frères qui ont des idées différentes sur l'éducation des jeunes gens, des garçons chez Térence, des filles chez Molière. Mais là s'arrête la ressemblance. Dans Térence, l'excès de sévérité et l'excès d'indulgence amènent un même résultat, les désordres des jeunes gens, qui font rire aux dépens des deux vieillards, « au lieu que Molière, au comique de la méprise a joint l'utilité de la leçon. » (LA HARPE.) Sganarelle est puni de son ombrageuse défiance par la répulsion qu'il inspire à sa pupille, Isabelle; celle d'Ariste, Léonor, épouse de bon gré et de bon cœur un tuteur qui lui laisse une honnête liberté.

La charmante comédie de l'*Ecole des Femmes* (1662) pourrait aussi être appelée une école des maris. La déconvenue d'Arnolphe, qui tient dans l'ignorance Agnès, comme Sganarelle tient dans la servitude Isabelle, est une leçon à leur adresse. Les applaudissemens du public, l'admiration et les stances de Boileau, et l'approbation déclarée de Louis XIV soutinrent Molière contre le déchaînement d'hostilités que suscita contre lui cette pièce; ses ennemis abusèrent de quelques libertés de langage, qu'ils interprétèrent malignement pour l'attaquer et le calomnier. Il leur répondit et en appela au public par la *Critique de l'Ecole des Femmes* (1663). Voir nos *Morceaux choisis des Prosateurs*

Et ce sont des plaisirs, qu'on peut, dans nos familles,
Lorsque l'on a du bien, permettre aux jeunes filles.
Un ordre paternel l'oblige à m'épouser ;
Mais mon dessein n'est pas de la tyranniser.
Je sais bien que nos ans ne se rapportent guère,
Et je laisse à son choix liberté tout entière.
Si quatre mille écus de rente bien venans [1],
Une grande tendresse et des soins complaisans,
Peuvent, à son avis, pour un tel mariage,
Réparer entre nous l'inégalité d'âge,
Elle peut m'épouser ; sinon, choisir ailleurs.
Je consens que sans moi ses destins soient meilleurs
Et j'aime mieux la voir sous un autre hyménée,
Que si contre son gré sa main m'étoit donnée.

SGANARELLE.

Hé ! qu'il est doucereux ! c'est tout sucre et tout miel.

ARISTE.

Enfin, c'est mon humeur, et j'en rends grâce au ciel.
Je ne suivrois jamais ces maximes sévères
Qui font que les enfans comptent les jours des pères [2].

(*L'École des Maris*, 1, 2.)

UNE PARTIE DE CHASSE [3]

DORANTE, ERASTE

DORANTE.

Ah ! marquis, que l'on voit de fâcheux tous les jours
Venir de nos plaisirs interrompre le cours !

---

1. Payés régulièrement. Mme DE SÉVIGNÉ, 28 déc. 1869 : Je le voyois avec vingt-huit mille livres de rente bien venantes.
2. Ariste est un de ces sages qui, dans les comédies de Molière, représentent le bon sens, Chrysalde dans l'*Ecole des Femmes*, Cléante dans *Tartufe*, Béralde dans le *Malade imaginaire*. Ajoutez le bonhomme Crysale et le jeune Clitandre dans les *Femmes savantes*.
3. Scène des *Fâcheux*, comédie-ballet.
Pris substantivement, un FACHEUX signifie un importun. Horace (*Ép.*, I, 9), et Régnier (*Sat.*, VIII, voy. *suprà*) racontent spirituellement le supplice que leur a infligé un fâcheux, acharné à les suivre. Les trois actes de la comédie de Molière en amènent successivement une douzaine ou à peu près, en des scènes qui n'ont d'autre lien entre elles que la présence d'Eraste, toujours arrêté ou gêné par eux dans les rendez-vous qu'il cherche ou qu'il a. Il en résulte une de ces pièces qu'on appelle « à tiroir ». Eraste nous raconte lui-même sa rencontre avec le premier, qui l'a retardé en l'emmenant à la comédie, au cours (Voir le recueil des classes de grammaire). Nous voyons les autres en personne : l'un lui chante un air de danse ; l'autre réclame son assistance dans un duel ; un troisième le fait juge d'une partie de piquet ; les deux suivants le forcent à décider sur une question de « cour d'amour » ; un chasseur lui raconte sa chasse ; un savant lui fait prendre un placet pour le roi ; un homme à projets lui re-

Tu me vois enragé d'une assez belle chasse
Qu'un fat... C'est un récit qu'il faut que je te fasse.

ERASTE.

Je cherche ici quelqu'un et ne puis m'arrêter.

DORANTE.

Parbleu! chemin faisant, je te le veux conter.
Nous étions une troupe assez bien assortie,
Qui pour courir un cerf avions hier fait partie ;
Et nous fûmes coucher sur le pays exprès,
C'est-à-dire, mon cher, en fin fond des forêts.
Comme cet exercice est mon plaisir suprême,
Je voulus, pour bien faire, aller au bois moi-même,
Et nous conclûmes donc d'attacher nos efforts
Sur un cerf que chacun nous disoit cerf dix-cors [1].
Mais moi, mon jugement, sans qu'aux marques [2] j'arrête,
Fut qu'il n'étoit qu'un cerf à sa seconde tête [3].
Nous avions justement séparé nos relais [4],
Et déjeunions en hâte avec quelques œufs frais,
Lorsqu'un franc campagnard avec longue rapière,
Montant superbement sa jument poulinière [5],
Qu'il honoroit du nom de sa bonne jument,
S'en est venu nous faire un mauvais compliment,
Nous présentant aussi, pour surcroît de colère,
Un grand benêt de fils aussi sot que son père [6].
Il s'est dit grand chasseur, et nous a priés tous

---

commande son invention. Ajoutez un fâcheux permanent, son valet, et les fâcheux qui l'obsèdent dans les intermèdes-ballets.

Les *Fâcheux* furent conçus, écrits et appris en quinze jours, et joués devant le roi et la cour, à Vaux, chez Fouquet, le 17 août 1661. Pellisson en fit le prologue, Le Brun en peignit et Torelli en fit jouer les décorations théâtrales. Une lettre de La Fontaine à Maucroix (22 août) nous décrit les merveilles de cette représentation. On raconte que Louis XIV, la représentation terminée, dit au poète, en voyant passer M. de Soyecourt, son grand veneur, célèbre pour ses distractions et son esprit : « Voilà un grand original que vous n'avez point encore copié. » Dix jours après, à Fontainebleau, il vit une seconde fois la pièce ; elle contenait le récit de la partie de chasse, ajouté par Molière en vingt-quatre heures. C'est par M. de Soyecourt lui-même qu'il se fit initier aux termes de vénerie, sans que « l'original » devinât qu'ils dussent figurer dans sa « copie. »

1. Cerf de sept ans. On appelle *cors* (*cornu*, corne) ou andouillers, les chevillures sortant de la corne, ou ramure, ou bois, du cerf. Le cerf de sept ans en a cinq de chaque côté.

2. Trace laissée par les pieds de l'animal.

3. *Tête*, en terme de vénerie, signifie bois. A trois ans, le cerf a son premier bois complet; le second, à quatre ans.

4. Chiens qu'on poste à la chasse du cerf ou du sanglier.

5. Jument destinée à la reproduction.

6. Molière se copie lui-même. Ce vers est le titre d'une de ces farces ou esquisses comiques qu'il écrivait en province. Il fait penser à Thomas Diafoirus.

Qu'il pût avoir le bien de courir avec nous.
Dieu préserve, en chassant, toute sage personne
D'un porteur de huchet [1] qui mal à propos sonne,
De ces gens qui, suivis de dix hourets [2] galeux,
Disent, ma meute, et font les chasseurs merveilleux !
Sa demande reçue, et ses vertus prisées,
Nous avons tous été frapper à nos brisées [3].
A trois longueurs de trait, tayaut [4], voilà d'abord
Le cerf donné aux chiens [5]. J'appuie, et sonne fort.
Mon cerf débûche [6], et passe une assez longue plaine;
Et mes chiens après lui, mais si bien en haleine,
Qu'on les auroit couverts tous d'un seul justaucorps.
Il vient à la forêt. Nous lui donnons alors
La vieille meute, et moi, je prends en diligence
Mon cheval alezan. Tu l'as vu ?

ERASTE.
Non, je pense.

DORANTE.
Comment ! c'est un cheval aussi bon qu'il est beau,
Et que ces jours passés j'achetai de Gaveau [7].
Je te laisse à penser si, sur cette matière,
Il voudroit me tromper, lui qui me considère.
Aussi je m'en contente ; et jamais, en effet,
Il n'a vendu cheval ni meilleur ni mieux fait.
Une tête de barbe [8] avec l'étoile nette ;
L'encolure d'un cygne, effilée et bien droite [9] ;
Point d'épaules non plus qu'un lièvre ; court-jointé [10],
Et qui fait dans son port voir sa vivacité ;

---

1. Cornet pour avertir de loin. Étymol.: *hucher*, appeler. *Hucher en paume* (RABELAIS), appeler en faisant un cornet de ses deux mains.
2. Mauvais chien de chasse. Etymol. incertaine.
3. Branches rompues par le veneur pour reconnaître où est la bête. — *Frapper aux brisées*, se dit du veneur, lorsqu'ayant fait son rapport, c'est-à-dire signalé les gîtes, il laisse courre.
4. Ordinairement *taïaut*, cri du chasseur, lorsqu'il appelle les chiens pour les lancer. « M. de Marsillac conserve sa tristesse au milieu de tous les taïauts. » (Mme DE SÉVIGNÉ.)
5. *Donner aux chiens*, attaquer, lancer. — *Appuyer*, exciter les chiens du cor et de la voix.
6. Sortir du bois. Sonner le débûcher. Étymol. busch (allemand), d'où bûche, bosc, bosquet, bois, buisson.
7. Fameux marchand de chevaux.
8. Cheval de sang oriental, des contrées africaines. Abréviation de barbaresque. — *Étoile en tête*, marque blanche des robes foncées, particulière aux chevaux et aux bœufs. Forme souvent un épi ou pelote. Fort prisée.
9. Voyez p. 196, note 2.
10. Qui a le paturon (partie de la jambe voisine du pied) court. Étymol.: *joint*, articulation.

Des pieds, morbleu, des pieds ! le rein double [1] ; à vrai dire,
J'ai trouvé le moyen, moi seul, de le réduire ;
Et sur lui, quoiqu'aux yeux il montrât beau semblant,
Petit-Jean de Gaveau ne montoit qu'en tremblant.
Une croupe en largeur à nulle autre pareille,
Et des gigots [2], Dieu sait ! Bref, c'est une merveille,
Et j'en ai refusé cent pistoles, crois-moi,
Au retour [3] d'un cheval amené pour le roi.
Je monte donc dessus, et ma joie étoit pleine
De voir filer de loin les coupeurs [4] dans la plaine ;
Je pousse, et je me trouve en un fort à l'écart,
A la queue de nos chiens, moi seul avec Drécart [5] ;
Une heure là dedans notre cerf se fait battre.
J'appuie alors mes chiens, et fais le diable à quatre ;
Enfin jamais chasseur ne se vit plus joyeux.
Je le relance seul, et tout alloit des mieux,
Lorsque d'un jeune cerf s'accompagne le nôtre ;
Une part de mes chiens se sépare de l'autre,
Et je les vois, marquis, comme tu peux penser,
Chasser tous avec crainte et Finaut balancer ;
Il se rabat soudain, dont j'eus l'âme ravie ;
Il empaume la voie [6], et moi, je sonne et crie,
A Finaut ! à Finaut ! J'en revois [7] à plaisir
Sur une taupinière, et resonne à loisir.
Quelques chiens revenoient à moi, quand, pour disgrâce,
Le jeune cerf, marquis, à mon campagnard passe.
Mon étourdi se met à sonner comme il faut
Et crie à pleine voix, tayaut ! tayaut ! tayaut !
Mes chiens me quittent tous et vont à ma pécore [8] :
J'y poussa et j'en revois dans le chemin encore ;
Mais à terre, mon cher, je n'eus pas jeté l'œil,
Que je connus le change [9], et sentis un grand deuil.
J'ai beau lui faire voir toutes les différences

---

1. Virgile, *G.*, III, 67 :
   .... Duplex agitur per lumbos spina.
2. Jambes de derrière du cheval.
3. En retour, en échange de...
4. Chien qui quitte la voie de la bête et prend les devants pour avoir l'avantage sur elle.
5. Fameux piqueur.
6. Se dit du chien qui trouve la piste et la suit avec ardeur.
7. Revoir d'un cerf, c'est-à-dire avoir des indices par le pied, les fumées, les abattures.
8. Animal. Employé injurieusement, pour signifier un sot.
9. Substitution d'une nouvelle bête à la bête lancée. On dit : les chiens prennent le change.

Des pinces de mon cerf et de ses connoissances [1];
Il me soutient toujours, en chasseur ignorant,
Que c'est le cerf de meute ; et par ce différent
Il donne temps aux chiens d'aller loin. J'en enrage ;
Et, pestant de bon cœur contre le personnage,
Je pousse mon cheval et par haut et par bas,
Qui plioit des gaulis [2] aussi gros que le bras.
Je ramène les chiens à ma première voie,
Qui vont, en me donnant une excessive joie,
Requérir notre cerf, comme s'ils l'eussent vu.
Ils le relancent: mais ce coup est-il prévu?
A te dire le vrai, cher marquis, il m'assomme :
Notre cerf relancé va passer à notre homme,
Qui, croyant faire un coup de chasseur fort vanté,
D'un pistolet d'arçon qu'il avoit apporté
Lui donne justement au milieu de la tête,
Et de fort loin me crie, Ah! j'ai mis bas la bête.
A-t-on jamais parlé de pistolets, bon dieu !
Pour courre un cerf! Pour moi, venant dessus le lieu,
J'ai trouvé l'action tellement hors d'usage,
Que j'ai donné des deux à mon cheval [3], de rage,
Et m'en suis revenu chez moi toujours courant,
Sans vouloir dire un mot à ce sot ignorant.
(Les Fâcheux, II, 7.).

DEUX SOSIES [4]

AMPHITRYON, SOSIE.

AMPHITRYON.

Viens çà, bourreau, viens çà. Sais-tu, maître fripon,
Qu'à te faire assommer ton discours peut suffire,
Et que, pour te traiter comme je le désire,
   Mon courroux n'attend qu'un bâton ?

---

1. *Pince*, extrémité de l'ongle. *Connaissance*, traces de l'animal.
2. Branches qui arrêtent la course des chasseurs.
3. Piquer avec les deux éperons.
4. L'*Amphitryon* de Molière (1668), en vers libres, est, comme les *Sosies* de Rotrou, écrits en alexandrins (1636), une imitation de Plaute; mais le génie de l'imitateur a enrichi de maint trait comique le canevas de son devancier, particulièrement dans les scènes où parle Sosie. Une différence notable distingue chez les deux poètes le rôle d'Alcmène. Plaute, s'inspirant des mœurs romaines dans un sujet grec, a donné à la femme d'Amphitryon la chaste dignité de la matrone. Molière, qui lui aussi est de son temps et de son pays dans un sujet antique, lui a prêté, ainsi qu'à Jupiter, les raffinements de la galanterie mondaine.
Le fond est celui-ci: Jupiter et Mercure prennent auprès d'Alcmène et

SOSIE.
Si vous le prenez sur ce ton,
Monsieur, je n'ai plus rien à dire;
Et vous aurez toujours raison.

AMPHITRYON.
Quoi! tu veux me donner pour des vérités, traître,
Des contes que je vois d'extravagance outrés?

SOSIE.
Non : je suis le valet, et vous êtes le maître,
Il n'en sera, monsieur, que ce que vous voudrez.

AMPHITRYON.
Ça, je veux étouffer le courroux qui m'enflamme,
Et, tout du long, t'ouïr sur ta commission.
Il faut, avant que voir ma femme,
Que je débrouille ici cette confusion.
Rappelle tous tes sens, rentre bien dans ton âme,
Et réponds mot pour mot à chaque question.

SOSIE.
Mais, de peur d'incongruité,
Dites-moi, de grâce, à l'avance,
De quel air il vous plaît que ceci soit traité.
Parlerai-je, monsieur, selon ma conscience,
Ou comme auprès des grands on le voit usité?
Faut-il dire la vérité,
Ou bien user de complaisance?

AMPHITRYON.
Non ; je ne te veux obliger
Qu'à me rendre de tout un compte fort sincère.

SOSIE.
Bon. C'est assez, laissez-moi faire;
Vous n'avez qu'à m'interroger.

AMPHITRYON.
Sur l'ordre que tantôt je t'avois su prescrire......

SOSIE.
Je suis parti, les cieux d'un noir crêpe voilés,
Pestant fort contre vous dans ce fâcheux martyre,
Et maudissant vingt fois l'ordre dont vous parlez.

---

de sa servante Cléanthis les traits d'Amphitryon et de son valet Sosie. De là une série de quiproquos, de surprises et de reproches. — Dans le premier acte, Sosie, devançant son maître pour annoncer à Alcmène sa victoire et son retour, a été arrêté au seuil de la maison par Mercure qui, par sa figure, par son bâton et par la révélation de secrets très personnels, l'a convaincu qu'il avait un double. Le commencement de l'acte suivant met en présence le maître et le valet.

AMPHITRYON.

Comment, coquin !

SOSIE.

Monsieur, vous n'avez rien qu'à dire :
Je mentirai si vous voulez.

AMPHITRYON.

Voilà comme un valet montre pour nous du zèle !
Passons. Sur les chemins que t'est-il arrivé ?

SOSIE.

D'avoir une frayeur mortelle
Au moindre objet que j'ai trouvé.

AMPHITRYON.

Poltron !

SOSIE.

En nous formant nature a ses caprices ;
Divers penchans en nous elle fait observer :
Les uns à s'exposer trouvent mille délices ;
Moi j'en trouve à me conserver.

AMPHITRYON.

Arrivant au logis... ?

SOSIE.

J'ai, devant notre porte,
En moi-même voulu répéter un petit [1]
Sur quel ton et de quelle sorte
Je ferois du combat le glorieux récit.

AMPHITRYON.

Ensuite ?

SOSIE.

On m'est venu troubler et mettre en peine.

AMPHITRYON.

Et qui ?

SOSIE.

Sosie : un moi, de vos ordres jaloux,
Que vous avez du port envoyé vers Alcmène,
Et qui de nos secrets a connoissance pleine,
Comme le moi qui parle à vous.

AMPHITRYON.

Quels contes !

---

1. Un peu. J. Du Bellay a dit :
    Et ne m'étoit de toute ma richesse
    Rien demeuré qu'un petit de jeunesse

SOSIE.

Non, monsieur, c'est la vérité pure.
Ce moi plus tôt que moi s'est au logis trouvé ;
 Et j'étois venu, je vous jure,
 Avant que je fusse arrivé.

AMPHITRYON.

D'où peut procéder, je te prie,
 Ce galimatias maudit ?
 Est-ce songe ? est-ce ivrognerie,
 Aliénation d'esprit,
 Ou méchante plaisanterie ?

SOSIE.

Non, c'est la chose comme elle est,
 Et point du tout conte frivole.
Je suis homme d'honneur, j'en donne ma parole :
 Et vous m'en croirez, s'il vous plaît.
Je vous dis que, croyant n'être qu'un seul Sosie,
 Je me suis trouvé deux chez nous ;
Et que, de ces deux moi, piqués de jalousie,
L'un est à la maison, et l'autre est avec vous ;
Que le moi que voici, chargé de lassitude,
A trouvé l'autre moi frais, gaillard et dispos,
 Et n'ayant d'autre inquiétude
 Que de battre et casser les os.

AMPHITRYON.

Il faut être, je le confesse,
D'un esprit bien posé, bien tranquille, bien doux,
Pour souffrir qu'un valet de chansons me repaisse !

SOSIE.

Si vous vous mettez en courroux,
 Plus de conférence entre nous :
 Vous savez que d'abord [1] tout cesse.

AMPHITRYON.

Non, sans emportement je te veux écouter,
Je l'ai promis. Mais, dis ; en bonne conscience,
Au mystère nouveau que tu viens me conter
 Est-il quelque ombre d'apparence ?

SOSIE.

Non ; vous avez raison, et la chose à chacun
 Hors de créance doit paroître.
 C'est un fait à n'y rien connoître,

---

1. Aussitôt, tout de suite: *tout d'abord*, dirait-on aujourd'hui.

Un conte extravagant, ridicule, importun ;
Cela choque le sens commun :
Mais cela ne laisse pas d'être.
AMPHITRYON.
Le moyen d'en rien croire, à moins qu'être insensé!
SOSIE.
Je ne l'ai pas cru, moi, sans une peine extrême [1].

[1]. On en jugera par les derniers efforts qu'il avait faits et l'éloquence qu'il avait déployée pour se revendiquer lui-même, jusqu'à se réclamer des coups de bâton qu'il venait de recevoir. Il dit à Mercure (I, 2) :

> Je ne puis m'anéantir pour toi,
> Et souffrir un discours si loin de l'apparence.
> Etre ce que je suis est-il en ta puissance?
> Et puis-je cesser d'être moi?
> S'avisa-t-on jamais d'une chose pareille?
> Et peut-on démentir cent indices pressans?
> Rêvé-je? Est-ce que je sommeille!
> Ai-je l'esprit troublé par des transports puissans?
> Ne sens-je pas bien que je veille?
> Ne suis-je pas dans mon bon sens?
> Mon maître Amphitryon ne m'a-t-il pas commis
> A venir en ces lieux vers Alcmène, sa femme?
> Ne lui dois-je pas faire, en lui vantant sa flamme,
> Un récit de ses faits contre nos ennemis?
> Ne suis-je pas du port arrivé tout à l'heure?
> Ne tiens-je pas une lanterne en main?
> Ne te trouvé-je pas devant notre demeure?
> Ne t'y parlé-je pas d'un esprit tout humain?
> Ne te tiens-tu pas fort de ma poltronnerie?
> Pour m'empêcher d'entrer chez nous,
> N'as-tu pas sur mon dos exercé ta furie?
> Ne m'as-tu pas roué de coups?
> Ah! tout cela n'est que trop véritable,
> Et, plût au ciel, le fût-il moins!
> Cesse donc d'insulter au sort d'un misérable;
> — Et laisse à mon devoir s'acquitter de ses soins

Une dernière preuve l'avait vaincu :

> Lorsqu'on étoit aux mains, que fis-tu dans nos tentes,
> Où tu courus seul te fourrer?
>
> MERCURE.
> D'un jambon...
> SOSIE, *bas, à part*
> L'y voilà!
> MERCURE
> Que j'allai déterrer
> Je coupai bravement deux tranches succulentes,
> Dont je sus fort bien me bourrer.
> Et, joignant à cela d'un vin que l'on ménage,
> Et dont, avant le goût, les yeux se contentoient,
> Je pris un peu de courage,
> Pour nos gens qui se battoient.
> SOSIE, *bas, à part*.
> Cette preuve sans pareille
> En sa faveur conclut bien
> Et l'on n'y peut dire rien.
> S'il n'étoit dans la bouteille.

Ce que Rotrou avait déjà traduit ainsi de Plaute :

> Je suis sans repartie après cette merveille
> S'il n'étoit par hasard caché dans la bouteille.

Et il avait très piteusement et très sensément conclu avec le sérieux le plus plaisant :

> Je ne saurois nier, aux preuves qu'on m'expose,
> Que tu ne sois Sosie, et j'y donne ma voix;
> Mais si tu l'es, dis-moi qui tu veux que je sois;
> Car encor faut-il bien que je sois quelque chose
> (I, 2.)

Je me suis d'être deux senti l'esprit blessé,
Et longtemps d'imposteur j'ai traité ce moi-même :
Mais à me reconnoître enfin il m'a forcé ;
J'ai vu que c'étoit moi, sans aucun stratagème ;
Des pieds jusqu'à la tête il est comme moi fait,
Beau, l'air noble, bien pris, les manières charmantes [1] ;
  Enfin deux gouttes de lait
  Ne sont pas plus ressemblantes ;
Et, n'étoit que ses mains sont un peu trop pesantes,
  J'en serois fort satisfait.

AMPHITRYON.

A quelle patience il faut que je m'exhorte !
Mais, enfin, n'es-tu pas entré dans la maison ?

SOSIE.

  Bon, entré ! Eh ! de quelle sorte ?
Ai-je voulu jamais entendre de raison ?
Et ne me suis-je pas interdit notre porte ?

AMPHITRYON.

  Comment donc ?

SOSIE.

    Avec un bâton,
Dont mon dos sent encore une douleur très forte.

AMPHITRYON.

On t'a battu ?

SOSIE.

  Vraiment.

AMPHITRYON.

  Et qui ?

SOSIE.

    Moi.

AMPHITRYON.

      Toi te battre !

SOSIE.

  Oui, moi : non pas le moi d'ici,
Mais le moi du logis, qui frappe comme quatre.

AMPHITRYON.

Te confonde le ciel de me parler ainsi !

SOSIE.

  Ce ne sont point des badinages.
  Le moi que j'ai trouvé tantôt

---

1. Il est, par amour-propre, sans rancune envers son voleur, ou, si l'on veut, « son Sosie », puisque lui et Molière ont fait entrer le mot dans la langue.

Sur le moi qui vous parle a de grands avantages ;
  Il a le bras fort, le cœur haut :
   J'en ai reçu des témoignages,
Et ce diable de moi m'a rossé comme il faut :
  C'est un drôle qui fait des rages.

    AMPHITRYON.

Achevons. As-tu vu ma femme ?

    SOSIE.

      Non.

    AMPHITRYON.

      Pourquoi ?

    SOSIE.

  Par une raison assez forte.

    AMPHITRYON.

Qui t'a fait y manquer, maraud ? explique-toi.

    SOSIE.

Faut-il le répéter vingt fois de même sorte ?
Moi, vous dis-je : ce moi plus robuste que moi,
Ce moi qui s'est de force emparé de la porte,
  Ce moi qui m'a fait filer doux,
  Ce moi qui le seul moi veut être,
  Ce moi de moi-même jaloux,
  Ce moi vaillant dont le courroux
  Au moi poltron s'est fait connoître ;
  Enfin ce moi qui suis chez nous,
  Ce moi qui s'est montré mon maître,
  Ce moi qui m'a roué de coups.

    AMPHITRYON.

Il faut que ce matin à force de trop boire
  Il se soit troublé le cerveau.

    SOSIE.

Je veux être pendu si j'ai bu que de l'eau !
  A mon serment on m'en peut croire.

    AMPHITRYON.

Il faut donc qu'au sommeil tes sens se soient portés,
Et qu'un songe fâcheux, dans ses confus mystères,
  T'ait fait voir toutes les chimères
  Dont tu me fais des vérités.

    SOSIE.

Tout aussi peu. Je n'ai point sommeillé,
  Et n'en ai même aucune envie ;
Je vous parle bien éveillé :

J'étois bien éveillé ce matin, sur ma vie !
Et bien éveillé même étoit l'autre Sosie
   Quand il m'a si bien étrillé.

AMPHITRYON

   Suis-moi ; je t'impose silence.
   C'est trop me fatiguer l'esprit :
Et je suis un vrai fou d'avoir la patience
D'écouter d'un valet les sottises qu'il dit.

SOSIE, *à part*.

   Tous les discours sont des sottises,
   Partant d'un homme sans éclat :
   Ce seroient paroles exquises
   Si c'étoit un grand qui parlât [1].

              (*Amphitryon*, II, 1).

---

[1]. Tout commentaire est superflu sur cet incomparable dialogue. La nouveauté des vers libres ajoute à son piquant, et l'on peut remarquer que maint couplet est aiguisé en pointe d'épigramme.

La même scène dans Rotrou a plus d'un trait excellent. Ses *Sosies* ont eu le plus grand succès. Molière seul pouvait les faire oublier.

         AMPHITRYON.
Qui t'a battu ?
            SOSIE.
   Moi-même.
         AMPHITRYON.
          Et pourquoi ?
           SOSIE.
              Sans raison.
         AMPHITRYON.
Toi !
            SOSIE.
Moi, vous dis-je, moi qui suis à la maison.
         AMPHITRYON.
Ecoute, observe ici l'ordre que je désire,
Et réponds mot pour mot à ce que je vais dire
Quel est, premièrement, ce Sosie inconnu
Qui t'a tout raconté ce qui t'est advenu ?
            SOSIE.
Il est votre valet.
         AMPHITRYON.
      Trêve à la courtoisie.
Deux me sont superflus, et j'ai trop d'un Sosie.
. . . .
           SOSIE.
Enfin, rompu de coups, j'ai rebroussé mes pas.
         AMPHITRYON.
Et qui t'en a chassé ?
           SOSIE.
      Moi, ne vous dis-je pas ?
Moi que j'ai rencontré, moi qui suis sur la porte,
Moi qui me suis moi-même ajusté de la sorte,
Moi qui me suis chargé d'une grêle de coups.
Ce moi qui m'a parlé, ce moi qui suis chez vous.
                    (II, 1.)

LE CŒUR D'UN PERE

LE ROI, père de Psyché, PSYCHÉ [1]

LE ROI.

. . . .
Ah! ma fille, à ces pleurs laisse mes yeux ouverts,
Mon deuil est raisonnable, encor qu'il soit extrême;
Et lorsque pour toujours on perd ce que je perds,
La sagesse, crois-moi, peut pleurer elle-même.
    En vain l'orgueil du diadème
Veut qu'on soit insensible à ces cruels revers,
En vain de la raison les secours sont offerts,
Pour vouloir d'un œil sec voir mourir ce qu'on aime;
L'effort en est barbare aux yeux de l'univers,
Et c'est brutalité plus que vertu suprême.
    Je ne veux point dans cette adversité
    Parer mon cœur d'insensibilité,
        Et cacher l'ennui qui me touche;
        Je renonce à la vanité
        De cette dureté farouche
        Que l'on appelle fermeté;
    Et, de quelque façon qu'on nomme
Cette vive douleur dont je ressens les coups,
Je veux bien l'étaler, ma fille, aux yeux de tous,
Et dans le cœur d'un roi montrer le cœur d'un homme.

---

1. La fable de Psyché, connue par la prose latine d'Apulée, par les vers et la prose du roman de La Fontaine (1669), par les peintures de Raphaël à la Farnésine, est le sujet de la tragi-comédie-ballet en cinq actes, que Molière composa pour les fêtes de la cour, et qu'il donna ensuite sur son théâtre en 1671. Pressé par le temps, il ne put écrire que le prologue, le premier acte, et les scènes premières du deuxième et du troisième acte. Corneille écrivit le reste; Quinault, les intermèdes; Lulli, la musique. — Voir SAINT-MARC-GIRARDIN, Cours de littér. dram., LI. — Un tableau célèbre de Gérôme représente Corneille lisant à Quinault ses vers.
La beauté de Psyché avait irrité la jalousie de Vénus. Elle ordonna à l'Amour, son fils, de la venger en faisant épouser Psyché par un monstre. Mais l'Amour vit Psyché, l'aima et fit prononcer par l'oracle qu'elle devait être exposée sur un rocher pour y attendre le monstre. A peine exposée, elle est transportée par Zéphyre dans un palais enchanté où le monstre se présente à elle. C'est l'Amour lui-même; mais il ne révèle pas son nom; elle veut le savoir: il obéit, et le palais s'évanouit. Psyché se trouve dans un désert sauvage, où commencent les épreuves que Vénus lui impose. Une d'elles la conduit aux Enfers; elle y trouve Vénus, qui la brave, Jupiter, qui exige de Vénus pardon et réconciliation, l'Amour, qui lui est rendu. Tels sont les quatre premiers actes, le cinquième la fait reparaître dans l'Olympe.—Des opéras de Psyché ont été donnés par Th. Corneille, Fontenelle et Lulli en 1678, par M. A. Thomas en 1857.

PSYCHÉ.

Vous savez mieux que moi qu'aux volontés des dieux
        Seigneur, il faut régler les nôtres ;
Et je ne puis vous dire, en ces tristes adieux,
Que ce que beaucoup mieux vous pouvez dire aux autres.
        Ces dieux sont maîtres souverains
        Des présens qu'ils daignent nous faire ;
        Ils ne les laissent dans nos mains
        Qu'autant de temps qu'il peut leur plaire.
        Lorsqu'ils viennent les retirer,
        On n'a nul droit de murmurer
Des grâces que leur main ne veut plus nous étendre.
Seigneur, je suis un don qu'ils ont fait à vos vœux ;
Et quand, par cet arrêt, ils veulent me reprendre,
Ils ne vous ôtent rien que vous ne teniez d'eux,
Et c'est sans murmurer que vous devez me rendre

LE ROI.

. . . .
Vois l'état où ces dieux me forcent à te rendre,
Et l'autre où te reçut mon cœur infortuné ;
Tu connoîtras par là qu'ils me viennent reprendre
        Bien plus que ce qu'ils m'ont donné.
        Je reçus d'eux en toi, ma fille,
Un présent que mon cœur ne leur demandoit pas ;
        J'y trouvois alors peu d'appas,
Et leur en vis sans joie accroître ma famille ;
        Mais mon cœur, ainsi que mes yeux,
S'est fait de ce présent une douce habitude ;
J'ai mis quinze ans de soins, de veilles et d'étude
        A me le rendre précieux.
        Je l'ai paré de l'aimable richesse
        De mille brillantes vertus ;
En lui j'ai renfermé par des soins assidus
Tous les plus beaux trésors que fournit la sagesse ;
A lui j'ai de mon âme attaché la tendresse ;
J'en ai fait de ce cœur le charme et l'allégresse,
        La consolation de mes sens abattus ;
        Le doux espoir de ma vieillesse.
        Ils m'ôtent tout cela, ces dieux !
Et tu veux que je n'aie aucun sujet de plainte
Sur cet arrêt affreux dont je souffre l'atteinte !
Ah ! leur pouvoir se joue avec trop de rigueur
        Des tendresses de notre cœur.

Pour m'ôter leur présent, me falloit-il attendre
Que j'en eusse fait tout mon bien ?
Ou plutôt, s'ils avoient dessein de le reprendre,
N'eût-il pas été mieux de ne me donner rien [1] ?

(*Psyché*, II, 1.)

SONNET A M. LA MOTHE LE VAYER
Sur la mort de son fils [2].

Aux larmes, Le Vayer, laisse tes yeux ouverts :
Ton deuil est raisonnable, encor qu'il soit extrême,
Et, lorsque pour toujours on perd ce que tu perds,
La sagesse, crois-moi, peut pleurer elle-même.

On se propose à tort cent préceptes divers,
Pour vouloir d'un œil sec voir mourir ce qu'on aime ;
L'effort en est barbare aux yeux de l'univers,
Et c'est brutalité plus que vertu suprême [3].

On sait bien que les pleurs ne ramèneront pas
Ce cher fils que t'enlève un imprévu trépas ;
Mais la perte par là n'en est pas moins cruelle.

Ses vertus de chacun le faisoient révérer ;
Il avoit le cœur grand, l'esprit beau, l'âme belle ;
Et ce sont des sujets à toujours le pleurer [4].

---

1. Pendant que Molière donnait ces accents touchants à la douleur d'un père, le vieux Corneille en trouvait d'une tendresse délicate et charmante pour faire parler Psyché et l'Amour. — Voir plus haut, p. 222.

2. François de la Mothe Le Vayer (1583-1672), que G. Naudé a appelé le Plutarque de la France, a écrit un grand nombre d'ouvrages d'érudition, de critique, de philosophie. Il fut précepteur du frère de Louis XIV, historiographe de France, académicien. — Son fils, l'abbé Le Vayer, mourut à trente-cinq ans, l'année même où Boileau lui dédia sa v° satire.

3. Cf. Les paroles du Roi à Psyché, sa fille.

4. Ce sonnet était accompagné de la lettre d'envoi suivante :
« Vous voyez bien, monsieur, que je m'écarte fort du chemin qu'on suit d'ordinaire en pareille rencontre, et que le sonnet que je vous envoie n'est rien moins qu'une consolation. Mais j'ai cru qu'il falloit en user de la sorte avec vous, et que c'est consoler un philosophe que lui justifier ses larmes, et mettre sa douleur en liberté. Si je n'ai pas trouvé d'assez fortes raisons pour affranchir votre tendresse des sévères leçons de la philosophie, et pour vous obliger à pleurer sans contrainte, il en faut accuser le peu d'éloquence d'un homme qui ne sauroit persuader ce qu'il sait si bien faire. » Molière savait que l'on ne console pas.

Malherbe se souvient de Sénèque quand il dit dans sa *Consolation à Caritée* :
    Aimant mieux plaindre par *coutume*
    Que vous consoler par raison.

Dans sa *Consolation à Du Perrier*, il admet la *juste coutume* de pleurer :
    Mais d'être inconsolable, et dedans sa mémoire
    Enfermer son ennui,
    N'est-ce pas se haïr, pour acquérir la gloire
    De bien aimer autrui ?

La gloire ! Encore Sénèque. De même La Rochefoucauld, dénonçant

BOILEAU
1636-1711

Nicolas Boileau, qui ajouta depuis à son nom celui de Despréaux, de vieille bourgeoisie parisienne.

Fils, frère, oncle, cousin, beau-frère de greffiers,

était le onzième enfant de Gilles Boileau. Son frère Gilles, l'avocat, entra à l'Académie vingt-cinq ans avant lui; Jacques devint chanoine de la Sainte-Chapelle. Gilles, dit Sainte-Beuve, fut l'ébauche, Jacques la charge, Nicolas enfin le vrai portrait du génie satirique. Sa vie peut se résumer en peu de mots. D'abord tonsuré, puis avocat, il se fit en définitive et tôt poète et défenseur du bon goût. Il eut pour amis Molière, La Fontaine et Racine, fut fort goûté du roi et des « plus honnêtes gens » ou des plus titrés de la cour, eut sa maison à Auteuil, l'hospitalité de Lamoignon à Bâville, devint historiographe avec Racine en 1677, alla au camp sous Namur avec lui, et lui survécut douze ans.

Boileau, comme le parfait chef d'orchestre, conduit avec sévérité et autorité le chœur du grand siècle, et, de temps en temps, y fait sa partie en exécutant quelques morceaux de sa composition, courts et nets, à la fois leçon et modèle, je veux dire ses *Satires* et ses *Epîtres*. Il y enseigne par son exemple le choix et l'enchaînement des idées, la proportion du développement, la netteté de l'expression, la correction du tour, l'élégance même, encore qu'un peu roide parfois, l'aisance et la tenue de la période, encore qu'un peu chargée. Il a tous les tons : l'ironie et l'âpreté, cela va de soi, dans ses *Satires*; le sérieux et la gravité dans ses *Epîtres*; la finesse, quand il enveloppe des leçons de critique dans les sottises des « nobles campagnards » de son *Festin ridicule* (Satire IIIe); la verve, quand dans sa IXe Satire il harcèle Cotin; la malice, quand il s'y égaie aux dépens de Chapelain; l'esprit, quand il se joue autour d'un lutrin dans le chef-d'œuvre du genre héroï-comique, qui grandit les petites choses, à l'encontre du genre burlesque, qui rapetisse les grandes; la noblesse épique, quand il chante que Louis « n'a pas passé le Rhin (Epît. IV)»; et, quoi qu'on en ait dit, le cœur, quand il pleure Molière (Epît. VII); la mélancolie même, quand il ne peut oublier qu'il a aimé *Sylvie* (chanson). Il a une fois le malheur d'être en lutte dans une fable, un hasard de sa plume, avec La Fontaine (Epît. II); une seconde fois le tort de l'oublier dans l'*Art Poétique*; d'y donner par contre une trop grande place au sonnet; d'y mettre un mot mal sonnant à l'adresse du Tasse, qui aime trop le clinquant, et une épigramme contre Corneille, qui aime trop Lucain.

« l'affliction de certaines personnes qui aspirent à la *gloire* d'une belle et immortelle douleur. » Malherbe apprit en 1628 qu'on ne se console pas : sa douleur « n a point de reconfort », dit-il dans son sonnet sur la mort de son fils. — Voltaire croit à la douleur et à la consolation, même un peu trop prompte : «.....Le lendemain, le philosophe perdit son fils unique, et fut sur le point d'en mourir de douleur. La dame fit dresser une liste de tous les rois qui avaient perdu leurs enfans, et la porta au philosophe; il la lut, la trouva fort exacte, et n'en pleura pas moins. Trois jours après, ils se revirent, et furent étonnés de se trouver d'une humeur très gaie. Ils firent ériger une belle statue au Temps, avec cette inscription : A celui qui console. » (*Les Deux consolés*.)

Mais il n'a pas admiré médiocrement le *Cid* et *Cinna*; il n'a pas trouvé Regnard « médiocrement gai »; il a défendu l'*Ecole des Femmes* contre la cour, l'*Avare* contre Racine, Racine contre Pradon; il a défendu Arnauld proscrit contre la colère du roi par un mot, Corneille pauvre contre l'oubli du roi par son intervention, Patru contre la misère par sa bourse; il a reconnu ses torts envers Quinault et Boursault. Voilà le critique, l'écrivain, le poète et l'homme; s'il n'emporte pas l'admiration il conquiert l'estime.

Comme Malherbe il a été vertement attaqué de son temps, et, plus que lui, de nos jours. Son nom a été une arme de combat dans la guerre des classiques et des romantiques. Mais la paix s'est faite entre eux et s'est faite aussi sur son nom. Alfred de Musset, qui avait médit de sa « tisane à la glace », a spontanément, en pleine Académie, fait amende honorable entre les mains de son champion le plus ardent et le plus convaincu, M. Nisard, qui a finement prouvé au poète repentant qu'il avait calomnié son père. On ne chicanera pas cette filiation (il ne s'agit bien entendu que du langage, non des idées et des sujets), si l'on passe à Sainte-Beuve celle qu'il établit de Régnier à Chénier.

L'ESPRIT DE BOILEAU[1]

CONVERSATION LITTÉRAIRE

. . . .
Mais notre hôte surtout, pour la justesse et l'art,
Elevoit jusqu'au ciel Théophile et Ronsard,
Quand un des campagnards, relevant sa moustache
Et son feutre à grands poils ombragé d'un panache,
Impose à tous silence, et d'un ton de docteur,
« Morbleu! dit-il, La Serre[2] est un charmant auteur;
Ses vers sont d'un beau style, et sa prose est coulante.
La Pucelle est encore une œuvre bien galante,
Et je ne sais pourquoi je bâille en la lisant[3].
Le Pays[4], sans mentir, est un bouffon plaisant :

---

1. Entre l'étude des *Satires* et des *Epîtres* qui a été faite en Quatrième, et l'étude de l'*Art Poétique* qui sera faite en Rhétorique, notre recueil ne doit, par le choix restreint de courts passages, que fixer les points principaux du jugement qu'on peut porter sur Boileau d'après ce qui en est connu, et faire pressentir ce qui reste à en connaître. Les morceaux que nous citons répondent à quelques-unes des réserves que la critique a faites sur Boileau, et qu'énumère notre notice. — La citation du premier morceau aura un autre avantage; les élèves, dans les classes d'humanités, seront plus en état, qu'ils ne l'étaient en Quatrième, d'apprécier les jugements littéraires qu'il contient.

2. Puget de LA SERRE, de Toulouse (1600-1665), que le vers satirique de Boileau a seul sauvé de l'oubli, a eu, au moins, une idée neuve, que le XVIIIe siècle reprendra en l'étendant, celle de la tragédie en prose, qui conduit au drame. Il l'a appliquée dans son *Thomas Morus*, et dans son *Comte d'Essex*, dont Thomas Corneille traitera après lui le sujet.

3. Madame de Longueville bâilla en l'entendant lire, sans nier que ce fût « parfaitement beau. » Brossette, qui raconte l'anecdote, a pu la tenir de Boileau.

4. René LE PAYS, auteur d'*Amitiés, Amours et Amourettes*. Boileau fait allusion à ce titre dans l'Epître IX. On l'appelait le « singe de Voiture »

Mais je ne trouve rien de beau dans ce Voiture [1].
Ma foi, le jugement sert bien dans la lecture!
A mon gré le Corneille est joli [2] quelquefois.
En vérité, pour moi, j'aime le beau françois [3].
Je ne sais pas pourquoi l'on vante l'Alexandre ;
Ce n'est qu'un glorieux qui ne dit rien de tendre [4].
Les héros chez Quinault parlent bien autrement,
Et, jusqu'à *je vous hais*, tout s'y dit tendrement.
On dit qu'on l'a drapé [5] dans certaine satire,
Qu'un jeune homme...—Ah ! je sais ce que vous voulez dire,
A répondu notre hôte : « un auteur sans défaut,
« La raison dit Virgile et la rime Quinault [6]. »
— Justement. A mon gré la pièce est assez plate.
Et puis blâmer Quinault ! Avez-vous vu l'*Astrate* ?
C'est là ce qu'on appelle un ouvrage achevé.
Surtout l'anneau royal [7] me semble bien trouvé.
Son sujet est conduit d'une belle manière ;
Et chaque, en sa pièce, est une pièce entière [8].

(*Satires*, III [9].)

1. Boileau, on le sait, ne s'en tiendra pas à cet hommage détourné en faveur de Voiture.
2. *Joli*, comme Térence, dans la bouche du sot de Régnier (*Sat.* X). — On dit que Boileau, chez La Fontaine, avait entendu ces grotesques propos de la bouche d'un notable de Château-Thierry.
3. Voyez p. 196, note 2.
4. Le provincial dit « rien ». Nous disons « trop ». Et Boileau, qui « de ce reproche veut faire une louange » (LA HARPE)! « Il n'est pas fort *tendre* en effet, mais il est assez galant pour dire à Cléophile : *Vos yeux, ces aimables tyrans...*
5. Voyez p. 147, note 6.
6. *Satire* II, à Molière.
7. Dans l'*Astrate* de Quinault, un anneau est confié par Élise, reine de Tyr, à son parent Agénor pour être remis à Astrate. Agénor le garde pour abuser de l'autorité qu'il confère et perdre Astrate son rival.— Le nom de Quinault est un de ceux qui viennent d'eux-mêmes se placer dans les « hémistiches » de Boileau comme en « leurs niches » (*Sat.* IX.). Voir *infrà*, sa notice et les notes.
8. Encore un compliment à côté, qui fait sourire de qui le fait et de qui le reçoit.
9. C'est surtout l'ingénieux et élégant badinage du *Lutrin* qui ferait goûter l'esprit de Boileau. Sur ce maigre fond, il a brodé des riens charmants. Son style, qui ailleurs est quelquefois tendu et surchargé d'incises qui ralentissent la période, y a beaucoup de variété et de souplesse. Les vers d'une harmonie expressive et pittoresque y abondent.

> Aussitôt on se lève, et l'assemblée en foule,
> Avec un bruit confus, par les portes s'écoule. (Ch. I, fin.)
> Et lasse (la Mollesse) de parler, succombant sous l'effort,
> Soupire, étend les bras, ferme l'œil et s'endort. (Ch II, fin.)
> Le sacristain achève en deux coups de rabot,
> Et le pupitre enfin tourne sur son pivot. (Ch. III, fin.)
> Les cloches dans les airs de leurs voix argentines
> Appeloient à grand bruit les chantres à matines. (Ch. IV, début.)

Ces vers sont relevés et cités partout. Beaucoup de vers de Boileau sont

LA VERVE DE BOILEAU

COTIN ET CHAPELAIN.

Gardez-vous, dira l'un, de cet esprit critique :
On ne sait bien souvent quelle mouche le pique ;
Mais c'est un jeune fou qui se croit tout permis,
Et qui pour un bon mot va perdre vingt amis [1].
Il ne pardonne pas aux vers de la Pucelle,
Et croit régler le monde au gré de sa cervelle.
Jamais dans le barreau trouva-t-il rien de bon ?
Peut-on si bien prêcher qu'il ne dorme au sermon ?
Mais lui, qui fait ici le régent du Parnasse,
N'est qu'un gueux revêtu des dépouilles d'Horace ;
Avant lui Juvénal avoit dit en latin
Qu'on est assis à l'aise aux sermons de Cotin ;
L'un et l'autre avant lui s'étoient plaints de la rime,
Et c'est aussi sur eux qu'il rejette son crime :
Il cherche à se couvrir de ces noms glorieux.
J'ai peu lu ces auteurs ; mais tout n'iroit que mieux
Quand de ces médisans l'engeance tout entière
Iroit, la tête en bas, rimer dans la rivière [2].

. . . .
Et je serai le seul qui ne pourrai rien dire !
On sera ridicule, et je n'oserai rire [3] !
Et qu'ont produit mes vers de si pernicieux,
Pour armer contre moi tant d'auteurs furieux ?

en outre devenus proverbes :
> Rien n'est beau que le vrai, le vrai seul est aimable.
> Un sot trouve toujours un plus sot qui l'admire.
> Le chagrin monte en croupe et galoppe avec lui ;

ce dernier, imité d'Horace, etc. Signalons, à ce propos, que deux vers qu'on attribue souvent à Boileau sont du *Glorieux*, de Destouches :
> La critique est aisée, et l'art est difficile (II, 5).
> Chassez le naturel, il revient au galop (III, 5).

1. Cf. HORACE, *Sat.* I, 4 :
> Longe fuge, dummodo risum
> Excutiat sibi, non hic cuiquam parcet amico.

RÉGNIER *Sat.* XII :
> Fuyez ce médisant :
> Fâcheuse est son humeur, son parler est cuisant.
> Quoy, Monsieur, n'est-ce pas cet homme à la satire
> Qui perdroit un amy plustost qu'un mot pour rire ?

2. On attribue un propos équivalent au duc de Montausier : il voulait qu'on envoyât Boileau aux galères.
3. On lui reprochait de piller Horace et Juvénal. Et de fait, il les imite tous deux en cette page. Cf. JUVÉNAL, *Sat.* I, 1 sqq. :
> Semper ego auditor tantum? Nunquamne reponam ?..

Loin de les décrier, je les ai fait paroître,
Et souvent, sans ces vers qui les ont fait connoître,
Leur talent dans l'oubli demeureroit caché ;
Et qui sauroit sans moi que Cotin a prêché ?
La satire ne sert qu'à rendre un fat illustre :
C'est une ombre au tableau qui lui donne du lustre.
En le blâmant enfin, j'ai dit ce que j'en croi ;
Et tel qui m'en reprend en pense autant que moi.

 Il a tort, dira l'un : pourquoi faut-il qu'il nomme ?
Attaquer Chapelain ! ah ! c'est un si bon homme !
Balzac en fait l'éloge en cent endroits divers.
Il est vrai, s'il m'eût cru, qu'il n'eût point fait de vers.
Il se tue à rimer : que n'écrit-il en prose ?
Voilà ce que l'on dit. Et que dis-je autre chose ?
En blâmant ses écrits, ai-je d'un style affreux
Distillé sur sa vie un venin dangereux ?
Ma Muse, en l'attaquant, charitable et discrète,
Sait de l'homme d'honneur distinguer le poëte.
Qu'on vante en lui la foi, l'honneur, la probité ;
Qu'on prise sa candeur et sa civilité ;
Qu'il soit doux, complaisant, officieux, sincère :
On le veut, j'y souscris, et suis prêt à me taire [1].
Mais que pour un modèle on montre ses écrits ;
Qu'il soit le mieux renté de tous les beaux esprits [2] ;
Comme roi des auteurs qu'on l'élève à l'empire :
Ma bile alors s'échauffe, et je brûle d'écrire ;
Et, s'il ne m'est permis de le dire au papier,
J'irai creuser la terre, et, comme ce barbier,

1. Cf. MOLIÈRE, *Misanthrope*, IV, 1 :

  De quoi s'offense-t-il et que veut-il me dire ?
  Y va-t-il de sa gloire à ne pas bien écrire ?
  Que lui fait mon avis qu'il a pris de travers ?
  On peut être honnête homme et faire mal des vers.
  Ce n'est point à l'honneur que touchent ces matières,
  Je le tiens galant homme en toutes les manières,
  Homme de qualité, de mérite et de cœur,
  Tout ce qu'il vous plaira, mais fort méchant auteur.

2. On sait que c'est Chapelain lui-même qui fut chargé par Colbert, en 1663, de préparer une liste des hommes de lettres qui méritaient d'être pensionnés par le roi. Conrart, « lequel, sans connoissance d'aucune autre langue que sa maternelle, est admirable pour juger de toutes les productions de l'esprit », est le 2e sur la liste. Le 4e est le « sieur Pierre Corneille, premier poëte dramatique du monde ; deux mille livres. » Le 10e est Molière « excellent poëte comique ; mille livres. » Le 30e est Chapelain, « le plus grand poëte françois qui ait jamais été et du plus solide jugement ; trois mille livres. » (Voir *Histoire de Molière*, par Taschereau, note 14 du livre II.) M. de Longueville lui faisait quatre mille livres, etc.

Faire dire aux roseaux par un nouvel organe :
« Midas, le roi Midas a des oreilles d'âne [1]. »

(*Satires*, IX.)

LE CŒUR DE BOILEAU
LA MORT DE MOLIÈRE

Avant qu'un peu de terre, obtenu par prière [2],
Pour jamais sous la tombe eût enfermé Molière,
Mille de ces beaux traits, aujourd'hui si vantés,
Furent des sots esprits à nos yeux rebutés.
L'Ignorance et l'Erreur à ses naissantes pièces,
En habits de marquis, en robes de comtesses,
Venoient pour diffamer son chef-d'œuvre nouveau,
Et secouoient la tête à l'endroit le plus beau.
Le commandeur vouloit la scène plus exacte,
Le vicomte indigné sortoit au second acte [3] ;
L'un, défenseur zélé des bigots mis en jeu,
Pour prix de ses bons mots le condamnoit au feu ;
L'autre, fougueux marquis, lui déclarant la guerre,
Vouloit venger la cour immolée au parterre.
Mais, sitôt que d'un trait de ses fatales mains
La Parque l'eut rayé du nombre des humains,
On reconnut le prix de sa muse éclipsée :
L'aimable comédie, avec lui terrassée,
En vain d'un coup si rude espéra revenir,
Et sur ses brodequins ne put plus se tenir.

(*Épîtres*, VII.)

UNE PAGE D'HISTOIRE LITTÉRAIRE PAR BOILEAU [4]
VILLON, MAROT, RONSARD, MALHERBE

Villon sut le premier dans ces siècles grossiers
Débrouiller l'art confus de nos vieux romanciers [5].

---

1. Le barbier du roi de Phrygie Midas avait découvert qu'il avait des oreilles d'âne. Incapable de garder un secret qu'il n'osait divulguer, il le confia à un trou qu'il fit en terre. Les roseaux qui y poussèrent, au moindre vent répétèrent ses paroles. Voy. OVIDE, *Métam.*, XI.
2. Ce fut sur l'ordre secret de Louis XIV, supplié à Versailles par la veuve de Molière, que l'archevêque Haray [de Champvallon consentit à l'enterrement religieux du « comédien ».
3. Le commandeur de Souvré, plus tard grand-prieur de France ; — le vicomte du Broussin, son ami, qui sortit en effet au second acte de *l'École des Femmes* en se récriant contre la « violation de toutes les règles. » Voyez comment Molière met en scène les ennemis de sa comédie dans la *Critique de l'École des Femmes*.
4. Les vers excellents de Boileau contiennent des erreurs, contre lesquelles il n'est pas inutile de mettre en garde les jeunes lecteurs qui, dans les classes d'humanités, apprennent l'histoire littéraire. Les notices et morceaux des poètes qui sont l'objet de ces erreurs, leur permettront d'en vérifier la réfutation.
5. Villon (1431-1484?) « n'a rien débrouillé. » dit M. GÉRUZEZ. La Bal-

Marot, bientôt après, fit fleurir les ballades,
Tourna des triolets, rima des mascarades,
A des refrains réglés asservit les rondeaux,
Et montra pour rime des chemins tout nouveaux [1].
Ronsard qui le suivit, par une autre méthode,
Réglant tout, brouilla tout, fit un art à sa mode,
Et toutefois long-temps eut un heureux destin.
Mais sa muse, en françois parlant grec et latin,
Vit dans l'âge suivant, par un retour grotesque,
Tomber de ses grands mots le faste pédantesque [2].
Ce poëte orgueilleux, trébuché de si haut,
Rendit plus retenus Desportes et Bertaut.
Enfin [3] Malherbe vint, et le premier en France
Fit sentir dans les vers une juste cadence,
D'un mot mis en sa place enseigna le pouvoir,
Et réduisit la muse aux règles du devoir.
Par ce sage écrivain la langue réparée [4]
N'offrit plus rien de rude à l'oreille épurée.
Les stances avec grâce apprirent à tomber,
Et le vers sur le vers n'osa plus enjamber.
Tout reconnut ses lois, et ce guide fidèle
Aux auteurs de ce temps sert encore de modèle.
Marchez donc sur ses pas ; aimez sa pureté,
Et de son tour heureux imitez la clarté.

(*Art Poétique*, chant 1er.)

lade, dont il a fait un si bon usage, avait ses lois avant lui. « Il n'a ni créé un mot, ni façonné un moule nouveau pour y jeter ses vers; ni le vocabulaire, ni la prosodie ne lui doivent rien. » Mais « la poésie lui doit beaucoup. Il l'a mise dans sa voie, qui est d'exprimer des sentiments vrais, et il lui a donné son cachet, qui est d'exprimer ces sentiments avec imagination.»(ID.) M. Nisard confirme ce jugement : « Le premier, Villon s'affranchit de l'imitation des vieux romanciers (entendez qu'il a répudié les allégories du *Roman de la Rose*), le premier il a tiré la poésie de son cœur. »

1. Marot n'a pas inventé ni perfectionné la ballade. Il n'a écrit ni triolets, ni mascarades. Les lois du Rondeau existaient. Marot a atteint la perfection dans l'épître badine, dans l'épigramme, le madrigal. Voilà sa nouveauté. Il a créé le *coq-à-l'âne* et le *blason*, autres nouveautés moins appréciables.

2. Ici Boileau n'a péché que par omission. Il dit tout le mal, il ne dit pas le bien. Ainsi fait Fénelon : le langage de Ronsard était, dit-il, « cru et informe..... Il parloit grec en françois. »

3. C'est avec le même accent de soulagement et de triomphe que Racine dit de Corneille : « Dans cette enfance, ou, pour mieux dire, dans ce chaos du poëme dramatique parmi nous, votre illustre frère, après avoir quelque temps cherché le bon chemin et lutté, si je l'ose ainsi dire, conire le mauvais goût de son siècle, *enfin*, inspiré d'un génie extraordinaire, et aidé par la lecture des anciens, fit voir la raison, etc. » (*Disc. en réponse à Th. Corneille.*)

4. C'est aussi le mot de La Bruyère (*Caract.*, ch. Ier).

QUELQUES JUGEMENTS DE BOILEAU

LUCILIUS, HORACE, JUVÉNAL, PERSE

L'ardeur de se montrer, et non pas de médire,
Arma la vérité du vers de la satire.
Lucile [1] le premier osa la faire voir,
Aux vices des Romains présenta le miroir,
Vengea l'humble vertu de la richesse altière,
Et l'honnête homme à pied du faquin en litière.
Horace à cette aigreur mêla son enjouement ;
On ne fut plus ni fat ni sot impunément ;
Et malheur à tout nom qui, propre à la censure,
Put entrer dans un vers sans rompre la mesure !
Perse, en ses vers obscurs, mais serrés et pressans,
Affecta d'enfermer moins de mots que de sens [2].
Juvénal, élevé dans les cris de l'école,
Poussa jusqu'à l'excès sa mordante hyperbole.
Ses ouvrages, tout pleins d'affreuses vérités,
Étincellent pourtant de sublimes beautés ;
Soit que, sur un écrit arrivé de Caprée,
Il brise de Séjan la statue adorée [3] ;
Soit qu'il fasse au conseil courir les sénateurs,
D'un tyran soupçonneux pâles adulateurs.

(*Art Poétique*, chant II.)

---

1. C. Lucilius (148 av. J.-C.-?). Cf. HORACE, *Sat.* I, 4 et 10 ; II, 1, v. 63.
       Est Lucilius ausus
   Primus in hunc operis componere carmina morem.

Il ne reste de ses 28 satires que de très courts fragments.

2. A. Persius Flaccus (35-62 ap. J.-C.) a laissé 6 satires. On a remarqué l'art avec lequel Boileau serre son style pour caractériser le plus serré des poètes latins. Quant à lutter de concision avec lui, il a dû y renoncer, quand il a rendu *Hoc, quod loquor, inde est* (PERSE, IV, 152) par le vers vif et coulant :

   Le moment où je parle est déjà loin de moi.

3. D. Junius Juvenalis (47-130 ap. J.-C.) a laissé 16 satires. C'est à des passages de la plus belle, la dixième (*Les Vœux*) que Boileau fait allusion d'abord :

   Ardet adoratum populo caput et crepat ingens
   Sejanus....   (v 61-62).
       Verbosa et grandis epistola venit
   A Capreis....   (v. 71-72)

Satire IV (*Le Turbot*) :
       Vocantur
   Ergo in consilium proceres, quos oderat ille,
   In quorum facie magnæ miseræque sedebat
   Pallor amicitiæ   (v. 72-75).

VERS A METTRE EN CHANT

Voici les lieux charmans où mon âme ravie
    Passoit à contempler Sylvie
Ces tranquilles momens si doucement perdus.
Que je l'aimois alors! que je la trouvois belle!
Mon cœur, vous soupirez au nom de l'infidèle :
Avez-vous oublié que vous ne l'aimez plus?

C'est ici que souvent, errant dans les prairies,
    Ma main des fleurs les plus chéries
Lui faisoit des présens si tendrement reçus.
Que je l'aimois alors! etc. [1].

RACINE
1639-1699

Jean RACINE naquit à la Ferté-Milon, trois ans après le *Cid*, un an après Louis XIV. Elevé et instruit à Beauvais et à Port-Royal, puis hôte d'un oncle, chanoine à Uzès, auprès duquel il lisait saint Thomas par devoir et Euripide par plaisir, il vint à Paris où était arrivé Molière, où Boileau donnait sa première satire, où Louis XIV inaugurait son règne personnel, où il commença bientôt sa carrière théâtrale. Elle a été plus courte que celle de Corneille. Après l'essai des *Frères Ennemis* (1663), froide imitation des *Phéniciennes* d'Euripide, après *Alexandre* (1665), imitation des héroïques sujets de Corneille, il franchit en dix ans (1667-1677) les étapes qui de chef-d'œuvre en chef-d'œuvre le conduisent jusqu'à *Phèdre*. Dans *Andromaque* (1667) et *Iphigénie* (1674), il s'inspire d'Euripide, de Virgile et d'Homère; dans *Phèdre* (1677), il reste original, malgré l'*Hippolyte* grec, auquel il emprunte son sujet, malgré l'*Hippolyte* latin de Sénèque qui lui fournit le thème de la déclaration fameuse. De ses trois tragédies romaines, *Britannicus* (1669) est un tableau vigoureux d'après Tacite, *Bérénice* (1670), une « élégie dramatique», *Mithridate* (1673), une belle étude de politique et de caractères, où il donne dans Monime une sœur aux héroïnes de Corneille. Sur ce fond antique se détache, avec les muets et le lacet oriental qui remplacent le poison et le poignard grec, latin et français, *Bajazet* (1672), transportant sur la scène de Paris et de Versailles une récente et tragique aventure du sérail. Ajoutons, entre l'*Andromaque* grecque et le *Britannicus* latin, une courte et unique excursion dans l'autre domaine dramatique, où Corneille avait aussi paru avec éclat : l'amusante comédie des *Plaideurs* (1668) accommode à nos mœurs les *Guêpes* d'Aristophane.

---

[1]. Ces vers respirent une mélancolie discrète et touchante, qui n'est pas ordinaire à Boileau. Ils ont été mis en musique, en 1671, par Lambert, beau-père de Lulli. — Boileau le cite dans la satire IIIe, v. 31. — Ils ont été aussi mis en musique de nos jours.

L'échec de *Phèdre*, dont l'Epître de Boileau vengea Racine sans le consoler, lui fit quitter le théâtre pour toujours. C'est pour la maison de Saint-Cyr, que, sur la demande de Mme de Maintenon, il écrivit ses deux tragédies bibliques d'*Esther* (1689), et d'*Athalie* (1690) qui ne fut représentée sur le théâtre français qu'en 1715. Son mariage, la naissance et l'éducation de deux fils et de cinq filles, des poésies chrétiennes, l'*Histoire de Port-Royal*, compensation ou expiation de deux lettres trop spirituelles et trop fameuses où il avait jadis atteint ses anciens maîtres, les fonctions d'historiographe qu'il partagea avec Boileau et qui les conduisirent au camp sous Namur, remplirent, avec les deux tragédies qu'il ne destinait pas au public, le dernier tiers de sa vie.

La froideur du public l'avait blessé en 1677; la froideur du roi hâta sa fin en 1699. Louis XIV l'admirait et le goûtait; il admirait et aimait Louis XIV. Un *mémoire* qui touchait à ses intérêts personnels déplut. Le chagrin aggrava une maladie de foie dont il mourut le 21 avril à l'âge de soixante ans.

Il est difficile de pousser plus loin que Racine l'art de préparer, de conduire et de dénouer une tragédie. Chaque personnage dit ce qu'il doit dire, quand et comme il le doit dire, dans la mesure et le ton qu'il faut. L'élégance continue et irréprochable du style enveloppe ses hardiesses sans les affaiblir et détache à propos le mot simple; la périphrase ne s'impose pas. La Harpe, dans les analyses étendues, qu'en critique éclairé et aiguisé par la pratique du théâtre il a données de toutes les tragédies de Racine, a mis en lumière avec une dextérité merveilleuse le jeu des ressorts qui les met en mouvement : péripéties, caractères, passions. Les réserves qu'il faut faire, Corneille, dit-on, les a résumées discrètement en un mot à une représentation de *Bajazet*, Voltaire les a indiquées spirituellement dans le *Temple du Goût;* Châteaubriand dans le *Génie du Christianisme* a ouvert brièvement quelques vues neuves et pénétrantes. Voilà des Turcs bien français, a dit l'un ; des anciens bien modernes, a écrit l'autre; une païenne bien chrétienne, a ajouté le troisième. C'est que dans ses tragédies Racine restait de son siècle, le siècle des salons élégants et polis, en dépit de la date où il plaçait leurs sujets. Ces tragédies que d'amples et éloquents discours, remplis de nuances exquises, menaient en beaux et sonores alexandrins, à travers des péripéties mesurées, sans sortir d'un vestibule ou d'une chambre de palais, de l'exposition au dénouement, ne semblent-elles pas plutôt un délicat régal des oreilles et de l'esprit qu'un spectacle dramatique? La scène n'y est-elle pas comme une image ennoblie, et le langage comme un écho agrandi de ces salons patriciens, spirituels et lettrés, où l'on avait en fins entretiens tant analysé le cœur et ses passions, où l'on avait tant aimé et tant parlé de l'amour en prose et en vers? N'en retrouvait-on pas les costumes, rubans et perruques, sur les épaules et sur la tête des Mithridate et des Hermione? L'amour, qui était un des éléments des héros de Corneille, devint le ressort même de ceux de Racine. Corneille peignit des âmes, Racine fit parler des cœurs, et jamais la passion dans ses tendresses, ses fureurs, ses jalousies, ses caprices, ses douleurs ou ses joies, ne trouva un interprète plus vrai, plus ému, plus harmonieux, plus enchanteur. Il lui donne des cadres héroïques, historiques, politiques, parce qu'un portrait veut un cadre, mais il ne fait le cadre que pour le portrait.

LA FIERTÉ DE PORUS

PORUS, TAXILE, *rois dans les Indes,*
EPHESTION, *ami et envoyé d'Alexandre*[1].

PORUS.

Je croyois, quand l'Hydaspe assemblant ses provinces,
Au secours de ses bords fit voler tous ses princes,
Qu'il n'avoit avec moi, dans des desseins si grands,
Engagé que des rois ennemis des tyrans.
Mais, puisqu'un roi, flattant la main qui nous menace,
Parmi ses alliés brigue une indigne place,
C'est à moi de répondre aux vœux de mon pays,
Et de parler pour ceux que Taxile a trahis.
Que vient chercher ici le roi qui vous envoie[2]?
Quel est ce grand secours que son bras nous octroie?
De quel front ose-t-il prendre sous son appui
Des peuples qui n'ont point d'autre ennemi que lui?
Avant que sa fureur ravageât tout le monde,
L'Inde se reposoit dans une paix profonde;
Et, si quelques voisins en troubloient les douceurs,
Il portoit dans son sein d'assez bons défenseurs.
Pourquoi nous attaquer? par quelle barbarie
A-t-on de votre maître excité la furie?
Vit-on jamais chez lui nos peuples en courroux
Désoler un pays inconnu parmi nous?
Faut-il que tant d'États, de déserts, de rivières,
Soient entre nous et lui d'impuissantes barrières[3]?

---

1. Alexandre et Porus sont tracés sur le modèle des héros de Corneille : Porus en a la fierté et la hauteur, non exempte d'emphase; Alexandre vient dans les Indes conquérir le cœur de la sœur du roi Taxile, comme César vient en Egypte conquérir celui de Cléopâtre. On peut remarquer que, par un artifice employé par les poètes dramatiques, qui, pour aiguiser la curiosité du spectateur, retardent l'arrivée du principal personnage, Alexandre n'apparaît, comme César, qu'au troisième acte. Ainsi Tartufe chez Molière. L'imitation se trahit, en outre, dans des détails de langage et de développement, que relèveront les notes. — Cette scène permettra d'apprécier la noblesse, l'élégance et la force naissantes du style tragique de Racine.

2. CORNEILLE, *Nicomède*, II, 3 :

> PRUSIAS. Souffrez qu'il ait l'honneur de répondre pour moi.
> NICOM. Seigneur, c'est à vous seul de faire Attale roi.
> PRUSIAS. C'est votre intérêt seul que sa demande touche.
> NICOM. Le vôtre toutefois m'ouvrira seul la bouche.
> De quoi se mêle Rome? et d'où prend le sénat,
> Vous vivant, vous régnant, ce droit sur votre état?...

3. On peut reconnaître déjà ici le souvenir d'un passage d'Homère (*Iliade*, 154 sqq.), dont on trouvera une imitation plus directe dans *Iphigénie* (IV, 7).

Et ne sauroit-on vivre au bout de l'univers
Sans connoître son nom et le poids de ses fers ?
Quelle étrange valeur, qui, ne cherchant qu'à nuire,
Embrase tout sitôt qu'elle commence à luire ;
Qui n'a que son orgueil pour règle et pour raison ;
Qui veut que l'univers ne soit qu'une prison ;
Et que, maître absolu de tous tant que nous sommes,
Ses esclaves en nombre égalent tous les hommes !
Plus d'États, plus de rois : ses sacrilèges mains
Dessous un même joug rangent tous les humains[1].
Dans son avide orgueil je sais qu'il nous dévore :
De tant de souverains nous seuls régnons encore.
Mais que dis-je? nous seuls ! il ne reste que moi
Où l'on découvre encor les vestiges d'un roi.
Mais c'est pour mon courage une illustre matière[2] ;
Je vois d'un œil content trembler la terre entière,
Afin que par moi seul les mortels secourus,
S'ils sont libres, le soient de la main de Porus,
Et qu'on dise partout, dans une paix profonde :
« Alexandre vainqueur eût dompté tout le monde ;
Mais un roi l'attendoit au bout de l'univers,
Par qui le monde entier a vu briser ses fers.

ÉPHESTION.

Votre projet du moins nous marque un grand courage :
Mais, seigneur, c'est bien tard s'opposer à l'orage.
Si le monde penchant n'a plus que cet appui[3],
Je le plains, et vous plains, seigneur, autant que lui.
Je ne vous retiens point : marchez contre mon maître ;
Je voudrois seulement qu'on vous l'eût fait connoître,
Et que la renommée eût voulu, par pitié,
De ses exploits au moins vous conter la moitié ;
Vous verriez.....

1. *Nicom.*, V, 1 :

> Aussitôt qu'un état devient un peu trop grand,
> Sa chute doit guérir l'ombrage qu'elle en prend.
> C'est blesser les Romains que faire une conquête...
> Eux qui pour gouverner sont les premiers des hommes.
> Veulent que sous leur ordre on soit ce que nous sommes,
> Veulent sur tous les rois un si haut ascendant
> Que leur empire seul demeure indépendant.

2. *Ibid.*, II, 3 :

> Les bords de l'Hellespont, ceux de la mer Égée
> Offrent une matière à son ambition...

3. *Pompée*, I, 1 :

> Pourra prêter l'épaule au monde chancelant.

PORUS.

Que verrois-je ? et que pourrois-je apprendre
Qui m'abaisse si fort au-dessous d'Alexandre ?
Seroit-ce sans effort les Persans subjugués
Et vos bras tant de fois de meurtres fatigués ?
Quelle gloire en effet d'accabler la foiblesse
D'un roi déjà vaincu par sa propre mollesse,
D'un peuple sans vigueur et presque inanimé,
Qui gémissoit sous l'or dont il étoit armé,
Et qui, tombant en foule, au lieu de se défendre,
N'opposoit que des morts au grand cœur d'Alexandre !
Les autres, éblouis de ses moindres exploits,
Sont venus à genoux lui demander des lois ;
Et, leur crainte écoutant je ne sais quels oracles,
Ils n'ont pas cru qu'un dieu pût trouver des obstacles.
Mais nous, qui d'un autre œil jugeons les conquérans[1],
Nous savons que les dieux ne sont pas des tyrans ;
Et, de quelque façon qu'un esclave le nomme,
Le fils de Jupiter passe ici pour un homme.
Nous n'allons point de fleurs parfumer son chemin :
Il nous trouve partout les armes à la main ;
Il voit à chaque pas arrêter ses conquêtes ;
Un seul rocher ici lui coûte plus de têtes,
Plus de soins, plus d'assauts, et presque plus de temps,
Que n'en coûte à son bras l'empire des Persans.
Ennemis du repos qui perdit ces infâmes,
L'or qui naît sous nos pas ne corrompt point nos âmes :
La gloire est le seul bien qui nous puisse tenter,
Et le seul que mon cœur cherche à lui disputer[2].

(*Alexandre*, II, 2.)

1. *Pompée*, III, 2 :
   Elle (Rome) qui d'un même œil les (les trônes) donne et les dédaigne.
2. CRÉBILLON semble s'être souvenu de ces beaux vers, quand il a écrit dans *Rhadamiste* ceux-ci, qui ne le sont pas moins :

   Est-ce la guerre enfin que Néron me déclare !
   Qu'il ne s'y trompe point : la pompe de ces lieux,
   Vous le voyez assez, n'éblouit point les yeux.
   Jusques aux courtisans qui me rendent hommage
   Mon palais, tout, ici n'a qu'un faste sauvage.
   La nature, marâtre en ces affreux climats,
   Ne produit, au lieu d'or, que du fer, des soldats.
   Son sein tout hérissé n'offre aux désirs de l'homme
   Rien qui puisse tenter l'avarice de Rome.

Comparez encore, *Alexandre*, V, 3 :

PORUS.
   Aussi bien n'attends pas qu'un cœur comme le mien
   Reconnoisse un vainqueur et te demande rien.
   Parle, et sans espérer que je blesse ma gloire,
   Voyons comme tu sais user de la victoire ;

L'HONNÊTETÉ DE BURRHUS [1]

NÉRON, BURRHUS [2]

BURRHUS.

.....De votre bouche, ô ciel, puis-je l'apprendre?
Vous-même, sans frémir, avez-vous pu l'entendre?
Songez-vous dans quel sang vous allez vous baigner?
Néron dans tous les cœurs est-il las de régner?
Que dira-t-on de vous? Quelle est votre pensée?

NÉRON.

Quoi! toujours enchaîné de ma gloire passée,
J'aurai devant les yeux je ne sais quel amour
Que le hasard nous donne et nous ôte en un jour?
Soumis à tous leurs vœux, à mes désirs contraire,
Suis-je leur empereur seulement pour leur plaire?

BURRHUS.

Et ne suffit-il pas, seigneur, à vos souhaits
Que le bonheur public soit un de vos bienfaits?
C'est à vous à choisir, vous êtes encor maître.
Vertueux jusqu'ici, vous pouvez toujours l'être :
Le chemin est tracé, rien ne vous retient plus,
Vous n'avez qu'à marcher de vertus en vertus.
Mais, si de vos flatteurs vous suivez la maxime,
Il vous faudra, seigneur, courir de crime en crime,
Soutenir vos rigueurs par d'autres cruautés,

Et *Pompée*, III, 4 :

CORNÉLIE.
Car enfin n'attends pas que j'abaisse ma haine.
Je te l'ai déjà dit, César, je suis Romaine,
Et, quoique ta captive, un cœur comme le mien,
De peur de s'oublier, ne te demande rien.
Ordonne, et sans vouloir qu'il tremble ou s'humilie,
Souviens-toi seulement que je suis Cornélie.

1. Quelques mots suffiront pour résumer le sujet, bien connu, de *Britannicus*. Néron est encore un «'monstre naissant » (Préface de Racine). Mais déjà, fatigué de l'ascendant impérieux d'Agrippine, sa mère, il fait enlever Junie qu'il aime, et arrêter Britannicus qui l'aime et qu'elle aime. Agrippine, sentant son fils lui échapper, avait imaginé, pour le retenir par la crainte d'une compétition, de fiancer Britannicus, fils et héritier légitime de l'empereur Claude, avec Junie, sœur de Silanus, dont Claude avait songé à faire son gendre et son successeur. Tels sont les trois premiers actes. Dans le suivant, le mieux rempli des actes quatrièmes du théâtre, en trois scènes, sans plus, se succèdent auprès de Néron: 1o sa mère, qui l'irrite et le fatigue par ses reproches; 2o Burrhus, son ancien gouverneur, qui le veut ramener au bien par ses conseils émus; 3o Narcisse, son affranchi, qui l'en détourne par ses suggestions perfides. Il l'emporte sans peine; Britannicus, au cinquième acte, est empoisonné. — Entre l'ambition sans scrupules d'Agrippine et l'hypocrisie sans pudeur de Narcisse, l'éloquence honnête de Burrhus est une détente dans le drame et pour le spectateur.

2. Néron vient de révéler son dessein de mettre à mort Britannicus.

Et laver dans le sang vos bras ensanglantés.
Britannicus mourant excitera le zèle
De ses amis, tout prêts à prendre sa querelle.
Ces vengeurs trouveront de nouveaux défenseurs,
Qui, même après leur mort, auront des successeurs :
Vous allumez un feu qui ne pourra s'éteindre.
Craint de tout l'univers, il vous faudra tout craindre,
Toujours punir, toujours trembler dans vos projets,
Et pour vos ennemis compter tous vos sujets.
Ah ! de vos premiers ans l'heureuse expérience
Vous fait-elle, seigneur, haïr votre innocence?
Songez-vous au bonheur qui les a signalés ?
Dans quel repos, ô ciel ! les avez-vous coulés !
Quel plaisir de penser et de dire en vous-même :
« Partout en ce moment, on me bénit, on m'aime :
On ne voit point le peuple à mon nom s'alarmer ;
Le ciel dans tous leurs pleurs ne m'entend point nommer ;
Leur sombre inimitié ne fuit point mon visage ;
Je vois voler partout les cœurs à mon passage ! »
Tels étoient vos plaisirs. Quel changement, ô dieux !
Le sang le plus abject vous étoit précieux :
Un jour, il m'en souvient, le sénat équitable
Vous pressoit de souscrire à la mort d'un coupable :
Vous résistiez, seigneur, à leur sévérité ;
Votre cœur s'accusoit de trop de cruauté ;
Et, plaignant les malheurs attachés à l'empire,
Je voudrois, disiez-vous, ne savoir pas écrire [1]. »
Non, ou vous me croirez, ou bien de ce malheur
Ma mort m'épargnera la vue et la douleur ;
On ne me verra point survivre à votre gloire,
Si vous allez commettre une action si noire.
  (*Se jetant aux pieds de Néron.*)
Me voilà prêt, seigneur : avant que de partir,
Faites percer ce cœur qui n'y peut consentir ;
Appelez les cruels qui vous l'ont inspirée ;
Qu'ils viennent essayer leur main mal assurée...
Mais je vois que mes pleurs touchent mon empereur ;
Je vois que sa vertu frémit de leur fureur.

---

[1]. Exclamasti: Vellem nescire litteras ! (SÉNÈQUE, *De clementia*, II, 1.) Plusieurs traits du discours de Burrhus sont empruntés à ce traité, que Sénèque adressa à son ancien élève, comme « un miroir où il devait se voir. » (Scribere de clementiâ, Nero Cæsar, institui, ut quodammodo speculi vice fungerer, et te tibi ostenderem perventurum ad voluptatem maximam omnium). On sait, de l'auteur, ce que Néron fit plus tard.

Ne perdez point de temps, nommez-moi les perfides
Qui vous osent donner ces conseils parricides ;
Appelez votre frère, oubliez dans ses bras...
NÉRON.
Ah ! que demandez-vous?
BURRHUS.
Non, il ne vous hait pas,
Seigneur : on le trahit; je sais son innocence ;
Je vous réponds pour lui de son obéissance.
J'y cours. Je vais presser un entretien si doux.
NÉRON.
Dans mon appartement qu'il m'attende avec vous[1].
(*Britannicus*, IV, 3.)

LA JALOUSIE DE ROXANE

I[2]

ROXANE, *sultane*; ATALIDE, *princesse du sang ottoman*;
ZATIME, *esclave de la sultane*.

ROXANE.
Madame, j'ai reçu des lettres de l'armée.
De tout ce qui s'y passe êtes-vous informée?
ATALIDE.
On m'a dit que du camp un esclave est venu
Le reste est un secret qui ne m'est pas connu.
ROXANE.
Amurat est heureux : la fortune est changée,
Madame, et sous ses lois Babylone est rangée.

---

1. Le bon génie sort par une porte, le mauvais entre par une autre, et va droit au but :
> Seigneur, j'ai tout prévu pour une mort si juste:
> Le poison est tout prêt.

Il *retourne* Néron, qui, laissant Burrhus l'attendre, finit la scène et l'acte par ce vers, contre-partie de celui qui terminait la scène précédente :
> Viens, Narcisse. Allons voir ce que nous devons faire.

2. Le sultan Amurat, retenu par une guerre lointaine sous les murs de Babylone, a envoyé du camp l'ordre de mettre à mort son frère Bajazet. La sultane Roxane, trompée par la dissimulation de Bajazet et d'Atalide, qui cachent leur amour, se croit sûre de celui de Bajazet, et vient le chercher pour le faire proclamer sultan et l'épouser. Il se dérobe par une réponse glaciale et ambiguë. (Cf. *Énée*, au IVe livre de l'*Énéide*.) Interdite et déçue, elle interroge, après son départ, Atalide, dont la réponse émue et imprudente la frappe :
> Je vois qu'à l'excuser votre adresse est extrême.
> Vous parlez mieux pour lui qu'il ne parle lui-même (III, 6.),

lui dit-elle. Elle la congédie, et, restée seule, elle cherche en vain à se rassurer. Puis, elle décide d'éprouver Atalide. On va voir avec quel sang-froid habile et cruel elle le fait.

ATALIDE.

Hé quoi ! Madame ! Osmin.....

ROXANE.

Étoit mal averti ;
C'en est fait.

ATALIDE, *à part.*

Quel revers !

ROXANE.

Pour comble de disgrâces,
Le sultan qui l'envoie est parti sur ses traces.

ATALIDE.

Quoi ! les Persans armés ne l'arrêtent donc pas ?

ROXANE.

Non, Madame. Vers nous il revient à grands pas.

ATALIDE.

Que je vous plains, Madame ! et qu'il est nécessaire
D'achever promptement ce que vous vouliez faire !

ROXANE.

Il est tard de vouloir s'opposer au vainqueur.

ATALIDE.

O ciel !

ROXANE.

Le temps n'a point adouci sa rigueur,
Vous voyez dans mes mains sa volonté suprême.

ATALIDE.

Et que vous mande-t-il ?

ROXANE.

Voyez. Lisez vous-même.
Vous connoissez, Madame, et la lettre et le seing [1].

ATALIDE.

Du cruel Amurat je reconnois la main.

(*Elle lit*).

« Avant que Babylone éprouvât ma puissance,
« Je vous ai fait porter mes ordres absolus.
« Je ne veux point douter de votre obéissance,
« Et crois que maintenant Bajazet ne vit plus.
« Je laisse sous mes lois Babylone asservie,
« Et confirme, en partant, mon ordre souverain.
« Vous, si vous avez soin de votre propre vie,
« Ne vous montrez à moi que sa tête à la main.

---

1. Comme elle a peur de laisser quelque doute et quelque espoir à Atalide ! De quel œil fixe et avide elle va lire et suivre dans ses yeux et sur son front ses terreurs ! — Cf. *infra* une scène du *Manlius* de LA FOSSE.

ROXANE.

Hé bien !

ATALIDE, *à part.*

Cache tes pleurs, malheureuse Atalide.

ROXANE.

Que vous semble ?

ATALIDE.

Il poursuit son dessein parricide.
Mais il pense proscrire un prince sans appui ;
Il ne sait pas l'amour qui vous parle pour lui,
Que vous et Bajazet vous ne faites qu'une âme,
Que plutôt, s'il le faut, vous mourrez......

ROXANE.

Moi, Madame ?
Je voudrois le sauver ; je ne puis le haïr.
Mais...

ATALIDE.

Quoi donc ? Qu'avez-vous résolu ?

ROXANE.

D'obéir.

ATALIDE.

D'obéir !

ROXADE.

Et que faire en ce péril extrême ?
Il le faut.

ATALIDE.

Quoi ! ce prince aimable... qui vous aime,
Verra finir ses jours qu'il vous a destinés !

ROXANE.

Il le faut, et déjà mes ordres sont donnés.

ATALIDE.

Je me meurs.

ZATIME.

Elle tombe, et ne vit plus qu'à peine.

ROXANE.

Allez ; conduisez-la dans la chambre prochaine.
Mais au moins observez ses regards, ses discours,
Tout ce qui convaincra leurs perfides amours[1].

(*Bajazet*, IV, 3.)

---

1. On voit quelle âpreté sèche Racine, si abondant et si chaleureux dans l'expression éloquente de la passion, sait, à propos, donner au langage d'une femme violente. C'est ainsi que, rival heureux de Corneille dans ces dialogues coupés et incisifs, où la riposte jaillit en un vers ou un hémistiche, il fera parler Néron et Britannicus. (*Britann.* III, 8.)

II[1]

ROXANE, ZATIME

ROXANE

Avec quelle insolence et quelle cruauté
Ils se jouoient tous deux de ma crédulité !
Quel penchant, quel plaisir je sentois à les croire !
Tu ne remportois pas une grande victoire,
Perfide, en abusant ce cœur préoccupé,
Qui lui-même craignoit de se voir détrompé.
Tu n'as pas eu besoin de tout son artifice,
Et, je veux bien te faire encor cette justice,
Toi-même, je m'assure, a rougi plus d'un jour
Du peu qu'il t'en coûtoit pour tromper tant d'amour.
Moi qui, de ce haut rang qui me rendoit si fière,
Dans le sein du malheur t'ai cherché la première,
Pour attacher des jours tranquilles, fortunés,
Aux périls dont tes jours étoient environnés ;
Après tant de bontés, de soins, d'ardeurs extrêmes,
Tu ne saurois jamais prononcer que tu m'aimes !
Mais dans quel souvenir me laissé-je égarer ?
Tu pleures, malheureuse ! Ah ! tu devois pleurer
Lorsque, d'un vain désir à ta perte poussée,
Tu conçus de le voir la première pensée.
Tu pleures ! et l'ingrat, tout prêt à te trahir,
Prépare les discours dont il veut t'éblouir.
Pour plaire à la rivale, il prend soin de sa vie.
Ah ! traître, tu mourras..... Quoi ! tu n'es point partie[2] ?
Va. Mais nous-même allons, précipitons nos pas.
Qu'il me voie, attentive au soin de son trépas,
Lui montrer à la fois, et l'ordre de son frère,
Et de sa trahison ce gage trop sincère.
Toi, Zatime, retiens ma rivale en ces lieux.
Qu'il n'ait, en expirant, que ses cris pour adieux.

1. Restée seule, pendant que ses femmes donnent leurs soins à sa rivale évanouie, elle éclate, elle menace, et se rattache encore, comme le naufragé, à un reste d'espoir (IV, 4, monologue). Un billet, pris sur Atalide le lui enlève. Le coup est rude ; elle fléchit et pleure, pour se relever encore, jalouse et furieuse, maudire et agir.

2. Cf. Virgile, *Æn.*, IV, 593 sqq. :
>Ite,
>Ferte citi flammas, date tela, impellite remos...
>Quid loquor ? aut ubi sum ? quæ mentem insania mutat?
>Infelix Dido ! nunc te facta impia tangunt :
>Tum decuit, quum sceptra dabas......
>Non potui abreptum divellere corpus ?...

Qu'elle soit cependant fidèlement servie.
Prends soin d'elle : ma haine a besoin de sa vie.
Ah ! si, pour son amant facile à s'attendrir,
La peur de son trépas la fit presque mourir,
Quel surcroît de vengeance et de douceur nouvelle,
De le montrer bientôt pâle et mort devant elle !
De voir sur cet objet ses regards arrêtés
Me payer les plaisirs que je leur ai prêtés [1] !

(*Ibid.*, IV, 5.)

POÉSIE LYRIQUE

I

J'ai vu l'impie adoré sur la terre.
Pareil au cèdre il cachoit dans les cieux
Son front audacieux.
Il sembloit à son gré gouverner le tonnerre,
Fouloit aux pieds ses ennemis vaincus :

---

1. Nous offrons par ces citations les éléments d'une comparaison avec le quatrième livre de l'*Enéide*, porté au programme de la Troisième. — L'innovation de Racine dans *Bajazet* n'est pas dans le choix d'un sujet moderne, presque contemporain. Le XVIe siècle n'a-t-il pas vu une *Marie Stuart*? Une tragédie sur la mort de Henri IV n'avait-elle pas été jouée l'année même de cette mort? Elle est dans la peinture des mœurs, nouvelles alors pour nous, d'un peuple oriental, et de la politique sanglante du sérail. Le rôle de Roxane en est la plus saisissante expression. Au deuxième acte, elle donne à choisir à Bajazet, entre son amour et le trône, ou la mort; au cinquième acte, il choisit, un peu verbeusement, la mort; elle l'y envoie « sans phrases », en un mot « Sortez ! » : les muets, le lacet en main, l'attendent derrière la porte. Il est tué, et elle se tue. Voilà un caractère suivi : *Sibi constat*; Horace serait satisfait. Mais, de la menace à l'exécution, elle a des espérances, des joies, des déceptions; elle souffre, elle triomphe, elle se torture, elle s'indigne, elle pleure, et elle agit. Ce sont des monologues, pleins de ses douleurs et de ses fureurs, qui marquent surtout ces alternatives de son cœur et la marche progressive de l'action vers le dénouement. Ame entière, impérieuse et violente, elle n'a que faire, pas plus que la Cléopâtre syrienne de Corneille, de sa confidente attitrée. La jalousie est le ressort de l'action; trois admirables monologues en sont les étapes :
Le premier (III, 7), où le soupçon naît en elle :
> De tout ce que je vois que faut-il que je pense? Etc

Le second (IV, 4), où la certitude commence :
> Ma rivale à mes yeux s'est enfin déclarée; Etc.

Le troisième (IV, 5), où la certitude s'achève :
> Avec quelle insolence et quelle cruauté
> Ils se jouaient tous deux de ma crédulité! Etc.

Entre le premier et le troisième, elle agit pour s'éclairer sur un malheur pressenti; après le troisième elle agit pour se venger.
A côté du drame de son amour qui se déroule, se développe la trame ourdie par l'ambition avisée, hardie et froide du vizir Acomat. Toute la pièce est en eux. Bajazet, hautain avec Roxane, soupirant avec Atalide, Atalide tendre, craintive et pleurante, sont des jouets.

Je n'ai fait que passer, il n'étoit deja plus¹.
(*Esther*, III, 9.)

II

Le soleil perce l'ombre obscure,
Et les traits éclatans qu'il lance dans les airs
Rompant le voile épais qui couvroit la nature,
Redonnent la couleur et l'âme à l'univers.

O Christ, notre unique lumière !
Nous ne reconnoissons que tes saintes clartés ;
Notre esprit t'est soumis ; entends notre prière,
Et sous ton divin joug range nos volontés.

Souvent notre âme criminelle,
Sur sa fausse vertu, téméraire s'endort.
Hâte-toi d'éclairer, ô lumière éternelle,
Des malheureux assis dans l'ombre de la mort².

(A LAUDES, *Hymnes traduites du bréviaire romain*.)

ÉPIGRAMMES³

I

*Sur les critiques qu'essuya la tragédie d'*Andromaque

Créqui prétend qu'Oreste est un pauvre homme
Qui soutient mal le rang d'ambassadeur ;
Et Créqui de ce rang connoît bien la splendeur :
Si quelqu'un l'entend mieux, je l'irai dire à Rome⁴.

---

1. Cette strophe et la prédiction de Joad (*Athalie*, III, 7) sont ce que Racine a écrit de plus parfait dans le genre de la poésie lyrique. Boileau admirait particulièrement, et récitait souvent cette strophe. Cf. *Psaumes* de David, XXXVI, 35-36 : Vidi impium superexaltatum, et elevatum sicut cedros Libani. Et transivi, et non erat : et quæsivi eum, et non est inventus locus ejus. — Cf. LOUIS RACINE :

> Dans ton cœur tu disois : « A Dieu même pareil,
> J'établirai mon trône au dessus du soleil,
> Et près de l'aquilon, sur la montague sainte,
> J'irai m'asseoir sans crainte ;
> A mes pieds trembleront les humains éperdus. »
> Tu le disois, et tu n'es plus.

2. On est étonné de rencontrer plusieurs fois dans ces Hymnes chrétiennes le mot *olympe* pris au sens de ciel. — Racine a écrit encore quatre *Cantiques spirituels*.
3. Racine a laissé une douzaine d'épigrammes, sans plus, mais aiguisées. Boileau disait : « Monsieur Racine est plus malin que moi. »
4. Cette expression proverbiale se dit d'une chose singulière, qui ne se voit pas. Ce qui en rend l'application piquante ici, c'est que le duc de Créqui, étant ambassadeur à Rome, y avait essuyé, le 20 août 1662, une insulte très grave, et avait été obligé de se retirer sans obtenir satisfaction.

II

Sur l'*Iphigénie* de Leclerc [1]

Entre Leclerc et son ami Coras,
Deux grands auteurs, rimant de compagnie,
N'a pas longtemps s'ourdirent grands débats
Sur le propos de leur Iphigénie.
Coras lui dit : La pièce est de mon cru.
Leclerc répond : Elle est mienne et non vôtre.
Mais, aussitôt que la pièce eut paru,
Plus n'ont voulu l'avoir fait l'un ni l'autre [2].

QUINAULT
1635-1688

Philippe QUINAULT, fils d'un boulanger de Paris, tout en exerçant avec distinction la profession d'avocat et les fonctions d'auditeur en la Cour des comptes, cultiva la poésie dramatique avec passion et avec succès. Il montra assez de talent dans ses nombreuses tragédies, ne fût-ce que dans l'*Astrate*, tuée par deux vers de Boileau et regrettée par Voltaire (Epître dédicatoire de *Sophonisbe* (1774), et assez d'esprit dans ses comédies, pour entrer à l'Académie française (1670) avant d'avoir enfin trouvé la voie où il s'est illustré. Il a eu la gloire de se faire et de rester un maître dans un genre de poésie condamné ordinairement à n'être que le serviteur effacé de la musique. C'est à lui, plus qu'à Lulli, son collaborateur, que les opéras de *Cadmus, Alceste, Atys, Proserpine, Persée, Amadis, Roland, Armide*, « l'immortelle *Armide*, le chef-d'œuvre du Théâtre Lyrique » (LA HARPE) ont dû leur renommée durable. Il sut, à l'occasion, y joindre l'énergie et la noblesse à la douceur et à l'harmonie. Les railleries de Boileau et les louanges exagérées de Voltaire lui ont fait tort. Il ne méritait « ni cet excès d'honneur ni cette indignité ». La Harpe lui a fait avec beaucoup de justesse et de goût sa part véritable, qui est assez belle et lui assure une place honorable à la suite des poètes de génie du siècle de Louis XIV ; il a eu une fois, dans *Psyché*, l'honneur d'être associé à deux d'entre eux, Corneille et Molière.

CHŒUR DES « SUIVANS » DE PLUTON

(Le théâtre représente le fleuve Achéron.)

Tout mortel doit ici paroître ;
On ne peut naître

---

1. Cette tragédie fut d'abord jouée (1675) sous le nom de Coras, puis réclamée par Leclerc.
2. On a reconnu le style *marotique*. Il fut familier à Voltaire.
3. Ce furent un cardinal et un abbé qui fondèrent l'opéra en France, en 1647 et en 1671. En 1647, Mazarin fit représenter au Louvre un premier opéra (*Orphée*), suivi de deux autres, d'ailleurs sans succès. Trois ans après, Corneille donna au théâtre du Petit-Bourbon *Andromède*, tragédie

Que pour mourir.
De cent maux le trépas délivre :
Qui cherche à vivre
Cherche à souffrir.
Venez tous sur nos sombres bords ;
Le repos qu'on désire
Ne tient son empire
Que dans le séjour des morts.
Chacun vient ici-bas prendre sa place
Sans cesse on y passe,
Jamais on n'en sort.
C'est pour tous une loi nécessaire ;
L'effort qu'on peut faire
N'est qu'un vain effort.
Est-on sage
De fuir ce passage ?
C'est un orage
Qui mène au port.
Chacun vient ici-bas prendre place
Sans cesse on y passe,
Jamais on n'en sort.
Tous les charmes,
Plaintes, cris, larmes,
Tout est sans armes
Contre la mort.
Chacun vient ici-bas prendre place.
Sans cesse on y passe ;
Jamais on n'en sort [1].

(*Alceste*, tragédie lyrique, 1674, IV, 3.)

« avec des machines », accompagnée de musique : l'italien Torelli, qui devait faire des merveilles à Vaux pour le Prologue des *Fâcheux* de Molière, avait eu dans la machination des « inventions admirables » (Préface de Corneille). En 1661 la *Conquête de la Toison d'or* de Corneille fut représentée et chantée, pour les fêtes du mariage du roi, au château de Neubourg, chez le marquis de Sourdéac, qui, passionné pour la mécanique, ne s'y épargna pas. Enfin, en 1671, l'abbé Perrin, le musicien Lambert et M. de Sourdéac obtinrent le premier privilège de l'*Académie royale de musique*, et donnèrent des opéras à l'hôtel Guénégaud. Le marquis s'y ruina. De 1673 à 1683 le privilège fut exercé par Lulli, associé à Quinault, sur le théâtre du Palais-Royal.

1. « Voltaire ne va-t-il pas un peu loin quand il dit qu'*'il ne connaît rien de plus sublime* »? Ces vers sont en général d'une précision remarquable, « quoiqu'il y ait des répétitions et des négligences. » (LA HARPE.) Voltaire ne tarit point sur Quinault. Tel couplet de Quinault (*Commentaire sur Corneille*, *Médée*, IV, 2, et lettre du 25 décembre 1761) « naturel, harmonieux, sublime, est peut-être un chef-d'œuvre », et « vaut peut-être mieux que toute la *Médée* de Sénèque, de Corneille, de Longepierre. » Ailleurs (*Comment. sur Corneille*, *Andromède*, I, 1) : « Les étrangers ne

UN SERMENT

HIÉRAX.

Ce fut dans ces vallons, où, par mille détours,
Inachus prend plaisir à prolonger son cours,
Ce fut sur ce charmant rivage
  Que sa fille volage
  Me promit de m'aimer toujours.
Le Zéphyr fut témoin, l'onde fut attentive
Quand la Nymphe jura de ne changer jamais ;
Mais le Zéphyr léger et l'onde fugitive
Ont enfin [1] emporté les sermens qu'elle a faits.

(*Isis*, tragédie lyrique, 1677, I, 2.)

connaissent pas assez Quinault ; c'est un des plus beaux génies qui aient fait honneur au siècle de Louis XIV. » Voir encore dans le *Diction. philosophique*, les articles *critique* : « Ecrivain gracieux, touchant, pathétique, élégant ; » et il insinue que Boileau ne le dénigrait que par jalousie et impuissance ; — et *Art dramatique, de l'opéra*. — *Siècle de Louis XIV*, ch. 32 : « Si l'on trouvait dans l'antiquité un poème comme *Armide* ou comme *Atys*, avec quelle idolâtrie il serait reçu ! » — Le nom de Quinault a le don de fâcher Voltaire contre Boileau. Un jour il dit :

> Boileau, correct auteur de quelques bons écrits,
> Zoïle de Quinault et flatteur de Louis.

Il est moins âpre dans le *Temple du Goût* : « Despréaux, par un ordre exprès du dieu du Goût, se réconciliait avec Quinault, qui est le poète des grâces comme Despreaux est le poète de la raison.

> Mais le sévère critique
> Embrassait encore en grondant
> Cet aimable et tendre lyrique,
> Qui lui pardonnait en riant.

« Je ne me réconcilie point avec vous, disait Despréaux, que vous ne conveniez qu'il y a bien des fadeurs dans ces opéras si agréables. — Cela peut bien être, dit Quinault ; mais avouez aussi que vous n'eussiez jamais fait *Atys* ni *Armide*.

> Dans vos scrupuleuses beautés
> Soyez vrai, précis, raisonnable :
> Que vos écrits soient respectés ;
> Mais permettez-moi d'être aimable. »

La réconciliation s'était faite réellement. Boileau écrit à Racine, de Bourbon, le 19 août 1687 : «... Ainsi nous nous séparâmes amis à outrance (il s'agit de Boursault). A propos d'amis, mes baise-mains, je vous prie, à tous nos amis communs. Dites bien à M. Quinault que je lui suis infiniment obligé de son souvenir, et des choses obligeantes qu'il a écrites de moi à M. l'abbé de Salles. » Dans la préface qu'il fit pour ses éditions de 1683 et 1693, il dit : « J'ajouterai sur Quinault que, dans le temps où j'écrivis contre lui, nous étions tous deux fort jeunes, et qu'il n'avoit pas fait alors beaucoup d'ouvrages, qui lui ont dans la suite acquis une juste réputation. »

1. LA HARPE imprime *bientôt*, qui semble plus juste. Il ajoute : « En vérité, si Despréaux était insensible à la douceur charmante de semblables morceaux, il faut lui pardonner d'avoir été injuste ; il était assez puni. » Quinault trouve en passant le ton et la couleur de la poésie pastorale. Segrais a peu de vers aussi gracieux.

LES GÉANTS VAINCUS

CÉRÈS.

Les superbes géans, armés contre les dieux,
 Ne nous donnent plus d'épouvante ;
Ils sont ensevelis sous la masse pesante
Des monts qu'ils entassoient pour attaquer les cieux [1].
 J'ai vu tomber leur chef audacieux
 Sous une montagne brûlante :
Jupiter l'a contraint de vomir à nos yeux
Les restes enflammés de sa rage mourante [2] ;
 Jupiter est victorieux,
Et tout cède à l'effort de sa main triomphante [3].

(*Proserpine*, tragédie lyrique, 1680, I, 1.)

TYPHON

PLUTON.

Les efforts d'un géant qu'on croyoit accablé
Ont fait encor gémir le ciel, la terre et l'onde ;
 Mon empire s'en est troublé,
  Jusqu'au centre du monde
  Mon trône en a tremblé.
L'affreux Typhon, avec sa vaine rage,
Trébuche enfin dans des gouffres sans fonds.
L'éclat du jour ne s'ouvre aucun passage
Pour pénétrer les royaumes profonds
 Qui me sont échus en partage.

---

1. Quelle force expressive dans le rejet pesant *des monts*, dont l'œil suit de mot en mot l'amoncellement jusqu'aux *cieux*. C'est le *imponere Pelio Ossam* de Virgile. Cf. LA FONTAINE, p. 230, note 1.

2. Voyez sur cette fusion de l'expression morale et abstraite et de l'image physique une note de nos *Prosateurs*, p. 275. Cf. ESCHYLE, *Prométhée*, 370 :

> Τοιόνδε Τυφὼς ἐξαναζέσει χόλον
> Θερμοῖς ἀπλήστου βέλεσι πυρπνόου ζάλης.

Et VIRGILE, *Æn.*, VIII, 431 :

> Fulgore nunc terrificos, sonitumque metumque
> Miscebant operi flammisque sequacibus iras.

3. Le contraste de ce passage avec le morceau précédent peut faire apprécier la souplesse du talent de Quinault. Une seule chose étonne, c'est que ces vers retentissants soient placés dans la bouche de Cérès. On croit entendre un chœur des dieux de l'Olympe. La période a un mouvement magistral, dont les petits vers habilement mélangés aux alexandrins augmentent le ressort et l'élan. Le redoublement de rimes d'une puissante sonorité sur des épithètes expressives et colorées, semble étendre et prolonger l'écho d'un chant de victoire.

    Le ciel ne craindra plus que ses fiers ennemis
Se relèvent jamais de leur chute mortelle,
Et du monde ébranlé par leur fureur rebelle
    Les fondemens sont affermis [1].

(*Ibid.*, II, 6.)

LA TÊTE DE MÉDUSE [2]

MÉDUSE

    Pallas, la barbare Pallas,
    Fut jalouse de mes appas,
Et me rendit affreuse autant que j'étois belle ;
Mais l'excès étonnant de la difformité
    Dont me punit sa cruauté,
    Fera connoître, en dépit d'elle,
    Quel fut l'excès de ma beauté.
Je ne puis trop montrer sa vengeance cruelle ;
Ma tête est fière encor d'avoir pour ornement
    Des serpens dont le sifflement
    Excite une frayeur mortelle.
Je porte l'épouvante et la mort en tous lieux ;
Tout se change en rocher à mon aspect horrible ;
Les traits que Jupiter lance du haut des cieux
    N'ont rien de si terrible
    Qu'un regard de mes yeux.
Les plus grands dieux du ciel, de la terre et de l'onde,
Du soin de se venger se reposent sur moi :
Si je perds la douceur d'être l'amour du monde,
J'ai le plaisir nouveau d'en devenir l'effroi.

(*Persée*, tragédie lyrique, 1682, III, 1.)

1. Ce dernier couplet de quatre vers a la forme harmonique de l'ode de Malherbe à Louis XIII (voir p. 177) ; sa cadence ferme et arrêtée est en parfait accord avec la nature de l'idée qu'il exprime, et que le son rend pour l'oreille comme l'expression pour l'esprit.

2. Méduse, l'une des Gorgones, fille de Phorcus et de Céto, était surtout célèbre par la beauté de sa chevelure, que Minerve changea en serpents. Ses yeux tuaient et pétrifiaient. Persée, armé de l'égide de Minerve, la vainquit, lui coupa la tête, et la plaça sur l'égide de la déesse, où elle conserva le pouvoir de pétrifier ceux qui la regardaient.

REGNARD
1655-1709

François REGNARD, fils d'un riche bourgeois de Paris, voyagea de bonne heure, visita l'Italie, fut esclave des Barbaresques à Alger, compta parmi les voyageurs célèbres par ses explorations de la Pologne, et surtout de la Laponie, qu'il a racontées ; puis, revenu et fixé à Paris, homme de plaisir et homme d'esprit, il écrivit des épîtres, des satires, et se fit connaître en 1694 par des comédies en prose. Une pièce en cinq actes et en vers, le *Joueur* (1696), son portrait, est la meilleure comédie de caractère après les chefs-d'œuvre de Molière. Le *Légataire Universel* (1708) est la plus amusante et malheureusement la plus immorale des comédies d'intrigue. Les *Ménechmes* (1705) sont une vive et piquante imitation de Plaute, déjà essayée par Rotrou. Le *Retour imprévu* est un gai et léger croquis en un acte et en prose, où Plaute a encore été mis à contribution. Ajoutez les *Folies Amoureuses*, *Démocrite*, le *Distrait*, etc. On sait le mot de Boileau sur Regnard : « Il n'est pas médiocrement gai. » Sa qualité dominante, dit Sainte-Beuve, est « l'imagination dans la gaieté » ; ses comédies sont lestement conduites, amusantes, « peut-être plus intriguées et mieux dénouées que celles de Molière. » Ses valets et ses soubrettes « nous enlèvent par un feu roulant d'esprit sans effort ; ils ont coup sur coup des poussées de veine. » On sent chez lui « comme un rejaillissement de Rabelais. » « Sa jolie versification, dit encore le critique, si vive, si nourrie, si petillante », a une aisance merveilleuse, et parfois des ressouvenirs de Molière. Son style est « du meilleur cru », il a « le corps et le bouquet ». Heureux si nombre de ses personnages sans scrupule dans « leurs mille gentillesses », comme disent les Frosine et les Scapin de Molière, ne se sentaient d'un temps qui allait aboutir dévergondage de la Régence.

LE JOUEUR [1]

VALÈRE, HECTOR.

HECTOR.

Le voici. Ses malheurs sur son front sont écrits :
Il a tout le visage et l'air d'un premier pris [2].

---

[1]. Valère joue, perd, engage le portrait de sa fiancée, gagne, ne dégage pas, le pouvant, le portrait, blesse l'amour-propre et perd l'amour et la main d'Angélique. Voilà le dénouement et la leçon, qui ne le corrigera pas. « Le caractère est bien soutenu, l'intrigue bel et bien nouée, les scènes pleines et sans langueur, l'action attachante, et jusqu'à la fin en suspens, le style surtout dru, ample, aisé, délicieux... Cet homme qui a joué, joue et jouera, qui, toutes les fois qu'il perd sent revenir sur l'eau son amour, mais qui, au moindre retour de fortune, fait banqueroute de plus belle, est incurable. » (SAINTE-BEUVE.) — « Se servir d'une prêteuse sur gages pour amener le dénouement d'une pièce qui s'appelle *le Joueur*, est d'un auteur qui a parfaitement saisi son sujet. » (LA HARPE.)

[2]. *Premier pris*, le coupeur, lorsque, au jeu de lansquenet, sa carte est amenée la première par celui qui tient la main, ce qui est un coup très malheureux. On le dit au figuré d'un homme de contenance triste et malheureuse (locution qui vieillit). (LITTRÉ.)

VALÈRE.

Non, l'enfer en courroux et toutes ses furies
N'ont jamais exercé de telles barbaries.
Je te loue, ô destin, de tes coups redoublés;
Je n'ai plus rien à perdre, et tes vœux sont comblés.
Pour assouvir encor la fureur qui t'anime,
Tu ne peux rien sur moi; cherche une autre victime.

HECTOR, *à part.*

Il est sec.

VALÈRE.

De serpens mon cœur est dévoré;
Tout semble en un moment contre moi conjuré.

(*Il prend Hector à la cravate.*)

Parle. As-tu jamais vu le sort et son caprice
Accabler un mortel avec plus d'injustice,
Le mieux assassiner? perdre tous les paris,
Vingt fois le coupe-gorge, et toujours premier pris!
Réponds-moi donc, bourreau?

HECTOR

Mais ce n'est pas ma faute.

VALÈRE.

As-tu vu de tes jours trahison aussi haute?
Sort cruel, ta malice a bien su triompher;
Et tu ne me flattois que pour mieux m'étouffer.
Dans l'état où je suis je puis tout entreprendre;
Confus, désespéré, je suis prêt à me pendre.

HECTOR.

Heureusement pour vous, vous n'avez pas un sou
Dont vous puissiez, monsieur, acheter un licou.
Voudriez-vous souper?

VALÈRE.

Que la foudre t'écrase!
Ah! charmante Angélique, en l'ardeur qui m'embrase,
A vos seules bontés je veux avoir recours:
Je n'aimerai que vous; m'aimeriez-vous toujours?
Mon cœur, dans les transports de sa fureur extrême,
N'est point si malheureux, puisque enfin il vous aime.

HECTOR, *à part.*

Notre bourse est à fond, et par un sort nouveau,
Notre amour recommence à revenir sur l'eau.

VALÈRE.

Calmons le désespoir où la fureur me livre.
Approche ce fauteuil.

(*Hector approche un fauteuil.*)

VALÈRE, *assis.*
Va me chercher un livre.

HECTOR.
Quel livre voulez-vous lire en votre chagrin?

VALÈRE
Celui qui te viendra le premier sous la main :
Il m'importe peu ; prends dans ma bibliothèque.

HECTOR, *sort, et rentre, tenant un livre.*
Voilà Sénèque.

VALÈRE.
Lis.

HECTOR.
Que je lise Sénèque?

VALÈRE.
Oui. Ne sais-tu pas lire?

HECTOR.
Hé! vous n'y pensez pas!
Je n'ai lu de mes jours que dans des almanachs.

VALÈRE
Ouvre et lis au hasard.

HECTOR.
Je vais le mettre en pièces.

VALÈRE.
Lis donc.

HECTOR, *lit.*
Chapitre VI. Du mépris des richesses.
« La fortune offre aux yeux des brillans mensongers :
« Tous les biens d'ici-bas sont faux et passagers ;
« Leur possession trouble et leur perte est légère :
« Le sage gagne assez, quand il peut s'en défaire.
Lorsque Sénèque fit ce chapitre éloquent,
Il avoit, comme vous, perdu tout son argent.

VALÈRE, *se levant.*
Vingt fois le premier pris! dans mon cœur il s'élève
(*Il s'assied.*)
Des mouvemens de rage. Allons, poursuis, achève.

HECTOR.

« L'or est comme une femme ; on n'y sauroit toucher,
« Que le cœur, par amour, ne s'y laisse attacher.
« L'un et l'autre en ce temps, sitôt qu'on les manie,
« Sont deux grands remoras [1] pour la philosophie. »
N'ayant plus de maîtresse, et n'ayant plus un sou,
Nous philosopherons maintenant tout le soul.

VALÈRE.

De mon sort désormais vous serez seule arbitre,
Adorable Angélique... Achève ton chapitre.

HECTOR.

« Que faut-il... »

VALÈRE

Je bénis le sort et ses revers,
Puisqu'un heureux malheur me rengage en vos fers.
Finis donc.

HECTOR.

« Que faut-il à la nature humaine ?
« Moins on a de richesse, et moins on a de peine.
« C'est posséder les biens que savoir s'en passer. »
Que ce mot est bien dit ! et que c'est bien penser !
Ce Sénèque, monsieur, est un excellent homme.
Étoit-il de Paris ?

VALÈRE.

Non, il étoit de Rome.
Dix fois à carte triple être pris le premier [2] !

HECTOR.

Ah ! monsieur, nous mourrons un jour sur un fumier.

VALÈRE.

Il faut que de mes maux enfin je me délivre :
J'ai cent moyens tout prêts pour m'empêcher de vivre,
La rivière, le feu, le poison et le fer.

HECTOR.

Si vous vouliez, monsieur, chanter un petit air ;
Votre maître à chanter est ici : la musique
Peut-être calmeroit cette humeur frénétique.

VALÈRE.

Que je chante !

---

1. Retardement, obstacle. Étymol. : *remora*, subst. (Plaute).
2. « Ce dialogue est la nature même : le poète qui était joueur, n'a eu de ces mots-là que dans la peinture d'un caractère qui était le sien. Molière en est rempli : il a toujours trouvé par la force de son génie ce que Regnard n'a trouvé qu'une fois et dans lui-même. (La Harpe.)

HECTOR.

Monsieur...

VALÈRE.

Que je chante, bourreau !
Je veux me poignarder : la vie est un fardeau
Qui pour moi désormais devient insupportable.

HECTOR.

Vous la trouviez pourtant tantôt bien agréable :
Qu'un joueur est heureux ! sa poche est un trésor,
Sous ses heureuses mains le cuivre devient or,
Disiez-vous.

VALÈRE.

Ah ! je sens redoubler ma colère.

(*Le Joueur*, IV, 13.)

C'EST VOTRE LÉTHARGIE[1] !

M. SCRUPULE, *notaire*, GÉRONTE, ÉRASTE, LISETTE, CRISPIN.

GÉRONTE.

Bonjour, monsieur Scrupule.

CRISPIN, *à part*.

Ah ! me voilà perdu.

GÉRONTE.

Ici depuis longtemps vous êtes attendu.

M. SCRUPULE.

Certes, je suis ravi, monsieur, qu'en moins d'une heure
Vous jouissiez déjà d'une santé meilleure.
Je savois bien qu'ayant fait votre testament
Vous sentiriez bientôt quelque soulagement.
Le corps se porte mieux lorsque l'esprit se trouve
Dans un parfait repos.

GÉRONTE.

Tous les jours je l'éprouve.

---

[1]. Le mot est resté célèbre. Ce n'est pas un mot de caractère comme le « sans dot » d'Harpagon, mais un mot de situation, refrain de la scène capitale, où aboutissent tous les fils de la pièce.
Éraste, aidé par son valet Crispin, n'a rien négligé pour amener son oncle Géronte à prendre la résolution de le faire par testament légataire universel. Les notaires sont mandés. Tout à coup Géronte tombe en léthargie : on le croit mort. Crispin revêt ses habits, et, dans la demi-obscurité d'une chambre de malade, dicte, sous le nom du vieillard, le testament, où il a soin de ne pas s'oublier, malgré le dépit et les protestations d'Éraste, pris au piège et lié par sa complicité. Géronte sort de sa léthargie, et l'un des notaires revient pour lui lire le testament qu'il a mis en forme.

M. SCRUPULE.
Voici donc le papier que, selon vos desseins,
Je vous avois promis de remettre en vos mains.

GÉRONTE.
Quel papier, s'il vous plaît? Pour quoi, pour quelle affaire?

M. SCRUPULE.
C'est votre testament que vous venez de faire.

GÉRONTE.
J'ai fait mon testament?

M. SCRUPULE.
Oui, sans doute, monsieur.

LISETTE, *bas*.
Crispin, le cœur me bat.

CRISPIN, *bas*.
Je frisonne de peur.

GÉRONTE.
Eh! parbleu, vous rêvez, monsieur; c'est pour le faire
Que j'ai besoin ici de votre ministère.

M. SCRUPULE.
Je ne rêve, monsieur, en aucune façon;
Vous nous l'avez dicté, plein de sens et raison.
Le repentir sitôt saisiroit-il votre âme?
Monsieur étoit présent, aussi bien que madame :
Ils peuvent là-dessus dire ce qu'ils ont vu.

ÉRASTE, *bas*.
Que dire?

LISETTE, *bas*.
Juste ciel!

CRISPIN, *bas*.
Me voilà confondu.

GÉRONTE.
Éraste étoit présent?

M. SCRUPULE.
Oui, monsieur, je vous jure.
Est-il vrai, mon neveu? Parle, je t'en conjure.

ÉRASTE.
Ah! ne me parlez pas, monsieur, de testament;
C'est m'arracher le cœur trop tyranniquement.

GÉRONTE.
Lisette, parle donc.

LISETTE.

Crispin, parle en ma place ;
Je sens dans mon gosier que ma voix s'embarrasse.

CRISPIN, à Géronte.

Je pourrois là-dessus vous rendre satisfait ;
Nul ne sait mieux que moi la vérité du fait.

GÉRONTE.

J'ai fait mon testament !

CRISPIN.

On ne peut pas vous dire
Qu'on vous l'ait vu tantôt absolument écrire ;
Mais je suis très-certain qu'aux lieux où vous voilà,
Un homme, à peu près mis comme vous êtes là,
Assis dans un fauteuil, auprès de deux notaires,
A dicté mot à mot ses volontés dernières.
Je n'assurerai pas que ce fût vous : pourquoi ?
C'est qu'on peut se tromper ; mais c'étoit vous, ou moi.

M. SCRUPULE, à Géronte.

Rien n'est plus véritable ; et vous pouvez m'en croire.

GÉRONTE.

Il faut donc que mon mal m'ait ôté la mémoire,
Et c'est ma léthargie.

CRISPIN.

Oui, c'est elle, en effet.

LISETTE.

N'en doutez nullement ; et pour prouver le fait,
Ne vous souvient-il pas que, pour certaine affaire,
Vous m'avez dit tantôt d'aller chez le notaire ?

GÉRONTE.

Oui.

LISETTE.

Qu'il est arrivé dans votre cabinet ;
Qu'il a pris aussitôt sa plume et son cornet ;
Et que vous lui dictiez à votre fantaisie... ?

GÉRONTE.

Je ne m'en souviens point.

LISETTE.

C'est votre léthargie.

CRISPIN.

Ne vous souvient-il pas, monsieur, bien nettement,
Qu'il est venu tantôt certain neveu normand,

Et certaine baronne, avec un grand tumulte
Et des airs insolens, chez vous vous faire insulte[1] ?..
GÉRONTE.
Oui.
CRISPIN.
Que, pour vous venger de leur emportement,
Vous m'avez promis place en votre testament,
Ou quelque bonne rente au moins pendant ma vie ?
GÉRONTE.
Je ne m'en souviens point.
CRISPIN.
C'est votre léthargie.
GÉRONTE.
Je crois qu'ils ont raison, et mon mal est réel.
LISETTE.
Ne vous souvient-il pas que monsieur Clistorel?...
ÉRASTE.
Pourquoi tant répéter cet interrogatoire ?
Monsieur convient de tout, du tort de sa mémoire,
Du notaire mandé, du testament écrit.
GÉRONTE.
Il faut bien qu'il soit vrai, puisque chacun le dit :
Mais voyons donc enfin ce que j'ai fait écrire.
CRISPIN, *à part*.
Ah ! voilà bien le diable.
M. SCRUPULE.
Il faut donc vous le lire.
« Fut présent devant nous, dont les noms sont au bas,
« Maître Mathieu Géronte, en son fauteuil à bras,
« Étant en son bon sens, comme on a pu connoître
« Par le geste et maintien qu'il nous a fait paroître ;
« Quoique de corps malade, ayant sain jugement ;
« Lequel, après avoir réfléchi mûrement
« Que tout est ici-bas fragile et transitoire... »
CRISPIN.
Ah ! quel cœur de rocher et quelle âme assez noire
Ne se fendroit en quatre en entendant ces mots ?
LISETTE.
Hélas ! je ne saurois arrêter mes sanglots.

---

1. C'était Crispin lui-même qui avait, déguisé, joué ces deux rôles pour dégoûter Géronte des collatéraux (III, 2 et 7).

GÉRONTE.

En les voyant pleurer mon âme est attendrie.
Là, là, consolez-vous; je suis encore en vie.

M. SCRUPULE, *continuant de lire.*

« Considérant que rien ne reste en même état,
« Ne voulant pas aussi décéder intestat... »

CRISPIN

Intestat!...

LISETTE.

Intestat! ce mot me perce l'âme.

M. SCRUPULE.

Faites trêve un moment à vos soupirs, madame.
« Considérant que rien ne reste en même état,
« Ne voulant pas aussi décéder intestat... »

CRISPIN.

Intestat!...

LISETTE.

Intestat!

M. SCRUPULE.

Mais laissez-moi donc lire :
Si vous pleurez toujours, je ne pourrai rien dire.
« A fait, dicté, nommé, rédigé par écrit,
« Son susdit testament en la forme qui suit. »

GÉRONTE.

De tout ce préambule, et de cette légende,
S'il m'en souvient d'un mot, je veux bien qu'on me pende.

LISETTE

C'est votre léthargie.

CRISPIN.

Ah! je vous en répond.
Ce que c'est que de nous! moi, cela me confond.

M. SCRUPULE, *lisant.*

« Je veux, premièrement, qu'on acquitte mes dettes.

GÉRONTE.

Je ne dois rien.

M. SCRUPULE.

Voici l'aveu que vous en faites.
« Je dois quatre cents francs à mon marchand de vin,
« Un fripon qui demeure au cabaret voisin. »

GÉRONTE.

Je dois quatre cents francs! c'est une fourberie.

CRISPIN, *à Géronte.*

Excusez-moi, monsieur, c'est votre léthargie.
Je ne sais pas au vrai si vous les lui devez,
Mais il me les a, lui, mille fois demandés.

GÉRONTE.

C'est un maraud qu'il faut envoyer en galère.

CRISPIN.

Quand ils y seroient tous, on ne les plaindroit guère

M. SCRUPULE, *lisant.*

« Je fais mon légataire unique, universel
« Éraste, mon neveu. »

ÉRASTE.

Se peut-il?.... Juste ciel !.....

GÉRONTE.

Oui, je voulois nommer Éraste légataire.
A cet article-là, je vois présentement
Que j'ai bien pu dicter le présent testament.

M. SCRUPULE, *lisant.*

« *Item.* Je donne et lègue, en espèce sonnante,
« A Lisette... »

LISETTE.

Ah ! grands dieux !

M. SCRUPULE, *lisant.*

« Qui me sert de servante,
« Pour épouser Crispin en légitime nœud,
« Deux mille écus. »

CRISPIN, *à Géronte.*

Monsieur... en vérité... pour peu...
Non... jamais... car enfin... ma bouche... quand j'y pense...
Je me sens suffoquer par la reconnoissance.
(*A Lisette.*)
Parle donc...

LISETTE, *embrassant Géronte.*

Ah ! monsieur...

GÉRONTE

Qu'est-ce à dire cela ?
Je ne suis point l'auteur de ces sottises-là
Deux mille écus comptant !

LISETTE.

Quoi ! déjà, je vous prie,
Vous repentiriez-vous d'avoir fait œuvre pie?
Une fille nubile, exposée au malheur,

Qui veut faire une fin en tout bien, tout honneur,
Lui refuseriez-vous cette petite grâce?

GÉRONTE.

Comment! six mille francs! quinze ou vingt écus, passe.

LISETTE.

Les maris, aujourd'hui, monsieur, sont si courus!
Et que peut-on, hélas! avoir pour vingt écus?

GÉRONTE.

On a ce que l'on peut, entendez-vous, m'amie?
(*Au notaire.*)
Il en est à tous prix. Achevez, je vous prie.

M. SCRUPULE.

« *Item.* Je donne et lègue... »

CRISPIN, *à part.*

Ah! c'est mon tour enfin,
Et l'on va me jeter...

M. SCRUPULE.

« A Crispin... »
(*Crispin se fait petit.*)

GÉRONTE, *regardant Crispin.*

A Crispin!

M. SCRUPULE, *lisant.*

« Pour tous les obligeans, bons et loyaux services
« Qu'il rend à mon neveu dans divers exercices,
« Et qu'il peut bien encor lui rendre à l'avenir..

GÉRONTE.

Où donc ce beau discours doit-il enfin venir?
Voyons.

M. SCRUPULE, *lisant.*

« Quinze cents francs de rentes viagères,
« Pour avoir souvenir de moi dans ses prières. »

CRISPIN, *se prosternant aux pieds de Géronte.*

Oui, je vous le promets, monsieur, à deux genoux,
Jusqu'au dernier soupir je prierai Dieu pour vous.
Voilà ce qui s'appelle un vraiment honnête homme!
Si généreusement me laisser cette somme!

GÉRONTE.

Non ferai-je, parbleu! Que veut dire ceci?
(*Au notaire.*)
Monsieur, de tous ces legs je veux être éclairci.

M. SCRUPULE.

Quel éclaircissement voulez-vous qu'on vous donne ?
Et je n'écris jamais que ce que l'on m'ordonne.

GÉRONTE.

Quoi ! moi, j'aurois légué, sans aucune raison,
Quinze cents francs de rente à ce maître fripon,
Qu'Éraste auroit chassé, s'il m'avoit voulu croire !

CRISPIN, *toujours à genoux.*

Ne vous repentez pas d'une œuvre méritoire.
Voulez-vous, démentant un généreux effort,
Être avaricieux, même après votre mort ?

GÉRONTE.

Ne m'a-t-on point volé mes billets dans mes poches ?
Je tremble du malheur dont je sens les approches :
Je n'ose me fouiller.

ÉRASTE, *à part.*

Quel funeste embarras !

(*Haut, à Géronte.*)

Vous les cherchez en vain : vous ne les avez pas.

GÉRONTE, *à Éraste.*

Où sont-ils donc ? réponds.

ÉRASTE.

Tantôt, pour Isabelle,
Je les ai, par votre ordre exprès, portés chez elle.

GÉRONTE.

Par mon ordre !

ÉRASTE.

Oui, monsieur.

GÉRONTE.

Je ne m'en souviens point.

CRISPIN.

C'est votre léthargie.

GÉRONTE.

Oh ! je veux sur ce point,
Qu'on me fasse raison. Quelles friponneries !
Je suis las, à la fin, de tant de léthargies.

(*Le Légataire universel*[1], V. 7.)

---

1. Le dénouement est digne de l'intrigue. Géronte, bafoué et volé, consent à ratifier le testament qu'il n'a point fait, et le mariage de son neveu avec Isabelle, moyennant la restitution de son portefeuille, comme Harpagon consent à tout pour recouvrer sa cassette. — On a raconté qu'une aventure réelle avait donné lieu à cette comédie. On montre encore, près de Besançon, un château ruiné où elle se serait passée.

XVIIe SIÈCLE
(suite)

LES GROUPES SECONDAIRES

Après Racan, l'élève de Malherbe qui a le mieux suivi les leçons et les traces du maître, c'est François MAYNARD (1582-1646) ; Boileau (*Lettre à Perrault*, 1700) et Sainte-Beuve (*Malherbe et son école, Causer. du Lundi*, VIII) ont associé ces trois noms. En faveur à la cour de Henri IV, secrétaire de Marguerite de Navarre quand, répudiée, elle revint habiter Paris, il n'obtint de Richelieu qu'un exil dans la présidence du présidial d'Aurillac. Il ne l'accepta pas avec la douce philosophie de Godeau, évêque, résigné et résident, de Grasse. Un des premiers sur la liste de l'Académie naissante, il vieillit loin d'elle au village. Les regrets donnent souvent à la précision pure et froide de ses Stances et de ses Sonnets une amertume éloquente.

Un « poète fort estimable », ainsi l'appelle Boileau (*Lettre à Maucroix*, 29 avril 1695), Antoine GODEAU (1605-1672), Normand, comme tant d'autres poètes des xvie et xviie siècles, de Dreux, comme Rotrou, peut, encore qu'un peu prolixe, être rattaché par sa correction et son harmonie à l'école de Malherbe. Il fut un de ses bons disciples, dit Sainte-Beuve, et il l'a apprécié judicieusement (*Discours sur les œuvres de Malherbe*, 1629). Il passa de l'hôtel de Rambouillet, du salon de Conrart, son parent, et de « ce réduit plein d'honneur », comme Chapelain appelle l'Académie, à l'évêché de Grasse et de Vence, lointain et honorable exil, où il fut un bon prélat et resta un aimable poète. Ses poésies sont des Sonnets, Odes, Hymnes aux saints, Poèmes chrétiens, Paraphrases des psaumes de David, des *Églogues sacrées*, où, après R. Belleau et avant l'abbé Cotin, il interprète en vers l'Idylle du *Cantique des Cantiques*, et des *Églogues spirituelles*, où, sous le voile de dialogues bucoliques et allégoriques, il chante avec une sagesse douce et résignée les devoirs d'un « pasteur » des âmes et la paix des retraites embaumées de la Provence.

Gombauld et Maleville sont protégés contre l'oubli, dont Maynard se défend tout seul, par un vers de Boileau qui, à propos du sonnet, les rassemble tous trois :

> A peine dans Gombauld, Maynard et Maleville
> En peut-on supporter deux ou trois entre mille.
> (A. P., II.)

L'éloge est un peu mince, mais le sonnet parfait est le *rara avis*.

Jean Ogier de GOMBAULD (1570-1666) vint, comme La Calprenède Balzac, etc., des contrées voisines de la Garonne. Goûté de Marie de Médicis, assidu à l'hôtel de Rambouillet, fort ami de Conrart, un des premiers académiciens, un des principaux rédacteurs du dictionnaire, il eut son moment de renom par son roman d'*En-*

dymion, sa pastorale d'*Amaranthe*, ses sonnets et ses épigrammes. Le mieux vêtu des poètes et le plus cérémonieux des hommes, dit Tallement des Réaux, qui s'amuse un peu de sa galanterie et de sa mandore, il n'aurait pas « fait une lâcheté pour un empire. » Aussi fut-il pauvre malgré les pensions intermittentes de Marie de Médicis, de Mme de Longueville, de Séguier, de Fouquet et de Louis XIV. Il dit de Malherbe dans une de ses épigrammes :

> Il est mort pauvre, et moi je vis comme il est mort.

Claude de MALEVILLE (1597-1647), de Paris, fut de l'hôtel de Rambouillet (la *Guirlande de Julie* lui dut plus qu'à tout autre) et de l'Académie française. Le style de ses élégies, madrigaux, stances, etc., publiés après sa mort, a de l'harmonie, de la délicatesse, de l'esprit. (Voir son sonnet *de la Belle Matineuse*, p. 201, note 1.)

Isaac de BENSERADE (1613-1691) ne serait connu que par le ridicule de ses *Métamorphoses d'Ovide en rondeaux*, comme d'Assoucy par son *Ovide en belle humeur*, sans son fameux sonnet de Job (voy. p. 200), et sans le souvenir donné par Voltaire (*Siècle de Louis XIV*, chap. xxv) aux vers faciles et ingénieux qu'il composait pour les personnages des ballets dansés à la cour de Louis XIV.

Les noms de DES BARREAUX (1599-1573) et de HESNAULT (mort en 1682), tous deux grands « libertins », comme disaient Bossuet et Molière, « esprits forts », comme dit déjà La Bruyère, au fond épicuriens de doctrine et de conduite, ont survécu pour moins encore; chacun d'eux pour un sonnet.

Gérard de SAINT-AMANT (1594-1661), de Rouen, passa avec le comte d'Harcourt des cabarets de Paris, qu'ils hantaient ensemble en nombreuses compagnie, aux champs de bataille de terre et de mer, où son ami devint un des héros des guerres de Richelieu; des champs de bataille, à la cour de la reine de Pologne, Marie de Gonzague, à laquelle il dédia (1653) « son Idylle héroïque » de *Moïse sauvé*. Il mourut à Paris académicien, poète épique, gentilhomme verrier, et finalement gueux. Cette vie d'aventure est le cadre et l'image de sa poésie. Il chante la table en « goinfre » (c'est le titre d'une de ses pièces, et c'est le nom que se donnaient les compagnons du comte d'Harcourt), en ivrogne le vin, et en poète tout ce qu'il voit, entend, sent, maudit ou admire, le soleil, l'hiver, les Alpes, les hôtelleries borgnes, Gibraltar, la reine de Pologne, etc. Ses poésies, sonnets, odes, caprices, stances, élégies, sont une débauche rabelaisienne de mauvais goût, d'imagination, de verve et d'esprit. (Voir *les Victimes de Boileau*, I; *Saint-Amand*, par Ph. Chasles; *Revue des Deux-Mondes*, 15 juin 1839.)

THÉOPHILE DE VIAU (1590-1626), Gascon, est en poésie de la famille de Saint-Amand. Le style de ses odes, stances, élégies, épîtres, épigrammes, a de l'imagination, de la couleur, de la verve et du mauvais goût. Banni, condamné à mort, gracié, banni de nouveau pour la licence de ses mœurs, de ses propos et de vers inavouables, il fit maintes requêtes au roi et au parlement. Écoutez de quel ton en parle Scudéry, qui publia en 1632 la troisième édition de ses œuvres. « ..... Pour moy, je me picque d'aimer jusques en la prison et dans le sepulcre. J'en ay rendu des tesmoignages publics durant la plus chaude persecution de ce grand et divin Theophile... Je ne fais pas de difficulté de publier hautement que tous les morts ny tous les vivans n'ont rien qui puisse approcher des forces de ce vigoureux genie. Et si parmy les derniers il se rencontre quelque extravagant qui juge que j'offence sa gloire imaginaire, pour luy montrer que je le craindz autant comme je l'estime, je veux qu'il sçache que je m'appelle Descudery. » (Préface.) — Pendant qu'à Paris on pendait Théophile en effigie, il faisait à Chantilly des vers dans ce « cabinet de verdure » qui a conservé le nom de *Bois de Sylvie*. (Voir Ph. Chasles, *les Victimes de Boileau*, II, *Théophile, loco cit..*, 1er août 1839).

Le Parisien Scarron (1610-1660), le pauvre paralytique, qui, en souffrant, sut être gai et malin sans être méchant, adressa de spirituelles requêtes à Richelieu et à Anne d'Autriche, amusa par ses comédies Louis XIV enfant, et le sévère Boileau lui-même par son *Enéide travestie*, avant de le faire gronder par son *Typhon* ou la *Gigantomachie*.

Parmi les poètes tragiques qui occupèrent la scène entre R. Garnier et Rotrou, puis Corneille, il faut signaler particulièrement Hardy et Mairet. — Alexandre Hardy (1560-1631), Parisien, fut « auteur de troupe », c'est-à-dire poète au service, d'abord de comédiens de province, puis du théâtre du Marais à Paris. Des six cents pièces que, dit-on, il écrivit, quarante et une furent publiées par lui-même (6 volumes, 1626-1628). Cette improvisation continue, négligée, mais alerte, était une réaction contre l'école antique et savante des Grévin et des Garnier. — Jean Mairet (1604-1686), de Besançon, qui naquit deux ans avant et mourut deux ans après Corneille, fut célèbre par l'éclat de sa pastorale de *Sylvie* (1621) et de sa tragédie de *Sophonisbe* (1629), deux des douze pièces qu'il donna au théâtre (*Sylvanire*, pastorale, *Cléopâtre*, tragédie, etc.). Il ne doutait pas que la gloire de sa pastorale ne balançât celle du *Cid*, et, dans sa jalousie ou son orgueil, il se signala parmi les ennemis de Corneille. On ne peut refuser au style de sa pastorale l'harmonie et le charme, au style de sa tragédie le mouvement et le pathétique. Ses défauts, pointes, emphase ou platitude, sont ceux du temps.

Cyrano de Bergerac (1619-1655), Gascon, soldat, poète et romancier, compte parmi les poètes tragiques par une *Agrippine*; parmi les poètes comiques par un *Pédant joué*, où Molière « trouva » et « prit son bien » au profit de ses *Fourberies de Scapin*; parmi les romanciers fantaisistes par son *Voyage dans la Lune* et une *Histoire comique des États et Empires du Soleil*.

Dans la deuxième partie du siècle il nous faut signaler une scène, restée classique, du *Manlius* de La Fosse (1653-1708), qui se détache par sa mâle vigueur sur le fond d'élégance un peu molle des imitateurs de Racine. La Fosse consacra à la composition de quatre tragédies les loisirs que lui laissaient ses fonctions de secrétaire d'ambassade. — C'est le seul emprunt que nous ferons au groupe des tragiques secondaires de cette période; nous renvoyons les élèves de rhétorique à l'*Ariane* de Th. Corneille pour y étudier le rôle et y apprécier l'éloquence de son héroïne.

Dans le naufrage général de l'épopée au xviie siècle, la critique a laissé surnager quelques beaux vers de Chapelain et du P. Lemoyne.

Jean CHAPELAIN (1595-1675) fut, avant la *Pucelle*, jugé sur une ode à Richelieu qui a une place honorable parmi les rares poésies lyriques du xviie siècle (voy. p. 179, note 4), et, à partir de 1656, sur les douze premiers chants de cette *Pucelle* longtemps annoncée comme un chef-d'œuvre et qui fit bâiller. Il ne s'en releva pas, et les épigrammes de Boileau l'achevèrent ; les douze derniers chants de son « poème héroïque » sont restés manuscrits. Entre l'ode et le poème il fut l'oracle du goût : c'est lui qui rédigea, et en bon langage, les *Observations* de l'Académie sur *le Cid*. La *Pucelle* a été fort maltraitée, non sans raison. Que pouvait faire attendre une préface (elle est adressée au duc de Longueville dont les libéralités payèrent l'impression du magnifique in-octavo de la *Pucelle*) qui commence ainsi : « Cette pucelle magnanime, ou, pour mieux dire, ce phénix dont le vol belliqueux redonna la franchise à nos pères, ayant trouvé en V. A. un soleil propre à ranimer ses cendres, quitte le bûcher où sa dépouille fut consumée, pour venir rendre hommage de sa nouvelle vie à la Vertu qui la lui a fait recouvrer... Monseigneur, elle vient vous présenter ses respects... On (le poète) a mieux aimé ne pas être si précisément véritable en traçant ses actions sur votre modèle, que de les faire paroître moins merveilleuses en les copiant sur le sien .... » Quant au système épique de Chapelain, on jugera s'il était de nature à donner la vie à ses personnages. Ils sont tous des allégories instructives et morales : Charles VII est la *volonté*, Dunois la *vertu*, Jeanne la *grâce divine*, etc. La vérité historique y est étrangement défigurée, le poète occupe à égorger et à massacrer celle qui a dit: « Je portais moi-même mon étendard quand j'attaquais l'ennemi pour éviter de tuer quelqu'un ; je n'ai tué personne. » (Voir *Chefs-d'œuvre épiques de tous les peuples*, de MM. Chassang et Marcou).

Pierre LEMOYNE (1602-1671) entra à dix-huit ans dans l'ordre des jésuites. De tous ses ouvrages en prose et en vers on n'a gardé mémoire que de son épopée de *Saint-Louis* ou la *Sainte Couronne reconquise sur les Infidèles*. Les pastiches de l'antiquité et des romans de chevalerie, oracles, visions, amours romanesques, s'y mêlent étrangement. Saint Louis ravi au ciel, où le montrera aussi la *Henriade* de Voltaire, y entrevoit tous les exploits de ses successeurs et des héros de la France, jusques et y compris Turenne. Un passage que nous citons a sauvé l'auteur de l'oubli.

Jean SEGRAIS (1624-1701), enfant de Caen comme Bertaut, Malherbe, Sarrazin, Huet, fut vingt-trois ans secrétaire d'une princesse, Melle de Montpensier, qu'il suivit dans ses fortunes diverses, aux Tuileries, à Saint-Fargeau, au Luxembourg, où Boileau lut son *Lutrin*, et dont, avec Huet, il publia sous son nom les romans de fantaisie pastorale et les *Portraits*; et six ans secrétaires d'une grande dame, Mme de Lafayette, dont les romans, *Zaïde* et la *Princesse de Clèves* portent son nom et ont peut-être dû quelque chose à sa plume. Son poème pastoral d'*Athis* en cinq chants, et les sept *Églogues* qui lui donnent le premier rang, après Racan, parmi les poètes bucoliques du XVIIe siècle, sont de cette période de sa vie. A Caen, où il revint passer ses vingt-cinq dernières années, il retrouva son ami Huet, acheva une traduction en vers de l'*Énéide* et fit celle des *Géorgiques*. — Boileau, qui refusait aux poètes français le sens et le génie de la poésie pastorale, n'a fait d'exception que pour Racan, et pour Segrais, laissé par Voltaire, plus sévère cette fois que Boileau, à la porte du Temple du Goût. Segrais a eu le mérite, non pas de retrouver, comme le fit A. Chénier, la pastorale antique, mais, du moins, au milieu des galanteries, des préciosités et des platitudes bucoliques qui infestaient les poésies de salon, de faire entendre en un langage harmonieux des accents gracieux et naturels, et de semer des traits de sentiment sur un fond un peu clairsemé de pittoresque précis.

Une sorte de préjugé littéraire rattache aux poètes bucoliques Antoinette de la Garde, devenue Mme DESHOULIÈRES (1634-1694) par son mariage avec un officier du génie qui servit les Espagnols sous Condé et Louis XIV sous Vauban. Savante, spirituelle, un peu précieuse, membre émérite de l'académie de l'abbé d'Aubignac, un peu esprit fort, élève d'Hesnault, qui traduisit Lucrèce, et amie de Linière, qui s'appelait « l'athée de Senlis », et que Boileau appela « de Senlis le poète idiot », elle écrivit, au milieu de la gêne qui attristait la femme et inquiétait la mère, des églogues et des idylles, qui, malgré leurs ruisseaux et leurs moutons, n'en font guère un poète pastoral, et nombre de poésies de toute nature, stances, épîtres, ballades, chansons, etc., qui en font plutôt une sorte de poète moraliste. La couleur a manqué à son style, le prosaïsme le gâte; il a souvent de la précision et du trait.

On voit dans quelques heureux vers d'un homme d'esprit qui cultiva toute sa vie les lettres anciennes et la poésie, et qui, après une jeunesse vive et mondaine, fut le secrétaire de l'assemblée du clergé en 1682, écrivit de savants ouvrages, et finit doucement dans son canonicat de Reims, François MAUCROIX (1619-1708), l'ami de La Fontaine, se fondre en une harmonie aimable et juste cette double note bucolique et philosophique dont la discordance ne laisse pas de choquer dans Mme Deshoulières.

FONTENELLE (1657-1757), qui devint un très bon esprit en prose (voir sa Notice dans nos *Prosateurs*), ne fut qu'un bel esprit en vers. Ses trois *Pastorales dramatiques* et ses dix *Églogues* avec leur fine galanterie sont un élégant ramage de salon, nous dirions « marivaudage », si, à leur date, le mot n'était un anachronisme; et un homme d'esprit, son contemporain, l'abbé Dubos, nous fait entendre par une ingénieuse prétérition ce qu'il en pense quand il dit : « Le premier livre de la *Pluralité des Mondes* est la meilleure églogue qu'on nous ait donnée depuis cinquante ans. » (*Réflex. critiq. sur la poésie et la peinture.*)

CONSEILS A UN COURTISAN
ODE

Alcippe, reviens dans nos bois,
Tu n'as que trop suivy les rois
Et l'infidèle espoir dont tu fais ton idole :
Quelque bonheur qui seconde tes vœux,
Ils n'arresteront pas le temps qui toujours vole
Et qui d'un triste blanc va peindre tes cheveux.

La cour mesprise ton encens.
Ton rival monte et tu descends [1],
Et dans le cabinet le favory te joue.
Que t'a servy de fléchir les genous
Devant un dieu fragile, et fait d'un peu de boue,
Qui souffre, et qui vieillit pour mourir comme nous ?

Romps tes fers, bien qu'ils soient dorez;
Fuy les injustes adorez,
Et descends dans toy mesme à l'exemple du sage.
Tu vois de près ta dernière saison;
Tout le monde connoist ton nom et ton visage,
Et tu n'es pas connu de ta propre raison.

Nous avons beau nous ménager,
Et beau prévenir le danger;
La mort n'est pas un mal que le prudent évite.
Il n'est raison, adresse, ny conseil,
Qui nous puisse exempter d'aller où le Cocyte
Arrose les pays inconnus au soleil.....

Et comment pourrions nous durer ?
Le temps, qui doit tout dévorer,
Sur le fer et la pierre exerce son empire.
Il abattra ces fermes bastimens

---

[1]. C'est la *Journée des dupes* en deux mots.

Qui n'offrent à nos yeux que marbre et que porphyre,
Et qui jusqu'aux enfers portent leurs fondemens....

  Mais tu dois avecque mespris
  Regarder ces petits débris.
Le temps amènera la fin de toutes choses,
 Et ce beau ciel, ce lambris azuré,
Ce théâtre où l'aurore espanche tant de roses,
Sera bruslé des feux dont il est éclairé.

  Le grand astre qui l'embellit
  Fera sa tombe de son lit.
L'air ne formera plus ny gresles ny tonnerres ;
 Et l'univers qui dans son large tour
Voit courir tant de mers, et fleurir tant de terres,
Sans sçavoir où tomber tombera quelque jour [1].

      (MAYNARD.)

---

1. C'est là la « pièce vraiment belle de Maynard », dit Sainte-Beuve. Le thème est celui des *Stances à Tircis* de Racan, moins la grâce et l'abondance, moins la sérénité reposée et souriante, mais avec une gravité et une élévation inaccoutumées. L'éternel lieu commun du néant de toutes choses y est « grandement traité » et couronné par « la plus vaste image funèbre ».
On trouvera dans les sonnets suivants le même fond d'idée, avec une résignation triste et un peu contrainte. On sait que dans des stances où il glorifiait Richelieu :

  Armand, l'âge affoiblit mes yeux...,

il se disait près d'aller rejoindre « sur le rivage du Cocyte » le roi qui sut protéger les lettrés et les savants :

  Mais s'il demande a quel employ
  Tu m'as occupé dans le monde,
  Et quels biens j'ai reçus de toy,
  Que veux-tu que je luy réponde ?

« Rien », répondit le ministre. — Le mot resta sur le cœur du poète. Il dit de Pégase :

  Les ministres traitent si mal
  Ce rare et fameux animal
  Que tout le monde s'en étonne.

  Bien qu'il soit digne de leurs soins,
  Ils ne veulent pas qu'on lui donne
  Une pauvre botte de foin.

Et ailleurs :

  Malherbe, en cet âge brutal,
  Pégase est un cheval qui porte
  Les grands hommes à l'hospital.

Il fit graver sur la porte de son cabinet, à Aurillac, cette inscription :

  Las d'espérer et de me plaindre
  Des muses, des grands et du sort,
  C'est icy que j'attends la mort
  Sans la desirer ni la craindre.

LA RETRAITE DU SAGE
SONNET

Je donne à mon désert les restes de ma vie,
Pour ne dépendre plus que du ciel et de moy ;
Le temps et la raison m'ont fait perdre l'envie
D'encenser la faveur et de suivre le roy.

Faret[1], je suis ravy des bois où je demeure ;
J'y trouve la santé de l'esprit et du corps.
Approuve ma retraite, et permets que je meure
Dans le mesme village où mes pères sont morts[2].

J'ai fréquenté la cour où ton conseil m'appelle,
Et sous le grand Henri je la trouvay si belle,
Que ce fut à regret que je luy dis adieu.

Mais les ans m'ont changé, le monde m'importune,
Et j'aurois de la peine à vivre dans un lieu
Où toujours la vertu se plaint de la fortune.

(MAYNARD.)

L'ATTENTE DE LA MORT
SONNET

Mon âme, il faut partir. Ma vigueur est passée,
  Mon dernier jour est dessus l'horizon.
Tu crains ta liberté. Quoy ! n'est-tu pas lassée
  D'avoir souffert soixante ans de prison ?

Tes désordres sont grands, tes vertus sont petites ;
  Parmy tes maux on trouve peu de bien.
Mais si le bon Jésus te donne ses mérites,
  Espère tout et n'appréhende rien.

Mon âme, repens-toy d'avoir aimé le monde ;
  Et de mes yeux fais la source d'une onde
Qui touche de pitié le Monarque des Rois.

  Que tu serois courageuse et ravie
Si j'avois soupiré durant toute ma vie
  Dans le désert sous l'ombre de la Croix[3] !

(MAYNARD.)

---

1. Voyez la POÉSIE AU XVIIe SIÈCLE.
2. Cf. Racan, *Stances à Tircis* ;
    .... Que de mourir au lict où ses pères sont morts.

3. On voit l'enchaînement de ces pièces : se soustraire aux vanités et aux déceptions de la cour, chercher le vrai bien dans la retraite, « sous l'ombre de la Croix »

SOLEIL DE PROVENCE

Que j'aime à voir le ciel qui rit d'un feu si pur,
Qui sans tache et sans ride étale son azur,
Et qu'avecque plaisir je ferme la paupière
Pour n'en pouvoir souffrir la trop vive lumière !
Vous qui, malgré l'hiver, êtes parés encore
De feuilles d'émeraude entre des pommes d'or,
Arbres au tronc de bronze, honneur de ces bocages,
Superbes orangers, j'adore vos ombrages [1].

(GODEAU, *Eglogues spirituelles*.)

ÉPIGRAMMES [2]

I

Les plus beaux vers pour vous n'eurent jamais d'appas ;
Vous ne les aimez point, ni ceux qui les débitent.

---

[1]. Les descriptions de la nature sont rares dans la poésie du XVIIe siècle, ordinairement toute préoccupée des sentiments et des pensées, oratoire et psychologique. Il faut noter ce passage des *Eglogues spirituelles* de Godeau. Transplanté brusquement des salons de Paris en pleine nature, l'éblouissement de la verdure, des fleurs et du soleil de la Provence est resté dans ses yeux, et quelquefois dans ses vers. Il voit

> Croître les pommes d'or sur les verts orangers.

Il admire

> Les raisins empourprés et les javelles blondes.

La nature, de jour et de nuit, brille ou luit doucement sur ses personnages :

> Mais le soleil se cache, et la nuit tend ses voiles,
> Le ciel de toutes parts se couronne d'étoiles.
> On ne voit dans les champs ni berger ni troupeau :
> Retirons-nous, ma sœur, dedans notre hameau.

(*Eglogues sacrées*.)

[2]. Il faut donner un souvenir, en ce genre, au chevalier DE CAILLY (1604-1673), qui publia, sous le nom de d'*Aceilly* de fines épigrammes.

A Monseigneur Colbert, ministre d'Etat.

> Que je vous donne vers ou prose,
> Grand ministre, je le sais bien,
> Je ne vous donne pas grand' chose,
> Mais je ne vous demande rien.

De Lanssay.

> Quand chacun parle de Lanssay,
> Et que je garde le silence,
> L'on a tort si l'on s'en offense :
> J'en dis tout le bien que j'en sai.

Sur l'étymologie du mot italien Alfana.

> *Alfana* vient d'*Equus* sans doute ;
> Mais il faut avouer aussi
> Qu'en venant de là jusqu'ici
> Il a bien changé sur la route.

Sur l'Antiquité.

> Dis-je quelque chose assez belle,
> L'Antiquité toute en cervelle
> Me dit, je l'ai dite avant toi.
> C'est une plaisante donzelle ;
> Que ne venoit-elle après moi ?
> J'aurois dit la chose avant elle.

On le dit, monseigneur, mais je ne le crois pas,
Car les vers sont aimés de ceux qui les méritent.

II

Voyant la splendeur non commune
Dont ce maraud est revêtu,
Diroit-on pas que la fortune
Veut faire enrager la vertu !

III

Si Charles par son crédit
M'a fait un plaisir extrême,
J'en suis quitte ; il l'a tant dit
Qu'il s'en est payé lui-même.

IV

Colas est mort de maladie :
Tu veux que j'en plaigne le sort,
Que diable veux-tu que j'en die ?
Colas vivoit, Colas est mort.

(GOMBAULD.)

SONNET

Grand Dieu, tes jugemens sont remplis d'équité,
Toujours tu prends plaisir à nous être propice :
Mais j'ai tant fait de mal, que jamais ta bonté
Ne me pardonnera qu'en blessant ta justice.

Oui, Seigneur, la grandeur de mon impiété
Ne laisse à ton pouvoir que le choix du supplice :
Ton intérêt s'oppose à ma félicité,
Et ta clémence même attend que je périsse.

Contente ton désir puisqu'il t'est glorieux ;
Offense-toi des pleurs qui coulent de mes yeux :
Tonne, frappe, il est temps ; rends-moi guerre pour guerre.

J'adore, en périssant, la raison qui t'aigrit,
Mais dessus quel endroit tombera ton tonnerre,
Qui ne soit tout couvert de sang de Jésus-Christ ?

(DES BARREAUX.)

LA SAGESSE
SONNET

S'élève qui voudra, par force ou par adresse,
Jusqu'au sommet glissant des grandeurs de la cour ;

Moi je veux, sans quitter mon aimable séjour,
Loin du monde et du bruit rechercher la sagesse.

Là, sans crainte des grands, sans faste et sans tristesse,
Mes yeux après la nuit verront naître le jour ;
Je verrai les saisons se suivre tour à tour ;
Et dans un doux repos j'attendrai la vieillesse.

Ainsi, lorsque la mort viendra rompre le cours
Des bienheureux momens qui composent mes jours,
Je mourrai chargé d'ans, inconnu, solitaire.

Qu'un homme est misérable à l'heure du trépas,
Lorsqu'ayant négligé le seul point nécessaire,
Il meurt connu de tous, et ne se connoît pas !

(HESNAULT[1].)

ESQUISSES PITTORESQUES

I

SAINT-AMAND a un sentiment vif de l'éclat, de la fraîcheur, des nuances et des contrastes de la nature, et, pour les rendre, un grand bonheur d'expression pittoresque, soit qu'il peigne au soleil levant, dans une forêt,

Le chevreuil solitaire et doux
   Voyant sa clarté pure
Briller sur les feuilles des houx
   Et dorer leur verdure ;

(*Le soleil levant.*)

ou, sur les glaciers des Alpes,

Ces atomes de feu qui sur la neige brillent,
Ces étincelles d'or, d'azur et de cristal,

---

1. C'est un sonnet contre Colbert que l'on a surtout retenu d'Hesnault. On a peine à l'entendre appeler « avare et lâche » le grand Colbert. Nous le donnons ici comme une curiosité littéraire.

    Ministre avare et lâche, esclave malheureux
    Qui gémis sous le poids des affaires publiques,
    Victime dévouée aux chagrins politiques,
    Fantôme révéré sous un titre onéreux ;

    Vois combien des grandeurs le comble est dange o
    Contemple de Fouquet les funestes reliques ;
    Et, tandis qu'à sa perte en secret tu t'appliques,
    Crains qu'on ne te prépare un destin plus affreux.

    Sa chute quelque jour te peut être commune.
    Crains ton poste, ton rang, la cour et la fortune ;
    Nul ne tombe innocent d'où l'on te voit monté.

    Cesse donc d'animer ton prince à son supplice
    Et, près d'avoir besoin de toute sa bonté
    Ne le fais pas user de toute sa justice.

Dont l'hiver, au soleil, d'un lustre oriental
Pare ses cheveux blancs que les vents éparpillent.
(*L'Hiver des Alpes*, sonnet.)

Ailleurs, c'est un torrent dans une vallée :

> Que je trouve doux le ramage
> De ces fiers torrens vagabonds
> Qui se précipitent par bonds
> Dans le vallon vert et sauvage,
> Puis, glissant sous les arbrisseaux
> Ainsi que les serpens sur l'herbe,
> Se changent en plaisans ruisseaux,
> Où quelque Naïade superbe
> Règne, comme en son lit natal,
> Dessus un trône de cristal [1] !

(*La Solitude*.)

Ici, un « effet de lune » :

> La lune dont la face alors resplendissoit
> De ses rayons aigus une vitre perçoit,
> Qui jetoit dans ma chambre en l'épaisseur de l'ombre
> L'éclat frais et serein d'une lumière sombre

(*Les Visions*[2].)

Là, les plaines embrasées de l'Afrique :

> De tremblantes vapeurs sur les plaines flottoient ;
> L'eau sembloit être en feu, les sablons éclatoient;

---

1. On voit dans ces deux derniers passages qu'au sentiment pittoresque de la nature se mêle l'imagination antique. On reconnnait le « canos hirsuta capillos », et le « glacialibus aspera ventis », dont Virgile peint l'Hiver, *Hyems*.
2. Pièce d'une fantaisie étrange, remarquable par la plénitude de la facture et le « réalisme » expressif et saisissant de certains vers. Voici le début :

> Un grand chien maigre et noir se traînant lentement,
> Accompagné d'horreur et d'épouvantement,
> S'en vient toutes les nuits hurler devant ma porte,
> Redoublant ses abois d'une effroyable sorte....
> Les cheveux hérissés, j'entre en des rêveries
> De contes de sorciers, de sabbats, de furies;
> J'erre dans les enfers, je rôde dans les cieux.
> L'âme de mon aïeul se présente à mes yeux :
> Ce fantôme léger, couvert d'un vieux suaire,
> Et tristement vêtu d'un long drap mortuaire,
> A pas affreux et lents s'approche de mon lit.
> Mon sang en est glacé, mon visage en pâlit;
> De frayeur mon bonnet sur mes cheveux se drsse;
> Je sens sur l'estomach un fardeau qui m'oppresse;
> Je voudrois bien crier, mais je l'essaie en vain :
> Il me ferme la bouche avec sa froide main,
> Puis d'une voix plaintive en l'air évanouie,
> Murmurant certains mots funestes à l'ouïe,
> Me prédit mes malheurs, et longtemps sans siller
> Me contemple debout contre mon oreiller.

Sur les myrtes fleuris les douces tourterelles,
Tenant leur bec ouvert, laissoient pendre leurs ailes.
(*Moïse sauvé*, ch. VI.)

Plus loin, une forêt noire et muette :

Quiconque au sein d'un bois affreux et solitaire
Après s'être engagé, d'un pas involontaire,
A suivre, triste et seul, l'erreur qui le conduit,
Sous le morne silence et sous l'aveugle nuit......
(*Ibid.*, ch. VIII.)

Quelle harmonie expressive dans ce vers !

Un vent frais et bruyant donne à plein dans les voiles !
(*Arion.*)

La rêverie moderne ne se trouve-t-elle pas dans

Les plaisans promenoirs de ces longues allées
Où tant d'afflictions ont été consolées ?
(*Les Visions.*)

et surtout dans la strophe suivante dont les derniers vers sont d'une saisissante originalité :

Tantôt, délivré du tourment
De ces illusions nocturnes,
Je considère au firmament
L'aspect des flambeaux taciturnes ;
Et, voyant qu'en ces doux déserts
Les orgueilleux tyrans des airs
Ont apaisé leur insolence,
J'écoute à demi transporté
Le bruit des ailes du silence
Qui vole dans l'obscurité.
(*Le Contemplateur.*)
Saint-Amand.

II

Nous trouvons le même coloris dans de jolis vers de Théophile.

Dans ce val solitaire et sombre
Le cerf qui brame au bord de l'eau
Penchant ses yeux dans un ruisseau
S'amuse à regarder son ombre.

De cette source une Naïade
Tous les soirs ouvre le portal
De sa demeure de cristal
Et nous chante une sérénade.

Un froid et ténébreux silence
Dort à l'ombre de ces ormeaux,
Et les vens battent les rameaux
D'une amoureuse violence.

(La Solitude.).
Théophile.

ÉPITAPHE

Celuy qui cy maintenant dort
Fit plus de pitié que d'envie,
Et souffrit mille fois la mort
Avant que de perdre la vie.
Passant, ne fais icy de bruit,
Et garde bien qu'il ne s'éveille,
Car voicy la première nuit
Que le pauvre Scarron sommeille [1].

(Scarron.)

ALPHÉE TRAHIE

MONOLOGUE

O justes Dieux, ennemis du parjure,
Avez-vous pu commettre telle injure !
Avez-vous pu permettre, justes Dieux,
Qu'un déloyal, en me perdant des yeux,
De sa parole ait perdu la mémoire ?
Hélas ! hélas ! à qui doit-on plus croire ?
Daphnis trompeur et perfide ! je croi
Qu'en l'univers n'habite plus de foi.

---

1. Lui aussi, comme Marot à François Ier, pouvait dire à la reine Anne d'Autriche :

Et en pleurant tâche à vous faire rire,

quand dans sa Requête pour être son « malade en titre d'office », il écrivait :

... En ma petite personne,
O reine aussi belle que bonne,
Vous fonderez en la logeant,
Un hôpital pour peu d'argent,
Car je pense avoir, ce me semble,
Tout ce que peut avoir ensemble
De grands maux, curables ou non,
Un hôpital de grand renom.

Et la liste, qui suit, est longue. Je crois, ajoute-t-il, que, pour la charge que je demande,

Personne ne s'empressera,
Et que c'est moi seul qui l'aura
Tout le temps de ma triste vie
Sans que personne en ait envie.

Daphnis trompeur ! Homme qui vive au monde
Ne m'éprendra d'une flamme féconde [1].
                    (HARDY, *Alphée*, pastorale.)

MASSINISSE A SCIPION [2]

Elle (Sophonisbe) est morte, et ma main par cet assassinat
M'a voulu rendre quitte envers votre Sénat.
Si la reconnoissance aux bienfaits se mesure,
Cette seule action le paye avec usure.
Par cet acte, témoin de votre cruauté,
J'ai mis dans le tombeau l'amour et la beauté.
Enfin par cette mort, qui fait notre assurance,
Vous n'avez plus de peur, ni moi plus d'espérance.
Ne me dites donc plus que je serois ingrat,
Et bien peu soucieux du bien de mon État,
Si je vous obligeois par quelque violence
A retrancher pour moi de votre bienveillance.
Quant à moi, désormais tout m'est indifférent;
Et, quant à mon État, ma douleur vous le rend :
Après m'avoir ôté le désir de la vie,
Vos biens ni vos honneurs ne me font point envie.
Usurpez l'Univers de l'un à l'autre bout ;
Je n'y demande rien, je vous le cède tout ;
Rendez-moi seulement une chose donnée
Par l'hymen, par l'amour, et par la destinée ;
En un mot, donnez-moi ce que vous craignez tous,
Et je serai plus riche et plus content que vous;
Rendez-moi Sophonisbe [3].....
                    (MAIRET, *Sophonisbe*, V. 8.)

---

[1]. Ces quelques vers peuvent faire mesurer les progrès de la langue. Ils n'ont pas le ton ferme et élevé du style de Garnier ; mais ils sont faciles, coulants et chaleureux. N'y sent-on point l'accent du monologue de *Médée* dans Corneille (I, 3)?
    Jason me répudie! Eh! qui l'auroit pu croire?
    S'il a manqué d'amour, manque-t-il de mémoire?
Ce dernier vers rappelle aussi un souvenir de la *Sylvie* de Mairet :
    Mais d'où vient que Sylvie est encore à venir !
    Quel obstacle peut si longtemps la retenir ?
    Ma défiante humeur voudroit me faire accroire
    Qu'elle manque aujourd'hui d'amour ou de mémoire.

[2]. Sophonisbe, fille d'Asdrubal, avait détaché de l'alliance des Romains Syphax, son premier mari. Ils sont assiégés par Scipion, dans Cirtha, Syphax est tué. Elle épouse l'allié des Romains, avec qui, jeune, elle avait été fiancée. Scipion la réclame pour être conduite à Rome dans le triomphe. Elle se soustrait à cette honte en buvant le poison que lui fait remettre Massinisse. Il la pleure et se tue. — Ce sujet a été souvent traité, par exemple par Le Trissin (1514), que traduisit Melin de Saint-Gelais, Corneille, Lagrange-Chancel, Voltaire.

[3]. On voit le progrès du langage dramatique de Hardy à Mairet, pour

DÉFI AUX DIEUX

TERENTIUS.
Respecte et crains des dieux l'effroyable tonnerre.
SEJANUS.
Il ne tombe jamais en hiver sur la terre.
J'ai six mois pour le moins à me moquer des dieux.
Ensuite je ferai ma paix avec les cieux.
TERENTIUS.
Ces dieux renverseront tout ce que tu proposes.
SEJANUS.
Un peu d'encens brûlé rajuste bien des choses.
TERENTIUS.
Qui les craint, ne craint rien.

arriver jusqu'à Corneille. Notons, ce qui est peut-être une imitation directe. Massinisse, avant de se frapper, prononce ces imprécations contre Rome :

> Cependant en mourant, ô peuple ambitieux,
> J'appellerai sur toi la colère des cieux :
> Puisses-tu rencontrer, soit en paix, soit en guerre,
> Toute chose contraire et sur mer et sur terre;
> Que le Tage et le Pô, contre toi rebellés,
> Te reprennent les biens que tu leur as volés;
> Que Mars, faisant de Rome une seconde Troie,
> Donne aux Carthaginois tes richesses en proie;
> Et que, dans peu de temps, le dernier des Romains
> En finisse la rage avec ses propres mains.
> (*Ibid.* V, sc. 9e et dernière.)

Ainsi finissent les imprécations de Camille dans *Horace*.
Au début de la pièce, Syphax dit à Sophonisbe :

> Est-ce là cet amour que tu m'avois promis?
> Est-ce là cette foi que tu m'avois donnée?

Cf. Pauline dans *Polyeucte*, IV, 3 :

> Est-ce là ce beau feu? Sont-ce là tes sermens?...
> Mais cette amour si ferme et si bien méritée
> Que tu m'avois promise et que je t'ai portée....

Tout ce discours de Syphax a un mouvement entraînant.

> .... Ai-je rien entrepris qui troublât ton repos?
> As-tu pas toujours eu comme reine absolue
> Toute la liberté que toi-même as voulue?
> Cependant ton caprice, ennemi de mon bien,
> Trahit indignement mon honneur et le tien
> Tu sçais que, pour complaire à cette vieille haine
> Que ta race eut toujours pour la race romaine,
> J'ai quitté l'amitié de ce peuple puissant,
> Par où je conservois mon état florissant.
> Sans tes mauvais conseils, à qui j'ai voulu plaire,
> Et de qui ma ruine est le juste salaire,
> On ne me verroit pas détruit comme je suis,
> Ni l'esprit aveuglé d'un nuage d'ennuis.
> J'aurois dessus le front ma couronne affermie.
> Car j'aurois Rome encore et la Fortune amie.
> Mais quoi? m'ayant perdu de gloire et de bonheur,
> Il te restoit encor à me perdre d'honneur;
> Il te restoit encor, pour comble de malice,
> A te lier d'amour avecque Massinisse.
> Je veux que je te pèse, et que mes cheveux gris
> Soient à tes jeunes ans un objet de mépris;
> Hai moi si tu le veux, abhorre ma personne,
> Mais que t'ont fait les miens, que t'a fait ma couronne,
> Pour faire un ennemi l'objet de tes désirs? etc.

SEJANUS.

Ces enfans de l'effroi,
Ces beaux riens qu'on adore, et sans savoir pourquoi,
Ces altérés du sang des bêtes qu'on assomme,
Ces dieux que l'homme a faits, et qui n'ont point fait [l'homme,
Des plus fermes états ce fantasque soutien,
Va, va, Terentius, qui les craint, ne craint rien[1].

TERENTIUS.

Mais, s'il n'en étoit point, cette marchandise ronde...

SEJANUS.

Oui, mais s'il en étoit, serois-je encore au monde[2] ?

(Cyrano de Bergerac, *Agrippine*, II, 4.)

DEUX CONSPIRATEURS

MANLIUS.

Connois-tu bien la main de Rutile ?

SERVILIUS.

Oui.

MANLIUS.

Tiens, lis.

SERVILIUS *lit*.

« Vous avez méprisé ma juste défiance.
« Tout est su par l'endroit que j'avois soupçonné.
« C'est par un sénateur de notre intelligence,
« Qu'en ce même moment l'avis m'en est donné.
« Fuyez chez les Véiens, où notre sort nous guide.
« Mais, pour flatter les maux où ce coup nous réduit,
« Trop heureux, en partant, si la mort du perfide
« De son crime, par vous, lui déroboit le fruit !

MANLIUS.

Qu'en dis-tu ?

---

[1]. Il veut dire : craint ce qui n'existe pas. Terentius entendait que qui craint les dieux, ne craint rien en dehors d'eux. Ainsi dit Joad :

Je crains Dieu, cher Abner, et n'ai point d'autre crainte.

[2]. Séjan raisonne sur lui-même comme Claudien sur Rufin. Séjan n'a qu'à attendre :

Auferet hunc tandem *Sejani* pœna tumultum
Absolvet que Deos.

On connaît l'épigramme latine :

Marmoreo Licinus tumulo jacet, at Cato nullo,
Pompeius parvo : quis putet esse Deos?

Voici la réponse :

Saxa premunt Licinum ; levat altum fama Catonem,
Pompeium tituli : quis neget esse Deos?

SERVILIUS.

Frappe.

MANLIUS.

Quoi!...

SERVILIUS.

Tu dois assez m'entendre.
Frappe, dis-je, ton bras ne sauroit se méprendre.

MANLIUS.

Que dis-tu, malheureux? Où vas-tu t'égarer?
Sais-tu bien ce qu'ici tu m'oses déclarer?

SERVILIUS.

Oui, je sais que tu peux, par un coup légitime,
Percer ce traître cœur que je t'offre en victime;
Que ma foi démentie a trahi ton dessein.

MANLIUS.

Et je n'enfonce pas un poignard dans ton sein[1]!
Pourquoi faut-il encor que ma main trop timide
Reconnoisse un ami dans les traits d'un perfide?
Quoi! toi, tu me trahis? L'ai-je bien entendu?

SERVILIUS.

Il est vrai, Manlius: peut-être je l'ai dû.
Peut-être plus tranquille, aurois-tu lieu de croire
Que sans moi tes desseins auroient flétri ta gloire;
Mais enfin les raisons qui frappent mon esprit
Ne sont pas des raisons à calmer ton dépit,
Et je compte pour rien que Rome favorable
Me déclare innocent quand tu me crois coupable.
Je viens donc par ta main expier mon forfait.
Frappe, de mon destin je meurs trop satisfait,
Puisque ma trahison, qui sauve ma patrie,
Te sauve en même temps et l'honneur et la vie.

MANLIUS.

Toi! me sauver la vie?

SERVILIUS.

Et même à tes amis.
A signer leur pardon le sénat s'est soumis;
Leurs jours sont assurés.

---

1. Deux grands acteurs, Le Kain au XVIII° siècle, Talma au XIX°, ont attaché leur nom à l'interprétation de ce rôle. La tradition a conservé le souvenir de l'air de colère froide, interrogative et défiante, avec lequel Talma disait: Tiens, lis, et de l'élan furieux qui le précipitait, le poignard levé, sur Servilius en prononçant ce dernier vers. Une spectatrice, dit-on, s'évanouit un jour; revenue à elle, son premier mot fut: « L'a-t-il tué? »

MANLIUS.
         Et quel aveu, quel titre
De leur sort et du mien te rend ici l'arbitre?
Qui t'a dit que pour moi la vie eût tant d'attraits?
Que veux-tu que je puisse en faire désormais?
Pour m'y voir des Romains le mépris et la fable?
Pour la perdre peut-être en un sort misérable,
Ou dans une querelle, en signalant ma foi
Pour quelque ami nouveau, perfide comme toi?
Dieu! quand de toutes parts ma vive défiance
Jusqu'aux moindres périls portoit ma prévoyance,
Par toi notre dessein devoit être détruit,
Et par l'indigne objet dont l'amour t'a séduit!
Car je n'en doute point, ton crime est son ouvrage.
Lâche, indigne Romain, qui, né pour l'esclavage,
Sauves de fiers tyrans, soigneux de t'outrager,
Et trahis des amis qui vouloient te venger!
Quel sera contre moi l'éclat de leur colère!
Je leur ai garanti ta foi ferme et sincère;
J'ai ri de leurs soupçons, j'ai retenu leurs bras,
Qui m'alloient prévenir par ton juste trépas.
A leur sage conseil que n'ai-je pu me rendre!
Ton sang valoit alors qu'on daignât le répandre:
Il auroit assuré l'effet de mon dessein;
Mais, sans fruit maintenant, il souilleroit ma main;
Et trop vil à mes yeux pour laver ton offense
Je laisse à tes remords le soin de ma vengeance.
         (LA FOSSE, *Manlius*, IV, 4.)

DIEU

Loin des murs flambloyans qui renferment le monde[1],
Dans le centre caché d'une clarté profonde,
Dieu repose en lui-même[2], et, vêtu de splendeur,
Sans bornes est rempli de sa propre grandeur.
Une triple personne en une seule essence,
Le suprême pouvoir, la suprême science,
Et le suprême amour, unis en trinité,
De son règne éternel forment la majesté.

---

1. Cf. LUCRÈCE, I, 74. Il dit d'Epicure:
    Processit longè flammantia mœnia mundi.
2. Cf. SÉNÈQUE, *ad Lucil.*, X : Jupiter acquiescit sibi, cogitationibus suis traditus.

Sous son trône étoilé, patriarches, prophètes,
Apôtres, confesseurs, vierges, anachorètes,
Et ceux qui par leur sang ont cimenté la foi,
L'adorent à genoux, saint peuple du saint roi...
Au même tribunal où tout bon il réside,
La sage providence à l'univers préside ;
Et plus bas, à ses pieds, l'inflexible destin
Recueille les décrets du jugement divin.
De son être incréé tout est la créature ;
Il voit rouler sous lui l'ordre de la nature,
Des élémens divers est l'unique lien,
Le père de la vie et la source du bien.
Tranquille possesseur de sa béatitude,
Il n'a le sein troublé d'aucune inquiétude,
Et voyant tout sujet aux lois du changement,
Seul, par lui-même, en soi, dure éternellement.
Ce qu'il veut une fois est une loi fatale,
Qui, toujours, malgré tout, à soi-même est égale,
Sans que rien soit si fort qu'il le puisse obliger
A se laisser jamais ni fléchir ni changer.
Du pécheur repenti la plainte lamentable,
Seule, peut ébranler son vouloir immuable,
Et, forçant sa justice et sa sévérité.
Arracher le tonnerre à son bras irrité[1].

(CHAPELAIN, *La Pucelle d'Orléans*, ch. Ier.)

1. SAINT-AMAND et VOLTAIRE ont aussi développé l'idée de la *Trinité*. On jugera sans doute, en les comparant, que tous trois ont su donner à leurs vers la grandeur du sujet, mais que la supériorité reste à Chapelain.

... Et dans le saint Olympe où la divine essence
Etale sa grandeur et sa magnificence,
Où l'on adore en trois l'ineffable unité,
Où, sur un trône pur fait par l'éternité,
Le seul être infini, le monarque suprême,
Luit de son propre éclat et s'abîme en soi-même,
Et voit dessous ses pieds s'humilier le sort,
La fortune, le temps, la nature et la mort ;
Dans ce lieu, dis-je, où règne en une pompe auguste
Le prince de tout bien, le seul bon, le seul juste...

(SAINT-AMANT, *Moïse*, ch. IV.)

Au milieu des clartés d'un feu pur et durable,
Dieu mit avant les temps son trône inébranlable.
Le ciel e t sous ses pieds ; de mille astres divers
Le cours toujours réglé l'annonce à l'univers.
La puissance, l'amour, avec l'intelligence,
Unis et divisés, composent son essence.
Ses saints, dans les douceurs d'une éternelle paix,
D'un torrent de plaisirs enivrés à jamais,
Pénétrés de sa gloire, et remplis de lui-même,
Adorent à l'envi sa majesté suprême.

(VOLTAIRE, *la Henriade*, X.)

MARCHE DE L'ARMÉE DE CHARLES VII

Tout marche, et le soldat en son ardeur extrême
Rapidement vers Rheims se porte de lui-même :
On voit comme à l'envi les drapeaux ondoyans
Vers la sainte cité d'eux-mêmes se ployans ;
Le cri des bataillons imite le tonnerre,
Leurs pas, plus sourdement, font retentir la terre ;
La poussière se lève et compose une nuit
Qui du camp disparu ne laisse que le bruit.
(ID., La Pucelle d'Orléans [1].)

LES TOMBEAUX DES ROIS D'ÉGYPTE

Sous les pieds de ces monts taillés et suspendus,
Il s'étend des pays ténébreux et perdus,
Des déserts spacieux, des solitudes sombres,
Faites pour le séjour des morts et de leurs ombres.
Là sont les corps des rois et les corps des sultans,
Diversement rangés, selon l'ordre des temps.
Les uns sont enchâssés dans de creuses images
A qui l'art a donné leur taille et leurs visages ;
Et dans ces vieux portraits, qui sont leurs monumens,
Leur orgueil se conserve avec leurs ossemens.
Les autres, embaumés, sont posés sur des niches,
Où leurs ombres, encore éclatantes et riches,
Semblent perpétuer, malgré les lois du sort,
La pompe de leur vie en celle de leur mort.

---

1. On voit que Chapelain et Saint-Amant ont d'heureuses rencontres. Boileau en signalait aussi dans une autre de ses victimes, SCUDÉRY. Il aimait à citer le début du VIIe chant d'<i>Alaric</i> :

Il n'est rien de si doux pour un cœur plein de gloire
Que la paisible nuit qui suit une victoire.

Il eût pu admirer ceux-ci :

En un lieu retiré, solitaire et paisible,
La mer laisse dormir sa colère terrible,
Et sous deux grands rochers qui la couvrent des vens
Elle abaisse l'orgueil des flots toujours mouvans.

On a souvent cité ces deux vers tirés de la description des enfers :

Et ce mélange affreux qu'accompagne un grand bruit
Luit éternellement dans l'éternelle nuit.

Voilà de beaux vers. Mais quelle étrange idée a le poète de donner, dans la table de son poème, le relevé des 128 comparaisons qu'il contient ? Six dans le dernier chant concernent la reine Christine, à laquelle le poème est dédié. Le quatrième contient une « comparaison de la Lune et des Estoiles avec une princesse suivie de ses filles » ; le sixième, une « comparaison de Nuës rougeastres avec la rougeur d'une dame en colère. »

De ce muet sénat, de cette cour terrible,
Le silence épouvante, et la face est horrible.
Là sont les devanciers avec leurs descendans ;
Tous les règnes y sont; on y voit tous les temps;
Et cette antiquité, ces siècles dont l'histoire
N'a pu sauver qu'à peine une obscure mémoire,
Réunis par la mort en cette sombre nuit,
Y sont sans mouvement, sans lumière et sans bruit.
(LE P. LEMOYNE, *Saint-Louis*.)

PLAINTES D'UN BERGER

... N'ai-je point quelque agneau dont vous ayez desir?
Vous l'aurez aussitôt, vous n'avez qu'à choisir;
Et si Pan[1] le défend de tout regard funeste,
Aux yeux des enchanteurs j'abandonne le reste.
Pan a soin des brebis, Pan a soin des pasteurs,
Et Pan me peut venger de toutes vos rigueurs.
Il aime, je le sais, il aime ma musette ;
De mes rustiques airs aucun il ne rejette,
Et la chaste Pallas, race du roi des dieux,
A trouvé quelquefois mon chant mélodieux,
Des grandes déités Pallas la plus aimable,
La plus victorieuse et la plus redoutable.
Par elle, sous le frais de ces jeunes ormeaux,
Je puis, quand il me plaît, enfler mes chalumeaux,
Et je puis ne chanter que mon amour fidèle,
Quoiqu'on ne dût chanter que sa gloire immortelle,
Et que je doive encore à sa seule bonté
Cette délicieuse et douce oisiveté.
Sous ces feuillages verts, venez, venez m'entendre;
Si ma chanson vous plaît, je vous la veux apprendre.
Que n'eût pas fait Iris pour en apprendre autant!
Iris que j'abandonne, Iris qui m'aimoit tant.
Si vous vouliez venir, ô miracle des belles,
Je vous enseignerois un nid de tourterelles :
Je vous les veux donner pour gage de ma foi ;
Car on dit qu'elles sont fidèles comme moi[2].
(SEGRAIS, *Eglogues*, 1.)

1. Dieu des bergers.
2. Ainsi parle Tircis, ce berger qui,
    ... Accablé de son mortel ennui,
    Ne se plaisoit qu'aux lieux aussi tristes que lui.
Boileau, dit-on, appréciait particulièrement ce dernier vers. — Il pouvait

LE MATIN

A peine dans ces lieux le jour qui paroissoit
Du premier de ses traits l'orient blanchissoit ;
Mille étoiles au ciel le disputoient encore
A la foible clarté de la naissante aurore ;
Les oiseaux s'éveilloient, mais leur charmante voix
Laissoit encor dormir le silence des bois ;
Et les bêtes sortant à regret des gagnages [1]
D'un pas encor tardif se sauvoient aux bocages.
Déjà l'arc en la main, le brodequin chaussé,
Le carquois sur le dos et le bras retroussé,
Plus matin que le jour dans ces bois arrivée,
La Nymphe pour chasser pense s'être levée [2].

(SEGRAIS, *Athis*, chant II.)

goûter aussi, dans ce passage, à part quelques expressions faibles ou banales, des traits de naïveté touchants et une douce et mélodieuse mollesse de langage. Ajoutons quelques groupes de vers heureux, qui se détachent sur le fond un peu uniforme de ces plaintes champêtres, que soupirent les Eglogues de Segrais.

> Où vous portez vos yeux les forêts reverdissent,
> Où vous disparoissez toutes choses languissent;
> Les fleurs ne peuvent naître ailleurs que sous vos pas,
> Et le printemps n'est point où l'on ne vous voit pas. (*Egl.*, I.)

> Telle que se fait voir, de fleurs chargeant sa tête,
> Une blonde jeunesse au beau jour d'une fête,
> Quand le prix de la danse, et le son des hautbois
> L'attire des hameaux à l'ombrage des bois. (*Egl.*, II.)

(Cf. BOILEAU, *Art Poétique*, II, 1 sqq.)

> Aux rivages du Loin, sur la verte fougère,
> Timarète aux rochers racontoit ses douleurs,
> Et le triste Eurylas racontoit ses malheurs,...
> Echo les redisoit aux Nymphes du bocage,
> Un vieux faune en rioit dans sa grotte sauvage. (*Egl.*, II.)

> O les charmans discours, ô les divines choses
> Qu'un jour disoit Amire en la saison des roses?
> Doux zéphyrs qui régniez alors dans ces beaux lieux,
> N'en portâtes-vous rien à l'oreille des Dieux? (*Egl.*, III.)

(Cf. VIRGILE, *Ecl.*, III, 72 :

> O quoties et quæ nobis Galatea locuta est!
> Partem aliquam, venti, Divûm referatis ad aures.)

> Aminte, tu me fuis, et tu me fuis, volage,
> Comme le faon peureux de la biche sauvage,
> Qui va cherchant sa mère aux rochers écartés:
> Il craint du doux zéphyr les trembles agités;
> Le moindre oiseau l'étonne (l'effraye), il a peur de son ombre,
> Il a peur de lui-même et de la forêt sombre. (*Egl.*, IV.)

1. Pâturages. *Gagner* a signifié d'abord faire produire un gain à la terre, puis paître.
2. Ce petit tableau est un modèle de grâce et de fraîcheur. Cf. VIRGILE, *Æn.*, I, v 314 sqq.

RÉFLEXIONS DIVERSES[1]

Que l'homme connoît peu la mort qu'il appréhende,
   Quand il dit qu'elle le surprend!
Elle naît avec lui, sans cesse lui demande
Un tribut dont en vain son orgueil se défend.
Il commence à mourir longtemps avant qu'il meure;
Il périt en détail imperceptiblement.
Le nom de Mort qu'on donne à notre dernière heure
   N'en est que l'accomplissement[2].

Quel poison pour l'esprit sont les fausses louanges!
Heureux qui ne croit point à de flatteurs discours!
Penser trop bien de soi fait tomber tous les jours
   En des égaremens étranges.
L'amour-propre est, hélas! le plus fort des amours;
Cependant des erreurs il est la plus commune.
Quelque puissant qu'on soit en richesse, en crédit,
Quelque mauvais succès qu'ait tout ce qu'on écrit,
   Nul n'est content de sa fortune,
   Ni mécontent de son esprit.

Les plaisirs sont amers d'abord qu'on en abuse.
   Il est bon de jouer un peu ;
Mais il faut seulement que le jeu nous amuse.
   Un joueur, d'un commun aveu
   N'a rien d'humain que l'apparence ;
Et d'ailleurs, il n'est pas si facile qu'on pense
D'être fort honnête homme et de jouer gros jeu.
Le désir de gagner, qui nuit et jour occupe,
   Est un dangereux aiguillon.
Souvent, quoique l'esprit, quoique le cœur soit bon,
   On commence par être dupe,
   On finit par être fripon.

(Mme Deshoulières.)

---

1. C'est le titre même donné par l'auteur.
2. Cf. Manilius, *Astron.*, IV :

   Nascentes morimur, finisque ab origine pendet.

Cf. Mairet :

   Il faut sortir du monde où nous naissons pour vivre
     Et vivons pour mourir.

STANCES

Heureux qui sans souci d'augmenter son domaine
Erre, sans y penser, où son désir le mène,
    Loin des lieux fréquentés ;
Il marche par les champs, par les vertes prairies,
Et de si doux pensers nourrit ses rêveries,
Que pour lui les soleils sont toujours trop hâtés.

Et couché mollement sous son feuillage sombre,
Quelquefois sous un arbre il se repose à l'ombre,
    L'esprit libre de soin ;
Il jouit des beautés dont la terre est parée ;
Il admire des cieux la campagne azurée,
Et son bonheur secret n'a que lui de témoin...

Cependant vers leur fin s'envolent ses années
Mais il attend sans peur des fières destinées
    Le funeste décret ;
Et quand l'heure est venue et que la mort l'appelle,
Sans vouloir reculer et sans se plaindre d'elle,
Dans la nuit éternelle il entre sans regret[1].

                             (MAUCROIX.)

---

1. Voilà comme un écho des *Géorgiques* de Virgile, que Maucroix disait être « sa folie », et qu'il proclamait le chef-d'œuvre de la poésie, des *Stances* de Racan, dont ces vers ont la douceur et l'accent, et de ceux de son ami La Fontaine :

    Et quand le jour viendra d'aller trouver les morts,
    J'aurai vécu sans soins et mourrai sans remords.

A l'âge de quatre-vingt-un ans, Maucroix écrivait :

    Chaque jour est un bien que du ciel je reçoi ;
    Je jouis aujourd'hui de celui qu'il me donne ;
    Il n'appartient pas plus aux jeunes gens qu'à moi,
    Et celui de demain n'appartient à personne.

XVIIIᵉ SIÈCLE

LA POÉSIE AU XVIIIᵉ SIÈCLE

L'histoire de la poésie française au xviiiᵉ siècle s'encadre entre deux noms dont l'un a commencé à déchoir au moment où l'autre a commencé à grandir, Jean-Baptiste Rousseau et André Chénier. A. Chénier, mort en 1794, a été révélé au xixᵉ siècle, sous la Restauration, quand l'aurore du romantisme faisait pâlir la renommée surfaite de J.-B. Rousseau. Entre Rousseau, qui croit être antique parce qu'il est mythologique, et Chénier, qui renouvelle la poésie française en la puisant aux sources vives de l'antiquité, le xviiiᵉ siècle a cultivé, avec des fortunes diverses, tous les genres de poésie, et a même cru doter enfin la France de l'épopée qui lui manquait.

Dans l'histoire particulière de presque tous ces genres nous rencontrerons le nom, les œuvres et la gloire éclatante de Voltaire; au terme de beaucoup d'entre eux, le nom, les chefs-d'œuvre ou les essais et la gloire, enveloppée encore, de Chénier.

La poésie lyrique ne retrouve, ni avec l'industrieuse harmonie de J.-B. ROUSSEAU (1670-1741), ni avec la vigueur tendue de LE BRUN (1729-1807), l'accent et le souffle de Malherbe. Quelques strophes précises et serrées de LA MOTTE-HOUDAR (1672-1731), une ode de LOUIS RACINE (1692-1765) sur l'Harmonie (1709-1784), de LE FRANC DE POMPIGNAN sur la mort de J.-B. Rousseau, de THOMAS (1732-1787) sur le Temps, de GILBERT (1751-1780) sur le Jugement dernier, et surtout ses Adieux à la vie, une heureuse inspiration de MALFILATRE (1732-1767), font honneur aux poètes sans régénérer le genre. Voltaire y échoue comme Boileau, quoiqu'il l'ait tenté plusieurs fois, et la poésie lyrique ne lui doit qu'un souvenir pour le cri d'admiration que lui arracha par surprise la plus belle strophe de l'ode de Le Franc, qui est peut-être, avant Chénier, la plus belle strophe du siècle; quant aux odes virulentes de LAGRANGE-CHANCEL (1670-1758) contre le Régent, elles tiennent plutôt de la satire et de l'iambe que de la poésie lyrique. Que n'a-t-il donné au style de ses tragédies la force de ce vers d'airain :

« Qui vit esclave est né pour l'être ! »

Il faut arriver à ANDRÉ CHÉNIER pour trouver réunies dans ses Hymnes et ses Odes la force, la douceur, la mélancolie, l'inspiration, éparses dans la poésie lyrique du siècle dont il enrichit l'héritage. Il meurt en lui laissant son patriotique *Hymne à la France*, écrit avant 1786; la monarchie tombe en 1792 au chant de la *Marseillaise*, inspiration de Rouget de L'Isle (1760-1836), qu'elle lègue à la République.

Il est superflu aujourd'hui de chercher à démontrer l'insuffisance épique de la *Henriade*, dans laquelle le xviiie siècle, ingrat et oublieux du chantre de Roland et des chansons de geste du moyen âge, a cru trouver l'épopée de la France pour donner un démenti au scepticisme ironique du mot fameux dit par M. de Malézieux à Voltaire lui-même : « Les Français n'ont pas la tête épique. » (Voir la conclusion de l'*Essai sur la poésie épique*, de Voltaire.) L'emploi, l'agencement et le jeu des *machines* épiques, dont l'abbé Le Bossu (*Traité du Poëme épique*, 1675) avait exposé la théorie, récit, songes, apparitions, revues anticipées faites sur la terre, dans le ciel ou dans l'enfer, des siècles et des héros à venir, prédictions de sibylle, de prophète ou d'anachorète, ne font pas l'épopée. Il y faut un sujet que sa nature rattache à des traditions nationales et religieuses, qui, par son caractère, ouvre le champ à l'imagination du poète et des lecteurs, qui, par sa date reculée, grandisse ses héros dans les perspectives lointaines du passé. La *Henriade* manquait à toutes ces conditions, et ce ne sont pas les allégories philosophiques et morales de Voltaire, la Discorde, le Fanatisme et la Politique, qui pouvaient racheter le vice du sujet. La souplesse harmonieuse de la versification, l'éclat du coloris, la chaleur des récits, le patriotisme et le sentiment d'humanité qui respirent dans le poème, des hors-d'œuvre didactiques sur la Trinité, la gravitation, etc., n'empêchent pas le poème de Voltaire de dormir honorablement aujourd'hui dans ses œuvres complètes, où l'on ne va guère le chercher que pour en détacher quelques passages brillants. Le poème morcelé ne se tient plus, il ne vit plus.

C'est encore moins la *Pétréide* de Thomas (1732-1785), récit en six chants des voyages du czar à travers la Hollande, l'Angleterre, la France et la Thuringe, qui ressuscitera l'épopée. « Un style rompu à toutes les complications ingénieuses de la périphrase, également habile à expliquer les rouages du gouvernement représentatif et la fabrication des glaces (1) » n'a pu faire vivre la *Pétréide*.

Comme l'épopée avec Thomas et sa *Pétréide*, le genre didactique tourne à la description : il y a toujours abouti dans les siècles de raffinement et de décadence poétique. Avant d'y arriver il produit encore des œuvres régulières et estimables : *la Grâce* (1726) et *la Religion* (1742) de Louis Racine. Il prend sous la main de Voltaire une forme nouvelle et originale dans ses *Discours sur l'Homme* et son *Poème de la Loi naturelle*, où il reproduit l'esprit du siècle. Mais Voltaire lui-même applaudit à l'altération du genre didactique quand il promet avec un enthousiasme aussi obstiné que peu clairvoyant

---

1. Voir *Les Chefs-d'œuvre épiques de tous les peuples*, Notices et analyses, par MM. Chassang et Marcou, chez Furne, Jouvet et Cie.

l'immortalité aux *Saisons*, aujourd'hui illisibles, où Saint-Lambert (1717-1803) croyait donner un Thomson à la France. Ses apostrophes éternelles excèdent et glacent. L'âme lui manque, écrit Diderot; il est *froid, fade* et *faux*, dit Mme Du Deffant. (Voir Sainte-Beuve, *Causer. du Lundi*, t. XI.) On n'a retenu de lui que deux vers sublimes :

> Tout est morne, brûlant, tranquille, et la lumière
> Est seule en mouvement dans la nature entière.

Deux compatriotes, Rosset (mort en 1788) et Roucher (mort en 1794), de Montpellier, chantent l'un l'*Agriculture*, l'autre les *Mois*. Rosset a eu une bonne intention : dans sa préface il répudie une mythologie surannée qui s'imposait partout et gâtait tout; mais elle se glisse dans sa poésie, qui a de plus la plaie du genre didactique en ce siècle, la périphrase. Dans un poème agricole il proscrit *fourche, faucher* comme « avilis »; et, dans un poème descriptif, il ne décrit pas la nature, il dit : les « appas » de la violette. — Roucher a ce qui manque à Saint-Lambert, l'âme, et quelquefois le souffle, mais il n'ose dire *pommes*, il dit :

> Les globes suspendus aux branches des pommiers.

De ses *Mois*, « le plus beau naufrage du siècle », disait Rivarol, il a surnagé au moins quelque chose, ce sont les quatre lettres de J.-J. Rousseau à M. de Malesherbes, que, le premier, il a publiées dans les notes de son XIe chant. Il faut lui compter cela et l'amitié de Chénier, son voisin sur la charrette qui les conduisait à l'échafaud.

Le nom de Léonard est sauvé de l'oubli moins par son poème descriptif des *Saisons* que par ses *Idylles*; — celui de Lemierre (1721-1793), moins par ses tragédies et ses poèmes descriptifs de la *Peinture* et des *Fastes*, que par le vers qu'il appelait le « vers du siècle », et qu'on a appelé le vers « solitaire » :

> Le trident de Neptune est le sceptre du monde

auquel on peut ajouter celui-ci qu'on a souvent répété :

> Même quand l'oiseau marche, on sent qu'il a des ailes;

et deux vers spirituels sur la lanterne magique :

> Opéra sur roulette, et qu'on porte à dos d'homme,
> Où l'on voit par un trou les héros qu'on renomme.

— Le nom de Legouvé (1764-1812) se recommande par ses petits poèmes de la *Mélancolie*, les *Souvenirs*, le *Mérite des Femmes*.

De tous ces noms, un nom est resté longtemps populaire, aujourd'hui déchu, mais consacré par la réputation de poèmes qu'on a cessé de lire sans cesser de les citer. Il représente toute la perfection des qualités du genre descriptif et tous les excès de ses défauts : c'est celui de Delille (1738-1813), contemporain de la Royauté, de la République et de l'Empire.

Un seul poète ne donne pas dans le travers de la poésie obstinément et systématiquement descriptive, c'est A. Chénier; mais la mort, qui coupa court à tant de conceptions de son génie, l'empêcha d'achever les poèmes didactiques et narratifs si heureusement commencés : l'*Invention*, *Hermès*, *Suzanne*, etc.

Le théâtre du xviiie siècle, sans rester à la hauteur où Corneille, Racine et Molière avaient porté celui du xviie siècle, l'a continué honorablement. Il a essayé d'innover dans le genre tragique, il a innové dans le genre comique, et en a créé un troisième.

Dans la tragédie, VOLTAIRE est le roi, contesté d'abord par quelques-uns au profit de Crébillon, puis définitivement reconnu. Il débute en 1718 par une brillante tragédie, en 1778 il meurt presque sur la scène où une mauvaise tragédie place une couronne sur sa tête octogénaire. Pendant ces cinquante années d'incessante production il corrige ou atténue, en restant fidèle au code des trois unités, quelques défauts de la tragédie classique ; il donne plus de mouvement à l'action, plus de spectacle à la scène ; il croit faire merveille en habillant de rouge le sénat romain dans *Brutus*; il fait paraître une ombre dans *Sémiramis* et retentir le coup de canon d'*Adélaïde Du Guesclin*; il demande ses sujets à la France, à l'Amérique, à la Chine, aussi bien qu'à la Grèce et à Rome ; il lit Shakespeare, l'appelle « fou sublime » et croit le perfectionner dans *Zaïre*; puis quand DUCIS (1733-1816) entre plus résolument dans la voie qu'il a indiquée plutôt qu'ouverte, et, dans les limites des trois unités inviolables (on voit que sa hardiesse ne va pas loin), transporte sur la scène française *Hamlet* (1769), *Roméo et Juliette* (1772); il est effrayé et repentant d'avoir révélé un « Gilles de la foire » qui induit à mal ceux qui l'ont lu après lui.

CRÉBILLON (1674-1762) ne l'avait pas tant inquiété par ses défauts que Ducis par ses qualités. Il eut facilement raison d'une rivalité inégale dans les sujets où il se mesura avec lui ; mais il n'eût pas refait *Rhadamiste et Zénobie* (1711) qui balance ses meilleures tragédies, à part *Zaïre*, « la pièce enchanteresse, » comme l'appelle, après Rousseau, M. Villemain.

Au-dessous des noms de Voltaire, Crébillon et Ducis, il convient de donner un souvenir à des poètes dont quelques-uns se sont signalés dans d'autres genres, mais qui ont aussi pratiqué le théâtre. Qui ne faisait sa tragédie ? Témoins : — LA GRANGE-CHANCEL (1670-1758), qui fut encouragé par Racine et qui exagéra le défaut reproché à son maître, les mœurs françaises dans des drames antiques; LA MOTTE-HOUDAR (1672-1731), dont le *Romulus* n'est qu'une parodie romaine enchevêtrée d'une ridicule parodie d'amour, dit M. Villemain, dont l'*Œdipe* en vers et l'*Œdipe* en prose ont égayé Voltaire, mais dont l'*Inès de Castro* (1723), empruntée aux *Lusiades* de Camoëns, eut un légitime succès de larmes ; — GUIMOND DE LA TOUCHE (1725-1760), dont l'*Iphigénie en Tauride* a un trait délicat souvent rappelé :

Mais puisqu'il faut choisir... c'est vous qui partirez,

dit Iphigénie à Oreste, obligée de sacrifier ou Oreste ou Pylade; — CHATEAUBRUN (1686-1775), dont les *Troyennes* sont aussi sauvées par un mot d'Andromaque :

> Ces farouches soldats, les laissez-vous ici ?

— LE FRANC DE POMPIGNAN dont la tragédie de *Didon et Énée* vaut mieux que les épigrammes dont Voltaire cribla son auteur; — LEMIERRE, dont le *Guillaume Tell* a laissé plusieurs beaux vers, par exemple :

> Et lorsqu'à cet excès l'esclavage est monté,
> L'esclavage, crois-moi, touche à la liberté;

le *Barnewelt*, un qui le termine :

> Caton se la donna (la mort). — Socrate l'attendit;

— deux poètes comiques égarés dans la tragédie: PIRON avec *Gustave Wasa* et *Fernand Cortez*;—GRESSET avec *Édouard III*; — SAURIN (1706-1781), dont les comédies sont oubliées, dont le *Spartacus*, comme tant d'autres tragédies, a laissé un beau récit :

> Tout le peuple à grands cris applaudit sa victoire ;
> Cet homme alors s'avance, indigné de sa gloire, etc.

dont la tragédie de *Blanche et Guiscard* a de belles situations et un vers inoubliable :

> Que la nuit paroît longue à la douleur qui veille !

et qui méritait le fauteuil qu'il eut à l'Académie française, ne fût-ce que par le vers qu'il fit pour elle et pour Molière :

> Rien ne manque à sa gloire, il manquoit à la nôtre;

— LA HARPE (1739-1803), le plus fécond de tous, admirateur prévenu, commentateur enthousiaste et imitateur malheureux du théâtre de Voltaire, mais dont la première pièce, *Warwick* (1763), et dont le *Philoctète*, attestent, quoi qu'en disent les vers satiriques de Gresset, un talent de poète et de tragique; — DE BELLOY (1727-1775), qui effaça la renommée de tous ceux dont il n'eut pas le talent par l'heureux choix d'un sujet national : le *Siège de Calais* (1765) suivi de *Gaston et Bayard* et de *Gabrielle de Vergy*; — enfin, sur la limite du XVIII⁰ et du XIX⁰ siècle, Marie-Joseph CHÉNIER (1764-1811), dont les tragédies de *Charles IX*, *Henri VIII*, *Calas*, *Fénelon*, etc., se suivent à partir de 1789, et dont le chef-d'œuvre, *Tibère*, fut écrit dans le silence de l'Empire.

La comédie n'a pas un Voltaire qui l'illustra pendant un demi-siècle, mais elle débute par le *Légataire* de REGNARD, qui est en vers, par le *Turcaret* de LESAGE, qui est en prose (1708);—DESTOUCHES (1680-1754) donne à la comédie de caractère son *Glorieux* (1732); —PIRON (1689-1773), sa *Métromanie* (1738), GRESSET (1709-1774) son *Méchant* (1747). Malgré ces œuvres capitales auxquelles la tragédie, à part le théâtre de Voltaire, n'a rien à opposer, la comédie subit des transformations qui sont une décadence. Philosophique avec Molière, gaie avec Regnard, elle est discrète avec Destouches. L'un a le génie, l'autre a la bonne humeur, le dernier n'a plus que l'agré-

ment. Molière fait rire et réfléchir, Regnard fait rire, Destouches fait
à peine sourire. Arrive, avec LA CHAUSSÉE (1692-1754), la comédie
sentimentale qui fait pleurer; on l'a appelé la comédie larmoyante.
Voltaire y fut pris. Il déclara que La Chaussée était un « des premiers après ceux qui ont eu du génie. » Il n'avait jamais réussi à faire
rire dans ses essais manqués de comédie. Imitateur tardif de La
Chaussée dans l'*Enfant Prodigue* et *Nanine*, il ne réussit pas davantage. Lui qui avait tant d'esprit, il n'en eut pas assez dans la comédie
pour se refuser à en donner mal à propos à ses personnages; il les
fit ricaner en les faisant rire, et grimacer en les faisant pleurer.—La
Chaussée a passé avec ses comédies en vers;—MARIVAUX (1688-1763),
fin prosateur, père de la comédie subtile et raffinée, est resté, ne
fût-ce que dans le mot nouveau, le *marivaudage*, que son nom a
légué à la langue française. — A la suite de ces créateurs, heureux
ou malheureux, de sous-genres du genre comique, il faut faire une
place à ceux dont les noms rappellent quelques succès passagers : BOISSY, BARTHE, DESMAHIS, COLLÉ, CHAMFORT, CAILHAVA,
LANOUE, BOUTET DE MONVEL, acteur et auteur, père de Mlle Mars,
PALISSOT (1730-1814), dont la comédie satirique des *Philosophes* fit
grand bruit, et surtout FABRE D'ÉGLANTINE (1755-1794, dont la *Philinte de Molière* (1790) venge Alceste en châtiant l'égoïsme.

La comédie larmoyante conduisit au drame, l'innovation du siècle,
qui tient à la tragédie par ses sujets, à la comédie par ses personnages, à l'une et à l'autre par les vers ou la prose, qui, à la volonté
du poète, le traduisent. L'action est tragique, les personnages sont
bourgeois. On n'est plus tenu à ne pleurer que sur les douleurs des
rois et des princesses et à ne pleurer qu'en alexandrins.

DIDEROT (1713-1784) donne le précepte (Traité théorique sur le
drame) et l'exemple par le *Fils Naturel* et le *Père de Famille* (1758),
en prose, « ouvrage tendre, vertueux et d'un goût nouveau, » dit
Voltaire, mais ennuyeux, dit La Harpe, où « le père pleure, et
Saint-Albin pleure, et Sophie pleure, et Cécile pleure, et l'auteur
a soin de nous avertir dans l'interligne de tous ces pleurs. » LA
HARPE et SAURIN ne suivent l'exemple qu'à moitié : la *Mélanie* de
l'un et le *Beverley* de l'autre sont en vers. MERCIER (1740-1814) le
pousse à outrance dans ses innombrables drames en prose.

Le bon SEDAINE (1719-1797), sans créer de théories, trouve plus
sûrement le chemin du cœur, et, sans système et sans phrases, fait
pleurer par son *Philosophe sans le savoir* (1765) et rire par sa *Gageure imprévue* (1768).

BEAUMARCHAIS (1732-1799) qui, comme lui, écrit en prose, commence par ennuyer dans ses drames quand il se fait disciple de
Diderot; mais heureusement pour lui ils disparaissent dans le retentissement prodigieux de ses comédies, le *Barbier de Séville* (1775)
et le *Mariage de Figaro* (1784), qui n'a d'égal que celui de ses
mémoires. Gresset a raison, Beaumarchais mit le mémoire en drame
et le drame en mémoire. Ses comédies sont, comme ses *Mémoires*,
des factums contre le siècle; dans les uns il fronde la magistrature,
dans les autres la noblesse ; ses *Mémoires* sont, comme ses comédies,

des drames pleins de mouvement, d'esprit et de feu; à la représentation des unes, à la lecture des autres, ce fut un rire inextinguible devant un intarissable torrent de gaieté et un inépuisable pétillement d'esprit. Dans ses comédies c'est toujours Beaumarchais, dans ses *Mémoires* c'est toujours Figaro qui parle, joue et rit avec son public. Dernière transformation de la comédie au XVIIIe siècle : elle avait peint les mœurs du temps ou les caractères de l'humanité; elle se fait un instant politique et sociale, pour redevenir bientôt, dans les vers faciles et naturels de COLLIN D'HARLEVILLE (1755-1806), et de son ami ANDRIEUX (1759-1833), simplement amusante, comme l'est aussi la collection des *Proverbes dramatiques*, esquisses légères, qui ont fait applaudir dans les salons l'esprit de CARMONTELLE (1717-1806).

Le genre dramatique illustré par Quinault, l'opéra, fut continué par LA MOTTE, et après lui par l'abbé PELLEGRIN, VOLTAIRE, GENTIL-BERNARD, ROY; leur Lulli fut Rameau, de Dijon (1683-1764). J.-J. ROUSSEAU se fit applaudir par les paroles et la musique du *Devin de Village* (1752), MARMONTEL (1728-1799) refit pour Piccini plusieurs des opéras de Quinault.

Le XVIIIe siècle créa un genre nouveau qui tient de la comédie par le dialogue, de l'opéra par la musique : c'est l'opéra-comique. Il commença modestement au théâtre de la foire (Saint-Germain et Saint-Laurent), sous le nom de comédie à ariettes, et sous celui de vaudeville, qui depuis a été repris pour former un genre à part et a fait fortune. LESAGE, PIRON, VADÉ, PANARD, que Marmontel a appelé « le La Fontaine du vaudeville », ont écrit des volumes de « farces » pour le théâtre de la foire. Les noms des deux derniers comptent aussi avec celui de COLLÉ dans l'histoire de la chanson. C'est avec FAVART (1710-1792) que l'opéra-comique se fit une place et un nom; SEDAINE, MARMONTEL, DESFORGES, connu par ses comédies de *Tom Jones* et du *Sourd ou l'Auberge pleine*, écrivirent des opéras-comiques pour Grétry et Monsigny, etc.

Aussi modeste fut l'origine d'un autre genre qui complétera cette revue du théâtre, la comédie italienne. Les premiers comédiens italiens venus sous Henri III, et ceux qui amusaient Louis XIV enfant, improvisaient de légers canevas comiques. Leur salle, fermée en 1697, fut rouverte par le Régent en 1716. MARIVAUX et FLORIAN composèrent pour eux nombre d' « arlequinades », dont le dialogue fin et souvent délicat s'écarte singulièrement, par son heureuse naïveté, de leur ton habituel.

La satire, qui n'a été qu'un des appoints de la gloire de Voltaire, a fait celle de GILBERT. Voltaire a porté dans la satire son indépendance et sa fantaisie. Le vers de huit ou de dix syllabes de Marot, et de douze syllabes de Boileau, lui servent au gré de son humeur ou de son sujet. Il y rit et y joue autant qu'il y gronde. Deux satires sans plus, mais d'un ton plus ordinairement sévère et âpre, et revêtues de la gravité de l'alexandrin, ont fait de Gilbert le représentant du genre dans le siècle, puisque les vigoureux iambes d'A. Chénier tiennent, par la forme métrique et par le ton, de la poésie lyrique autant que de la poésie satirique.

Des épîtres du xviiie siècle, celles de Voltaire sont encore les seules qu'on ait retenues. C'est peut-être ce qu'on relit le plus souvent dans son œuvre poétique. La satire s'y glisse volontiers comme dans celles d'Horace et de Boileau, mais y laisse cependant dominer le ton qui convient au genre, ce qu'on ne saurait dire des épîtres discordantes de J.-B. Rousseau. On le retrouve plein de charme dans le petit nombre de celles qu'a laissées A. Chénier, et, avant lui, gracieux dans les Épîtres de Desmahis et du cardinal de Bernis, dans un élégant petit ouvrage de Gresset si l'on veut y voir une épître, sa *Chartreuse*; après lui, dans les épîtres pleines de sens, de cœur et de bonhomie, du vieux Ducis.

C'est encore A. Chénier qui représentera, non plus dans des essais ou des fragments, mais dans quelques-uns des plus purs chefs-d'œuvre de notre langue, la poésie élégiaque et la poésie pastorale. Il efface sans peine par ses *Élégies* Le Brun, dont la gloire est ailleurs, et Bertin (1752-1790), qui sait y mettre de la passion. — Après la pastorale galante des « porte-houlettes, tout pétris de métaphysique amoureuse » (comme le disait l'abbé Dubos) dans les *Églogues* de Fontenelle et de La Motte, et habillés de soie rose sur les toiles de Watteau et de Boucher, nous vint de Suisse, dans les Idylles de Gessner, la pastorale sentimentale, qu'imitent et continuent les vers des *Idylles et Romances* de Berquin (1749-1791), des quarante-quatre *Idylles* de Léonard (1744-1793), la prose des Églogues de Florian (1755-1794). « Enfin Chénier vint, et le premier en France » retrouva et fit jaillir la source perdue de Théocrite. Ses *Idylles*, qui nous rendent l'antiquité et la Grèce, sont la seule poésie pastorale qu'on puisse lire aujourd'hui avec l'immortelle églogue que Bernardin de Saint-Pierre avait rapportée de l'Ile-Bourbon.

La Fable n'est plus un genre secondaire depuis La Fontaine; le conte ne l'avait jamais été en France. Personne au xviiie siècle ne conte mieux en vers que Voltaire; il retrouve le tour de Marot dans le vers de huit et de dix syllabes, que Gresset a employé avec aisance et avec grâce dans *Ver-Vert*. Dans la fable La Motte a plus de précision et de finesse que de naturel et d'imagination. Richer (1685-1748), oublié aujourd'hui, a été estimé. L'abbé Aubert (1731-1814) a mérité d'être goûté par Voltaire (Voir la lettre du 15 juin 1761). Florian (1755-1794) est placé sans contestation le second, *longo intervallo*, après La Fontaine.

Dans la poésie légère, badine, galante, Voltaire reste le maître par l'aisance, l'esprit, le piquant de l'idée et du tour : couplets, billets, madrigaux, impromptus, stances, tout coule de source et de verve, tout glisse de sa plume, vif, souriant, ailé; il faut seulement regretter que sous la fleur brillante de cette poésie une pointe licencieuse perce souvent. La corruption élégante du siècle voile, — mais chez Voltaire moins que chez d'autres, — de périphrases transparentes les crudités audacieuses du xvie. C'est le siècle, non plus du sonnet « aux rigoureuses lois », mais des « petits vers » qui se font et passent vite. Il en reste le souvenir de la *manière* de l'abbé depuis cardinal de BERNIS (1715-1794), « Babet la bouquetière », disait Voltaire, — de la *gentillesse* de BERNARD (1710-1775), Gentil-Bernard, disait encore Voltaire, et le surnom lui est resté, — de la *fadeur* de DORAT (1734-1780), qui n'en fit pas moins tragédies, comédies, poèmes didactiques, tous bien morts aujourd'hui. Les petits vers de DESMAHIS, BOUFFLERS, BERTIN, PONT-DE-VEYLE, l'abbé VOISENON, CHAMFORT, RIVAROL, etc., ont échappé à toute qualification fâcheuse. Ils n'épuisent pas la liste des poètes spirituels que l'oubli a pris, à moins qu'ils n'y aient échappé, comme les deux derniers, par des titres plus solides. Ce n'est pas le cas de DEMOUSTIER (1760-1801), qui se fit une réputation par ses *Lettres à Emilie sur la Mythologie,* prose et vers; c'est une mythologie en madrigaux et en belle humeur qui rappelle Benserade et d'Assoucy.

Nous finissons sur ce genre de poésie, qui est un des caractères du xviiie siècle, une revue que nous arrêtons à la Révolution, La conclusion en est facile. Le xviiie siècle, dans la poésie, n'a ni la verve jeune et hardie du xvie siècle, ni la maturité et la perfection du xviie; des symptômes de décadence s'y manifestent. Le xviiie siècle conserve intact, dans quelques genres, le domaine qu'il a hérité, cherche à l'élargir dans quelques-uns, le compromet dans d'autres. Le style s'amollit et se ternit dans les banalités de l'élégance convenue, de la périphrase systématique, de la mythologie traditionnelle et usée. Le génie de Voltaire échappe à ces défauts dans le conte, dans l'épître, dans la poésie didactique; mais, pendant cinquante ans, le style de sa poésie dramatique ne sait ni se rajeunir ni se vivifier. A. Chénier, qui commence avec éclat l'œuvre nécessaire de la rénovation, est arrêté par la mort. Pour qu'elle soit reprise et menée à bonne fin, il faut attendre encore un quart de siècle. Heureusement le xviiie lègue au suivant la prose de Rousseau, qui, par le sentiment de la nature, initie les esprits à une poésie nouvelle, la plume de Chateaubriand, qui va la rapporter de l'Amérique, et l'avenir de Lamartine, qui vient de naître.

J.-B. ROUSSEAU
1670-1741

Jean-Baptiste Rousseau, fils d'un cordonnier de Paris, dont il eut, dit-on, le tort de rougir, vécut à Paris jusqu'en 1712, écrivant, admiré, applaudi et redouté pour son esprit ; puis, exilé pour des couplets qui ne sont peut-être pas de lui, il erra de Berne à Vienne et à Bruxelles, où il se fixa et mourut, laissant une réputation équivoque et un brillant souvenir.

Si l'emploi et l'abus des formes dites, assez mal à propos, « pindariques », qui simulent le délire poétique sans l'exprimer ; si l'apparence d'un « beau désordre », qui cache mal un froid calcul ; si la profusion des termes, des allégories et des périphrases mythologiques ; si une industrie patiente à « composer et à assembler de différentes fleurs » (c'est le poète qui nous le dit) le « miel qu'il produit » ; si, avec cette indigence de fond personnel, un art consommé à jeter et à modeler une période dans les moules choisis et variés des strophes et des stances héritées de Ronsard et de Malherbe, et souvent à déployer, de strophe en strophe, comme dans l'*Ode au comte du Luc*, d'un large et ample mouvement, les développements habilement liés et les plis et les draperies d'une seule idée ; si ce mélange composite de procédés et de qualités pouvait suffire à faire pour nous aujourd'hui un poète lyrique, J.-B. Rousseau serait encore le « prince des lyriques français » qu'a salué le XVIIIe siècle et proclamé La Harpe. Mais le XIXe siècle a changé brusquement la mesure en nous révélant une tout autre poésie lyrique, inspirée, éloquente, éclatante, vaste, universelle, inépuisable ; et entre les odes sévères, sobres et mâles du vieux Malherbe et le ruissellement poétique de Lamartine et de V. Hugo, la muse « artificielle », ainsi que l'appelle M. Nisard, de J.-B. Rousseau, s'est effacée et rapetissée. Heureusement il lui reste des qualités précieuses de style, la pureté et la noblesse de l'expression, la netteté et la clarté du tour que ne parviennent pas à embarrasser les ambages du faux lyrisme, l'élégance ordinairement jointe à la précision, l'éclat, sinon la richesse et la nouveauté des images, la science des rythmes, et, sauf bien peu d'exceptions, une harmonie irréprochable ; en un mot, une tenue constante de style.

C'est par là qu'il se rattache au XVIIe siècle, à une longue distance de ses poètes de génie, comme par les scandales qu'il a excités, sa vie de hasard et de fièvre, ses chansons licencieuses, il appartient à l'âge suivant. Ses odes politiques, ses odes sacrées imitées des psaumes, qu'on a seules retenues, donnent à sa physionomie une apparence d'unité et de gravité que démentent ses nombreuses excursions dans d'autres genres (comédies, opéras, cantates, allégories, épigrammes), et le ton de ses épîtres « où sa gaieté tourne à l'aigre » (M. Nisard), où ses ennemis littéraires sont de « pindariques oisons » dans un « poulailler », où, s'il ne se calomnie pas, il nous donne assez fâcheusement le secret de sa poésie :

> La solitude est mon plus grand effroi :
> Je crains l'ennui d'être seul avec moi ;
> Et j'ai trouvé ce foible stratagème
> Pour m'éviter, fugitif de moi-même.
> De là sont nés ces écrits bigarrés,
> Fous, sérieux, profanes et sacrés...

(*Epître Ire.*)

De ses poésies diverses la *Cantate de Circé* est restée dans les mémoires et dans les recueils comme une expression complète de ses qualités de style, d'harmonie et de rythme.

SUR L'AVEUGLEMENT DES HOMMES DU SIÈCLE

Qu'aux accens de ma voix la terre se réveille :
Rois, soyez attentifs ; peuples, ouvrez l'oreille :
Que l'univers se taise et m'écoute parler [1].
Mes chants vont seconder les accords de ma lyre :
L'Esprit saint me pénètre ; il m'échauffe et m'inspire
Les grandes vérités que je vais révéler.

L'homme en sa propre force a mis sa confiance ;
Ivre de ses grandeurs et de son opulence,
L'éclat de sa fortune enfle sa vanité.
Mais, ô moment terrible, ô jour épouvantable,
Où la mort saisira ce fortuné coupable,
Tout chargé des liens de son iniquité !

Que deviendront alors, répondez, grands du monde,
Que deviendront ces biens où votre espoir se fonde,
Et dont vous étalez l'orgueilleuse moisson ?
Sujets, amis, parens, tout deviendra stérile ;
Et, dans ce jour fatal, l'homme à l'homme inutile
Ne paîra point à Dieu le prix de sa rançon.

Vous avez vu tomber les plus illustres têtes ;
Et vous pourriez encor, insensés que vous êtes,
Ignorer le tribut que l'on doit à la mort ?
Non, non, tout doit franchir ce terrible passage :
Le riche et l'indigent, l'imprudent et le sage,
Sujets à même loi, subissent même sort [2].

D'avides étrangers, transportés d'allégresse,
Engloutissent déjà toute cette richesse,

---

1. Cf. RACINE, *Athalie*, III, 7. Joad dit :
   Cieux, écoutez ma voix ; terre, prête l'oreille.
   (Imité du *Deutéronome*, XXVII, v. 1.)

2. Voilà un de ces lieux-communs d'éternelle vérité, qui ont toujours inspiré les plus hautes leçons et les accents les plus forts ou les plus touchants à l'éloquence sacrée ou profane, à la philosophie et à la poésie, à SÉNÈQUE, à PASCAL, à BOSSUET, comme à MALHERBE, à RACAN (voyez p. 194), à LAMARTINE. La toute-puissance de la mort rappelle le *indomitæ morti* d'HORACE (*Od.* II, 14) ; le « terrible passage », le *irremeabilis unda* de VIRGILE, et dans HORACE (*Ibid.*) :

..... unda, scilicet omnibus
Quicumque terræ munere vescimur,
Enaviganda, sive reges,
Sive inopes erimus coloni

Ces terres, ces palais, de vos noms ennoblis.
Et que vous reste-t-il en ces momens suprêmes ?
Un sépulcre funèbre, où vos noms, où vous-mêmes
Dans l'éternelle nuit serez ensevelis [1].

Les hommes, éblouis de leurs honneurs frivoles,
Et de leurs vains flatteurs écoutant les paroles,
Ont de ces vérités perdu le souvenir ;
Pareils aux animaux farouches et stupides,
Les lois de leur instinct sont leurs uniques guides,
Et pour eux le présent paroît sans avenir.

Un précipice affreux devant eux se présente ;
Mais toujours leur raison, soumise et complaisante [2],
Au-devant de leurs yeux met un voile imposteur.
Sous leurs pas cependant s'ouvrent les noirs abîmes,
Où la cruelle mort, les prenant pour victimes,
Frappe ces vils troupeaux, dont elle est le pasteur.

Là s'anéantiront ces titres magnifiques,
Ce pouvoir usurpé, ces ressorts politiques,
Dont le juste autrefois sentit le poids fatal :
Ce qui fit leur bonheur deviendra leur torture ;
Et Dieu, de sa justice apaisant le murmure,
Livrera ces méchans au pouvoir infernal.

Justes, ne craignez pas le vain pouvoir des hommes ;
Quelque élevés qu'ils soient, ils sont ce que nous sommes ;
Si vous êtes mortels, ils le sont comme vous.
Nous avons beau vanter nos grandeurs passagères,
Il faut mêler sa cendre aux cendres de ses pères,
Et c'est le même Dieu qui nous jugera tous [3].

(*Odes*, I, 3, tirée du psaume XLVIII.)

[1].
>Linquenda tellus, et domus, et placens
>Uxor, neque harum, quas colis, arborum
>Te, præter invisas cupressos,
>Ulla brevem dominum sequentur.
>(HORACE, *Ibid.*)

« Regarde qu'il n'y a rien d'assuré pour toi, non pas même un tombeau pour graver dessus tes titres superbes, seuls restes de ta grandeur abattue. » (BOSSUET, *sermon sur l'Ambition.*)

[2]. Voilà des épithètes précises et fermes, dont chacune renferme une pensée. Style serré sans être tendu.

[3]. Il est facile de sentir l'heureux choix du rythme adopté par le poète. La période de six vers ouvre un large cadre au développement de l'idée; l'alexandrin donne de la gravité et de l'autorité au ton de la leçon religieuse et morale; les deux rimes masculines, dont l'une divise et suspend la strophe, dont l'autre l'arrête et la conclut et la ferme, en accentuent la fermeté.

POUR UNE PERSONNE CONVALESCENTE

J'ai vu mes tristes journées
Décliner vers leur penchant ;
Au midi de mes années
Je touchois à mon couchant :
La mort, déployant ses ailes,
Couvroit d'ombres éternelles
La clarté dont je jouis,
Et, dans cette nuit funeste,
Je cherchois en vain le reste
De mes jours évanouis[1].

Grand Dieu, votre main réclame
Les dons que j'en ai reçus ;
Elle vient couper la trame
Des jours qu'elle m'a tissus :
Mon dernier soleil se lève ;
Et, votre souffle m'enlève
De la terre des vivans,
Comme la feuille séchée,
Qui, de sa tige arrachée,
Devient le jouet des vens[2].

Comme un lion plein de rage,
Le mal a brisé mes os ;
Le tombeau m'ouvre un passage
Dans ses lugubres cachots.
Victime foible et tremblante,
A cette image sanglante
Je soupire nuit et jour ;
Et, dans ma crainte mortelle,
Je suis comme l'hirondelle
Sous les griffes du vautour[3].

---

1. L'unité de ton, d'harmonie, d'expressions et d'images est frappante dans cette première strophe. Il n'y faut regretter que la banalité de l'épithète « funeste ». L'esprit reçoit de ce début une impression forte et juste. Il n'en éprouve aucune de ceux-ci, véritable leurre et mensonge lyrique :

> Quels nouveaux concerts d'allégresse
> Retentissent de toutes parts ?... (*Od.*, II, 11.)

> Est-ce une ilusion soudaine
> Qui trompe mes regards surpris ?... (*Ib.*, III, 2.)

> Où courez-vous, cruels ? Quel démon parricide
> Arme vos sacriléges bras ?.... (*Ib.*, III, 4.)

2. Voyez plus bas (xixe siècle) *La feuille*, d'Arnault.
3. Strophe malheureuse, malgré l'énergie du second vers et l'image des

Ainsi, de cris et d'alarmes
Mon mal sembloit se nourrir ;
Et mes yeux, noyés de larmes,
Étoient lassés de s'ouvrir [1].
Je disois à la nuit sombre :
O nuit, tu vas dans ton ombre
M'ensevelir pour toujours !
Je redisois à l'aurore [2] :
Le jour que tu fais éclore
Est le dernier de mes jours [3] !
(*Odes*, I, 10, tirée du Cantique d'Ezéchias, Isaïe, ch. 38.)

ODE

AU COMTE DU LUC [4]

Tel que le vieux pasteur des troupeaux de Neptune,
Protée, à qui le Ciel, père de la Fortune,
    Ne cache aucuns secrets,
Sous diverse figure, arbre, flamme, fontaine,
S'efforce d'échapper à la vue incertaine
    Des mortels indiscrets [5] ;

Ou tel que d'Apollon le ministre terrible,
Impatient du dieu dont le souffle invincible

---

derniers, à cause de la surcharge des comparaisons, qu'accuse encore la monotonie du tour au début et la reprise de « comme ».

1. L'expression était de bonne prise. Voltaire a dit dans *Sémiramis* :
    Mes yeux remplis de pleurs et lassés de s'ouvrir.

2. Il y a là une esquisse légère et anticipée de formes familières à Lamartine et à V. Hugo.

3. Cette ode montre comment J.-B. Rousseau savait manier et conduire la plus heureuse des strophes lyriques françaises. Ajoutez-y l'ode *à la Fortune* (II, 6), d'un plan trop didactique selon La Harpe, monotone selon Le Brun, banale assurément, relevée seulement par le détail du style, et à cet égard, comme aux autres, fort inférieure à l'ode serrée et nerveuse d'Horace (I, 35), mais consacrée par le souvenir d'un passage devenu proverbe; c'est la fin de la strophe douzième :

    Montrez-nous, guerriers magnanimes,
    Votre vertu dans tout son jour ;
    Voyons comment vos cœurs sublimes
    Du sort soutiendront le retour.
    Tant que sa faveur vous seconde,
    Vous êtes les maîtres du monde,
    Votre gloire nous éblouit ;
    Mais, au moindre revers funeste,
    Le masque tombe, l'homme reste,
    Et le héros s'évanouit.

On a reconnu une imitation de Lucrèce :
    Eripitur persona, manet res.

4. J.-B. Rousseau trouva en Suisse (1711) un accueil bienveillant auprès du comte du Luc, qui y représentait la France. Il le suivit en 1715 à Vienne, où il trouva aussi un protecteur dans le Prince Eugène.

5. Cf. Virgile, *Géorg.*, IV. 405 sqq., 440 sqq.

Agite tous ses sens,
Le regard furieux, la tête échevelée,
Du temple fait mugir la demeure ébranlée
Par ses cris impuissans [1] :

Tel, au premier accès d'une sainte manie [2],
Mon esprit alarmé redoute du génie
L'assaut victorieux.
Il s'étonne, il combat l'ardeur qui le possède,
Et voudroit secouer du démon qui l'obsède
Le joug impérieux [3].

Mais, sitôt que, cédant à la fureur divine,
Il reconnoît enfin du dieu qui le domine
Les souveraines lois,
Alors, tout pénétré de sa vertu suprême,
Ce n'est plus un mortel, c'est Apollon lui-même
Qui parle par ma voix.

Je n'ai point l'heureux don de ces esprits faciles
Pour qui les doctes sœurs, caressantes, dociles,
Ouvrent tous leurs trésors,
Et qui, dans la douceur d'un tranquille délire,
N'éprouvèrent jamais, en maniant la lyre,
Ni fureurs ni transports.

Des veilles, des travaux, un foible cœur s'étonne [4] :
Apprenons toutefois que le fils de Latone,
Dont nous suivons la cour,
Ne nous vend qu'à ce prix ces traits de vive flamme
Et ces ailes de feu qui ravissent une âme
Au céleste séjour.

C'est par là qu'autrefois d'un prophète fidèle
L'esprit, s'affranchissant de sa chaîne mortelle
Par un puissant effort,
S'élançoit dans les airs comme un aigle intrépide,
Et jusque chez les dieux alloit d'un vol rapide
Interroger le sort.

---

1. Cf. Virgile, *Æn.*, VI. 77 sqq.
2. Μανία, *furor*, délire.
3. C'est ainsi que Virgile, *Æn.* VI, *loco citato*, dit de la sibylle :
Immanis in antro
Bacchatur vates, magnum si pectore possit
Excussisse Deum.
4. Pris au sens du xviie siècle est *troublé, étourdi,* par suite *paralysé.*

C'est par là qu'un mortel, forçant les rives sombres,
Au superbe tyran qui règne sur les ombres
    Fit respecter sa voix :
Heureux si, trop épris d'une beauté rendue,
Par un excès d'amour il ne l'eût point perdue
    Une seconde fois [1] !

Telle étoit de Phébus la vertu souveraine,
Tandis qu'il fréquentoit les bords de l'Hippocrène
    Et les sacrés vallons.
Mais ce n'est plus le temps, depuis que l'avarice,
Le mensonge flatteur, l'orgueil et le caprice,
    Sont nos seuls Apollons.

Ah ! si ce dieu sublime, échauffant mon génie,
Ressuscitoit pour moi de l'antique harmonie
    Les magiques accords ;
Si je pouvois du ciel franchir les vastes routes,
Ou percer par mes chants les infernales voûtes
    De l'empire des morts ;

Je n'irois point, des dieux profanant la retraite,
Dérober au Destin, téméraire interprète,
    Ses augustes secrets ;
Je n'irois point chercher une amante ravie,
Et, la lyre à la main, redemander sa vie
    Au gendre de Cérès.

Enflammé d'une ardeur plus noble et moins stérile,
J'irois, j'irois pour vous, ô mon illustre asile [2],
    O mon fidèle espoir,
Implorer aux enfers ces trois fières déesses
Que jamais jusqu'ici nos vœux ni nos promesses
    N'ont su l'art d'émouvoir.

« Puissantes déités qui peuplez cette rive,
Préparez, leur dirois-je, une oreille attentive
    Au bruit de nos concerts ;
Puissent-ils amollir vos superbes courages,
En faveur d'un héros digne des premiers âges
    Du naissant univers [3] !...

---

1. Orphée. Cf. Virgile, *Géorg.*, IV, 486 sqq.
2. Cf. Horace, *Od.*, I, 1, à Mécène :
    O et præsidium et dulce decus meum !
3. Voilà un éloge hors de toute proportion avec le mérite obscur de

Mais quel peintre fameux, par de savantes veilles,
Consacrant aux humains de tant d'autres merveilles
  L'immortel souvenir,
Pourra suivre le fil d'une histoire si belle,
Et laisser un tableau digne des mains d'Apelle
  Aux siècles à venir?

Que ne puis-je franchir cette noble barrière !
Mais, peu propre aux efforts d'une longue carrière,
  Je vais jusqu'où je puis ;
Et, semblable à l'abeille en nos jardins éclose,
De différentes fleurs j'assemble et je compose
  Le miel que je produis [1].

Sans cesse en divers lieux, errant à l'aventure,
Des spectacles nouveaux que m'offre la nature
  Mes yeux sont égayés ;
Et tantôt dans les bois, tantôt dans les prairies,
Je promène toujours mes douces rêveries
  Loin des chemins frayés.

Celui qui, se livrant à des guides vulgaires,
Ne détourne jamais des routes populaires
  Ses pas infructueux,
Marche plus sûrement dans une humble campagne,
Que ceux qui, plus hardis, percent de la montagne
  Les sentiers tortueux.

---

celui qui en est l'objet. Monté à ce ton, le poète accumule hyperboles sur hyperboles. Il n'en est avare ni dans l'ode ni dans l'épître. Ne dira-t-il pas et du même diplomate et du roi qu'il servait :

« Ministre né pour soutenir la gloire
Du plus grand roi que vante notre histoire,
Et pour transmettre aux yeux des nations
De sa vertu les plus nobles rayons» ?
(Epître II, au comte du Luc.)

Il ne tient pas à lui que la main du comte du Luc n'ait arrêté « mille peuples fougueux » prêts à se jeter sur la France, et que « ses conseils » n'aient déconcerté leurs princes. Nous ne le suivrons pas dans le long dédale de ces strophes. Il nous suffira d'avoir cité la première partie de cette ode pour donner un exemple de la science harmonique que Rousseau déploie dans le maniement de ce beau rythme, plein et sonore, trouvé par Ronsard, employé par Malherbe, consacré depuis par Lamartine et V. Hugo, et de l'art avec lequel il enchaîne les périodes en un mouvement d'une largeur magistrale; et de citer aussi les dernières strophes, qui ont de la grâce et de la grandeur.

1. Cf. HORACE (*Od.*, IV, 2, 27) :

...Ego, apis Matinæ
More modoque,
Grata carpentis thyma per laborem
Plurimum..., operosa parvus
Carmina fingo.

Toutefois, c'est ainsi que nos maîtres célèbres
Ont dérobé leurs noms aux épaisses ténèbres
   De leur antiquité ;
Et ce n'est qu'en suivant ce périlleux exemple
Que nous pourrons, comme eux, arriver jusqu'au temple
   De l'Immortalité [1].

(*Odes*, III, 1.)

LAMOTTE-HOUDAR

1672-1731

La Motte-Houdar, qui en 1692 lisait ses vers à Boileau; qui fit en vers des odes, des cantates, des églogues, des fables, des opéras, mille petits vers, délices de la petite cour littéraire de Sceaux et de la duchesse du Maine, et, ce qui vaut mieux, une tragédie célèbre et digne de l'être, *Inès de Castro* (1723), pour aboutir à prouver par raisons démonstratives qu'il faut écrire odes, fables, tragédies,

---

[1]. L'admiration du xviiie siècle l'a ouvert à Rousseau. Son nom y reste conservé, plus par habitude, aujourd'hui, que par admiration : on le lit peu. Voltaire a dit de son Ode à la postérité : elle n'ira pas à son adresse. On peut en dire autant de l'Ode à Vendôme (III, 8), vantée par La Harpe, où Neptune adresse aux vents d'Éolie une harangue en l'honneur du héros; d'une Ode au Prince Eugène (III, 2), où se suivent les allégories usées de la Renommée, de la Fortune, du Temps,

    Cette image immobile
  De l'immobile éternité,

(c'est tout ce qu'il en faut retenir); même de l'Ode sur la mort du prince de Conti (II, 10), dont Atropos, Thémis, Némésis, me gâtent un air de simplicité et de sincérité. Rarement La Harpe, qui a des pages brillantes et judicieuses, et des analyses parfaites, a été plus mal inspiré que dans son long panégyrique de Rousseau. Pour Rousseau, dit-il, « la durée de notre vie est la fatale soie que les Parques redoivent aux dieux du Styx : partout la poésie de l'ode. » Ni ode, ni poésie. Si l'emploi systématique de la mythologie est tolérable, c'est dans le billet en forme d'ode à M. l'abbé de Chaulieu : « Ces fleurs du paganisme, dit M. Nisard, ne messiéent pas dans des vers au plus païen des abbés. » Soit, mais encore la précision spirituelle des deux dernières strophes vaut-elle mieux :

   Là (au Temple) nous trouverons sans peine,
   Avec toi, le verre en main,
   L'homme après qui Diogène
   Courut si longtemps en vain ;

   Et dans la douce allégresse
   Dont tu sais nous abreuver
   Nous puiserons la sagesse
   Qu'il chercha sans la trouver.

(*Odes*, II, 8.)

Horace disait aussi à Virgile (*Od*. IV, 12):

   Misce stultitiam consiliis brevem :
    Dulce est desipere in loco.

On voit la nuance : Horace veut étourdir la « sagesse »; Rousseau, la trouve « le verre en main », pointe philosophique qu'il fait sentir d'une main légère. — C'est un ton nouveau de Rousseau qu'il fallait signaler.

en prose; qui refit en prose l'*Œdipe* de Sophocle, et en prose réduisit de vingt-quatre à douze chants l'*Iliade* d'Homère, — a mérité la réputation d'un bel esprit paradoxal. Il a disserté sur tout, il a joué avec Fontenelle, son ami, un des premiers rôles dans la double phase de la querelle des anciens et des modernes; il y a eu l'honneur d'une correspondance avec Fénelon, et, à propos d'Homère, d'une joute avec Mme Dacier, où le mérite de l'urbanité lui resta: il fut assez fin pour se faire injurier et ne pas se fâcher en ayant tort.

ODE

SUR L'AMOUR-PROPRE

Démêlons tous les stratagèmes
De l'instinct qui nous guide tous;
Mortels, nous nous aimons nous-mêmes,
Et nous n'aimons rien que pour nous.
De quelque vertu qu'on se pique,
Ce n'est qu'un voile chimérique,
Dont l'amour-propre nous séduit :
Je le sers en voulant m'en plaindre;
C'est lui qui m'engage à le peindre,
Et contre lui-même il m'instruit [1].....

Vous, rares au siècle où nous sommes,
Grands, que vos bienfaits font nommer
L'amour, les délices des hommes,
Vous flattez-vous de les aimer ?
Des heureux qu'il vous plaît de faire
Vous attendez votre salaire;
Vous voulez régner sur les cœurs;
Votre avare magnificence
Par les faveurs qu'elle dispense
S'achète des admirateurs.

Ainsi leur intérêt sait prendre
Un dehors sensible, empressé :
Mais nous, ne croyons pas leur rendre
Un amour désintéressé.
Malgré leur attente déçue
L'orgueil d'une grâce reçue

---

1. Les titres mêmes des odes de La Motte sont significatifs : l'Enthousiasme (lieu-commun de la poésie lyrique; voyez Le Brun, Lamartine, etc.), la Variété, la Colère, le Goût, la Nouveauté, l'Aveuglement, etc. Il disserte en vers. Voltaire lui fait dire, à la porte du Temple du Goût : Ouvrez,
   Mes vers sont durs, d'accord, mais forts de chose
Durs, souvent; forts, quelquefois; on va en juger.

Ne soutient qu'à regret le faix ;
Et par la plus tendre apparence
Notre ingrate reconnoissance
En veut à de nouveaux bienfaits [1].

En vain ce sévère stoïque,
Sous mille défauts abattu,
Se vante d'une âme héroïque,
Toute vouée à la vertu.
Ce n'est point la vertu qu'il aime ;
Mais son cœur ivre de lui-même
Voudroit usurper des autels ;
Et par sa sagesse frivole
Il ne veut que parer l'idole
Qu'il offre au culte des mortels.

Jusqu'où l'amour-propre s'égare !
Souvent, aveugle en son dessein,
Il nous arme d'un fer barbare
Qu'il tourne contre notre sein.
Caton, d'une âme plus égale,
Sous l'heureux vainqueur de Pharsale
Eût souffert que Rome pliât ;
Mais, incapable de se rendre,
Il n'eut pas la force d'attendre
Un pardon qui l'humiliât [2].

1. On aura remarqué ces justes et fortes expressions : « avare magnificence, ingrate reconnaissance », et la dureté de « qu'à regret le faix ». Voilà Voltaire justifié.
2. Voltaire lui-même admirait la strophe suivante, qu'il signale à La Harpe (lettre du 19 avril 1772) :

> Les champs de Pharsale et d'Arbelles
> Ont vu triompher deux vainqueurs.
> L'un et l'autre dignes modèles
> Que se proposent les grands cœurs ;
> Mais le succès a fait leur gloire ;
> Et si le sceau de la victoire
> N'eût consacré ces demi-dieux,
> Alexandre, aux yeux du vulgaire,
> N'auroit été qu'un téméraire,
> Et César un séditieux.
> (*La Sagesse du Roi*, Ode.)

La Motte a exprimé quelquefois fort heureusement son avis dans la querelle des anciens et des modernes :

> Dès qu'un moderne sait me plaire,
> Il est pour moi Virgile, Homère ;
> Je partage entre eux mon encens.
> C'est le beau seul que je respecte,
> Et non l'autorité suspecte
> Ni des grands noms ni des vieux temps.

Sur La Motte, le dernier mot sera celui de M. VILLEMAIN. On sait que La Motte, brûlant ce qu'il avait adoré, exalta la prose aux dépens de la poé-

LA MONTRE ET LE CADRAN SOLAIRE

FABLE

Un jour la montre au cadran insultoit,
    Demandant quelle heure il étoit.
« Je n'en sais rien, dit le greffier solaire.
— Eh! que fais-tu donc là, si tu n'en sais pas plus?
— J'attends, répondit-il, que le soleil m'éclaire :
    Je ne sais rien que par Phébus.
    — Attends-le donc ; moi je n'en ai que faire,
Dit la montre : sans lui je vais toujours mon train.
    Tous les huit jours un tour de main,
C'est autant qu'il m'en faut pour toute ma semaine.
Je chemine sans cesse, et ce n'est point en vain
    Que mon aiguille en ce rond se promène.
Écoute : voilà l'heure ; elle sonne à l'instant :
Une, deux, trois et quatre. Il en est tout autant, »
Dit-elle. Mais tandis que la montre décide,
    Phébus, de ces ardens regards
    Chassant nuages et brouillards,
Regarde le cadran, qui, fidèle à son guide,
    Marque quatre heures et trois quarts.
    « Mon enfant, dit-il à l'horloge,
    Va-t'en te faire remonter.
    Tu te vantes, sans hésiter,
    De répondre à qui t'interroge ;

---

sie : « Un homme de talent, qui faisait peu de vers, se chargea de défendre la poésie et fut inspiré par elle. » — C'était M. de La Faye. La Motte le remercia de lui permettre d'enrichir son livre de l'ode qu'il avait faite « en faveur des vers ». (Voy. édit. 1753, t. Ier, p. 541). Puis que fit-il? — « Il mit en prose les strophes de cette ode, soutenant qu'elles n'y perdaient rien. Le défenseur de la poésie avait, par une gracieuse image, comparé aux élancements d'un jet d'eau l'essor que la contrainte du vers donne au talent poétique :

    De la contrainte rigoureuse
    Où l'esprit semble resserré,
    Il acquiert cette force heureuse
    Qui l'élève au plus haut degré.
    Telle, dans des canaux pressée,
    Avec plus de force élancée,
    L'onde s'élève dans les airs ;
    Et la règle qui semble austère
    N'est qu'un art plus certain de plaire,
    Inséparable des beaux vers.

La Motte répondit par un petit raisonnement de physique : « Ce ne sont pas les canaux seuls qui font que l'eau s'élève ; c'est la hauteur du lieu d'où elle tombe qui fait la mesure de son élévation. » La discussion ne devait pas aller plus loin : il était clair que La Motte avait le droit de médire de la poésie. » (*Tableau de la littérature française au* XVIIIe *siècle*, IIIe leçon.)

Mais qui t'en croit peut bien se mécompter.
Je te conseillerois de suivre mon usage ;
Si je ne vois bien clair, je dis : « Je n'en sais rien.
Je parle peu, mais je dis bien :
C'est le caractère du sage. »

CRÉBILLON

1674-1762

Prosper Jolyot de Crébillon, fils d'un notaire de Dijon, écrivit, comme tant d'autres poètes, ses premiers vers dans l'étude d'un procureur ; sa tragédie ne fut pas même reçue par les comédiens. Il continua, donna pièce sur pièce pendant douze ans ; puis, pendant près de trente années (car il ne faut pas compter un *Pyrrhus* qui échoua et un *Xerxès* qu'il retira après une représentation), grand liseur de romans, paresseux et fantasque, il garda un silence qu'il rompit à soixante-douze ans. Reçu à l'Académie en 1731, il lut un remercîment où l'on applaudit unanimement, parce qu'il était vrai, ce vers resté célèbre :

> Aucun fiel n'a jamais empoisonné ma plume.

Crébillon reste bien au-dessous de Corneille et de Racine et n'atteint pas Voltaire, mais il a le mérite d'être lui-même. Le ressort du théâtre de Corneille était l'admiration, de Racine la pitié ; son ressort est la terreur. Corneille, disait-il, a pris le ciel, Racine la terre ; il ne me restait que l'enfer, je m'y suis jeté à corps perdu. Homme de mœurs honnêtes et simples, inculte même, il nous fait hanter avec lui les héros les plus sinistres : un père qui tue son fils (*Idoménée*, 1705), un oncle qui fait boire le sang de son neveu à son père (*Atrée et Thyeste*, 1707), un fils qui assassine sa mère (*Électre*, 1708). Sur ce dernier sujet, comme sur ceux de *Sémiramis* (1717), de *Catilina* (1748), du *Triumvirat* (1754), Voltaire, contre lequel un parti à la cour soutenait Crébillon, entreprit avec le vieux poète, incorrect et inégal, une lutte où la victoire lui était facile. Une seule des tragédies de Crébillon est restée et suffit à l'immortaliser : c'est *Rhadamiste et Zénobie* (1711), qui est une date dans l'histoire du théâtre tragique entre Racine et Voltaire. Cette fois, ces amours, lieu commun inévitable du théâtre, qui font un étrange contraste avec les horreurs dont sont assombries les tragédies de Crébillon, sont, dit M. Villemain (xviiie *siècle*, IIIe leçon), « une création naïve et vraie. » Son style a une sorte d'énergie et d'ardeur fiévreuse qui est une convenance de plus avec le caractère violent et farouche du héros, et y prend aussi un accent ému et pénétrant. *Rhadamiste* est pour sa renommée ce que *Venceslas* est pour celle de Rotrou, et leurs héros, qui ont plus d'un trait de ressemblance, rapprochent dans une sorte de confraternité les deux figures du jeune et héroïque poète du xviie siècle et du vieux et rude tragique du xviiie.

RHADAMISTE[1]
RHADAMISTE, HIÉRON[2]

RHADAMISTE.

Dans l'état où je suis me connois-je moi-même?
Mon cœur, de soins divers sans cesse combattu,
Ennemi du forfait sans aimer la vertu[3],
D'un amour malheureux déplorable victime,
S'abandonne aux remords sans renoncer au crime;
Je cède au repentir, mais sans en profiter,
Et je ne me connois que pour me détester.
Dans ce cruel séjour sais-je ce qui m'entraîne?
Si c'est le désespoir, ou l'amour, ou la haine?
J'ai perdu Zénobie; après ce coup affreux,
Peux-tu me demander encor ce que je veux?
Désespéré, proscrit, abhorrant la lumière,
Je voudrois me venger de la nature entière.
Je ne sais quel poison se répand dans mon cœur;
Mais, jusqu'à mes remords, tout y devient fureur.
Je viens ici chercher l'auteur de ma misère,
Et la nature en vain me dit que c'est mon père.
Mais c'est peut-être ici que le ciel irrité
Veut se justifier de trop d'impunité;

---

1. La tragédie de *Rhadamiste*, dit La Harpe, est très bien conduite, à part la réserve qu'exprimait spirituellement Chaulieu : « La pièce seroit très claire, n'étoit l'exposition. » L'histoire (TACITE, *Ann.*, XII, 44-51) apprenait à Crébillon que Rhadamiste, fils de Pharasmane, roi d'Ibérie, neveu et gendre de Mithridate, roi d'Arménie, avait envahi et saccagé les Etats de son beau-père, puis, poursuivi, avait poignardé et jeté dans l'Araxe Zénobie, sa femme, pour l'empêcher de tomber vivante aux mains de ses ennemis; qu'elle avait été recueillie par des bergers et avait survécu. (Voir, à l'Ecole des beaux-arts, les tableaux, prix du concours pour l'Ecole de Rome, de MM. Baudry et Bouguereau.) La tragédie de Crébillon, qui remettra en présence les deux époux, est postérieure de dix années à ces événements, et la conception en appartient tout entière au poète.
L'exposition, si embrouillée qu'elle soit, nous apprend que Zénobie est, cachée sous le nom d'Isménie, à la cour de son beau-père, qui veut l'épouser, qu'elle aime son beau-frère Arsame qui l'aime, et que Rhadamiste est réputé mort. — Au second acte, paraît Rhadamiste, soldat de Corbulon, et ambassadeur des Romains auprès de Pharasmane. Il retrouve sa femme, l'enlève, et poursuivi, atteint et frappé à mort par son père, il se fait reconnaître de lui en mourant et en lui pardonnant.
2. Rhadamiste trouve à la cour de son père Hiéron, ambassadeur d'Arménie, son ancien confident. Il lui raconte ce qu'il est devenu depuis le jour où il a disparu, son crime, ses remords, sa fuite, son rôle auprès de Corbulon, le dessein qui l'amène. Son père, qui de tout temps a été son ennemi, convoite l'Arménie: il vient pour combattre, au profit de Rome, cette ambition. — Vous allez-vous perdre : que prétendez-vous? — Et que sais-je? répond-il, « Dans l'état... »
3. Boileau a dit de lui-même, moins tragiquement (Epît. X):

Ami de la vertu plutôt que vertueux.

C'est ici que m'attend le trait inévitable,
Suspendu trop longtemps sur ma tête coupable :
Et plût aux dieux cruels que ce trait suspendu
Ne fût pas en effet plus longtemps attendu[1] !

(*Rhadamiste*, II, 1.)

ZÉNOBIE

ZÉNOBIE, ARSAME, RHADAMISTE[2]

ZÉNOBIE.

                    Laissez agir, seigneur,
Des soupçons en effet si dignes de son cœur.
Vous ne connoissez pas l'époux de Zénobie,
Ni les divers transports dont son âme est saisie.
Pour oser cependant outrager ma vertu,
Réponds-moi, Rhadamiste, et de quoi te plains-tu?
De l'amour de ton frère? Ah! barbare! quand même
Mon cœur eût pu se rendre à son amour extrême,
Le bruit de ton trépas, confirmé tant de fois,
Ne me laissoit-il pas maîtresse de mon choix?
Que pouvoient te servir les droits d'un hyménée
Que vit rompre et former une même journée?
Ose te prévaloir de ce funeste jour
Où tout mon sang coula pour prix de mon amour;
Rappelle-toi le sort de ma famille entière;
Songe au sang qu'a versé ta fureur meurtrière;

---

[1]. Ce caractère étrange, cette âme troublée, ce langage ému et âpre, tout excite la curiosité et l'attente d'une action tragique. Elle s'engage sans retard dans la scène suivante, où Pharasmane reçoit avec fierté et roideur l'ambassadeur romain, et où se heurtent ces deux natures violentes et hautaines. Cf. RACINE, *Alexandre*, II, 2. Une note donne les plus beaux vers du rôle de Pharasmane.

[2]. La reconnaissance des deux époux (III, 5) est peut-être, dit La Harpe, la plus belle du théâtre. Zénobie pardonne à Rhadamiste un crime inspiré par l'amour, auquel elle a survécu. Mais dès lors sa situation est troublante, entre trois hommes, dont l'un se croit le droit de l'épouser, l'autre de l'aimer, et dont le dernier venu a, sans que les autres le sachent, tous les droits qu'ils prétendent. Elle devient périlleuse et aiguë quand Arsame, auquel le poète prête un noble caractère, ayant une entrevue dans l'ombre du soir avec Zénobie pour lui demander de la soustraire aux prétentions impérieuses de son père en la remettant entre les mains de l'ambassadeur de Rome, et recevant d'elle la révélation du nom de cet ambassadeur et du lien qui les unit, Rhadamiste les surprend : alors éclate de nouveau son caractère violent, soupçonneux et jaloux. Zénobie est pleine de dignité, comme la Monime de Racine entre Mithridate et Xipharès. Zénobie, dit M. Villemain, est, après Pauline, une de ces physionomies de femmes belles et pures, d'une vertu plus touchante que ne peut l'être la passion. — Arsame proteste dans un élan sincère de la pureté de leur amour. « Laissez, dit-elle.... »

Et considère après sur quoi tu peux fonder
Et l'amour et la foi que j'ai dû te garder.
Il est vrai que, sensible aux malheurs de ton frère,
De ton sort et du mien j'ai trahi le mystère.
J'ignore si c'est là te trahir en effet;
Mais sache que ta gloire en fut le seul objet;
Je voulois de ses feux éteindre l'espérance,
Et chasser de son cœur un amour qui m'offense.
Mais puisqu'à tes soupçons tu veux t'abandonner,
Connois donc tout ce cœur que tu peux soupçonner.
Je vais, par un seul trait, te le faire connoître,
Et de mon sort après je te laisse le maître.
Ton frère me fut cher; je ne le puis nier;
Je ne cherche pas même à m'en justifier.
Mais, malgré son amour, ce prince qui l'ignore,
Sans tes lâches soupçons, l'ignoreroit encore.
   (A Arsame).
Prince, après cet aveu, je ne vous dis plus rien.
Vous connoissez assez[1] un cœur comme le mien
Pour croire que sur lui l'amour ait quelque empire.
Mon époux est vivant, ainsi ma flamme expire.
Cessez donc d'écouter un amour odieux,
Et surtout gardez-vous de paroître à mes yeux.
   (A Rhadamiste).
Pour toi, dès que la nuit pourra me le permettre,
Dans tes mains, en ces lieux, je viendrai me remettre.
Je connois la fureur de tes soupçons jaloux,
Mais j'ai trop de vertu pour craindre mon époux
                               (Ibid., IV, 5).

LA MORT DE RHADAMISTE

PHARASMANE, RHADAMISTE, *porté par des soldats*, ZÉNOBIE, ARSAME, *etc.*

PHARASMANE, *à Rhadamiste*.
Malheureux quel dessein te ramène en ces lieux ?
Que cherches-tu ?

RHADAMISTE.
Je viens expirer à vos yeux.

PHARASMANE.
Quel trouble me saisit ?

---

[1]. La Harpe signale « l'incroyable inattention de l'auteur sur la diction. » *Assez* dit tout le contraire de ce qu'il veut dire. Il fallait *trop*.

RHADAMISTE.

Quoique ma mort approche,
Ne craignez pas, seigneur, un injuste reproche.
J'ai reçu par vos mains le prix de mes forfaits ;
Puissent les justes dieux en être satisfaits !
Je ne méritois pas de jouir de la vie.

(A Zénobie).

Sèche tes pleurs ; adieu, ma chère Zénobie :
Mithridate est vengé.

PHARASMANE.

Grands dieux ! qu'ai-je entendu ?
Mithridate ! Ah ! quel sang ai-je donc répandu ?...

RHADAMISTE.

La soif que votre cœur avoit de le répandre
N'a-t-elle pas suffi, seigneur, pour vous l'apprendre ?
Je vous l'ai vu poursuivre avec tant de courroux,
Que j'ai cru qu'en effet j'étois connu de vous.

PHARASMANE.

Pourquoi me le cacher ? Ah, père déplorable !

RHADAMISTE.

Vous vous êtes toujours rendu si redoutable,
Que jamais vos enfans, proscrits et malheureux,
N'ont pu vous regarder comme un père pour eux.
Heureux, quand votre main vous immoloit un traître,
De n'avoir point versé le sang qui m'a fait naître,
Que la nature ait pu, trahissant ma fureur,
Dans ce moment affreux s'emparer de mon cœur !
Enfin, lorsque je perds une épouse si chère,
Heureux, quoiqu'en mourant, de retrouver mon père !
Votre cœur s'attendrit ; je vois couler vos pleurs.

(A Arsame).

Mon frère, approchez-vous ; embrassez-moi : je meurs[1].

(*Ibid.*, V, 7ᵐᵉ et dernière scène.)

---

1. Tout attendrit dans cette fin, plus touchante que celle du Mithridate de Racine, tout, jusqu'à la détente du caractère rude et violent de Pharasmane. Une teinte de mélancolie se répand sur la figure de ce Rhadamiste, qui ne trouve le repos que dans la mort.

On a retenu des autres tragédies de Crébillon quelques vers d'une rare énergie ou d'un sentiment profond. Le commencement d'*Idoménée* est saisissant :

Où suis-je ? quelle horreur m'épouvante et me suit ?
Quel tremblement ! ô ciel ! et quelle affreuse nuit !

dit Idoménée en entrant en scène. Puis, dans le récit qu'il fait de son arrivée en Crète :

... Une effroyable nuit sur les eaux répandue
Déroba tout à coup ces objets à ma vue ;

VOLTAIRE
1694-1778

François-Marie Arouet, qui prit le nom de Voltaire, naquit à Chatenay, près de Paris, le 21 février 1694 et mourut à Paris le 30 mai 1778. Il a donné son nom au siècle qu'il a rempli de sa vie, de ses écrits, de ses idées et de ses passions, écrivant partout et de partout, de la ville, de la cour, de la Bastille, de l'Angleterre, de la Lorraine, de la Prusse, auprès de Frédéric, enfin de Ferney, aux portes de Genève, où il fixa ses vingt dernières années. Cette royauté des esprits, il l'exerça par sa prose et par sa poésie. Laissons le prosateur.

Voltaire, poète, n'a pas laissé de ces œuvres où les forces du génie se ramassent et se concentrent dans un genre où il se fait le maître, telles que la fable pour La Fontaine, la comédie pour Molière. Il a, avec une variété et une facilité prodigieuse, dispersé son génie, sans parler du labeur immense de ses écrits en prose, sur tout le domaine poétique. Son ardente activité a embrassé tout et a suffi à tout sans s'absorber en rien. Son style souple, alerte et lumineux, est l'image de cet esprit universel dont il est l'instrument infatigable. Sa plume court ou se fixe sur tout sujet, tour à tour légère, gracieuse, mordante, sérieuse, pathétique, noble, élevée, ferme, précise, répandant les idées, la lumière, le sel, le rire, voire les larmes, en alexandrins épiques, didactiques, dramatiques, en vers

> La mort seule y parut....
> Je me sentis glacer en revoyant ces bords;
> Je les trouvai déserts ; tout avoit fui l'orage.
> Un seul homme alarmé parcouroit le rivage ;
> Il sembloit de ses pleurs mouiller quelques débris.
> Je m'approche en tremblant... hélas ! c'étoit mon fils.

On sait que pour conjurer l'orage, il avait fait vœu à Neptune de lui immoler le premier homme qu'il rencontrerait en abordant.

Atrée et Thyeste. — Atrée :

> Je voudrois me venger, fût-ce même des Dieux.
> Du plus puissant de tous j'ai reçu la naissance ;
> Je le sens au plaisir que me fait la vengeance.

Il découvre son frère sous un déguisement :

> Je le reconnoîtrois seulement à ma haine.

Il lui présente la coupe pleine du sang de son fils :

> Méconnois-tu ce sang. — Je reconnois mon frère.

Cf. Sénèque, *Thyestes,* v. 1006 :

> Natos ecquid agnoscis tuos?
> — Agnosco fratrem.

Atrée avait ouvert la pièce en disant :

> Avec l'éclat du jour je vois enfin renaître
> L'espoir et la douceur de me venger d'un traître.

Il la finit sur ce vers :

> Et je jouis enfin du fruit de mes forfaits.

Voilà un caractère qui ne se dément pas. — Le songe de Thyeste a une couleur sombre et sauvage, que nous retrouverons dans maint passage de Ducis. Il finit ainsi :

> Le flambeau s'est éteint, l'ombre a percé la terre,
> Et le songe a fini par un coup de tonnerre.

de dix, de huit, de tout nombre de syllabes, en épîtres, satires, contes, stances, billets, épigrammes, madrigaux, impromptus.

De cette œuvre considérable et multiple qu'est-il resté? Des poésies légères, quelques fleurs de grâce et d'esprit qu'on détache et sème çà et là dans les anthologies; de la *Henriade*, quelques épisodes; des vingt et une *Tragédies*, quelques scènes; des *Comédies*, rien. Des *Odes* on ne parle pas. Dans les *Contes* et dans les *Satires* il faut choisir, arrêté souvent par d'étranges crudités. Dans les *Discours sur l'Homme* et le *Poème de la loi naturelle*, tout est à lire; mais qu'apprennent-ils aujourd'hui? Les *Épîtres* sont de son meilleur crû; c'est à elles qu'il faut revenir : variété de sujets et de tons, verve, bon sens, élégance, aisance, éloquence, grandeur même, tout y est. Ame vibrant à tout, tout ce qui se pense, se dit, se fait autour de lui dans le siècle, y a son écho ; il dit son avis et son mot sur tout, jugeant, critiquant, réhabilitant. Ces pages vives et charmantes, véritables petits poèmes de circonstance, sont une causerie avec son temps et avec l'avenir.

Il n'a pas tenu à Voltaire que l'on ne regardât son théâtre comme son titre immortel; et cependant c'est ce que le temps a le moins respecté. Le théâtre, en effet, où il a cependant marqué son passage par des réformes heureuses et nécessaires, où il a souvent « frappé fort » et juste, n'était en somme pour lui qu'un amusement passionné (il jouait lui-même sur son théâtre de Ferney), une brillante distraction, un écho toujours renouvelé de sa popularité, et, à l'occasion, de ses idées,—témoins *Mahomet*, *Alzire* même (voir plus bas une note d'une scène de cette pièce), — mais non pas ce qu'il fut pour les grands tragiques, le moule complet de leur âme et de leur génie. Faire revivre les héros de la tradition tragique ou en créer de nouveaux, c'est une œuvre qui prend un homme entier. Voltaire ne lui donna qu'une partie de lui-même. De là cette facilité de style élégante, hâtive et banale, que ne peuvent dissimuler ni compenser de brillants et éloquents passages, et qui semble aujourd'hui une monnaie effacée. On voit Corneille, Racine, Ducis, dans leur style tragique. C'est ailleurs qu'il faut chercher Voltaire.

LA LIBERTÉ

Dans le cours de nos ans, étroit et court passage,
Si le bonheur qu'on cherche est le prix du vrai sage,
Qui pourra me donner ce trésor précieux?
Dépend-il de moi-même? est-ce un présent des cieux?
Est-il, comme l'esprit, la beauté, la naissance,
Partage indépendant de l'humaine prudence?
Suis-je libre en effet? ou mon âme et mon corps
Sont-ils d'un autre agent les aveugles ressorts?
Enfin ma volonté, qui me meut, qui m'entraîne,
Dans le palais de l'âme est-elle esclave ou reine?
   Obscurément plongé dans ce doute cruel,
Mes yeux, chargés de pleurs, se tournaient vers le ciel,
Lorsqu'un de ces esprits, que le souverain être
Plaça près de son trône, et fit pour le connaître,

Qui respirent dans lui, qui brûlent de ses feux,
Descendit jusqu'à moi de la voûte des cieux...
« Ecoute, me dit-il prompt à me consoler,
» Ce que tu peux entendre, et qu'on peut révéler.
» J'ai pitié de ton trouble ; et ton âme sincère,
» Puisqu'elle sait douter, mérite qu'on l'éclaire.
» Oui, l'homme sur la terre est libre ainsi que moi ;
» C'est le plus beau présent de notre commun roi.
» La liberté, qu'il donne à tout être qui pense,
» Fait des moindres esprits et la vie et l'essence.
» Qui conçoit, veut, agit, est libre en agissant ;
» C'est l'attribut divin de l'être tout-puissant.
» Il en fait un partage à ses enfans qu'il aime.
» Nous sommes ses enfans, des ombres de lui-même.
» Il conçut, il voulut, et l'univers naquit ;
» Ainsi, lorsque tu veux, la matière obéit.
» Souverain sur la terre, et roi par la pensée,
» Tu veux, et sous tes mains la nature est forcée.
» Tu commandes aux mers, au souffle des zéphirs,
» A ta propre pensée, et même à tes desirs.
» Ah ! sans la liberté, que seraient donc nos âmes?
» Mobiles agités par d'invisibles flammes,
» Nos vœux, nos actions, nos plaisirs, nos dégoûts,
» De notre être, en un mot, rien ne serait à nous.
» D'un artisan suprême impuissantes machines,
» Automates [1] pensans, mus par des mains divines,
» Nous serions à jamais de mensonge occupés,
» Vils instrumens d'un Dieu qui nous aurait trompés....
» La liberté, dis-tu, t'est quelquefois ravie :
» Dieu te la devait-il immuable, infinie,
» Egale en tout état, en tout temps, en tout lieu?
» Tes destins sont d'un homme, et tes vœux sont d'un Dieu[2].
» Quoi ! dans cet océan cet atome qui nage
» Dira : L'immensité doit être mon partage.
» Non, tout est faible en toi, changeant et limité,
» Ta force, ton esprit, tes talens, ta beauté.
» La nature en tous sens a des bornes prescrites,
» Et le pouvoir humain serait seul sans limites ?...
» Connais mieux l'heureux don que ton chagrin réclame.

1. Machine mue par des ressorts, et particulièrement imitant les êtres vivants. Etymol. : αὐτός, même ; μάτος, effort.
2. OVIDE, *Métam.*, II, 56 :
Sors tua mortalis, non est mortale quod optas.

» La liberté dans l'homme est la santé de l'âme.
» On la perd quelquefois ; la soif de la grandeur,
» La colère, l'orgueil, un amour suborneur,
» D'un désir curieux les trompeuses saillies;
» Hélas ! combien le cœur a-t-il de maladies !....
» Sûr de ta liberté, rapporte à son auteur
» Ce don que sa bonté te fit pour ton bonheur.
» Commande à ta raison d'éviter ces querelles,
» Des tyrans de l'esprit disputes immortelles;
» Ferme en tes sentimens, et simple dans ton cœur,
» Aime la vérité, mais pardonne à l'erreur.
» Fuis les emportemens d'un zèle atrabilaire ;
» Ce mortel qui s'égare est un homme et ton frère :
» Sois sage pour toi seul, compatissant pour lui ;
» Fais ton bonheur enfin par le bonheur d'autrui. »

(*Discours sur l'homme*[1], II).

1. Les sept *Discours sur l'homme* et le *Poème sur la loi naturelle*, en quatre parties, contiennent les vers les plus élevés et les plus fermes qu'ait écrits Voltaire. Ce sont des modèles de poésie didactique et philosophique. — La *Henriade* et les *Épîtres* renferment aussi des fragments didactiques de la plus élégante précision, sur tous sujets, religieux, scientifiques, politiques :
Sur l'existence de Dieu :

>C'est le sacré lien de la société,
>Le premier fondement de la sainte équité,
>Le frein du scélérat, l'espérance du juste.
>Si les cieux, dépouillés de son empreinte auguste,
>Pouvaient cesser jamais de le manifester,
>Si Dieu n'existait pas, il faudrait l'inventer.

(*Épître*, 1771.)

Sur la Trinité, *Henriade*, X. supra, Cf., CHAPELAIN et SAINT-AMANT.
Sur les systèmes solaires, la gravitation :

>Dans le centre éclatant de ces orbes immenses,
>Qui n'ont pu nous cacher leur marche et leurs distances,
>Luit cet astre du jour, par Dieu même allumé,
>Qui tourne autour de soi sur son axe enflammé ;
>De lui partent sans fin des torrens de lumière ;
>Il donne, en se montrant, la vie à la matière,
>Et dispense les jours, les saisons et les ans,
>A des mondes divers autour de lui flottans.
>Ces astres, asservis à la loi qui les presse,
>S'attirent dans leur course, et s'évitent sans cesse,
>Et, servant l'un à l'autre et de règle et d'appui,
>Se prêtent les clartés qu'ils reçoivent de lui.
>Au delà de leur cours, et loin dans cet espace,
>Où la matière nage, et que Dieu seul embrasse,
>Sont des soleils sans nombre, et des mondes sans fin.
>Dans cet abîme immense il leur ouvre un chemin;
>Par delà tous ces cieux le Dieu des cieux réside.

(*Henriade*, VII.)

Sur la composition de la lumière, les marées, etc., voir l'*Épître à Mme Du Châtelet* (Ep. LIV., éd. BEUCHOT) sur la philosophie de Newton, 1738.
Sur la royauté constitutionnelle de l'Angleterre :

>Aux murs de Westminster on voit paraître ensemble
>Trois pouvoirs étonnés du nœud qui les rassemble,
>Les députés du peuple, et les grands et le roi,
>Divisés d'intérêts, réunis par la loi ;
>Tous trois membres sacrés de ce corps invincible,
>Dangereux à lui-même, à ses voisins terrible.

(*Henriade*, I.)

LE PAUVRE DIABLE

SATIRE (1758)

Quel parti prendre ? où suis-je, et qui dois-je être ?
Né dépourvu, dans la foule jeté,
Germe naissant par le vent emporté,
Sur quel terrain puis-je espérer de croître ?
Comment trouver un état, un emploi ?
Sur mon destin, de grâce, instruisez-moi.
— Il faut s'instruire et se sonder soi-même,
S'interroger, ne rien croire que soi,
Que son instinct ; bien savoir ce qu'on aime ;
Et, sans chercher des conseils superflus,
Prendre l'état qui vous plaira le plus.
— J'aurais aimé le métier de la guerre.
— Qui vous retient ? allez ; déjà l'hiver
A disparu ; déjà gronde dans l'air
L'airain bruyant, ce rival du tonnerre :
Du duc de Broglie [1] osez suivre les pas ;
Sage en projets, et vif dans les combats,
Il a transmis sa valeur aux soldats ;
Il va venger les malheurs de la France.
Sous ses drapeaux marchez dès aujourd'hui,
Et méritez d'être aperçu de lui.
— Il n'est plus temps ; j'ai d'une lieutenance
Trop vainement demandé la faveur,
Mille rivaux briguaient la préférence :
C'est une presse ! En vain Mars en fureur
De la patrie a moissonné la fleur ;
Plus on en tue, et plus il s'en présente.
Ils vont trottant des bords de la Charente,
De ceux du Lot, des coteaux champenois,
Et de Provence, et des monts francs-comtois,
En botte, en guêtre, et surtout en guenille [2],
Tous assiégeant la porte de Crémille [3]
Pour obtenir des maîtres de leur sort

---

1. Victor-François (1718-1804). Il devait l'année suivante (1759) battre les Prussiens à Bergen.
2. Quelle gaie et vive esquisse! comme du Charlet ou du Bellangé anticipé. On songe à l'armée de Sambre-et-Meuse en sabots.
3. Lieutenant-général, chargé du service des enrôlements au département de la guerre, dont le ministre était alors (1758) le maréchal de Belle-Isle.

Un beau brevet qui les mène à la mort.
Parmi les flots de la foule empressée,
J'allai montrer ma mine embarrassée ;
Mais un commis, me prenant pour un sot,
Me rit au nez sans me répondre un mot ;
Et je voulus, après cette aventure,
Me retourner vers la magistrature.
— Eh bien, la robe est un métier prudent ;
Et cet air gauche et ce front de pédant
Pourront encor passer dans les enquêtes :
Vous verrez là de merveilleuses têtes !
Vite achetez un emploi de Caton,
Allez juger. Êtes-vous riche [1] ? — Non,
Je n'ai plus rien ; c'en est fait. — Vil atome !
Quoi ! point d'argent et de l'ambition ?
Pauvre impudent ! apprends qu'en ce royaume
Tous les honneurs sont fondés sur le bien.
L'antiquité tenait pour axiome
Que rien n'est rien, que de rien ne vient rien.
Du genre humain connais quelle est la trempe ;
Avec de l'or, je te fais président,
Fermier du roi, conseiller, intendant :
Tu n'as point d'aile, et tu veux voler ! rampe.
— . . . . O ciel !
Faut-il rentrer dans mon état cruel !
Faut-il me rendre à ma première vie !
— Quelle était donc cette vie ? — Un enfer,
Un piège affreux, tendu par Lucifer.
J'étais sans biens, sans métier, sans génie....
Après-midi, dans l'antre de Procope [2],
(C'était le jour que l'on donnait Mérope)
Seul en un coin, pensif et consterné,
Rimant une ode, et n'ayant point dîné,
Je m'accostai [3] d'un homme à lourde mine,
Qui sur sa plume a fondé sa cuisine...
Cet animal se nommait Jean Fréron [4].

1. On sait que la vénalité des offices de judicature existait alors.
2. Le café Procope, qui existe encore, situé en face de la salle où la Comédie française joua de 1689 à 1770, rue des Fossés-Saint-Germain (auj. rue de l'Ancienne-Comédie), était le rendez-vous des littérateurs et des nouvellistes.
3. Mot du XVIe siècle, signifie prendre pour compagnon.
4. Fréron (1718-1776) fonda et rédigea un journal hebdomadaire, l'Année littéraire (1754-1776), dont Voltaire défigurait le nom en l'Ane litté-

J'étais tout neuf, j'étais jeune et sincère,
Et j'ignorais son naturel félon ;
Je m'engageai sous l'espoir d'un salaire
A travailler à son hebdomadaire,
Qu'aucuns nommaient alors *patibulaire*[1].
Il m'enseigna comment on dépeçait
Un livre entier, comme on le recousait,
Comme on jugeait du tout par la préface,
Comme on louait un sot auteur en place,
Comme on fondait avec lourde raideur
Sur l'écrivain pauvre et sans protecteur.
Je m'enrôlai, je servis le corsaire ;
Je critiquai, sans esprit et sans choix,
Impunément le théâtre, la chaire,
Et je mentis pour dix écus par mois.
Quel fut le prix de me plate manie ?
Je fus connu, mais par mon infamie,
Comme un gredin[2] que la main de Thémis
A diapré de nobles fleurs de lis
Par un fer chaud, gravé sur l'omoplate.
Triste et honteux je quittai mon pirate,
Qui me vola, pour fruit de mon labeur,
Mon honoraire[3], en me parlant d'honneur.
L'abbé Trublet alors avait la rage
D'être à Paris un petit personnage.
Au peu d'esprit que le bonhomme avait,
L'esprit d'autrui par supplément servait :
Il entassait adage sur adage ;

raire, où il combattit vivement les doctrines littéraires et philosophiques du XVIIIe siècle. Les Encyclopédistes le firent plusieurs fois incarcérer. On connaît l'Epigramme, imitée de l'Anthologie, que Voltaire fit contre lui :

L'autre jour, au fond d'un vallon,
Un serpent mordit Jean Fréron.
Que croyez-vous qu'il arriva ?
Ce fut le serpent qui creva.

1. Qui appartient au gibet. Fourches patibulaires. Mine patibulaire. Inclinations patibulaires (MOLIÈRE, *Av.*, II, 1). Etymol. : *patibulum* (*patere*, être étendu) était : 1° la fourche (furca) entre les branches de laquelle passait la tête de l'esclave battu de verges ; 2° la croix ou gibet.
2. *Gredin*, 1° mendiant (vieilli en ce sens) ; 2o coquin. Etymol. : deux mots, l'un du haut-allemand, qui signifie avidité, l'autre de l'ancien scandinave, qui signifie faim. Voir LITTRÉ. — La *marque* des forçats a été abolie après 1830.
3. 1° Chez les Romains, la somme d'argent que, sous l'Empire, le magistrat municipal devait donner pour reconnaître l'honneur qu'on lui faisait en le nommant ; 2° chez nous, rétribution des fonctions considérées comme *honorables*, comme celles d'avocat, de médecin, etc., etc. ; auj. s'emploie au pluriel avec la signification d'un singulier. Etymol. : *honorarium*.

Il compilait, compilait, compilait ;
On le voyait sans cesse écrire, écrire
Ce qu'il avait jadis entendu dire,
Et nous lassait sans jamais se lasser.
Il me choisit pour l'aider à penser,
Trois mois entiers ensemble nous pensâmes,
Lûmes beaucoup, et rien n'imaginâmes [1].....
— [2] Prête l'oreille à mes avis fidèles.
Jadis l'Egypte eut moins de sauterelles
Que l'on ne voit aujourd'hui dans Paris
De malotrus, soi-disant beaux esprits,
Qui, dissertant sur les pièces nouvelles,
En font encor de plus sifflables qu'elles ;
Tous l'un de l'autre ennemis obstinés,
Mordus, mordans, chansonneurs, chansonnés,
Nourris de vent au temple de Mémoire,
Peuple crotté qui dispense la gloire.
J'estime plus ces honnêtes enfans,
Qui de Savoie arrivent tous les ans,
Et dont la main légèrement essuie
Ces longs canaux engorgés par la suie [3] ;
J'estime plus celle qui dans un coin
Tricotte en paix les bas dont j'ai besoin,
Le cordonnier qui vient de ma chaussure
Prendre à genoux la forme et la mesure,
Que le métier de tes obscurs Frérons [4].....

(*Satires.*)

1. L'abbé Trublet, de Saint-Malo, 1697-1770, fut de l'Acad. franç. en 1761. Il était en 1758 connu par des *Essais de littérature et de morale* (1736), et un *Panégyrique des Saints* (1755).

2. Nous abrégeons beaucoup le récit des infortunes et l'énumération des professions diverses du *Pauvre diable*. Ce qui tient surtout au cœur de Voltaire, c'est de stigmatiser la critique périodique, qui ne le ménagea pas. Il y revient pour terminer, et offre à son interlocuteur la place de portier chez lui, à condition qu'il interdise l'entrée aux Frérons.

3. Voilà un joli emploi de la périphrase. Le xviiie siècle n'a pas toujours été aussi heureux. Voltaire excelle à ces détails heureux et aisés. Voyez ailleurs (*Guerre civile de Genève*, IV) ce qu'a été et ce que devient le papier :

> Tout ce fatras fut du chanvre en son temps ;
> Linge il devint par l'art des tisserands ;
> Puis en lambeaux des pilons le pressèrent ;
> Il fut papier. Cent cerveaux à l'envers
> De visions à l'envi le chargèrent ;
> Puis on le brûle, il vole dans les airs ;
> Il est fumée, aussi bien que la gloire.
> De nos travaux voilà quelle est l'histoire :
> Tout est fumée....

4. Comme Horace et Boileau, Voltaire a toujours mêlé à ses épîtres, satires, contes en vers, etc., quels qu'en fussent les sujets, la critique littéraire. Les lettres sont sa passion, son génie, sa vie. Elles sont partout

LA VANITÉ[1]

SATIRE

Qu'as-tu, petit bourgeois d'une petite ville ?
Quel accident étrange, en allumant ta bile,
A sur ton large front répandu la rougeur ?
D'où vient que tes gros yeux pétillent de fureur ?
Réponds donc. — L'univers doit venger mes injures ;

et sous tout ce qu'il écrit. A tout propos il dit son avis, fait sa leçon, jugeant, riant, grondant ; et l'on trouve épars, presque à chaque page de ses poésies, ce qu'il a rassemblé une fois dans le cadre ingénieux, vers et prose, du *Temple du Goût* (Voir nos *Morceaux choisis des Prosateurs*).

On vient de voir ses vers piquants sur Trublet, amers sur Fréron. Et Gresset, qui, retiré à Amiens, avait dans une *Lettre sur la comédie*, fait amende honorable pour son passé ?

> Gresset doué du double privilège
> D'être au collège un bel esprit mondain,
> Et dans le monde un homme de collège.

Il demande au ciel de lui pardonner ses comédies :

> Gresset se trompe, il n'est pas si coupable ;
> Un vers heureux et d'un tour agréable
> Ne suffit pas : il faut une action,
> De l'intérêt, du comique, une fable,
> Des mœurs du temps un portrait véritable,
> Pour consommer cette œuvre du démon.
> (*Le Pauvre Diable.*)

Sur Fénelon :

> J'admire fort votre style flatteur,
> Et votre prose encor qu'un peu traînante.
> (*Le Mondain*, satire.)

Il place Boileau dans le Temple du Goût :

> Là régnait Despréaux, leur maître en l'art d'écrire,
> Lui qu'arma la raison des traits de la Satire.

Il lui adresse son *Testament* (1769) :

> Boileau, correct auteur de quelques bons écrits,
> Zoïle de Quinault et flatteur de Louis,
> Mais oracle du goût dans cet art difficile
> Où s'égayait Horace, où travaillait Virgile,
> Dans la cour du Palais je naquis ton voisin ;
> De ton siècle brillant mes yeux virent la fin...
> Je vis le jardinier de ta maison d'Auteuil,
> Qui chez toi pour rimer planta le chèvrefeuil. (V. BOILEAU, *Ep.* XI.)
> Chez ton neveu Dongois je passai mon enfance,
> Bon bourgeois qui se crut un homme d'importance.
> Je veux t'écrire un mot sur tes sots ennemis,
> A l'hôtel Rambouillet contre toi réunis,
> Qui voulaient, pour loyer de tes rimes sincères,
> Couronné de lauriers t'envoyer aux galères.
> Ces petits beaux esprits craignaient la vérité
> Et du sel de tes vers la piquante âcreté.
> (*Epîtres* CX, éd. BEUCHOT.)

Il lui tient encore rigueur d'une mauvaise satire et d'une mauvaise ode, dont il avait dit dans le *Temple du Goût* :

> De la triste Equivoque il rougit d'être père,
> Et rit des traits manqués du pinceau faible et dur
> Dont il défigura le vainqueur de Namur.

[1]. Cette satire est dirigée contre Le Franc de Pompignan. Voir sa notice biographique *infra* (*Groupes secondaires*).

L'univers me contemple, et les races futures
Contre mes ennemis déposeront pour moi.
— L'univers, mon ami, ne pense point à toi,
L'avenir encor moins : conduis bien ton ménage,
Divertis-toi, bois, dors, sois tranquille, sois sage.
De quel nuage épais ton crâne est offusqué !
— Ah ! j'ai fait un discours, et l'on s'en est moqué !
Des plaisans de Paris j'ai senti la malice ;
Je vais me plaindre au roi, qui me rendra justice ;
Sans doute il punira ces ris audacieux.
— Va, le roi n'a point lu ton discours ennuyeux ;
Il a trop peu de temps, et trop de soins à prendre,
Son peuple à soulager, ses amis à défendre,
La guerre à soutenir ; en un mot les bourgeois
Doivent très-rarement importuner les rois.
La cour te croira fou : reste chez toi, bonhomme.
— Non, je n'y puis tenir, de brocards on m'assomme.
Les *quand*, les *qui*, les *quoi*[1], pleuvent de tous côtés,
Sifflent à mon oreille, en cent lieux répétés.
L'intérêt du public se joint à ma vengeance :
Je prétends des plaisans réprimer la licence.
Pour trouver bons mes vers, il faut faire une loi ;
Et de ce même pas je vais parler au roi.

Ainsi, nouveau venu sur les rives de Seine,
Tout rempli de lui-même, un pauvre énergumène
De son plaisant délire amusait les passans.
Souvent notre amour-propre éteint notre bon sens ;
Souvent nous ressemblons aux grenouilles d'Homère[2],
Implorant à grands cris le fier dieu de la guerre,
Et les Dieux des enfers, et Bellone et Pallas,
Et les foudres des cieux, pour se venger des rats.....

Je suis loin de blâmer le soin très-légitime
De plaire à ses égaux, et d'être en leur estime.
Un conseiller du roi, sur la terre inconnu,
Doit dans son cercle étroit, chez les siens bien venu,
Être approuvé du moins de ses graves confrères ;
Mais on ne peut souffrir ces bruyans téméraires,
Sur la scène du monde ardens à s'étaler.
Veux-tu te faire acteur ? on voudra te siffler.
Gardons-nous d'imiter ce fou de Diogène,

1. Petites feuilles volantes qui coururent Paris.
2. Allusion à la Βατραχομυομαχία (305 vers), ou combat des Grenouilles et des Rats.

Qui, pouvant chez les siens, en bon bourgeois d'Athène,
A l'étude, au plaisir doucement se livrer,
Vécut dans un tonneau pour s'y faire admirer [1].
Malheur à tout mortel, et surtout dans notre âge,
Qui se fait singulier pour être un personnage !
Piron seul eut raison, quand dans un goût nouveau
Il fit ce vers heureux, digne de son tombeau :
Ci-gît qui ne fut rien [2]. Quoi que l'orgueil en dise,
Humains, faibles humains, voilà votre devise.
Combien de rois, grands dieux ! jadis si révérés,
Dans l'éternel oubli sont en foule enterrés !
La terre a vu passer leur empire et leur trône.
On ne sait en quel lieu florissait Babylone.
Le tombeau d'Alexandre, aujourd'hui renversé,
Avec sa ville altière a péri dispersé.
César n'a point d'asile où son ombre repose ;
Et l'ami Pompignan pense être quelque chose [3] !

(*Satires*).

---

1. Lui aussi était un vaniteux. On sait ce qui lui fut dit : « Je vois ta vanité à travers les trous de ton manteau. »

2. Voici cette épitaphe épigrammatique :

> Ci-gît Piron qui ne fut rien,
> Pas même académicien.

3. Voltaire ici n'est pas loin d'Horace : C'est, avec moins de précision serrée et fine de style, le même ton aisé, le même bon sens enjoué, la même malice mordante — Voltaire, qui a sérieusement applaudi aux réclamations de Le Franc sur les abus de la perception de l'impôt (Lettre à Thiriot, 28 mars 1738), n'a pas épargné l'homme de lettres :

> Tenez, prenez mes Cantiques sacrés :
> Sacrés ils sont, car personne n'y touche.
> (*Le Pauvre Diable*.)

> Savez-vous pourquoi Jérémie
> A tant pleuré pendant sa vie ?
> C'est qu'en prophète il prévoyait
> Qu'un jour Le Franc le traduirait.
> (*Épigrammes*.)

Le Franc, philosophe et chrétien, avait l'âme élevée, le cœur généreux, et du talent, mais « il donnait prise sur lui par l'importance exagérée qu'il s'attribuait et par l'emphase de son langage. Voltaire le prit par ce côté faible ; il fit pleuvoir sur lui une véritable grêle de traits plaisants, dont il resta criblé ; tout le monde répétait après lui, et même le Dauphin, tout pieux qu'il était : César, etc. » (GÉRUZEZ.)

Le bon sens de Voltaire juge tout, son sarcasme mord tout dans ses Satires, et la vanité de l'homme (*Le Marseillais et le Lion*), et la vanité des *Systèmes*, et la sottise des *Cabales*, et la sottise de la *Tactique*, qui tue scientifiquement les hommes, etc., etc. Il s'en console par les lettres et les arts en attendant

> L'impraticable paix de l'abbé de Saint-Pierre.
> (*La Tactique*.)

EPITRE

A UN HOMME [1] (1776)

Philosophe indulgent, ministre citoyen,
Qui ne cherchas le vrai que pour faire le bien,
Qui d'un peuple léger, et trop ingrat peut-être,
Préparais le bonheur et celui de son maître,
Ce qu'on nomme disgrâce a payé tes bienfaits.
Le vrai prix du travail n'est que de vivre en paix.
Ainsi que Lamoignon [2], délivré des orages,
A toi-même rendu, tu n'instruis que les sages;
Tu n'as plus à répondre aux discours de Paris.
  Je crois voir à la fois Athène et Sibaris
Transportés dans les murs embellis par la Seine :
Un peuple aimable et vain, que le plaisir entraîne,
Impétueux, léger, et surtout inconstant,
Qui vole au moindre bruit, et qui tourne à tout vent,
Y juge les guerriers, les ministres, les princes,
Rit des calamités dont pleurent les provinces;
Clabaude [3] le matin contre un édit du roi,
Le soir s'en va siffler quelque moderne, ou moi,
Et regrette à souper, dans ses turlupinades,
Les divertissemens du jour des barricades [4].
  Voilà donc ce Paris! voilà ces connaisseurs
Dont on veut captiver les suffrages trompeurs!
Hélas! au bord de l'Inde autrefois Alexandre
Disait sur les débris de cent villes en cendre :
« Ah! qu'il m'en a coûté quand j'étais si jaloux,
« Railleurs Athéniens, d'être loué par vous! »
  Ton esprit, je le sais, ta profonde sagesse,
Ta mâle probité n'a point cette faiblesse;
A d'éternels travaux tu t'étais dévoué

---

1. Turgot (1727-1781), contrôleur des finances depuis 1774, venait d'être renvoyé (mai 1776), quand il commençait à accomplir les réformes qui entraient dans son plan économique : abolition de la corvée, suppression des droits sur les grains, etc. « Il n'y a que M. Turgot et moi qui aimions le peuple, » disait Louis XVI. Il vécut dès lors dans la retraite.
2. Lamoignon de Malesherbes (1721-1794), entré au ministère avec Turgot, comme ministre de la maison du roi, s'était démis quand il avait prévu le renvoi de son collègue.
3. Se dit proprement d'un chien qui aboie sans être sur la trace de la bête. Etym. : *clabot* (mot wallon), clochette pendue au cou des animaux; *clabaud* (mot picard), chien aux oreilles pendantes, qui aboie mal à propos. Cf. SÉNÈQUE, *De Vitâ Beatâ*, 17 : Qui philosophiam *collatrant*.
4. Voltaire n'a jamais mieux tracé les contrastes d'une population qu'il connaissait bien.

Pour servir ton pays, non pour être loué.
Caton, dans tous les temps gardant son caractère,
Mourut pour les Romains sans prétendre leur plaire.
La sublime vertu n'a point de vanité [1].

(*Épitres*, CXXV, éd. BEUCHOT.)

ÉPÎTRE A M....

Du camp de Philipsbourg, le 3 juillet 1734.

C'est ici que l'on dort sans lit,
Et qu'on prend ses repas par terre.
Je vois et j'entends l'atmosphère
Qui s'embrase et qui retentit
De cent décharges de tonnerre,
Et, dans ces horreurs de la guerre,
Le Français chante, boit et rit.
Bellone va réduire en cendres
Les courtines de Philipsbourg
Par cinquante mille Alexandres
Payés à quatre sous par jour :
Je les vois, prodiguant leur vie,
Chercher ces combats meurtriers
Couverts de fange et de lauriers,
Et pleins d'honneur et de folie ;
Je vois briller au milieu d'eux
Ce fantôme nommé la Gloire,
A l'œil superbe, au front poudreux,
Portant au cou cravate noire,
Ayant sa trompette en sa main,
Sonnant la charge et la victoire,
Et chantant quelques airs à boire
Dont ils répètent le refrain [2].

(*Épitres*, XLV.)

ÉPÎTRE

A HORACE [3] (1772)

Je t'écris aujourd'hui, voluptueux Horace,
A toi qui respiras la mollesse et la grâce,

---

1. C'est la contre-partie de la satire qui précède.
2. Cf. *infra* l'Ode LE BRUN à Buffon, et les notes. — La disparate aura son piquant.
3. Tout le Voltaire de Ferney est dans cette épître. Voltaire, seigneur suzerain et champêtre, et poète, cultivant ses terres et les lettres, rentrant

> Qui, facile en tes vers et gai dans tes discours,
> Chantas les doux loisirs, les vins et les amours ;
> Et qui connus si bien cette sagesse aimable
> Que n'eut point de Quinault le rival intraitable.
> Je suis un peu fâché pour Virgile et pour toi,
> Que tous deux, nés Romains, vous flattiez tant un roi.......
> Frédéric exigeait des soins moins complaisans ;
> Nous soupions avec lui sans lui donner d'encens ;
> De son goût délicat la finesse agréable
> Fesait, sans nous gêner, les honneurs de sa table ;
> Nul roi ne fut jamais plus fertile en bons mots
> Contre les préjugés, les fripons et les sots.

ses blés et jouant ses tragédies sur son théâtre, ami des belles perspectives de montagnes et des champs de bon rapport, actif, indépendant, riche, et aussi bienfaisant. Il était à son aise pour chanter, comme Horace, l'*aurea mediocritas*. Il y a (en rabattant du mot ce qui ne convient guère à Voltaire, remuant malgré sa piètre santé, et encore enfiévré, même aux champs, de sa multiple activité) une sorte de sérénité dans les épîtres écrites à Ferney en cet ordre d'idées et de sentiments. Les gazetiers, moustiques de la critique, et « rats du Parnasse », le fâchent encore, mais de loin. Il est heureux, il a le luxe qu'il chantait dans le *Mondain* en 1736, et « le superflu, chose très nécessaire », il a la vie de campagne qui plaît à sa vieillesse, et il n'a plus « le monde où l'on s'ennuie » (il y revient sans cesse), le monde où, à la ville, on s'agite dans le vide. Ce monde il l'avait pratiqué, animé, amusé. Mais tous ces contrastes s'allient chez lui, et il fait avec un vif et piquant bon sens la part de ce qu'il y a à prendre en tout. Il dit, en 1736 (*le Mondain*), du riche de la ville :

> Un char commode avec grâces orné,
> Par deux chevaux rapidement traîné,
> Paraît aux yeux une maison roulante,
> Moitié dorée et moitié transparente,
> Nonchalamment je l'y vois promené.
> De deux ressorts la liante souplesse
> Sur le pavé le porte avec mollesse.

Il dit douze ans après (*Epître à Mme Denis*, sa nièce, LXXX, *La vie de Paris et de Versailles*) de

> Ce tourbillon qu'on appelle le Monde.... :
> Après dîné l'indolente Glycère
> Sort pour sortir, sans avoir rien à faire ;
> On a conduit son insipidité
> Au fond d'un char où, montant de côté,
> Son corps pressé gémit sous les barrières
> D'un lourd panier qui flotte aux deux portières.
> Chez son amie au grand trot elle va,
> Monte avec joie, et s'en repent déjà,
> L'embrasse et bâille; et puis lui dit : « Madame,
> « J'apporte ici tout l'ennui de mon âme,
> « Joignez un peu votre inutilité
> « A ce fardeau de mon oisiveté. »...
>
> C'est donc ainsi, troupe absurde et frivole,
> Que nous usons de ce temps qui s'envole ;
> C'est donc ainsi que nous perdons les jours,
> Longs pour les sots, pour qui pense si courts !
> Mais que ferai-je? où fuir loin de moi-même!
> Il faut du monde; on le condamne, on l'aime,
> On ne peut vivre avec lui ni sans lui :
> Notre ennemi le plus grand, c'est l'ennui. Etc.

Lui ne s'est jamais ennuyé, à Ferney moins qu'ailleurs, et ce carrosse qu'il bénit en 1736, qu'il raille en 1741, le portait sans doute voir ses moissons et ses bois.

Maupertuis [1] gâta tout. L'orgueil philosophique
Aigrit de nos beaux jours la douceur pacifique.
Le plaisir s'envola ; je partis avec lui.
   Je cherchai la retraite. On disait que l'ennui
De ce repos trompeur est l'insipide frère.
Oui, la retraite pèse à qui ne sait rien faire;
Mais l'esprit qui s'occupe y trouve un vrai bonheur.
Tibur était pour toi la cour et l'empereur ;
Tibur, dont tu nous fais l'agréable peinture,
Surpassa les jardins vantés par Épicure ;
Je crois Ferney plus beau. Les regards étonnés,
Sur cent vallons fleuris doucement promenés,
De la mer de Genève admirent l'étendue ;
Et les Alpes de loin, s'élevant dans la nue,
D'un long amphithéâtre enferment ces coteaux,
Où le pampre en festons rit parmi les ormeaux.
Là, quatre États divers arrêtent ma pensée.
Je vois de ma terrasse, à l'équerre tracée,
L'indigent Savoyard, utile en ses travaux,
Qui vient couper mes blés pour payer ses impôts,
Des riches Genévois les campagnes brillantes,
Des Bernois valeureux les cités florissantes,
Enfin cette Comté, franche aujourd'hui de nom,
Qu'avec l'or de Louis conquit le grand Bourbon [2] :
Et du bord de mon lac à tes rives du Tibre,
Je te dis, mais tout bas : Heureux un peuple libre !....
   Je le suis en secret dans mon obscurité :
Ma retraite et mon âge ont fait ma sûreté.....
J'ai fait un peu de bien ; c'est mon meilleur ouvrage.
Mon séjour est charmant ; mais il était sauvage :
Depuis le grand édit [3], inculte, inhabité,
Ignoré des humains dans sa triste beauté,
La nature y mourait : je lui portai la vie ;
J'osai ranimer tout. Ma pénible industrie

---

1. Géomètre et astronome (1698-1759), de Saint-Malo. Frédéric II le fixa auprès de lui en 1740. A la suite de vifs débats scientifiques, Voltaire ne cessa, à Berlin et à Paris, de le poursuivre de ses railleries et de ses factums épigrammatiques.
2. Condé prit Besançon, Louis XIV Dôle, en 1668. Elles furent rendues par le traité d'Aix-la-Chapelle. Louis XIV en 1674 reprit avec Vauban toute la province, dont le traité de Nimègue lui reconnut la possession définitive en 1778.
3. L'Edit qui, en 1685, révoqua celui de Nantes. Un grand nombre d'habitants du pays de Gex émigrèrent sur le territoire de Genève. Le pays « se couvrit de marais; il y eut quatre-vingts charrues de moins. » (Édit. de Kehl.)

Rassembla des colons par la misère épars ;
J'appelai les métiers qui précèdent les arts [1].....
   Jouissons, écrivons, vivons, mon cher Horace.
J'ai déjà passé l'âge où ton grand protecteur,
Ayant joué son rôle en excellent acteur,
Et sentant que la mort assiégeait sa vieillesse,
Voulut qu'on l'applaudît lorsqu'il finit sa pièce [2].
J'ai vécu plus que toi, mes vers dureront moins ;
Mais au bord du tombeau je mettrai tous mes soins
A suivre les leçons de ta philosophie,
A mépriser la mort en savourant la vie,
A lire tes écrits pleins de grâce et de sens,
Comme on boit d'un vin vieux qui rajeunit les sens.
   Avec toi l'on apprend à souffrir l'indigence,
A jouir sagement d'une honnête opulence,
A vivre avec soi-même, à servir ses amis,
A se moquer un peu de ses sots ennemis,
A sortir d'une vie ou triste ou fortunée,
En rendant grâce aux dieux de nous l'avoir donnée.

---

[1]. Il avait dit déjà, onze ans auparavant (*Epître* CIX, *à madame Denis, sur l'Agriculture*, 1761) :

> C'est la cour qu'on doit fuir, c'est aux champs qu'il faut vivre.
> Dieu du jour, dieu des vers, j'ai ton exemple à suivre :
> Tu gardas les troupeaux, mais c'était ceux d'un roi.
> Je n'aime les moutons que quand ils sont à moi.
> L'arbre qu'on a planté rit plus à notre vue
> Que le parc de Versaille et sa vaste étendue.
> Le normand Fontenelle, au milieu de Paris,
> Prêta des agrémens au chalumeau champêtre,
> Mais il vantait des soins qu'il craignait de connaître,
> Et de ses faux bergers il fit de beaux esprits.
> Je veux que le cœur parle, ou que l'auteur se taise ;
> Ne célébrons jamais que ce que nous aimons ;
> En fait de sentiment l'art n'a rien qui nous plaise.
> Ou chantez vos plaisirs ou quittez les chansons.....
> La nature t'appelle, apprends à l'observer ;
> La France a des déserts, ose les cultiver ;
> Change en épis dorés, change en gras pâturages
> Ces ronces, ces roseaux, ces affreux marécages.

Et, fidèle à son culte de toutes les nobles activités de l'homme de cœur et de goût :

> Mais ne détournons point nos mains et nos regards
> Ni des autres emplois, ni surtout des beaux arts.
> Il est des temps pour tout ; et lorsqu'en mes vallées,
> Qu'entoure un long amas de montagnes pelées,
> De quelque malheureux ma main sèche les pleurs,
> Sur la scène à Paris j'en fais verser peut-être,
> Dans Versaille étonné j'attendris de grands cœurs..
> C'est ainsi qu'on peut vivre à l'ombre de ses bois,
> En guerre avec les sots, en paix avec soi-même,
> Gouvernant d'une main le soc de Triptolème,
> Et de l'autre essayant d'accorder sous ses doigts
> La lyre de Racine et le luth de Chapelle.

[2]. « Ai-je bien joué la farce de la vie ? » disait Auguste mourant à ses amis. Et il ajouta : « Maintenant applaudissez. » C'était la formule finale des comédies antiques.

Aussi, lorsque mon pouls inégal et pressé
Faisait peur à Tronchin [1], près de mon lit placé,
Quand la vieille Atropos, aux humains si sévère,
Approchait ses ciseaux de ma trame légère [2],
Il a vu de quel air je prenais mon congé ;
Il sait si mon esprit, mon cœur était changé...
    Profitons bien du temps ; ce sont là tes maximes.
Cher Horace, plains-moi de les tracer en rimes.
La rime est nécessaire à nos jargons nouveaux,
Enfans demi-polis des Normands et des Goths ;
Elle flatte l'oreille, et souvent la césure
Plaît, je ne sais comment, en rompant la mesure.
Des beaux vers pleins de sens le lecteur est charmé.
Corneille, Despréaux et Racine ont rimé.
Mais j'apprends qu'aujourd'hui Melpomène propose
D'abaisser son cothurne et de pleurer en prose [3].

                                (*Epitres*, CXXI).

L'AIGLE ET LE SERPENT [4]

Tel on voit cet oiseau qui porte le tonnerre,
Blessé par un serpent élancé de la terre ;
Il s'envole, il entraîne au séjour azuré
L'ennemi tortueux dont il est entouré.

---

1. Médecin genevois (1709-1781), qui pratiqua à Amsterdam, à Genève, à Paris, instruit, habile et bienfaisant.
2. Légère aussi est la main avec laquelle il fait, dans ce vers, une allusion ingénieuse à la fragilité de sa santé. Dans les lettres de ses dernières années il est toujours « le pauvre malade »; toujours mourant, et vivant toujours.
3. Allusion à l'innovation de la tragédie en prose, ou drame (voir *supra* le Tableau de la poésie au XVIIIe siècle).
4. « Y a-t-il rien de plus beau que ces vers, qui nous sont restés du poème de Cicéron sur Marius ?

    Sic Jovis altisoni subitò pinnata satelles,
    Arboris è trunco serpentis saucia morsu.
    Ipsa feris subigit transfigens unguibus anguem
    Semianimum, et varia graviter cervice micantem,
    Quem se intorquentem lanians rostroque cruentans,
    Jam satiata animos, jam duros ulta dolores,
    Abjicit efflantem, et laceratum affligit in unda.
    Seque obitu à solis nitidos convertit ad ortus.

« Je suis de plus en plus persuadé que notre langue est impuissante à rendre l'harmonieuse énergie des vers latins, comme des vers grecs ; mais j'oserai donner une légère esquisse de ce petit tableau... » Et, à la suite de sa traduction, Voltaire ajoute : « Pour peu qu'on ait la moindre étincelle de goût, on apercevra dans la faiblesse de cette copie la force du pinceau de l'original. » (Préface de *Catilina*.) — Voltaire est trop modeste ; ses vers ont une énergie qui ne lui est pas ordinaire : le dernier a un puissant essor. — N. B. M. J.-V. Le Clerc (*Œuvres de Cicéron*, t. 35) fait remarquer que Voltaire a voulu faire du récit de Cicéron une comparaison en substituant *Sic* à *Hic*.

Le sang tombe des airs. Il déchire et dévore
Le reptile acharné qui le combat encore ;
Il le perce; il le tient sous ses ongles vainqueurs ;
Par cent coups redoublés il venge ses douleurs.
Le monstre, en expirant, se débat, se replie ;
Il exhale en poisons les restes de sa vie,
Et l'aigle, tout sanglant, fier et victorieux,
Le rejette en fureur, et plane au haut des cieux [1].
            (Préface de *Catilina*, tragédie, 1752.)

A M. ARNAUD [2]

Mon cher enfant, tous les rois sont loués
    Lorsque l'on parle à leur personne ;
    Mais ces éloges qu'on leur donne
    Sont trop souvent désavoués.
J'aime peu la louange, et je vous la pardonne ;
Je la chéris en vous, puisqu'elle vient du cœur.
    Vos vers ne sont pas d'un flatteur ;
Vous peignez mes devoirs, et me faites connaître,
Non pas ce que je suis, mais ce que je dois être.
Poursuivez et croissez en grâces, en vertus ;
Si vous me louez moins, je vous louerai bien plus.
            (*Poésies mêlées*, CXVI.)

---

1. Cf. VIRGILE, *Æn.*, XI, 750 sqq. — Voyez aussi VICTOR HUGO (*l'Aigle du Casque, Légende des Siècles*, série II) :

    Comme avec sa cognée un pâtre brise un chêne,
    Il se mit à frapper à coups de Tiphaine :
    Il lui creva les yeux, il lui broya les dents;
    Il lui pétrit le crâne en ses ongles ardents
    Sous l'armet dont le sang sortit comme d'un crible,
    Le jeta mort à terre, et s'envola terrible

L'aigle a merveilleusement inspiré aussi A. DE VIGNY. Voyez dans *Eloa* (chant III) l'aigle blessé à mort :

    Sur la neige des monts, couronne des hameaux,
    L'Espagnol a blessé l'aigle des Asturies,
    Dont le vol menaçait ses blanches bergeries ;
    Hérissé, l'oiseau part, et fait pleuvoir le sang,
    Monte aussi vite au ciel que l'éclair en descend,
    Regarde son soleil, d'un bec ouvert l'aspire,
    Croit reprendre la vie au flamboyant empire ;
    Dans un fluide d'or il nage puissamment,
    Et parmi les rayons se balance un moment :
    Mais l'homme l'a frappé d'une atteinte trop sûre ;
    Il sent le plomb chasseur fondre dans sa blessure ;
    Son aile se dépouille, et son royal manteau
    Vole comme un duvet qu'arrache le couteau.
    Dépossédé des airs, son poids le précipite ;
    Dans la neige du mont il s'enfonce, et palpite,
    Et la glace terrestre a d'un pesant sommeil
    Fermé cet œil puissant respecté du soleil.

2. Baculard d'Arnaud (1718-1805), n'est guère connu que par le ridicule que Beaumarchais lui a infligé dans ses *Mémoires* judiciaires. Il fut correspondant littéraire de Frédéric II, et écrivit des drames.

LES ADIEUX DE BRUTUS ET DE SON FILS

BRUTUS, TITUS, PROCULUS, Licteurs

TITUS.

. . . .
Mon malheur est au comble, ainsi que ma furie;
Terminez mes forfaits, mon désespoir, ma vie,
Votre opprobre est le mien. Mais si dans les combats
J'avais suivi la trace où m'ont conduit vos pas,
Si je vous imitai, si j'aimai ma patrie,

(*Il se jette à genoux.*)

D'un remords assez grand si ma faute est suivie,
A cet infortuné daignez ouvrir les bras;
Dites du moins : mon fils, Brutus ne te hait pas.
Ce mot seul, me rendant mes vertus et ma gloire,
De la honte où je suis défendra ma mémoire.
On dira que Titus, descendant chez les morts,
Eut un regard de vous pour prix de ses remords;
Que vous l'aimiez encore, et que, malgré son crime,
Votre fils dans la tombe emporta votre estime.

BRUTUS.

Son remords me l'arrache. O Rome! ô mon pays!
Proculus... à la mort que l'on mène mon fils.
Lève-toi, triste objet d'horreur et de tendresse;
Lève-toi, cher appui qu'espérait ma vieillesse;
Viens embrasser ton père : il t'a dû condamner;
Mais, s'il n'était Brutus, il t'allait pardonner.
Mes pleurs, en te parlant, inondent ton visage :
Va, porte à ton supplice un plus mâle courage;
Va, ne t'attendris point, sois plus Romain que moi;
Et que Rome t'admire en se vengeant de toi [1].

(*Brutus*, V. 7.)

---

1. C'est là un pathétique mâle et élevé, qui peut faire couler des larmes comme le pathétique entraînant de *Zaïre*. On le retrouvera dans le dénouement d'*Alzire*. « Les ouvrages les plus parfaits sont ceux qui font le plus pleurer », a dit Voltaire. Il a su faire pleurer.

Voltaire, préoccupé de réformer sur bien des points le théâtre, contribua, avec Le Kain, à le ramener à la vérité du costume et de la diction, avec le duc de Louraguais, à débarrasser la scène des bancs occupés par les gens de cour. — Il essaya des réformes plus profondes.

Après le brillant début d'*Œdipe* (1718) et la chute de *Mariamne* et celle d'*Artémire*, dont on a retenu les deux premiers vers :

Oui, tous ces conquérans rassemblés sur ce bord,
Soldats sous Alexandre et rois après sa mort....,

revenu d'Angleterre et tout plein du théâtre anglais, il donna *Brutus* (1730), précédé d'une préface où il signale les *desiderata* de la tragédie française,

LA VENGEANCE D'UN CHRÉTIEN[1]

ALVAREZ, GUSMAN, ZAMORE enchaîné, ALZIRE, MONTÈZE, Américains, soldats.

ZAMORE.

Cruels, sauvez Alzire, et pressez mon supplice.

ALZIRE.

Non, qu'une affreuse mort tous trois nous réunisse.

ALVAREZ.

Mon fils mourant, mon fils, ô comble de douleur !

ZAMORE, à Gusman.

Tu veux donc jusqu'au bout consommer ta fureur !
Viens, vois couler mon sang, puisque tu vis encore ;
Viens apprendre à mourir en regardant Zamore.

GUSMAN, à Zamore.

Il est d'autres vertus que je veux t'enseigner :
Je dois un autre exemple, et je viens le donner.

(A Alvarez.)

Le ciel, qui veut ma mort, et qui l'a suspendue,

---

l'absence d'action et l'abus des conversations, la timidité qui empêche de montrer sur la scène un peuple, une ombre, un meurtre. L'ombre, il la montra sans succès dans *Ériphyle* (1732) et plus heureusement dans *Sémiramis*. Le meurtre sur la scène, il le plaça dans *Zaïre* (1732); mais sa hardiesse n'alla pas jusqu'à oser préférer à l'emploi banal de la lettre qui perd Zaïre le « mouchoir » qui perd Desdémone. Le peuple, il le remplaça, devant le cadavre de César, par deux ou trois comparses dans *la Mort de César* (1735) : le vieux Grévin ne l'avait pas attendu pour cela. Il y a plus de nouveauté dans le coup de canon d'*Adélaïde du Guesclin* (1734); dans le sujet d'*Alzire* (1736), pris à l'Amérique; de *Mahomet* (1742), pris à l'Arabie; de *Tancrède* (1760), pris à la Sicile normande et sarrazine, un siècle avant les Croisades, où il croit peindre par quelques périphrases ternes les mœurs de la chevalerie, mais qu'ont sauvé le pathétique et un vers célèbre :

A tous les cœurs bien nés que la patrie est chère ! (II, 1.)

L'Orphelin de la Chine (1755) avait, de Ferney, conduit le poète plus loin encore. Conceptions brillantes, souvent originales, auxquelles le style, plus que l'éloquence, fait défaut. Voltaire qui, avant d'avoir connu le théâtre anglais, avait, fidèle aux traditions françaises, gâté son *Œdipe* par un amour ridicule, celui de Philoctète, supprima l'amour dans *Mérope* (1743), la pièce classique, à part le style, dans *Oreste* (1750), et dans *Catilina* ou *Rome sauvée* (1750). Ces deux dernières tragédies étaient, avec *Sémiramis* (1748) et *le Triumvirat* (1764), une joute contre Crébillon, vivant ou mort. Il vaut mieux ne pas parler de *Zulime*, d'*Olympie*, des *Scythes*, des *Guèbres*, de *Sophonisbe*, des *Lois de Minos*, d'*Irène*, qui le ramena à Paris pour y être couronné sur la scène, quinze jours avant sa mort.

1. *Alzire* ou *les Américains* (1736). Voici le sujet de cette tragédie. Gusman, successeur d'Alvarez, son père, dans le gouvernement du Pérou, a obtenu de Montèze, roi d'une partie du Potoze, la main de sa fille Alzire. Alzire aimait et aime encore Zamore, roi d'une autre partie du Potoze. On le croyait mort : il reparaît, admire et respecte la fidélité d'Alzire pour son époux ; mais il voit Gusman, le brave, l'insulte, et, pour délivrer Alzire et son pays, le frappe. Gusman est rapporté mourant (dernière scène). — L'action se passe à Lima.

Mon père, en ce moment m'amène à votre vue.
Mon âme fugitive, et prête à me quitter,
S'arrête devant vous... mais pour vous imiter.
Je meurs; le voile tombe; un nouveau jour m'éclaire :
Je ne me suis connu qu'au bout de ma carrière;
J'ai fait, jusqu'au moment qui me plonge au cercueil,
Gémir l'humanité du poids de mon orgueil.
Le ciel venge la terre : il est juste; et ma vie
Ne peut payer le sang dont ma main s'est rougie.
Le bonheur m'aveugla, la mort m'a détrompé.
Je pardonne à la main par qui Dieu m'a frappé.
J'étais maître en ces lieux, seul j'y commande encore;
Seul je puis faire grâce, et la fais à Zamore.
Vis, superbe ennemi, sois libre, et te souvien
Quel fut, et le devoir, et la mort d'un chrétien.
(*A Montèze, qui se jette à ses pieds.*)
Montèze, Américains, qui fûtes mes victimes,
Songez que ma clémence a surpassé mes crimes.
Instruisez l'Amérique; apprenez à ses rois
Que les chrétiens sont nés pour leur donner des lois.
(*A Zamore.*)
Des dieux que nous servons connais la différence :
Les tiens t'ont commandé le meurtre et la vengeance;
Et le mien, quand ton bras vient de m'assassiner,
M'ordonne de te plaindre et de te pardonner[1].

ALVAREZ.
Ah! mon fils, tes vertus égalent ton courage.

ALZIRE.
Quel changement, grand Dieu! quel étonnant langage!

1. Ce sont presque textuellement les paroles de François de Guise au protestant qui avait tenté de l'assassiner pendant le siège de Rouen. « On a tâché dans cette tragédie, toute d'invention et d'une espèce assez neuve, de faire voir combien le véritable esprit de religion l'emporte sur les vertus de la nature. » (Préface de Voltaire.) « On retrouvera, ajoute-t-il plus loin, dans presque tous mes écrits cette humanité qui doit être le premier caractère d'un être pensant, le désir du bonheur des hommes, l'horreur de l'injustice et de l'oppression. » On voit que de la religion il passe vite à la philosophie. Il lui donne même un adepte dans Montèze :

..... Tous ces conquérans,
Ainsi que tu le crois, ne sont pas des tyrans.
Il en est que le ciel guida dans cet empire
Moins pour nous conquérir qu'afin de nous instruire;
Qui nous ont apporté de nouvelles vertus,
Des secrets immortels, et des arts inconnus,
La science de l'homme, un grand exemple à suivre,
Enfin l'art d'être heureux, de penser et de vivre.
(II, 5.)

Voilà les Espagnols du xvie siècle qui ont appris à « penser » à un Péruvien! — Corneille respectait autrement la vérité historique. La tragédie est souvent pour Voltaire une prédication philosophique.

ZAMORE.

Quoi ! tu veux me forcer moi-même au repentir!

GUSMAN.

Je veux plus, je te veux forcer à me chérir.
Alzire n'a vécu que trop infortunée,
Et par mes cruautés, et par mon hyménée :
Que ma mourante main la remette en tes bras.
Vivez sans me haïr, gouvernez vos États ;
Et, de vos murs détruits rétablissant la gloire,
De mon nom, s'il se peut, bénissez la mémoire.

(A Alvarez.)

Daignez servir de père à ces époux heureux :
Que du ciel, par vos soins, le jour luise sur eux.
Aux clartés des chrétiens si son âme est ouverte,
Zamore est votre fils, et répare ma perte.

ZAMORE.

Je demeure immobile, égaré, confondu.
Quoi donc ! les vrais chrétiens auraient tant de vertu !
Ah ! la loi qui t'oblige à cet effort suprême,
Je commence à le croire, est la loi d'un Dieu même.
J'ai connu l'amitié, la constance, la foi ;
Mais tant de grandeur d'âme est au-dessus de moi ;
Tant de vertu m'accable, et son charme m'attire.
Honteux d'être vengé, je t'aime et je t'admire.

(Il se jette à ses pieds.)

ALZIRE.

Seigneur, en rougissant je tombe à vos genoux.
Alzire, en ce moment, voudrait mourir pour vous.
Entre Zamore et vous mon âme déchirée
Succombe au repentir dont elle est dévorée.
Je me sens trop coupable ; et mes tristes erreurs.....

GUSMAN.

Tout vous est pardonné, puisque je vois vos pleurs.
Pour la dernière fois approchez-vous, mon père !
Vivez longtemps heureux ; qu'Alzire vous soit chère !
Zamore, sois chrétien ; je suis content ; je meurs [1].

(Alzire, V. 7.)

[1]. La situation est grande et dramatique, et le noble, simple et touchant langage de Gusman fait oublier bien des vers faibles. — Voyez ce que dit de la pièce et de cette scène CHATEAUBRIAND, Génie du Christ., II, 2, 2. Il ajoute : « Voltaire est bien ingrat d'avoir calomnié un culte qui lui a fourni ses plus beaux titres à l'immortalité. » Voir dans le Recueil des classes de grammaire la prière de Lusignan à Zaïre.

DESTOUCHES

1680-1754

Comédien, soldat, secrétaire d'ambassade, enfin diplomate pendant six ans à Londres pour le service du Régent, le chevalier Philippe Néricault Destouches, de Tours, commença de bonne heure, au milieu des hasards de cette vie changeante, à écrire des pièces en cinq actes et en vers, que leurs titres significatifs rangent dans le genre le plus élevé de la comédie, la comédie de caractère. « Le choix n'était pas toujours heureux, dit M. Villemain: l'*Ingrat* était odieux et triste, l'*Irrésolu* devenait monotone par le retour prévu de ses incertitudes, et n'était vraiment comique qu'au dernier vers du dénouement :

J'aurais mieux fait, je crois, d'épouser Célimène.

Le *Médisant* n'était qu'une nuance du *Méchant* et n'avait rien de Sheridan ni de Gresset. » Fixé enfin dans sa jolie maison de campagne, près de Melun, et académicien, Destouches y vécut « heureux par la modération de ses désirs et le succès de ses comédies. » Elles furent nombreuses; on y a signalé des exagérations de traits ou de types comiques empruntés au théâtre anglais, que l'auteur avait, pendant son séjour à Londres, étudié et goûté. Au moins M. Pincé, l'homme « aux trois raisons » de la *Fausse Agnès* (cinq actes en prose) est-il plaisant. L'*Homme singulier*, le *Dissipateur*, etc., sont oubliés, mais le *Philosophe marié* (1727) est toujours lu et le *Glorieux* (1732) est une des comédies de caractère les plus estimées de notre théâtre. Elle est écrite dans le meilleur style de Destouches, « coulant et flatteur » (M. Nisard); le dialogue naturel, aisé, est semé de traits heureux et de vers qu'on a retenus. Deux en particuliers sont tombés dans le domaine de la conversation qui, souvent, en fait tort à Destouches pour en faire honneur à Boileau :

La critique est aisée et l'art est difficile.

(II, 5.)

Chassez le naturel, il revient au galop.

(III, 5.)

LE GLORIEUX[1] ET SON FUTUR BEAU-PÈRE[2]

LE COMTE, LISIMON, PASQUIN,

LISIMON, *à Pasquin.*
Le comte de Tufière est-il ici, mon cœur?

---

1. Un vers de Piron fera bien saisir le sens de *Glorieux*. « On parlait devant lui du maréchal de Belle-Isle, de cette vanité propre aux Fouquet et de ce faste qui se mêlait à tout... Il espérait, disait-on, être enterré à Saint-Denis à côté de M. de Turenne... Est-ce que le Roi le lui a accordé? demanda-t-il. — Non. — Tant pis. Je tenais déjà son épitaphe :

Ci-gît le glorieux à côté de la gloire.

(Sainte-Beuve, *Nouv. Lundis*, VII.)

2. Le comte prétend que le père de celle qu'il veut épouser fasse auprès

PASQUIN.

Oui, monsieur, le voici.
(*Le comte se lève nonchalamment et fait un pas au-devant de Lisimon, qui l'embrasse.*)

LISIMON.

Cher comte, serviteur.

LE COMTE, *à Pasquin.*

Cher comte !... Nous voilà grands amis, ce me semble.

LISIMON.

Ma foi, je suis ravi que nous logions ensemble.

LE COMTE, *froidement.*

J'en suis fort aise aussi.

LISIMON.

Parbleu ! nous boirons bien
Vous buvez sec, dit-on. Moi, je n'y laisse rien.
Je suis impatient de vous verser rasade,
Et ce sera bientôt. Mais êtes-vous malade ?
A votre mine froide, à votre sombre accueil....

LE COMTE, *à Pasquin qui lui offre un siége.*

Faites asseoir monsieur... Non, offrez le fauteuil.
Il ne le prendra pas [1] ; mais...

LISIMON.

Je vous fais excuse.
Puisque vous me l'offrez, trouvez bon que j'en use,
Que je m'étale aussi : car je suis sans façon,
Mon cher, et cela doit vous servir de leçon ;
Et je veux qu'entre nous toute cérémonie
Dès ce même moment pour jamais soit bannie.
Oh çà, mon cher garçon, veux-tu venir chez moi ?
Nous serons tous ravis de dîner avec toi.

LE COMTE.

Me parlez-vous, monsieur ?

LISIMON.

A qui donc, je te prie ?

de lui les premiers pas :

..... Elle sait mon amour,
J'ai parlé ; c'est assez.

PASQUIN.

Son père est de retour.

LE COMTE.

C'est à lui de venir et de m'offrir sa fille.

Le père se présente précisément quelques instants après.

1. Cette grossièreté invraisemblable chez un homme de bonne compagnie est peut-être la seule faute de goût de la pièce.

A Pasquin?
LE COMTE.
Je l'ai cru.
LISIMON.
Tout de bon? Je parie
Qu'un peu de vanité t'a fait croire cela.
LE COMTE.
Non; mais je suis peu fait à ces manières-là.
LISIMON.
Oh bien! tu t'y feras, mon enfant. Sur les tiennes,
A mon âge, crois-tu que je forme les miennes?
LE COMTE.
Vous aurez la bonté d'y faire vos efforts.
LISIMON.
Tiens, chez moi le dedans gouverne le dehors;
Je suis franc.
LE COMTE.
Quant à moi, j'aime la politesse.
LISIMON.
Moi, je ne l'aime point, car c'est une traîtresse
Qui fait dire souvent ce qu'on ne pense pas.
Je hais, je fuis ces gens qui font les délicats,
Dont la fière grandeur d'un rien se formalise,
Et qui craint qu'avec elle on ne familiarise [1];
Et ma maxime à moi, c'est qu'entre bons amis
Certains petits écarts doivent être permis.
LE COMTE.
D'amis avec amis on fait la différence.
LISIMON.
Pour moi, je n'en fais point.
LE COMTE.
Les gens de ma naissance
Sont un peu délicats sur les distinctions,
Et je ne suis ami qu'à ces conditions.
LISIMON.
Ouais! vous le prenez haut. Écoute, mon cher comte,
Si tu fais tant le fier, ce n'est pas là mon compte.
Ma fille te plaît fort, à ce que l'on m'a dit:
Elle est riche, elle est belle, elle a beaucoup d'esprit;
Mais aussi, si tu veux que je sois ton beau-père,

---

[1]. Cet emploi neutre n'existait déjà plus au XVIIᵉ siècle. Au XVIᵉ, d'Aubigné dit: « Le duc de Guise familiarisant avec l'amiral...»

Il faut baisser d'un cran et changer de manière;
Ou sinon, marché nul.
LE COMTE *à Pasquin, se levant brusquement.*
Je vais le prendre au mot.
PASQUIN.
Vous en mordrez vos doigts, ou je ne suis qu'un sot.
Pour un faux point d'honneur perdre votre fortune?
LE COMTE.
Mais si...
LISIMON.
Toute contrainte, en un mot, m'importune.
L'heure du dîner presse : allons, veux-tu venir?
Nous aurons le loisir de nous entretenir
Sur nos arrangemens; mais commençons par boire.
Grand'soif, bon appétit, et surtout point de gloire,
C'est ma devise. On est à son aise chez moi;
Et vivre comme on veut, c'est notre unique loi.
Viens, et sans te gourmer avec moi de la sorte,
Laisse, en entrant chez nous, ta grandeur à la porte [1].

(*Le Glorieux*, II, 14).

[1]. Le comte de Tufière recherche Isabelle, fille d'un riche bourgeois, et l'épouse. La pièce, dont l'action se résume en ces mots, est consacrée tout entière à la peinture du travers qui gâte le comte, homme d'honneur; c'est une vanité intraitable en tout et pour tous. Le poète a fort habilement groupé autour du Glorieux bon nombre de personnages qui, à chaque instant, et sans penser à mal, inquiètent, irritent et humilient sa « gloire », ou la font ressortir par de plaisants contrastes : — son père, Lycandre, qui est pauvre; — le père de celle qu'il recherche, Lisimon, un financier d'allures joviales, quelquefois insolentes, toujours un peu épaisses, qui ne fronde pas sans malice les dépits hautains que causent au Glorieux ses familiarités; — le frère d'Isabelle, Valère, qui, sans se départir d'une exacte politesse, garde son rang avec lui; — son rival, Philinte, l'homme aux révérences, toujours prêt à s'excuser de la « liberté grande », qui le provoque :

Avec confusion, mais fort distinctement (III, 7.);

— la servante Lisette, qui porte avec une dignité simple une condition pour laquelle elle n'est pas faite; — le valet Pasquin, qui envers les gens mal mis et les laquais copie la morgue de son maître, et, remis à sa place, a le bon sens de dire :

(*A part*) Il a ma foi raison : je retombe toujours.
(*A Lycandre.*) Mais, si je suis si fier, c'est que je suis un sot. (IV, 4).

De scène en scène se développe le caractère du Glorieux, dans une progression bien ménagée. Le poète amène avec art deux situations principales où sa vanité est au supplice : d'abord entre un pauvre qui « lui parle verd » (c'est son père) et un bourgeois (tout à l'heure son beau-père) qui le tutoie (IV, 8); puis, au dénouement (V, 5 et 6), dans la scène du contrat, lorsqu'en présence de tout le monde il est obligé de reconnaître un pauvre pour son père et une femme de chambre pour sa sœur. Le coup est rude; c'est le dernier. Tufière est honnête homme :

Oui, je suis votre fils, et vous êtes mon père,

dit-il aux genoux de Lycandre, heureux de dire à son tour:

Mon fils est glorieux, mais il a le cœur bon.

La pièce finit par un double mariage : ainsi devait finir une comédie, mais Tufière est-il corrigé? Destouches le lui fait dire. Molière n'y eût

LE GLORIEUX ET SON PÈRE
LE COMTE, LYCANDRE [1].

LYCANDRE.
Allons voir Lisimon. Menez-moi chez sa fille.
LE COMTE.
De grâce, à vous montrer ne soyez pas si prompt.
Vous les exposeriez à vous faire un affront.
Vous ne savez donc pas jusqu'où va l'arrogance
D'un bourgeois anobli, fier de son opulence [2] ?
Si le faste et l'éclat ne soutiennent le rang,
Il traite avec dédain le plus illustre sang.
Mesurant ses égards aux dons de la fortune,
Le mérite indigent le choque, l'importune,
Et ne peut l'aborder qu'en faisant mille efforts
Pour cacher ses besoins sous un brillant dehors.
Depuis votre malheur, mon nom et mon courage
Font toute ma richesse ; et ce seul avantage,
Rehaussé par l'éclat de quelques actions,
M'a tenu lieu de biens et de protections [3].
J'ai monté par degrés, et riche en apparence,
Je fais une figure égale à ma naissance ;
Et, sans ce faux relief, ni mon rang ni mon nom
N'auroient pu m'introduire auprès de Lisimon.
LYCANDRE.
On me l'a peint tout autre ; et j'ai peine à vous croire.
Tout ce discours ne tend qu'à cacher votre gloire ;
Mais pour moi, qui ne suis ni superbe ni vain,
Je prétends me montrer, et j'irai mon chemin.
(*Il veut sortir.*)
LE COMTE, *le retenant.*
Différez quelques jours : la faveur n'est pas grande :
Je me jette à vos pieds et je vous la demande.

---

peut-être pas cru : son Harpagon tourne le dos à tout le monde pour aller voir « sa chère cassette. »

1. Un homme pauvrement vêtu entre (IV, 6) : c'est le père du Glorieux Tufière tressaille et éloigne son valet. Vous rougissez de moi, dit le vieillard. Son fils proteste. — Osez me reconnaître dans cette maison même comme votre père. « Allons voir… »

2. Excellent trait de caractère. Il voit la vanité chez les autres ; la sienne est la seule qu'il ne voie pas. — Cf. la fin de la dernière note.

3. Il y a certainement de la dignité dans ce langage. « Ce qu'on ne sauroit trop louer, dit LA HARPE, c'est de n'avoir jamais rendu ni vil ni odieux le principal personnage, qui doit être, au dénoûment, heureux et corrigé. » La leçon n'en est que plus forte. Un seul défaut gâte toutes les bonnes qualités du Glorieux, comme celles du Menteur de Corneille, comme un seul vice les enlève toutes à Harpagon.

LYCANDRE.

J'entends : la vanité me déclare à genoux
Qu'un père infortuné n'est pas digne de vous [1] !
Oui, oui, j'ai tout perdu par l'orgueil de ta mère [2],
Et tu n'as hérité que de son caractère.

LE COMTE.

Eh ! compatissez donc à la noble fierté
Dont mon cœur, il est vrai, n'a que trop hérité.
Du reste, soyez sûr que ma plus forte envie
Seroit de vous servir aux dépens de ma vie.
Mais du moins ménagez un honneur délicat :
Pour mon intérêt même évitons un éclat.

LYCANDRE.

Vous me faites pitié. Je vois votre foiblesse,
Et veux, en m'y prêtant, vous prouver ma tendresse ;
Mais à condition que si votre hauteur
Eclate devant moi [3], dès l'instant [4]......

(*Ibid.*, IV, 7.)

---

[1] « Vers qui ont une sorte de beauté bien rare et presque unique dans la comédie, le sublime de l'expression. » (LA HARPE.)

[2] « C'est encore une idée qui va au but de la pièce, que le père du Glorieux ait été ruiné par l'orgueil de sa mère. » (ID.)

[3] Cf. CORNEILLE, *Le Menteur*, V, 3 :

> Ecoute : je suis bon, et, malgré ma colère,
> Je veux encore un coup montrer un cœur de père..
> Mais si de ton côté le moindre obstacle arrive...

[4] Lisimon entre et le comte fait passer son père pour son intendant. Voilà comme il se corrige. Les leçons ne lui manquent pas : aucune ne lui sert. C'est ici sa maîtresse qui lui fait son portrait et ne ménage pas

> Un grand toujours gourmé
> D'un limon précieux se présumant formé,

et lui laisse pour adieux ce bon conseil :

> Ecoutez, profitez et méritez mon cœur.   (III, 4.)

C'est Lisette qui le prévient encore :

> Quand on fait trop le grand, on paroît bien petit.
> Vous vous perdez, monsieur......

et, en le quittant :

> Mon cœur seul m'a dicté cette utile leçon.
> Votre gloire irritée en paroît mécontente ;
> Je lui baise les mains, et suis votre servante.   (III, 5.)

Ailleurs, c'est Lisimon qui lui dit,

> Suivi de ma famille,
> Dois-je venir ici vous présenter ma fille,
> Vous priant à genoux de vouloir l'accepter ?
> Si tu te l'es promis, tu n'as qu'à décompter.
> Ma fille vaut bien peu, si l'on ne la demande.
> Je te baise les mains, et je me recommande
> A ta grandeur. Adieu.   (IV, 9.)

Resté seul, après le départ de l'une et de l'autre, que dit-il

> Il n'est donc plus permis de sentir ce qu'on vaut !   (III, 6.)
> Que ces gens inconnus
> Sont fiers ! Voilà l'orgueil de tous nos parvenus   (V, 10.)

PIRON
1689-1773

Alexis Piron, fils d'un apothicaire de Dijon, qui était l'ami et, en matière de *Noëls* bourguignons, le rival de La Monnoye, avait de qui tenir pour être un vert railleur. Il était déjà connu et redouté comme tel quand il vint à Paris écrire à main levée pour le Théâtre de la Foire des « farces », qui eurent grand succès, et, sous le patronage de Crébillon, pour le Théâtre Français, des comédies et des tragédies qui n'en eurent pas. Mais il fit, en 1738, de verve et sur un modèle vivant qui était lui-même, la *Métromanie*, que Voltaire appelait la *Piromanie*, et par elle il est resté un des représentants de la comédie du xviiie siècle. Elle compte parmi les cinq ou six chefs-d'œuvre du second rang, Molière mis hors de pair. On ne la joue guère, — elle n'est plus dans les mœurs et il faudrait la galvaniser, — mais elle se lit toujours et l'étincelle pétille encore à la lecture. C'est une fête, c'est une joie :

> La joie en circulant me gagne ainsi qu'eux tous,
> Je la sens, j'entre en verve et le feu prend aux poudres,
> Il part de moi des traits, des éclairs et des foudres.

Ainsi parle le héros de la pièce, fou de poésie, M. de l'Empyrée; c'est l'image de la pièce elle-même.

Tout Piron n'est pas dans la *Métromanie*. Il y a encore en lui, je ne dis pas l'auteur d'épîtres, d'églogues, de fables, d'odes, de stances, tout à fait oubliées, mais, d'abord l'homme d'esprit qui a tenu en échec et presque inquiété Voltaire, et partagé, ou au moins amusé de cette joute continue les salons du temps, l'homme aux saillies et aux ripostes à bout portant; et, en second lieu, plume en main, l'épigrammatiste inépuisable, sans repos et sans pitié, le plus en fond au xviiie siècle avec Le Brun, et qui eut ses cibles ordinaires : Desfontaines, Fréron, Voltaire, Marmontel, La Harpe, et l'Académie. Elle ne lui tint pas rigueur, mais il expia plus cher ses *Juvenilia* que La Fontaine ses *Contes* : Louis XIV fit attendre l'un, Louis XV fit échouer l'autre.

PLAIDOYER POUR LA POÉSIE

M. FRANCALEU, M. BALIVEAU, DAMIS [1].

FRANCALEU, *à Damis.*

. . . .

Monsieur l'homme accompli, qui du moins croyez l'être,
Prenez, prenez leçon, car voilà votre maître.
  (*Frappant sur l'épaule de M. Baliveau.*
Bravo! Bravo! Bravo! (*Il sort.*)

---

1. La scène se passe à la campagne chez M. Francaleu, riche bourgeois. La poésie est dans toutes les cervelles et dans toutes les mains. *Damis*, le jeune poète enthousiaste, qui se fait appeler M. de l'Empyrée, attend du succès d'une tragédie son succès auprès de *Lucile*; il fait des vers pour elle; il en fait qui servent à *Dorante*, son rival, pour plaire à sa

BALIVEAU, à part.
Le sot événement!

DAMIS.
Je ne puis revenir de mon étonnement :
Après un tel prodige, on en croira mille autres.
Quoi! mon oncle, c'est vous? et vous êtes des nôtres?
Heureux le lieu, l'instant, l'emploi qui nous rejoint!

M. BALIVEAU.
Raisonnons d'autre chose, et ne plaisantons point.
Le hasard a voulu...

DAMIS, l'interrompant.
Voici qui paroît drôle.
Est-ce vous qui parlez, ou si c'est votre rôle?

M. BALIVEAU.
C'est moi-même qui parle, et qui parle à Damis...
Voilà donc ce que fait mon neveu dans Paris?
Qu'a produit un séjour de si longue durée?
Que veut dire ce nom : Monsieur de l'Empyrée [1] ?
Sied-il, dans ton état, d'aller ainsi vêtu?
Dans quelle compagnie, dans quelle école es-tu?

DAMIS.
Dans la vôtre, mon oncle. Un peu de patience,
Imitez-moi. Voyez si je romps le silence
Sur mille questions qu'en vous trouvant ici
Peut-être suis-je en droit d'oser vous faire aussi.
Mais c'est que notre rôle est notre unique affaire,
Et que de nos débats le public n'a que faire.

M. BALIVEAU, levant sa canne.
Coquin! tu te prévaux du contre-temps maudit...

place. *Francaleu*, père de Lucile, ne rêve qu'à la comédie qu'on va jouer chez lui. *Lisette*, la soubrette malicieuse, et *Mondor*, valet du poète, enragent seuls de cette folie de vers. *Baliveau*, capitoul de Toulouse, et oncle de Damis, la fronde à tout propos; il sollicite un ordre pour faire enfermer son neveu, et il se trouve répétant un rôle avec lui.

1. *Empyrée* a signifié, selon les notions de l'antiquité, la plus élevée des quatre sphères célestes; chez les modernes, le ciel des étoiles fixes, puis le ciel (Etym. : ἐν, πῦρ). Ironiquement *Etre dans l'empyrée*, signifie se perdre dans les hauteurs du sublime. *Métrom.*, I, 7 :

MONDOR.
Votre nom maintenant, c'est donc?
DORANME.
De l'Empyrée,
Et j'en oserois bien garantir la durée.
MONDOR.
De l'Empyrée?... Oui-da! N'ayant sous l'horizon
Ni feu, ni lieu qui puisse allonger votre nom,
Et ne possédant rien sous la voûte céleste,
Le nom de l'enveloppe est tout ce qui vous reste.

DAMIS, *l'interrompant*:
Monsieur, ce geste-là vous devient interdit :
Nous sommes, vous et moi, membres de comédie.
Notre corps n'admet point la méthode hardie
De s'arroger ainsi la pleine autorité,
Et l'on ne connoît point chez nous de primauté.

M. BALIVEAU, *à part*.
C'est à moi de plier, après mon incartade.

DAMIS, *gaiement*.
Répétons donc en paix. Voyons, mon camarade :
Je suis un fils...
(*M. Baliveau rit.*)

M. BALIVEAU, *à part*.
J'ai ri : me voilà désarmé.

DAMIS.
Et vous, un père...

M. BALIVEAU, *l'interrompant*.
Eh ! oui, bourreau ! tu m'as nommé !
Je n'ai que trop, pour toi, des entrailles de père[1] ;
Et ce fut le seul bien que te laissa mon frère.
Quel usage en fais-tu ? qu'ont servi tous mes soins ?

DAMIS.
A me mettre en état de les implorer moins.
Mon oncle, vous avez cultivé mon enfance.
Je ne mets point de borne à ma reconnoissance ;
Et c'est pour le prouver que je veux désormais
Commencer par tâcher d'en mettre à vos bienfaits,
Me suffire à moi-même en volant à la gloire,
Et chercher la fortune au Temple de Mémoire.

M. BALIVEAU.
Où la vas-tu chercher ? Ce Temple prétendu
(Pour parler ton jargon) n'est qu'un pays perdu,
Où la Nécessité, de travaux consumée,
Au sein du sot orgueil, se repaît de fumée.
Eh ! malheureux, crois-moi, fuis ce terroir ingrat :
Prends un parti solide, et fais choix d'un état
Qu'ainsi que le talent le bon sens autorise,
Qui te distingue, et non qui te singularise,

---

1. VAN BUCK. Si je prends ma canne..... VALENTIN. Tout beau mon oncle ; prenez garde, en frappant, de casser votre bâton de vieillesse. VAN BUCK, *l'embrassant*. Ah ! malheureux ! tu abuses de moi. (A. DE MUSSET, *Il ne faut juger de rien*, I, 1).

Où le génie heureux brille avec dignité;
Tel qu'enfin le barreau l'offre à ta vanité.
                DAMIS.
Le barreau?
                M. BALIVEAU.
          Protégeant la veuve et la pupille,
C'est là qu'à l'honorable on peut joindre l'utile,
Sur la gloire et le gain établir sa maison,
Et ne devoir qu'a soi sa fortune et son nom.
                DAMIS.
Ce mélange de gloire et de gain m'importune :
On doit tout à l'honneur et rien à la fortune.
Le nourrisson du Pinde, ainsi que le guerrier,
A tout l'or du Pérou préfère un beau laurier
L'avocat se peut-il égaler au poëte?
De ce dernier la gloire est durable et complète.
Il vit longtemps après que l'autre a disparu :
Scarron même l'emporte aujourd'hui sur Patru!
Vous parlez du barreau de la Grèce et de Rome,
Lieux propres autrefois à produire un grand homme ;
L'antre de la chicane et sa barbare voix
N'y défiguroient pas l'éloquence et les lois.
Que des traces du monstre on purge la tribune :
J'y monte, et mes talens, voués à la fortune,
Jusqu'à la prose encor voudront bien déroger :
Mais l'abus ne pouvant sitôt se corriger,
Qu'on me laisse à mon gré, n'aspirant qu'à la gloire,
Des titres du Parnasse anoblir [1] ma mémoire,
Et primer dans un art plus au-dessus du droit,
Plus grave, plus sensé, plus noble qu'on ne croit !
La fraude impunément, dans le siècle où nous sommes,
Foule aux pieds l'équité, si précieuse aux hommes ;
Est-il, pour un esprit solide et généreux,
Une cause plus belle à plaider devant eux?
Que la fortune donc me soit mère ou marâtre,
C'est en fait ! pour barreau je choisis le théâtre,
Pour client la vertu, pour lois la vérité,
Et pour juge mon siècle et la postérité!.....
Infortuné! je touche à mon cinquième lustre,
Sans avoir publié rien qui me rende illustre :
On m'ignore : et je rampe encore à l'âge heureux
Où Corneille et Racine étoient déjà fameux!

1. Voyez sur ce mot, p. 218, n° 3.

M. BALIVEAU.

Quelle étrange manie ! Hé, dis-moi, misérable !
A de si grands esprits te crois-tu comparable ?
Et ne sais-tu pas bien qu'au métier que tu fais
Il faut ou les atteindre, ou ramper à jamais ?

DAMIS.

Eh bien ! voyons le rang que le destin m'apprête :
Il ne couronne point ceux que la crainte arrête.
Ces maîtres même avoient les leurs en débutant,
Et tout le monde alors put leur en dire autant.

M. BALIVEAU.

Mais les beautés de l'art ne sont pas infinies :
Tu m'avoûras du moins que ces rares génies,
Outre le don qui fut leur principal appui,
Moissonnoient à leur aise où l'on glane aujourd'hui.

DAMIS.

Ils ont dit, il est vrai, presque tout ce qu'on pense ;
Leurs écrits sont des vols qu'ils nous ont faits d'avance ;
Mais le remède est simple : il faut faire comme eux...
Ils nous ont dérobé, dérobons nos neveux ;
Et, tarissant la source où puise un beau délire,
A tous nos successeurs ne laissons rien à dire.
Un démon triomphant m'élève à cet emploi ;
Malheur aux écrivains qui viendront après moi[1] !

(*La Métromanie*, III, 7.)

ÉPIGRAMMES

I

Ce bavard né dans le pays du cidre
Peut, je le sais, me chicaner cent ans :
Le mieux d'abord seroit d'étouffer l'hydre,
Et je le puis. Vous seriez tous contens.
Mais m'en jouir est le but où je tends.
Satisfaisant d'un seul coup votre envie,

---

[1]. Voilà, on l'avouera, un enthousiasme généreux. *Sic itur ad astra*. La pièce de Damis pourra tomber à plat, mais non l'auteur. La pièce tombe en effet, mais Damis s'était déjà sacrifié généreusement à Dorante, qu'il savait aimé, pendant que celui-ci le faisait siffler. Il se retire avec les bénédictions de tous, et, comme le Joueur de Regnard, évincé, dit :

> Le jeu me vengera des pertes de l'amour,

il se consolera, lui aussi, avec la poésie ; son dernier mot est :

> Muses ! tenez-moi lieu de fortune et d'amour.

— On peut l'admirer, on ne le plaint pas. C'est le seul défaut de la pièce.

Je m'ôterois un des beaux passe-temps
Qu'un bon railleur puisse avoir en sa vie [1].

II
CONTRE VOLTAIRE

Son enseigne est à *l'Encyclopédie*.
Que vous plaît-il ? de l'anglais, du toscan ?
Vers, prose, algèbre, opéra, comédie ?
Poème épique, histoire, ode ou roman ?
Parlez ! C'est fait. Vous lui donnez un an ?
Vous l'insultez !... En dix ou douze veilles,
Sujets manqués par l'aîné des Corneilles,
Sujets remplis par le fier Crébillon,
Il refond tout. Peste ! voici merveilles !
Et la besogne est-elle bonne ?... Oh ! non [2].

GRESSET
1709-1777

Jean-Baptiste-Louis GRESSET, d'Amiens, appartint à l'ordre des jésuites pendant dix ans (1725-1735), écrivit d'élégants et amusants badinages, *Ver-Vert*, le *Carême impromptu*, le *Lutrin vivant*, une charmante épître, la *Chartreuse*, qui inquiétèrent la sévérité de ses supérieurs, quitta l'ordre, écrivit à Paris des tragédies et des comédies, fut de l'Académie à trente-neuf ans, puis tout à coup se retira dans sa ville natale, où il se maria, vécut et mourut. Gresset, dit Sainte-Beuve, « n'a fait de sa vie que deux choses qui se puissent relire avec un vrai plaisir et qui s'attachent à son nom : *Ver-Vert* à son moment le plus vif (1733), le *Méchant* à son moment le plus mûr (1747). » Il a peint avec un esprit piquant les « tracasseries de couvent et les « tracasseries du monde ». Il avait vu et saisi finement les unes et les autres. Sa veine épuisée, il se tut.

PROFESSION DE MÉCHANCETÉ DU MÉCHANT

I.

CLÉON, *le méchant*, FRONTIN, *son valet*.

FRONTIN.

Pour vos maudits plaisirs, on nous a pour la vie
Chassés de vingt maisons.

---

1. Voilà tout Piron. Bien armé d'esprit et sûr de son arme (« Et je le puis »), son plaisir est de batailler sans trêve. C'est son élément et sa joie.

2. « La meilleure des épigrammes que Piron ait décochée contre Voltaire », dit SAINTE-BEUVE. Mais, ajoute-t-il, Piron « n'entendait rien aux lumières de Voltaire, et à cette universalité de goûts, d'études et de curiosités agréables ou sérieuses, qui font sa gloire. »

CLÉON.

Chassés ? quelle folie !

FRONTIN.

Oh ! c'est un mot pour l'autre, et, puisqu'il faut choisir,
Point chassés, mais priés de ne plus revenir.
Comment n'aimez-vous pas un commerce plus stable ?
Avec tout votre esprit, et pouvant être aimable,
Ne prétendez-vous donc qu'au triste amusement
De vous faire haïr universellement.

CLÉON.

Cela m'est fort égal : on me craint, on m'estime ;
C'est tout ce que je veux, et je tiens pour maxime
Que la plate amitié, dont on fait tant de cas,
Ne vaut pas les plaisirs des gens qu'on n'aime pas :
Être cité, mêlé dans toutes les querelles,
Les plaintes, les rapports, les histoires nouvelles,
Être craint à la fois et désiré partout,
Voilà ma destinée et mon unique goût.
Quant aux amis, crois-moi, ce vain nom qu'on se donne
Se prend chez tout le monde, et n'est vrai chez personne :
J'en ai mille, et pas un. Veux-tu que, limité
Au petit cercle obscur d'une société,
J'aille m'ensevelir dans quelque coterie ?
Je vais où l'on me plaît, je pars quand on m'ennuie,
Je m'établis ailleurs, me moquant au surplus
D'être haï des gens chez qui je ne vais plus :
C'est ainsi qu'en ce lieu, si la chance varie,
Je compte planter là toute la compagnie.

FRONTIN.

Cela vous plaît à dire, et ne m'arrange pas.
De voir tout l'univers vous pouvez faire cas :
Mais je suis las, monsieur, de cette vie errante.
Toujours visages neufs, cela m'impatiente :
On ne peut, grâce à vous, conserver un ami :
On est tantôt au nord, et tantôt au midi.
Je ne puis plus souffrir cette humeur vagabonde,
Et vous ferez tout seul le voyage du monde.

(*Le Méchant*, II, 1.)

II.

CLÉON, FLORISE, *mère de Chloé*

CLÉON.

      Paris! il m'ennuie à la mort;
Et je ne vous fais pas un fort grand sacrifice
En m'éloignant d'un monde à qui je rends justice.
Tout ce qu'on est forcé d'y voir et d'endurer
Passe bien l'agrément qu'on y peut rencontrer :
Trouver à chaque pas des gens insupportables,
Des flatteurs, des valets, des plaisans détestables,
Des jeunes gens d'un ton, d'une stupidité !...
Des femmes d'un caprice et d'une fausseté !.....
Des prétendus esprits souffrir la suffisance,
Et la grosse gaîté de l'épaisse opulence ;
Tant de petits talens où je n'ai pas de roi ;
Des réputations, on ne sait pas pourquoi :
Des protégés si bas ! des protecteurs si bêtes !...
Des ouvrages vantés qui n'ont ni pieds ni têtes ;
Faire des soupers fins où l'on périt d'ennui ;
Veiller par air, enfin se tuer pour autrui !
Franchement, des plaisirs, des biens de cette sorte,
Ne font pas, quand on pense, une chaîne bien forte,
Et, pour vous parler vrai, je trouve plus sensé
Un homme sans projets dans sa terre fixé,
Qui n'est ni complaisant, ni valet de personne,
Que tous ces gens brillans qu'on mange, qu'on friponne,
Qui, pour vivre à Paris avec l'air d'être heureux,
Au fond n'y sont pas moins ennuyés qu'ennuyeux [1].

         (*Ibid.*, II, 3.)

---

1. Cléon a mille fois raison. Mais pourquoi son bonheur est-il de hanter ceux qu'il méprise et de faire pis qu'eux ?
Cléon cherche à rompre le mariage de Valère, son ami, avec Chloé. Il est démasqué par son valet Frontin, qu'a gagné à la cause de Chloé la soubrette Lisette. C'est l'oncle Géronte qui tire la morale de la pièce dans les deux vers qui la terminent :

  Malgré tous les succès de l'esprit des méchans,
  Je sens qu'on en revient toujours aux bonnes gens.

Le Méchant, qui n'est en somme qu'un brouillon, est un portrait sur le vif de cette société frivole, ennuyée et médisante, que Voltaire raille en maint endroit (Voir l'Epître à Mme Denis, 1741). Il était si bien pris dans les mœurs acceptées et pratiquées, que le public, nous dit Rousseau, s'y méprit et n'en voulut pas plus à Cléon d'être méchant qu'autrefois à Oronte d'avoir fait un mauvais sonnet. On mit plusieurs noms sous celui de Cléon, et ceux qui les portaient ne s'en plaignirent pas.

RÉFUTATION

I.

ARISTE [1], VALÈRE.

ARISTE.

. . . .
Débuter par ne voir qu'un homme diffamé !

VALÈRE.
Je vous réponds, monsieur, qu'il est très estimé ;
Il a les ennemis que nous fait le mérite ;
D'ailleurs on le consulte, on l'écoute, on le cite ;
Aux spectacles surtout il faut voir le crédit
De ses décisions, le poids de ce qu'il dit ;
Il faut l'entendre après une pièce nouvelle :
Il règne, on l'environne ; il prononce sur elle,
Et son autorité, malgré les protecteurs,
Pulvérise l'ouvrage et les admirateurs.

ARISTE.
Mais vous le condamnez en croyant le défendre.
Est-ce bien là l'emploi qu'un bon esprit doit prendre ?
L'orateur des foyers et des mauvais propos !
Quels titres sont les siens ? l'insolence et des mots,
Des applaudissemens, le respect idolâtre
D'un essaim d'étourdis, chenilles du théâtre,
Et qui, venant toujours grossir le tribunal
Du bavard imposant qui dit le plus de mal,
Vont semer d'après lui l'ignoble parodie
Sur les fruits du talent et les dons du génie.
Cette audace d'ailleurs, cette présomption
Qui prétend tout ranger à sa décision,
Est d'un fat ignorant la marque la plus sûre :
L'homme éclairé suspend l'éloge et la censure ;
Il sait que sur les arts, les esprits et les goûts,
Le jugement d'un seul n'est point la loi de tous,
Qu'attendre est, pour juger, la règle la meilleure,
Et que l'arrêt public est le seul qui demeure.

VALÈRE.
Il est vrai ; mais enfin Cléon est respecté,
Et je vois les rieurs toujours de son côté.

---

1. Le méchant n'est ni estimé, ni respecté, ni homme d'esprit, ni aimé, ni craint, ni heureux, ni homme de probité. — C'est ce qu'établit, à l'encontre de Valère, Ariste, le sage de la pièce, frère des Aristes de Molière.

ARISTE.

De si honteux succès ont-ils de quoi vous plaire ?
Du rôle de plaisant connoissez la misère.
J'ai rencontré souvent de ces gens à bons mots,
De ces hommes charmans, qui n'étoient que des sots.
Malgré tous les efforts de leur petite envie,
Une froide épigramme, une bouffonnerie,
A ce qui vaut mieux qu'eux n'ôtera jamais rien ;
Et, malgré les plaisans, le bien est toujours bien.
J'ai vu d'autres méchans d'un grave caractère,
Gens laconiques, froids, à qui rien ne peut plaire.
Examinez-les bien : un ton sentencieux
Cache leur nullité sous un air dédaigneux.
Cléon souvent aussi prend cet air d'importance ;
Il veut être méchant jusque dans son silence :
Mais qu'il se taise ou non, tous les esprits bien faits
Sauront le mépriser jusque dans ses succès.

VALÈRE.

Lui refuseriez-vous l'esprit ? J'ai peine à croire...

ARISTE.

Mais à l'esprit méchant je ne vois point de gloire.
Si vous saviez combien cet esprit est aisé,
Combien il en faut peu, comme il est méprisé !
Le plus stupide obtient la même réussite :
Hé ! pourquoi tant de gens ont-ils ce plat mérite,
Stérilité de l'âme et de ce naturel
Agréable, amusant, sans bassesse et sans fiel ?
On dit l'esprit commun ; par son succès bizarre,
La méchanceté prouve à quel point il est rare.
Ami du bien, de l'ordre et de l'humanité,
Le véritable esprit marche avec la bonté.
Cléon n'offre à nos yeux qu'une fausse lumière :
La réputation des mœurs est la première ;
Sans elle, croyez-moi, tout succès est trompeur :
Mon estime toujours commence par le cœur.
Sans lui, l'esprit n'est rien ; et, malgré vos maximes,
Il produit seulement des erreurs et des crimes.
Fait pour être chéri, ne seriez-vous cité
Que pour le complaisant d'un homme détesté ?

VALÈRE.

Je vois tout le contraire : on le recherche, on l'aime :
Je voudrois que chacun me détestât de même :
On se l'arrache au moins ; je l'ai vu quelquefois

A des soupers divins retenu pour un mois ;
Quand il est à Paris, il ne peut y suffire.
Me direz-vous qu'on hait un homme qu'on désire ?
ARISTE.
Que dans ses procédés l'homme est inconséquent !
On recherche un esprit dont on hait le talent ;
On applaudit aux traits du méchant qu'on abhorre,
Et, loin de le proscrire, on l'encourage encore.
Mais convenez aussi qu'avec ce mauvais ton,
Tous ces gens dont il est l'oracle et le bouffon
Craignent pour eux le sort des absens qu'il leur livre,
Et que tous avec lui seroient fâchés de vivre.
On le voit une fois, il peut être applaudi :
Mais quelqu'un voudroit-il en faire son ami ?
VALÈRE.
On le craint, c'est beaucoup.
ARISTE.
        Mérite pitoyable !
Pour les esprits sensés est-il donc redoutable ?
C'est ordinairement à de foibles rivaux
Qu'il adresse les traits de ses mauvais propos.
Quel honneur trouvez-vous à poursuivre, à confondre,
A désoler quelqu'un qui ne peut vous répondre ?
Ce triomphe honteux de la méchanceté
Réunit la bassesse et l'inhumanité.
Quand sur l'esprit d'un autre on a quelque avantage,
N'est-il pas plus flatteur d'en mériter l'hommage,
De voiler, d'enhardir la foiblesse d'autrui,
Et d'en être à la fois et l'amour et l'appui ?
VALÈRE.
Qu'elle soit un peu plus, un peu moins vertueuse,
Vous m'avoûrez du moins que sa vie est heureuse.
On épuise bientôt une société ;
On sait tout votre esprit, vous n'êtes plus fêté
Quand vous n'êtes plus neuf ; il faut une autre scène
Et d'autres spectateurs : il passe, il se promène
Dans les cercles divers, sans gêne, sans lien ;
Il a la fleur de tout, n'est esclave de rien...
ARISTE.
Vous le croyez heureux ? Quelle âme méprisable !
Si c'est là son bonheur, c'est être misérable.
Etranger au milieu de la société,
Et partout fugitif, et partout rejeté,

Vous connoîtrez bientôt par votre expérience
Que le bonheur du cœur est dans la confiance.
Un commerce de suite avec les mêmes gens,
L'union des plaisirs, des goûts, des sentimens,
Une société peu nombreuse, et qui s'aime,
Où vous pensez tout haut, où vous êtes vous-même,
Sans lendemain, sans crainte et sans malignité,
Dans le sein de la paix et de la sûreté:
Voilà le seul bonheur honorable et paisible
D'un esprit raisonnable et d'un cœur né sensible.
Sans amis, sans repos, suspect et dangereux,
L'homme frivole et vague est déjà malheureux.
Mais jugez avec moi combien l'est davantage
Un méchant affiché dont on craint le passage,
Qui traînant avec lui les rapports, les horreurs,
L'esprit de fausseté, l'art affreux des noirceurs,
Abhorré, méprisé, couvert d'ignominie,
Chez les honnêtes gens demeure sans patrie.
Voilà le vrai proscrit et vous le connoissez.

VALÈRE.

Je ne le verrois plus si ce que vous pensez
Alloit m'être prouvé; mais on outre les choses:
C'est donner à des riens les plus horribles causes:
Quant à la probité, nul ne peut l'accuser;
Ce qu'il dit, ce qu'il fait, n'est que pour s'amuser.

ARISTE.

S'amuser, dites-vous? quelle erreur est la vôtre!
Quoi! vendre tour à tour, immoler l'une à l'autre
Chaque société, diviser les esprits,
Aigrir des gens brouillés, ou brouiller des amis,
Calomnier, flétrir des femmes estimables,
Faire du mal d'autrui ses plaisirs détestables;
Ce germe d'infamie et de perversité
Est-il dans la même âme avec la probité?
Et parmi vos amis vous souffrez qu'on le nomme!...

(*Ibid.*, IV, 4.)

II.

ARISTE, CLÉON.

CLÉON.

Croyez-vous aux méchans?...
Pour moi, je n'y crois pas: soit dit sans intérêt,
Tout le monde est méchant, et personne ne l'est:

On reçoit et l'on rend : on est à peu près quitte :
Parlez-vous des propos? Comme il n'est ni mérite,
Ni goût, ni jugement, qui ne soit contredit,
Que rien n'est vrai sur rien, qu'importe ce qu'on dit?
Tel sera mon héros, et tel sera le vôtre ;
L'aigle d'une maison n'est qu'un sot dans une autre;
Je dis ici qu'Eraste est un mauvais plaisant ;
Eh bien ! on dit ailleurs qu'Eraste est amusant.
Si vous parlez des faits et des tracasseries,
Je n'y vois dans le fond que des plaisanteries ;
Et si vous attachez du crime à tout cela,
Beaucoup d'honnêtes gens sont de ces fripons-là.
L'agrément couvre tout, il rend tout légitime :
Aujourd'hui dans le monde on ne connoît qu'un crime,
C'est l'ennui ; pour le fuir, tous les moyens sont bons ;
Il gagneroit bientôt les meilleures maisons
Si l'on s'aimoit si fort ; l'amusement circule
Par les préventions, les torts, le ridicule :
Au reste, chacun parle et fait comme il l'entend.
Tout est mal, tout est bien, tout le monde est content.

ARISTE.

On n'a rien à répondre à de telles maximes :
Tout est indifférent pour les âmes sublimes.
Le plaisir, dites-vous, y gagne ; en vérité,
Je n'ai vu que l'ennui chez la méchanceté :
Ce jargon éternel de la froide ironie,
L'air de dénigrement, l'aigreur, la jalousie,
Ce ton mystérieux, ces petits mots sans fin,
Toujours avec un air qui voudroit être fin ;
Ces indiscrétions, ces rapports infidèles,
Ces basses faussetés, ces trahisons cruelles;
Tout cela n'est-il pas, à le bien définir,
L'image de la haine et la mort du plaisir?
Aussi ne voit-on plus où sont ces caractères,
L'aisance, la franchise et les plaisirs sincères.
On est en garde, on doute enfin si l'on rira :
L'esprit qu'on veut avoir gâte celui qu'on a [1].

---

1. Bon nombre de vers du *Méchant* sont, comme celui-ci, devenus d'excellents proverbes. Tel encore :

Les sots sont ici-bas pour nos menus plaisirs.

Tous les critiques ont goûté le rare mérite du style du *Méchant*, son aisance et sa grâce, sa désinvolture élégante et fine, et le bon ton qui y déguise la malignité et le cynisme. « Le *Méchant*, dit M. Villemain, est la médaille des salons du XVIIIe siècle.»

De la joie et du cœur on perd l'heureux langage
Pour l'absurde talent d'un triste persiflage.
(Ibid., IV, 8.)

LA CHARTREUSE [1]

Sur cette montagne empestée
Où la foule toujours crottée
De prestolets [2] provinciaux
Trotte sans cause et sans repos,
Vers ces demeures odieuses
Où règnent les longs argumens
Et les harangues ennuyeuses,
Loin du séjour des agrémens ;
Enfin, pour fixer votre vue,
Dans cette pédantesque rue
Où trente faquins d'imprimeurs,
Avec un air de conséquence,
Donnent froidement audience
A cent faméliques auteurs,
Il est un édifice immense
Où, dans un loisir studieux,
Les doctes arts forment l'enfance
Des fils des héros et des dieux [3] :
Là, du toit d'un cinquième étage
Qui domine avec avantage
Tout le climat grammairien,
S'élève un antre aérien,
Un astrologique ermitage [4],

1. Gresset applique le nom de *Chartreuse*, qui signifie couvent de Chartreux (Etym. : *Catursiani montes*, nom des montagnes de Savoie où Saint-Bruno fonda l'ordre en 1086), au logis solitaire qu'il occupait à l'étage le plus élevé d'un des bâtiments du collège Louis-le-Grand, où, jésuite alors, il professa. Ducis a employé le mot dans le même sens, pour désigner d'ailleurs une petite maison qu'il possédait dans ces mêmes montagnes de Savoie. — Le collège Louis-le-Grand était et est encore situé rue Saint-Jacques, « la pédantesque rue », dans le quartier qui a conservé le nom de « Quartier latin », près du point culminant de cette montagne « empestée », la « montagne Sainte-Geneviève », sur laquelle s'échelonnaient au moyen âge les écoles et collèges. (Voir dans notre Recueil de Prosateurs, p. 661, *Paris à vol d'oiseau*, par V. Hugo.)
2. Etudiants portant le petit collet, c.-à-d., comme les ecclésiastiques, un collet de linge ou rabat, plus petit que celui qui, au XVIIe siècle, était rabattu sur le col du pourpoint.
3. Les fils de familles princières et nobles étaient élevés de préférence au collège des jésuites. Ils s'y rencontraient d'ailleurs avec Voltaire, C. Desmoulins, Robespierre, etc.
4. Le logis de Gresset était surmonté d'un belvédère, qui servait d'observatoire aux jésuites.

Qui paroît mieux, dans le lointain,
Le nid de quelque oiseau sauvage
Que la retraite d'un humain.
  C'est pourtant de cette guérite,
C'est de ce céleste tombeau,
Que votre ami, nouveau stylite [1],
A la lueur d'un noir flambeau,
Penché sur un lit sans rideau,
Dans un déshabillé d'ermite,
Vous griffonne aujourd'hui sans fard,
Et peut-être sans trop de suite,
Ces vers enfilés au hasard ;
Et tandis que pour vous je veille
Longtemps avant l'aube vermeille,
Empaqueté comme un Lapon,
Cinquante rats à mon oreille
Ronflent encore en faux-bourdon.
  Si ma chambre est ronde ou carrée,
C'est ce que je ne dirai pas :
Tout ce que j'en sais, sans compas,
C'est que, depuis l'oblique entrée,
Dans cette cage resserrée
On peut former jusqu'à six pas.
Une lucarne mal vitrée,
Près d'une gouttière livrée
A d'interminables sabbats,
Où l'université des chats,
A minuit, en robe fourrée [2],
Vient tenir ses bruyants états ;
Une table mi-démembrée,
Près du plus humble des grabats ;
Six brins de paille délabrée
Dressés sur deux vieux échalas :
Voilà les meubles délicats
Dont ma chartreuse est décorée,
Et que les frères de Borée
Bouleversent avec fracas,
Lorsque sur ma niche éthérée
Ils préludent aux fiers combats

---

1. Surnom donné à quelques solitaires chrétiens, qui avaient placé leurs cellules au-dessus de portiques ou de colonnes. Saint Siméon *le stylite*, de Cilicie (v⁰ siècle). Il y en eut en Syrie jusqu'au XII⁰ siècle.
2. Voyez dans notre Recueil de Prosateurs les *Chatz fourrez* de Rabelais.

Qu'ils vont livrer sur vos climats ;
Ou quand leur troupe conjurée
Y vient préparer ces frimas
Qui versent sur chaque contrée
Les catarrhes et le trépas [1]...

(*La Chartreuse*, v. 104 sqq.)

DUCIS
1733-1816

Jean-François Ducis, né à Versailles, était, par son père, de race savoisienne. Il a une physionomie très personnelle dans le monde des lettres au xviiie siècle. Mélange de force et de tendresse, de rudesse et de grâce, de simplicité et d'élévation, imagination vive, profondément empreinte des farouches grandeurs de Shakespeare, dans ses années de jeunesse et de maturité il les reproduisit sur la scène française avec les tempéraments timides que comportaient et qu'exigeaient alors le goût français et nos habitudes ou nos préjugés dramatiques. Il donna successivement *Hamlet* (1769), *Roméo et Juliette* (1772), le *Roi Lear* (1783), *Macbeth* (1784), *Jean sans Terre* (1791), *Othello* (1792) ; le souvenir de Talma, son ami, est resté attaché à quelques-unes de ces tragédies. Il fondit l'imitation de Sophocle et d'Euripide dans *Œdipe chez Admète* (1778) ; il dut *Œdipe à Colone* (1797) à Sophocle ; il ne dut qu'à lui-même *Abufar ou la Famille arabe* (1795). Puis, vieux, il cultiva ses fleurs dans « son petit parterre », planta ses choux dans « son petit potager », heureux comme Horace, sans avoir Tibur, de son bouquet de bois, de « son petit ruisseau », de « ses petits pénates », que, « catholique, poète, républicain et solitaire », disait-il au premier consul, il préférait à un fauteuil de sénateur, et où, chaque année, il couronnait le buste d'Homère. C'est là que, amoureux de la campagne, de l'indépendance, de la famille et de l'amitié, il écrivit épîtres et pièces diverses, toutes pénétrées de naïveté, de fraîcheur, de bonhomie, de bonne conscience, et fit applaudir en lui ce qu'avait si bien dit son ami Andrieux,

> L'accord d'un beau talent et d'un beau caractère.

Il avait hérité en 1778 du fauteuil académique de Voltaire. Les premiers mots de son discours de réception ont fait oublier le reste : « Il est des grands hommes à qui l'on succède et que personne ne remplace. » S'il ne remplaçait pas Voltaire, même au théâtre, il eut cependant ce qui y a manqué à la brillante élégance de Voltaire, la vérité et la variété de la couleur dans le style dramatique.

---

1. Gresset a manié avec beaucoup d'aisance le vers de huit syllabes. Ses périodes s'allongent quelquefois outre mesure de rimes en rimes redoublées : on le voit par cette dernière.

SONGE DE MACBETH [1]

MACBETH, FRÉDEGONDE (LADY MACBETH).

MACBETH.

Je croyois traverser, dans sa profonde horreur,
D'un bois silencieux l'obscurité perfide.
Le vent grondoit au loin dans son feuillage aride.
C'étoit l'heure fatale où le jour qui s'enfuit
Appelle avec effroi les erreurs de la nuit,
L'heure où souvent trompés nos esprits s'épouvantent.
Près d'un chêne enflammé devant moi se présentent
Trois femmes. Quel aspect! non, l'œil humain jamais
Ne vit d'air plus affreux, de plus difformes traits.
Leur front sauvage et dur, flétri par la vieillesse,
Exprimoit par degrés leur féroce allégresse.
Dans les flancs entr'ouverts d'un enfant égorgé,
Pour consulter le sort, leur bras s'étoit plongé.
Ces trois spectres sanglans, courbés sur leur victime,
Y cherchoient et l'indice et l'espoir d'un grand crime;
Et, ce grand crime enfin se montrant à leurs yeux,
Par un chant sacrilège ils rendoient grâce aux dieux.
Étonné, je m'avance : « Existez-vous, leur dis-je,
Ou bien ne m'offrez-vous qu'un effrayant prestige? »
Par des mots inconnus, ces êtres monstrueux
S'appeloient tour à tour, s'applaudissoient entre eux,
S'approchoient, me montroient avec un ris farouche;
Leur doigt mystérieux se posoit sur leur bouche.
Je leur parle, et dans l'ombre ils échappent soudain,
L'un avec un poignard, l'autre un sceptre à la main;
L'autre d'un long serpent serroit le corps livide :
Tous trois vers ce palais ont pris un vol rapide;

---

1. Shakespeare a immortalisé le nom de Macbeth par une de ses plus célèbres tragédies, « son *Athalie*, » dit M. Villemain. Macbeth et lady Macbeth ont tué Duncan, roi d'Écosse. Dès lors toutes les visions du remords hantent l'un, et l'autre voit et frotte sur sa main la tache ineffaçable du sang de leur victime. Ducis (voir M. Villemain, *Cours de litt. du* XVIIIe s., 44e leçon) a imité ce drame, avec des timidités qui le gâtent. Mais son style tragique en reproduit souvent les sombres couleurs, par exemple dans le récit suivant, par lequel, malheureusement, selon la tradition de la scène française, il a remplacé la scène des sorcières qui ouvre le drame anglais. Son imagination rêvait plus qu'il n'osait sur le théâtre. « Allons aux grands effets, dit-il dans une lettre à Talma (oct. 1803); songeons aux Grecs, à l'effet de leurs furies, aux cris, aux gémissemens véritables dont les Le Kain et les Talma d'Athènes faisoient retentir leurs immenses théâtres et transir leurs spectateurs. Songeons aux grandes impressions de terreur et de pitié. »

Et tous trois dans les airs, en fuyant loin de moi,
M'ont laissé pour adieux ces mots : « Tu seras roi. »
FRÉDÉGONDE.
T'ont-ils réveillé?
MACBETH.
Non. Ma langue s'est glacée.
Un exécrable espoir entroit dans ma pensée.
Si loin du trône encor, comment y parvenir?
Je n'osois sans trembler regarder l'avenir.
Enfin dans mes exploits, dans ma propre innocence,
Ma timide vertu trouvoit quelque assurance.
Je cherchois dans moi-même un secret défenseur ;
Et déjà du repos je goûtois la douceur :
A l'instant j'ai senti sous ma main dégoûtante
Un corps meurtri, du sang, une chair palpitante :
C'étoit moi, dans la nuit, sur un lit ténébreux,
Qui perçois à grands coups un vieillard malheureux.
(Macbeth[1], II, 6.)

EN ARABIE [2]

I

ABUFAR A SA FILLE SALÉMA

Pourquoi dans le désert, avec un regard sombre,
Seule, et le front baissé, vas-tu chercher dans l'ombre
Des ravages du temps quelques débris nouveaux,
Et t'asseoir en pleurant sur de tristes tombeaux?
Pourquoi, lorsque la nuit sur ses immenses voiles

---

1. Un monologue de Frédegonde (IV, 8) a des traces évidentes d'imitation de CORNEILLE (monologue de Cléopâtre, dans *Rodogune*, V, 1. Voir *supra*, p. 214) :

<blockquote>
Nul péril, nul tourment ne sauroit m'étonner ;
Je n'en connois qu'un seul, c'est de ne pas régner.
Ce n'est pas à demi qu'on aime un diadème.
Songe à Duncan, Macbeth : je suis encor la même...
Sceptre, par un forfait je te veux conserver ;
Et s'il y faut mon bras, je saurai l'achever.
</blockquote>

Cf. encore CORNEILLE, *Médée*, I, 4 :

<blockquote>
Tu t'abuses, Jason ; je suis encor moi-même.
</blockquote>

2. *Abufar ou la famille arabe* est l'œuvre dramatique la plus personnelle de Ducis. Sans doute les mœurs de ses Arabes y sont un peu « sentimentalisées », comme Sainte-Beuve le dit de ses imitations de Shakespeare; ce style tragique du XVIIIe siècle risque de travestir les Arabes comme celui de Bitaubé travestit plus tard les héros d'Homère ou celui de Marchangy les Gaulois : mais les beaux vers y abondent, le langage de la passion y respire les ardeurs du désert, dont les souffles embrasés passent mainte fois et dont les vastes et muets horizons s'ouvrent dans cette poésie émue et colorée.

De leur rayon tremblant fait briller les étoiles,
Pourquoi vois-je tes yeux, trop souvent attristés,
Regarder pleins de pleurs leurs rapides clartés ;
Ta main presser ton cœur, et ton regard austère
Du ciel avec lenteur retomber sur la terre ?
Qui donc consterne ainsi ton courage abattu ?
(*Abufar*, I, 3.)

II

ABUFAR A SON FILS FARHAN [1].

La nuit, quand nous levons nos mains vers les étoiles,
Dieu n'est-il pas présent sous ces augustes voiles,
Dirigeant d'un coup d'œil le cours silencieux
De ces globes brillans dispersés dans les cieux ?
Cet air, ce sol natal, cette douce patrie,
N'a donc rien dit, hélas ! à ton âme attendrie ?
Rien donc auprès de nous n'a pu te retenir ?...
Regarde autour de nous. Ah ! lorsqu'en ces déserts
Nos sables agités ont obscurci les airs,
Quand le soleil pâlit, quand les vents homicides
Élèvent jusqu'au ciel des montagnes arides,
Et font voler au loin ces nuages brûlans
Sur les pas égarés des voyageurs tremblans,
Le chameau mieux instruit, courbé sous la tempête,
Dans le sable, du moins, ensevelit sa tête ;
Sans braver le péril, sage et fermant les yeux,
Il trompe par instinct ces vents contagieux.
Trompe aussi ta jeunesse et son intempérie ;
Trompe aussi par raison tes sens et leur furie.
N'attends pas dans ton cœur de mollesse abattu
Que l'air brûlant du vice ait séché la vertu.
(*Ibid.*, II, 7.)

---

1. Qui, poussé d'une ardeur inquiète, avait quitté les siens et erré de peuple en peuple.

2. On a retenu des autres tragédies de Ducis quelques vers d'une rare énergie :

> Il est juste
> Que le ciel qui nous met au-dessus de nos lois
> Arme au moins le remords pour se venger des rois.
> (*Hamlet*, I, 2.)
> Je veux qu'à chaque instant cette cendre en ces lieux
> De ses empoisonneurs fatigue au moins les yeux.
> (*Ibid.*, II.5.)
> Mais moi, fils du désert, moi, fils de la nature,
> Qui dois tout à moi-même, et rien à l'imposture,
> Sans crainte, sans remords, avec simplicité,
> Je marche dans ma force et dans ma liberté.
> (*Othello*, II, 7.)

VERS ÉCRITS A LA GRANDE-CHARTREUSE
le 4 juin 1775

Quel calme! quel désert! dans une paix profonde,
Je n'entends plus mugir les tempêtes du monde.
Le monde a disparu, le temps s'est arrêté.
Commences-tu pour moi, terrible éternité?.....
Ces rochers, ces sapins, ce torrent solitaire,
Tout parle, tout m'instruit à mépriser la terre,
La terre où le bonheur est un fruit étranger,
Que toujours quelque ver en secret vient ronger.
Partout de la douleur j'y trouvai les images.
L'amour a ses tourmens, l'amitié ses outrages [1].
Que de désirs trompés, de travaux superflus!
Vous qui, vivant pour Dieu, mourrez dans ces retraites,
Heureux qui vient vous voir dans le port où vous êtes,
Mais plus heureux cent fois celui qui n'en sort plus [2].

A MON RUISSEAU

Ruisseau peu connu dont l'eau coule
Dans un lieu sauvage et couvert,
Oui, comme toi, je crains la foule;
Comme toi, j'aime le désert.

Ruisseau, sur ma peine passée
Fais rouler l'oubli des douleurs,
Et ne laisse dans ma pensée
Que ta paix, tes flots et tes fleurs.

Près de toi l'âme recueillie
Ne sait plus s'il est des pervers :

---

[1]. Cf. LAMARTINE, *Le vallon* (*Premières Méditations*, VI) :
   L'amitié te trahit, la pitié t'abandonne, etc.

[2]. Ducis dit ailleurs (*A ma Chartreuse*, en Savoie, à Haute-Luce) :
   Sois mille fois béni, désert qui me protèges!
   Que ma vie et ma mort se renferme en ces lieux;
   Garde bien mes soupirs, mes pas silencieux,
       Mon humble toit religieux,
       Le jardin de ma jeune abeille,
       Mon doux repos quand je sommeille,
       Ma conscience quand je veille,
   Et la paix de mon âme et son vol vers les cieux.

Ducis était un chrétien catholique et pratiquant. « Dès sa jeunesse, au milieu de ses travaux dramatiques, il avait un livre secret dans lequel il écrivait tout son examen de conscience; ce registre avait pour titre : *Ma grande affaire*, c'est-à-dire l'affaire du salut. » (SAINTE-BEUVE, *Causeries du Lundi*, VI.) « J'habite avec Saint-Pacôme, écrivait-il en lisant les *Vies des Pères du désert*; c'est un charme que de se transporter sur cette terre des anges : on ne voudroit plus en sortir. »

Ton flot pour la mélancolie
Se plaît à murmurer des vers.

Quand pourrai-je aux jours de l'automne,
En suivant le cours de ton eau,
Entendre et le bois qui frissonne,
Et le cri plaintif du vanneau [1] !

Que j'aime cette église antique,
Ces murs que la flamme a couverts,
Et l'oraison mélancolique
Dont la cloche attendrit les airs !

Jadis chez des vierges austères
J'ai vu quelques ruisseaux cloîtrés
Rouler leurs ondes solitaires
Dans des clos à Dieu consacrés.

Leurs flots si purs, avec mystère,
Serpentoient dans ces chastes lieux,
Où ces beaux anges de la terre
Fouloient des prés bénis des cieux.

Mon humble ruisseau, par ta fuite
(Nous vivons, hélas ! peu d'instans),
Fais souvent penser ton hermite
Avec fruit au fleuve du temps [2].

---

1. Voilà en trois ou quatre mots, sans description, une impression vraie de la nature ; voilà la mélancolie discrète de la poésie de Virgile. « Je suis en veine de travail, dit-il dans une lettre à Talma (oct. 1803) ; l'automne jaunit mes forêts, les vents mélancoliques vont souffler ; cette saison est ma Muse. » Et à Népomucène Lemercier : « J'ai fait une lieue ce matin dans des plaines de bruyères, et quelquefois entre des buissons qui sont couverts de fleurs, et qui chantent. Pourquoi ne sommes-nous pas ensemble ? C'est ce que je me dis toutes les fois que j'ai douceur et surabondance de mélancolie. » Et à Hérault de Séchelles, il écrivait, tout plein des grandeurs des Alpes : « C'est avec ce sentiment doux et fort tout ensemble, c'est avec cet amour du torrent que j'ai laissé échapper de mon cœur mes sombres et incultes ouvrages. » Il a versé son âme douce et ardente, de « colombe » et de « lion », dans des tragédies ; c'était le moule du temps : quarante ans plus tard il eût été de la grande école de poésie lyrique et intime des Lamartine, des Brizeux, etc. Il a de ces échappées de poésie intime dans ses épîtres, autre moule du temps ; il les écrit « comme un bûcheron qui chante dans ses bois en faisant des fagots. »

2. C'est encore dans la prose de Ducis que nous trouvons le plus poétique développement de ces sortes d'idées : « Hélas ! mon cher ami, vous avez bien raison : sur ce grand fleuve de la vie, parmi tant de barques qui le descendent rapidement pour ne plus le remonter jamais, c'est encore un bonheur que d'avoir trouvé dans son batelet quelques bonnes âmes qui mêlent leurs provisions avec les vôtres et mettent leur cœur en commun avec vous. On entend le bruit de la vague qui nous dit que nous passons, et l'on jette un regard sur la scène variée du rivage qui s'enfuit. »

FLORIAN
1755-1794

Le nom de Florian rassemble bien des contrastes. Capitaine de dragons, ce sont des bergeries qui lui ont fait un nom populaire. La naïveté qu'il n'a pas trouvée dans ses romans pastoraux parce qu'il la cherchait, il l'a rencontrée au théâtre dans ses piquantes « arlequinades ». Enfin la renommée qu'au XVIIIe siècle il a due à la prose de ses bergeries, qu'on ne lit plus, est dans le XIXe passée tout entière aux vers de ses fables qu'on lira toujours.

Jean-Pierre Claris de Florian, né au château de Florian, sur les bords du Gardon, qu'il a failli illustrer au même titre que d'Urfé le Lignon, était, enfant, fort goûté de son grand-oncle Voltaire qui l'appelait Florianet, et qui un jour le déguisa en berger blanc et rose pour réciter des vers à Mlle Clairon. Page du duc de Penthièvre à seize ans, puis capitaine dans son régiment, et enfin son gentilhomme et son secrétaire, il fut le dispensateur de ses abondantes aumônes. Ame généreuse, cœur « sensible », comme on disait alors avec une affectation dont il ne faut pas trop sourire, ami entre autres de Ducis qui ne donnait son amitié qu'à bon escient, et qui dédia à son souvenir la tragédie d'*Abufar*, Florian a écrit ces rêves romanesques, bucoliques ou semi-épiques, qu'il a intitulés : *Galatée* (1783), en quatre livres, imitée ou travestie de Cervantès ; *Estelle* (1788), en six livres, prose mêlée, comme *Galatée*, de romances, et qui a légué aux imageries populaires, avec son nom, celui de Némorin ; *Numa Pompilius* (1786) ; *Gonzalve de Cordoue* (1791) ; — et en même temps l'Eglogue de *Ruth*, le poème de *Tobie*, des *Contes*, des *Nouvelles* ; — enfin (1792) le recueil de quatre-vingt-neuf Fables, en cinq livres, qui a consacré son nom.

LE SINGE QUI MONTRE LA LANTERNE MAGIQUE[1]

Messieurs les beaux esprits dont la prose et les vers
Sont d'un style pompeux et toujours admirable,
Mais que l'on n'entend point, écoutez cette fable,
 Et tâchez de devenir clairs.

---

[1]. « Les fables de Florian, dit Sainte-Beuve (*Causer. du Lundi*, III), sont bien composées, d'une combinaison ingénieuse et facile ; le sujet y est presque partout dans un parfait rapport, dans une proportion exacte avec la moralité... Point d'arrangement artificiel, comme chez La Motte... Ces qualités de fabuliste sont naturelles chez Florian : il a la fertilité de l'invention, et les images lui viennent sans effort. Il se plaît en réalité avec les animaux... Logé à l'hôtel de Toulouse, il avait sa bibliothèque tout près d'une volière peuplée d'une multitude d'oiseaux, sujets vivants de ses *Fables*. » — Elles sont de deux sortes. Les unes, leçons de vertu, d'amitié, nous apprennent qu'

    Il vaut encor mieux
   Souffrir le mal que de le faire ;
       (*La Brebis et le Chien*, II, 3.)

que trop d'amis est inutile :

   Un seul suffit quand il nous aime :
   (*Le Lièvre, ses Amis et les deux Chevreuils*, III, 7.)

qu'il faut s'entr'aider comme *l'Aveugle et le Paralytique* (I, 20). On trou-

Un homme qui montroit la lanterne magique
    Avoit un singe dont les tours
    Attiroient chez lui grand concours.
Jacqueau, c'étoit son nom, sur la corde élastique
    Dansoit et voltigeoit au mieux,
    Puis faisoit le saut périlleux ;
Et puis sur un cordon, sans que rien le soutienne,
    Le corps droit, fixe d'aplomb,
    Notre Jacqueau fait tout du long
    L'exercice à la prussienne.
Un jour qu'au cabaret son maître étoit resté
    (C'étoit, je pense, un jour de fête),
    Notre singe en liberté
    Veut faire un coup de sa tête.
Il s'en va rassembler les divers animaux
    Qu'il peut rencontrer dans la ville :
    Chiens, chats, poulets, dindons, pourceaux,
    Arrivent bientôt à la file.
« Entrez, entrez, messieurs, crioit notre Jacqueau ;
C'est ici, c'est ici qu'un spectacle nouveau
Vous charmera gratis. Oui, messieurs, à la porte
On ne prend point d'argent, je fais tout pour l'honneur. »
    A ces mots, chaque spectateur
    Va se placer, et l'on apporte
La lanterne magique ; on ferme les volets,
    Et, par un discours fait exprès,
    Jacqueau prépare l'auditoire.
    Ce morceau vraiment oratoire
    Fit bâiller ; mais on applaudit.
Content de son succès, notre singe saisit
    Un verre peint qu'il met dans sa lanterne.
    Il sait comment on le gouverne,
Et crie, en le poussant : « Est-il rien de pareil ?
    Messieurs, vous voyez le soleil,
    Ses rayons et toute sa gloire.
Voici présentement la lune, et puis l'histoire
    D'Adam, d'Ève, et des animaux...
    Voyez, messieurs, comme ils sont beaux !

---

vera les plus parfaites dans le Recueil des classes de grammaire. — Les autres, à l'adresse de nos travers d'esprit, ont, dans leur gaieté souriante, un tour satirique, et plusieurs, « d'un genre plus net et plus ferme », ont la brièveté et la pointe de l'épigramme. C'est dans le second groupe que nous choisissons nos emprunts.

Voyez la naissance du monde ;
Voyez[1]... » Les spectateurs, dans une nuit profonde,
Écarquilloient leurs yeux et ne pouvoient rien voir,
   L'appartement, le mur, tout étoit noir.
« Ma foi, disoit un chat, de toutes les merveilles
   Dont il étourdit nos oreilles,
   Le fait est que je ne vois rien.
   — Ni moi non plus, disoit un chien.
— Moi, disoit un dindon, je vois bien quelque chose ;
   Mais je ne sais pour quelle cause
   Je ne distingue pas très bien. »
Pendant tous ces discours, le Cicéron moderne
Parloit éloquemment, et ne se lassoit point.
   Il n'avoit oublié qu'un point :
   C'étoit d'éclairer sa lanterne.
                  (*Fables*, II, 7.)

LE PERROQUET

Un gros perroquet gris, échappé de sa cage,
   Vint s'établir dans un bocage ;
Et là, prenant le ton de nos faux connaisseurs,
Jugeant tout, blâmant tout d'un air de suffisance,
Au chant du rossignol il trouvoit des longueurs,
   Critiquoit surtout sa cadence.
Le linot, selon lui, ne savoit pas chanter ;
La fauvette auroit fait quelque chose peut-être,
   Si de bonne heure il eût été son maître,
   Et qu'elle eût voulu profiter.
Enfin aucun oiseau n'avoit l'art de lui plaire ;
Et dès qu'ils commençoient leurs joyeuses chansons,
Par des coups de sifflet répondant à leurs sons,
   Le perroquet les faisoit taire.
Lassés de tant d'affronts, tous les oiseaux du bois
Viennent lui dire un jour : « Mais parlez donc, beau sire,
Vous qui sifflez toujours, faites qu'on vous admire.
Sans doute vous avez une brillante voix.
   Daignez chanter pour nous instruire. »
   Le perroquet, dans l'embarras,
Se gratte un peu la tête, et finit par leur dire :
« Messieurs, je siffle bien, mais je ne chante pas. »
                  (*Fables*, IV, 3.)

---

1. Cf. RACINE, *Les Plaideurs*, III, 3.

LE PAON, LES DEUX OISONS ET LE PLONGEON

Un paon faisoit la roue, et les autres oiseaux
    Admiroient son brillant plumage.
Deux oisons nasillards, du fond d'un marécage,
    Ne remarquoient que ses défauts.
« Regarde, disoit l'un, comme sa jambe est faite ;
    Comme ses pieds sont plats, hideux !
— Et son cri, disoit l'autre, est si mélodieux,
    Qu'il fait fuir jusqu'à la chouette. »
Chacun rioit alors du mot qu'il avoit dit.
    Tout à coup un plongeon sortit :
« Messieurs, leur cria-t-il, vous voyez d'une lieue
Ce qui manque à ce paon ; c'est bien voir, j'en conviens ;
Mais votre chant, vos pieds, sont plus laids que les siens,
    Et vous n'aurez jamais sa queue. »

                      (*Fables*, III, 16.)

LA CHENILLE

Un jour, causant entre eux, différens animaux
    Louoient beaucoup le ver à soie :
« Quel talent, disoient-ils, cet insecte déploie
En composant ces fils si doux, si fins, si beaux,
    Qui de l'homme font la richesse ! »
Tous vantoient son travail, exaltoient son adresse.
Une chenille seule y trouvoit des défauts,
Aux animaux surpris en faisoit la critique,
    Disoit des *mais* et puis des *si*.
Un renard s'écria : « Messieurs, cela s'explique ;
    C'est que madame file aussi. »

                      (*Fables*, V, 13.)

LE VOYAGE

Partir avant le jour, à tâtons, sans voir goutte,
Sans songer seulement à demander sa route,
Aller de chute en chute ; et, se traînant ainsi,
Faire un tiers du chemin jusqu'à près de midi,
Voir sur sa tête alors amasser les nuages,
Dans un sable mouvant précipiter ses pas ;
Courir, en essuyant orages sur orages,
Vers un but incertain où l'on n'arrive pas ;

Détrompé, vers le soir, chercher une retraite;
Arriver haletant, se coucher, s'endormir;
On appelle cela naître, vivre et mourir.
La volonté de Dieu soit faite[1] !

(*Fables*, IV, 21.)

GILBERT
1751-1780

Nicolas-Joseph GILBERT, né à Fontenay-le-Château, en Lorraine, vint tenter la fortune littéraire à Paris. Aigri par un double échec dans les concours de l'Académie, par le froid accueil des gens de lettres en renom, par les sévérités de La Harpe, l'amertume et le ressentiment lui donnèrent le génie de la satire, qu'il représente avec Voltaire au XVIIIe siècle. (*Le Dix-huitième siècle*, 1775; *Mon Apologie*, 1778.) De ses huit odes, gâtées par l'enflure, on n'a retenu que les trois derniers vers de la première (*le Jugement dernier*, 1773) :

> L'Eternel a brisé son tonnerre inutile;
> Et d'ailes et de faulx dépouillé désormais,
> Sur les mondes détruits le Temps dort immobile.

Ses *Adieux à la vie* suffiraient à consacrer sa mémoire, sans la légende célèbre et mensongère qui le fait mourir pauvre et fou à l'hôpital.

LE DIX-HUITIÈME SIÈCLE

SATIRE [2]

A M. FRÉRON [3].

. . . .
Parlerai-je d'Iris? Chacun la prône et l'aime;
C'est un cœur, mais un cœur... c'est l'humanité même :
Si d'un pied étourdi quelque jeune éventé
Frappe, en courant, son chien qui jappe épouvanté,
La voilà qui se meurt de tendresse et d'alarmes;
Un papillon souffrant lui fait verser des larmes.

---

1. « C'est la véritable épitaphe de Florian, de cet homme heureux, de ce talent facile et riant, que tout favorisa à souhait dans le monde et dans la vie, mais qui ne put empêcher un jour l'inévitable douleur, l'antique douleur de Job, qui se renouvelle sans cesse sur la terre, de se faire sentir à lui, et de lui noyer tout le cœur dans une seule goutte d'amertume. » (SAINTE-BEUVE.) Incarcéré pendant la Terreur, il mourut peu après sa sortie de prison, en septembre 1794. « Son organisation, délicate et faite pour le bonheur, n'avait pu résister à l'ébranlement de tant d'émotions. Il n'avait que trente-neuf ans. »

2. Corruption morale, décadence littéraire : tel est le plan, telles sont les deux parties, à peu près égales, de cette satire.

3. Voyez p. 355, note 4.

Il est vrai ; mais aussi qu'à la mort condamné,
Lally soit en spectacle à l'échafaud traîné,
Elle ira la première à cette horrible fête
Acheter le plaisir de voir tomber sa tête [1]......

Mais la corruption, à son comble portée,
Dans le cercle des grands ne s'est point arrêtée :
Elle infecte l'empire, et les mêmes travers
Règnent également dans tous les rangs divers.
Il faut voir ce marchand, philosophe en boutique,
Qui, déclarant trois fois sa ruine authentique,
Trois fois s'est enrichi d'un heureux déshonneur,
Trancher du financier, jouer le grand seigneur.
Partout s'offre l'orgueil, et le luxe, et l'audace.
Orgon, à prix d'argent, veut anoblir sa race :
Devenu magistrat, de mince roturier,
Pour être un jour baron, il se fait usurier.

. . . .

Voltaire en soit loué, chacun sait au Parnasse
Que Malherbe est un sot et Quinault un Horace.
Dans un long commentaire il prouve longuement
Que Corneille parfois pourroit plaire un moment [2].
J'ai vu l'enfant gâté de nos penseurs sublimes,
La Harpe, dans Rousseau trouver de belles rimes [3].
Si l'on en croit Mercier [4], Racine a de l'esprit ;
Mais Perrault, plus profond, Diderot nous l'apprit,
Perrault, tout plat qu'il est, pétille de génie :
Il eût pu travailler à l'Encyclopédie.
Boileau, correct auteur de libelles amers,

---

1. Lally-Tollendal (le comte de), fils d'un Irlandais qui avait suivi Jacques II en France, servit avec éclat, décida la victoire de Fontenoy, et rendit de grands services dans les Indes ; mais, obligé de capituler à Pondichéry, il fut accusé de trahison, et, après un procès inique, il fut conduit à l'échafaud un bâillon à la bouche (1766). Voltaire flétrit avec éloquence cet assassinat juridique. Lally fut réhabilité en 1778.
2. Voltaire n'a jamais négligé l'occasion de réhabiliter Quinault, maltraité par Boileau ; il faut lui en savoir gré. — Son tort à l'égard de Malherbe est son silence et sa froideur. Il ne le nomme que dans son discours de réception à l'Académie, pour lui attribuer l'« élégance » et « quelques strophes harmonieuses ». — Les chicanes, relevées par Palissot, qu'il cherche à Corneille, sont compensées par le cri d'enthousiasme que lui arrachent ses sublimes beautés. (Voyez par exemple le commentaire d'*Horace*, acte II, sc. 3.) Il faut lui tenir compte d'avoir recueilli et doté avec son *Commentaire* une arrière-petite-fille de Corneille, hommage rendu par le « soldat » à son « général », a-t-il dit (Lettre du 7 nov. 1760).
3. Nous trouvons aujourd'hui que La Harpe a au contraire surfait J.-B. Rousseau.
4. Mercier (1740-1814), célèbre depuis par son *Tableau de Paris* (1781), avait, dans un *Essai sur l'art dramatique*, exposé des idées nouvelles, qui lui donnent une place parmi les ancêtres du Romantisme.

Boileau, dit Marmontel, tourne assez bien un vers [1].
Et tous ces demi-dieux, que l'Europe en délire
A depuis cent hivers l'indulgence de lire,
Vont dans un juste oubli retomber désormais,
Comme de vains auteurs qui ne pensent jamais!
  Quelques vengeurs pourtant, armés d'un noble zèle
Ont de ces morts fameux épousé la querelle.
De là sur l'Hélicon deux partis opposés
Règnent, et l'un par l'autre à l'envi méprisés,
Tour à tour s'adressant des volumes d'injures,
Pour le trône des arts combattent par brochures;
Mais, plus forts par le nombre, et vantés en tous lieux,
Les corrupteurs du goût en paroissent les dieux.
Si Clément [2] les proscrit, la Harpe les protège :
Eux seuls peuvent prétendre au rare privilége
D'aller au Louvre, en corps, commenter l'alphabet [3],
Grammairiens-jurés, immortels par brevet :
Honneurs, richesse, emplois, ils ont tout en partage;
Hors la saine raison, que leur bonheur outrage [4] ;
Et le public esclave obéit à leurs lois.
Mille cercles savans s'assemblent à leur voix :
C'est dans ces tribunaux galans et domestiques,
Que parmi vingt beautés, bourgeoises empiriques,
Distribuant la gloire et pesant les écrits,
Ces fiers inquisiteurs jugent les beaux esprits.
. . . .
La faim mit au tombeau Malfilâtre ignoré;
S'il n'eût été qu'un sot, il auroit prospéré.
Trop fortuné celui qui peut avec adresse
Flatter tous les partis que gagne sa souplesse ;
De peur d'être blâmé, ne blâme jamais rien ;
Dit Voltaire un Virgile, et même un peu chrétien ;
Et toujours en l'honneur des tyrans du Parnasse
De madrigaux en prose allonge une préface !

[1]. Quelques-uns des traits qui précèdent et celui-ci rappellent le vers du *Souper ridicule* de Boileau :

A mon gré le Corneille est joli quelquefois.

[2]. Clément (1742-1802), de Dijon, fut, par ses livres et sa plume de journaliste critique, un des alliés de Fréron.
[3]. Allusion au dictionnaire de l'Académie.

On fait, defait, refait ce beau dictionnaire,
Qui, toujours très-bien fait, sera toujours à faire.
Le Brun-Ecouchard.)

[4]. On sait (voir la notice) que Gilbert avait des raisons pour être prévenu contre l'Académie.

Mais trois fois plus heureux le jeune homme prudent
Qui, de ces novateurs enthousiaste ardent,
Abjure la raison, pour eux la sacrifie,
Soldat sous les drapeaux de la philosophie !
D'abord, comme un prodige, on le prône partout :
Il nous vante ! en effet, c'est un homme de goût !
Son chef-d'œuvre est toujours l'écrit qui doit éclore :
On récite déjà les vers qu'il fait encore.

. . . .

Mais qu'on m'ose prôner des sophistes pesans,
Apostats effrontés du goût et du bon sens :
Saint-Lambert, noble auteur dont la muse pédante
Fait des vers fort vantés par Voltaire qu'il vante,
Qui, du nom de poème ornant de plats sermons,
En quatre points mortels a rimé les saisons ;
Et ce vain Beaumarchais qui, trois fois avec gloire,
Mit le mémoire en drame, et le drame en mémoire [1] ;
Et ce lourd Diderot, docteur en style dur,
Qui passe pour sublime, à force d'être obscur ;
Et ce froid d'Alembert, chancelier du Parnasse,
Qui se croit un grand homme et fit une préface [2] ;
Et tant d'autres encor dont le public épris
Connoît beaucoup les noms et fort peu les écrits :
Alors, certes, alors ma colère s'allume,
Et la vérité court se placer sous ma plume [3].

(Satire 1ʳᵉ, *Le Dix-huitième siècle* [4].)

1. Voir nos *Prosateurs*.
2. Qui n'est rien moins qu'un tableau raisonné des connaissances humaines.
3. Le mouvement de tout ce morceau rappelle les vers de Boileau (*Sat.* IX) sur Chapelain : « Mais que pour un modèle, etc. » V. page 265.
4. Qu'est-ce qui a trouvé grâce devant Gilbert dans la littérature du xviiiᵉ siècle ? La tragédie de Voltaire est pompeuse et raisonneuse; Alzire « commente le Phédon », Alvarez est un « sauvage » qui « parlé d'humanité ». La Chaussée est

> L'apôtre larmoyant de la philosophie.

L'opéra comique

> Prête à son Apollon un air philosophique.

Diderot dans le drame est un « possédé ». Dans Thomas (il n'épargne même pas le « sensible » et honnête Thomas, « en travail d'un gros poème épique »)

> Il cherche un peu de sens et *voit* beaucoup d'emphase.

« Et pourtant, dit M. Nisard, Gilbert, aigri, repoussé, satirique par parti pris avant de l'être de génie, est clairvoyant par cela seul qu'il est décidé à ne pas voir comme ses contemporains. Ce qu'il écrit avec colère sur les auteurs en renom, la postérité le pense froidement. Otez à ses jugements le trait vengeur, ils restent vrais. La colère est dans les mots; la justice est dans les choses. » Voir notre note sur *Alzire*.

APOLOGIE DE GILBERT PAR LUI-MÊME

PSAPHON, *Philosophe du jour.*
Vous nommez les auteurs et c'est là votre crime.
GILBERT.
Ah! si d'un doux encens je les eusse fêtés,
Vous me pardonneriez de les avoir cités.
Quoi donc! un écrivain veut que son nom partage
Le tribut de louange offert à son ouvrage,
Et m'impute à forfait, s'il blesse la raison,
De la venger d'un vers égayé de son nom?
Comptable de l'ennui dont sa muse m'assomme,
Pourquoi s'est-il nommé, s'il ne veut qu'on le nomme?
Je prétends soulever les lecteurs détrompés
Contre un auteur bouffi de succès usurpés.
Sous une périphrase étouffant ma franchise,
Au lieu de d'Alembert, faut-il donc que je dise:
C'est ce joli pédant, geomètre orateur,
De l'Encyclopédie ange conservateur,
Dans l'histoire chargé d'inhumer ses confrères,
Grand homme, car il fait leurs extraits mortuaires [1]?
Si j'évoque jamais, du fond de son journal [2],
Des sophistes du temps l'adulateur banal,
Lorsque son nom suffit pour exciter le rire,
Dois-je, au lieu de la Harpe, obscurément écrire:
C'est ce petit rimeur, de tant de prix enflé,
Qui, sifflé pour ses vers, pour sa prose sifflé,
Tout meurtri des faux pas de sa muse tragique,
Tomba de chute en chute au trône académique [3]?
Ces détours sont d'un lâche et malin détracteur;
Je ne veux point offrir d'énigmes au lecteur.
Sitôt que l'auteur signe un écrit qui transpire,
Son nom doit partager l'éloge et la satire.
De citer un pédant pourroit-on me blâmer,
Quand lui-même il se fait l'affront de se nommer?
(Satire II, *Mon Apologie.*)

---

1. Secrétaire perpétuel de l'Académie française en 1772 (« chancelier du Parnasse », *Satire* précédente), d'Alembert y lut des *Eloges historiques* de la plupart des Académiciens morts de 1700 à 1770.
2. La Harpe eut pendant plusieurs années le privilège du *Mercure de France*.
3. Ce sont là les vers les plus souvent cités de Gilbert. Le dernier est « trouvé ». Il vaut toutes les épigrammes de Piron contre l'Académie. La Harpe ne le pardonna pas à Gilbert.

ADIEUX A LA VIE

J'ai révélé mon cœur au Dieu de l'innocence,
    Il a vu mes pleurs pénitens ;
Il guérit mes remords, il m'arme de constance ;
    Les malheureux sont ses enfans.

Mes ennemis, riant, ont dit dans leur colère:
    Qu'il meure et sa gloire avec lui !
Mais à mon cœur calmé le Seigneur dit en père :
    Leur haine sera ton appui.

A tes plus chers amis ils ont prêté leur rage ;
    Tout trompe ta simplicité:
Celui que tu nourris court vendre ton image,
    Noire de sa méchanceté.

Mais Dieu t'entend gémir, Dieu vers qui te ramène
    Un vrai remords né des douleurs,
Dieu qui pardonne enfin à la nature humaine
    D'être foible dans les malheurs.

J'éveillerai pour toi la pitié, la justice,
    De l'incorruptible avenir [1] :
Eux-même [2] épureront, par leur long artifice,
    Ton honneur qu'ils pensent ternir.

Soyez béni, mon Dieu ! vous qui daignez me rendre
    L'innocence et son noble orgueil,
Vous qui, pour protéger le repos de ma cendre,
    Veillerez près de mon cercueil !

Au banquet de la vie, infortuné convive [3],
    J'apparus un jour, et je meurs:
Je meurs, et sur ma tombe, où lentement j'arrive,
    Nul ne viendra verser des pleurs.

Salut, champs que j'aimois, et vous, douce verdure,
    Et vous, riant exil des bois !

---

1. Cf. BOILEAU, *Ép.* VII, à Racine :
    Et soulever pour toi l'équitable avenir.
2. La grammaire exige l'accord : *eux-mêmes*.
3. Métaphore souvent reproduite d'après LUCRÈCE (III, 951 :
    Cur non ut plenus vitæ conviva recedis?
et HORACE (*Sat.*, I, 1, 119) :
    Cedat uti conviva satur

Ciel, pavillon de l'homme, admirable nature,
  Salut pour la dernière fois [1] !

Ah! puissent voir longtemps votre beauté sacrée
  Tant d'amis sourds à mes adieux !
Qu'ils meurent pleins de jours [2], que leur mort soit pleurée,
  Qu'un ami leur ferme les yeux [3] !

(*Odes*, IXᵉ et dernière [4].)

LE BRUN-ÉCOUCHARD
1729-1807

Le Brun-Écouchard, né à Paris, chanta en des odes la conquête de Minorque, l'amour des Français pour leurs rois, l'héroïsme du *Vengeur*, et la bataille de Marengo. Ces sujets mesurent la longueur de sa vie. Six livres d'odes (cent quarante-deux *Odes* guerrières, politiques, littéraires, morales, anacréontiques), quatre d'*Élégies*, deux d'*Épitres*, six d'*Épigrammes* (six cent trente-quatre en tout), nombre de pièces diverses prouvent qu'elle fut bien remplie. Son style dur, roide, enflé, mythologique à l'excès, a de l'âme et du feu; et, dans l'épigramme, où il excelle, une pointe acérée. Le surnom de « Pindare », donné à Le Brun par ses contemporains comme un éloge et un titre, n'est plus pour nous qu'un surnom qui le distingue de ses homonymes.

ODE A MONSIEUR DE BUFFON SUR SES DÉTRACTEURS

Buffon, laisse gronder l'envie ;
C'est l'hommage de sa terreur :
Que peut sur l'éclat de ta vie
Son obscure et lâche fureur ?
Olympe, qu'assiége un orage,
Dédaigne l'impuissante rage
Des aquilons tumultueux ;
Tandis que la noire tempête
Gronde à ses pieds, sa noble tête
Garde un calme majestueux.

Pensois-tu donc que le génie
Qui te place au trône des arts,
Longtemps d'une gloire impunie

---

[1]. Cf. Lamartine, Premières *Méditations*, XIX, l'*Automne*. Voir *infra*.
[2]. Pline le Jeune, II, 1 : Plenus annis obiit.
[3]. Cf. Hég. Moreau, *Un Souvenir à l'hôpital*. Voir *infra*.
[4]. Écrite par l'auteur huit jours avant sa mort.

Blesseroit de jaloux regards?
Non, non, tu dois payer la gloire[1];
Tu dois expier ta mémoire
Par les orages de tes jours;
Mais ce torrent qui dans ton onde

1. Cf. Victor Hugo, *Le Génie*, à M. de Chateaubriand (*Odes*, IV, 6):

> Malheur à l'enfant de la terre
> Qui, dans ce monde injuste et vain,
> Porte en son âme solitaire
> Un rayon de l'Esprit divin!
> Malheur à lui! l'impure Envie
> S'acharne sur sa noble vie,
> Semblable au Vautour éternel;
> Et, de son triomphe irritée,
> Punit ce nouveau Prométhée
> D'avoir ravi le feu du ciel!
>
> La Gloire, fantôme céleste,
> Apparaît de loin à ses yeux;
> Il subit le pouvoir funeste
> De son sourire impérieux!
> Ainsi l'oiseau, faible et timide,
> Veut en vain fuir l'hydre perfide
> Dont l'œil le charme et le poursuit,
> Il voltige de cime en cime,
> Puis il accourt, et meurt victime
> Du doux regard qui l'a séduit.
>
> Ou, s'il voit luire enfin l'aurore
> Du jour promis à ses efforts,
> Vivant, si son front se décore
> Du laurier qui croît pour les morts;
> L'erreur, l'ignorance hautaine,
> L'injure impunie et la haine
> Usent les jours de l'immortel.
> Du malheur imposant exemple,
> La Gloire l'admet dans son temple,
> Pour l'immoler sur son autel.
>
> Pourtant, fallût-il être en proie
> A l'injustice, à la douleur,
> Qui n'accepterait avec joie
> Le génie au prix du malheur?
> Quel mortel, sentant dans son âme
> S'éveiller la céleste flamme
> Que le temps ne saurait ternir,
> Voudrait, redoutant sa victoire,
> Au sein d'un bonheur sans mémoire
> Fuir son triste et noble avenir?...
>
> Que l'envie, aux pervers unie,
> Te poursuive de ses clameurs,
> Ton noble essor, fils du Génie,
> T'enlève à ces vaines rumeurs.
> Tel l'oiseau du cap des tempêtes
> Voit les nuages sur nos têtes
> Rouler leurs flots séditieux;
> Pour lui, loin des bruits de la terre,
> Bercé par son vol solitaire,
> Il va s'endormir dans les cieux.

(L'albatros dort en volant. Note de V. H.) — On le voit, V. Hugo fait de la Gloire un « fantôme céleste » pour le Génie; Voltaire en fait, pour le soldat, un « fantôme » encore, habillé en soldat français (voir p. 362); et ailleurs: « La Gloire est assise sur une haute montagne; les aigles y volent; les reptiles ne peuvent se traîner jusque-là ». — Quant au Génie lui-même, que d'images n'a-t-il pas inspirées aux poètes pour le peindre! C'est pour V. Hugo, tantôt Prométhée, tantôt l'oiseau « bercé par son vol

Vomit sa fange vagabonde,
N'en sauroit altérer le cours.....

Mais si tu crains la tyrannie
D'un monstre jaloux et pervers,
Quitte le sceptre du génie,
Cesse d'éclairer l'univers.
Descends des hauteurs de ton âme,
Abaisse tes ailes de flamme,
Brise tes sublimes pinceaux,
Prends tes envieux pour modèles,
Et de leurs vernis infidèles
Obscurcis tes brillans tableaux.

Flatté de plaire aux goûts volages,
L'esprit est le dieu des instans ;
Le génie est le dieu des âges,
Lui seul embrasse tous les temps.
Qu'il brûle d'un noble délire
Quand la gloire autour de sa lyre
Lui peint les siècles assemblés,
Et leur suffrage vénérable

solitaire », tantôt le cheval qui emporte Mazeppa sur des « ailes de flamme » à travers

 Tous les champs du possible et les mondes de l'âme.
     (*Orientales*, XXXIV.

C'est pour LAMARTINE, soit un aigle (*Premières Médit.*, XIV, *la Gloire*)

 Ainsi l'aigle superbe au séjour du tonnerre
 S'élance, et, soutenant son vol audacieux,
 Semble dire aux mortels : Je suis né sur la terre,
  Mais je vis dans les cieux ;

soit un chêne que bat en vain le torrent (*Ibid.*, XIX, *le Génie*) ;

 Tel un torrent, fils de l'orage,
 En roulant du sommet des monts,
 S'il rencontre sur son passage
 Un chêne, l'orgueil des vallons,
 Il s'irrite, il écume, il gronde,
 Il presse des plis de son onde
 L'arbre vainement menacé :
 Mais, debout parmi les ruines,
 Le chêne aux profondes racines
 Demeure, et le fleuve a passé ;

soit le char qui vole dans la carrière (*Ibid.*) :

 Vois-tu dans la carrière antique,
 Autour des coursiers et des chars,
 Jaillir la poussière olympique
 Qui les dérobe à nos regards ?
 Dans sa course ainsi le génie
 Par les nuages de l'envie
 Marche longtemps environné ;
 Mais au terme de la carrière,
 Des flots de l'indigne poussière
 Il sort vainqueur et couronné.

Fondant son trône inaltérable
Sur les empires écroulés !

Eût-il, sans ce tableau magique
Dont son noble cœur est flatté,
Rompu le charme léthargique
De l'indolente volupté?
Eût-il dédaigné les richesses?
Eût-il rejeté les caresses
Des Circés aux brillans appas,
Et par une étude incertaine
Acheté l'estime lointaine
Des peuples qu'il ne verra pas?...

Ceux dont le présent est l'idole
Ne laissent point de souvenir:
Dans un succès vain et frivole
Ils ont usé leur avenir.
Amans des roses passagères,
Ils ont les grâces mensongères
Et le sort des rapides fleurs.
Leur plus long règne est d'une aurore;
Mais le temps rajeunit encore
L'antique laurier des neuf Sœurs.

Jusques à quand de vils Procrustes [1]
Viendront-ils au sacré vallon,
Bravant les droits les plus augustes,
Mutiler les fils d'Apollon ?
Le croirez-vous, races futures?
J'ai vu Zoïle aux mains impures,
Zoïle outrager Montesquieu !
Mais quand la Parque inexorable
Frappa cet homme irréparable [2],
Nos regrets en firent un Dieu.

Quoi ! tour à tour dieux et victimes,
Le sort fait marcher les talens

1. Procruste, ou Procuste, brigand de l'Attique, étendait ses victimes sur un lit de fer et tranchait de leurs jambes ce qui en dépassait la longueur. La métaphore juste et ingénieuse, le quatrième vers bien frappé, compensent le remplissage du troisième et le « sacré vallon ».
2. « Avec ses enfans il (Louis XIV) avoit perdu, et par la même voie, une princesse *irréparable* (la duchesse de Bourgogne), qui, outre qu'elle étoit l'âme et l'ornement de sa cour, étoit de plus tout son amusement, toute sa joie, toute son affection, toutes ses complaisances dans presque tous les temps qu'il n'étoit pas en public. Jamais depuis qu'il étoit au monde il ne s'étoit familiarisé qu'avec elle. » (SAINT-SIMON.)

Entre l'olympe et les abîmes,
Entre la satire et l'encens !
Malheur au mortel qu'on renomme !
Vivant, nous blessons le grand homme ;
Mort, nous tombons à ses genoux :
On n'aime que la gloire absente ;
La mémoire est reconnoissante ;
Les yeux sont ingrats et jaloux [1].

Buffon, dès que rompant ses voiles,
Et fugitive du cercueil,
De ces palais peuplés d'étoiles
Ton âme aura franchi le seuil,
Du sein brillant de l'empyrée,
Tu verras la France éplorée
T'offrir des honneurs immortels,
Et le temps, vengeur légitime,
De l'envie expier le crime,
Et l'enchaîner à tes autels.

Moi, sur cette rive déserte
Et de talens et de vertus,
Je dirai, soupirant ma perte :
Illustre ami, tu ne vis plus !
La nature est veuve et muette !
Elle te pleure ! et son poëte
N'a plus d'elle que des regrets.
Ombre divine et tutélaire,
Cette lyre qui t'a su plaire,
Je la suspens à tes cyprès [2] !

(Odes, I, 1.)

ÉPIGRAMMES

I

SUR UNE DAME POËTE

Chloé, belle et poëte, a deux petits travers :
Elle fait son visage et ne fait pas ses vers.

(I, 9.)

---

[1]. Voilà assurément les meilleurs vers de Le Brun, et des plus fermes de notre langue.

[2]. Nous avons fait des suppressions dans cette Ode célèbre, résumé des défauts et des qualités de l'auteur. On est choqué du contraste de ce style serré, souvent tendu, d'où jaillissent des expressions hardies et neuves (« une gloire impunie », « expier ta mémoire », etc.), et des développe-

II

On vient de me voler. — Que je plains ton malheur !
Tous mes vers manuscrits. — Que je plains le voleur !
(I, 25.)

III

DIALOGUE.

Pourquoi, sans l'écouter, applaudis-tu Clitandre ?
— C'est que j'aime bien mieux l'applaudir que l'entendre.
(I, 97.)

IV

Dans ton beau roman pastoral
Avec tes moutons pêle-mêle,
Sur un ton bien doux, bien moral,
Berger, bergère, auteur, tout bêle.
Puis berger, auteur, lecteur, chien,
S'endorment de moutonnerie.
Pour réveiller ta bergerie,
Oh ! qu'un petit loup viendroit bien [1] !
(III, 99.)

ments mythologiques où il s'attarde ; de ces brusques disparates du nom de Buffon avec ceux d'Hercule, des Hespérides, de Jason, de la Toison d'or. — Ailleurs, même dans les plus vantées de ses odes (ode 34e du livre Ier, à Voltaire, *en faveur de mademoiselle Corneille*; ode 1re du livre IIe, *l'Enthousiasme*; ode 23e du livre Ve, *sur le vaisseau le Vengeur*) on est haletant de ces apostrophes et de ces exclamations, qui coup sur coup rompent la trame de son style, et d'une lecture « nous font une fatigue ». On reste presque froid au feu et aux élans de son âme, et à ces heureuses rencontres, qui ne sont pas rares :

O Muse ! dans l'onde infernale
Ton fils (Orphée) plonge ses pas vivans :
Moi sur les ailes de Dédale
Je franchis la route des vents, etc (II, 1.)

Et vous ! héros de Salamine,
Dont Thétis vante encor les exploits glorieux,
Non ! vous n'égalez pas cette auguste ruine,
Ce naufrage victorieux ! (V, 23.)

Quoi qu'il en soit des défauts de ses Odes sérieuses, encore sont-ils préférables aux grotesques bizarreries de son trop fameux *Triomphe de nos paysages* (V, 1), où Vincennes est « l'espoir des Dryades », où Montmartre avec ses moulins est la colline qui

Occupe les enfans d'Éole
A broyer les dons de Cérès.

Il faut revenir encore, pour le trouver dans sa meilleure veine, à une autre Ode (II, 13) que lui inspira son admiration et son amitié pour Buffon.

1. Le Brun a mis en épigramme le mot de M. de Thiard : « J'aime beaucoup les Bergeries de M. de Florian, mais j'y voudrais un loup. »

V.
SUR LA HARPE
QUI VENAIT DE PARLER DU GRAND CORNEILLE AVEC IRRÉVÉRENCE

Ce petit homme à son petit compas
Veut sans pudeur asservir le génie ;
Au bas du Pinde il trotte à petits pas,
Et croit franchir les sommets d'Aonie.
Au grand Corneille il a fait avanie ;
Mais, à vrai dire, on rioit aux éclats,
De voir ce nain mesurer un Atlas,
Et, redoublant ses efforts de Pigmée,
Burlesquement roidir ses petits bras
Pour étouffer si haute renommée [1].

(I, 70.)

DELILLE
1738-1813

Jacques DELILLE (l'abbé), d'Aigueperse (Auvergne), débuta par l'ouvrage qui est resté son meilleur titre, la traduction en vers des *Géorgiques* de Virgile (1769), « un Raphaël copié par Mignard », a dit Chateaubriand, qui lui valut une chaire de poésie latine au Collège de France et un fauteuil à l'Académie. Il donna ensuite *les Jardins* (1782), *l'Homme des Champs* (1800), *Malheur et Pitié* (1803), *l'Imagination* (1806), *les Trois Règnes* (1809), *la Conversation* (1812) en vers libres ; et des traductions encore : *l'Énéide, le Paradis perdu, l'Essai sur l'Homme* de Pope. — Delille est le premier dans un genre secondaire, la poésie descriptive, qui remplace trop souvent l'inspiration par l'industrie, la couleur par le dessin, le dessin par l'enjolivement. Les railleurs n'ont manqué ni au genre ni au poète, dans le fort même de ses triomphes. Il serait trop facile de répéter les épigrammes de Rivarol et de M.-J. Chénier ; elles reviennent à ceci : il décrivait, décrivait, décrivait. Au moins a-t-il une fécondité inépuisable de ressources et d'artifices descriptifs, de l'harmonie et de l'esprit. S'il n'émeut ni ne captive, il amuse par le détail. « Il fait un sort à chaque vers, disait Rivarol, et néglige la fortune du poème. » Et de fait les poèmes ont passé, beaucoup de vers sont restés, isolés dans la mémoire ou enchâssés dans des morceaux de choix et de montre. Peu de poètes ont plus défrayé jadis les recueils. L'escrime poétique n'avait pas de secrets pour lui : c'est quelque chose ; mais ces brillantes passes d'armes sont des jeux et non des victoires. Les grandes et triomphantes batailles du romantisme ont jeté le désarroi dans tout cela, et Delille y a perdu une partie de son bagage poétique.

---

[1]. « Sublime d'indignation. C'est la reine des épigrammes. » (SAINTE-BEUVE, *Nouv. Lundis*, art. Piron.)

PRÉSAGES DE LA MORT DE CÉSAR

... Des bataillons armés dans les airs se heurtoient ;
Sous leurs glaçons tremblans, les Alpes s'agitoient ;
On vit errer, la nuit, des spectres lamentables,
Des bois muets sortoient des voix épouvantables ;
L'airain même parut sensible à nos malheurs ;
Sur le marbre amolli l'on vit couler les pleurs :
La terre s'entr'ouvrit, les fleuves reculèrent ;
Et, pour comble d'effroi... les animaux parlèrent ;
Le superbe Éridan, le souverain des eaux,
Traîne et roule à grand bruit forêts, bergers, troupeaux ;
Le prêtre, environné de victimes mourantes,
Observe avec horreur leurs fibres menaçantes ;
L'onde changée en sang roule des flots impurs ;
Des loups hurlant dans l'ombre épouvantent nos murs.
Même en un jour serein l'éclair luit, le ciel gronde ;
Et la comète en feu vient effrayer le monde [1].

(*Géorgiques*, I.)

[1]. Nous avons voulu donner un échantillon, si court qu'il fût, de l'art du traducteur chez Delille. Ces vers ont de la force, de la précision, et l'harmonie en est juste et expressive. Si le 5e et le 6e délayent un vers de Virgile, le 7e a le mérite de ne pas gâter le « pecudesque locutæ », comme le fait l'élégante imitation de Lucain :

Et pecudum faciles humana ad murmura linguæ (*Phars.*, 1.)

Mais plus bas, que deviennent les fortes images des vers de Virgile :

Et *curvæ rigidum* falces conflantur in ensem?

Une froide et pitoyable mythologie :

Et Mars forge ses dards des armes de Cérès.

Quand Delille serre de près les vers de Virgile, toujours sobre, précis, coloré et vrai dans la peinture de la nature et des animaux, il a de très heureuses rencontres :

.... le héron, les ailes étendues,
De ses marais s'élance et se perd dans les nues...
Le taureau hume l'air par ses larges naseaux,
La grenouille se plaint au fond de ses roseaux,
L'hirondelle en volant effleure le rivage,
Tremblante pour ses œufs la fourmi déménage....
Et le triste hibou, le soir, au haut des toits,
En longs gémissemens ne traîne plus sa voix.
. . . . Un astre étincelant
Traîne de longs éclairs qui sillonnent les ondes. (Ch. Ier.
Quand de légers frimas blanchissent le gazon.. . (Ch. III.)

Les troupeaux nomades de l'Afrique

S'égarent lentement dans un désert immense.

Le serpent,

Sous sa nouvelle peau, jeune, agile et vermeil,
Darde une triple langue et s'étale au soleil. (Ch. III.)

Mais quelle étrange pudeur de n'oser traduire, dans un poème sur l'agriculture, le *sues* de Virgile (I, 400 ; III, 497) et de dire « ces vils animaux dans la fange engraissés », et « l'animal qui s'engraisse de gland » !

LE NAVIRE

Quelle majestueuse et fière architecture !
Le calcul prévoyant dessina sa structure :
Dans sa coupe, légère avec solidité,
Il réunit la force à la rapidité.
Emporté par la voile, et dédaignant la rame,
Le chêne en est le corps, et le vent en est l'âme.
L'aimant, fidèle au pôle, et le timon prudent
Dirigent ses sillons sur l'abîme grondant.
L'équilibre des poids le balance sur l'onde ;
Son vaste sein reçoit tous les trésors du monde ;
La foudre arme ses flancs : géant audacieux,
Sa carène est dans l'onde, et ses mâts dans les cieux.
Longtemps de son berceau l'enceinte l'emprisonne ;
Signal de son départ, tout à coup l'airain tonne :
Soudain, lassé du port, de l'ancre et du repos,
Aux éclats du tonnerre, aux cris des matelots,
Au bruit des longs adieux mourans sur le rivage,
Superbe avec ses mâts, ses voiles, ses cordages,
Il part, et devant lui chassant les flots amers,
S'empare fièrement de l'empire des mers [1].

(*L'Imagination* [2], V, fin).

LES DIGUES DE LA HOLLANDE

. . . . Voyez le fier Batave
Donner un frein puissant à l'Océan esclave.
Là le chêne, en son sein fixé profondément,
Présente une barrière au fougueux élément ;
S'il n'a plus ses rameaux et ses pompeux feuillages
Qui paroient le printemps et bravoient les orages,
Sa tige dans les mers soutient d'autres assauts
Et brise fièrement la colère des eaux.

---

1. Voilà un exemple des qualités et des défauts de Delille. Cette description est bien ordonnée ; le mouvement de la dernière période a de l'ampleur. Mais que les mots de boussole, gouvernail, canon, etc., seraient les bienvenus au lieu de aimant, timon, airain et tonnerre ! L'imagination du poète a tout vu ; mais il laisse à celle du lecteur à faire la moitié du chemin pour voir ce qu'il ne lui a pas su peindre. Ces vers élégants et harmonieux amusent l'esprit sans y rien graver. Description, mais peu de couleur, pas même de dessin.
2. Poème en huit chants (I, L'homme intellectuel ; II, L'homme sensible ; III, Impression des objets extérieurs ; IV, Impression des lieux ; V, Les arts ; VI, Le bonheur ; VII, La politique ; VIII, La morale).

> Là d'un long mur de joncs l'ondoyante souplesse,
> Puissante par leur art, forte par sa foiblesse,
> Sur le bord qu'il menace attend le flot grondant,
> Trompe sa violence, et résiste en cédant.
> De là ce sol conquis et ces plaines fécondes
> Que la terre étonnée a vus sortir des ondes,
> Ces champs pleins de troupeaux, ces près enfans de l'art
> Le long des flots bruyans qui battent le rempart.
> Le voyageur, surpris, au dessus de sa tête
> Entend gronder la vague et mugir la tempête,
> Et dans ce sol heureux, à force de tourment,
> La nature est tout art, l'art tout enchantement [1].
>
> (*L'Homme des Champs* [2], chant II.)

[1]. Ces vers pâles et froids offrent un nouveau caractère de la poésie de Delille : des alliances de mots industrieuses, et une surabondance d'épithètes, souvent ingénieuses.

[2]. Poème en quatre chants (L'homme des champs : I, bienfaiteur de son village ; II, propagateur d'innovations agricoles, défricheur, vigneron, « forçant les torrents à dévider la soie », dit la préface, dont la prose elle-même abuse de la périphrase ; III, observateur studieux et savant de la nature, se créant un herbier, etc. ; IV, poète et chantant la nature dans ses vers. — Les titres de plusieurs des poèmes de Delille, de celui-ci entre autres, semblent faire de lui, ce qu'il croyait être, « le poète des champs », comme il l'a dit. C'est un leurre. S'il aimait la campagne, c'était à la condition d'y savourer le café, d'y trouver des cartes et un billard (c'est du moins ce qu'il aime à y décrire), et surtout grande compagnie pour causer ou lire ses vers ; il était maître passé dans ces deux arts. Il n'aimait pas la solitude :

> Ce qu'un bois m'inspire,
> Je veux à mes côtés trouver à qui le dire.

Ce n'est pas ainsi que l'entendait Rousseau, quand, « contemplatif solitaire » il « se recueillait dans le silence et s'enivrait des charmes de la nature ». La Fontaine, Lamartine, V. Hugo ont senti pour eux, et ce n'est pas à un voisin qu'ils l'ont babillé ; c'est à leurs vers qu'ils l'ont chanté. Delille babille un peu. A-t-il des souvenirs de son pays natal, la Limagne, et ils lui reviennent plusieurs fois, non sans émotion (*l'Homme des champs*, ch. IV, *l'Imagination*, chant IV), il s'amuse à décrire les ricochets qu'il faisait enfant, et les palais « dessinés sur l'arène » que « Zéphyre effaçait de sa jalouse haleine ». Il vit la Suisse, la Savoie, comme Rousseau, la chute du Rhin, comme Lamartine (voir une note de *l'Imagination*, ch. IV), la Grèce comme Châteaubriand. Il n'en est resté dans ses œuvres que quelques traces pâles et effacées : « aspects touchants », « sites pleins de charmes », ou des métaphores fausses dans des vers brillants :

> Et l'écho du tonnerre, et l'écho des bergers....
> Salut, *pompeux* Jura, terrible Montanverts! (auj. Montervers)
> De neiges, de glaçons entassemens énormes,
> Du *temple des frimas* colonnades informes,
> Prismes éblouissans dont les pans azurés,
> Défiant le soleil dont ils sont colorés.
> Peignent de pourpre et d'or leur éclatante masse,
> Tandis que, triomphant sur son *trône de glace*,
> L'hiver s'enorgueillit de voir l'*astre du jour*
> Embellir *son palais* et décorer *sa cour*.
>
> (*L'Homme des Champs*, III.)

On se prend à répéter, avec Rivarol, l'oreille, bercée et rebattue de ces

NICE

O Nice! heureux séjour, montagnes renommées,
De lavande, de thym, de citron parfumées,
Que de fois sous tes plants d'oliviers toujours verts,
Dont la pâleur s'unit au sombre azur des mers,
J'égarai mes regards sur ce théâtre immense!
Combien je jouissois! soit que l'onde en silence
Mollement balancée, et roulant sans efforts,
D'une frange d'écume allât ceindre ses bords;
Soit que son vaste sein se gonflât de colère!
J'aimois à voir le flot, d'abord ride légère,
De loin blanchir, s'enfler, s'allonger et marcher,
Bondir tout écumant de rocher en rocher,
Tantôt se déployer comme un serpent flexible,
Tantôt, tel qu'un tonnerre, avec un bruit horrible,
Précipiter sa masse et de ses tourbillons
Dans les rocs caverneux engloutir les bouillons.
Ce mouvement, ce bruit, cette mer turbulente,
Roulant, montant, tombant en montagne écumante,
Enivroit mon esprit, mon oreille, mes yeux;
Et le soir me trouvoit immobile en ces lieux [1].

(*Les Jardins* [2], II.)

vers ingénieux et harmonieux, qui masquent la nature au lieu de la montrer :

> Son style citadin peint en beau les campagnes;
> Sur son papier chinois il a vu les montagnes,
> La mer à l'Opéra, les forêts à Longchamps; —

> ...... à travers sa lorgnette,
> Et par les vitres du château,

ajoute M.-J. Chénier.

La périphrase va toujours de pair avec la métaphore. Passe pour celles qui se jouent autour du trictrac, de l'échiquier, du loto, etc. Mais la peinture de la nature s'en accommode moins. En quatre mots Virgile nomme et peint la grêle : « Crepitans salit horrida grando. » Delille l'allonge :

> Et des frimas durcis les balles bondissantes
> Sur la terre sonore au loin retentissantes.

[1]. Voilà enfin des vers sentis ; un souvenir ému y vibre et leur donne de l'accent. La couleur du paysage est restée dans l'imagination du poète et a passé dans ses premiers vers pour les colorer.

[2]. 1er chant, L'art de changer les paysages en tableaux; les jardins libres et les jardins réguliers, ou anglais et français; IIe, Les plantations et les perspectives; IIIe, Les gazons, les fleurs, les rochers et les eaux; IVe, De la variété des scènes; de l'agriculture et de la sculpture dans les paysages.

Reste un dernier poème de Delille sur la nature, les *Trois Règnes*, poème descriptif et scientifique en huit chants (I, la lumière et le feu; II, l'air; III, l'eau; IV, la terre; V, le règne minéral; VI, le règne végétal; VII, VIII, le règne animal). A la fin du Ier chant se trouve le tableau, souvent cité, du coin de feu ; dans le VI, le café.

LE CAUSEUR MÉTICULEUX[1]

Or, maintenant, au langage insipide
    Du complaisant adulateur,
    A l'entêtement intrépide
    Du farouche contradicteur,
    Ajoutons le calme stupide,
Le ton méticuleux, et l'orgueil circonspect
    De ce mortel pour lui plein de respect,
Qui croit en conversant sa gloire compromise ;
    Observe beaucoup, parle peu ;
    Voudroit faire fortune au jeu,
    Mais craint de hasarder sa mise ;
Pour jouer à coup sûr pèse tout ce qu'il dit ;
D'un simple amusement se fait une entreprise ;
Par son air réservé, son parler triste et sec,
Tient le cercle en arrêt, et la joie en échec ;
    Sur lui tremble de donner prise ;
Craint un malentendu, redoute une méprise,
Contredit rarement, moins souvent applaudit ;
Ignore l'abandon, se défend la franchise,
Demeure retranché dans sa grave sottise ;
Doute par vanité de tout ce qu'il apprit ;
    Et meurt sans avoir eu l'esprit
    De se permettre une bêtise.

              (*La Conversation*, chant II.)

ANDRÉ CHÉNIER
1762-1794

ANDRÉ DE CHÉNIER naquit à Galata, le faubourg franc de Constantinople, d'un Français, Louis de Chénier, consul général, et d'une Grecque. Elevé dans le Languedoc avant de faire ses études à Paris, officier quelques mois à Strasbourg, il voyagea pendant un an en Suisse et en Italie, fut secrétaire d'ambassade à Londres avant 1790,

---

1. Dans les deux premiers chants de son poème de la *Conversation*, Delille fait de piquants portraits de toutes les variétés d'originaux, dont les travers font rire ou fatiguent : le conteur minutieux, le bel esprit bourgeois, l'ennuyé, le farceur, le curieux, le mystérieux, le babillard, le brouillon, l'officieux,
    Qui s'occupe de vous pour occuper de lui.
La liste en est longue. Le dernier chant est consacré au vrai et bon causeur.

habita quelque temps la Normandie, Louveciennes et Versailles, et, dans les intervalles, vécut, pensa, travailla, écrivit à Paris, avec quelques amis, dans une société de loisir, de plaisir et d'étude, avant d'achever sa trop courte vie au milieu des orages politiques auxquels il se mêla avec courage par sa plume de journaliste. — Il mourut sur l'échafaud le 7 thermidor an II (25 juillet 1794).

La nature fut sa première et sa plus vive passion; la seconde fut la poésie. Comme Du Bellay, il rêvait de renouveler et d'enrichir notre langue poétique:

> O langue des Français, est-il vrai que ton sort
> Est de ramper toujours, et que toi seule as tort?

Il rêvait de la doter d'une épopée, mais non pas comme Ronsard, en suivant servilement les anciens:

> ... Qu'elle n'aille pas
> De Virgile et d'Homère épier tous les pas. *(L'Invention).*

Le XVIII° siècle avait, avec Rousseau, Buffon, Montesquieu, etc., élargi le champ de la nature et les voies de la science. Il voulait y engager la poésie sur leurs traces; il voulait, dans un poème, embrasser les découvertes et les richesses de l'univers, et il appelait les nobles esprits à tenter l'œuvre avec lui. « Osons », s'écrie-t-il encore dans ce court poème de l'*Invention* (courts, ils le sont tous, *tempus defuit*), qui est son « Illustration de la langue française »:

> Sur des pensers nouveaux faisons des vers antiques...
> Qui que tu sois enfin, ô toi, jeune poète,
> Travaille, ose achever cette illustre conquête,
> Travaille...

Et dans un élan généreux et modeste:

> Oh! si je puis un jour!....

Ce poème, il l'essaie; il en arrête le titre, les divisions, le plan; il en jette, comme fit Pascal de son grand ouvrage, couronnement projeté de sa vie et de son génie, des fragments sur le papier. C'est l'*Hermès*, qui eût été l'épopée de la terre et des mers, de

> L'Océan éternel où bouillonne la vie,

et de la vie physique, intellectuelle et morale des sociétés. Il essaie et esquisse encore, et un poème biblique en six chants, *Suzanne*, et un poème philosophique, géographique, politique, l'*Amérique*, où il dira et ce qu'il a appris et ce qu'il a vu, accusant la vie humaine d'être trop courte pour

> Tout voir, aller partout, tout savoir et tout dire.

La vie lui a manqué à trente et un ans, tranchée sur un échafaud, et a empêché de mûrir « ces fruits à peine éclos. » Il n'a pu que laisser, ce qui suffit à sa gloire, des *Idylles*, les unes achevées et parfaites, où il égale Théocrite quand il l'imite, où il est inimitable quand il y fond Théocrite et Homère, les autres, ébauches et fragments purs comme des débris de l'antique; des *Élégies* ou des fragments d'Élégies, où il dépasse Tibulle; quelques *Épîtres*, quelques *Satires*, des *Hymnes*, des *Odes*, des *Iambes*, mélanges de grâce, de passion et d'éloquence, chantant l'amitié, la poésie, la gloire, la beauté, la jeunesse, flétrissant ses bourreaux et attendant la mort.

Et il est mort en laissant dans ses portefeuilles les germes d'une moisson que l'âge suivant devait recueillir, après avoir retrempé la langue poétique aux sources vives de la Grèce qu'en naissant ses lèvres avaient comme touchées, et aux sources dérivées de Ronsard et de Malherbe, que, dans ses veilles studieuses, il avait pénétrés, commentés (cela a été établi surabondamment par Sainte-Beuve et M. Becq de Foüquières), prenant à la langue grecque,

> Ce langage sonore aux douceurs souveraines,
> Le plus beau qui soit né sur des lèvres humaines,

ses formes, ses couleurs, ses précisions et ses éclats d'expressions, ses hardiesses, ses rythmes, ses coupes, et fondant le tout, sans le prétendu pindarisme du raide et boursoufflé Le Brun, sans néologisme et sans bigarrure à la Ronsard, dans une harmonie juste, brillante et délicate; prenant à notre langue du xvi° siècle « ce je ne sais quoi de court, de naïf, de hardi, de vif et de passionné » que regrettait son frère en Homère, Fénelon. C'est ainsi qu'il créa une langue qui est, à peu de chose près, restée son secret, langue toute

> De force, de douceur, de grâce et de fierté;

et cela sans manifeste bruyant, sans polémique, sans art poétique. Par la vertu seule de ses vers, révélés trente ans après sa mort, il a vaincu.

Victoire décisive, non du premier jour, mais du second, qui ne tarda guère, et retentissante. Le premier jour Lacretelle faisait ses réserves; Latouche, le premier éditeur de ses poésies en 1819, pour ne pas scandaliser le public encore inféodé à Delille, n'osait imprimer:

> ... Les Grâces décentes,
> Les bras entrelacés, autour d'elle *dansantes*,

et glissait *charmantes*. Mais alors que dire de : « les écailles *sonnantes* des serpents, les *savantes* eaux où s'abreuvent les Muses, les *dormantes* eaux, la Naïade au *pied fluide*, le *front* pur et *liquide* de la Seine, Nérée *humide ravisseur*, la *mielleuse* abeille, la *grasse* olive et ses liqueurs *savonneuses*, les collines *pierreuses*, une outre *vineuse*, le *tissu* des saintes *mélodies*,

> Et d'Hermus aux flots d'or l'*harmonieux rivage*......,
> Le toit s'égaie et *rit* de mille *odeurs* divines,

et tout ce qu'on trouvera dans la première page venue de Chénier, et tout ce qui nous charme aujourd'hui?

Diverses éditions ont popularisé, avec toutes ces hardiesses, les poésies d'André Chénier : éditions H. De Latouche, 1819, 1833, 1847; Robert, 1826, 1841; Becq de Fouquières, 1862, 1872; Gabriel de Chénier, neveu du poète, 1874, qui a presque doublé, d'après des manuscrits, héritage de famille, le recueil primitif; Louis Moland (Garnier frères, 2 vol.), 1878. — Nous citons cette dernière édition.

LA MUSE DE CHÉNIER

I.

Ma muse fuit les champs abreuvés de carnage,
Et ses pieds innocents ne se poseront pas
Où la cendre des morts gémirait sous ses pas.

Elle pâlit d'entendre et le cri des batailles,
Et les assauts tonnants qui frappent les murailles ;
Et le sang qui jaillit sous les pointes d'airain
Souillerait la blancheur de sa robe de lin.
(Bucoliques, XLVIII, t. I.)

II.

Une source brillante, un buisson qui fleurit,
Tout amuse ses yeux ; elle pleure, elle rit.
Tantôt à pas rêveurs, mélancolique et lente,
Elle erre avec une onde et pure et languissante ;
Tantôt elle va, vient, d'un pas léger et sûr,
Poursuit le papillon brillant d'or et d'azur,
Ou l'agile écureuil, ou dans un nid timide
Sur un oiseau surpris pose une main rapide.
Quelquefois gravissant la mousse du rocher,
Dans une touffe épaisse elle va se cacher.
Elle aime aussi chanter à la moisson nouvelle,
Suivre les moissonneurs, et lier la javelle.
L'Automne au front vermeil, ceint de pampres nouveaux,
Parmi les vendangeurs, l'égare en des coteaux ;
Elle cueille la grappe, ou blanche ou purpurine :
Le doux jus des raisins teint sa bouche enfantine ;
Ou, s'ils pressent leurs vins, elle accourt pour les voir,
Et son bras avec eux fait crier le pressoir.
(Élégies, X, t. I.)

III.

Voilà ce que chantait aux naïades prochaines
Ma muse jeune et fraîche, amante des fontaines,
Assise au fond d'un antre aux nymphes consacré,
D'acanthe et d'aubépine et de lierre entouré.
L'Amour, qui l'écoutait, caché dans le feuillage,
Sortit, la salua sirène du bocage.
Ses blonds cheveux flottants par lui furent pressés
D'hyacinthe et myrte en couronne tressés :
« Car ta voix, lui dit-il, est douce à mon oreille
« Autant que le cytise à la mielleuse abeille. »
(Bucoliques, XXI, t. I.)

IV.

Nymphe tendre et vermeille, ô jeune poésie !
Quel bois est aujourd'hui ta retraite choisie ?

Quelles fleurs, près d'une onde où s'égarent tes pas,
Se courbent mollement sous tes pieds délicats?
Où te faut-il chercher? Vois la saison nouvelle!
Sur son visage blanc quelle pourpre étincelle!
L'hirondelle a chanté, Zéphire est de retour :
Il revient en dansant ; il ramène l'amour ;
L'ombre, les prés, les fleurs, c'est sa douce famille,
Et Jupiter se plaît à contempler sa fille,
Cette terre où partout, sous tes doigts gracieux,
S'empressent de germer des vers mélodieux.
Le fleuve qui s'étend dans les vallons humides
Roule pour toi des vers doux, sonores, liquides.
Des vers, s'ouvrant en foule aux regards du soleil,
Sont ce peuple de fleurs au calice vermeil,
Et les monts, en torrents qui blanchissent leurs cîmes,
Lancent des vers brillants dans le fond des abîmes.

(*Ibid.*, XLVII, t. I.)

V.

Oh! que ne suis-je enfant de ce lac enchanté
Où trois pâtres héros ont à la liberté
Rendu tous leurs neveux et l'Helvétie entière!
Faible, dormant encor sur le sein de ma mère,
Oh! que n'ai-je entendu ces bondissantes eaux,
Ces fleuves, ces torrents, qui, de leurs froids berceaux,
Viennent du bel Hasly [1] nourrir les doux ombrages!
Hasly! frais Elysée! honneur des pâturages!
Lieu qu'avec tant d'amour la nature a formé,
Où l'Aar roule un or pur en son onde semé.
Là je verrais, assis dans ma grotte profonde,
La génisse traînant sa mamelle féconde,
Prodiguant à ses fils ce trésor indulgent,
A pas lents agiter sa cloche au son d'argent,
Promener près des eaux sa tête nonchalante,
Ou de son large flanc presser l'herbe odorante [2].
Le soir, lorsque plus loin s'étend l'ombre des monts,
Ma conque, rappelant mes troupeaux vagabonds,
Leur chanterait cet air si doux à ces campagnes,
Cet air que d'Appenzel répètent les montagnes...

1. Ou l'asle, vallée du canton de Berne, traversée par le Haut-Aar.
2. Cf. V. Hugo, *Les voix intérieures*, XV, *La Vache*.

Hélas! aux lieux amers où je suis enchaîné [1],
Ce repos à mes jours ne fut point destiné.
J'irai, je veux jamais ne revoir ce rivage.
Je veux, accompagné de ma muse sauvage,
Revoir le Rhin tomber en des gouffres profonds,
Et le Rhône grondant sous d'immenses glaçons,
Et d'Arve aux flots impurs la Nymphe injurieuse.
Je vole, je parcours la cime harmonieuse
Où souvent de leurs cieux les anges descendus,
En des nuages d'or mollement suspendus,
Emplissent l'air des sons de leur voix éthérée.
O lac, fils des torrents! ô Thun, onde sacrée!
Salut, monts chevelus, verts et sombres remparts
Qui contenez ces flots pressés de toutes parts!
Salut, de la nature admirables caprices,
Où les bois, les cités pendent en précipices!
Je veux, je veux courir sur vos sommets touffus;
Je veux, jouet errant de vos sentiers confus,
Foulant de vos rochers la mousse insidieuse,
Suivre de mes chevreaux la trace hasardeuse [2]...

(*Elégies*, XXXVIII, t. I.)

1. Le poète était alors en Angleterre.
2. Et ailleurs (*Elég.*, L) parlant des Alpes de Savoie :

> Sur leurs arides fronts le voyageur porté
> S'étonne. Auprès des rocs d'âge en âge entassée,
> En flots âpres et durs brille une mer glacée.
> A peine sur le dos de ces sentiers luisants
> Un bois armé de fer soutient ses pas glissants.

On le voit, la nature entière appartient à sa muse. Il y place dans ses Elégies, ses souvenirs personnels, ses amitiés, ses joies, ses regrets. Il y place, au bord des mers, des fleuves, sous les grottes, sous les ombrages, ses Idylles antiques (Voir, par exemple, *Hylas*, *Bucoliq.*, XI; *Europe*, XIV; *la Jeune Locrienne*, XX, etc.). Voyageur, ses yeux ont vu en Arcadie, en Italie, en Sicile (*Bucoliq.*, LXXVI) les lieux des tableaux et des scènes qu'il rêve; son imagination, pleine des poètes antiques (depuis Homère, Pindare, Théocrite, Virgile, etc., jusqu'à l'*Anthologie* et aux *Analecta*, publiés par son ami Brunck, de Strasbourg, en 1776, qui ne le quittaient jamais), revoit la physionomie des personnages qu'il y met; et, lieux et personnages, sa plume peint tout au naturel. Ce n'est pas un site quelconque qu'il nous donne, c'est Rhodes, Chypre, Délos, Sicos; c'est la maison de Lycus (*Le Mendiant*, *Bucol.*, V), au bord du Chratis; ce sont les rives du Sébéthus auxquelles Néère répète le nom de Clinias (*Bucol.*, XIII).

Mais il ne veut pas seulement nous rendre l'idylle antique; il veut aussi créer la pastorale moderne, rustique et vraie, et

> Faire entendre à la Seine enfin de vrais bergers. (*Bucol.*, LXXVI

Et il la recueille partout, en Suisse, en Normandie :

> Fille du vieux pasteur, qui d'une main agile
> Le soir emplis de lait trente vases d'argile,
> Crains la génisse pourpre, au farouche regard,

VI[1].

Salut, ô belle nuit, étincelante et sombre,
Consacrée au repos. O silence de l'ombre,
Qui n'entends que la voix de mes vers et les cris
De la rive aréneuse[2] où se brise Téthys!
Muse, muse nocturne, apporte-moi ma lyre.
Comme un fier météore, en ton brûlant délire,
Lance-toi dans l'espace ; et, pour franchir les airs,
Prends les ailes des vents, les ailes des éclairs,
Les bonds de la comète aux longs cheveux de flamme.
Mes vers impatients, élancés de mon âme,
Veulent parler aux dieux, et volent où reluit
L'enthousiasme errant, fils de la belle nuit.
Accours, grande nature, ô mère du génie ;
Accours, reine du monde, éternelle Uranie,
Soit que tes pas divins sur l'astre du Lion
Ou sur les triples feux du superbe Orion
Marchent, ou soit qu'au loin, fugitive, emportée,

> Qui marche toujours seule et qui paît à l'écart
> Libre, elle lutte et fuit intraitable et rebelle:
> Tu ne presseras point sa féconde mamelle,
> A moins qu'avec adresse un de ses pieds lié
> Sous un cuir souple et lent ne demeure plié.
> « Vu et fait à Catillon, près Forges, le 4 août 1792, et
> écrit à Gournay, le lendemain. »
> (*Bucoliq.*, XXXI.)

Il veut faire, à l'imitation de Nausicaa, une idylle intitulée *le Lavoir*, sans se soucier de prêter aux plaisanteries et aux « gentillesses » des beaux esprits parisiens.
Et, pour ces idylles antiques ou modernes, que de vers isolés, que nous ont conservés ses fragments ou ébauches, mêlées de prose, attendaient leur emploi, pittoresques et charmants!

> ... Sous un ciel calme et pur,
> Sur la vague aplanie étincelle l'azur....
> Le souffle insinuant qui frémit sous l'ombrage....
> Un souffle doux et frais caresse le feuillage....
> Sous le souffle des vents les forêts ondoyantes... (Cf. RONSARD, p. 48.)
> L'air trempé des parfums que respirent les fleurs....
> L'air du soir si suave à la fin d'un beau jour...
> Et le dormir suave au bord d'une fontaine....
> ... La coupe étincelante
> Où la vigne bouillonne en rosée odorante....

1. Chénier, dans les vers qui précèdent, est sur la terre ; le voici dans le ciel. Il était, avec eux, bien loin de Racine et de Voltaire; il se rapproche, avec ceux-ci, de Lamartine et de V. Hugo, qui n'en ont pas de plus enthousiastes et de plus étincelants. Quelques-uns sont de grands coups d'aile; d'autres, coupés, presque saccadés, traduisent l'élan de l'âme haletante, enlevée par secousse aux cieux. Les apostrophes ne s'y placent pas comme un artifice prétendu pindarique : elles éclatent comme un cri.

2. Voilà un de ces mots empruntés à la la langue française du XVIe siècle, que Chénier (voir la notice) connaissait comme les langues anciennes. RABELAIS (*Pantagruel*, V, 22) dit : *rivaige areneux*.

Tu suives les détours de la voie argentée,
Soleils amoncelés dans le céleste azur,
Où le peuple a cru voir les traces d'un lait pur [1],
Descends; non, porte-moi sur ta route brûlante,
Que je m'élève au ciel comme une flamme ardente.
Déjà ce corps pesant se détache de moi.
Adieu, lambeau de chair, je ne suis plus à toi.
Terre, fuis sous mes pas. L'éther où le ciel nage
M'aspire. Je parcours l'océan sans rivage.
Plus de nuit. Je n'ai plus d'un globe opaque et dur
Entre le jour et moi l'impénétrable mur:
Plus de nuit, et mon œil et se perd et se mêle
Dans les torrents profonds de lumière éternelle.
Me voici sur les feux que le langage humain
Nomme Cassiopée [2] et l'Ourse et le Dauphin.
Maintenant la Couronne autour de moi s'embrase.
Ici l'Aigle et le Cygne, et la Lyre et Pégase.
Et voici que plus loin le Serpent tortueux
Noue autour de mes pas ses anneaux lumineux.
Féconde immensité, les esprits magnanimes
Aiment à se plonger dans tes vivants abîmes,
Abîmes de clartés, où, libre de ses fers,
L'homme siége au conseil qui créa l'univers;
Où, l'âme remontant à sa grande origine,
Sent qu'elle est une part de l'essence divine.

(Fragment de *Amérique*, poème, t. II.)

L'AVEUGLE [3]

IDYLLE ANTIQUE

« Dieu, dont l'arc est d'argent, dieu de Claros, écoute!
« O Sminthée-Apollon [4], je périrai sans doute,
« Si tu ne sers de guide à cet [5] aveugle errant. »
C'est ainsi qu'achevait l'aveugle en soupirant,
Et près des bois marchait, faible, et sur une pierre
S'asseyait. Trois pasteurs, enfants de cette terre,

---

1. La voie « lactée », qui, dit la Fable, se forma de quelques gouttes de lait tombées des mamelles de la chèvre Amalthée, qui, après avoir nourri Jupiter enfant, fut mise au rang des astres. — Le télescope la résout en un nombre infini de petites étoiles.
2. Ce nom et les suivants sont des noms de constellations.
3. Homère.
4. Cf. *Iliade*, I, 37 sqq.
5. C'est ainsi que dans la poésie grecque celui qui parle de lui-même se désigne souvent par ὅδε.

Le suivaient, accourus aux abois turbulents
Des molosses, gardiens de leurs troupeaux bêlants.
Ils avaient, retenant leur fureur indiscrète,
Protégé du vieillard la faiblesse inquiète ;
Ils l'écoutaient de loin ; et, s'approchant de lui :
« Quel est ce vieillard blanc, aveugle et sans appui ?
« Serait-ce un habitant de l'empire céleste [1] ?
« Ses traits sont grands et fiers ; de sa ceinture agreste
« Pend une lyre informe, et les sons de sa voix
« Émeuvent l'air et l'onde, et le ciel et les bois. »

Mais il entend leurs pas, prête l'oreille, espère,
Se trouble, et tend déjà les mains à la prière.
« Ne crains point, disent-ils, malheureux étranger ;
« (Si plutôt, sous un corps terrestre et passager,
« Tu n'es point quelque dieu protecteur de la Grèce,
« Tant une grâce auguste ennoblit ta vieillesse!)
« Si tu n'es qu'un mortel, vieillard infortuné,
« Les humains près de qui les flots t'ont amené
« Aux mortels malheureux n'apportent point d'injures.
« Les destins n'ont jamais de faveurs qui soient pures.
« Ta voix noble et touchante est un bienfait des dieux ;
« Mais aux clartés du jour ils ont fermé tes yeux.

« — Enfants, car votre voix est enfantine et tendre,
« Vos discours sont prudents [2] plus qu'on eût dû l'attendre ;
« Mais, toujours soupçonneux, l'indigent étranger
« Croit qu'on rit de ses maux et qu'on veut l'outrager.
« Ne me comparez point à la troupe immortelle :
« Ces rides, ces cheveux, cette nuit éternelle,
« Voyez ; est-ce le front d'un habitant des cieux ?
« Je ne suis qu'un mortel, un des plus malheureux !
« Si vous en savez un pauvre, errant, misérable,
« C'est à celui-là seul que je suis comparable ;
« Et pourtant je n'ai point, comme fit Thamyris,
« Des chansons à Phébus voulu ravir le prix [3] ;
« Ni, livré, comme Œdipe, à la noire Euménide
« Je n'ai puni sur moi l'inceste parricide ;

---

1. Que de fois l'étonnement, l'admiration, la reconnaissance expriment cette idée dans Homère ! Vieillard ou jeune fille, on voyait dans l'être inconnu ou secourable une divinité. Voy. *Odyss.*, VI, 149.
2. C'est le Κατὰ μοῖραν ἔειπες fréquent chez Homère, ou Πέπνυσαί τε νόῳ (*Il.*, XXIV, 377.)
3. Il provoqua les Muses, fut vaincu et aveuglé par elles. Voy. *Il.*, I, 594 sqq.

« Mais les dieux tout-puissants gardaient à mon déclin
« Les ténèbres, l'exil, l'indigence et la faim.

« — Prends; et puisse bientôt changer ta destinée,
« Dirent-ils. » Et tirant ce que, pour leur journée,
Tent la peau d'une chèvre aux crins noirs et luisants,
Ils versent à l'envi, sur ses genoux pesants,
Le pain de pur froment, les olives huileuses,
Le fromage et l'amande, et les figues mielleuses,
Et du pain à son chien, entre ses pieds gisant,
Tout hors d'haleine encore, humide et languissant,
Qui, malgré les rameurs, se lançant à la nage,
L'avait loin du vaisseau rejoint sur le rivage.

« Le sort, dit le vieillard, n'est pas toujours de fer.
« Je vous salue, enfants venus de Jupiter.
« Heureux sont les parents qui tels vous firent naître [1] !
« Mais venez, que mes mains cherchent à vous connaître ;
« Je crois avoir des yeux: vous êtes beaux tous trois ;
« Vos visages sont doux, car douce est votre voix.
« Qu'aimable est la vertu que la grâce environne [2] !
« Croissez, comme j'ai vu ce palmier de Latone [3],
« Alors qu'ayant des yeux je traversai les flots;
« Car jadis, abordant à la sainte Délos,
« Je vis près d'Apollon, à son autel de pierre,
« Un palmier, don du ciel, merveille de la terre.
« Vous croîtrez comme lui, grands, féconds, révérés,
« Puisque les malheureux sont par vous honorés.
« Le plus âgé de vous aura vu treize années :
« A peine, mes enfants, vos mères étaient nées,
« Que j'étais presque vieux. Assieds-toi près de moi,
« Toi, le plus grand de tous ; je me confie à toi:
« Prends soin du vieil aveugle. — O sage magnanime !
« Comment, et d'où viens-tu ? Car l'onde maritime
« Mugit de toutes parts sur nos bords orageux.

« Des marchands de Cymé [4] m'avaient pris avec eux ;
« J'allais voir, m'éloignant des rives de Carie,
« Si la Grèce pour moi n'aurait point de patrie,

---

1. C'est ce que dit Priam à Mercure, déguisé sous les traits d'un jeune Grec, *Il.*, XXIV, 377; et Ulysse à Nausicaa, *Od.*, VI, 155 :
2. Cf. Virgile, *Æn.*, V, 344 :
　　　　Gratior et pulchro veniens in corpore virtus
3. Cf. *Od.*, VI, 162 sqq.; Ulysse à Nausicaa.
4. Voir Homère, *Epigramm.* Πρὸς Κυμαίους.

« Et des dieux moins jaloux, et de moins tristes jours;
« Car jusques à la mort nous espérons toujours.
« Mais pauvre, et n'ayant rien pour payer mon passage,
« Ils m'ont, je ne sais où, jeté sur le rivage.

« — Harmonieux vieillard [1], tu n'as donc point chanté?
« Quelques sons de ta voix auraient tout acheté.

« — Enfants, du rossignol la voix pure et légère
« N'a jamais apaisé le vautour sanguinaire.
« Et les riches, grossiers, avares, insolents,
« N'ont pas une âme ouverte à sentir les talents.
« Guidé par ce bâton, sur l'arène glissante,
« Seul, en silence, au bord de l'onde mugissante,
« J'allais et j'écoutais le bêlement lointain
« De troupeaux agitant leurs sonnettes d'airain ;
« Puis j'ai pris cette lyre, et les cordes mobiles
« Ont encor résonné sous mes vieux doigts débiles.
« Je voulais des grands dieux implorer la bonté,
« Et surtout Jupiter, dieu d'hospitalité [2],
« Lorsque d'énormes chiens, à la voix formidable,
« Sont venus m'assaillir; et j'étais misérable,
« Si vous (car c'était vous), avant qu'ils m'eussent pris,
« N'eussiez armé pour moi les pierres et les cris.

« — Mon père, il est donc vrai : tout est devenu pire?
« Car jadis aux accents d'une éloquente lyre,
« Les tigres et les loups, vaincus, humiliés,
« D'un chanteur comme toi vinrent baiser les pieds [3].

« — Les barbares! J'étais assis près de la poupe :
« Aveugle vagabond, dit l'insolente troupe,
« Chante : si ton esprit n'est pas comme tes yeux,
« Amuse notre ennui ; tu rendras grâce aux dieux.....
« J'ai fait taire mon cœur qui voulait les confondre ;
« Ma bouche ne s'est point ouverte à leur répondre.
« Ils n'ont pas entendu ma voix, et sous ma main
« J'ai retenu le dieu courroucé dans mon sein.
« Cymé, puique tes fils dédaignent Mnémosyne [4],
« Puisqu'ils ont fait outrage à la muse divine,

---

1. Dans HOMÈRE Νέστωρ λιγύς, Νύμφαι λιγύμολποι.
2. Ζεὺς Ξένιος.
3 Orphée. Voy. HORACE, A. P., 393; et VIRGILE, G. IV, 510 :
    Mulcentem tigres...
4. *Mémoire*, mère des Muses.

« Que leur vie et leur mort s'éteignent dans l'oubli ;
« Que ton nom dans la nuit demeure enseveli.

« — Viens, suis-nous à la ville ; elle est toute voisine,
« Et chérit les amis de la muse divine.
« Un siége aux clous d'argent te place à nos festins ;
« Et là, les mets choisis, le miel et les bons vins,
« Sous la colonne où pend une lyre d'ivoire.[1]
« Te feront de tes maux oublier la mémoire.
« Et si, dans le chemin, rhapsode [2] ingénieux,
« Tu veux nous accorder des chants dignes des cieux,
« Nous dirons qu'Apollon, pour charmer les oreilles,
« T'a lui-même dicté de si douces merveilles.

« — Oui, je le veux, marchons. Mais où m'entraînez-vous ?
« Enfants du vieil aveugle, en quel lieu sommes-nous ?
« — Sicos est l'île heureuse où nous vivons, mon père.

« — Salut, belle Sicos, deux fois hospitalière !
« Car sur ses bords heureux je suis déjà venu ;
« Amis, je la connais. Vos pères m'ont connu :
« Ils croissaient comme vous ; mes yeux s'ouvraient encore
« Au soleil, au printemps, aux roses de l'aurore ;
« J'étais jeune et vaillant. Aux danses des guerriers,
« A la course, aux combats, j'ai paru des premiers.
« J'ai vu Corinthe, Argos, et Crète et les cent villes [3],
« Et du fleuve Egyptus les rivages fertiles [4] ;
« Mais la terre et la mer, et l'âge et les malheurs,
« Ont épuisé ce corps fatigué de douleurs.
« La voix me reste. Ainsi la cigale innocente,
« Sur un arbuste assise, et se console et chante [5].
« Commençons par les dieux : Souverain Jupiter ;
« Soleil, qui vois, entends, connais tout [6] ; et toi, mer,
« Fleuves, terre, et noirs dieux des vengeances trop len-
« Salut ! Venez à moi de l'Olympe habitantes,   [tes,

---

1. Voyez *Odyss.*, VIII, 65. L'aède aveugle Démodocus est l'image d'Homère.
2. Nom donné à ceux qui allaient de ville en ville chanter des poésies, et particulièrement des morceaux détachés des épopées d'Homère. Ραψῳ-δός (ῥάπτειν, coudre ; ᾠδή, chant).
3. *Il.*, II, 649. Κρήτη ἑκατόμπολις.
4. Αἴγυπτος εὐρείτης, *passim*.
5. Cf. *Il.*, III, 151 sqq. :
6. Cf. *Od.* XII, 323 et passim :

Ἠελίου ὅς πάντ' ἐφορᾷ καὶ πάντ' ἐπακούει.

« Muses ; vous savez tout, vous, déesses ; et nous,
« Mortels, ne savons rien qui ne vienne de vous[1]. »

Il poursuit ; et déjà les antiques ombrages
Mollement en cadence inclinaient leurs feuillages [2] ;
Et pâtres oubliant leur troupeau délaissé,
Et voyageurs quittant leur chemin commencé,
Couraient. Il les entend, près de son jeune guide,
L'un sur l'autre pressés, tendre une oreille avide,
Et nymphes et sylvains sortaient pour l'admirer,
Et l'écoutaient en foule, et n'osaient respirer ;
Car, en de longs détours de chansons vagabondes,
Il enchaînait de tout les semences fécondes [3],
Les principes du feu, les eaux, la terre et l'air,
Les fleuves descendus du sein de Jupiter,
Les oracles, les arts, les cités fraternelles,
Et depuis le chaos les amours immortelles[4] ;
D'abord le roi divin, et l'Olympe, et les cieux,
Et le monde, ébranlés d'un signe de ses yeux [5] ;
Et les dieux partagés en une immense guerre,
Et le sang plus qu'humain venant rougir la terre,
Et les rois assemblés, et sous les pieds guerriers,
Une nuit de poussière, et les chars meurtriers,
Et les héros armés, brillant dans les campagnes,
Comme un vaste incendie aux cimes des montagnes [6],
Les coursiers hérissant leur crinière à longs flots,
Et d'une voix humaine excitant les héros [7] ;
De là, portant ses pas dans les paisibles villes,
Les lois, les orateurs, les récoltes fertiles ;
Mais bientôt de soldats les remparts entourés,
Les victimes tombant dans les parvis sacrés,
Et les assauts, mortels aux épouses plaintives,
Et les mères en deuil, et les filles captives ;
Puis aussi les moissons joyeuses, les troupeaux
Bêlants ou mugissants, les rustiques pipeaux,
Les chansons, les festins, les vendanges bruyantes,
Et la flûte et la lyre, et les notes dansantes.
Puis, déchaînant les vents à soulever les mers,

1. Cf. *Od.*, VIII, 63, 73, 481, 488, à propos de l'aède Démodocus.
2. Cf. VIRGILE, *Egl.*, VI, 27 sqq.
3. Cf. VIRGILE, *Egl.*, VI, 31 sqq.
4. Cf. VIRGILE, *G.*, IV, 346.
5. *Il.*, I, 528 sqq.
6. *Il.*, II, 455 sqq.
7. *Il.*, XIX, 404 sqq. Xanthos, un des chevaux d'Achille, lui prédit sa mort. — Dans les vers suivants, imitations du Bouclier d'Achille (*Il.*, XVIII).

Il perdait les nochers dans les gouffres amers.
De là, dans le sein frais d'une roche azurée,
En foule il appelait les filles de Nérée,
Qui bientôt, à ses cris s'élevant sur les eaux,
Aux rivages troyens parcouraient les vaisseaux;
Puis il ouvrait du Styx la rive criminelle,
Et puis les demi-dieux et les champs d'asphodèle [1],
Et la foule des morts; vieillards seuls et souffrants,
Jeunes gens emportés aux yeux de leurs parents,
Enfants dont au berceau la vie est terminée,
Vierges dont le trépas suspendit l'hyménée [2].
Mais, ô bois, ô ruisseaux, ô monts, ô durs cailloux,
Quels doux frémissements vous agitèrent tous,
Quand bientôt à Lemnos, sur l'enclume divine,
Il forgeait cette trame irrésistible et fine
Autant que d'Arachné les pièges inconnus,
Et dans ce fer mobile emprisonnait Vénus [3] !
Et quand il revêtit d'une pierre soudaine [4]
La fière Niobé, cette mère thébaine [5];
Et quand il répétait en accents de douleurs
De la triste Aédon l'imprudence et les pleurs,
Qui, d'un fils inconnu marâtre involontaire,
Vola, doux rossignol, sous le bois solitaire [6];
Ensuite, avec le vin, il versait aux héros
Le puissant népenthès, oubli de tous les maux [7];
Il cueillait le moly, fleur qui rend l'homme sage [8];
Du paisible lotos il mêlait le breuvage :
Les mortels oubliaient, par ce philtre charmés,
Et la douce patrie et les parents aimés [9].
Enfin, l'Ossa, l'Olympe et les bois du Pénée
Voyaient ensanglanter les banquets d'hyménée,

---

1. Plante. Ἀσφοδελός.
2. *Odyss.*, XI. 34 sqq.; VIRGILE, *Géorg.*, IV, 471 sqq; *Æn.*, VI, 306 sqq.
3. *Odyss.*, VIII, 267 sqq.
4. Virgile emploie le même tour, *Egl.*, VI, 62 :
    Tum Phaetontiadas musco circumdat amaræ
        Corticis...
5. *Iliade*, XXIV, 602-617.
6. Aédon, jalouse de la fécondité de sa sœur Niobé, voulut tuer l'aîné de ses neveux; mais elle frappa son fils Ityle, élevé avec lui. Dans son désespoir elle voulait mourir; elle fut changée en rossignol. *Odyss.*, XIX, 518 sqq.
7. Etym.: Νή, négation ; πένθος, deuil. *Odyss.*, IV, 221 sqq.
8. Plante à la fleur blanche, à la racine noire (*Odyss.*, X, 304 sqq.). Ulysse la reçut de Mercure, pour triompher des enchantements de Circé.
9. Ainsi firent des compagnons d'Ulysse dans le pays des Lotophages en Afrique près des Syrtes (*Odyss.*, XI, 93 sqq.). « Quant aux arbres de notre verger, je crains bien de n'y en trouver d'autres que le lotos, qui n'est pas

Quand Thésée, au milieu de la joie et du vin,
La nuit où son ami reçut à son festin
Le peuple monstrueux des enfants de la nue,
Fut contraint d'arracher l'épouse demi-nue
Au bras ivre et nerveux du sauvage Eurytus.
Soudain, le glaive en main, l'ardent Pirithoüs :
« Attends ; il faut ici que mon affront s'expie,
Traître ! » Mais, avant lui, sur le centaure impie
Dryas a fait tomber, avec tous ses rameaux,
Un long arbre de fer hérissé de flambeaux.
L'insolent quadrupède en vain s'écrie ; il tombe,
Et son pied bat le sol qui doit être sa tombe.
Sous l'effort de Nessus, la table du repas
Roule, écrase Cymèle, Évagre, Périphas.
Pirithoüs égorge Antimaque, et Pétrée,
Et Cyllare aux pieds blancs, et le noir Macarée,
Qui de trois fiers lions, dépouillés par sa main,
Couvrait ses quatre flancs, armait son double sein.
Courbé, levant un roc choisi pour leur vengeance,
Tout à coup, sous l'airain d'un vase antique immense,
L'imprudent Bianor, par Hercule surpris,
Sent de sa tête énorme éclater les débris.
Hercule et sa massue entassent en trophée
Clanis, Déméléon, Lycothas, et Riphée
Qui portait sur ses crins, de taches colorés,
L'héréditaire éclat des nuages dorés [1].
Mais d'un double combat Eurynome est avide,
Car ses pieds, agités en un cercle rapide,
Battent à coups pressés l'armure de Nestor ;
Le quadrupède Hélops fuit ; l'agile Crantor,
Le bras levé, l'atteint ; Eurynome l'arrête.
D'un érable noueux il va fendre sa tête,
Lorsque le fils d'Égée, invincible, sanglant,
L'aperçoit, à l'autel prend un chêne brûlant,
Sur sa croupe indomptée, avec un cri terrible,
S'élance, va saisir sa chevelure horrible,
L'entraîne, et quand sa bouche, ouverte avec effort,
Crie, il y plonge ensemble et la flamme et la mort.
L'autel est dépouillé. Tous vont s'armer de flamme,

---

la pâture des bêtes, et le moly, qui empêche les hommes de le devenir.
(Lettre de J.-J. ROUSSEAU, à VOLT., 10 septembre 1755.)

1. Les Centaures, dit la Fable, étaient nés d'Ixion et d'une Nuée. Ovide les appelle (*Mét.*, XII, 211, 541) *Nubigenas*.

Et le bois porte au loin des hurlements de femme,
L'ongle [1] frappant la terre, et les guerriers meurtris,
Et les vases brisés et l'injure, et les cris [2].

Ainsi le grand vieillard, en images hardies,
Déployait le tissu des saintes mélodies.
Les trois enfants, émus à son auguste aspect,
Admiraient, d'un regard de joie et de respect,
De sa bouche abonder les paroles divines,
Comme en hiver la neige au sommet des collines.
Et, partout accourus, dansant sur son chemin,
Hommes, femmes, enfants, les rameaux à la main,
Et vierges et guerriers, jeunes fleurs de la ville,
Chantaient. « Viens dans nos murs, viens habiter notre
« Viens, prophète éloquent, aveugle harmonieux, [île ;
« Convive du nectar, disciple aimé des dieux ;
« Des jeux, tous les cinq ans, rendront saint et prospère
« Le jour où nous avons reçu le grand HOMÈRE [3]. »
(Bucoliques, II, t. Ier.)

1. Latinisme : *unguis, ungula,* sabot [des Centaures].
2. Ce dramatique tableau est esquissé en quelques vers dans l'*Odyssée*, XXI, 395 sqq., et largement développé par OVIDE (*Métam.*, XII, 210-535) avec une puissance d'imagination et une énergie de pinceau qui ne lui sont pas ordinaires. Chénier s'en est inspiré.
3. *L'Aveugle* est la plus célèbre des idylles antiques de Chénier. *Le Mendiant* (*Bucol.*, V), *Le Malade* (*Bucol.* IV) l'égalent presque. Dans cette dernière, un vieillard amène près du lit, où, sous les yeux de sa mère éplorée, se meurt un jeune Grec, sa fille, dont l'hymen lui rendra la vie. Dans une pastorale dramatique, *Alcée*, du vieil HARDY, c'est le père de la jeune fille mourante qui lui amène le jeune homme, auquel il consent enfin à l'unir. L'accent du vieillard est touchant :

> Tu es toujours l'appui de mes vieux ans :
> Aussi les Dieux j'atteste tout-puissans
> Que ma promesse immuable accomplie
> Sous le devoir de l'équité se plie....
> Proche du lit je m'en vais l'éveiller,
> Si la douleur lui permet sommeiller.
> Bonne nouvelle, Alcée, je ramène
> Celui qui cause et doit finir à peine :
> Tourne les yeux sur ton Damocle cher...

D'autres *Idylles*, fidèles au sens du mot (εἰδύλλιον, petite image) sont des tableaux courts, mais aussi achevés. Telle *la Jeune Tarentine* (*Bucol.*, XV), qui semble taillée dans le marbre par le poète, comme l'y a taillée après lui le sculpteur, qui s'en est inspiré, M. Schœnewerk. Tel, et plus simple encore, le groupe suivant, véritable « imagette », comme dit Vauquelin, à graver sur un camée :

> Diane se repose et dort au sein d'un bois ;
> Haletant sous ses pas, son jeune chien fidèle,
> L'œil sur elle attaché, vient s'asseoir auprès d'elle ;
> Muet, l'oreille droite il attend son réveil ;
> Et si la chaste reine, au milieu du sommeil,
> Laisse vers lui tomber une main nonchalante,
> Il y va promener sa langue caressante.
> (*Bucoliq.*, LXIV.)

Chénier peignait : la peinture et la poésie sont sœurs, *ut pictura poesis*. Il dit plusieurs fois dans les notes de ses esquisses poétiques : « J'en pour-

HYMNE A LA FRANCE

France! ô belle contrée, ô terre généreuse,
Que les dieux complaisants formaient pour être heureuse,
Tu ne sens point du nord les glaçantes horreurs;
Le midi de ses feux t'épargne les fureurs ;
Tes arbres innocents n'ont point d'ombres mortelles;
Ni des poisons épars dans tes herbes nouvelles
Ne trompent une main crédule, ni tes bois
Des tigres frémissants ne redoutent la voix ;
Ni les vastes serpents ne traînent sur tes plantes
En longs cercles hideux leurs écailles sonnantes.
  Les chênes, les sapins et les ormes épais
En utiles rameaux ombragent tes sommets,
Et de Beaune et d'Aï les rives fortunées,
Et la riche Aquitaine, et les hauts Pyrénées,
Sous leurs bruyants pressoirs font couler en ruisseaux
Des vins délicieux mûris sur leurs coteaux.
La Provence odorante et de Zéphyre aimée
Respire sur les mers une haleine embaumée,
Au bord des flots couvrant, délicieux trésor,
L'orange et le citron de leur tunique d'or[1] ;
Et plus loin, au penchant des collines pierreuses,
Forme la grasse olive aux liqueurs savonneuses[2],
Et ces réseaux légers, diaphanes habits,
Où la fraîche grenade enferme ses rubis.
Sur tes rochers touffus la chèvre se hérisse[3] ;
Tes prés enflent de lait la féconde génisse,
Et tu vois tes brebis, sur le jeune gazon,
Epaissir le tissu de leur blanche toison.
Dans les fertiles champs voisins de la Touraine,
Dans ceux où l'Océan boit l'urne de la Seine,
S'élèvent pour le frein des coursiers belliqueux.
Ajoutez cet amas de fleuves tortueux :

---

rai faire un *quadro* », un cadre, un petit tableau, et l'esquisse attendait
dans son portefeuille où la plume du poète ou le pinceau du peintre.

1. Cf. quelques vers de GODEAU, p. 307.
2. Nous maintenons cette épithète des premières éditions, remplacée
dans les dernières par *savoureuses*.
3. *Hérisser* signifie : 1º dresser; CHÉNIER, *l'Invention :*

    Hérisse d'un lion la crinière sanglante;

2º garnir de choses dressées et saillantes : Des rochers hérissent la
montagne ; BOILEAU :

    Le chardon importun hérissa les guérets.

Se hérisser, se dresser. — Etymol.: hérisson (*ericius*).

L'indomptable Garonne aux vagues insensées,
Le Rhône impétueux, fils des Alpes glacées,
La Seine au flot royal, la Loire dans son sein
Incertaine, et la Saône, et mille autres enfin
Qui nourrissent partout, sur tes nobles rivages,
Fleurs, moissons et vergers, et bois, et pâturages,
Rampent au pied des murs d'opulentes cités,
Sous les arches de pierre à grand bruit emportés.
    Dirai-je ces travaux, source de l'abondance,
Ces ports où des deux mers l'active bienfaisance
Amène les tributs du rivage lointain,
Que visite Phébus le soir et le matin ?
Dirai-je ces canaux, ces montagnes percées,
De bassins en bassins ces ondes amassées
Pour joindre au pied des monts l'une et l'autre Téthys [1] ?
Et ces vastes chemins en tous lieux départis,
Où l'étranger, à l'aise achevant son voyage,
Pense au nom des Trudaine et bénit leur ouvrage [2] ?...
. . . . O France ! trop heureuse
Si tu voyais tes biens, si tu profitais mieux
Des dons que tu reçus de la bonté des cieux [3] !.....
                          (*Hymnes*, I, t. II.)

---

1. Le canal du Languedoc fut commencé en 1666 par Pierre-Paul Riquet, de Béziers, et inauguré en 1681, six mois après sa mort. Dès 1668 Boileau disait (*Ep.*, I) :

      J'entends déjà frémir les deux mers étonnées
      De voir leurs flots unis au pied des Pyrénées.

2. Daniel-Charles Trudaine (1703-1769), qui dirigea le commerce, les manufactures, les ponts et chaussées, fit exécuter des ponts et des routes royales, qui comptent parmi les plus beaux ouvrages du règne de Louis XV. Ses petits-fils furent les amis de Chénier.

3. Cf. l'éloge de l'Italie, par Virgile, *Géorg.*, II, 135-175. — Le plan des deux poètes est le même : 1º les dons naturels du sol, arbres, fruits, animaux, etc.; 2º les travaux des hommes; 3º les vertus de la race. (Nous supprimons cette partie de l'Hymne de Chénier, moins frappante que ce qui précède.) La conclusion seule diffère : celle de Virgile est une exclamation d'enthousiasme et de triomphe; celle de Chénier, une exclamation de douleur, suivie de plaintes amères et de regrets patriotiques sur la misère du peuple, les abus de la fiscalité, et un appel éloquent à l'égalité et à la liberté. Cette seconde partie de l'Hymne est de même étendue que la première. — Nous ne signalons en détail ni les nombreuses imitations des formes grecques et latines que renferme cet Hymne, ni les épithètes hardies et pittoresques, ni les rejets expressifs. Nous ferons seulement remarquer l'ampleur harmonique du vers: Sous les arches, etc., identique à celle du vers de Virgile :

      Fluminaque antiquos subterlabentia muros.

IAMBES [1]

LES DERNIERS VERS DE CHÉNIER

Comme un dernier rayon, comme un dernier zéphire
    Animent la fin d'un beau jour,
Au pied de l'échafaud j'essaye encor ma lyre.
    Peut-être est ce bientôt mon tour.
Peut-être, avant que l'heure en cercle promenée
    Ait posé sur l'émail brillant,
Dans les soixante pas où sa course est bornée,
    Son pied sonore et vigilant [2],
Le sommeil du tombeau pressera ma paupière.
    Avant que de ces deux moitiés
Ce vers que je commence ait atteint la dernière,
    Peut-être en ces murs effrayés
Le messager de mort, noir recruteur des ombres,
    Escorté d'infâmes soldats,
Ébranlant de mon nom ces longs corridors sombres,
    Où seul dans la foule à grands pas
J'erre, aiguisant ces dards persécuteurs du crime,
    Du juste trop faibles soutiens,
Sur mes lèvres soudain va suspendre la rime ;
    Et chargeant mes bras de liens,
Me traîner, amassant en foule à mon passage,
    Mes tristes compagnons reclus,
Qui me connaissaient tous avant l'affreux message,
    Mais qui ne me connaissent plus...

. . . .

S'il est écrit aux cieux que jamais une épée
    N'étincellera dans mes mains ;

---

1. Les XI *Iambes* ou fragments d'Iambes (t. II, p. 287-301) de Chénier sont, avant les *Iambes* de Barbier et les *Châtiments* de V. Hugo, la plus vigoureuse satire politique de la poésie française. Ardent et vaillant journaliste du parti de la monarchie constitutionnelle, il fut incarcéré en 1794, et il continua à écrire des iambes dans la prison où il se représente (*Iambes*, VII) parqué « avec mille autres moutons comme lui », qui, dit-il,

    Pendus aux crocs sanglants du charnier populaire,
    Seront servis au peuple-roi.

C'est dans cette même prison qu'il écrivit la ravissante élégie, ou ode, de *la Jeune Captive*. Voyez le Recueil des classes de grammaire.

2. On trouvera sans doute que cette longue périphrase descriptive, industrieusement agencée, à la manière du temps, emprunte quelque chose d'héroïque au voisinage de la mort qui attendait le poète. — On voit, au centre du célèbre tableau de M. Muller (*Le Dernier appel des condamnés*) Chénier assis, la tête sur une main, le papier dans l'autre, méditant ses vers.

Dans l'encre et l'amertume une autre arme trempée
Peut encore servir les humains...
. . . .
Mourir sans vider mon carquois [1] !
Sans percer, sans fouler, sans pétrir dans leur fange
Ces bourreaux barbouilleurs de lois !
Ces vers cadavéreux de la France asservie,
Egorgée !..... O mon cher trésor,
O ma plume, fiel, bile, horreur, dieux de ma vie !
Par vous seuls je respire encor...
(Iambes, XI, t. II.)

XVIIIe SIÈCLE
(Suite)
LES GROUPES SECONDAIRES

Bien des poètes auraient droit à une place honorable dans ces groupes. Nous en écarterons plusieurs : les uns, parce que, comme Louis Racine, ils en trouvent une dans notre Recueil des classes de grammaire ; les autres, parce que la nature ou le ton des sujets qu'ils ont chantés les exclue d'un Recueil classique ; d'autres, par exemple, des poètes de l'école descriptive, des poètes bucoliques, et même le regretté Malfilâtre, parce que les défauts et les abus du style poétique de leur siècle empêcheraient le nôtre de les goûter. Nous choisirons seulement, dans les œuvres lyriques, quelques strophes dont le temps n'a pas effacé l'éclat, dans les œuvres d'un genre moins sévère quelques passages où l'on trouve la facilité spirituelle qui est un des caractères de la poésie du xviiie siècle, enfin quelques fragments idylliques ou descriptifs.

Le Franc, marquis de Pompignan (1709-1784), avocat général, puis premier président à la Cour des Aides de Montauban, mérita de se faire exiler par l'ardeur généreuse avec laquelle il s'éleva contre les abus de la perception des impôts. Il ne cessa, au milieu de solides travaux de jurisprudence, d'érudition et d'histoire, de cultiver la poésie, fit applaudir en 1734 une tragédie de *Didon*, qui a au moins le mérite du pathétique, et donna, sous forme d'odes, des traductions des psaumes de David (1751) et des Prophéties et Cantiques (1755). Ses *Poésies sacrées* ont été un peu vengées par La Harpe des épigrammes de Voltaire, qui, tout en estimant l'homme, ne pardonnait pas au chrétien ses sévérités, quelquefois

---

1. Cf. Rodrigue (*Le Cid*, I, 6) :
Mourir sans tirer ma raison !

maladroites, contre la philosophie du temps. Il entra à l'Académie en 1760. Son *Ode sur la mort de J.-B. Rousseau* a fait vivre son nom.

Un autre honnête homme, qui a été l'ami de Bernardin de Saint-Pierre et de Ducis, qui s'est fait, malgré la pesanteur de son style, un coin d'originalité par ses *Éloges* (voir notre Recueil des Prosateurs), et qui a laborieusement et habilement versifié une *Pétréide* sur les voyages de Pierre le Grand, Thomas (1732-1785) a trouvé un jour des accents élevés et touchants dans son *Ode sur le Temps*.

Les deux Odes de Le Franc et de Thomas effacent, à notre avis, les Odes de L. Racine sur l'*Harmonie* et de Malfilâtre sur le *Soleil fixe au milieu des Planètes*.

Ce voisinage est un peu sévère pour Jean-François Panard (1694-1765), chansonnier et poète dramatique, qui fournit d'opéras comiques le Théâtre de la Foire ; mais il a su revêtir d'un esprit piquant, aisé et naturel, le bon sens des maximes morales qui abondent dans ses œuvres. Il appartenait à ce groupe, ou, si l'on veut, à cette « école », comme dit M. Saint-Marc Girardin (*Cours de litt. dram.*, IX), qui exprime fidèlement ce qu'il appelle « le milieu de la société du XVIIIᵉ siècle », et où « viennent se réunir des opinions contradictoires qui se tempèrent l'une par l'autre, un peu de philosophie et un peu de religion, etc. » Collé (1709-1783) y donne la main à Panard par ses chansons, ses comédies de la *Partie de Chasse de Henri IV*, qui est sa meilleure pièce, et *Dupuis et Desronais*, terminé par ces deux vers qui en sont le couronnement et la moralité :

> Et, s'il se peut, sois toujours mon ami,
> Quoique tu deviennes mon gendre.

Desmahis (1722-1761) n'est pas de cette école. Il fut encouragé par Voltaire, avec lequel il échangea de jolies épîtres ; il écrivit avec délicatesse des petits vers et sema de traits piquants sa comédie de *L'Impertinent*.

Autre est Rulhière (1735-1791) : historien brillant, quelquefois profond, la poésie fut pour lui une distinction. Son *Épître sur les disputes* est d'un tour aisé, franc et gai.

C'est aussi le caractère du style d'un aimable poète comique, Collin d'Harleville (1755-1806), dont les comédies principales appartiennent au XVIIIᵉ siècle. Le « bon » Collin d'Harleville donna l'*Inconstant* en 1786, l'*Optimiste* en 1788, les *Châteaux en Espagne* en 1789, *M. de Crac dans son petit Castel* en 1791, le *Vieux Célibataire*, son chef-d'œuvre, en 1792. Ne séparons pas de lui son ami Andrieux (1759-1834), qui appartient au XVIIIᵉ siècle par le plus vif de ses succès, les *Étourdis* (1787), comédie de belle et bonne humeur, dont M. Nisard a dit avec indulgence : « C'est bien de l'école de Regnard et des *Mémoires de Gramont*, que lisait alors Andrieux, pour s'y tenir en verve. »

Collin et Andrieux ont échappé tous deux par la nature, soit de leur esprit, soit du genre où ils ont écrit, à ce défaut, commun à leur temps, de la sensibilité un peu déclamatoire, qui gâte trop souvent deux poètes, leurs contemporains, morts jeunes tous deux, et dont les œuvres d'ordre secondaire respirent une émotion nonnête et sincère, Jean-Antoine Roucher, de Montpellier (1745-1794), l'auteur des *Mois*, l'admirateur passionné et attendri de J.-J. Rousseau, dont une mort prématurée associe le touchant souvenir à celui d'A. Chénier, et Léonard.

Nicolas Léonard (1744-1793) eut toujours en France la nostalgie de son pays natal, la Guadeloupe. Il y retourna deux fois et mourut à Nantes au moment où, sans être revenu à Paris, il s'apprêtait à un troisième voyage. Ame délicate et tendre, il donna successivement, dans le goût de Gessner, quarante-quatre Idylles en quatre livres, puis deux poèmes : la *Voix de la Nature* (trois chants), les *Saisons* (quatre chants). Une mélancolie douce, un sentiment vif de la nature, dont les banalités de l'allégorie mythologique trahissent souvent l'expression, respirent dans ses poésies. Il faut pourtant y noter des accents touchants, et quand les images de la patrie remplissent ses yeux, quelques vers sans dessin, mais non sans couleur.

ODE SUR LA MORT DE J.-B. ROUSSEAU [1]

Quand le premier chantre du monde
Expira sur les bords glacés
Où l'Hèbre effrayé dans son onde
Reçut ses membres dispersés [2],
Le Thrace, errant sur les montagnes,
Remplit les bois et les campagnes
Du cri perçant de ses douleurs :
Les champs de l'air en retentirent ;
Et, dans les antres qui gémirent,
Le lion répandit des pleurs.

La France a perdu son Orphée !...
Muses, dans ces momens de deuil,
Elevez le pompeux trophée

---

1. La Harpe raconte comment cette Ode devint fameuse. Elle était, dit-il, imprimée depuis vingt ans, et avait passé inaperçue. Il la lut, en fut frappé, et, en 1765, dans un voyage à Ferney, récita de mémoire la plus belle strophe, la huitième (Le Nil...), sans nommer l'auteur à Voltaire : « Je me défiais de l'homme et je voulais l'avis du poète. Il jeta des cris d'admiration : *Ah, mon dieu! que cela est beau! Qui est-ce qui a fait cela?* Je m'amusai quelque temps à le faire deviner, enfin je nommai Pompignan. Ce fut comme un coup de théâtre ; les bras lui tombèrent ; tout le monde fit silence, et fixa les yeux sur lui. *Redites-moi la strophe.* Je la répétai, et l'on peut s'imaginer avec quelle sévère attention elle fut écoutée. *Il n'y a rien à dire, la strophe est belle.* » L'Ode a onze strophes. La première n'est pas indigne de la huitième. Ce sont les plus belles. Nous n'en citons que cinq : les autres ont des faiblesses et des banalités pour lesquelles la poésie lyrique du XIXe siècle nous a rendus plus difficiles que La Harpe.

2. Orphée. Voir Virgile, *G.*, IV, 506 sqq. ; Ovide, *Mét.*, XI, 1 sqq.

Que vous demande son cercueil ;
Laissez, par de nouveaux prodiges,
D'éclatans et dignes vestiges
D'un jour marqué par vos regrets.
Ainsi le tombeau de Virgile
Est couvert du laurier fertile
Qui par vos soins ne meurt jamais [1]...

Jusques à quand, mortels farouches,
Vivrons-nous de haine et d'aigreur ?
Prêterons-nous toujours nos bouches
Au langage de la fureur ?
Implacable dans ma colère,
Je m'applaudis de la misère
De mon ennemi terrassé :
Il se relève ; je succombe,
Et moi-même à ses pieds je tombe,
Frappé du trait que j'ai lancé...

Du sein des ombres éternelles
S'élevant au trône des dieux,
L'envie offusque de ses ailes
Tout éclat qui frappe ses yeux.
Quel ministre, quel capitaine,
Quel monarque vaincra sa haine
Et les injustices du sort ?
Le temps à peine les consomme [2] ;
Et jamais le prix du grand homme
N'est bien connu qu'après sa mort [3].

Oui, la mort seule nous délivre
Des ennemis de nos vertus :
Et notre gloire ne peut vivre
Que lorsque nous ne vivons plus.
Le chantre d'Ulysse et d'Achille,
Sans protecteur et sans asile,
Fut ignoré jusqu'au tombeau.

---

1. Le tombeau que la tradition dit être celui de Virgile, est situé à l'entrée de la grotte souterraine du Pausilippe, près de Naples. Le laurier, dit-on, fut planté par Pétrarque.
2. En vient à bout, les use et les détruit.
3. La Harpe, en citant la strophe, en change ainsi la fin :

> Et, quoi que fasse le grand homme,
> Il n'est grand homme qu'à sa mort.

Cf. Le Brun, ode à Buffon, strophe 8, p. 413.

Mais moi, sur cet amas de fange et de poussière,
En vain contre le temps je cherche une barrière ;
Son vol impétueux me presse et me poursuit.
Je n'occupe qu'un point de la vaste étendue ;
    Et mon âme éperdue
Sous mes pas chancelans voit ce point qui s'enfuit..

Le soleil, épuisé dans sa brûlante course,
De ses feux, par degrés, verra tarir la source ;
Et des mondes vieillis les ressorts s'useront.
Ainsi que les rochers, qui, du haut des montagnes,
    Roulent dans les campagnes,
Les astres, l'un sur l'autre, un jour s'écrouleront.

Là, de l'éternité commencera l'empire,
Et dans cet océan, où tout va se détruire,
Le temps s'engloutira comme un foible ruisseau.
Mais mon âme immortelle, aux siècles échappée,
    Ne sera point frappée,
Et des mondes brisés foulera le tombeau...

Si je devois, un jour, pour de viles richesses
Vendre ma liberté, descendre à des bassesses ;
Si mon cœur par mes sens devoit être amolli,
O Temps ! je te dirois : Préviens ma dernière heure,
    Hâte-toi, que je meure :
J'aime mieux n'être pas, que de vivre avili.

Mais, si de la vertu les généreuses flammes
Peuvent, de mes écrits, passer dans quelques âmes ;
Si je puis d'un ami soulager la douleur ;
S'il est des malheureux dont l'obscure innocence
    Languisse sans défense,
Et dont ma foible main doive essuyer les pleurs ;

O Temps ! suspends ton vol[1], respecte ma jeunesse ;
Que ma mère, longtemps témoin de ma tendresse,
Reçoive mes tributs de respect et d'amour,
Et vous, Gloire, Vertu, déesses immortelles,
    Que vos brillantes ailes
Sur mes cheveux blanchis se reposent un jour.

                                (Thomas.)

---

1. Lamartine a emprunté à Thomas cet hémistiche dans *le Lac*.

LES LOIS

Pour contenir le cœur des hommes indociles
On a cru que les lois étoient de sûrs moyens;
Mais ce sont, à mon gré, de belles inutiles,
Dont le moindre mortel évite les liens.
Imaginez-vous voir au milieu de la rue
Pour gêner les passans et les arrêter tous
    Une longue chaîne tendue
Par deux anneaux très-forts et scellés aux deux bouts.
Sitôt que les passans à cette chaîne arrivent,
Les obstacles par eux sont aisément vaincus :
    Les petits par dessous s'esquivent,
    Et les grands sautent par dessus [1].

(PANARD.)

[1]. Voici un spirituel badinage du même poète, qu'on ne trouvera peut-être pas déplacé dans un Recueil même classique. Nous en donnons quelques strophes.

Description de l'Opéra.

J'ai vu Mars descendre en cadence,
J'ai vu des vols prompts et subtils ;
J'ai vu la Justice en balance,
Et qui ne tenoit qu'à deux fils.

J'ai vu le Soleil et la Lune
Qui faisoient des discours en l'air,
J'ai vu le terrible Neptune
Sortir tout frisé de la mer.

J'ai vu le maître du tonnerre,
Attentif au coup de sifflet,
Pour lancer ses feux sur la terre,
Attendre l'ordre d'un valet.

J'ai vu, du ténébreux empire,
Accourir avec un pétard,
Cinquante lutins pour détruire
Un palais de papier-brouillard.

J'ai vu des dragons fort traitables
Montrer les dents sans offenser ;
J'ai vu des poignards admirables
Tuer les gens sans les blesser.

J'ai vu, ce qu'on ne pourra croire,
Des Tritons, animaux marins,
Pour danser, troquer leur nageoire
Contre une paire d'escarpins.

Dans le char de monsieur son père,
J'ai vu Phaéton, tout tremblant,
Mettre en cendre la terre entière
Avec des rayons de fer blanc.

J'ai vu Mercure, en ses quatre ailes
Ne trouvant pas de sûreté,
Prendre encor de bonnes ficelles
Pour voiturer sa déité.

J'ai vu Roland, dans sa colère,
Employer l'effort de son bras
Pour pouvoir arracher de terre
Des arbres qui n'y tenoient pas.

J'ai vu des ombres très-palpables
Se trémousser au bord du Styx :
J'ai vu l'enfer et tous les diables
A quinze pieds du paradis...

LA DISCRÉTION

Quand vous méditez un projet,
Ne publiez point votre affaire :
On se repent toujours d'un langage indiscret,
Et presque jamais du mystère.
Le causeur dit tout ce qu'il sait ;
L'étourdi ce qu'il ne sait guère ;
Les jeunes ce qu'il font, les vieux ce qu'ils ont fait ;
Et les sots ce qu'ils veulent faire [1].

(PANARD.)

POÈTES COMIQUES

Pour moi mon avis est, dût-il paroître étrange,
Que ces petits messieurs, qui sont si florissans,
Feroient un marché d'or s'ils donnoient en échange
Tout ce qu'ils ont d'esprit pour un peu de bon sens.

(LA CHAUSSÉE.)

Le bruit est pour le fat, la plainte est pour le sot ;
L'honnête homme trompé s'éloigne et ne dit mot.

(COLLÉ.)

J'eus dimanche un billet pour souper chez Mouthier.
Lundi, jour malheureux ! un maudit créancier,
Automate indocile, homme sans politesse,
Sous prétexte qu'il doit lui-même et qu'on le presse,
Me voulut sans délai contraindre à le payer.
J'allai, le jour suivant, flatter un financier.
Mercredi, je courus à la pièce nouvelle.
Tout le monde étoit pour, et moi je fus contre elle :
La satire embellit les plus simples propos,
Et l'admiration est le style des sots.
Jeudi, j'eus de l'humeur, je me boudai moi-même.
Le lendemain, je fus d'une folie extrême ;
Un ami s'empara de moi pour tout le jour.

---

[1]. Cf. VOLTAIRE, *l'Indiscret*, comédie (1725) :

....A la cour, mon fils, l'art le plus nécessaire
N'est pas de bien parler, mais de savoir se taire...,
Paraissez ignorer ce qu'on fait, ce qu'on dit ;
Cachez vos sentimens, et même votre esprit :
Surtout de vos secrets soyez toujours le maître :
Qui dit celui d'autrui doit passer pour un traître ;
Qui dit le sien, mon fils, passe ici pour un sot.

Act. I, sc. 1

Hier à tout Paris j'ai fait voir une veste
D'un goût divin, l'habit le plus gai, le plus leste,
Où Laboutray, Passau, ravissent tour à tour ;
Et j'arrive aujourd'hui tout plein de mon amour.
(Desmahis, L'Impertinent.)

LE DISPUTEUR

Auriez-vous, par hasard, connu feu monsieur d'Aube[1]
Qu'une ardeur de dispute éveilloit avant l'aube ?
Contiez-vous un combat de votre régiment,
Il savoit mieux que vous où, contre qui, comment.
Vous seul en auriez eu toute la renommée,
N'importe, il vous citoit ses lettres de l'armée ;
Et, Richelieu présent, il auroit raconté
Ou Gênes défendue, ou Mahon emporté[2].
D'ailleurs homme de sens, d'esprit et de mérite,
Mais son meilleur ami redoutoit sa visite.
L'un, bientôt rebuté d'une vaine clameur,
Gardoit, en l'écoutant, un silence d'humeur.
J'en ai vu, dans le feu d'une dispute aigrie,
Près de l'injurier, le quitter de furie[3],
Et, rejetant la porte à son double battant,
Ouvrir à leur colère un champ libre en sortant.
Ses neveux, qu'à sa suite attachoit l'espérance,
Avoient vu dérouter toute leur complaisance.
Un voisin asthmatique, en l'embrassant un soir,
Lui dit : « Mon médecin me défend de vous voir. »
Et, parmi cent vertus, cette unique foiblesse
Dans un triste abandon réduisit sa vieillesse.
Au sortir d'un sermon la fièvre le saisit,
Las d'avoir écouté sans avoir contredit.
Et tout près d'expirer, gardant son caractère,
Il faisoit disputer le prêtre et le notaire.
Que la bonté divine, arbitre de son sort,
Lui donne le repos que nous rendit sa mort,
Si du moins il s'est tu devant ce grand arbitre.
(Rulhière, Les Disputes.)

---

1. Neveu de Fontenelle, et le plus grand disputeur de son temps.
2. Armand, duc de Richelieu (1696-1788), servit avec distinction sous Berwick, se signala à Fontenoy, à Raucoux, délivra Gênes des Autrichiens (1748), fut fait maréchal de France, prit Port-Mahon en 1756, etc.
3. Cf. Boileau, Sat. III :

> ...Que, donnant de fureur tout le festin au diable.

L'INCONSTANT

Inconstant! oh, voilà votre mot ordinaire!
Eh! c'est pour ne pas être inconstant, au contraire,
Qu'on me voit sur mes pas revenir tout exprès :
J'aime bien mieux changer auparavant qu'après.
C'est que je fus trompé, c'est qu'il faut souvent l'être,
C'est qu'il est maint état qu'on ne peut bien connoître,
A moins que par soi-même on ne l'ait exercé :
Ce n'est qu'après l'essai qu'on est désabusé.
J'aurois pu me trouver dans cette circonstance,
Sans être pour cela coupable d'inconstance.
Je goûte d'un état; j'y suis mal, et j'en sors;
Rien de plus naturel. Quoi? faudroit-il alors
Végéter sans désirs, sans nulle inquiétude;
Et, stupide jouet de la sotte habitude,
Garder par indolence un état ennuyeux,
N'être heureux qu'à demi quand on peut être mieux?
Vous mettez à ceci beaucoup trop d'importance ;
M'allez-vous quereller pour un peu d'inconstance?
A tout le genre humain dites-en donc autant.
A le bien prendre, enfin, tout homme est inconstant,
Un peu plus, un peu moins, et j'en sais bien la cause :
C'est que l'esprit humain tient à si peu de chose!
Un rien le fait tourner d'un et d'autre côté[1].
On veut fixer en vain cette mobilité :
Vains efforts! il échappe, il faut qu'il se promène ;
Ce défaut est celui de la nature humaine.
La constance n'est point la vertu d'un mortel ;
Et, pour être constant, il faut être éternel.
D'ailleurs, quand on y songe, il seroit bien étrange
Qu'il fût seul immobile : autour de lui tout change;
La terre se dépouille, et bientôt reverdit,
La lune tous les mois s'accroît et s'arrondit...
Que dis-je? en moins d'un jour, tour à tour on essuie
Et le froid et le chaud, et le vent et la pluie.
Tout passe, tout finit, tout s'efface ; en un mot,
Tout change : changeons donc, puisque c'est notre lot.

(Collin-d'Harleville, *L'Inconstant*, II, 9.)

1. Cf. Horace, *Ep.* I, 1, 98 sqq.

PAYSAGES D'ÉTÉ

I.

Peindrai-je de ces monts les groupes lumineux,
Que le soleil enflamme au travers de la nue ;
Ces vallons ombragés de bois majestueux ;
Ce fleuve qui se roule en replis sinueux,
Et renvoie aux rochers, des clartés ondoyantes [1] ;
Ce vent doux qui frémit sur les vagues brillantes ;
Ce long tapis de fleurs, déployé sur les prés ;
Ces collines, ces tours, ces villages dorés,
Ces épis balançant leurs têtes jaunissantes,
Et toutes ces couleurs qui, fuyant par degrés,
Semblent au loin se perdre en vagues transparentes ?
(LÉONARD, *Les Saisons*, chant II.)

II.

Que le sommeil est doux sur un lit de gazon,
Près d'un ruisseau plaintif qui descend des montagnes !
Quel plaisir d'être assis dans le fond des vallons,
Et d'entendre à ses pieds le bruit des moucherons
Pendant que le midi brûle au loin les campagnes ?
(ID., *Ibid.*)

III.

Quel beau soir ! les zéphirs de leurs molles haleines
Courbent légèrement la pointe des guérets ;
Un torrent de parfums sort des bois et des plaines ;
Le soleil, en fuyant, se projette à longs traits
Sur les monts, sur les tours, sur les eaux des fontaines,
Un éclat vaporeux répandu dans les airs,
Comme un voile de pourpre, embrasse l'univers.
Des nuages d'argent, d'azur et d'amarante,
Ornemens passagers de la robe des cieux,
Se suivent doucement dans leur forme changeante,
Comme un songe riant qui se peint sous nos yeux...
Quelques restes de jour percent l'obscurité,

---

[1]. Cf. LAMARTINE, *Nouvelles Médilat.*, II (*Ischia.*)

Voyez du haut des monts ces clartés ondoyantes
Comme un fleuve de flamme inonder les coteaux,
Dormir dans les vallons, ou glisser sur les pentes,
Ou rejaillir au loin du sein brillant des eaux, etc.

Et vont frapper les monts qui s'enflamment encore.
Mais d'un rouge foncé l'occident se colore ;
Les plaines, les vallons, le bosquet agité,
Tel qu'un fantôme vain dont l'erreur nous abuse,
N'offrent plus à nos yeux qu'une image confuse.
Près de chaque buisson, dans les bois tortueux,
Le ver étincelant luit au fond des ombrages ;
Les astres sur les eaux réfléchissent leurs feux ;
L'éclair brille au midi sans annoncer d'orages.

(Id., *Ibid.*)

MYTHOLOGIE

Tantôt sur mes rochers sauvages,
Je verrai grimper les chevreaux,
Et les béliers bondir dans mes gras pâturages ;
Tantôt, l'œil égaré sur la plaine des mers,
Je verrai les Tritons dans ces routes liquides
Poursuivre, en se jouant, les blondes Néréides,
Et le char de Phébus quitter les flots amers.
Au premier rayon de l'aurore,
Sur les coteaux fleuris que sa pourpre colore,
J'irai me parfumer des vapeurs du matin ;
Ou vers le haut du jour, dans mes forêts profondes,
Guidé par le ruisseau qui se perd dans son sein,
J'entendrai le doux bruit du zéphyr et des ondes [1].

(Id., *Idylles*, livre III, *L'Ermitage*.)

MÉLANCOLIE

Comme tout est changé ! Ce ruisseau solitaire
Roule couvert de mousse au milieu des roseaux.
On n'entend sur ses bords que les tristes vanneaux [2],
Et ce haut peuplier dont la feuille légère
Frémit autour de ses rameaux.

(Id., *Ibid.*, livre II, *Le Village détruit*.)

ESQUISSE

Les bergères fuyoient comme deux tourterelles
Qu'un avide épervier poursuit du haut des airs ;

---

1. Ces vers ont de l'accent et du charme, et la mythologie, qui n'y est pas encore, comme dans Chénier, un pur rêve grec, n'y fait pas disparate, et ne leur enlève pas de leur sincérité.
2. Cf. Ducis, *A mon ruisseau*, p. 397.

Et ce n'étoit qu'un faon aussi timide qu'elles
Que la source attiroit sous ses ombrages verts [1].

(Id., *Ibid.*, livre IV, *Le Bain*.)

DÉBUT D'UN CHANT DE ROUCHER

Grossis par les torrens des neiges écoulées,
Les fleuves vagabonds roulent dans les vallées ;
Et les rochers de glace aux Alpes suspendus,
Sous un ciel plus propice amollis et fondus,
Se changent en vapeurs et pèsent sur nos têtes.
La mer gronde; les vents, précurseurs des tempêtes,
Courent d'un pôle à l'autre, et, tourmentant les flots,
Entourent de la mort les pâles matelots.
Mais du joug de l'hiver la terre enfin se lasse,
La terre, trop longtemps captive sous la glace,
Lève ses tristes yeux vers le père des Mois,
Et, frissonnante encor, remplit l'air de sa voix :
« Dispensateur du jour, brillant flambeau du monde, etc. [2] »

(Roucher, *Les Mois*, Mars.)

---

1. Cf. Segrais, p. 321, note.
2. Tout Roucher est dans ces quelques vers, qui ne figurent ici que pour montrer une dernière fois la décadence de la poésie, prétendue descriptive, la nécessité de la venue de Chénier, et la distance qui le sépare de ses contemporains. Les deux premiers vers, d'une belle venue et d'une ample harmonie, ont comme un écho anticipé des vers de Musset :

> Telles par l'ouragan les neiges flagellées
> Bondissent en sifflant des glaciers aux vallées.

Mais le reste, vague et creux, n'a ni dessin ni couleur. Les allégories commencent pour ne jamais s'arrêter. On les trouve partout. *Février* commencent ainsi :

> Le sceptre de l'hiver pèse encor sur la terre.

Avril :

> Des cavernes du Nord l'hiver s'est échappé.

Roucher avait de l'âme ; mais sa poésie est boursouflée, roide et banale.

XIXe SIÈCLE

LA POÉSIE AU XIXe SIÈCLE

I

Pendant que grandissait Lamartine et que naissait Victor Hugo, destinés à régénérer la poésie française, les premières années du XIXe siècle continuèrent dans le domaine poétique la littérature du siècle précédent. Cette courte période (1800-1815) a pris et conservé dans l'histoire le nom de Littérature de l'Empire. Deux noms s'en détachent et la dominent de très haut, ce sont les noms de deux prosateurs, Mme de Staël et Chateaubriand : l'une a le souffle et l'imagination du poète, l'autre, en outre, en a souvent le style. Au dessous d'eux bon nombre d'écrivains cultivent, non sans talent, mais sans originalité et sans éclat, les deux genres qui ont le plus fourni à la littérature poétique du XVIIIe siècle, la poésie descriptive et la poésie dramatique. Plusieurs d'entre eux verront l'aurore rapide et brillante de l'école romantique; ils en seront éblouis sans en être éclairés, et définitivement obscurcis et effacés.

Les gloires guerrières et épiques de l'ère de Napoléon n'ont pas, non plus que celles du règne d'Alexandre, créé un poète pour les chanter. L'épopée s'écrivait sur les champs de bataille, comme la tragédie courait les rues dix ans auparavant, et quelles odes eussent valu les Bulletins de la Grande Armée? Ce n'est pas faute pour l'Empire d'avoir provoqué à la poésie; mais les odes, cantates, dithyrambes, épithalames, qui ont pullulé alors, n'ont pas plus duré que les églogues et les épîtres qui, selon le goût du temps, saluaient les retours triomphants de Louis XIV. Les « commandes », les concours et les prix ne faisaient pas naître la poésie, et souvent la censure ombrageuse de l'Empire, en la contrôlant, la tuait. Laissons-la enterrée dans les colonnes du *Moniteur*, et n'en retenons que le nom de PIERRE LEBRUN (1785-1873) que l'avenir devait tirer de pair. Quant aux poètes qui se croyaient le génie épique, écrasés par le présent, ils s'adressaient au passé, et, en cherchant plus loin ou plus près que jadis l'auteur de *Childebrand*, ils n'étaient pas plus heureux dans le choix ou la mise en œuvre de leur sujet : ni LUCE DE LANCIVAL (1766-1810) avec *Achille à Scyros*, ni PARSEVAL-GRANDMAISON (1759-1834) avec *Philippe-Auguste*, qui tenta aussi plus tard M. VIENNET (1777-1868), ni MILLEVOYE (1782-1816) avec *Charlemagne à Pavie*, ni un autre avec Charles Martel en Poitou, ni un troisième avec Charles le Téméraire en Suisse. Qu'importent leurs noms?

Qu'importent et une *Caroléide*, et une *Davidéide*, et une *Maltéide* ? Au moins Népomucène Lemercier (1771-1841) a été plus hardi dans son *Atlantiade*, qui est de la science, plus original dans sa *Panhypocrisiade*, qui est une fantaisie satirique, plus amusant dans sa badine épopée de la *Mérovéide*; et Creuzé de Lesser (1711-1839), plus utile par les cinquante mille vers de sa *Table Ronde*, qui contribua à donner la curiosité du moyen âge.

La poésie descriptive est représentée, d'abord par Delille, qui se fait toujours lire, écouter et applaudir au Collège de France, et, après lui, par une pléiade de beaux esprits, dont plusieurs, proscrits par la Révolution, rapportent de l'exil des poèmes faits ou à faire. C'est Esménard (1770-1811), qui donne la *Navigation* (huit chants en 1805, réduits à six en 1807). C'est Chénedollé (1769-1833), qui doit à l'influence de l'Allemagne et aux entretiens de Klopstock et de Gœthe ses poèmes de l'*Invention* et du *Génie de l'Homme* (1807), à la Suisse de Mme de Staël son poème de la *Nature*, et à l'admiration qu'il professait pour Chateaubriand plus d'une inspiration puisée dans sa prose poétique. C'est Michaud (1767-1830), l'auteur futur de l'Histoire des Croisades, qui raconte et peint en 1803 le *Printemps d'un Proscrit*. C'est Fontanes (1757-1821), le plus brillant de tous, qui se rattache à la fois à Delille et à J.-J. Rousseau, par des poèmes élégants et harmonieux, antérieurs à la Révolution, la *Chartreuse de Paris*, le *Verger*, le *Jour des Morts à la campagne*, mélange de foi, d'attendrissement poétique, religieux et philosophique, de passion pour la nature et pour la description; à Chateaubriand, par leurs années de travail et d'amitié dans l'exil et la solitude de Londres; à l'Empire, par le rôle brillant d'orateur officiel qu'il y remplit dans le Corps législatif, dans le Sénat, dans la grande maîtrise de l'Université; à la Restauration, par son fauteuil de pair. — Fontanes eut la plus belle et la plus haute fortune officielle parmi tous les poètes du temps, dont beaucoup figurèrent dans les chaires ou les fonctions administratives de l'Université impériale, comme Delille, Andrieux, Chénedollé, Laya, Luce de Lancival, Castel, Campenon, etc. — Castel (1758-1832), de Vire, compatriote de Chénedollé, chante les *Plantes* et la *Forêt de Fontainebleau*; Boisjolin (1763-1832) chante la *Botanique*; Campenon (1772-1842), de la Guadeloupe, neveu de Léonard, chante la *Maison des Champs*; il est l'ami de Ducis et le successeur de Delille à l'Académie. Faut-il rappeler Ricard et sa *Sphère*, Aimé Martin et ses *Lettres à Sophie sur la Physique, l'Astronomie et l'Histoire naturelle*, Gudin et son *Astronomie*? Gudin a au moins laissé un vers qu'on n'a pas oublié sur Henri IV :

Seul roi de qui le peuple ait gardé la mémoire.

Berchoux (1765-1839) a su être plus gai que tous ces poètes physiciens ou naturalistes dans son élégant et spirituel poème héroï-comique de la *Gastronomie* (1801).

Comme la poésie descriptive, la tragédie de l'Empire nous a

transmis des noms plutôt que des œuvres. Je laisse ceux dont la renommée lui est antérieure : Louis Laya (1761-1833), dont l'*Ami des Lois* (1793) atteste plus le courage que le talent ; N. Lemercier, dont l'*Agamemnon* est de 1797, et qui ne reprendra la plume tragique que sous la Restauration ; Arnault (1766-1834), dont le *Marius à Minturnes* est de 1791, et qui trouva ailleurs qu'au théâtre la popularité. M.-J. Chénier crut faire accepter les conseils libéraux qu'il donnait dans son *Cyrus* (1804) au nouvel empereur : la pièce n'eut qu'une représentation ; *Tibère*, son chef-d'œuvre, ne fut pas représenté. Baour-Lormian (1770-1854), un des chantres lyriques des solennités impériales, qui avait su dès 1801 plaire au public et au maître par sa traduction en vers d'Ossian, alors fort admiré par l'un et exclusivement goûté par l'autre, donna, en 1807, *Joseph en Égypte* ; Luce de Lucival, *Hector* en 1809 ; Jouy (1769-1846), *Tippo-Saëb* en 1813, et *Sylla* seulement vingt et un ans après. Des *Templiers* de Raynouard (1761-1836) on n'a retenu qu'un beau récit ; c'est à d'autres travaux qu'il a dû une légitime réputation. On ne sait du *Ninus II* (1814) de Brifaut (1781-1857) que ses étranges aventures : proscrit pour raisons politiques par la censure, sous son nom primitif de *Don Sanche*, il émigra des bords de l'Èbre à ceux de l'Euphrate.

On le voit, Grecs et Romains, Espagnols, Assyriens, Indiens, tout était mis à contribution, en pure perte. Des applaudissements d'un jour, sans écho le lendemain, ne rendaient pas la vie à la tragédie classique qui se mourait. — Les drames de Bouilly, d'Alexandre Duval, de François de Neufchateau, les mélodrames qui, parmi les cent vingt pièces de Guilbert de Pixérécourt (1773-1844), ont eu un succès populaire, n'ont pas été plus heureux. Seule la comédie, si elle n'a rien laissé au répertoire, a laissé le souvenir de succès de bon aloi.

Dans la comédie trois noms sont inséparables, unis par l'amitié, la gaieté, l'esprit et l'Académie ; ce sont ceux de Collin d'Harleville (1755-1806), d'Andrieux (1759-1833) et de Picard (1769-1828). Le XVIIIe siècle a légué au XIXe les plus francs succès du premier et le chef-d'œuvre du second, les *Étourdis* ; la première année du XIXe voit le chef-d'œuvre du troisième, la *Petite Ville* (1801) : poète de la comédie bourgeoise, son auteur, écrivain, acteur, directeur de théâtre, donna quatre-vingts comédies, vaudevilles et opéras. Alexandre Duval, de Rennes (1767-1842), successivement marin, soldat, architecte, presque aussi fécond et aussi applaudi que Picard, quitta comme lui la profession d'acteur pour entrer à l'Académie. Marin comme Duval et vaillant marin, Mercier-Dupaty (1775-1851), fils de l'auteur des *Lettres sur l'Italie*, écrivit sous l'Empire des comédies dont le souvenir lui valut, âgé de soixante ans, un fauteuil académique. Roger (1776-1842) dut le sien, en 1817, à son *Avocat* de 1806. *Pinto* (1805) et *Plaute* (1808) donnent une place dans la comédie à l'universel N. Lemercier. Étienne (1778-1845), destiné aux succès du journalisme et de la tribune, préluda à celui de ses *Deux Gendres* (1810) par de jolies comédies, et y ajouta celui de ses opéras-comiques, *Cendrillon*, *Joconde*, etc., qu'il partagea avec Nicolo. Le *Pré aux Clercs* (1832) associe au nom d'Hérold le nom de PLANARD (1783-1855), que ses comédies n'eussent point sauvé. Le *Roman d'une Heure* (1803) et les *Rendez-vous Bourgeois* méritent de conserver celui d'HOFFMANN (1768-1828), quand il ne l'eût pas attaché à l'histoire de la critique littéraire par sa célèbre collaboration au *Journal des Débats*.

Si les genres descriptif et dramatique ont le plus donné à la poésie de l'Empire, c'est pourtant à d'autres genres moins cultivés qu'elle doit les quelques pages qui se lisent encore. La plus vivace de ces renommées est peut-être celle d'ANDRIEUX, qui écrivit des contes charmants, et sut conter comme il savait lire quand il « se faisait entendre à force de se faire écouter ». M.-J. CHÉNIER a trouvé des accents indignés dans la satire, touchants dans l'élégie. MILLEVOYE (1788-1816), mort jeune, est l'image même de l'élégie par les œuvres et les regrets qu'il a laissés. ARNAULT est estimé pour ses fables, et mériterait de vivre pour les quinze vers de la *Feuille*, improvisation de quelques instants. La Fable garde encore à côté de lui le souvenir de GINGUENÉ (1748-1815), qui a d'autres titres dans l'histoire politique et dans l'érudition de son temps, et de LE BAILLY (1756-1832). Enfin la chanson fait répéter les noms de PIIS, de BRAZIER, d'Armand GOUFFÉ, de LAUJON, avant de populariser celui de DÉSAUGIERS (1772-1827) et d'immortaliser celui de BÉRANGER (1780-1857).

11

Pendant les premières années de la Restauration, aux noms des poètes déjà connus ou célèbres, dont l'un, Béranger, allait contribuer par ses chansons à créer la légende napoléonienne, et l'autre Lebrun, à enrichir le vieux répertoire tragique, de sa *Marie Stuart* (1820), — vinrent s'ajouter des noms nouveaux venus. Casimir DELAVIGNE (1794-1843) remua la fibre patriotique par ses chants des *Messéniennes* (1818), continua avec talent l'école de la tragédie classique par ses *Vêpres Siciliennes* (1819), son *Paria* (1821), et préluda par sa comédie des *Comédiens* (1819) à son triomphe de l'*École des Vieillards* (1824). Alexandre SOUMET (1786-1845) débuta en 1816 par cette élégie de la *Pauvre fille*, qui est restée pour lui ce que la *Feuille* est pour Arnault, et conquit l'Académie par deux tragédies en deux jours, *Clytemnestre* et *Saül* (1822). Eugène SCRIBE (1791-1861) commença la carrière dramatique (vaudevilles, comédies, opéras-comiques, opéras) la plus longue du siècle. Alexandre GUIRAUD (1788-1847) fit connaître au théâtre, en 1822, un nom auquel, deux ans après, ses *Poèmes et Chants élégiaques* et ses *Chants hellènes* allaient donner une célébrité temporaire.

Cette courte période n'a pas été stérile, mais la poésie ne s'était pas encore émancipée comme la prose l'était depuis longtemps avec

Chateaubriand. Le code poétique était toujours obéi, la tragédie toujours respectueuse des lois consacrées, l'ode toujours pindarique. La révélation récente (1819) d'André Chénier n'y faisait rien encore, si ce n'est de multiplier, à son imitation, les élégies. Les femmes s'y distinguèrent : Mme DESBORDES-VALMORE (1787-1859), qui devait pendant quarante ans garder le premier rang en ce genre de poésie parmi ses contemporains ; Mme Amable TASTU, Mme Sophie GAY, déjà goûtée pour ses romans, bientôt célèbre de la renommée de sa fille, Delphine GAY, depuis Mme DE GIRARDIN.

C'est en ces années que la publication de deux œuvres éclatantes révéla ou popularisa deux noms qui représentèrent, et deux génies qui accomplirent, l'un par la puissance seule de sa poésie, l'autre par ses poèmes, ses théories et ses manifestes, la révolution poétique devenue inévitable. Les premières *Méditations* de LAMARTINE parurent en 1820, le premier recueil des *Odes* de VICTOR HUGO en 1822. Lamartine était inconnu ; V. Hugo avait déjà été proclamé par Chateaubriand « enfant sublime », mais ses essais dispersés n'avaient pas encore dépassé les limites d'un recueil annuel, la *Muse française*.

Rien ne s'improvise en ce monde. La révolution poétique qui allait se faire, et dont les caractères essentiels ont été d'abattre ou de reculer les barrières qui séparent les genres et de revendiquer l'indépendance de l'inspiration et du langage, avait déjà été préparée au xviiie siècle par la création du drame en prose qui rompait la dualité traditionnelle du genre dramatique, par la connaissance progressive que l'on y fit du théâtre anglais, par l'initiation plus rapide au théâtre allemand qui vint de Mme de Staël, par les renommées grandissantes d'Ossian et de lord Byron, par l'influence de Walter Scott, par l'essor que donnèrent au sentiment individuel de la nature J.-J. Rousseau, Bernardin de Saint-Pierre, par les hardiesses d'imagination et de style de Chateaubriand. Ajoutez à ces causes effectives des causes négatives, l'essoufflement glacial de la poésie lyrique, la poésie descriptive tournant au métier, la froide uniformité de la tragédie, l'épuisement d'un style usé comme une monnaie courante.

Dans ce vide, quelle secousse pour le public qu'une âme vibrant enfin dans des vers ! Quelle nouveauté qu'un titre indépendant, les *Méditations* ! Quel élargissement de la poésie que leur variété sous ce titre unique ! V. Hugo disait encore une fois, *Odes*, pour obéir à l'usage (préface de 1822) : passe-port bientôt jeté comme inutile et suranné. De l'ode classique il diversifie les formes, il répudie le style, il agrandit le domaine. La poésie, dit-il (préface), est « tout ce qu'il y a d'intime en nous. » Il donne par ce mot la formule et le nom d'une poésie nouvelle dont Lamartine avait le premier donné l'exemple. Dès lors il ne s'agira plus d'élégies, d'épîtres, de satires, d'odes, étiquettes démodées. Lui-même, et chacun après lui, se fera, à chaque poème ou recueil poétique nouveau, son titre, qui ne sera plus le nom commun d'un genre, mais le cri de son âme et comme une confidence personnelle au public; et joies, douleurs, effusions du cœur, rêves de l'esprit, fantaisies de l'imagination, foi ou doute, Dieu, nature, humanité, il versera tout entre les mains des lecteurs, en stances, en strophes, en alexandrins, en vers de toute mesure et de toute allure.

Ainsi se forma une école nouvelle, dont Mme de Staël avait par anticipation trouvé le nom, l'école « romantique », nom qui résumait, par opposition avec celui de classique, les idées d'indépendance et d'audace dans l'invention, la couleur et le style. Ce nom, V. Hugo le discute et l'écarte en 1824 (IIe préface des *Odes*), mais, comme les classiques l'infligeaient à la jeune école comme une raillerie, elle le releva comme un honneur, et elle l'a gardé dans l'histoire.

Déjà maîtresse d'un champ immense dans le domaine de la poésie, il lui restait à conquérir le théâtre. C'est sur le théâtre qu'elle arbora en 1827 et son drapeau et son nom.

Pendant que Lamartine, qui, poète, historien, orateur, fut toujours à lui seul son école et son parti, continuait à planer, la lyre en main, sur la poésie contemporaine (*Nouvelles méditations*, 1823; puis *Harmonies poétiques et religieuses*, 1829), — V. Hugo, qui avait le tempérament et la volonté d'un réformateur, groupait autour de lui un petit nombre de jeunes et hardis esprits, Sainte-Beuve, les deux frères Deschamps, etc., qui s'est appelé le «Cénacle». Ce fut le collège de Coqueret de la moderne Pléiade. Des entretiens ardents où ils instruisaient le procès du passé, revisaient les jugements et biffaient les lois de Malherbe et de Boileau; de l'étude passionnée qu'ils faisaient de Dante, de Shakespeare, de notre moyen âge et du XVIe siècle dont ils rendaient au jour les trésors, tout pénétrés qu'ils étaient de l'esprit de critique, de rénovation, d'émancipation, de retour à la vérité, qui en ce siècle soufflait de toutes parts dans l'histoire, la philosophie et les arts, — sortit, sous l'inspiration et sous la plume de Victor Hugo, le code dramatique formulé dans la préface du drame énorme de *Cromwell*. Le drame n'était qu'une machine agencée pour démontrer sur le papier le jeu de la théorie nouvelle exposée dans la préface. La préface fut l'événement.

L'auteur y bat en brèche la plus haute forteresse, deux fois séculaire, de l'école du passé, le théâtre, sur tous les points à la fois, l'unité de temps, l'unité de lieu, l'absence d'action scénique, l'abus des conversations, la banalité des confidents, l'uniformité de ton et de costume, la dignité guindée, l'élégance monotone; et sur ses ruines il dresse le « drame », vieux nom, chose nouvelle ; non plus le drame du XVIIIe siècle, innovation timide et arrêtée à mi-chemin, qui ne demandait qu'une place à côté de la tragédie et de la comédie, mais le drame qui, en les absorbant en lui, prend toute la place, le drame qui doit et veut être l'image la plus complète et l'expression la plus vraie de la vie humaine, individuelle ou sociale, avec ses contrastes de rire et de larmes, de bouffon et de sérieux de bassesse et de grandeur, avec ses diversités de caractères, de passions, de personnages de tous les rangs à tous les plans, avec ses foules et ses houles, embrassant tout, disant tout, épique au besoin, lyrique à l'occasion, montrant toute chose dans sa multiple variété et dans sa plus minutieuse exactitude, costumes, armures, ameublements, architecture, curieux et amoureux, jusqu'au fanatisme, de la « couleur locale » dans le style et le décor : Shakespeare était dépassé, qui, pour décor, se contentait d'étiquettes sur des poteaux.

Voilà la théorie. Frédéric SOULIÉ (1800-1847) l'appliqua aussitôt avec succès dans une imitation de Shakespeare, *Roméo et Juliette* (1828), et dans *Christine à Fontainebleau* (1829) ; Alexandre DUMAS (1803-1870) avec éclat dans *Henri III et sa cour* (1829). Victor Hugo la fit triompher dans *Hernani* (25 février 1830). Les classiques avaient été étonnés de ses *Ballades* (1820-1828), scandalisés de ses *Orientales* (1829) ; Baour-Lormian avait tiré le *Canon d'alarme* ; MM. de Jouy, Arnault, Etienne, etc., avaient, en 1829, adressé au roi une requête pour interdire le Théâtre Français aux « barbares ». Rien n'y fit : le roi s'excusa, le public applaudit.

Sous le drapeau de l'école romantique se rangèrent ou furent rangés par le public tous les poètes qui, soit comptaient parmi ses fondateurs, soit ne l'avaient pas attendue pour faire preuve d'indépendance, soit répondirent avec enthousiasme à son appel : SAINTE-BEUVE (1804-1869), qui publia en 1828 des *Tableaux de la poésie française* et du *Théâtre français* au XVIe siècle, puis les *Poésies de Joseph Delorme*, etc. ; EMILE DESCHAMPS (1791-1871), poète et critique ; ANTONI DESCHAMPS (1800-1869), poète et traducteur poétique de Dante ; A. DUMAS, esprit plein de fécondité et de ressources, qui eût pu devoir à la série de ses drames en prose et en vers, commencée en 1829, continuée par *Stockholm, Fontainebleau et Rome* (1830), *Antony* (1831), *Caligula* (1837), etc., et aussi à d'heureuses comédies, une renommée populaire attachée depuis à ses innombrables romans ; ALFRED DE VIGNY (1799-1863), déjà célèbre par ses poèmes de 1822 et 1826, inspirés de Chénier et de la Bible, et qui donne au théâtre nouveau *la Maréchale d'Ancre* (1831) et *Chatterton* (1835) ; THÉOPHILE GAUTIER (1813-1872), un des héros de la grande soirée d'*Hernani*, le coloriste du romantisme ; A. DE-MUSSET (1810-1857), l'enfant terrible du romantisme, à vingt ans, comme le chef de l'école en avait été, à quinze, « l'enfant sublime », et qui en devint bientôt une des gloires les plus pures ; AUGUSTE BARBIER (né en 1805), le vigoureux et éclatant poète lyrique et satirique des *Iambes* de 1830 ; AUGUSTE BRIZEUX (1806-1858), le chantre et le peintre mélancolique et ardent de la Bretagne ; et encore HÉGÉSIPPE MOREAU (1810-1838), chansonnier et élégiaque ; BARTHÉLEMY (1796-1867), satirique après 1830, et, avec MÉRY (1798-1866), chantre de *Napoléon en Egypte* (1828), du *Fils de l'homme*, de *Waterloo* (1829) : tous romantiques, si romantisme veut dire inspiration personnelle, imagination et couleur.

Le romantisme tentait même, sans le conquérir, le dernier des classiques populaires, C. Delavigne, témoins les tragédies de sa « seconde manière », *Louis XI* (1832), *les Enfants d'Edouard* (1833); et avait presque conquis la plume colorée d'Alexandre Soumet (*Une fête sous Néron*, 1830; *la Divine Epopée*, en 12 chants 1840; *Jeanne d'Arc*, trilogie, 1846.)

Quinze ans se passèrent, pendant lesquels le romantisme, nonobstant les réserves que gardaient plus d'un des poètes que nous avons nommés, déborda, et, particulièrement se répandit, des régions élevées du drame, tel que V. Hugo l'entendait et le pratiquait, à tous les degrés du théâtre, y déchaînant ces violentes étrangetés auxquelles la *Tour de Nesle* (1832), d'A. Dumas ou de Gaillardet, a dû sa renommée équivoque. Toujours sur la brèche, le chef de l'école donnait poèmes sur poèmes (*les Feuilles d'automne*, 1831, etc. — *Les Rayons et les Ombres*, 1840), drames sur drames (*Marion Delorme*, 1831, — *Ruy-Blas*, 1838), sans rien rabattre de ses premières audaces.

Le romantisme avait été une réaction, et, comme telle, souvent outrée. Une réaction en sens contraire était inévitable. Elle se produisit par le théâtre, provoquée par le dernier des drames de V. Hugo, *les Burgraves* (7 mars 1843) : *la Lucrèce* (22 avril 1843) de Ponsard en fut le signal. On applaudit ce retour à la tragédie classique, préparé par les triomphes que le jeu de Mlle Rachel assurait depuis cinq ans à Corneille et à Racine. Le théâtre n'a de règle que le goût du public, et, malgré les théories romantiques, le public était resté fidèle à la vieille comédie, à Scribe, sans souci de son style, à Bayard son ami, à Mélesville, à tant d'autres qui l'amusaient; il avait accueilli MM. Empis, Mazères, etc. Il fit le même accueil aux tragédies de Ponsard, à la *Virginie* (1845) de Latour Saint-Ybars.

Le maître du romantisme dramatique se tut : il continua, et il continue dans sa verte et féconde vieillesse, d'éblouir son siècle par son incomparable imagination dans les poèmes lyriques, épiques, satiriques où il a versé et verse chaque jour son âme. Mais il n'a plus reparu sur la scène que par les œuvres presque demi séculaires qu'on s'est repris à applaudir aujourd'hui que le nom même de romantisme est oublié.

Aussi bien l'équilibre s'est fait partout dans le domaine poétique, et Ponsard lui-même, après sa réaction de la première heure, y a contribué: le poète plus hardi de *Charlotte Corday* (1850), de *Galilée* (1867) n'est plus celui de *Lucrèce* et d'*Agnès de Méranie* (1845). Les victoires légitimes et définitives sont celles qui font le moins de bruit. C'est parce que l'école romantique avait fait accepter ce qu'elle avait de bon et de nécessaire qu'elle s'est fondue dans une grande école de poésie française où elle a perdu jusqu'à son nom. Le goût public, après avoir oscillé, a trouvé un équilibre qui n'est pas l'immobilité, mais le respect de l'indépendance, quitte pour les poètes à être jugés sur la manière dont ils en usent. Et, de fait, il n'a jamais perdu son assiette, au milieu des heurts et des secousses. En dépit des théories et des excitations du romantisme, Lamartine, A. de Vigny, A. de Musset, après s'être amusé aux fantaisies de *Mardoche*, n'ont-ils pas été, dans la plus large liberté de leurs conceptions poétiques, de purs classiques par le langage et la versification? Aussi respectueux de l'un et de l'autre seront, après eux, et Autran, qui chante les laboureurs et les marins, et Victor de Laprade, le plus renommé de l'école de Lamartine, qui chante les bois et les montagnes, et Leconte de Lisle, le plus brillant des néo-grecs, dont la muse parcourt et peint tous les paysages du monde. Le public français demande à un Français de parler français, et à un poète de parler à son oreille; et, si le poète fait l'un et l'autre, le public, sans regarder au genre, lit et un raffiné comme Leconte de Lisle, et un mystique comme Laprade, et, à côté d'une fable de M. Viennet, une chanson de Pierre Dupont.

N'est-ce pas à ces qualités que doivent en partie leur succès, dans la variété des sujets qu'ils traitent et de l'inspiration qu'ils suivent, — conteurs, peintres de la nature, élégiaques, poètes dramatiques, ciseleurs de sonnets, lamartiniens, néo-grecs, parnassiens (le public admet tous les genres et tous les noms), — les poètes de nos jours, les uns, muets aujourd'hui, les autres toujours en veine, qui ont eu ou ont la sympathie du public, et que nous citons dans un désordre fraternel : MM. Louis Bouilhet, Coppée, Déroulède, Lacaussade, Lafenestre, André Lemoyne, Eugène Manuel, Pailleron, Charles Reynaud, Louis Ratisbonne, Reboul, Soulary, Sully Prudhomme, André Theuriet, etc. Nous n'y pouvons joindre ni Jasmin, d'Agen, ni l'auteur de *Mireille*, le Provençal Mistral, de Maillane, car c'est dans l'idiome familier à leurs provinces qu'ils ont écrit les poésies qui leur ont fait un nom.

L'esprit de rénovation et d'indépendance qui, par l'école romantique avait soufflé sur la littérature, a contribué, avec une autre influence considérable de notre siècle, celle du roman, à apporter à un genre de poésie éminemment national, la comédie, des transformations qu'il nous reste à signaler. Le théâtre peut flotter entre la tragédie comme l'entendait l'école classique, le drame comme l'entendait V. Hugo, le drame comme on l'a entendu de Diderot à Frédéric Soulié et à d'Ennery, voire le mélodrame comme l'ont fait Pixérécourt sous l'Empire et tant d'autres depuis : la comédie, pour nous en tenir à elle, et ne rien dire de toutes les formes que prennent ses sous-genres populaires, comme le vaudeville, au gré de la fantaisie de leurs auteurs ou du goût passager du public, — a toujours conservé, qu'elle parlât en prose ou en vers, son domaine propre : mais que de caractères divers n'a-t-elle pas pris! Fantaisiste et charmante, rieuse ou attendrie, avec une pointe de lyrisme, de romanesque et souvent de mélancolie dans A. de Musset, qui lui donne modestement le titre de *proverbe* que Théodore Leclercq (1777-1851) avait hérité de Carmontelle; quelquefois voisine du drame avec Octave Feuillet; comédie villageoise sous la plume de G. Sand; comédie de mœurs et d'intrigue sous celle de J. Sandeau, de Ponsard, de Legouvé, de C. Doucet, etc.; comédie d'intrigue, ou, — comme elle l'avait déjà été dans le *Pinto* (1806) de N. Lemercier et *la Jeunesse de Henri V* (1812) d'A. Duval, comme elle le fut quelquefois chez Scribe et une fois dans *le Don Juan d'Autriche* (1835) de C. Delavigne, — comédie historique avec cet A. Dumas père qui s'est fait goûter partout; thèse morale dans les jolis vers de la *Ciguë* (1845), dans les vers plus nourris de *Gabrielle* (1849), plus brillants de *l'Aventurière* (1850) qui marquent la première période dramatique d'Emile Augier; — elle n'a pas tardé à prendre, sous la prose de MM. Emile Augier et Alexandre Dumas fils, des visées plus hautes. Elle procède alors de Balzac: elle est analytique, sociale, politique; elle cherche, fouille et peint certaines misères, elle discute certains problèmes de la société. Ce que le roman de Balzac raconte et montre à l'imagination de ses lecteurs dans des récits dramatiques comme une œuvre de théâtre, elle le montre sur la scène aux yeux de ses spectateurs; comédie savamment et fortement nouée, âpre, où le mot vibre et marque. La comédie riait encore avec Turcaret et Figaro; elle ne rit plus guère avec *la Question d'argent*, *le Père prodigue*, *Maître Guérin*, etc.; et la physionomie des Mariannes et des Elvires de Molière n'est plus celle des jeunes filles raisonneuses de M. A. Dumas fils.

Elle descend de ces hauteurs avec MM. Gondinet et Pailleron; et, avec M. Sardou, si elle prend dans le vif de la société plusieurs de ses sujets, elle s'en tient aux travers pour mettre en gaieté le spectateur, et, à part quelques écarts qu'en plein rire elle fait dans le drame, elle pétille d'esprit et amuse par une merveilleuse dextérité de prestidigitation scénique.

Le caractère général de la poésie française au XIXe siècle ressortira facilement de ce qui précède. Ce caractère, c'est l'esprit même du temps. Après le despotisme de la monarchie absolue, de la Convention et de l'Empire, le XIXe siècle a cherché dans l'ordre politique la liberté; il a cherché dans l'histoire, les sciences, les arts, la vérité; dans les lettres il a cherché la vérité étouffée sous la tradition des conventions littéraires, il a reconquis la liberté entravée par la tyrannie des règles absolues. Le poète s'est fait un champ plus vaste dans l'ample sein de la nature, que Versailles, la cour et la ville lui cachaient autrefois, et il s'y est fait plus libre de dire ce qu'il sent comme il le sent; il a donné l'essor à son âme par la poésie intime. Pendant deux siècles la tragédie, au milieu des autres genres poétiques qui avaient eu leurs chefs-d'œuvre, avait régné en souveraine; l'âme s'y était enfermée comme dans un cadre imaginaire, où elle exprimait en un langage impersonnel, et souvent avec une incomparable éloquence, les idées générales qui sont le fond constant de l'humanité; elle s'y était enchaînée et peu à peu épuisée. Elle s'affranchit et se raviva en ce siècle par la poésie personnelle. C'est parce que la tragédie représentait le plus complètement la servitude et l'intolérance qu'elle fut pour l'école romantique « l'ennemie », d'où « venait tout le mal ». C'est parce que l'école romantique qui, comme toute école révolutionnaire, même celle de la liberté, a eu ses formules despotiques, voulut à son tour les imposer par la théorie et par l'exemple dans le domaine dramatique, que le public protesta. Ce despotisme passager une fois secoué, il n'est resté que le principe même de la révolution poétique qui s'était accomplie, « tolérance et liberté » (Victor Hugo, préface d'*Hernani*). C'est la poésie personnelle qui l'a le plus victorieusement appliqué : elle reste la conquête poétique du XIXe siècle.

M.-J. CHÉNIER

1764-1811

Marie-Joseph Chénier n'est pas, comme son frère aîné, un novateur, mais seulement un brillant continuateur de l'école classique de la tragédie. Ses œuvres dramatiques sont aujourd'hui mortes avec elle, comme la plupart de celles de Voltaire lui-même. Et cependant le talent du poète et l'à-propos des sujets avaient fait applaudir *Charles IX* (1786), *Henri VIII* (1791), la *Mort de Calas* (1791), *Fénelon* (1793), qui répondaient aux préoccupations et aux passions de ses contemporains : la royauté, la justice, les couvents y étaient maltraités, non sans éloquence. *Caïus Gracchus* (1792) était un acte de courage; un mot eut du retentissement :

Des lois et non du sang........,

disait le poète, et il le répéta dans *Timoléon* (1794) :

Il faut des lois, des mœurs, et non pas des victimes.

Timoléon fut interdit et détruit; il ne survécut qu'en un exemplaire sauvé par Mme Vestris.

M.-J. Chénier, conventionnel, poète populaire du *Chant du Départ*, membre de nos assemblées politiques jusqu'en 1802, fut condamné au silence par le Consulat : son théâtre même fut proscrit de la scène. Il y reparut en 1804 avec *Cyrus*, mais l'adhésion du républicain à l'Empire plut moins que ne déplurent les conseils du libéral : la pièce n'eut qu'une représentation. Dès lors, c'est dans une retraite pauvre et attristée par les calomnies de ceux qui ne pardonnaient ni au républicain du passé ni au résigné du présent, qu'il écrivit ce qui, de ses œuvres, restera, non pas une tragédie de *Philippe II*, ni un *Nathan le Sage*, réduction du drame de Lessing, mais sa tragédie de *Tibère*, qui ne put voir le jour, et un petit nombre d'*Epîtres*, de *Satires* et d'*Elégies*. Le malheur le poursuivit même après sa mort. Chateaubriand, son successeur à l'Académie, qui aurait pu lui savoir gré d'avoir atteint, sous le couvert du nom de Tibère, celui qu'il avait lui-même frappé sous celui du nom de Tacite (voir notre Recueil des prosateurs, p. 501), irrité et amer contre le conventionnel aussi bien que contre l'empereur, écrivit un discours dont l'interdiction priva le nouvel élu de la réception et son prédécesseur de l'éloge qui leur étaient dus.

LES DÉGOÛTS D'UN TYRAN

TIBÈRE, *seul* [1].

..... Encor cette victime !
Je renonce au pouvoir si je renonce au crime ;
A la crainte, au remords, il faut me résigner.....
Tout oser, mais tout craindre, est-ce donc là régner ?
Quel prestige soutient cet empire suprême,
Pesant pour les sujets, pour le tyran lui-même ?
Un seul, maître de tous, ordonnant de leur sort,
Et promettant la vie, ou prescrivant la mort !
Un seul ! et les Romains tremblent devant un homme !...
Les Romains ! où sont-ils ? dans les tombeaux de Rome [2]...
Les Romains ! deux encor sont dignes de ce nom,
Cette fière Agrippine et le fils de Pison..
Cnéius est vertueux ; c'est un héros peut-être :
Au temps de ses pareils Cnéius aurait dû naître.
Mais que sont désormais les pères de l'Etat ?
Un fantôme avili qu'on appelle sénat.
O lâches descendans de Dèce et de Camille,
Enfans de Quintius, postérité d'Emile,
Esclaves accablés du nom de leurs aïeux [3] !
Ils cherchent chaque jour leur avis dans mes yeux,
Réservent aux proscrits leur vénale insolence,
Flattent par leurs discours, flattent par leur silence,
Et craignant de penser, de parler et d'agir,
Me font rougir pour eux, sans même oser rougir.

(*Tibère*, V, 2.)

1. Agrippine et Pison sont revenus de Syrie, l'une pour venger son mari Germanicus, mort empoisonné (v. TACITE, *Ann.*, II, 70 sqq.), l'autre pour se justifier, s'il est besoin, des soupçons qui pèsent sur lui, en révélant au Sénat les ordres secrets de Tibère. Cnéius Pison, fils de Pison, a seul encore, Tibère le sait, la confidence du dessein de son père : il périra. — Les imitations de Tacite abondent dans la tragédie de *Tibère*. Le détail en est relevé dans le Tacite de la collection Lemaire, tome Ve. — Les sentiments prêtés par le poète à Tibère dans ce monologue sont justifiés par les passages suivants des *Annales*. Libertatem metuebat, adulationem oderat (II, 87). Memoriæ proditur Tiberium, quotiens curiâ egrederetur, Græcis verbis in hunc modum eloqui solitum, *o homines ad servitutem paratos!* Scilicet, etiam illum, qui libertatem publicam nollet, tam projectæ servientium patientiæ tædebat (III, 65). Tiberium non fortuna, non solitudines protegebant, quin tormenta pectoris suasque ipse pœnas fateretur (VI, 6.) At Romæ ruere in servitium consules, patres, eques... (I, 7). — Le dénouement de *Tibère* est celui-ci : Séjan fait assassiner Pison ; Cnéius révèle au Sénat, en présence de l'empereur, le secret de son père, et se tue.

2. Cf. LAMARTINE. *Dernier chant du pèlerinage d'Harold*, XIII.

3. Cf. SALLUSTE, Discours de Lépidus au peuple (*Fragments de ses hist.*) Præclara Brutorum atque Æmiliorum soboles, geniti ad ea, quæ patres virtute peperère, subvertunda !

RÉPONSE AUX CALOMNIATEURS [1]

... J'entends crier encor le sang de leurs victimes,
Je lis en traits d'airain la liste de leurs crimes ;
Et c'est eux qu'aujourd'hui l'on voudrait excuser !
Qu'ai-je dit ? On les vante ! et l'on m'ose accuser !
Moi, jouet si longtemps de leur lâche insolence,
Proscrit pour mes discours, proscrit pour mon silence [2],
Seul, attendant la mort quand leur coupable voix
Demandait à grands cris *du sang et non des lois* [3] !
Ceux que la France a vus ivres de tyrannie,
Ceux-là mêmes, dans l'ombre armant la calomnie,
Me reprochent le sort d'un frère infortuné,
Qu'avec la calomnie ils ont assassiné !
L'injustice agrandit une âme libre et fière.
Ces reptiles hideux, sifflant dans la poussière,
En vain sèment le trouble entre son ombre et moi :
Scélérats, contre vous elle invoque la loi.
Hélas ! pour arracher la victime aux supplices,
De mes pleurs chaque jour fatiguant vos complices,
J'ai courbé devant eux mon front humilié :
Mais ils vous ressemblaient, ils étaient sans pitié.
Si, le jour où tomba leur puissance arbitraire,
Des fers et de la mort je n'ai sauvé qu'un frère
Qu'au fond des noirs cachots Dumont avait plongé,
Et qui, deux jours plus tard, périssait égorgé [4],
Auprès d'André Chénier avant que de descendre,
J'éleverai la tombe où manquera sa cendre,
Mais où vivront du moins et son doux souvenir,
Et sa gloire, et ses vers dictés pour l'avenir.
Là, quand de thermidor la septième journée
Sous les feux du Lion ramènera l'année,
O mon frère ! je veux, relisant tes écrits,
Chanter l'hymne funèbre à tes mânes proscrits.
Là, souvent tu verras, près de ton mausolée,
Tes frères gémissans, ta mère désolée,

---

1. Les ennemis de M.-J. Chénier, et parmi eux d'anciens terroristes, l'accusaient de ne s'être pas employé pour tirer son frère de prison. La vérité est, nous dit A. de Vigny (*Stello*, chap. 20 et suiv.), qu'il craignait d'éveiller imprudemment l'attention de Robespierre. Sa mère vieillit et mourut auprès de lui : c'est sa première justification. L'éloquence des vers suivants est la seconde.
2. Cf. un vers du monologue de Tibère.
3. Voyez la Notice.
4. C'est-à-dire, aurait péri. André et M. Joseph avaient deux frères aînés,

Quelques amis des arts, un peu d'ombre, et des fleurs ;
Et ton jeune laurier grandira sous mes pleurs.
(*Discours sur la calomnie.*)

LES LETTRES ET LE DESPOTISME

..... Tout s'éteint ; les conquérans périssent ;
Sur le front des héros les lauriers se flétrissent ;
Des antiques cités les débris sont épars ;
Sur des remparts détruits s'élèvent des remparts ;
L'un par l'autre abattus les empires s'écroulent ;
Les peuples entraînés, tels que les flots qui roulent,
Disparaissent du monde, et les peuples nouveaux
Iront presser les rangs dans l'ombre des tombeaux.
Mais la pensée humaine est l'âme tout entière :
La mort ne détruit pas ce qui n'est point matière :
Le pouvoir absolu s'efforcerait en vain
D'anéantir l'esprit né d'un souffle divin.
Du front de Jupiter c'est Minerve élancée.
Survivant au pouvoir, l'immortelle pensée,
Reine de tous les lieux et de tous les instans,
Traverse l'avenir sur les ailes du Temps.
Brisant des potentats la couronne éphémère,
Trois mille ans ont passé sur la cendre d'Homère,
Et depuis trois mille ans Homère respecté
Est jeune encor de gloire et d'immortalité [1].
(*Epître à Voltaire* [2].)

LA PROMENADE
ÉLÉGIE

Roule avec majesté tes ondes fugitives,
Seine ; j'aime à rêver sur tes paisibles rives,
En laissant comme toi la reine des cités.
Ah ! lorsque la nature à mes yeux attristés,
Le front orné de fleurs, brille enfin renaissante ;
Lorsque du renouveau l'haleine caressante
Rafraîchit l'univers de jeunesse paré,
Sans ranimer mon front pâle et décoloré ;

---

[1]. Cf. le *Semper florentis Homeri* de LUCRÈCE (I, 125.)
[2]. Chénier, dans cette épître, défend Voltaire contre la proscription dont il est l'objet, et revendique les droits de la libre pensée. — Il revendique avec autant d'éloquence ceux de la liberté politique dans sa célèbre Elégie *La Promenade* (1805).

Du moins auprès de toi que je retrouve encore
Ce calme inspirateur que le poète implore,
Et la mélancolie errante au bord des eaux.
Jadis, il m'en souvient, du fond de leurs roseaux,
Tes nymphes répétaient le chant plaintif et tendre
Qu'aux échos de Passy ma voix faisait entendre.
Jours heureux, temps lointain, mais jamais oublié,
Où les arts consolans, où la douce amitié,
Et tout ce dont le charme intéresse à la vie,
Egayaient mes destins ignorés de l'envie.
Le soleil affaibli vient dorer ces vallons,
Je vois Auteuil sourire à ses derniers rayons.
Oh ! que de fois j'errai dans tes belles retraites,
Auteuil ! lieu favori, lieu saint pour les poètes !
Que de rivaux de gloire unis sous tes berceaux !
C'est là qu'au milieu d'eux l'élégant Despréaux,
Législateur du goût, au goût toujours fidèle,
Enseignait le bel art dont il offre un modèle ;
Là, Molière, esquissant ses comiques portraits,
De Chrysale ou d'Arnolphe a dessiné les traits.
Dans la forêt ombreuse ou le long des prairies,
La Fontaine égarait ses douces rêveries ;
Là, Racine évoquait Andromaque et Pyrrhus,
Contre Néron puissant faisait tonner Burrhus,
Peignait de Phèdre en pleurs le tragique délire.
Ces pleurs harmonieux que modulait sa lyre
Ont mouillé le rivage ; et de ces vers sacrés
La flamme anime encor les échos inspirés...

Mais Saint-Cloud lui rappelle le 18 brumaire et l'attentat de Bonaparte contre les lois et la liberté.

Je n'ai point caressé sa brillante infamie ;
Ma voix des oppresseurs fut toujours ennemie ;
Et, tandis qu'il voyait des flots d'adorateurs
Lui vendre avec l'État leurs vers adulateurs,
Le tyran dans sa cour remarqua mon absence :
Car je chante la gloire et non pas la puissance [1].

[1]. Et ailleurs (*Discours sur la calomnie*) :

> J'ai vécu libre et fier, mais sans intolérance.
> Plaignant le sot crédule, abhorrant l'imposteur,
> Souvent persécuté, jamais persécuteur,
> Adversaire constant de toute tyrannie,
> Ami de la vertu, défenseur du génie,
> Convaincu seulement du crime détesté
> D'avoir aimé, servi, chanté la liberté.

Le troupeau se rassemble à la voix des bergers ;
J'entends frémir du soir les insectes légers ;
Des nocturnes zéphyrs je sens la douce haleine ;
Le soleil de ses feux ne rougit plus la plaine,
Et cet astre plus doux qui luit au haut des cieux
Argente mollement les flots silencieux [1].
Mais une voix qui sort du vallon solitaire
Me dit : « Viens : tes amis ne sont plus sur la terre ;
Viens : tu veux rester libre et le peuple est vaincu. »
Il est vrai : jeune encor, j'ai déjà trop vécu.
L'espérance lointaine et les vastes pensées
Embellissaient mes nuits tranquillement bercées ;
A mon esprit déçu, facile à prévenir,
Des mensonges rians coloraient l'avenir.
Flatteuse illusion, tu m'es bientôt ravie !
Vous m'avez délaissé, doux rêves de la vie.
Plaisirs, gloire, bonheur, patrie et liberté,
Vous fuyez loin d'un cœur vide et désenchanté.
Les travaux, les chagrins ont doublé mes années,
Ma vie est sans couleur, et mes pâles journées
M'offrent de longs ennuis l'enchaînement certain,
Lugubres comme un soir qui n'eut pas de matin.
Je vois le but, j'y touche, et j'ai soif de l'atteindre.
Le feu qui me brûlait a besoin de s'éteindre ;
Ce qui m'en reste encor n'est qu'un morne flambeau
Eclairant à mes yeux le chemin du tombeau.
Que je repose en paix sous le gazon rustique,
Sur les bords du ruisseau pur et mélancolique !
Vous, amis des humains et des champs et des vers,
Par un doux souvenir peuplez ces lieux déserts ;
Suspendez aux tilleuls qui forment ces bocages
Mes derniers vêtemens mouillés de tant d'orages ;
Là quelquefois encor daignez vous rassembler ;
Là prononcez l'adieu ; que je sente couler
Sur le sol enfermant mes cendres endormies
Des mots partis du cœur et des larmes amies [2] !

1. Bernardin de Saint-Pierre, Chateaubriand, Lamartine n'ont jamais mieux peint ; et jamais poète élégiaque n'a eu d'accents plus sincères, plus émus et plus fermes que ceux des vers qui suivent.

2. M.-J. Chénier a décoché des épigrammes mordantes contre Delille et sa poésie soi-disant descriptive de la nature, contre Chateaubriand et son *Atala*. Mais valent-elles les deux suivantes, la première, d'ANDRIEUX, l'autre de PONS dit *de Verdun* (1757-1844), qui eut un rôle dans nos assemblées

MILLEVOYE
1782-1816

Parmi les poètes trop tôt enlevés par la mort aux promesses de l'avenir, il n'en est pas, après A. Chénier, au nom duquel la postérité ait attaché plus de regrets qu'à MILLEVOYE (Charles-Hubert) d'Abbeville. La nature de son talent semble avoir eu un rapport étrange et touchant avec sa destinée, comme si c'était le voisinage et le pressentiment de la mort qui l'avaient fait ce qu'il fut avant tout, un poète élégiaque. Ses épîtres, discours en vers, poèmes héroïques ont passé. Ses élégies resteront en dépit de quelques banalités conventionnelles du style de son temps. Son *Poète mourant*, où il prévoit sa fin (Cf. TIBULLE, III, 5), est une des plus citées, non des meilleures. La *Chute des Feuilles* est classique; l'*Anniversaire* fait aimer le fils dans le poète.

L'ANNIVERSAIRE
ÉLÉGIE

Hélas ! après dix ans je revois la journée
Où l'âme de mon père aux cieux est retournée.
L'heure sonne, j'écoute..... O regrets ! ô douleurs !
Quand cette heure eut sonné je n'avais plus de père.
On retenait mes pas loin du lit funéraire ;
On me disait « il dort, » et je versais des pleurs.
Mais du temple voisin quand la cloche sacrée
Annonça qu'un mortel avait quitté le jour,
Chaque son retentit dans mon âme navrée,
    Et je crus mourir à mon tour.
Tout ce qui m'entourait me racontait ma perte.
Quand la nuit dans les airs jeta son crêpe noir,
Mon père à ses côtés ne me fit plus asseoir,
Et j'attendis en vain à sa place déserte
Une tendre caresse, et le baiser du soir.

politiques ? Ce nous est une occasion de les citer.

Que de coquins dans votre ville
Monsieur Harpin, sans vous compter!
— Morbleu ! cessez de plaisanter :
Un railleur m'échauffe la bile.
— Eh bien ! soit, je change de style ;
Déridez ce front mécontent :
Que de coquins dans votre ville,
Monsieur Harpin, en vous comptant.

LE BIBLIOMANE

C'est elle!... Dieux ! que je suis aise !
Oui, c'est la bonne édition :
Voilà bien, pages neuf et seize,
Les deux fautes d'impression
Qui ne sont pas dans la mauvaise.

Je voyais l'ombre auguste et chère
M'apparaître toutes les nuits.
Inconsolable en mes ennuis,
Je pleurais tous les jours même auprès de ma mère.
Ce long regret, dix ans ne l'ont pas adouci ;
Je ne puis voir un fils dans les bras de son père,
Sans dire en soupirant : « J'avais un père aussi. »
Son image est toujours présente à ma tendresse.
Ah ! quand la pâle automne aura jauni nos bois,
O mon père ! je veux promener ma tristesse
Aux lieux où je te vis pour la dernière fois.
Sur ces bords que la Somme arrose
J'irai chercher l'asyle où ta cendre repose ;
J'irai d'une modeste fleur
Orner ta tombe respectée,
sur la pierre encor de larmes humectée
Redire ce chant de douleur.

LA CHUTE DES FEUILLES [1]

ÉLÉGIE

De la dépouille de nos bois
L'automne avait jonché la terre :
Le bocage était sans mystère,
Le rossignol était sans voix.
Triste et mourant, à son aurore,
Un jeune malade, à pas lents,
Parcourait une fois encore
Le bois cher à ses premiers ans :
« Bois que j'aime ! adieu..., je succombe ;
Votre deuil me prédit mon sort ;
Et dans chaque feuille qui tombe
Je vois un présage de mort.
Fatal oracle d'Epidaure [2] !
Tu m'as dit : Les feuilles des bois
A tes yeux jauniront encore,
Mais c'est pour la dernière fois.
L'éternel cyprès t'environne :
Plus pâle que la pâle automne,

---

1. Le jeune malade est le poète lui-même.
2. Esculape avait un temple à Epidaure et y rendait des oracles. — Entendez, je suis condamné par les médecins. — Toute cette mythologie n'est plus dans nos goûts. Mais peut-on blâmer l'emploi qu'en fait ici Millevoye ?

Tu t'inclines vers le tombeau ;
Ta jeunesse sera flétrie,
Avant l'herbe de la prairie,
Avant le pampre du coteau. —
Et je meurs !..... De leur froide haleine
M'ont touché les sombres autans,
Et j'ai vu comme une ombre vaine
S'évanouir mon beau printemps.
Tombe, tombe, feuille éphémère,
Voile aux yeux ce triste chemin ;
Cache au désespoir de ma mère
La place où je serai demain.
Mais, vers la solitaire allée,
Si mon amante échevelée
Venait pleurer quand le jour fuit,
Eveille par ton léger bruit
Mon ombre un instant consolée ! »
Il dit, s'éloigne..... et sans retour !.....
La dernière feuille qui tombe
A signalé son dernier jour.
Sous le chêne on creusa sa tombe...
Mais son amante ne vint pas
Visiter la pierre isolée ;
Et le pâtre de la vallée
Troubla seul du bruit de ses pas
Le silence du mausolée[1].

1. Le poète a fait d'une élégie un petit drame d'une mélancolie douloureuse et discrète en son dénouement amer. Faut-il y voir un triste pressentiment de son cœur ? — L'année même où il mourait en laissant cette élégie, paraissait une autre élégie qui lui dispute le prix, *La pauvre fille* d'Alex. SOUMET.

La pauvre fille

J'ai fui ce pénible sommeil
Qu'aucun songe heureux n'accompagne.
J'ai devancé sur la montagne
Les premiers rayons du soleil.

S'éveillant avec la nature
Le jeune oiseau chantait sur l'aubépine en fleurs,
Sa mère lui portait la douce nourriture.
Mes yeux se sont mouillés de pleurs ;

Oh ! pourquoi n'ai-je pas de mère ?
Pourquoi ne suis-je pas semblable au jeune oiseau
Dont le nid se balance aux branches de l'ormeau ?
Rien ne m'appartient sur la terre,
Je n'eus pas même de berceau ;
Et je suis un enfant trouvé sur une pierre
Devant l'église du hameau.

ARNAULT

1766-1834

Antoine-Vincent ARNAULT, « parmi les littérateurs et les poètes dits de l'empire, est un de ceux qui ont une physionomie et un caractère... Sa carrière honorable a de l'unité. Il fut véritablement attaché à la fortune de César, bien moins à son char qu'à sa personne... Bonaparte l'avait accueilli à son quartier général de Montebello (1796); Napoléon à Sainte-Hélène l'inscrivit dans son testament. » (SAINTE-BEUVE, *Causer. du Lundi*, t. VII). Arnault a raconté sa vie dans ses intéressants *Souvenirs*. Parisien, il appartenait à la maison de Monsieur (depuis Louis XVIII) quand il donna à vingt-cinq ans une tragédie de *Marius à Minturnes* (1791), suivie de *Lucrèce* (1792), puis de *Cincinnatus*, etc. Exilé pendant la Terreur, il fut, en 1797, chargé par Bonaparte d'organiser le gouvernement des Iles Ioniennes, eut un rôle au 18 brumaire, et remplit sous l'Empire des fonctions administratives et universitaires. Entre temps, il fit représenter avec succès une tragédie des *Vénitiens* (1799), qui lui valut un fauteuil à l'Académie, sans succès une tragédie de *Don Pèdre ou le Roi et le Laboureur* (1802); plus tard encore, une tragédie, *Germanicus* (1817). Rayé par la seconde Restauration de la liste de l'Académie et proscrit, il rentra en France en 1819, et, en 1829, par une nouvelle élection, dans l'Académie, dont il devint secrétaire perpétuel en 1833. Ses *Fables*, piquantes et souvent épigrammatiques, ont fait oublier ses tragédies; les quelques vers de *La Feuille* ont presque fait oublier ses fables.

Loin de mes parents exilée,
De leurs embrassements j'ignore la douceur,
Et les enfants de la vallée
Ne m'appellent jamais leur sœur.
Je ne partage pas les jeux de la veillée;
Jamais sous son toit de feuillée;
Le joyeux laboureur ne m'invite à m'asseoir,
Et de loin je vois sa famille
Autour du sarment qui pétille
Chercher sur ses genoux les caresses du soir.

Vers la chapelle hospitalière
En pleurant j'adresse mes pas,
La seule demeure ici-bas
Où je ne sois point étrangère,
La seule devant moi qui ne se ferme pas.

Souvent je contemple la pierre
Où commencèrent mes douleurs,
J'y cherche la trace des pleurs
Qu'en m'y laissant peut-être y répandit ma mère.
Souvent aussi mes pas errants
Parcourent des tombeaux l'asile solitaire;
Mais pour moi les tombeaux sont tous indifférents
La pauvre fille est sans parents
Au milieu des cercueils, ainsi que sur la terre.

J'ai pleuré quatorze printemps
Loin des bras qui m'ont repoussée;
Reviens, ma mère, je t'attends
Sur la pierre où tu m'as laissée.

FABLES[1]

LE COLIMAÇON

Sans amis, comme sans famille,
Ici-bas vivre en étranger ;
Se retirer dans sa coquille
Au signal du moindre danger ;
S'aimer d'une amitié sans bornes ;
De soi seul emplir sa maison ;
En sortir suivant la saison,
Pour faire à son prochain les cornes ;
Signaler ses pas destructeurs
Par les traces les plus impures ;
Outrager les plus tendres fleurs
Par ses baisers ou ses morsures ;
Enfin chez soi, comme en prison,
Vieillir de jour en jour plus triste :
C'est l'histoire de l'égoïste
Et celle du colimaçon[2].

LA GIRAFE ET LE DROMADAIRE

L'homme, je crois, n'est pas plus grand que nous,
Disait un dromadaire en allongeant la tête ;
Et pourtant il nous charge, il nous monte, il nous traite
Comme de francs baudets.

LA GIRAFE

              Et pourquoi, pauvre bête,
Pourquoi pliez-vous les genoux ?

LE RICHE ET LE PAUVRE

— « Penses-y deux fois, je t'en prie :
A jeun, mal chaussé, mal vêtu,
Pauvre diable, comment peux-tu

---

1. « Je prendrai le mot *épigramme* dans le sens un peu étendu où le prenaient les anciens. Ce sont des épigrammes excellentes que le *Riche et le Pauvre*, que *les Cygnes et les Dindons*, que *le Chien enragé*, que le *Coup de fusil*, que *les Taches et les Paillettes*, et surtout *le Colimaçon*. » (Sainte-Beuve.)
2. « Comme cela est bien frappé et tout d'une venue ! Même en de si courte composition on sent de la verve. » (Id.)

Sur un billet de loterie
Mettre ainsi ton dernier écu?
C'est par trop manquer de prudence;
Dans l'eau c'est jeter ton argent;
C'est vouloir..... — Non, dit l'indigent,
C'est acheter de l'espérance [1]. »

LA FEUILLE

De ta tige détachée,
Pauvre feuille desséchée,
Où vas-tu? — Je n'en sais rien.
L'orage a brisé le chêne
Qui seul était mon soutien:
De son inconstante haleine,
Le zéphyr ou l'aquilon
Depuis ce jour me promène
De la forêt à la plaine,
De la montagne au vallon.
Je vais où le vent me mène,
Sans me plaindre ou m'effrayer;
Je vais où va toute chose,
Où va la feuille de rose
Et la feuille de laurier [2].

---

[1]. « Ce ton légèrement attendri n'est pas le plus habituel chez Arnault. Dans bien des cas le trait final part à la manière d'un ressort, un peu brusque, mais joliment tourné. Beaucoup de ses fables semblent être faites exprès par le bon mot et pour le bon mot... » (SAINTE-BEUVE.) Le critique ajoute qu'Arnault a écrit, indépendamment de ses fables aiguisées en pointe d'épigramme, quelques apologues véritables, « et de la meilleure sorte ». M.-J. Chénier a proclamé *le Chêne et les Buissons* une des plus belles fables proprement dites qu'on ait composées depuis La Fontaine. (Voir le Recueil des classes de grammaire.)

[2]. Quelques jours avant son départ pour l'exil, « se trouvant au Val, près de l'Isle-Adam, chez Regnault de Saint-Jean-d'Angély (son beau-frère), par une pâle matinée de janvier 1816, par un de ces ciels d'hiver qui ressemblent à l'extrême automne et qui ne laissent point encore deviner le printemps, il sortit du salon où sa famille était réunie, et y rentra après une demi-heure de promenade pour y réciter comme un adieu cette épigramme vraiment digne de l'antique, cette légère et douce élégie..... Comme Millevoye, Arnault avait rencontré là une de ces feuilles qui surnagent, un parfum qui devait à jamais s'attacher à son nom. Il avait eu une fois de la mélancolie et de la mollesse. » (SAINTE-BEUVE.)

BÉRANGER
1780-1857

Pierre de BÉRANGER, né à Paris, petit-fils d'un tailleur et fils d'un teneur de livres, d'abord ouvrier imprimeur, puis fixé douze ans dans d'humbles fonctions de bureaucratie ministérielle, y fut l'ami et quelquefois le conseiller écouté des premiers parmi les hommes politiques et les écrivains de son temps, depuis Manuel et Laffitte jusqu'à Lamennais et Chateaubriand. C'est à des chansons qu'il dut la popularité, la gloire et l'autorité. Elles ont été beaucoup chantées; elles méritent encore d'être lues. Le mérite de l'à-propos, qu'elles ont toujours eu, a trompé plus d'un contemporain sur la valeur de leur poésie, qui manque souvent d'ampleur et d'éclat : la précision savante du style, l'aisance et le mouvement du rythme ne suffisent pas à faire, même des meilleures, des odes, comme on les a appelées ; le tour est quelquefois tendu et l'expression subtile; sous le pinceau de Béranger le dessin est souvent sec et le trait mou ; la brièveté ne le défend pas de la périphrase, ni l'idée moderne de la mythologie pseudo-classique ; il a trop de *luths*, de *lyres*, de *palmes*, de *lauriers*, de *coursiers*, de *guerriers*, de *chevaliers*, de *troubadours*, de *trépas*, de *fers*, de *jougs*, de *glaives* ; il dit *bord* et *rivage* pour *pays*; il n'est pas exempt de sensiblerie et de vulgarité. Mais dans ses chansons nationales (le *Cinq mai*, les *Enfants de la France*), militaires (le *Vieux Sergent*, le *Vieux Caporal*), politiques (la *Sainte Alliance des Peuples*), sociales (*Jeanne la Rousse*, les *Gueux*, le *Vieux Vagabond*), philosophiques (*Louis XI*, le *Dieu des Bonnes Gens*, les *Etoiles qui filent*), — pour laisser de côté celles qui ne sont que des gaietés de rieur ou qui sont entachées d'impiété, — jamais ne manquent un patriotisme ardent, une émotion sincère, un bon sens droit et fin. Il a surtout le don du genre où il s'est tenu ; il est chansonnier comme La Fontaine est fabuliste. Ses cadres sont bien proportionnés; ses couplets se détachent et se lient. Le thème de ses refrains est trouvé ; leur retour se fait à point; leurs variations, s'ils en ont, sont piquantes ; leur variété est inépuisable. Ils ont la gaieté, le mouvement, le tour, souvent l'accent et le cri :

>Il est encor des gloires à chanter !
>. . . . .
>Il est encor des martyrs à chanter !
>
>(*Le Malade*.)
>
>Honneur aux enfants de la France !
>(*Les Enfants de la France*.)

quelquefois la mélancolie :

>Ma nourrice avait des flatteurs :
>Et cependant je suis à Vienne.
>
>(*Les deux Cousins*.)

Le début de l'*Orage* est souriant, le début des *Enfants de la France* est vibrant :

>Reine du monde, ô France ! ô ma patrie !
>Soulève enfin ton front cicatrisé

Le début du *Dieu des bonnes gens* a de la gravité :

> Il est un Dieu : devant lui je m'incline,
> Pauvre et content, sans lui demander rien.

Le début du *Grillon* est un tableau d'intérieur simple et gracieux ;

> Au coin de l'âtre où je tisonne
> En rêvant à je ne sais quoi,
> Petit grillon, chante avec moi.

Celui du *Vieux Sergent* offre un contraste charmant de tête grise et de têtes blondes :

> Près du rouet de sa fille chérie
> Le vieux sergent se distrait de ses maux,
> Et d'une main que la balle a meurtrie
> Berce en riant deux petits-fils jumeaux.

L'*Orage* et *Louis XI* sont de petits drames philosophiques découpés en scènes dans un décor de fleurs et dans des chœurs de danses et de chansons : *Amant alterna camœnæ*.

> Heureux villageois, dansons :
> Sautez, fillettes
> Et garçons ;
> Unissez vos joyeux sons,
> Musettes
> Et chansons.

> Voyez d'ici briller cent hallebardes
> Aux feux d'un soleil pur et doux.
> N'entend-on pas le *Qui vive* des gardes,
> Qui se mêle au bruit des verrous ?

Si la philosophie de ses « Bonnes Gens » manque d'élévation, leur poésie a de la noblesse et de l'imagination :

> Un conquérant dans sa fortune altière
> Se fit un jeu des peuples et des lois,
> Et de ses pieds on peut voir la poussière
> Empreinte encor sur le bandeau des rois.

> Dans un palais, où, près de la Victoire,
> Brillaient les arts, doux fruits des beaux climats,
> J'ai vu du Nord les peuplades sans gloire
> De leurs manteaux secouer les frimas.
>
> (*Le Dieu des bonnes gens.*)

Ce sont les qualités poétiques de la forme, jointes à la chaleur des sentiments patriotiques, qui ont fait le succès de Béranger, à la fois auprès des esprits lettrés et de la foule. Cette popularité lui a suffi. Il refusa toujours par simplicité de goût, par amour de l'indépendance, peut-être par calcul, places, dignités, fauteuil à l'Académie, siège à l'Assemblée constituante de 1848. Il mourut populaire et respecté, même de ceux qui auraient pu lui tenir rigueur pour ses légèretés irréligieuses s'il n'avait écrit dans une lettre à Lamennais : « Je crois comme les petits enfants, et je suis tenté de crier au génie : Croyez et fermez les yeux. »

LE CHANT DU COSAQUE

Viens, mon coursier, noble ami du Cosaque,
Vole au signal des trompettes du Nord.
Prompt au pillage, intrépide à l'attaque,
Prête sous moi des ailes à la Mort.
L'or n'enrichit ni ton frein, ni ta selle ;
Mais attends tout du prix de mes exploits.
Hennis d'orgueil, ô mon coursier fidèle !
Et foule aux pieds les peuples et les rois.....

La Paix, qui fuit, m'abandonne tes guides ;
La vieille Europe a perdu ses remparts.
Viens de trésors combler mes mains avides ;
Viens reposer dans l'asile des arts.
Retourne boire à la Seine rebelle,
Où, tout sanglant, tu l'es lavé deux fois[1].
Hennis d'orgueil, ô mon coursier fidèle !
Et foule aux pieds les peuples et les rois.....

J'ai d'un géant vu le fantôme immense
Sur nos bivouacs fixer un œil ardent.
Il s'écriait : Mon règne recommence !
Et de sa hache il montrait l'Occident [2].
Du roi des Huns c'était l'ombre immortelle :
Fils d'Attila [3], j'obéis à sa voix.
Hennis d'orgueil, ô mon coursier fidèle !
Et foule aux pieds les peuples et les rois.

Tout cet éclat dont l'Europe est si fière,
Tout ce savoir qui ne la défend pas,
S'engloutira dans les flots de poussière
Qu'autour de moi vont soulever tes pas.
Efface, efface en ta course nouvelle,
Temples, palais, mœurs, souvenirs et lois.
Hennis d'orgueil, ô mon coursier fidèle !
Et foule aux pieds les peuples et les rois [4].

(Œuvres complètes. — Garnier frères, éditeurs.)

1. Pendant les invasions de la France en 1814 et 1815.
2. Voilà en quatre coups de crayon le dessin d'une fresque grandiose.
3. Filiation un peu aventureuse. Quoi qu'il en soit, on rattache les Huns et les Cosaques aux races appelées dans l'antiquité Scythes, dans le moyen âge et postérieurement Tartares et Mongols, mélangés, les premiers de Finnois, les seconds de Slaves.
4. Dans Millevoye aussi, un cavalier parle à son cheval (l'Arabe à son coursier). On peut, malgré la différence des milieux, faire la comparaison ; elle restera à l'avantage du chansonnier, qui a le trait et la couleur.

LES SOUVENIRS DU PEUPLE

On parlera de sa gloire [1]
Sous le chaume bien longtemps.
L'humble toit, dans cinquante ans,
Ne connaîtra plus d'autre histoire.
Là viendront les villageois
Dire alors à quelque vieille :
Par des récits d'autrefois,
Mère, abrégez notre veille.
Bien, dit-on, qu'il nous ait nui,
Le peuple encor le révère,
    Oui, le révère.
Parlez-nous de lui, grand'mère ;
    Parlez-nous de lui [2].

Mes enfants, dans ce village,
Suivi de rois, il passa.
Voilà bien longtemps de ça :
Je venais d'entrer en ménage.
A pied grimpant le coteau
Où pour voir je m'étais mise,
Il avait petit chapeau
Avec redingote grise.
Près de lui je me troublai ;
Il me dit : Bonjour, ma chère,
    Bonjour, ma chère.
— Il vous a parlé, grand'mère !
    Il vous a parlé !

L'an d'après, moi, pauvre femme,
A Paris étant un jour,
Je le vis avec sa cour :

---

1. De Napoléon.
2. Et la grand'mère va raconter ce qu'elle sait ; or elle ne sait que ce qu'elle a vu, trois jours de la vie de Napoléon en France : l'empereur triomphant visité par des rois, le père au baptême de son enfant, l'empereur vaincu défendant le sol de la patrie. C'est le *Vieux caporal* qui a vu l'Europe et qui parlera de :

    Ces guerres
Où nous bousculions tous les rois ;

c'est le *Vieux sergent* qui a vu

    Briller dans la bataille
Ces habits bleus par la victoire usés ;

c'est le vieux soldat de Balzac (*Le Médecin de campagne*) qui racontera toute la vie de son général et de son empereur.

Il se rendait à Notre-Dame.
Tous les cœurs étaient contents ;
On admirait son cortège.
Chacun disait : Quel beau temps !
Le ciel toujours le protège.
Son sourire était bien doux,
D'un fils Dieu le rendait père[1],
   Le rendait père.
— Quel beau jour pour vous, grand'mère !
   Quel beau jour pour vous !

Mais, quand la pauvre Champagne
Fut en proie aux étrangers [2],
Lui, bravant tous les dangers,
Semblait seul tenir la campagne.
Un soir, tout comme aujourd'hui,
J'entends frapper à la porte.
J'ouvre. Bon Dieu ! c'était lui,
Suivi d'une faible escorte.
Il s'asseoit où me voilà,
S'écriant : Oh ! quelle guerre [3] !
   Oh ! quelle guerre !
— Il s'est assis là, grand'mère !
   Il s'est assis là !

J'ai faim, dit-il ; et bien vite
Je sers piquette et pain bis ;
Puis il sèche ses habits,
Même à dormir le feu l'invite [4].
Au réveil, voyant mes pleurs,
Il me dit : Bonne espérance !

---

1. Le roi de Rome, 1811. — Voyez plus bas *Napoléon II*, par V. Hugo (*Feuilles d'automne*).
2. Campagne de 1813.
3. Cf. A. DE VIGNY : «...Je suis las de la guerre, dis-je au chirurgien. — Et moi aussi, dit une voix grave que je connaissais. — Et je vis, non pas Napoléon empereur, mais Bonaparte soldat. Il était seul, triste, à pied, debout devant moi, ses bottes enfoncées dans la boue, son habit déchiré, son chapeau ruisselant la pluie par les bords ; il sentait ses derniers jours venus, et regardait autour de lui ses derniers soldats. » (*Servitude et grandeur militaire*; *le capitaine Renaud*.) C'est cette sombre tristesse de la dernière campagne qu'a si bien exprimée sur le visage de l'Empereur le pinceau de Meissonier dans son tableau intitulé *1813*. — Mais ici
   Spem vultu simulat, premit altum corde dolorem,
et son dernier mot à la grand'mère est : Bonne espérance !
4. Ce sont ces scènes familières, à la fois rustiques et guerrières, que s'est plu à dessiner le crayon populaire de Charlet : Béranger est le Charlet de la chanson patriotique.

Je cours, de tous ses malheurs,
Sous Paris, venger la France.
Il part; et, comme un trésor,
J'ai depuis gardé son verre,
    Gardé son verre.
— Vous l'avez encor, grand'mère !
    Vous l'avez encor !

Le voici. Mais à sa perte
Le héros fut entraîné.
Lui, qu'un pape a couronné,
Est mort dans une île déserte [1].
Longtemps aucun ne l'a cru ;
On disait : Il va paraître ;
Par mer il est accouru ;
L'étranger va voir son maître.
Quand d'erreur on nous tira,
Ma douleur fut bien amère !
    Fut bien amère !
— Dieu vous bénira, grand'mère !
    Dieu vous bénira.

(Ibid.)

LE VIEUX VAGABOND

Dans ce fossé cessons de vivre.
Je finis vieux, infirme et las.
Les passants vont dire : Il est ivre.
Tant mieux ! ils ne me plaindront pas.
J'en vois qui détournent la tête ;
D'autres me jettent quelques sous.
Courez vite ; allez à la fête.
Vieux vagabond, je puis mourir sans vous.

Oui, je meurs ici de vieillesse
Parce qu'on ne meurt pas de faim.
J'espérais voir de ma détresse
L'hôpital adoucir la fin.
Mais tout est plein dans chaque hospice,
Tant le peuple est infortuné.
La rue, hélas ! fut ma nourrice.
Vieux vagabond, mourons où je suis né.

---

1. A Sainte-Hélène, le 5 mai 1821.

Aux artisans, dans mon jeune âge,
J'ai dit : qu'on m'enseigne un métier.
Va, nous n'avons pas trop d'ouvrage,
Répondaient-ils, va mendier.
Riches, qui me disiez : travaille,
J'eus bien des os de vos repas ;
J'ai bien dormi sur votre paille.
Vieux vagabond, je ne vous maudis pas.

J'aurais pu voler, moi, pauvre homme ;
Mais non : mieux vaut tendre la main.
Au plus, j'ai dérobé la pomme
Qui mûrit au bord du chemin.
Vingt fois pourtant on me verrouille
Dans les cachots, de par le roi.
De mon seul bien on me dépouille.
Vieux vagabond, le soleil est à moi.

Le pauvre a-t-il une patrie ?
Que me font vos vins et vos blés,
Votre gloire et votre industrie,
Et vos orateurs assemblés ?
Dans vos murs ouverts à ses armes
Lorsque l'étranger s'engraissait,
Comme un sot j'ai versé des larmes.
Vieux vagabond, sa main me nourrissait.

Comme un insecte fait pour nuire,
Hommes, que ne m'écrasiez-vous ?
Ah ! plutôt vous deviez m'instruire
A travailler au bien de tous,
Mis à l'abri du vent contraire,
Le ver fût devenu fourmi ;
Je vous aurais chéris en frère.
Vieux vagabond, je meurs votre ennemi [1].

(*Ibid.*)

---

1. Nous donnons cette pièce (dirons-nous chanson ? le refrain seul le veut) comme un exemple de la variété de tons que sait prendre l'auteur. Cette âpreté farouche de révolte contre les lois sociales a son éloquence ; n'y cherchons et n'en retenons pas autre chose.

P. LEBRUN
1785-1873

Lebrun (Pierre-Antoine) a été, par ses hymnes à la gloire de l'Empire avant 1815, par ses odes patriotiques, préludes des *Messéniennes* de C. Delavigne après 1815, par son poème du *Voyage en Grèce* (1821-1827), un écho poétique, écouté et applaudi jadis, oublié aujourd'hui, des patriotiques et généreuses émotions de ses contemporains. Il n'a dû qu'à lui-même et à la verte nature de cette Normandie, inspiratrice de maints poètes des XVIe et XVIIe siècles, les Vauquelin, les Bertaut, les Segrais, etc., les vers où il a célébré Tancarville, ses ombrages et sa vie champêtre, et qui sont l'intérêt le plus vif de ses *Poèmes et Poésies*. Mais c'est au théâtre qu'il a dû la renommée, et l'Académie, dont il est mort le doyen. Il restera avant tout l'auteur de *Marie Stuart* (tragédie, 1820), à laquelle le jeu parfait de Mlle Rachel donna, vingt ans après, un regain de popularité. Le *Cid d'Andalousie* (1825) confirma sa renommée de poète tragique sans y ajouter. Au théâtre il sut prendre le vent entre le livre révélateur de Mme de Staël (*De l'Allemagne*) et le manifeste prochain de l'école romantique, disciple de Shakespeare, de Schiller, dont il imita *Marie Stuart*, et de Lope de Vega.

LE DEPART DE LA FLOTTE

Hydra[1] sur l'Archipel tout entière est montée.
Entendez-vous les clameurs qu'elle envoie?
Elle s'avance et mêle, aux cris de liberté
Des chants d'orgueil, d'espérance et de joie.

    « Hydra vogue, la riche Hydra,
    Sur la mer escortée en reine
    Par les dauphins de Typarène,
    Et les alcyons d'Ipsara [2].
    Iles, pressez-vous autour d'elle ;
    Cyclades, c'est vous qu'elle appelle;
    Venez, mes sœurs, je vous attends !
    Tyne, Andros, Mycone, il est temps !
    Chio nous demeure infidèle,
    Mais l'absence d'une hirondelle
    Ne fait pas manquer le printemps.

---

1. 1o Ile de la Grèce, à 10 kilom. de la côte de l'Argolide, entre les golfes d'Egine et de Nauplie ; 2o ville forte du même nom dans cette île — Les Hydriotes se signalèrent dans la guerre de l'indépendance grecque par la destruction de plusieurs escadres turques.
2. Les dauphins et les alcyons figuraient dans les armes de ces deux îles.

« Hydra brille comme l'étoile
    Qui la première ouvre le jour.
Hydra n'a point d'ombrage en son brûlant séjour;
Mais elle s'assied libre à l'ombre de sa voile.
Hydra donne à ses fils les vagues pour berceaux,
Pour jeux et pour plaisirs l'écume et les cordages,
Pour école la mer, pour maîtres les orages :
Hydra n'a point de champs, mais elle a des vaisseaux;
    Ses laboureurs sont sur les eaux,
    Et c'est la mer qu'elle sillonne ;
Ni pampre ni raisin ne rit dans sa couronne,
Mais son sabre connaît où croissent les plus beaux.

« Aux armes ! Hâtez-vous, afin qu'avant l'automne
    Dans la Mysie elle moissonne
Et de Chypre en chantant vendange les coteaux. »
    (*Le Voyage de Grèce*, poème ; chant VIII.
    — Librairie académique Didier et Cie.)

LE RETOUR A TANCARVILLE

APRÈS TRENTE ANS [1]

A mon émotion, je sens que j'en approche.
Tancarville et ses tours, Pierre-Gante et sa roche
Sont là. J'ai reconnu cet air si vif des bois,
Qu'avec tant de plaisir j'aspirais autrefois;
Le long frémissement qui court sous les ombrages,
Semblable au bruit sans fin qui montait des rivages,
Et cette odeur de mousse et de feuilles dans l'air,
Et les pommiers penchés par les vents de la mer [2].
Ne me conduisez pas : j'en sais toutes les routes ;
Parmi ces bois grandis, je les retrouve toutes ;
J'irais, fermant les yeux, et, si rien n'est changé,
Au bout du chemin creux de hêtres ombragé,
Le château va paraître. Oh ! de quelle âme émue
J'ai revu, j'ai monté cette antique avenue

---

1. Tancarville est un village situé sur une hauteur qui domine la rive droite de la Seine, à 30 kil. E. du Havre. — Lebrun y avait habité, lorsqu'il était, sous l'Empire, receveur des finances en Normandie, le château féodal, aujourd'hui en ruines, des anciens comtes de Tancarville, appartenant à la maison de Montmorency.

2. Esquisse légère et charmante d'un paysage maritime de Normandie. — Cette fraîcheur des premières impressions de la jeunesse fait déjà place à des émotions plus graves, mêlées de quelques souvenirs attristés et mé-

Qui s'élève, en tournant, sous ses larges noyers,
Jusqu'aux tours du portail, où nichaient les ramiers !
Arrêtons. Respirons. Presque tremblant, je sonne;
La cloche au son connu jusqu'en mon sein résonne.
La vaste porte, ouvrant ses battants vermoulus,
Me demande mon nom, et ne me connaît plus.
Hélas! je ne suis pas un de vos anciens maîtres
Qui vient redemander le toit de ses ancêtres ;
Je ne suis pas un fils trente ans déshérité
Qui rentre dans le lieu par sa race habité ;
Je ne réclame pas le château de mes pères.
Non, mais de ma jeunesse et de mes jours prospères
Je viens chercher la trace et les chers souvenirs.
Ouvrez-vous, lieux témoins de mes plus doux loisirs...
D'un air indifférent une femme est venue,
Du château, maintenant, habitante inconnue;
Et, comme un étranger qui, passant, curieux,
Pour la première fois visiterait ces lieux,
M'introduit dans l'enceinte, hélas! qui fut la mienne,
Me nomme chaque tour dont elle est gardienne,
Me montre ces débris, pour moi si familiers,

lancoliques, dans les vers suivants que lui inspiraient, aux mêmes lieux, mais à 32 ans, la mer et les bois. On suit ainsi les étapes de son imagination et de son âme :

La Mer et les Bois.

Tancarville, 1817

Jeune, j'aimais les bois. Sous leurs vertes ramures
Qui des flots de la mer imitent les murmures,
J'ai bien souvent erré, non sans quelque douceur,
Pour y chercher des vers, ou pour calmer mon cœur.
Mais l'âme y devient triste et s'y sent solitaire;
Le mouvement des bois la berce sur la terre.
C'est toujours le passé qui semble y revenir;
Une secrète voix y parle au souvenir;
Et partout le regard rencontre quelque place
Qui des temps écoulés lui présente la trace.
Le passé vous entoure et vous semble arracher
A cet apaisement que vous venez chercher.
On plaint son espérance attristée ou ravie,
On pense à la jeunesse, à la joie, à la vie,
Au temps qui nous emporte, à l'ombre qui nous suit,
Aux rameaux desséchés, à l'hiver, à la nuit,
Ainsi, parmi les bois, quand seul je me promène,
A de tristes pensers leur ombre me ramène;
Vers un autre horizon je porte en vain les yeux,
Et la voûte des bois cache celle des cieux...

L'Océan ! l'Océan ! là l'horizon immense
Sans borne et sans repos, finit et recommence';
Là, comme l'avenir, dans son immensité
S'ouvre et grandit sans fin l'espace illimité
Là l'infini. Le bruit du monde s'y vient taire;
Nous n'y retrouvons plus nul écho de la terre;
Nul n'y laisse jamais l'empreinte de ses pieds,
Et la vague toujours recouvre nos sentiers.

(*Poèmes et Poésies*, V.)

La salle et l'écusson des anciens chevaliers,
La pierre qui, du haut des pentes ruinées,
Paraît prête à tomber depuis quarante années ;
Le manteau du foyer qui, de lierres tendu,
Dans l'air, comme un balcon, demeure suspendu ;
Et, près du mur croulant où pendent quelques treilles,
Le jardin où jadis bourdonnaient mes abeilles.
Parmi tous ces débris, où j'ai souvent erré,
Où j'ai joué, souffert, aimé, rêvé, pleuré,
Mon heureuse jeunesse, en vingt lieux dispersée,
Soudain de toutes parts remonte à ma pensée.
J'éprouve, pour courir vers tout ce que je vois,
Une force inconnue à mes jours d'autrefois.
Il me semble en mon sein sentir battre des ailes ;
Un air intérieur me soulève avec elles,
Me porte, et je m'envole à chaque lieu connu,
Léger comme un oiseau vers son nid revenu.
Ah ! se peut-il qu'un lieu, quelque cher qu'il puisse être,
De l'âme tout entière ainsi devienne maître ?
C'est qu'un temps regretté vous est en lui rendu ;
C'est qu'on retrouve alors tout ce qu'on a perdu :
Le passé, la jeunesse, hélas ! et tant de songes
Qu'on fit en d'autres jours. Illusions, mensonges,
Qu'importe ! On fut heureux. Le cœur se reconnaît,
Et l'homme tout entier quelques instants renaît [1].

(*Poëmes et poésies*, XXXVIIe et dernière pièce.
— Librairie académique Didier et Cie.)

PROMENADE MATINALE AU BOIS DE VILLE-D'AVRAY

Maître de mes loisirs et libre en mes penchants,
Oh ! combien il me plaît de m'éveiller aux champs !
Comme pour le plaisir les yeux s'ouvrent sans peine !
Quelle aimable fraîcheur frémit dans chaque veine !
Que notre âme est légère, et qu'on se sent joyeux
D'assister au réveil de la terre et des cieux,

---

1. Les mêmes sentiments ont inspiré d'heureux vers à M. Arsène Houssaye :

> Je suis allé revoir les chaumières qui fument
> Aux bords silencieux des bois qui les parfument.
> O vieux rochers déserts où j'aimais à rêver !
> Étang silencieux que l'hirondelle effleure !
> O beaux arbres, témoins du printemps que je pleure !
> Je vous retrouve encor, mais sans me retrouver.

Revoyez le couplet célèbre de Bertaut (p. 136).

De voir l'homme et le jour commencer leur ouvrage,
La lumière monter de nuage en nuage,
Les informes objets reprendre leurs couleurs,
Et les prés reverdir, et renaître les fleurs,
Et se rougir au loin les bois aux mille têtes !
L'étoile du matin est l'astre des poètes ;
Et, de rosée humide, elle verse des airs
Son éclat aux gazons, sa fraîcheur à nos vers.
J'éprouve de la joie à devancer l'aurore,
A marcher par les champs où nul ne passe encore.
Dans son buisson l'oiseau se réveille à demi,
Gazouille quelques sons, et se tait rendormi.....
Tous les bruits du matin commencent, et la mère,
Son enfant dans les bras, entr'ouvre sa chaumière¹..
(Ibid., III.)

MARIE STUART DANS LE JARDIN

MARIE, ANNA KENNEDY, sa *nourrice*.

ANNA.

Modérez de vos pas l'empressement extrême.
Je ne vous connais plus ; revenez à vous-même.
Où courez-vous, madame ?

MARIE

        Ah ! laisse-moi jouir
D'un bonheur que je crains de voir s'évanouir.
Laisse mes libres pas errer à l'aventure.
Je voudrais m'emparer de toute la nature.
Combien le ciel est beau ! que le jour est serein !
Ne sommeillé-je pas ? n'est-ce qu'un songe vain ?
A mon cachot obscur suis-je en effet ravie ?
Suis-je de mon tombeau remontée à la vie ?
Ah ! d'un air libre et pur laisse-moi m'enivrer.

ANNA

Madame, où votre esprit se va-t-il égarer ?
Hélas ! la liberté ne vous est pas rendue ;
La prison seulement s'ouvre plus étendue.

---

1. Par ces vers d'une note douce et fraîche, Lebrun a une place, modeste, mais bien à lui, dans le concert des amis de la nature au XIXe siècle. Les deux derniers dessinent en deux traits un groupe charmant.

MARIE

Eh bien! épargne-moi de trop barbares soins;
Et, si ce n'est qu'un songe, ah! laisse-moi du moins,
Soulevant un moment ma chaîne douloureuse,
Rêver que je suis libre et que je suis heureuse.
Ne respiré-je pas sous la voûte des cieux?
Un espace sans borne est ouvert à mes yeux.
Vois-tu cet horizon qui se prolonge immense?
C'est là qu'est mon pays; là l'Ecosse commence.
Ces nuages errants qui traversent le ciel
Peut-être hier ont vu mon palais paternel.
Ils descendent du nord, ils volent vers la France;
Oh! saluez le lieu de mon heureuse enfance!
Saluez ces doux bords qui me furent si chers!
Hélas! en liberté vous traversez les airs [1].

(*Marie Stuart*, tragédie, III, 1.
— Librairie académique Didier et Cie.)

MARIE A ÉLISABETH

Oui, vous fûtes injuste et cruelle envers moi.
Seule, sans défiance, en vous mettant ma foi,
Comme une suppliante, enfin, j'étais venue :
Et vous, entre vos mains vous m'avez retenue.
De tous les souverains blessant la majesté,
Malgré les saintes lois de l'hospitalité,
Malgré le droit des gens et la foi réclamée,
Dans les murs d'un cachot vous m'avez enfermée.
Dépouillée à la fois de toutes mes grandeurs,
Sans secours, sans amis, presque sans serviteurs,

---

[1]. « Ces vers purs, charmants, et d'une douceur presque racinienne, se retrouvent dans notre mémoire, à nous qui les entendîmes alors, et font partie de nos classiques réminiscences » (SAINTE-BEUVE).

Le vers dramatique de Lebrun, élégant, pur et ferme, est du meilleur classique. Quelques expressions convenues en accusent la date, sans le déparer. Il faut d'ailleurs savoir gré au goût du poète d'avoir cherché, si timidement que ce fût, à corriger celui du public, sur lequel il était en avance, sans pressentir encore les surprises violentes que d'autres allaient lui ménager, et à répudier sur quelques points les faux préjugés de noblesse tragique. Il n'en parle pas sans un peu de malice. « J'avais dit:

Prends ce don, ce *mouchoir*, ce gage de tendresse,
Que pour toi, de ses mains, a *brodé* ta maîtresse,

Ce *mouchoir brodé* épouvanta ceux qui entendirent d'abord la pièce. Ils me supplièrent à mains jointes de changer des mots si dangereux, et qui ne pouvaient manquer de faire rire toute la salle à l'instant le plus pathétique. J'écrivis:

Prends ce don, ce *tissu*, ce gage de tendresse,
Qu'a pour toi, de ses mains, *embelli* ta maîtresse.

On trouva ce *tissu* infiniment préférable; cela était plus digne. »

Au plus vil dénûment dans ma prison réduite,
Devant un tribunal, moi reine, on m'a conduite.
Enfin, n'en parlons plus. Qu'en un profond oubli
Tout ce que j'ai souffert demeure enseveli.
Je veux en accuser la seule destinée.
Contre moi, malgré vous, vous fûtes entraînée ;
Vous n'êtes pas coupable, et je ne le suis pas :
Un esprit de l'abîme envoyé sur nos pas,
A jeté dans nos cœurs cette haine funeste,
Et des hommes méchants ont achevé le reste.
La démence a du glaive armé contre vos jours
Ceux dont on n'avait point invoqué le secours.
Tel est le sort des rois : leur haine, en maux féconde,
Enfante la discorde et divise le monde.
   J'ai tout dit. C'est à vous, ma sœur, de nous juger.
Entre nous maintenant il n'est point d'étranger.
Nous nous voyons enfin ! Si j'ai pu vous déplaire,
Parlez, dites mes torts ; je veux vous satisfaire.
Ah ! que ne m'avez-vous dès l'abord accordé
L'entretien par mes vœux si longtemps demandé.
Nous n'aurions pas, ma sœur, en ce jour déplorable
Une telle entrevue, et dans un lieu semblable.

(Ibid. III, 4.)

CASIMIR DELAVIGNE
1793-1843

Casimir DELAVIGNE, du Havre, débuta avec éclat dans la poésie par les premières de ses *Messéniennes* (1816-1822), recueil lyrique qui a dû son succès aux sentiments patriotiques qui l'inspirent et l'animent; on savait gré à un poète français de dire de la France au lendemain de Waterloo :

> J'ai des chants pour toutes ses gloires,
>   Des larmes pour tous ses malheurs.

et de l'attendrir sur son héroïne nationale ; on répétait ces belles strophes :

> Du Christ, avec ardeur, Jeanne baisait l'image;
> Ses longs cheveux épars flottaient au gré des vents;
> Au pied de l'échafaud, sans changer de visage,
>   Elle s'avançait à pas lents.
> Tranquille elle y monta ; quand, debout sur le faîte,
> Elle vit ce bûcher qui l'allait dévorer,
> Les bourreaux en suspens, la flamme déjà prête.
> Sentant son cœur faillir, elle baissa la tête,
>   Et se prit à pleurer.

Mais dans les *Messéniennes* le style de C. Delavigne est trop souvent saccadé, tendu et déclamatoire. Dans ses *Derniers chants*, qui vinrent longtemps après, la veine est plus simple et plus naturelle. Entre ce début et cette conclusion il parcourut une des plus longues et des plus belles carrières dramatiques du siècle. Ses premières tragédies (les *Vêpres siciliennes*, 1819 ; le *Paria*, 1821), écrites avant l'éclosion de l'école romantique, appartiennent à l'école classique. Il n'aida ni ne prévit la révolution qui se fit, et quand elle fut faite il essaya entre les deux écoles rivales un compromis (il s'en explique dans la préface de *Marino Faliero*) qui a valu au public des œuvres de talent, pleines de ressources dramatiques, de mouvement, de chaleur, qui n'ont pas survécu à leur premier succès. Leurs sujets empruntés à Byron (*Marino Faliero*, 1829), à Shakespeare (les *Enfants d'Edouard*, 1833), sans compter la *Fille du Cid* (1840), qui est une excursion à la suite de Corneille dans la patrie de Lope de Vega et de Calderon, étaient déjà des gages donnés à la nouveauté goûtée par le public. Mais l'allure libre et cavalière et le style coupé du drame romantique se mariaient mal avec les traditions du style dit classique. Il en est résulté de ces œuvres de demi-caractère que le temps efface, ou au moins que le siècle oublie vite parce que la polémique des partis littéraires ne les a pas discutées avec passion pour les exalter ou les rabaisser. C. Delavigne reste entre Racine et V. Hugo, comme Paul Delaroche, son contemporain et son ami, auteur d'un célèbre tableau des « Enfants d'Edouard », auquel il a dédié le drame désigné sous le même nom, reste entre Ingres et Delacroix. Il est le Delaroche du théâtre au XIXe siècle. Sa seule tragédie populaire dans le public lettré (il n'a pas atteint une autre popularité) est *Louis XI* (1832), étude d'histoire et de caractère compliquée et curieuse, à laquelle un acteur de valeur, Ligier, a prêté son jeu savant et son art de composer une physionomie.

C. Delavigne a donné des comédies heureuses : les *Comédiens* (1820), l'*École des Vieillards* (1823), la *Princesse Aurélie* (1828), la *Popularité* (1838), toutes en vers ; et, en prose, *Don Juan d'Autriche* (1835), pièce pseudo-historique, pleine d'esprit, comme l'est d'ailleurs tout ce qui est sorti de cette plume facile, élégante, brillante, animée, habile à frapper d'une pensée noble ou d'une idée ingénieuse un de ces vers pleins et harmonieux dont le modèle est celui-ci, qui est resté du *Paria* :

La vie est un combat dont la palme est aux cieux.

LE MÉDECIN D'UN TYRAN

COMMINE, COITIER [1].

COITIER.

Il serait mon tyran, si je n'étais le sien.
Vrai Dieu ! ne l'est-il pas ? sait-on ce qu'on m'envie ?

---

1. Philippe de Commines (1445-1509), né en Flandre, passa du service de Charles le Téméraire à celui de Louis XI, et fut employé par lui, et plus tard par Charles VIII, à des négociations politiques et diplomatiques. Ses *Mémoires* ont été publiés en 1524.

Jacques Coitier, ou Coictier, mort vers 1505, fut premier médecin de

Du médecin d'un roi sait-on quelle est la vie ?
Cet esclave absolu, qui parle en souverain,
Ment lorsqu'il se dit libre, et porte un joug d'airain.
Je ne m'appartiens pas ; un autre me possède :
Absent, il me maudit, et présent, il m'obsède ;
Il me laisse à regret la santé qu'il n'a pas ;
S'il reste, il faut rester ; s'il part, suivre ses pas,
Sous un plus dur fardeau baissant ma tête altière [1]
Que les obscurs varlets [2] courbés sous sa litière.
Confiné près de lui dans ce triste séjour [3],
Quand je vois sa raison décroître avec le jour [4],
Quand de ce triple pont, qui le rassure à peine,
J'entends crier la herse et retomber la chaîne,
C'est moi qu'il fait asseoir au pied du lit royal
Où l'insomnie ardente irrite encor son mal ;
Moi, que d'un faux aveu sa voix flatteuse abuse
S'il craint qu'en sommeillant un rêve ne l'accuse ;
Moi, que dans ses fureurs il chasse avec dédain ;
Moi, que dans ses tourments il rappelle soudain ;
Toujours moi, dont le nom s'échappe de sa bouche,
Lorsqu'un remords vengeur vient secouer sa couche.
Mais s'il charge mes jours du poids de ses ennuis [5],
Du cri de ses douleurs s'il fatigue mes nuits,
Quand ce spectre imposteur, maître de sa souffrance,
De la vie en mourant affecte l'apparence,
Je raille sans pitié ses efforts superflus
Pour jouer à mes yeux la force qu'il n'a plus.
Misérable par lui, je le fais misérable ;
Je lui rends en terreur l'ennui dont il m'accable ;
Et pour souffrir tous deux nous vivons réunis,
L'un de l'autre tyrans, l'un par l'autre punis,

Louis XI, et président de la chambre des Comptes. L'histoire l'accuse d'avoir abusé de son influence sur le roi pour se faire donner des biens considérables. Il était, dit Commines, « rude au roy, » et le menaçait de le laisser mourir : « Je sçay bien qu'un matin vous m'envoyerez comme vous faictes d'autres ; mais, par la mort Dieu ! vous ne vivrez pas huict jours après. »

1. *Altière* n'est-il pas pour la rime ?
2. A peu près synonyme de page. Même étymologie que valet (primitivement *vaslet*) : *vassus*, basse latinité.
3. Plessis-lez-Tours.
4. Dans les hallucinations que lui causent ses remords. Voyez plus bas les *Remords de Louis XI* : il y exprime lui-même ses terreurs. Comparez les vers de Juvénal sur le remords, cités *ibidem*, avec les passages du présent morceau, qui ont avec eux des rapports frappants.
5. Synonyme de « tourments » dans le style élevé. Ainsi l'emploient Corneille, Racine, Voltaire, etc.

Toujours prêts à briser le nœud qui nous rassemble,
Et toujours condamnés au malheur d'être ensemble,
Jusqu'à ce que la mort, qui rompra nos liens,
Lui reprenant mes jours dont il a fait les siens,
Se lève entre nous deux, nous désunisse, et vienne
S'emparer de sa vie et me rendre la mienne [1].
(*Louis XI*, tragédie, I, 4. — Firmin Didot, éditeur.)

LOUIS XI ROI

LOUIS XI, LE COMTE DE DREUX, COMMINE, COITIER, OLIVIER LE DAIM [2]

LOUIS, *au comte de* Dreux.

Ne vous y jouez pas, comte ; par la croix sainte !
Qu'il me revienne encore un murmure, une plainte,
Je mets la main sur vous, et, mon doute éclairci,
Je vous envoie à Dieu pour obtenir merci [3].
Le salut de votre âme est le point nécessaire ;
Dieu la prenne en pitié ! le corps, c'est mon affaire
J'y pourvoirai.

LE COMTE DE DREUX.
　　　Du moins je demande humblement
Que Votre Majesté m'écoute un seul moment.

LOUIS.

Ah ! mon peuple est à vous ! et, roi sans diadème,
Vous exigez de lui plus que le roi lui-même !
Mais mon peuple, c'est moi ; mais le dernier d'entre eux,
C'est moi ; mais je suis tout ; mais quand je dis : Je veux,
On ne peut rien vouloir passé ce que j'ordonne,
Et qui touche à mon peuple attente à ma personne.
Vous l'avez fait.

LE COMTE.
　　Croyez...

LOUIS.
　　　　Ne me dites pas non.
Enrichi des impôts qu'on perçoit en mon nom,
Pour cinq cents écus d'or vous en levez deux mille
Sur d'honnêtes bourgeois, et de ma bonne ville,

---

1. Coitier trouve l'éloquence, et une éloquence émue et forte, dans a peinture de ses *ennuis* et de ceux de son royal malade.
2. Olivier Teufel (en allemand *diable*) dit le Daim, ou le Diable, né à Thielt (Flandre occidentale), valet de chambre et barbier de Louis XI, anobli, fait comte de Meulan. Pendu en 1494.
3. Pour lui demander et obtenir votre pardon. *Merci* (Étymol. : *mercedem*), récompense, faveur, grâce.

Gens que j'estime fort, pensant bien, payant bien.
Regardez ce feu roi que vous comptez pour rien ;
Est-il vivant ou mort ? Regardez-moi donc!

LE COMTE, *en tremblant.*

Sire.....

LOUIS.

Je ne suis pas si mal qu'on se plaît à le dire :
Quelque feu brille encor dans mon œil en courroux ;
Je vis, et le malade est moins pâle que vous.
Quoique vieux, je suis homme à lasser votre attente,
Beau sire ; et, moi régnant, le bon plaisir vous tente !
Qui s'en passe l'envie affronte un tel danger
Que le cœur doit faillir seulement d'y songer.
A moi de droit divin, à moi par héritage,
Il n'appartient qu'à moi de fait et sans partage.
Pour y porter la main, c'est un mets trop royal :
A de plus grands que vous il fut jadis fatal [1].

(*Ibid.*, II, 7.)

---

1. C'est ainsi qu'entre en scène pour la première fois ce roi que nous savons, par les révélations de Coitier, misérablement consumé et affolé par les remords et par la peur de mourir. Ce moribond, esclave courbé en secret sous la main de son médecin, roi en public, se redresse; malgré le voisinage avilissant de ce barbier valet de chambre, son familier et son acolyte, il porte haut la majesté royale. — Voilà un premier trait de cette figure complexe, dont le poète a rendu, avec quelques-unes de ces exagérations que comporte la perspective théâtrale, les faces diverses. La pièce, en se déroulant, nous le montrera tour à tour ou à la fois dur et cauteleux; fourbe, qui abuse des aveux candides d'une jeune fille pour avoir une tête, qui signe un traité pour faire assassiner le porteur; défiant, même de son fils, auquel il lui est impossible de ne pas supposer le désir de sa mort et la convoitise de son héritage ; capable de remords par peur, incapable de pitié; dévot par superstition, mais pénitent plus terrifié que contrit; craignant la mort comme Argan, crédule, comme Harpagon, aux flatteries qui lui promettent cent ans de vie (III, 3); sorte d'Argan-Harpagon-Tibère, — qui, sous ce vêtement ridicule et odieux, reste le roi de France, mâtant les rebelles, et déployant (III, fin), au bord de la tombe où il glisse, l'ardente activité d'un politique pour profiter de la mort de Charles le Téméraire (anachronisme à relever: le duc mourut en 1477, Louis XI en 1484). — Ajoutons que C. Delavigne s'est complu dans son théâtre à peindre avec une industrieuse complication de touches une autre figure sinistre, celle de Glocester, oncle et assassin des « Enfants d'Edouard »; ambitieux sanguinaire, mélange d'astuce et de fureur, qui rit faux et aigre quand il se contient, et qui, au dénouement, ne meurt pas comme Louis XI, mais tue.
On sent déjà dans le style de *Louis XI* une allure plus libre que dans les alexandrins classiques des premières tragédies de l'auteur. C'était un pas timide fait, sans doute avec une conviction réfléchie, dans la voie de l'école romantique. Les *Enfants d'Edouard* en marquent un second. Un rapprochement fera juger de la différence de ton des deux écoles. Dans *Britannicus* (II, 2), Néron dit de Junie à Narcisse :

J'aimois jusqu'à ses pleurs que je faisois couler.

Dans les *Enfants d'Edouard* (I, 5), Glocester dit, en parlant de la reine:

Mon Dieu! les belles larmes!
On les ferait couler seulement pour les voir.

LES REMORDS DE LOUIS XI

FRANÇOIS DE PAULE [1].

Ah ! puisqu'il est des maux que tu peux réparer,
Viens !

LOUIS, *debout.*

Où donc ?

FRANÇOIS DE PAULE.

Ces captifs, allons les délivrer.

LOUIS.

L'intérêt le défend.

FRANÇOIS DE PAULE, *aux pieds du roi.*

La charité l'ordonne :
Viens, viens sauver ton âme.

LOUIS.

En risquant ma couronne:
Roi, je ne le peux pas.

FRANÇOIS DE PAULE.

Mais tu le dois, chrétien.

LOUIS.

Je me suis repenti, c'est assez.

FRANÇOIS DE PAULE, *se relevant.*

Ce n'est rien.

LOUIS.

N'ai-je pas de mes torts fait un aveu sincère ?

FRANÇOIS DE PAULE.

Ils ne s'effacent pas tant qu'on y persévère.

LOUIS.

L'Eglise a des pardons qu'un roi peut acheter.

FRANÇOIS DE PAULE.

Dieu ne vend pas les siens : il faut les mériter.

LOUIS, *avec désespoir.*

Ils me sont dévolus, et par droit de misère !
Ah ! si dans mes tourments vous descendiez, mon père,
Je vous arracherais des larmes de pitié !
Les angoisses du corps n'en sont qu'une moitié,
Poignante, intolérable, et la moindre peut-être.
Je ne me plais qu'aux lieux où je ne puis pas être.

---

1. FRANÇOIS DE PAULE (1416-1507), né à Paule en Calabre, fonda l'ordre des *Minimes*. Le bruit de ses guérisons miraculeuses le fit appeler par Louis XI, qui espérait que les prières du saint prolongeraient sa vie. Il ne se rendit en France que sur l'ordre du pape, y resta en grand crédit auprès de Charles VIII et de Louis XII, et y mourut. Canonisé en 1519.

En vain je sors de moi : fils rebelle jadis,
Je me vois dans mon père et me crains dans mon fils.
Je n'ai pas un ami : je hais ou je méprise ;
L'effroi me tord le cœur sans jamais lâcher prise.
Il n'est point de retraite où j'échappe aux remords ;
Je veux fuir les vivants, je suis avec les morts.
Ce sont des jours affreux. J'ai des nuits plus terribles :
L'ombre pour m'abuser prend des formes visibles ;
Le silence me parle, et mon Sauveur me dit,
Quand je viens le prier : Que me veux-tu, maudit ?
Un démon, si je dors, s'assied sur ma poitrine :
Je l'écarte ; un fer nu s'y plonge et m'assassine.
Je me lève éperdu ; des flots de sang humain
Viennent battre ma couche, elle y nage, et ma main,
Que penche sur leur gouffre une main qui la glace,
Sent des lambeaux hideux monter à leur surface [1]...

FRANÇOIS DE PAULE.

Malheureux, que dis-tu ?

LOUIS.

Vous frémissez : eh bien !
Mes veilles, les voilà ! ce sommeil, c'est le mien ;
C'est ma vie ; et mourant, j'en ai soif, je veux vivre ;
Et ce calice amer, dont le poison m'enivre,
De toutes mes douleurs cet horrible aliment,
La peur de l'épuiser est mon plus grand tourment !

FRANÇOIS DE PAULE.

Viens donc, en essayant du pardon des injures,
Viens de ton agonie apaiser les tortures.
Un acte de bonté te rendra le sommeil,
Et quelques voix du moins béniront ton réveil.
N'hésite pas.

LOUIS.

Plus tard !

FRANÇOIS DE PAULE.

Dieu voudra-t-il attendre ?

---

[1]. Juvénal, *Sat.* VIII (*Depositum*), v. 92 sqq.
Diri conscia facti
Mens habet attonitos et surdo verbere cædit,
Occultum quatiente animo tortore flagellum.
Pæna autem vehemens, ac multo sævius illis
Quas et Cæditius gravis invenit et Rhadamanthus,
Nocte dieque suum gestare in pectore testem....
Nocte brevem si forte indulsit cura soporem,
Et toto versata toro jam membra quiescunt,
Continuo templum et violati numinis aras,
Et, quod præcipuis mentem sudoribus urget,
Te videt in somnis, tua sacra et major imago
Humanâ turbat pavidum cogitque fateri.

LOUIS.

Demain !

FRANÇOIS DE PAULE.

Mais dès demain la mort peut te surprendre,
Ce soir, dans un instant.

LOUIS.

Je suis bien enfermé,
Bien défendu.

FRANÇOIS DE PAULE.

L'est-on quand on n'est pas aimé [1].

(*Ibid.*, IV, 6.)

LES APPLAUDISSEMENTS ACHETÉS

BERNARD, VICTOR, *jeune poète.*

VICTOR.

Non, ne le croyez pas, je me tiendrais infâme
Si ce honteux espoir avait séduit mon âme.

BERNARD.

On a, mon cher Victor, des amis, des parents....

VICTOR.

Je pourrais mendier les applaudissements !

BERNARD.

L'usage est votre excuse.

VICTOR.

Ah ! fi ! c'est un scandale.

BERNARD.

De ses admirateurs sans peupler une salle,
On doit tout doucement préparer le succès.
Vous pouvez disposer de quarante billets ;
Je les ai demandés.

VICTOR.

Et moi, je les refuse.

BERNARD, *lui montrant les billets.*

Usez de votre droit.

---

[1]. On peut appliquer à la retraite sinistre où s'enferme Louis XI les expressions dont Pline le Jeune peint (*Panégyriq. de Trajan*, XLIX) celles de Domitien : « Arcana illa cubilia sævique secessus in quos timore et superbia et odio hominum agebatur. Quanto nunc tutior, quanto securior eadem domus, postquam non crudelitatis, sed amoris excubiis, non solitudine et claustris, sed civium celebritate defenditur ! Ecquid ergo ? discimus experimento fidelissimam esse custodiam principis ipsius innocentiam. Hæc arx inaccessa, hoc inexpugnabile munimentum, munimento non egere. *Frustra se terrore succinxerit, qui septus caritate non fuerit.* » Ces derniers mots ont un rapport direct avec la réponse de Fr. de Paule.

VICTOR, *les déchirant.*
Voilà comme j'en use.

BERNARD.

Mais vous extravaguez.

VICTOR.

Je vois avec mépris
Ces triomphes d'un jour achetés ou surpris,
Des beaux esprits du temps les manœuvres savantes,
Ces bruyants alliés, ces machines vivantes,
Dont l'auteur appuyant son mérite en défaut
Contre tout un public prend un succès d'assaut.
Eh quoi! j'ai dévoré les dégoûts, les outrages,
J'ai consumé mes nuits à polir mes ouvrages,
Pour que vingt malheureux par mon or soudoyés
Chatouillent mon orgueil de leurs bravos payés!
Et c'est ce bruit flatteur qu'on nomme une victoire!
Un cœur né généreux poursuit une autre gloire.
Je confie au public mes plus chers intérêts,
Mais en les respectant j'attendrai ses arrêts.
Malheur à l'esprit vain qui dans l'ardeur de plaire
Se dérobe aux rigueurs d'un juge qui l'éclaire!
Le parterre abusé n'est dupe qu'un instant;
L'auteur s'est pris lui seul dans les pièges qu'il tend.
Trompé sur ses écarts, il doit faillir encore,
Et, retombant sans cesse aux défauts qu'il ignore,
Laisse d'un beau talent l'espérance avorter,
En volant des succès qu'il eût pu mériter [1].

(*Les Comédiens*, II, 1. — Firmin Didot, éditeur.)

UN CORSAIRE

LORD DERBY, GODWIN.

GODWIN.

Moi! je n'aime personne... excepté vous, milord.

LORD DERBY, *en riant.*

Je vous trouve exclusif.

GODWIN.

Je le suis, ai-je tort?
Quand je criai misère, en arrivant à Londres,
Dans ce désert peuplé, qui daigna me répondre?
Personne : sans me plaindre on me laissa crier.

---

1. Il est facile de deviner sous le nom de Victor C. Delavigne lui-même.

Quand je cherchai la gloire au fond d'un encrier,
Qui donc prit en souci mon début littéraire?
Personne. Quand le sort, las de m'être contraire,
Pour un modique emploi fit qu'on me trouva bon,
Qui m'y soutint? Personne. Evincé sans raison,
Qui me tendit la main? Personne encor. De rage,
Je rêvai sous le toit de mon troisième étage
Que je faisais fortune, en rendant coup pour coup:
Je m'endormis mouton et me réveillai loup.
Pour mordre à belles dents tout fut de mon domaine;
Je tombai sans pitié sur la sottise humaine,
J'écorchai, déchirai le troupeau des trembleurs :
Guerre ou tribut !... Danseurs, acteurs, auteurs, parleurs,
Pour ses gestes, ses pas, son discours, son volume,
Tout paya : je battis monnaie avec ma plume.
Je fus par les bureaux fêté, doté, renté ;
Et ce qu'un brave Anglais, qui pour l'amirauté
S'escrima quarante ans de Plymouth à Surate,
N'a pas comme marin, je l'eus comme pirate.
Mais qui m'a fait mon sort? Personne. Craint de tous,
Qui peut m'aimer? Personne. Or, j'en appelle à vous,
N'ai-je pas cent raisons, dont la moindre est fort bonne,
De n'aimer, n'estimer et n'épargner personne?
Toujours vous excepté, milord !
                    LORD DERBY.
                        C'est convenu.
(La Popularité, II, 2. — Firmin Didot, éditeur.)

RÉPONSE AU CORSAIRE

GODWIN, ÉDOUARD LINDSEY.

GODWIN.

Sûr de l'opinion, vous ne me craignez guère ;
Vous dédaignez la presse, et vous avez grand tort.

ÉDOUARD.

Vous vous trompez, monsieur, je la respecte fort;
Une atteinte à ses droits me semblerait un crime,
Et je la défendrais, fussé-je sa victime.
Mais qui donc êtes-vous pour parler en son nom ?
N'a-t-elle qu'une voix? Est-ce la vôtre? Non.
Nul n'est à lui tout seul la presse tout entière:
A la discussion s'il ne donnait matière,
Son arrêt sans appel, qu'un seul aurait porté,
Serait la tyrannie et non la liberté;

Contre elle et contre tous, notre garant, c'est elle.
D'une lutte incessante elle sort immortelle,
En opposant toujours la justice au faux droit,
Et le fait qu'on doit croire au bruit menteur qu'on croit,
Les noms dont elle est fière à ceux dont elle a honte.
Noms purs, nobles talents, c'est sur eux que je compte.
J'ai foi dans leur puissance et j'en bénis l'emploi ;
Car le bien est son but, la vérité sa loi.
Ce sont là les soutiens de la presse équitable,
Ceux qui par leurs travaux la rendent respectable,
Convaincus qu'à nos yeux pour la représenter
Le premier des devoirs est de se respecter.
Quant à vous, sur ma vie accumulez l'injure ;
Critiquez, censurez, déchirez : je vous jure
Que, fidèle à ma route, on ne me verra pas,
Pour vous répondre un mot, me détourner d'un pas.
Il faut bien en courant soulever la poussière :
Faites votre métier, je poursuis ma carrière !

(*Ibid.* IV, 2.)

LAMARTINE

1790-1869

Alphonse de LAMARTINE, de Mâcon, a été poète, orateur, historien, homme d'Etat. Poète (c'est seulement comme tel qu'il nous appartient ici), il a donné à la poésie lyrique un essor inconnu en France. Ame vibrant à toutes les émotions de la joie ou de la douleur, à toutes les harmonies de la nature, à tous les enthousiasmes de la foi, sa poésie, puisée à ces trois sources, a ruisselé, intarissable, en odes, en stances, en élégies, sous les noms de *Méditations* (1820-1823), d'*Harmonies poétiques et religieuses* (1829), *Recueillements poétiques* (1839), de son cœur, de son imagination, de ses doigts, sous lesquels tout devenait rythme, mélodie, musique et couleur.

La poésie fut comme une éclosion et un épanouissement spontané de tout son être. « Plante de pleine terre et de montagne, » a-t-il dit, il fut élevé dans le domaine patriarcal et champêtre de Milly dont les souvenirs l'ont si bien inspiré (*Harmonies*, III, 2) ; il s'y enivrait de la nature avec sa mère ; seul, il lisait Homère, Virgile, le Tasse, Milton, Ossian, « une des palettes où son imagination a broyé le plus de couleurs » (*Confidences*), Fénelon, Jean-Jacques, Bernardin de Saint-Pierre, Mme de Staël, Chateaubriand, etc., et y abreuvait son imagination et son cœur. Dans l'institution ecclésiastique de Belley il « s'abîmait en Dieu » (*Ibid.*); accoudé la nuit à une fenêtre, il contemplait ravi « les horizons de silence, de solirude, de recueillement.» A Naples, à Procida, où, ses études finies, il suit un parent et séjourne, la poésie déborde déjà chez lui en nombre de pièces dont quelques-unes seulement, dit-il, sont restées dans le recueil des *Méditations;* puis, après un service passager dans les gardes-du-corps, des voyages et des séjours divers en Suisse, en Dauphiné, en Savoie, une inaction pesante et douloureuse, des amertumes, des souffrances, des larmes, des découragements, des exaltations; — voilà ce qui acheva de parfaire en lui le poète; voilà d'où sortirent enfin en 1820 les premières *Méditations* par lesquelles il entra, dès le premier pas, dans la gloire et dans la fortune. La diplomatie le conduit à Naples, à Londres, à Florence. De cette période sortent les *Nouvelles Méditations,* la *Mort de Socrate,* le *Dernier chant du pèlerinage d'Harold,* qui mène le héros en Italie, et dans cette Grèce où son créateur Byron allait bientôt mourir. Après les *Harmonies,* l'Académie donne un fauteuil au poète en 1830, la Chambre des députés une tribune à l'orateur en 1836 : il venait de faire (1833) et de publier (1835) le *Voyage en Orient.* Il ajoute à ses poèmes un incomparable chef-d'œuvre, *Jocelyn* (1836), qui compense heureusement la *Chute d'un Ange* de 1838; il fait l'*Histoire des Girondins* (1847); il fait la République en 1848. Nous n'avons plus à le suivre au delà; le poète se tait désormais, mais il a enchanté le demi-siècle qu'il a traversé, la lyre à la main.

L'ISOLEMENT

Souvent sur la montagne, à l'ombre du vieux chêne,
Au coucher du soleil, tristement je m'assieds;
Je promène au hasard mes regards sur la plaine,
Dont le tableau changeant se déroule à mes pieds.

Ici gronde le fleuve aux vagues écumantes;
Il serpente, et s'enfonce en un lointain obscur;
Là, le lac immobile étend ses eaux dormantes
Où l'étoile du soir se lève dans l'azur.

Au sommet de ces monts couronnés de bois sombres,
Le crépuscule encor jette un dernier rayon;
Et le char vaporeux de la reine des ombres
Monte, et blanchit déjà les bords de l'horizon[1].

---

[1]. Vous retrouvez les mêmes images et la même harmonie dans le début d'*Ischia* (*Nouvelles méditations*, II) :

> Le soleil va porter le jour à d'autres mondes;
> Dans l'horizon désert Phœbé monte sans bruit,
> Et jette, en pénétrant les ténèbres profondes,
> Un voile transparent sur le front de la nuit...
> Voyez du haut des monts ces clartés ondoyantes
> Comme un fleuve de flamme inonder les coteaux,
> Dormir dans les vallons, ou glisser sur les pentes,
> Ou rejaillir au loin du sein brillant des eaux
> La douteuse lueur, dans l'ombre répandue,
> Teint du jour azuré la pâle obscurité,
> Et fait nager au loin dans la vague étendue
> Les horizons baignés par sa molle clarté.

Cependant, s'élançant de la flèche gothique,
Un son religieux se répand dans les airs :
Le voyageur s'arrête, et la cloche rustique
Aux derniers bruits du jour mêle de saints concerts.

Mais à ces doux tableaux mon âme indifférente
N'éprouve devant eux ni charme ni transports ;
Je contemple la terre ainsi qu'une âme errante :
Le soleil des vivans n'échauffe plus les morts.

De colline en colline en vain portant ma vue,
Du sud à l'aquilon, de l'aurore au couchant,
Je parcours tous les points de l'immense étendue,
Et je dis : Nulle part le bonheur ne m'attend.....

Mais peut-être au-delà des bornes de sa sphère,
Lieux où le vrai soleil éclaire d'autres cieux,
Si je pouvais laisser ma dépouille à la terre,
Ce que j'ai tant rêvé paraîtrait à mes yeux.

Là, je m'enivrerais à la source où j'aspire ;
Là, je retrouverais et l'espoir et l'amour,
Et ce bien idéal que toute âme désire,
Et qui n'a pas de nom au terrestre séjour [1].

Que ne puis-je, porté sur le char de l'aurore,
Vague objet de mes vœux, m'élancer jusqu'à toi !
Sur la terre d'exil [2] pourquoi resté-je encore ?
Il n'est rien de commun entre la terre et moi.

Quand la feuille des bois tombe dans la prairie,
Le vent du soir s'élève et l'arrache aux vallons ;
Et moi, je suis semblable à la feuille flétrie :
Emportez-moi comme elle, orageux aquilons [3] !

(Premières *Méditations poétiques*, 1.
— Hachette et Cie, éditeurs.)

1. Qui, sur la terre, n'a pas de nom, parce qu'il n'y a pas d'existence. Le second vers explique nettement le sens de *idéal* qui signifie : 1° qui n'a d'existence que dans l'esprit qui s'en représente l'idée ou l'image (εἶδος, ἰδέα); 2° ce qui réunit toutes les perfections dont l'esprit se représente l'idée, en dehors de la réalité. Ces deux vers sont dans toutes les mémoires. — Cf. J. Du Bellay, p. 40.
2. La poésie, l'éloquence et la philosophie ont souvent exprimé cette idée, L'homme ici-bas est campé « sous une tente d'un jour », dit la Bible. L'homme est « égaré dans ce canton détourné de la nature », « logé dans un « petit cachot », dit Pascal. Cf. Cicéron, *Songe de Scipion* (*De Republicâ*, VI). Plutarque au contraire (*De la Sérénité de l'âme*) dit que le sage, heureux de faire le bien, καταφρονεῖ τῶν ὀδυρομένων καὶ λοιδορούντων τὸν βίον ὥς τινα κακῶν χώραν, ἢ φυγαδικὸν τόπον, ἐνταῦθα ταῖς ψυχαῖς ἀποδεδειγμένον.
3. Ces découragements énervants, ces désenchantements de la vie, expri-

L'AUTOMNE

Salut! bois couronnés d'un reste de verdure !
Feuillages jaunissans sur les gazons épars,
Salut ! derniers beaux jours ; le deuil de la nature
Convient à la douleur, et plaît à mes regards.

Je suis d'un pas rêveur le sentier solitaire ;
J'aime à revoir encor pour la dernière fois
Ce soleil pâlissant, dont la faible lumière
Perce à peine à mes pieds l'obscurité des bois.

Oui, dans ces jours d'automne où la nature expire,
A ses regards voilés je trouve plus d'attraits :
C'est l'adieu d'un ami, c'est le dernier sourire
Des lèvres que la mort va fermer pour jamais.

Ainsi, prêt à quitter l'horizon de la vie,
Pleurant de mes longs jours l'espoir évanoui,
Je me retourne encore, et d'un regard d'envie
Je contemple ses biens dont je n'ai pas joui.

Terre, soleil, vallon, belle et douce nature,
Je vous dois une larme au fond de mon tombeau.
L'air est si parfumé ! la lumière est si pure !
Aux regards d'un mourant le soleil est si beau [1] !

Je voudrais maintenant vider jusqu'à la lie
Ce calice mêlé de nectar et de fiel ;

més si souvent par Chateaubriand, et par Senancour dans *Obermann*, et qui ont fait école pendant un quart de siècle, ont eu trop souvent pour principe l'orgueil, la lassitude et le dépit d'une oisiveté volontaire ou involontaire, l'affectation d'un rôle à jouer, et surtout l'imitation d'Ossian, le poète qui exalta chez nous, non plus la rêverie chère à Rousseau, mais une mélancolie maladive et nébuleuse. Chez Lamartine, à l'époque où il écrivit cette *Méditation*, et bien d'autres remplies des mêmes sentiments, ils étaient sincères : des morts pleurées, une inaction qui lui faisait aspirer à porter

        Ce poids léger du temps que le travail emploie,

comme il le dit dans les *Harmonies* (I, 5), les avait aiguisés jusqu'à la souffrance. Le sentiment passionné de la nature et l'exaltation de la foi en sont chez lui le contre-poids et le remède, et il fait lui-même parler *La Providence à l'homme* (*Premières Médit.*, VIII), pour châtier son *Désespoir* (*Ibid.*, VII).

    La Méditation suivante exprime les mêmes idées que la première, avec un mélange d'attendrissement, de résignation et de regret, qui leur donne un accent plus touchant. La première est plus rêveuse et plus passionnée.

    1. Voilà le cri de la nature. La mélancolie, un peu raffinée, des modernes le trouve, comme l'instinct le disait aux jeunes filles du théâtre d'Euripide, à Iphigénie s'écriant :

        Τὸ φῶς τόδ' ἀνθρώποισιν ἥδιστον βλέπειν,

à l'Ajax même de Sophocle, disant adieu au soleil avant de se frapper.

Au fond de cette coupe où je buvais la vie,
Peut-être restait-il une goutte de miel.

Peut-être l'avenir me gardait-il encore
Un retour de bonheur dont l'espoir est perdu !
Peut-être dans la foule une âme que j'ignore
Aurait compris mon âme et m'aurait répondu !...

La fleur tombe en livrant ses parfums au zéphyre ;
A la vie, au soleil, ce sont là ses adieux ;
Moi, je meurs ; et mon âme, au moment qu'elle expire,
S'exhale comme un son triste et mélodieux.
(*Ibid.*, XXIX.)

LE LAC[1]

Ainsi, toujours poussés vers de nouveaux rivages,
Dans la nuit éternelle emportés sans retour,
Ne pourrons-nous jamais sur l'océan des âges
    Jeter l'ancre un seul jour ?

O lac ! l'année à peine a fini sa carrière,
Et près des flots chéris qu'elle devait revoir,
Regarde ! je viens seul m'asseoir sur cette pierre
    Où tu la vis s'asseoir !

Tu mugissais ainsi sous ces roches profondes ;
Ainsi tu te brisais sur leurs flancs déchirés ;
Ainsi le vent jetait l'écume de tes ondes
    Sur ses pieds adorés.

Un soir, t'en souvient-il ? nous voguions en silence ;
On n'entendait au loin, sur l'onde et sous les cieux,

---

1. Le poète s'inspire d'un souvenir de sa propre vie. Le *Lac* est celui du Bourget, près de Chambéry. (Voir *Raphael, pages de la vingtième année*). Cette pièce, une des plus célèbres de Lamartine, doit sa popularité, qu'a constatée, en y ajoutant, la musique de Niedermeyer, à la vérité universelle des sentiments qu'elle exprime. Lamartine n'y est plus, comme dans les précédentes et dans beaucoup d'autres, ce que quelques-uns ont été, un désenchanté de la vie : ces raffinements de sensibilité rêveuse sont après tout, et heureusement, une exception. Il est ici un homme qui se souvient, comme tous peuvent le faire ; mais peu l'ont fait avec une éloquence de poésie plus pénétrante et plus ravissante. Son cœur a parlé à tous les cœurs. — La mélancolie des souvenirs éveillée par les lieux qui les rappellent a été rendue avec une émotion attendrissante par J.-J. Rousseau dans la plus belle lettre de la *Nouvelle Héloïse* (IV, 17), dont le cadre est aussi un lac, celui de Genève. Elle l'avait été aussi par D'URFÉ dans l'*Astrée*, t. III ; elle le sera encore par V. HUGO dans la *Tristesse d'Olympio* (*Les Rayons et les Ombres*, XXXIV), par A. DE MUSSET, avec quelques différences, dans *Souvenir*.

Que le bruit des rameurs qui frappaient en cadence
　　　Tes flots harmonieux.

Tout à coup des accents inconnus à la terre
Du rivage charmé frappèrent les échos ;
Le flot fut attentif, et la voix qui m'est chère
　　　Laissa tomber ces mots :

« O temps ! suspends ton vol [1] ; et vous, heures propices,
　　　Suspendez votre cours :
Laissez-nous savourer les rapides délices
　　　Des plus beaux de nos jours !

« Assez de malheureux ici-bas vous implorent ;
　　　Coulez, coulez pour eux ;
Prenez avec leurs jours les soins qui les dévorent ;
　　　Oubliez les heureux. »

. . . .

O lac ! rochers muets ! grottes ! forêt obscure !
Vous que le temps épargne ou qu'il peut rajeunir,
Gardez de cette nuit, gardez, belle nature,
　　　Au moins le souvenir !

Qu'il soit dans ton repos, qu'il soit dans tes orages,
Beau lac, et dans l'aspect de tes riants coteaux,
Et dans ces noirs sapins et dans ces rocs sauvages
　　　Qui pendent sur tes eaux !

Qu'il soit dans le zéphyr qui frémit et qui passe,
Dans les bruits de tes bords par tes bords répétés,
Dans l'astre au front d'argent qui blanchit ta surface
　　　De ses molles clartés.

Que le vent qui gémit, le roseau qui soupire,
Que les parfums légers de ton air embaumé,
Que tout ce qu'on entend, l'on voit ou l'on respire,
　　　Tout dise : ils ont aimé !

　　　　　　　　　　　　　　(*Ibid.*, XIII.)

---

1. Imitation ou rencontre, cet hémistiche se trouve dans la dernière strophe de l'*Ode au Temps*, de Thomas. Voir les Groupes secondaires du XVIIIe siècle.

HYMNE DE LA NATURE A DIEU

Il est une langue inconnue
Que parlent les vents dans les airs,
La foudre et l'éclair dans la nue,
La vague aux bords grondans des mers,
L'étoile de ses feux voilée,
L'astre endormi sur la vallée,
Le chant lointain des matelots,
L'horizon fuyant dans l'espace,
Et ce firmament que retrace
Le cristal ondulant des flots !

Les mers d'où s'élance l'aurore,
Les montagnes où meurt le jour,
La neige que le matin dore,
Le soir qui s'éteint sur la tour,
Le bruit qui tombe et recommence,
Le cygne qui nage ou s'élance,
Le frémissement des cyprès,
Les vieux temples sur les collines,
Les souvenirs dans les ruines,
Le silence au fond des forêts !

Les grandes ombres que déroulent
Les sommets que l'astre a quittés,
Les bruits majestueux qui roulent
Du sein orageux des cités,
Les reflets tremblans des étoiles,
Les soupirs du vent dans les voiles,
La foudre et son sublime effroi [1],
La nuit, les déserts, les orages ;
Et dans tous ces accents sauvages
Cette langue parle de toi!

. . . .

(*Harmonies poétiques et religieuses* [2], 1. — 10 : *Paysage dans le golfe de Gênes*. — Hachette et Cie, éditeurs.)

1. Que veut dire le poète? un effroi mêlé d'admiration ?
2. Les *Harmonies poétiques et religieuses* (IV livres) ne mentent pas aux trois mots de leur titre : elles sont un hymne à Dieu que la foi du croyant fait chanter à toute la nature par la voix du poète; le nom de Dieu sort et monte du concert immense et infini du ciel et de la terre, des montagnes, des forêts, des plaines, des fleuves (*Hymne de la nuit; Hymne du matin; Hymne du soir; Impressions du soir et du matin, hymne;* hymne du chêne dans *Jel···*}, etc.), de l'humanité, de sa recon-

UNE NUIT D'ÉTÉ

C'est une nuit d'été, nuit dont les vastes ailes
Font jaillir dans l'azur des milliers d'étincelles;
Qui, ravivant le ciel comme un miroir terni,
Permet à l'œil charmé d'en sonder l'infini ;
Nuit où le firmament, dépouillé de nuages,
De ce livre de feu rouvre toutes les pages !
Sur le dernier sommet des monts, d'où le regard
Dans un double horizon se répand au hasard,
Je m'assieds en silence, et laisse ma pensée
Flotter comme une mer ou la lune est bercée.

L'harmonieux éther [1], dans ses vagues d'azur,
Enveloppe les monts d'un fluide plus pur ;
Leurs contours qu'il éteint, leurs cimes qu'il efface,
Semblent nager dans l'air et trembler dans l'espace,
Comme on voit jusqu'au fond d'une mer en repos
L'ombre de son rivage onduler sous les flots.
Sous ce jour sans rayon, plus serein qu'une aurore,
A l'œil contemplatif la terre semble éclore ;
Elle déroule au loin ses horizons divers
Où se joua la main qui sculpta l'univers !
Là, semblable à la vague, une colline ondule ;
Là le coteau poursuit le coteau qui recule,
Et le vallon, voilé de verdoyans rideaux,
Se creuse comme un lit pour l'ombre et pour les eaux ;
Ici s'étend la plaine, où, comme sur la grève,
La vague des épis s'abaisse et se relève ;

---

naissance, de ses joies, de ses douleurs (*Hymne de l'enfant à son réveil;* hymne de l'humanité dans *Jehovah;* hymne du *Solitaire*, hymne qui sort du *Tombeau d'une mère*, hymne à la douleur dans *Novissima verba, Hymne de la douleur, Hymne de la mort*). — Le cadre y a plus de largeur, la strophe plus de variété et d'indépendance que dans les *Méditations*. Le dessin en est moins pur, la couleur plus éclatante. C'est une intarissable profusion de rayons et d'ombres, de verdure et d'azur, de miroitements de fleuves, de grondements de torrents, de bruissements de feuillage, de gazouillements d'oiseaux, enveloppée dans des effusions de l'âme, dans des cris du cœur, dans des élans de la foi. On est quelquefois haletant et ébloui au sortir de ces ruissellements de lumière, d'enthousiasme et de poésie; on perd pied emporté dans ces essors; on est tenté de demander à respirer et à se reposer un peu sur une petite phrase comme celle-ci que je détache dans une lettre de Ducis: « J'ai fait une lieue ce matin dans des plaines de bruyères, et quelquefois entre des buissons qu sont couverts de fleurs et qui chantent. »

1. Scipion l'Africain (Cicéron, *De Rep.*, VI, 11), dans son apparition à Scipion Emilien, disait aussi entendre aux cieux, l'harmonie des planètes voguant dans l'éther.

Là, pareil au serpent dont les nœuds sont rompus,
Le fleuve, renouant ses flots interrompus,
Trace à son cours d'argent des méandres sans nombre,
Se perd sous la colline et reparaît dans l'ombre ;
Comme un nuage noir, les profondes forêts
D'une tache grisâtre ombragent les guérets,
Et plus loin, où la plage en croissant se reploie,
Où le regard confus dans les vapeurs se noie,
Un golfe de la mer, d'îles entrecoupé,
Des blancs reflets du ciel par la lune frappé,
Comme un vaste miroir, brisé sur la poussière,
Réfléchit dans l'obscur des fragmens de lumière.

Que le séjour de l'homme est divin, quand la nuit
De la vie orageuse étouffe ainsi le bruit !
Ce sommeil, qui d'en haut tombe avec la rosée
Et ralentit le cours de la vie épuisée,
Semble planer aussi sur tous les élémens,
Et de tout ce qui vit calmer les battemens.
Un silence pieux s'étend sur la nature ;
Le fleuve a son éclat, mais n'a plus son murmure ;
Les chemins sont déserts, les chaumières sans voix ;
Nulle feuille ne tremble à la voûte des bois ;
Et la mer elle-même, expirant sur sa rive,
Roule à peine à la plage une lame plaintive.
On dirait, en voyant ce monde sans échos,
Où l'oreille jouit d'un magnifique repos,
Où tout est majesté, crépuscule, silence,
Et dont le regard seul atteste l'existence,
Que l'on contemple en songe, à travers le passé,
Le fantôme d'un monde où la vie a cessé !
Seulement, dans les troncs des pins aux larges cimes,
Dont les groupes épars croissent sur ces abîmes,
L'haleine de la nuit, qui se brise parfois,
Répand de loin en loin d'harmonieuses voix,
Comme pour attester, dans leur cime sonore,
Que le monde assoupi palpite et vit encore.

(*Ibid.*, II. — 4 : *L'Infini dans les cieux.*)

LE CRI DE L'ÂME

Quand le souffle divin qui flotte sur le monde
S'arrête sur mon âme ouverte au moindre vent,

Et la fait tout à coup frissonner comme une onde
Où le cygne s'abat dans un cercle mouvant ;

Quand mon regard se plonge au rayonnant abîme
Où luisent ces trésors du riche firmament,
Ces perles de la nuit que son souffle ranime,
Des sentiers du Seigneur innombrable ornement ;

Quand d'un ciel de printemps l'aurore qui ruisselle
Se brise et rejaillit en gerbes de chaleur,
Que chaque atome d'air roule son étincelle,
Et que tout sous mes pas devient lumière ou fleur ;

Quand tout chante ou gazouille, ou roucoule ou bour-
Que d'immortalité tout semble se nourrir,   [donne,
Et que l'homme, ébloui de cet air qui rayonne,
Croit qu'un jour si vivant ne pourra plus mourir ;

Jéhovah ! Jéhovah ! ton nom seul me soulage !
Il est le seul écho qui réponde à mon cœur !
Ou plutôt ces élans, ces transports sans langage,
Sont eux-même [1] un écho de ta propre grandeur !

Tu ne dors pas souvent dans mon sein, nom sublime !
Tu ne dors pas souvent sur mes lèvres de feu :
Mais chaque impression t'y trouve et t'y ranime,
Et le cri de mon âme est toujours toi, mon Dieu !

(Ibid., III. — 3 : Le Cri de l'âme.)

LES LABOUREURS

Laissant souffler ses bœufs, le jeune homme s'appuie
Debout au tronc d'un chêne, et de sa main essuie
La sueur du sentier sur son front mâle et doux ;
La femme et les enfans tout petits, à genoux
Devant les bœufs privés baissant leur corne à terre,
Leur cassent des rejets [2] de frêne et de fougère,
Et jettent devant eux en verdoyans monceaux
Les feuilles que leurs mains émondent des rameaux.
Ils ruminent en paix pendant que l'ombre obscure,
Sous le soleil montant, se replie à mesure,
Et laissant de la glèbe attiédir la froideur,
Vient mourir et border les pieds du laboureur.

---

1. La correction exige eux-mêmes.
2. Ou rejeton, nouveau jet que pousse une plante ou un arbre.

Il rattache le joug, sous la forte courroie,
Aux cornes qu'en pesant sa main robuste ploie ;
Les enfans vont cueillir des rameaux découpés,
Des gouttes de rosée encore tout trempés ;
Au joug avec la feuille en verts festons les nouent,
Que sur leurs fronts voilés les fiers taureaux secouent,
Pour que leur flanc qui bat[1] et leur poitrail poudreux
Portent sous le soleil un peu d'ombre avec eux ;
Au joug de bois poli le timon s'équilibre,
Sous l'essieu gémissant le soc se dresse et vibre,
L'homme saisit le manche, et sous le coin tranchant
Pour ouvrir le sillon le guide au bout du champ.

  O travail, sainte loi du monde,
  Ton mystère va s'accomplir ;
  Pour rendre la glèbe féconde,
  De sueur il faut l'amollir !
  L'homme, enfant et fruit de la terre,
  Ouvre les flancs de cette mère
  Où germent les fruits et les fleurs ;
  Comme l'enfant mord la mamelle,
  Pour que le lait monte et ruisselle
  Du sein de sa nourrice en pleurs !

La terre, qui se fend sous le soc qu'elle aiguise,
En tronçons palpitans s'amoncelle et se brise,
Et, tout en s'entr'ouvrant, fume comme une chair
Qui se fend et palpite et fume sous le fer.
En deux monceaux poudreux les ailes la renversent.
Ses racines à nu, ses herbes se dispersent ;
Ses reptiles, ses vers, par le soc déterrés,
Se tordent sur son sein en tronçons torturés ;
L'homme les foule aux pieds, et, secouant le manche,
Enfonce plus avant le glaive qui les tranche ;
Le timon plonge et tremble, et déchire ses doigts ;
La femme parle aux bœufs du geste et de la voix ;
Les animaux, courbés sur leur jarret qui plie,
Pèsent de tout leur front sur le joug qui les lie ;

---

1. Que meut leur respiration, comme on dit le cœur, l'artère bat. VOLTAIRE a dit: Tant que *l'âme bat* dans le corps ; LAMARTINE (*Harm.*, II, 7):

  Cherche encor la douleur *où ne bat plus la vie* ;

et de Bonaparte (*Médit.*, II, 7):

  Rien d'humain ne battait sous son épaisse armure.

Comme un cœur généreux leurs flancs battent d'ardeur;
Ils font bondir le sol jusqu'en sa profondeur.
L'homme presse le pas, la femme suit à peine;
Tous au bout du sillon arrivent hors d'haleine,
Ils s'arrêtent; le bœuf rumine, et les enfans
Chassent avec la main les mouches de leurs flancs.

  Il est ouvert, il fume encore
  Sur le sol, ce profond dessin !
  O terre ! tu vis tout éclore
  Du premier sillon de ton sein ;
  Il fut un Eden sans culture,
  Mais il semble que la nature,
  Cherchant à l'homme un aiguillon [1],
  Ait enfoui pour lui sous terre
  Sa destinée et son mystère
  Cachés dans son premier sillon !

  Oh ! le premier jour où la plaine,
  S'entr'ouvrant sous sa forte main,
  But la sainte sueur humaine
  Et reçut en dépôt le grain ;
  Pour voir la noble créature
  Aider Dieu, servir la nature,
  Le ciel ouvert roula son pli,
  Les fibres du sol palpitèrent,
  Et les anges surpris chantèrent
  Le second prodige accompli !

  Et les hommes ravis lièrent
  Au timon les bœufs accouplés,
  Et les coteaux multiplièrent
  Les grands peuples comme les blés,
  Et les villes, ruches trop pleines,
  Débordèrent au sein des plaines,

---

1. Virgile exprime les mêmes idées (*Géorg.*, I, v. 121 sqq.) Cet « Eden sans culture » c'est l'âge d'or ; la nature « cherchant à l'homme son aiguillon » c'est Jupiter
    Curis *acuens* mortalia corda.
d:t Virgile ; pensée que Claudien développe (*De Raptu Proserp.*, II, 19 sqq.) :
    Sepitosque diu populos torpore paterno
    Sollicita placuit stimulis impellere vitæ,
    Incultis ne sponte seges grandesceret arvis.
Et c'est ainsi que l'homme apprit à cultiver
  Le brin d'herbe sacré qui nous donne le pain.
      (A. DE MUSSET, *Nuit d'Août.*

Et les vaisseaux, grands alcyons,
Comme à leurs nids les hirondelles,
Portèrent sur leurs larges ailes
Leur nourriture aux nations [1] !
(*Jocelyn* [2], IXᵉ Epoque.— Hachette et Cie, éditeurs.)

UN PLATEAU DES ALPES DE SAVOIE [3]

Sur un des verts plateaux des Alpes de Savoie,
Oasis dont la roche a fermé toute voie,
Où l'homme n'aperçoit, sous ses yeux effrayés,
Qu'abîme sur sa tête et qu'abîme à ses pieds,
La nature étendit quelques étroites pentes
Où le granit retient la pierre entre ses fentes
Et ne permet qu'à peine à l'arbre d'y germer,
A l'homme d'y gratter la terre et d'y semer.
D'immenses châtaigniers aux branches étendues
Y cramponnent leurs pieds dans les roches fendues,
Et pendent en dehors sur des gouffres obscurs
Comme la giroflée aux parois des vieux murs ;
On voit, à mille pieds au-dessous de leurs branches,
La grande plaine bleue avec ses routes blanches,
Les moissons jaune d'or, les bois comme un point noir,
Et les lacs renvoyant le ciel comme un miroir.

---

1. Et le poète continue à dérouler, avec sa souplesse et sa richesse ordinaire de développement, les strophes de cet hymne à l'agriculture et à la civilisation par l'agriculture, pour reprendre ensuite son récit et ses descriptions, entremêlés de nouvelles strophes, et poursuivre comme Virgile (*Georg.*, I) la peinture des travaux successifs qui naissent du labour :

  Agricola incurvo terram dimovit aratro :
  Hinc anni labor.....   (*Ibid.*, II. 512.)

2. Le poème de *Jocelyn* est un roman qui a pour fond la nature, comme les plus beaux romans de G. Sand. Il a, entre autres caractères, celui d'être par excellence le poème descriptif de notre littérature, parce que la nature y prend, de l'âme et de la vie des personnages dont le drame s'y déroule, une vie et une âme, comme, dans les *Géorgiques* de Virgile, elle vit et s'anime avec les hommes et les animaux qui vivent d'elle, en elle et avec elle. Autre chose sont les inventaires descriptifs du xviiiᵉ siècle. Le style, quelquefois dans les rêveries élégiaques des *Méditations*, plus souvent dans le lyrisme des *Harmonies*, s'épandait et flottait en une redondance brillante et sonore. Dans *Jocelyn*, il emprunte à la réalité de l'action dramatique et du récit qui la contient quelque chose de plus net et de plus précis. Par exemple, dans le tableau des *Laboureurs*, le mot usuel et champêtre vient s'enchâsser à propos et à sa place au milieu des larges descriptions, pour accuser le trait du dessin, et donner du relief à l'image, du ton à la couleur. Hommes et choses, attitudes, gestes, groupes, détails des travaux et des instruments agricoles, tout y a, avec la poésie des tableaux de Léopold Robert, la vérité rustique de ceux de Breton et de Millet.

3. Cf. *infra*. V. DE LAPRADE, *Un champ sur un roc*.

La toise de pelouse à leur ombre abritée,
Par la dent des chevreaux et des ânes broutée,
Epaissit sous leurs troncs ses duvets fins et courts,
Dont mille filets d'onde humectent le velours,
Et pendant le printemps, qui n'est qu'un court sourire,
Enivre de leurs fleurs le vent qui les respire.
Des monts tout blancs de neige encadrent l'horizon
Comme un mur de cristal de ma haute prison,
Et quand leurs pics sereins sont sortis des tempêtes,
Laissent voir un pan bleu du ciel pur sur nos têtes ;
On n'entend d'autre bruit, dans cet isolement,
Que quelques voix d'enfans, ou quelque bêlement
De génisse ou de chèvre au ravin descendues,
Dont le pas fait tinter les cloches suspendues,
Les sons entrecoupés du nocturne angélus,
Que le père et l'enfant écoutent les fronts nus,
Et le sourd ronflement des cascades d'écume,
Auquel, en l'oubliant, l'oreille s'accoutume,
Et qui semble, fondu dans ces bruits du désert,
La basse sans repos d'un éternel concert.

(Ibid., VIe Epoque.)

SOCRATE A SES AMIS
DANS SA PRISON

« Quoi ! vous pleurez, amis ! vous pleurez quand mon âme,
Semblable au pur encens que la prêtresse enflâmme,
Affranchie à jamais du vil poids de son corps,
Va s'envoler aux dieux ; et, dans de saints transports,
Saluant ce jour pur, qu'elle entrevit peut-être,
Chercher la vérité, la voir et la connaître !
Pourquoi donc vivons-nous, si ce n'est pour mourir ?
Pourquoi pour la justice ai-je aimé de souffrir ?
Pourquoi dans cette mort qu'on appelle la vie,
Contre ses vils penchans luttant, quoique asservie,
Mon âme avec mes sens a-t-elle combattu ?
Sans la mort, mes amis, que serait la vertu ?...
C'est le prix du combat, la céleste couronne
Qu'aux bornes de la course un saint juge nous donne,
La voix de Jupiter qui nous rappelle à lui !
Amis, bénissons-la ! Je l'entends aujourd'hui :
Je pouvais, de mes jours disputant quelque reste [1],

---

1. Soit en donnant satisfaction à ses juges, soit en acceptant l'offre que

Me faire répéter deux fois l'ordre céleste.
Me préservent les dieux d'en prolonger le cours !
En esclave attentif, ils m'appellent, j'y cours !
Et vous, si vous m'aimez, comme aux plus belles fêtes,
Amis, faites couler des parfums sur vos têtes
Suspendez une offrande aux murs de la prison !.... »

. . . .

C'est ainsi qu'il mourut, si c'était là mourir [1].
(*La Mort de Socrate*. — Hachette et Cie, éditeurs.)

VICTOR HUGO

1802-22 mai 1885

Victor Hugo naquit en 1802, à Besançon, d'un officier devenu depuis général et comte de l'Empire. Déjà poète à quinze ans, toujours poète à quatre-vingts ans, il remplit le siècle. Il a créé en France l'école romantique que Byron avait créée et développait en Angleterre ; il a, avec Lamartine, renouvelé la poésie lyrique ; il a donné à la nouvelle école dramatique, fille de Shakespeare, de Gœthe et de Schiller, un code, un manifeste et des œuvres, contestées souvent, mais considérables, et rajeunies, aux jours de la vieillesse du poète, par le succès. Poésie lyrique partout et toujours, depuis les *Odes et Ballades* (1818-1828) et les *Orientales* (1819) ; poésie semi-épique sous le nom de légendes (*La Légende des Siècles*, 1862 et 1877) ; poésie intime sous tous les noms (*Les Feuilles d'Automne*, 1831 ; *Les Chants du Crépuscule*, 1835) ; *Les Voix intérieures*, 1837 ; *Les Rayons et les Ombres*, 1840 ; *Les Contemplations*, 1856), « Juvenilia » sous le titre de *Chansons des Rues et des Bois* (1865) ; « Senilia », pourrait-on dire si le poète avait jamais vieilli, sous le titre de l'*Art d'être Grand-Père* (1877) ; poésie philosophique et religieuse sous les titres de *La Pitié suprême* (1879), *Religion et Religions* (1880) ; poésie nationale (*L'Année Terrible*, 1872) ; poésie politique et satirique (*Les Châtiments*, 1853) ; poésie encyclopédique sous le nom de *Les Quatre Vents de l'Esprit* (1881) ; — rien, pour laisser de côté l'auteur de romans en prose, historiques et descriptifs, philosophiques et humanitaires, rien ne lui est étranger dans le domaine de la muse ; il a répandu son âme, son cœur, son imagination, ses rêveries et ses enthousiasmes, ses douleurs et ses joies, en des ouvrages de toute nature avec une inépuisable fécondité. Et n'en croyons qu'à demi la classification que nous

---

Criton (voir PLATON, *Criton*) lui faisait de le tirer de la prison où il attendit la mort.

1. Ainsi finit le beau fragment antique où Lamartine revêtit d'harmonie poétique et d'éloquence la divine philosophie et le style enchanteur du *Phédon* de Platon. La sérénité sublime de Socrate y est un peu verbeuse. Il faut en tempérer l'impression par la vue du simple et grand tableau de L. David, que la gravure a popularisé.

venons d'essayer pour noter le caractère dominant de chacun de ses recueils : tout est dans tous; des *Odes* sont patriotiques, des *Contemplations* sont philosophiques. V. Hugo est tout entier dans tous ses poèmes ; il est tout entier dans tous ses drames,— et c'est là leur défaut,— depuis l'injouable *Cromwell* (1827) jusqu'à cette étrange et grandiose évocation de personnages fantômes, qui est le fond de son drame épico-lyrique des *Burgraves* (1843); il y est avec ses violents écarts de goût, ses cliquetis de mots, ses chapelets d'antithèses d'expressions, sur un fond et comme un système antithétique de caractères et de situations, et aussi avec ses larges et puissants élans d'éloquence, ses éclats de poésie, ses conceptions originales et hardies, jaillies d'une imagination qui substitue trop souvent le poète aux personnages. (Voyez *Hernani* (1830), *Marion Delorme* (1831), le *Roi s'amuse* (1832), *Ruy Blas* (1838), en vers ; *Lucrèce Borgia* (1833), *Marie Tudor* (1833), *Angelo, tyran de Padoue* (1835), en prose.)

Sa langue, à la juger dans l'ensemble de son œuvre immense, a une variété infinie de tours et de mouvements; son vocabulaire, une incomparable richesse. Son vers prend toutes les allures; ici coupé, brisé, désarticulé, ailleurs il a une ampleur magistrale, une sonorité pleine et retentissante. Partout sa période, souple et docile, déploie dans ses vastes replis les larges développements de sa pensée et les éclatantes draperies de ses images. Elle déborde souvent, roulant l'or, les pierreries, les paillettes et les scories, mais entraînant le lecteur. Nul n'a la rime plus riche, plus imprévue, plus musicale ; nul n'a pratiqué avec un art plus fécond, à la fois plus savant et plus aisé, mieux approprié à l'allure de la pensée et à l'élan de l'inspiration, tous les secrets, les ressources, les combinaisons et les contrastes des strophes lyriques, depuis les marées montantes et les décroissances fantaisistes de certaines *Orientales*, jusqu'aux quatrains courts et serrés des *Chansons des Rues et des Bois*, en passant par les agencements multiples de strophes monumentales qui ont élargi les moules de deux grands artistes lyriques, Ronsard et Malherbe. Heureux le lecteur s'il n'était pas trop souvent, sinon arrêté, du moins gêné dans son admiration par « les moins pardonnables offenses » au goût qui ne veut pas être violenté même par le génie, et aussi à la langue qui ne veut pas être torturée par des audaces plus aventureuses que triomphantes!

NAPOLÉON II[1]

I

Mil huit cent onze !— O temps, où des peuples sans nombre
Attendaient, prosternés sous un nuage sombre,
Que le ciel eût dit oui !

[1]. L'autorisation de reproduction qui nous a été accordée limitant nos emprunts, nous avons cru devoir, au lieu de les morceler en passages écourtés, atteindre en partie les bornes qui nous étaient fixées, par la citation complète d'une des odes magistrales de la poésie française.
Napoléon II, fils unique de Napoléon Ier et de Marie-Louise d'Autriche, naquit à Paris le 20 mars 1811, et reçut à sa naissance le titre de Roi de Rome. Il mourut au palais impérial de Schœnbrunn (Autriche), près de Vienne, en 1832. Voyez *Les deux cousins*, chanson de BÉRANGER, et le *Fils de l'homme*, épître de BARTHÉLEMY et MÉRY.

Sentaient trembler sous eux les états centenaires,
Et regardaient le Louvre entouré de tonnerres,
   Comme un Mont-Sinaï!

Courbé comme un cheval qui sent venir son maître,
Ils se disaient entre eux : — Quelqu'un de grand va naître!
L'immense empire attend un héritier demain.
Qu'est-ce que le Seigneur va donner à cet homme
Qui, plus grand que César, plus grand même que Rome,
Absorbe dans son sort le sort du genre humain? —

Comme ils parlaient, la nue éclatante et profonde
S'entr'ouvrit, et l'on vit se dresser sur le monde
   L'homme prédestiné,
Et les peuples béants ne purent que se taire,
Car ses deux bras levés présentaient à la terre
   Un enfant nouveau-né!

Au souffle de l'enfant, dôme des Invalides,
Les drapeaux prisonniers sous tes voûtes splendides
Frémirent, comme au vent frémissent les épis,
Et son cri, ce doux cri qu'une nourrice apaise,
Fit, nous l'avons tous vu, bondir et hurler d'aise
Les canons monstrueux à la porte accroupis [2].

Et lui! L'orgueil gonflait sa puissante narine
Ses deux bras, jusqu'alors croisés sur sa poitrine,
   S'étaient enfin ouverts!
Et l'enfant, soutenu dans sa main paternelle,
Inondé des éclairs de sa fauve prunelle,
   Rayonnait au travers!

Quand il eut bien fait voir l'héritier de ses trônes
Aux vieilles nations comme aux vieilles couronnes,
Éperdu, l'œil fixé sur quiconque était roi,
Comme un aigle arrivé sur une haute cime,
Il cria tout joyeux avec un air sublime :
— L'avenir! l'avenir! l'avenir est à moi!

---

1. La plus grande partie de ces drapeaux furent enlevés par les Alliés en 1814. Ceux qui furent soustraits à leurs recherches sont encore déployés sous la voûte de la nef de la chapelle.

2. Voir, dans notre recueil de Prosateurs, *Les Invalides*, par Chateaubriand (*Génie du Christianisme*).

II

Non, l'avenir n'est à personne !
Sire ! l'avenir est à Dieu !
A chaque fois que l'heure sonne,
Tout ici-bas nous dit adieu.
L'avenir ! l'avenir ! mystère !
Toutes les choses de la terre,
Gloire, fortune militaire,
Couronne éclatante des rois,
Victoires aux ailes embrasées,
Ambitions réalisées,
Ne sont jamais sur nous posées
Que comme l'oiseau sur nos toits [1] !

Non, si puissant qu'on soit, non, qu'on rie ou qu'on pleure,
Nul ne te fait parler, nul ne peut avant l'heure
    Ouvrir ta froide main,
O fantôme muet, ô notre ombre, ô notre hôte,
Spectre toujours masqué qui nous suis côte à côte,
    Et qu'on nomme demain !

Oh ! demain, c'est la grande chose !
De quoi demain sera-t-il fait ?
L'homme aujourd'hui sème la cause,
Demain, Dieu fait mûrir l'effet.
Demain, c'est l'éclair dans la voile,
C'est le nuage sur l'étoile,
C'est un traître qui se dévoile,
C'est le bélier qui bat les tours,
C'est l'astre qui change de zone,
C'est Paris qui suit Babylone ;
Demain, c'est le sapin du trône,
Aujourd'hui, c'en est le velours [2] !

Demain, c'est le cheval qui s'abat plein d'écume,
Demain, ô conquérant, c'est Moscou qui s'allume,

---

[1]. « Nous sommes comme l'oiseau sur la branche qui meurt en chantant du trait dont il est frappé. » (MENOT, prédicateur du xve siècle, mort à Paris en 1519).

[2]. « Qu'est-ce que le trône ? Quatre morceaux de bois revêtus d'un morceau de velours. Tout dépend de celui qui s'y assied. » (NAPOLÉON aux députés du Corps législatif, 1er janvier 1814. — (*Histoire des deux Restaurations*, par Ach. DE VAULABELLE.)

La nuit, comme un flambeau.
C'est votre vieille garde au loin jonchant la plaine.
Demain, c'est Waterloo ! demain, c'est Sainte-Hélène !
Demain, c'est le tombeau !

Vous pouvez entrer dans les villes
Au galop de votre coursier,
Dénouer les guerres civiles
Avec le tranchant de l'acier ;
Vous pouvez, ô mon capitaine,
Barrer la Tamise hautaine [1],
Rendre la victoire incertaine
Amoureuse de vos clairons,
Briser toutes portes fermées,
Dépasser toutes renommées,
Donner pour astre à des armées
L'étoile de vos éperons !

Dieu garde la durée et vous laisse l'espace ;
Vous pouvez sur la terre avoir toute la place ;
Etre aussi grand qu'un front peut l'être sous le ciel ;
Sire, vous pouvez prendre, à votre fantaisie,
L'Europe à Charlemagne, à Mahomet l'Asie [2],
Mais tu [3] ne prendras pas demain à l'Éternel !

III

O revers ! ô leçon ! — Quand l'enfant de cet homme
Eut reçu pour hochet la couronne de Rome ;
Lorsqu'on l'eut revêtu d'un nom qui retentit ;
Lorsqu'on eut bien montré son front royal qui tremble
Au peuple émerveillé qu'on puisse tout ensemble
Etre si grand et si petit ;

Quand son père eut pour lui gagné bien des batailles ;
Lorsqu'il eut épaissi de vivantes murailles

---

1. Allusion au *blocus continental*, décrété de Berlin le 21 novembre 1806. Napoléon interdisait l'entrée des ports de l'Empire français et de ses alliés aux vaisseaux et aux marchandises de l'Angleterre. Il renfermait l'Angleterre dans ses îles, il *barrait* le fleuve d'où son commerce se répand dans le monde.

2. Ainsi le veut la rime, mais non l'histoire. Bonaparte en Egypte rêvait, dit elle, de rejoindre par la Perse et la vallée du Sind (Indus) Tippo-Saëb, qui disputait aux Anglais l'empire des Indes. La résistance de Saint-Jean-d'Acre, défendue par les Turcs et les Anglais, l'arrêta.

3. Le changement brusque de *vous* en *tu* donne l'accent de l'autorité à la voix du poète ; il parle au nom du ciel, *vates*, disaient les Latins.

Autour du nouveau-né riant sur son chevet ;
Quand ce grand ouvrier, qui savait comme on fonde,
Eut, à coups de cognée, à peu près fait le monde
    Selon le songe qu'il rêvait ;

Quand tout fut préparé par les mains paternelles,
Pour doter l'humble enfant de splendeurs éternelles ;
Lorsqu'on eut de sa vie assuré les relais ;
Quand, pour loger un jour ce maître héréditaire,
On eut enraciné bien avant dans la terre
    Les pieds de marbre des palais ;

Lorsqu'on eut pour sa soif posé devant la France
Un vase tout rempli du vin de l'espérance...
Avant qu'il eût goûté de ce poison doré,
Avant que de sa lèvre il eût touché la coupe,
Un Cosaque survint qui prit l'enfant en croupe
    Et l'emporta tout effaré [1] !

IV.

Oui, l'aigle un soir planait aux voûtes éternelles,
Lorsqu'un grand coup de vent lui cassa les deux ailes ;
Sa chute fit dans l'air un foudroyant sillon ;
Tous alors sur son nid fondirent pleins de joie ;
Chacun selon ses dents se partagea la proie ;
L'Angleterre prit l'aigle, et l'Autriche l'aiglon [2] !

Vous savez ce qu'on fit du géant historique.
Pendant six ans on vit, loin derrière l'Afrique,
    Sous le verrou des rois prudents,
— Oh ! n'exilons personne ! oh ! l'exil est impie ! —
Cette grande figure en sa cage accroupie,
    Ployée, et les genoux aux dents !

Encor si ce banni n'eût rien aimé sur terre !... —
Mais les cœurs de lion sont les vrais cœurs de père.
    Il aimait son fils, ce vainqueur !

---

1. A quel coup de surprise aboutit cette magistrale période, qui de ses amples replis développe bien des images, ou gracieuses ou puissantes! Quelle vérité d'allure et d'harmonie dans les deux derniers vers qui glissent et volent. Comparez l'harmonie sèche, rude et cassante, vraie aussi, du dernier vers de l'allégorie de la cavale (BARBIER, *l'Idole*).

2. Napoléon Ier déporté à Sainte-Hélène par l'Angleterre, Napoléon II emmené à Vienne par l'Autriche.

Deux choses lui restaient dans sa cage inféconde [1],
Le portrait d'un enfant et la carte du monde;
  Tout son génie et tout son cœur!

Le soir, quand son regard se perdait dans l'alcôve,
Ce qui se remuait dans cette tête chauve,
Ce que son œil cherchait dans le passé profond,
— Tandis que ses geôliers, sentinelles placées
Pour guetter nuit et jour le vol de ses pensées,
En regardaient passer les ombres sur son front [2];—

Ce n'était pas toujours, sire, cette épopée
Que vous aviez naguère écrite avec l'épée,
  Arcole, Austerlitz, Montmirail;
Ni l'apparition des vieilles Pyramides;
Ni le pacha du Caire et ses chevaux numides
  Qui mordaient le vôtre au poitrail [3];

Ce n'était pas le bruit de bombe et de mitraille
Que vingt ans, sous ses pieds, avait fait la bataille
  Déchaînée en noirs tourbillons,
Quand son souffle poussait sur cette mer troublée
Les drapeaux frissonnants, penchés dans la mêlée
  Comme les mâts des bataillons;

Ce n'était pas Madrid, le Kremlin et le Phare,
La diane [4] au matin fredonnant sa fanfare,
Le bivouac sommeillant dans les feux étoilés,
Les dragons chevelus, les grenadiers épiques,
Et les rouges lanciers fourmillant dans les piques,
Comme des fleurs de pourpre en l'épaisseur des blés;

Non, ce qui l'occupait, c'est l'ombre blonde et rose
D'un bel enfant qui dort la bouche demi-close,
  Gracieux comme l'Orient,
Tandis qu'avec amour sa nourrice enchantée,
D'une goutte de lait au bout du sein restée,
  Agace sa lèvre en riant!

---

1. Où il était immobilisé et stérilisé.
2. Cf. *Orientales*, XL.
3. Il y a là quelque souvenir d'un autre grand peintre, Gros (1771-1835). Voir sa *Bataille de Nazareth*, sa *Bataille d'Aboukir*, où les Turcs furent vaincus sur terre (1799).
4. « Batterie de tambour ou sonnerie de clairon faite à la pointe du jour. Etym.: espagn. *diana*, diane; ital. *stella diana*, étoile du matin; d'un ancien adjectif *diano*, dérivé de *dia*, jour; *dia* vient du latin *dies*. » (LITTRÉ.)

Le père alors posait ses coudes sur sa chaise,
Son cœur plein de sanglots se dégonflait à l'aise,
  Il pleurait, d'amour éperdu... —
Sois béni, pauvre enfant, tête aujourd'hui glacée,
Seul être qui pouvais distraire sa pensée
  Du trône du monde perdu !

V.

Tous deux sont morts.—Seigneur, votre droite est terrible !
Vous avez commencé par le maître invincible,
  Par l'homme triomphant ;
Puis vous avez enfin complété l'ossuaire,
Dix ans vous ont suffi pour filer le suaire
  Du père et de l'enfant !

Gloire, jeunesse, orgueil, biens que la tombe emporte !
L'homme voudrait laisser quelque chose à la porte,
  Mais la mort lui dit non !
Chaque élément retourne où tout doit redescendre
L'air reprend la fumée, et la terre la cendre.
  L'oubli reprend le nom !

VI.

O révolutions ! j'ignore,
Moi, le moindre des matelots,
Ce que Dieu dans l'ombre élabore
Sous le tumulte de vos flots.
La foule vous hait et vous raille.
Mais qui sait comment Dieu travaille ?
Qui sait si l'onde qui tressaille,
Si le cri des gouffres amers,
Si la trombe aux ardentes serres,
Si les éclairs et les tonnerres,
Seigneur, ne sont pas nécessaires
A la perle que font les mers ?

Pourtant, cette tempête est lourde
Aux princes comme aux nations.
Oh ! quelle mer aveugle et sourde
Qu'un peuple en révolutions !
Que sert ta chanson, ô poète ?

Les chants que ton génie émiette
Tombent à la vague inquiète
Qui n'a jamais rien entendu !
Ta voix s'enroue en cette brume ;
Le vent disperse au loin ta plume,
Pauvre oiseau chantant dans l'écume,
Sur le mât d'un vaisseau perdu !

Longue nuit ! tourmente éternelle !
Le ciel n'a pas un coin d'azur.
Hommes et choses, pêle-mêle,
Vont roulant dans l'abîme obscur.
Tout dérive et s'en va sous l'onde,
Rois au berceau, maîtres du monde,
Le front chauve et la tête blonde,
Grand et petit Napoléon !
Tout s'efface, tout se délie,
Le flot sur le flot se replie,
Et la vague qui passe oublie
Léviathan comme Alcyon [1] !

(*Les Chants du Crépuscule*, V [2].)

1. *Léviathan*, monstre marin, mentionné dans le livre de Job. — *Alcyon*, ou hirondelle de mer ("Αλς, mer ; κύων, de κύειν, faire des petits). Les anciens racontaient que la mer reste calme quand l'alcyon fait son nid sur les eaux.

2. « L'homme ineffaçable » (*Orientales*, XL, *Lui*) a laissé une empreinte profonde sur l'imagination de V. Hugo. Il est peu de ses poèmes où il n'apparaisse. Il semble que sur chacun des feuillets de l'épopée impériale, épars dans ses Recueils poétiques, il inscrive une date, une heure de sa propre vie. — Enfant, il l'a vu, dans une fête, au milieu des grenadiers et des acclamations de la foule

Passer, muet et grave, ainsi qu'un Dieu d'airain ;

une autre fois, au milieu des canons bondissants et des volées de cloches, disparaître « dans un flot de lumière dorée » (*Feuilles d'automne*, XXX) ; et dès lors, sans s'être senti élevé jusqu'à sa bouche et baisé au front, comme, dans son enfance, le capitaine Renaud d'A. de Vigny, il a été fasciné et possédé de l'héroïque vision ; dès lors

Toujours lui ! lui partout !...

et le consul,

Pâle sous ses longs cheveux noirs ;

et l'empereur,

Grave et serein avec un éclair dans les yeux ;

et le prisonnier,

Croisant ses bras oisifs sur son sein qui fermente,
Vaincu, chauve, courbant son front..

Un jour (*Odes*, III, 6, *Les deux îles*, 1825), il mêle les acclamations aux imprécations autour de son berceau et de sa tombe, comme Lamartine (*Nouvelles Méditations*, VI, *Bonaparte*). Un autre jour (*Odes*, I, 11, *Buonaparte*), il le maudit, le flagelle et l'écrase. Mais la vision est « la plus forte » : écrasé, « il corsico monstro », selon l'expression du poète italien, « se relève roi » et vainqueur du poète. Et le poète le suit de l'Escurial au

NUITS DE JUIN

L'été, lorsque le jour a fui, de fleurs couverte
La plaine verse au loin un parfum enivrant;

Kremlin, de Lodi à Montmirail, « bousculant tous les rois », comme dit Béranger, « glanant tous leurs canons », comme il dit lui-même (*Chant du Crépusc.*, II, *à la Colonne*), et « entassant »

Wagram sur Marengo, Champaubert sur Arcole,
Pélion sur Ossa. (*Ibid.*)

Puis il l'accompagne des Tuileries à Sainte-Hélène. Puis, mort, il le contemple encore debout au milieu des « batailles d'airain » (*Odes*, III, 7) de sa Colonne; il le revoit passant sous le porche géant de son Arc de triomphe (*Les Voix intérieures*, IV); il rêve dans les siècles à venir l'édifice verdi sous la mousse et rongé par la lèpre du temps,

Monceau de pierre assis sur un monceau de gloire,

se dressant sur les ruines muettes de Paris, et, se dressant seule sur l'histoire, l'ombre grandie du héros. — C'est ainsi qu'il a semé dans son œuvre les fragments épars et grandioses d'une épopée napoléonienne.
Et que de leçons il tire, comme toute la poésie du siècle, de cette vie, de cette mort et de cette gloire !

Il est là.... sous trois pas un enfant le mesure,

dit Lamartine devant la tombe de Sainte-Hélène. Et V. Hugo, demandant un caveau sépulcral sous la Colonne pour les restes du héros apportés de l'exil :

Et toi, colonne! un jour descendu sous ta base
Le pèlerin pensif, contemplant en extase
Ce débris surhumain,
Serait venu peser, à genoux sur la pierre,
Ce qu'un Napoléon peut laisser de poussière
Dans le creux de la main.
(*Ch. du Crép.*, II.)

C'est le

Expende Annibalem ; quot libras in duce summo
Invenies ?

de Juvénal (*Sat.* X).
Le poète tire une dernière leçon de l'histoire de Napoléon: cette fois, c'est à Napoléon lui-même qu'il l'adresse. Royaliste, il l'avait maudit dans une *Ode* en 1828; républicain, il le flétrit dans les *Châtiments* (*l'Expiation*, V, 13) en 1852; le poète avait marché avec le siècle. Eh bien, ici encore le prestige agit : le condamné reste le héros; le vers qui le frappe et le marque a une tristesse grandiose qui n'est pas exempte de respect et de pitié. La première *expiation* du 18 brumaire est la retraite de Russie :

Il était comme un arbre en proie à la cognée.
Sur ce géant, grandeur jusqu'alors épargnée,
Le malheur, bûcheron sinistre, était monté ;
Et lui, chêne vivant, par la hache insulté,
Tressaillant sous le spectre aux lugubres revanches,
Il regardait tomber autour de lui ses branches...

La seconde est Waterloo ; la troisième est Sainte-Hélène.

Le Destin prit des clous, un marteau, des carcans,
Saisit, pâle et vivant, ce voleur du tonnerre,
Et, joyeux, s'en alla sur le pic centenaire
Le clouer, excitant par son rire moqueur
Le vautour Angleterre à lui ronger le cœur.

Cf. *la Violence* (Βία) et la Force (Κράτος) clouant Prométhée sur le Caucase (Eschyle, *Prométhée*, v. 1 sqq.).

Les yeux fermés, l'oreille aux rumeurs entr'ouverte,
On ne dort qu'à demi d'un sommeil transparent.

Les astres sont plus purs, l'ombre paraît meilleure ;
Un vague demi-jour teint le dôme éternel ;
Et l'aube douce et pâle, en attendant son heure,
Semble toute la nuit errer au bas du ciel.
(*Les Rayons et les Ombres*, XLIII.)

AUX ARBRES

. . . .
Arbres de ces grands bois qui frissonnez toujours,
Je vous aime, et vous, lierre au seuil des antres sourds,
Ravins où l'on entend filtrer les sources vives [1],
Buissons que les oiseaux pillent, joyeux convives !
Quand je suis parmi vous, arbres de ces grands bois,
Dans tout ce qui m'entoure et me cache à la fois,
Dans votre solitude où je rentre en moi-même,
Je sens quelqu'un de grand qui m'écoute et qui m'aime !

Aussi, taillis sacrés où Dieu même apparaît,
Arbres religieux, chênes, mousses, forêt,
Forêt ! c'est dans votre ombre et dans votre mystère,
C'est sous votre branchage auguste et solitaire,
Que je veux abriter mon sépulcre ignoré,
Et que je veux dormir quand je m'endormirai.
(*Les Contemplations*, I, 3, 24.)

PAN [2]

. . . .
O poètes sacrés, échevelés, sublimes [3],
Allez, et répandez vos âmes sur les cimes,
Sur les sommets de neige en butte aux aquilons,
Sur les déserts pieux où l'esprit se recueille,
Sur les bois que l'automne emporte feuille à feuille,
Sur les lacs endormis dans l'ombre des vallons !

Partout où la nature est gracieuse et belle,
Où l'herbe s'épaissit pour le troupeau qui bêle,

---

1. Ailleurs (*Les Voix intérieures*, XIX) :
   Cette longue chanson qui coule des fontaines.

2. Dieu mythologique des troupeaux et des pâturages. Au temps de l'empire romain, on en fit la personnification de la nature universelle, féconde et nourricière. La légende dit qu'au commencement de l'ère chrétienne un cri « Pan est mort ! » courut le long des rivages de la mer Egée. Il annonçait la fin du paganisme.

3. Platon a moins de solennité et plus de grâce quand il dit : Κοῦφον χρῆμα ποιητής ἐστι καὶ πτηνὸν καὶ ἱερόν (*Ion.*) Cf. LA FONTAINE, p. 240.

Où le chevreau lascif mord le cytise en fleurs,
Où chante un pâtre assis sous une antique arcade,
Où la brise du soir fouette [1] avec la cascade
  Le rocher tout en pleurs ;...

Partout où le couchant grandit [2] l'ombre des chênes,
Partout où les côteaux croisent leurs molles chaînes [3],
Partout où sont des champs, des moissons, des cités,
Partout où pend un fruit à la branche épuisée,
Partout où l'oiseau boit des gouttes de rosée,
  Allez, voyez, chantez [4] !...
        (*Les Feuilles d'automne*, XXXVIII.)

1. Cf. *Lég. des Siècles* :
    Les *coups de fouet du vent* tumultueux qui passe.
2.   *Majoresque cadunt altis de montibus umbræ.*
                                            VIRGILE.
    Et l'ombre des coteaux *s'allonge* dans les plaines.
                                            RACAN.
3. La fin du vers est dure ; l'expression est juste. VIRGILE, *Egl.*, IX, 1:
            Quâ se subducere colles
    Incipiunt *mollique* jugum demittere *clivo.*
Assurgens molliter collis. (COLUMELLE).

4. Deux mots par lesquels V. Hugo résume une des premières pièces des *Feuilles d'Automne, Ce qu'on entend sur la montagne,* peuvent aussi résumer son œuvre, telle qu'elle se déploie dans la suite de ses recueils poétiques depuis 1831 : « nature, humanité ». Sa pensée va sans cesse de la nature à l'homme, de l'homme à la nature. La nature a été, dans ses théories et dans leur application, dans ses préfaces et dans ses poésies, le grand livre (métaphore qui lui est familière) où il a lu, sur lequel il a médité, rêvé, senti, livre écrit par Dieu avec des couleurs et des rayons. « Nul ne se dérobe au ciel bleu, aux arbres verts, à la nuit sombre, au bruit du vent, au chant des oiseaux. Aucune créature ne peut s'abstraire de la création... La société se meut dans la nature, la nature enveloppe la société. » (*Préface des Rayons et des Ombres.*) D'un brin d'herbe, d'une goutte de rosée, d'un grain de poussière, son imagination prend l'essor dans un vaste champ de pensées, où il s'égare souvent en des conceptions fantastiques, mais d'où son âme l'élève très haut « ad excelsa », l'œil sur le monde et sur l'homme, le cœur vibrant. Lamartine monte aussi haut, mais vers Dieu : il est plus religieux, V. Hugo est plus humain. Lamartine se cherche lui-même, avec Dieu, dans la nature, miroir qui reflète ses douleurs ou ses joies ; V. Hugo y voit l'homme qu'elle enveloppe, soit un mendiant qui passe, ou une jeune fille à la fenêtre d'une mansarde, soit, étendant à l'infini son horizon, l'humanité qui s'y meut en marche vers l'avenir.

        Rousseau dit : « L'homme monte », et de Maistre : « Il descend. »
        Mais, ô Dieu ! le navire énorme et frémissant,
        Le monstrueux vaisseau, sans agrès et sans voiles,
        Qui flotte, globe noir dans la mer des étoiles,
        Et qui porte nos maux, fourmillement humain,
        Va, marche, vogue et roule, et connaît son chemin ;
        Le ciel sombre, où parfois la blancheur semble éclore,
        A l'effrayant roulis mêle un frisson d'aurore.
        De moment en moment le sort est moins obscur,
        Et l'on sent bien qu'on est emporté vers l'azur.
                    (*Les Contemplations*, II, 6, 19.)

Penseur et philosophe ; voilà ce qu'est la nature pour lui, compagne et

LA CONSCIENCE

Lorsque avec ses enfants vêtus de peaux de bêtes,
Échevelé, livide au milieu des tempêtes,
Caïn se fut enfui de devant Jéhovah,
Comme le soir tombait, l'homme sombre arriva

amie de l'homme. Poète, il la perçoit par tous les sens : il la voit, l'entend, la respire, dans ses aspects, ses couleurs, ses harmonies, ses parfums :

> Tout chante et murmure,
> Tout parle à la fois,
> Fumée et verdure,
> Les nids et les bois.
> Le vent parle aux chênes,
> L'eau parle aux fontaines;
> Toutes les haleines
> Deviennent des voix.
> (*Chants du Crépuscule*, XX.)

Lamartine fait chanter par la nature un hymne à Dieu; V. Hugo lui fait donner un concert à l'homme; lyre pour l'un, orchestre pour l'autre.

Laissons la musique et les parfums. Tenons-nous-en au spectacle des yeux. V. Hugo peint la nature plutôt qu'il ne la décrit. Il serait à l'étroit dans le cadre d'une description ordonnée et suivie. Quand il en essaie une, l'imagination s'échappe de droite et de gauche. (Voy. *Soleils couchants*, dans les *Chants du Crép.*, XXXV.) Mais le sentiment et la couleur, resserrés dans une strophe, dans un vers, dans un mot ou un coup de pinceau, y prennent souvent une intensité puissante.

> Entrer dans l'âpreté des hautes solitudes.
> (*Lég. des siècles*. II, 15.)

> Et le mystère obscur des bois silencieux.
> (*Contempl.*, I, 3, 20.)

> Et les grands horizons pleins de rayonnements
> (*Voix Intér.*, VII.)

> Les larges clairs de lune au bord des flots dormants.
> (*Ch. des Crépusc.*, XXXI.)

> L'étang luit sous le vol des vertes demoiselles.
> (*Contempl.*, I, 1, 29).

> Alors le fier lion poussa, dans ce silence,
> A travers les grands bois et les marais dormants
> Un de ces monstrueux et noirs rugissements.
> (*L'Art d'être grand'père*, l'Epopée du Lion.)

> Ces lames que la mer amincit sur la grève,
> Où les longs cheveux verts des sombres goëmons
> Tremblent dans l'eau moirée avec l'ombre des monts.
> (*Les Chants du Crépusc.*, XXVIII.)

> Je prendrai par la main les deux petits enfants :
> J'aime les bois où sont les chevreuils et les faons,
> Où les cerfs tachetés suivent les biches blanches
> Et se dressent dans l'ombre effrayés par les branches.
> (*L'Art d'être grand'père*, IX.)

> Parfois, lorsque tout dort, je m'assieds plein de joie
> Sous le dôme étoilé qui sur nos fronts flamboie;
> J'écoute si d'en haut il tombe quelque bruit;
> Et l'heure vainement me frappe de son aile,
> Quand je contemple, ému, cette fête éternelle,
> Que le ciel rayonnant donne au monde la nuit!
> (*Les Feuilles d'automne*, XXI.)

Au sentiment de la nature se joint chez V. Hugo, comme chez les autres poètes romantiques, le sentiment très vif de l'harmonie des tableaux de la nature et des œuvres de l'art. A chaque page, la lumière qui se joue sur la crête d'une vague ou la bordure d'une feuille, accroche aussi le regard

Au bas d'une montagne en une grande plaine ;
Sa femme fatiguée et ses fils hors d'haleine.
Lui dirent : « Couchons-nous sur la terre, et dormons. »
Caïn, ne dormant pas, songeait au pied des monts.
Ayant levé la tête, au fond des cieux funèbres,
Il vit un œil, tout grand ouvert dans les ténèbres,
Et qui le regardait dans l'ombre fixement.
« Je suis trop près », dit-il avec un tremblement.
Il réveilla ses fils dormant, sa femme lasse,
Et se remit à fuir sinistre dans l'espace.
Il marcha trente jours, il marcha trente nuits.

à l'angle d'une corniche ou à l'arête d'une ogive. L'œil du poète est un œil d'artiste. De là ces pâleurs de la lune à travers les arceaux gothiques ou arabes,
Semant les murs de trèfles blancs (*Orient.*, XXXI)
ces flamboiements de soleil,
Allumant les vitres étoilées (*F. d'aut.*, XXXV);
ces manteaux de mousse sur les pierres, alors solitaires, de Versailles; cette grotte
Où le lierre
Met une barbe verte aux vieux fleuves de pierre ;
ce vieux Faune, riant sous la bise de décembre dans les rameaux humides,
Qui, de son front penché touchant aux branches d'arbre,
Se perdait à mi-corps dans sa gaîne de marbre
(*Les Ray. et les Ombr.*, XXXVI);
cette décoration de lichens dorés et de fleurs qu'il demande au temps de mettre un jour,
— Comme la giroflée aux parois des vieux murs,
dit Lamartine, — à l'Arc de triomphe pour donner à sa beauté « ce je ne sais quoi d'achevé » que la vétusté ajoute par la main de la nature aux œuvres sorties de la main de l'homme (*Les Voix Intér.*, IV). L'Arc de triomphe, où V. Hugo se plaint de ne pas voir gravé le nom de son père, et Notre-Dame, où son roman a gravé le sien, sont comme les deux symboles de cette alliance de la nature et de l'art. Le poète allait avec deux artistes, Louis Boulanger et David d'Angers, voir du haut des tours de la vieille cathédrale se coucher le soleil et
La ville aux mille toits découper l'horizon.
(*Les Feuilles d'automne*, XXXV, *Soleils couchants.*)

Restent, après le penseur, le poète et l'artiste, d'abord le fantaisiste qui « met Pégase au vert » et fait battre les buissons à sa Muse grisée de printemps dans les *Chansons des rues et des bois*, livre puéril et charmant, débauche d'esprit et de mauvais goût ; puis le visionnaire que la Muse effarée égare en des transfigurations exorbitantes et apocalyptiques de la nature (Voy. par exemple le *Satyre, Lég. des siècles*, I, 8). C'est que la création forme pour V. Hugo une sorte de chaîne continue qui, par l'animal et la plante, va de l'homme à la pierre, anneaux indissolubles, tous vivants, sentants, souffrants. Quels que soient les écarts de ce rêve d'universelle harmonie fraternelle des êtres, on ne peut rester insensible à ce cœur de poète qui se répand sur toute la nature, qui a pitié du crapaud parce que l'âge « sans pitié » le torture (*Lég. des siècles*, I, 13), qui aime la mauvaise herbe et la vilaine bête parce qu'on les hait (*Contempl.* I, 3, 27), et on entend ému sa plainte éloquente :
Chasseurs sans but, bourreaux sans yeux,
Vous clouez de vos mains mal sûres
Les hiboux au seuil des masures
Et Christ sur la porte des cieux:
(*Contemplat.* 1, 3, 13)

Il allait, muet, pâle et frémissant aux bruits,
Furtif, sans regarder derrière lui, sans trêve,
Sans repos, sans sommeil ; il atteignit la grève
Des mers dans le pays qui fut depuis Assur.
« Arrêtons-nous, dit-il, car cet asile est sûr.
Restons-y. Nous avons du monde atteint les bornes. »
Et, comme il s'asseyait, il vit dans les cieux mornes
L'œil à la même place au bord de l'horizon.
Alors il tressaillit en proie au noir frisson.
« Cachez-moi ! » cria-t-il ; et, le doigt sur la bouche,
Tous ses fils regardaient trembler l'aïeul farouche.
Caïn dit à Jabel, père de ceux qui sont
Sous des tentes de poil dans le désert profond :
« Etends de ce côté la toile de ta tente. »
Et l'on développa la muraille flottante ;
Et, quand on l'eut fixée avec des poids de plomb :
« Vous ne voyez plus rien ? » dit Tsilla, l'enfant blond,
La fille de ses fils, douce comme l'aurore ;
Et Caïn répondit : « Je vois cet œil encore ! »
Jubal, père de ceux qui passent dans les bourgs
Soufflant dans des clairons et frappant des tambours,
Cria : « Je saurai bien construire une barrière. »
Il fit un mur de bronze et mit Caïn derrière.
Et Caïn dit : « Cet œil me regarde toujours ! »
Hénoch dit : « Il faut faire une enceinte de tours
Si terrible, que rien ne puisse approcher d'elle.
Bâtissons une ville avec sa citadelle,
Bâtissons une ville, et nous la fermerons. »

. . . .

On mit l'aïeul au centre en une tour de pierre ;
Et lui restait lugubre et hagard. « O mon père !
L'œil a-t-il disparu ? » dit en tremblant Tsilla.
Et Caïn répondit : « Non, il est toujours là. »
Alors il dit : « Je veux habiter sous la terre
Comme dans son sépulcre un homme solitaire ;
Rien ne me verra plus, je ne verrai plus rien. »
On fit donc une fosse, et Caïn dit : « C'est bien ! »
Puis il descendit seul sous cette voûte sombre ;
Quand il se fut assis sur sa chaise dans l'ombre
Et qu'on eut sur son front fermé le souterrain,
L'œil était dans la tombe et regardait Caïn [1].

(*La Légende des siècles*, série 1, 1, 2.)

1. Les premiers vers ont inspiré à un peintre, M. Cormon, la grande page

ALFRED DE VIGNY
1799-1863

Quand en 1827 le comte Alfred DE VIGNY, né à Loches, déposa ses épaulettes de capitaine d'infanterie, il avait déjà publié les poésies (livre antique : *Moïse*, la *Fille de Jephté*, le *Déluge*, *Eloa*, etc. ; livre moderne : *Dolorida*, le *Cor*, le *Trappiste*, etc.), qui ont commencé et fondé sa gloire, soutenue et confirmée ensuite par les drames

qu'il a exposée au salon de 1880. (La voir au Musée du Luxembourg.) — Toutes les poésies ont figuré les remords. Les Grecs mettent aux mains des Furies la torche et le fouet, dont ils poursuivent Oreste jusqu'à l'autel où il tombe épuisé et fou. Juvénal met dans le cœur du coupable et le fouet vengeur, et le témoin qui lui pèse et l'étouffe ; il dresse devant lui, pendant la nuit, le fantôme grandi de sa victime. (Voy. p. 493, n. 1). Shakespeare fait asseoir à côté de Macbeth l'ombre de Banquo. On peut trouver ces allégories plus humaines et plus vraies ; on peut surtout estimer que la première exprime souverainement la torture et la fièvre du remords devant lequel le criminel fuit affolé sans s'échapper jamais. Mais, si on peut contester le goût de l'étrange hallucination de Caïn, on ne contestera pas ce qu'elle a de saisissant et de puissant, ni surtout la couleur sombre et âpre de cette poésie, la vérité de cette harmonie lente et grave. Le délire du remords ne s'y trouve pas, mais quel anéantissement, quel écrasement sous le désespoir ! Dans le frissonnement muet du misérable il y a quelque chose de l'épouvante glacée de la vision de Job : « La frayeur pénétra jusqu'à mes os. Un esprit passa devant ma face, et le poil de ma chair se hérissa d'horreur. » (Voyez Chateaubriand, *Génie du Christ.*, II, 5, 4.)

La *Légende des siècles* a été publiée en deux séries (1862, 1877). Le titre en indique le caractère et le but. C'est une revue poétique de l'histoire de l'humanité. Le poète dresse une longue galerie sur la route des siècles ; de distance en distance, il y suspend un tableau, une « petite épopée » (sous-titre de la première série), qui fixe la physionomie d'une époque. La suite de ces *époques* trace dans le poème, comme dans le *Discours* de Bossuet, la marche de l'humanité : seulement, chez l'historien la chaîne du récit se continue ininterrompue ; chez le poète les tableaux sont espacés et se détachent sur les vides qui les séparent. L'historien raconte, le poète peint, et son imagination concentre et symbolise une période dans une figure ou un groupe qu'il éclaire et colore : Eve, Booz, Lazare ressuscité par le Christ ; Mahomet, c'est l'Islamisme ; Roland et Eviradnus, c'est la chevalerie errante ; Mourad, c'est la conquête turque ; Pan montant au ciel (le *Satyre*, *Lég. des siècles*, Série I), c'est la résurrection de la nature au siècle de la Renaissance ; une infante à l'Escurial, les hallebardiers du baron Madruce, c'est la puissance de l'Espagne et de l'Autriche, etc. Puis, des légendes et des réalités du passé, où se rencontrent Eve et Vénus, Titan et Satan, Gomorrhe et Ninive, l'Olympe et le Sinaï, il passe à la réalité du présent et aux rêves de l'avenir. — Et, comme conclusion, c'est, ici (série II), l'épopée du ver, du ver qui répond aux « sept merveilles » du monde : je vous tue, et qui se tait devant l'âme qui lui dit : tu ne me tueras pas ; c'est, là (série II), le poète qui, dans une pièce d'une incomparable grandeur, l'*Abîme*, monte d'échelon en échelon, de tout ce qui se croit et se dit grand, jusqu'à Dieu, qui seul est grand, et, interprétant successivement toutes les voix de la création, celle de l'homme, de la terre, des planètes, des soleils, du zodiaque, de la voie lactée, des nébuleuses, de l'Infini, monte jusqu'à la voix de Dieu qui dit :

Je n'aurais qu'à souffler, et tout serait de l'ombre.

Poésie puissante, où Victor Hugo a retrouvé les larges touches, les coups de pinceau vigoureux, le burin mordant et les allures gigantesques des chansons de geste ; et où il prodigue, d'autre part, tous les écarts d'imagination et de style qui lui sont familiers.

(la *Maréchale d'Ancre*, 1831 ; *Chatterton*, 1835), qui lui donnèrent une place parmi les fondateurs du théâtre romantique, et surtout par le poème des *Destinées* (1864) et par ses romans en prose. Le poëte vécut toujours sous le soldat; dès l'âge de seize ans il servit et il écrivit. Ses premières inspirations, une idylle et une élégie grecque, lui vinrent d'A. Chénier qu'avaient fait connaître quelques vers cités par Chateaubriand; puis s'ouvrit la veine la plus large et la plus pure de son génie, l'inspiration biblique. Comme Chateaubriand et Courier avaient un Homère dans leur bagage, il avait toujours, a-t-il dit, sa Bible dans le sac d'un de ses soldats. C'est la méditation du premier-né des livres, c'est le voisinage et la contemplation des Vosges et des Pyrénées, au pied desquels le transportait la vie mobile du soldat et d'où sont datés plusieurs de ses poèmes, c'est le calme de ces grandioses perspectives de montagnes, c'est la majesté silencieuse des hauts horizons, qui ont fait deviner à son imagination et mis dans sa poésie ces tableaux retrouvés des régions bibliques, et qui ont toujours emporté son âme et son génie vers les cimes. Ses personnages dans *Moïse*, dans le *Déluge*, dans *Eloa*, voient la terre sous leurs pieds, et il est avec eux. Sa devise serait : *Quò non ascendam?* Il suit l'highlander sur la montagne, Moïse dans la nue, l'aigle dans l'azur. Sa poésie plane, on l'a dit, comme la déesse portée sur les vapeurs légères, l'étoile au front, comme le cygne blanc dans les cieux. Son style d'artiste, finement travaillé, n'a pas l'intarissable et mélodieuse fluidité de celui de Lamartine; mais, a-t-on dit encore, tantôt les transparences douces et laiteuses de l'opale, tantôt le poli et l'éclat de la pierre précieuse. Il a lui-même, en définissant la poésie, défini en partie la sienne :

> Comment se garderaient les profondes pensées
> Sans rassembler leurs feux dans ton diamant pur,
> Qui conserve si bien leurs splendeurs condensées,
> Ce fin miroir solide, étincelant et dur ?
>
> (*Les Destinées.*)

MOÏSE

Le soleil prolongeait sur la cime des tentes
Ces obliques rayons, ces flammes éclatantes,
Ces larges traces d'or qu'il laisse dans les airs,
Lorsqu'en un lit de sable il se couche aux déserts.
La pourpre et l'or semblaient revêtir la campagne.
Du stérile Nébo[1] gravissant la montagne,
Moïse, homme de Dieu, s'arrête, et, sans orgueil,
Sur le vaste horizon promène un long coup d'œil.
Il voit d'abord Phasga, que des figuiers entourent ;
Puis, au delà des monts que ses regards parcourent,
S'étend tout Galaad, Éphraïm, Manassé,
Dont le pays fertile à sa droite est placé ;

---

[1]. Montagne de la Palestine, située à l'Est du Jourdain, dans le pays des Moabites.

Vers le midi, Juda, grand et stérile, étale
Ses sables où s'endort la mer occidentale;
Plus loin, dans un vallon que le soir a pâli,
Couronné d'oliviers, se montre Nephtali;
Dans des plaines de fleurs magnifiques et calmes,
Jéricho s'aperçoit, c'est la ville des palmes;
Et, prolongeant ses bois, des plaines de Phogor,
Le lentisque touffu s'étend jusqu'à Ségor.
Il voit tout Chanaan et la terre promise,
Où sa tombe, il le sait, ne sera point admise.
Il voit, sur les Hébreux étend sa grande main,
Puis vers le haut du mont il reprend son chemin.

Or, des champs de Moab couvrant la vaste enceinte,
Pressés au large pied de la montagne sainte,
Les enfants d'Israël s'agitaient au vallon
Comme les blés épais qu'agite l'aquilon.
Dès l'heure où la rosée humecte l'or des sables
Et balance sa perle au sommet des érables,
Prophète centenaire, environné d'honneur,
Moïse était parti pour trouver le Seigneur.
On le suivait des yeux aux flammes de sa tête,
Et, lorsque du grand mont il atteignit le faîte,
Lorsque son front perça le nuage de Dieu
Qui couronnait d'éclairs la cime du haut lieu,
L'encens brûla partout sur des autels de pierre,
Et six cent mille Hébreux, courbés dans la poussière,
A l'ombre du parfum par le soleil doré,
Chantèrent d'une voix le cantique sacré.

Et, debout devant Dieu, Moïse ayant pris place,
Dans le nuage obscur lui parlait face à face.

Il disait au Seigneur : « Ne finirai-je pas ?
Où voulez-vous encor que je porte mes pas ?
Je vivrai donc toujours puissant et solitaire ?
Laissez-moi m'endormir du sommeil de la terre.
Que vous ai-je donc fait pour être votre élu ?
J'ai conduit votre peuple où vous avez voulu.
Voilà que son pied touche à la terre promise :
De vous à lui qu'un autre accepte l'entremise,
Au coursier d'Israël qu'il attache le frein ;
Je lui lègue mon livre et la verge d'airain.

« Pourquoi vous fallut-il tarir mes espérances,
Ne pas me laisser homme avec mes ignorances,
Puisque du mont Horeb [1] jusques au mont Nébo
Je n'ai pas pu trouver le lieu de mon tombeau ?
Hélas! vous m'avez fait sage parmi les sages !
Mon doigt du peuple errant a guidé les passages ;
J'ai fait pleuvoir le feu sur la tête des rois ;
L'avenir à genoux adorera mes lois ;
Des tombes des humains j'ouvre la plus antique ;
La mort trouve à ma voix une voix prophétique ;
Je suis très grand, mes pieds sont sur les nations,
Ma main fait et défait les générations.
— Hélas ! je suis, Seigneur, puissant et solitaire,
Laissez-moi m'endormir du sommeil de la terre !

« Hélas ! je sais aussi tous les secrets des cieux,
Et vous m'avez prêté la force de vos yeux.
Je commande à la nuit de déchirer ses voiles ;
Ma bouche par leur nom a compté les étoiles,
Et, dès qu'au firmament mon geste l'appela,
Chacune s'est hâtée en disant : Me voilà.
J'impose mes deux mains sur le front des nuages,
Pour tarir dans leurs flancs la source des orages ;
J'engloutis les cités sous les sables mouvants ;
Je renverse les monts sous les ailes des vents ;
Mon pied infatigable est plus fort que l'espace ;
Le fleuve aux grandes eaux se range quand je passe,
Et la voix de la mer se tait devant ma voix.
Lorsque mon peuple souffre, ou qu'il lui faut des lois,
J'élève mes regards, votre esprit me visite ;
La terre alors chancelle et le soleil hésite ;
Vos anges sont jaloux et m'admirent entre eux.
— Et cependant, Seigneur, je ne suis pas heureux ;
Vous m'avez fait vieillir puissant et solitaire,
Laissez-moi m'endormir du sommeil de la terre.

« Sitôt que votre souffle a rempli le berger,
Les hommes se sont dit : Il nous est étranger ;
Et leurs yeux se baissaient devant mes yeux de flamme,
Car ils venaient, hélas ! d'y voir plus que mon âme.
Aussi, loin de m'aimer, voilà qu'ils tremblent tous,
Et, quand j'ouvre les bras, on tombe à mes genoux.

---

1. Montagne de l'Arabie Pétrée, située à l'ouest et au pied du Sinaï.

— O Seigneur ! j'ai vécu puissant et solitaire,
Laissez-moi m'endormir du sommeil de la terre ».

Or, le peuple attendait, et, craignant son courroux,
Priait sans regarder le mont du Dieu jaloux ;
Car, s'il levait les yeux, les flancs noirs du nuage
Roulaient et redoublaient les foudres de l'orage,
Et le feu des éclairs, aveuglant les regards,
Enchaînait tous les fronts courbés de toutes parts.
Bientôt le haut du mont reparut sans Moïse. —
Il fut pleuré. — Marchant vers la terre promise,
Josué s'avançait pensif et pâlissant,
Car il était déjà l'élu du Tout-Puissant [1].

(*Livre antique. Moïse*, poème.— Calmann Lévy, éditeur.)

LA TERRE AVANT LE DÉLUGE

La terre était riante et dans sa fleur première [2] ;
Le jour avait encor cette même lumière
Qui du ciel embelli couronna les hauteurs
Quand Dieu la fit tomber de ses doigts créateurs [3].
Rien n'avait dans sa forme altéré la nature,
Et des monts réguliers l'immense architecture
S'élevait jusqu'aux cieux par ses degrés égaux,
Sans que rien de leur chaîne eût brisé les anneaux.
La forêt, plus féconde, ombrageait, sous ses dômes,
Des plaines et des fleurs les gracieux royaumes,
Et des fleuves aux mers le cours était réglé
Dans un ordre parfait qui n'était pas troublé.

---

1. Est-il nécessaire de signaler à l'attention le dessin parfait du tableau qui encadre entre les larges et éclatantes perspectives des horizons de la terre, de la mer et des cieux, et dresse au-dessus du vaste camp des tribus prosternées dans la plaine, la montagne et le prophète ; l'allure calme et solennelle des vers, en harmonie avec la gravité sévère et mélancolique du langage de Moïse ; l'éloquente amertume de ses regrets et de ses plaintes, et la majesté grandiose et attristée de ce désenchantement de la toute-puissance terrestre qui, en élevant, isole, et, en faisant commander, asservit ?
2. LUCRÈCE a dit :

Novitas tum florida mundi. (V, 941.)

3. CHATEAUBRIAND a dit : « Je ne reconnaîtrai de souverain que celui qui alluma la flamme des soleils *et d'un coup de sa main fit rouler tous les mondes.* » (*Voyage en Amérique.*) On remarquera un vers, et un beau vers, dans la seconde moitié de cette phrase.
LAMARTINE, au contraire (*Le Désespoir, Premières Médital.*, VII):

Et d'un pied dédaigneux la lançant (la terre) dans l'espace...

Jamais un voyageur n'aurait, sous le feuillage,
Rencontré, loin des flots, l'émail du coquillage,
Et la perle habitait son palais de cristal :
Chaque trésor restait dans l'élément natal [1],
Sans enfreindre jamais la céleste défense ;
Et la beauté du monde attestait son enfance :
Tout suivait sa loi douce et son premier penchant,
Tout était pur encor. Mais l'homme était méchant.
      (*Livre antique. Le Déluge*, Mystère ; début. —
      Calmann Lévy, éditeur.)

LE DÉLUGE

Tous les vents mugissaient, les montagnes tremblèrent :
Des fleuves arrêtés les vagues reculèrent,
Et du sombre horizon dépassant la hauteur,
Des vengeances de Dieu l'immense exécuteur,
L'Océan, apparut [2]. Bouillonnant et superbe,
Entraînant les forêts comme le sable et l'herbe,
De la plaine inondée envahissant le fond,
Il se couche en vainqueur dans le désert profond,
Apportant avec lui comme de grands trophées
Les débris inconnus des villes étouffées :
Et là, bientôt plus calme en son accroissement,
Semble, dans ses travaux, s'arrêter un moment,
Et se plaire à mêler, à briser sur son onde
Les membres arrachés au cadavre du monde.
      (*Ibid.*, II.)

LE HIGHLANDER [3]

Quelquefois un enfant de la Clyde écumeuse
En bondissant parcourt sa montagne brumeuse,
Et chasse un daim léger que son cor étonna.

---

[1]. On n'aurait à relever dans ce morceau, d'une harmonie douce et pleine et d'une fraîche couleur, que l'expression trop abstraite de ce vers, et, peut-être un peu de clinquant dans les deux précédents. Nous les citons pour qu'on puisse mieux apprécier par comparaison la vigueur que prend le style du poète dans le morceau suivant.

[2]. Comparez cet enjambement expressif au commencement du vers 7ᵉ du morceau précédent. — Les vers puissants et sonores abondent dans A. de Vigny. Je lis plus haut dans le même poème :

    Et sur leurs fronts noircis qui partageaient les cieux
    Luisait incessamment l'éclair silencieux.

[3]. Écossais habitant des *hautes terres*, ou montagnard.

Des glaciers de l'Arven aux brouillards du Crona,
Franchit les rocs moussus, dans les gouffres s'élance,
Pour passer le torrent aux arbres se balance,
Tombe avec un pied sûr, et s'ouvre des chemins
Jusqu'à la neige encor vierge des pas humains.
Mais bientôt s'égarant au milieu des nuages,
Il cherche les sentiers voilés par les orages;
Là, sous un arc-en-ciel qui couronne les eaux,
S'il a vu dans la nue, et ses vagues réseaux,
Passer le plaid[1] léger d'une Écossaise errante,
Et s'il entend sa voix dans les échos mourante,
Il s'arrête enchanté, car il croit que ses yeux
Viennent d'apercevoir la sœur de ses aïeux,
Qui va faire frémir, ombre encor amoureuse,
Sous ses doigts transparens la harpe vaporeuse;
Il cherche alors comment Ossian la nomma,
Et, debout sur sa roche, appelle Evir-Coma[2].

(*Livre antique. Eloa*, Mystère en 3 chants, chant II.
— Calmann Lévy, éditeur.)

[1]. Mot écossais qui désigne le manteau des montagnards.
[2]. Voilà un des derniers échos de la poésie d'Ossian, qui a captivé tant d'imaginations au XVIIIe siècle et dans les premières années du XIXe, depuis Mme de Staël jusqu'à Napoléon. Lamartine rappelle encore dans *Jocelyn* (IIe époque) les rêves ossianiques de sa jeunesse,

> Quand un brouillard glacé, rasant les pics sauvages,
> Comme un fils de Morven *le* vêtissait d'orages,

et que le soleil, déchirant la nue,

> Eclairait sous *ses* pieds l'abîme de l'espace.

« C'est moi que le soleil éclaire le premier..... Autour de moi mugissent les tempêtes... Au-dessous de moi sont les éclairs et le tonnerre...», dit aussi, dans sa chanson, comme le Highlander d'A. de Vigny, le « Jeune pâtre de la montagne » de Uhland. — C'est encore sur la montagne que, dans ses *Destinées*, le poète roulera la « Maison du berger » pour y trouver un asile contre le dégoût des villes.

> Marche à travers les champs une fleur à la main,

dit-il à l'homme :

> Le crépuscule ami s'endort dans la vallée,
> Sur l'herbe d'émeraude et sur l'or du gazon,
> Sur les timides joncs de la source isolée
> Et sous le bois rêveur qui tremble à l'horizon.

Et, de la vallée arrivé à la montagne, dans le calme des hautes solitudes, planant sur le monde enfiévré de mouvement et de bruit, le poète est à l'aise pour médire, — comme Horace et Sénèque médisaient de la navigation, — de ces « lignes de fer » sur lesquelles emportée à toute vapeur

> L'humaine créature
> Ne respire et ne voit dans toute la nature
> Qu'un brouillard étouffant que traverse un éclair.

Ce sont fantaisies de poètes et de philosophes que ces hyperboliques invectives : elles ne retardent pas d'une heure le progrès. Au moins celle d'A. de Vigny a-t-elle pour cause et pour excuse l'enivrement de la nature et l'essor qui l'emporte toujours vers les sommets.

LE COR

I

J'aime le son du cor, le soir, au fond des bois,
Soit qu'il chante les pleurs de la biche aux abois,
Ou l'adieu du chasseur que l'écho faible accueille
Et que le vent du nord porte de feuille en feuille.

Que de fois, seul dans l'ombre à minuit demeuré,
J'ai souri de l'entendre, et plus souvent pleuré !
Car je croyais ouïr de ces bruits prophétiques
Qui précédaient la mort des paladins[1] antiques.

O montagnes d'azur ! ô pays adoré !
Rocs de la Frazona, cirque du Marboré,
Cascades qui tombez des neiges entraînées,
Sources, gaves[2], ruisseaux, torrents des Pyrénées ;

Monts gelés et fleuris, trône des deux saisons,
Dont le front est de glace et le pied de gazons !
C'est là qu'il faut s'asseoir, c'est là qu'il faut entendre
Les airs lointains d'un cor mélancolique et tendre.

Souvent un voyageur, lorsque l'air est sans bruit,
De cette voix d'airain fait retentir la nuit ;
A ses chants cadencés autour de lui se mêle
L'harmonieux grelot du jeune agneau qui bêle.

Une biche attentive, au lieu de se cacher,
Se suspend immobile au sommet du rocher,
Et la cascade unit, dans une chute immense,
Son éternelle plainte au chant de la romance.

Ames des chevaliers, revenez-vous encor ?
Est-ce vous qui parlez avec la voix du cor ?
Roncevaux ! Roncevaux ! dans ta sombre vallée
L'ombre du grand Roland n'est donc pas consolée ?

---

1. 1º Seigneurs du palais (*palatium*, d'où palatins) de Charlemagne, qui le suivaient à la guerre ; 2º par extension, chevaliers errants, et, avec un peu d'ironie, redresseurs de torts.
2. Nom donné dans les Pyrénées aux cours d'eau qui descendent des montagnes.

II[1].

. . . .
— « Turpin, n'as-tu rien vu dans le fond du torrent?
— « J'y vois deux chevaliers ; l'un mort, l'autre expirant.
Tous deux sont écrasés sous une roche noire ;
Le plus fort, dans sa main, élève un cor d'ivoire,
Son âme en s'exhalant nous appela deux fois. »

Dieu! que le son du cor est triste au fond des bois[2] !
    (*Livre moderne. Le Cor*, conte. — Calmann
    Lévy, éditeur.)

LA BOUTEILLE A LA MER

Quand un grave marin voit que le vent l'emporte
Et que les mâts brisés pendent tous sur le pont,
Que dans son grand duel la mer est la plus forte
Et que par des calculs l'esprit en vain répond ;
Que le courant l'écrase et le roule en sa course,
Qu'il est sans gouvernail, et, partant, sans ressource,
Il se croise les bras dans un calme profond.

Il voit les masses d'eau, les toise et les mesure,
Les méprise en sachant qu'il en est écrasé[3],
Soumet son âme au poids de la matière impure
Et se sent mort ainsi que son vaisseau rasé.
. . . .

Son sacrifice est fait ; mais il faut que la terre
Recueille du travail le pieux monument.
C'est le journal savant, le calcul solitaire,
Plus rare que la perle et que le diamant ;
C'est la carte des flots faite dans la tempête,
La carte de l'écueil qui va briser sa tête,
Aux voyageurs futurs sublime testament.

---

1. Le poète raconte la mort de Roland, qui, on le sait, enveloppé avec Olivier, à l'arrière-garde de l'armée de Charlemagne, par les Sarrazins, sonna de son *oliphant* (cor d'ivoire, *elephas*) pour appeler à son secours l'empereur, déjà arrivé sur le versant français des Pyrénées. Charlemagne arriva trop tard.
2. Les impressions de la nature et les souvenirs héroïques et poétiques de l'histoire, en un mot la sensibilité et l'imagination concentrées en quelques vers rêvés, qui font rêver le lecteur : voilà la substance de cette petite pièce célèbre.
3. « Quand l'univers l'écraseroit, l'homme seroit encore plus noble que ce qui le tue, parce qu'il sait qu'il meurt ; et l'avantage que l'univers a sur lui, l'univers n'en sait rien. » (PASCAL, *Pensées*.)

Il écrit: « Aujourd'hui le courant nous entraîne,
Désemparés¹, perdus, sur la Terre-de-Feu.
Le courant porte à l'est, notre mort est certaine :
Il faut cingler² au nord pour bien passer ce lieu.
— Ci-joint est mon journal, portant quelques études
Des constellations des hautes latitudes.
Qu'il aborde, si c'est la volonté de Dieu ! »

Puis, immobile et froid, comme le cap des brumes
Qui sert de sentinelle au détroit Magellan³,
Sombre comme ces rocs au front chargé d'écumes,
Ces pics noirs dont chacun porte un deuil castillan,
Il ouvre une bouteille et la choisit très forte,
Tandis que son vaisseau que le courant emporte
Tourne en un cercle étroit comme un vol de milan.

Il tient dans une main cette vieille compagne,
Ferme, de l'autre main, son flanc noir et terni.
Le cachet porte encor le blason de Champagne,
De la mousse de Reims son col vert est jauni.
D'un regard, le marin en soi-même rappelle
Quel jour il assembla l'équipage autour d'elle,
Pour porter un grand toste au pavillon béni.

On avait mis en panne⁴, et c'était grande fête ;
Chaque homme sur son mât tenait son verre en main ;
Chacun à son signal se découvrit la tête,
Et répondit d'en haut par un hourra soudain.
Le soleil souriant dorait les voiles blanches ;
L'air ému répétait ces voix mâles et franches,
Ce noble appel de l'homme à son pays lointain.....

Où sont-ils à présent ? Où sont ces trois cents braves ?
Renversés par le vent dans les courants maudits,

---

1. *Désemparer*, 1° neutre, s'éloigner de, quitter; désemparer d'un poste, d'où sans désemparer; 2° terme de marine, mettre un navire hors d'état, lui enlever ses agrès. (Étymol. : *des*, préfixe; *emparer*, qui est composé de *in*, *parare*, préparer [un navire], le gréer).
2. *Cingler* (orthogr. vicieuse pour *singler*: le vieux français avait *sigle*, voile), faire voile dans une direction. — L'autre verbe *cingler* vient, comme *sangle*, de *cingulum*.
3. Le Portugais Magellan (Magelhaem) découvrit en 1520, entre l'Amérique méridionale et la Terre-de-Feu, le détroit qui a conservé son nom
4. *Panne* (latin *pannus*, étoffe), usité dès le XIIIᵉ siècle, a désigné une sorte d'étoffe; puis, en termes de marine, s'est appliqué aux voiles. Un vaisseau *en panne* est celui qui, la disposition de certaines voiles contrariante celles qui le faisaient marcher, reste immobile.

Aux harpons indiens ils portent pour épaves [1]
Leurs habits déchirés sur leurs corps refroidis.
Les savants officiers, la hache à la ceinture,
Ont péri les premiers en coupant la mâture :
Ainsi, de ces trois cents, il n'en reste que dix !

Le capitaine encor jette un regard au pôle
Dont il vient d'explorer les détroits inconnus.
L'eau monte à ses genoux et frappe son épaule ;
Il peut lever au ciel l'un de ses deux bras nus.
Son navire est coulé, sa vie est révolue [2] :
Il lance la bouteille à la mer, et salue
Les jours de l'avenir qui pour lui sont venus.

Il sourit en songeant que ce fragile verre
Portera sa pensée et son nom jusqu'au port ;
Que d'une île inconnue il agrandit la terre ;
Qu'il marque un nouvel astre et le confie au sort ;
Que Dieu peut bien permettre à des eaux insensées
De perdre des vaisseaux, mais non pas des pensées,
Et qu'avec un flacon il a vaincu la mort.

Tout est dit. A présent, que Dieu lui soit en aide !
Sur le brick englouti l'onde a pris son niveau [3],
Au large flot de l'est le flot de l'ouest succède,
Et la bouteille y roule en son vaste berceau.
Seule dans l'Océan la frêle passagère
N'a pas pour se guider une brise légère ;
Mais elle vient de l'arche et porte le rameau.

Les courants l'emportaient, les glaçons la retiennent,
Et la couvrent des plis d'un épais manteau blanc.
Les noirs chevaux de mer la heurtent, puis reviennent
La flairer avec crainte, et passent en soufflant.
Elle attend que l'été, changeant ses destinées,
Vienne ouvrir le rempart des glaces obstinées,
Et vers la ligne ardente [4] elle monte en roulant.

1. *Epave*, chose perdue, et non réclamée, dont la propriété appartient à l'Etat. *Epave maritime*, objet que la mer rejette sur ses bords. Etym. : *ex*, *pavidus*, parce que *épave* s'est appliqué d'abord aux bêtes effrayées et égarées.
2. Qui a achevé sa révolution ; achevé, complet.
3. Sa surface s'est aplanie ; elle s'est nivelée, équilibrée. — Etym. : latin *libella*, diminutif de *libra*.
4. Ou la ligne équinoxiale ; ou, par convention, la ligne ; ou l'équateur.

Un jour, tout était calme, et la mer Pacifique,
Par ses vagues d'azur, d'or et de diamant,
Renvoyait ses splendeurs au soleil du tropique.
Un navire y passait majestueusement ;
Il a vu la bouteille aux gens de mer sacrée :
Il couvre de signaux sa flamme diaprée,
Lance un canot en mer et s'arrête un moment.

Mais on entend au loin le canon des corsaires ;
Le Négrier va fuir s'il peut prendre le vent.
Alerte ! et coulez bas ces sombres adversaires !
Noyez or et bourreaux du couchant au levant !
La frégate reprend ses canots et les jette
En son sein, comme fait la sarigue inquiète [1],
Et par voile et vapeur vole et roule en avant.

Seule dans l'Océan, seule toujours ! — Perdue
Comme un point invisible en un mouvant désert,
L'aventurière passe errant dans l'étendue,
Et voit tel cap secret qui n'est pas découvert.
Tremblante voyageuse à flotter condamnée,
Elle sent sur son col que depuis une année
L'algue et les goëmons [2] lui font un manteau vert.

Un soir enfin, les vents qui soufflent des Florides
L'entraînent vers la France et ses bords pluvieux.
Un pêcheur accroupi sous des rochers arides
Tire dans ses filets le flacon précieux.
Il court, cherche un savant et lui montre sa prise,
Et, sans l'oser ouvrir, demande qu'on lui dise
Quel est cet élixir [3] noir et mystérieux.

Quel est cet élixir ? Pêcheur, c'est la science,
C'est l'élixir divin que boivent les esprits,
Trésor de la pensée et de l'expérience ;
Et, si tes lourds filets, ô pêcheur, avaient pris
L'or qui toujours serpente aux veines du Mexique,

---

1. Animal mammifère de l'ordre des marsupiaux (*marsupium*, bourse), — par ex., le kanguroo, — dont la femelle a sous le ventre une poche dans laquelle elle porte ses petits. Voyez la fable 1re, livre II, de Florian.

2. *Goëmon*, appelé aussi *varech*, herbe marine comme l'algue (*alga*).

3. *Elixir*, préparation pharmaceutique distillée. Etym.: *al*, le, *aksir*, quintessence (arabe).

Les diamants de l'Inde et les perles d'Afrique,
Ton labeur de ce jour aurait eu moins de prix [1].
(*Les Destinées*, VIII. — Calmann Lévy, éditeur.)

A. DE MUSSET

1810-1857

Alfred DE MUSSET naquit, vécut et mourut à Paris. Plus jeune de dix ou quinze ans que Lamartine, V. Hugo et A. de Vigny, il se jeta, au sortir du collège, dans la mêlée du romantisme, les *Contes d'Espagne et d'Italie* à la main, avec une pétulance audacieuse et fantasque,

Aimant, aimé de tous, ouvert comme une fleur.

Ce fut une première échappée de jeunesse sous laquelle perçaient et étincelaient l'imagination et la sensibilité qui étaient en lui. Les *Poésies diverses* (1831), un *Spectacle dans un Fauteuil* (1833) tinrent toutes ces promesses de son génie. Il les dépassa depuis, il heurta le fond de vase et de gravier des plaisirs fiévreux, et alors, blessé, il trouva dans les *Nuits* d'incomparables accents qui le mettent, sans qu'il ait repris le nom d'Elégies, à côté ou au-dessus de Lamartine et d'André Chénier. *Rolla*, les *Stances à la Malibran*, l'*Espoir en Dieu*, etc., et, en prose, des *Nouvelles*, des *Contes*, des *Comédies* ou *Proverbes*, jouées tard, mais toujours jouées depuis, complètent son œuvre.

Génie capricieux et charmant, plein de feu, de verve et de mélancolie, il a l'éclat et la grâce, la tendresse et l'élévation. Nul n'a donné plus d'éloquence à la passion; nul n'a peint à plus larges traits la nature dans le sein de laquelle il verse ses joies et ses amertumes ; nul depuis Chénier n'a su mieux rendre, en des vers brillants et purs, la fraîcheur et le parfum à ce monde de divinités et d'allégories dont la poésie antique animait celle qu'il aime à appeler « l'immortelle nature ». Tout en imitant souvent Byron dans son allure, il se rêvait Grec, comme Chénier, en ce Paris qu'il n'a jamais quitté :

Grèce, ô mère des arts, terre d'idolâtrie,
De mes vœux insensés éternelle patrie,
J'étais né pour ces temps où les fleurs de ton front
Couronnaient dans les mers l'azur de l'Hellespont.
Je suis un citoyen de tes siècles antiques :
Mon âme avec l'abeille erre sous tes portiques.

(*Les Vœux stériles*.)

En dépit de ses premières incartades, il est, pour le style, de la lignée de Régnier, — et aussi, quoi qu'il en semble, de Malherbe, — de La Fontaine, de Molière, par cette langue franche, brillante

---

1. Le poète a fait de l'expression d'une idée abstraite une allégorie originale et touchante, développée en un large récit et en tableaux successifs. C'est le « drame » de la bouteille. Les vers graves, pleins, grandioses, émus, y abondent.

et ferme, par ces larges coulées de vers sonores et pleins, Molière mettait son âme sur les lèvres d'Alceste ; A. de Musset, dans l'indépendance de la poétique nouvelle, chante en son nom ce qu'il sent et ce qu'il souffre ; mais l'éloquence du cœur ne les fait-elle pas frères? Et A. de Musset ne prétendait-il pas lui-même relever de la vieille école française de Régnier, de Molière et de La Fontaine? (Voir nos dernières citations ; voir dans notre Recueil de Prosateurs, p. 635, ce qu'en dit M. Nisard.)

CHŒUR DE SOLDATS

Telles par l'ouragan les neiges flagellées
Bondissent en sifflant des glaciers aux vallées,
Tels se sont élancés, au signal du combat,
Les enfants du Tyrol et du Palatinat.
Maintenant l'empereur a terminé la guerre.
Les cantons sur leur porte ont plié leur bannière.
Écoutez, écoutez : c'est l'adieu des clairons ;
C'est la vieille Allemagne appelant ses barons.
Remonte [1] maintenant, chasseur du cerf timide ;
Remonte, fils du Rhin, compagnon intrépide ;
Tes enfants sur ton cœur vont venir se presser.
Sors de ta lourde armure, et va les embrasser.

Soldats, arrêtons-nous. — C'est ici la demeure
Du capitaine Frank, du plus grand des soldats.
Notre vieil empereur l'a serré dans ses bras.
Couronné par le peuple, il viendra tout à l'heure
Souper dans ce palais avec ses compagnons.
Jamais preux [2] chevalier n'a mieux conquis sa gloire.
Il a, seul, près d'Inspruck [3], emporté l'aigle noire [4],
Du cœur de la mêlée, aux bouches des canons.
Vingt fois ses cuirassiers l'ont cru, dans la bataille,
Coupé par les boulets, brisé par la mitraille.

1. Remonte de la plaine dans tes montagnes.
2. Racine *probus*? Prouesse, racine *probitas*?
3. Innsbruck en allemand (Pont de l'Inn), capitale du Tyrol.
4. L'aigle à deux têtes, que l'Autriche a mise sur son drapeau, et qui lit,

> Lorsque le régiment des hallebardiers passe,
>
> « Le vertige me prend moi-même dans les airs,
> En regardant marcher cette forêt d'éclairs ».

et auquel répond par un cri de liberté

> L'aigle montagnard, l'aigle orageux de l'espace,

(V. Hugo, *Légende des siècles*, première série, *Le Régiment du baron Madruce*.) — Comparez cette pièce de V. Hugo, et le *Camp de Wallenstein* de Schiller (*Wallenstein*, première partie).

Il avançait toujours, toujours en éclaireur ;
On le voyait du feu sortir comme un plongeur.
Trois balles l'ont frappé ; — sa trace était suivie ;
Mais le dieu des hasards n'a voulu de sa vie
Que ce qu'il en fallait pour gagner ses chevrons [1],
Et pouvoir de son sang dorer ses éperons [2].

(*Premières poésies. Un spectacle dans un fauteuil : La coupe et les lèvres*, poème dramatique, III, 1. — Charpentier, éditeur.)

L'ÉTOILE DU SOIR

Pâle étoile du soir, messagère lointaine,
Dont le front sort brillant des voiles du couchant ;
De ton palais d'azur au sein du firmament,
    Que regardes-tu dans la plaine ?
La tempête s'éloigne et les vents sont calmés.
La forêt, qui frémit, pleure sur la bruyère ;
Le phalène [3] doré, dans sa course légère,
    Traverse les prés embaumés.
    Que cherches-tu sur la terre endormie ?
Mais déjà sur les monts je te vois t'abaisser ;
Tu fuis en souriant, mélancolique amie,
Et ton tremblant regard est près de s'effacer.

Etoile qui descends sur la verte colline,
Triste larme d'argent du manteau de la nuit,
Toi que regarde au loin le pâtre qui chemine,
Tandis que pas à pas son long troupeau le suit ;
Etoile, où t'en vas-tu dans cette nuit immense ?
Cherches-tu sur la rive un lit dans les roseaux ?
Ou t'en vas-tu si belle, à l'heure du silence,
Tomber comme une perle au sein profond des eaux ?

(*Premières poésies. Le saule*, fragment. — Charpentier, éditeur.)

---

1. *Chevrons* (racine *capreolus*: 1o chevreuil, chamois ; 2o contre-fiches divergentes comme les cornes du chamois, sur lesquelles repose le toit) signifie, par assimilation à ce dernier sens, des bandes de galon divergentes et disposées en angle, et qui, superposées, chiffrent les années de service.

2. Gagner par ses blessures les éperons d'or d'officier.

3. Papillon de nuit. Tel est le sens du mot grec, φάλαινα, traduit en français. Victor Hugo a dit (*Ballades*, IX) : « le nocturne phalène ». Les dictionnaires de l'Académie et de Littré le font féminin.

TABLEAUX

I
COMBAT DE LOUVES

Comme on voit dans l'été, sur les herbes fauchées,
Deux louves, remuant les feuilles desséchées,
S'arrêter face à face, et se montrer la dent ;
La rage les excite au combat ; cependant
Elles tournent en rond lentement, et s'attendent :
Leurs mufles amaigris l'un vers l'autre se tendent.
— Tels, et se renvoyant de plus sombres regards,
Les deux rivaux, penchés sur le bord des remparts,
S'observent ; par instant entre leur main rapide
S'allume sous l'acier un éclair homicide.

(*Premières poésies. Contes d'Espagne et d'Italie* —
Don Paez. — Charpentier, éditeur.)

II
LA CAVALE DU DÉSERT

Lorsque dans le désert la cavale sauvage,
Après trois jours de marche, attend un jour d'orage,
Pour boire l'eau du ciel sur ses palmiers poudreux ;
Le soleil est de plomb, les palmiers en silence
Sous leur ciel embrasé penchent leur longs cheveux ;
Elle cherche son puits dans le désert immense,
Le soleil l'a séché ; sur le rocher brûlant
Les lions hérissés dorment en grommelant.
Elle se sent fléchir ; ses narines qui saignent
S'enfoncent dans le sable, et le sable altéré
Vient boire avidement son sang décoloré.
Alors elle se couche, et ses grands yeux s'éteignent,
Et le pâle désert roule sur son enfant
Les flots silencieux de son linceul mouvant.

(*Poésies nouvelles. Rolla*. — Charpentier, éditeur.)

III
LES PAYSANS DE LA FORÊT NOIRE AUX JEUX DE BADE[1]

L'abreuvoir est public, et qui veut vient y boire.
J'ai vu les paysans, fils de la Forêt Noire,

---

[1] Supprimés aujourd'hui.

Leurs bâtons à la main, entrer dans ce réduit;
Je les ai vus penchés sur la bille d'ivoire,
Ayant à travers champs couru toute la nuit,
Fuyards désespérés de quelque honnête lit;

Je les ai vus, debout, sous la lampe enfumée,
Avec leur veste rouge et leurs souliers boueux,
Tournant leurs grands chapeaux entre leurs doigts calleux[1],
Poser sous les râteaux[2] la sueur d'une année,
Et là, muets d'horreur devant la Destinée,
Suivre des yeux leur pain qui courait devant eux !

Dirai-je qu'ils perdaient? Hélas ! ce n'était guères.
C'était bien vite fait de leur vider les mains.
Ils regardaient alors toutes ces étrangères,
Cet or, ces voluptés, ces belles passagères,
Tout ce monde enchanté de la saison des bains[3],
Qui s'en va sans poser le pied sur les chemins.

Ils couraient, ils partaient, tout ivres de lumière,
Et la nuit sur leurs yeux posait son noir bandeau.
Ces mains vides, ces mains qui labourent la terre,
Il fallait les étendre, en rentrant au hameau,
Pour trouver à tâtons les murs de la chaumière,
L'aïeule au coin du feu, les enfants au berceau[4].

(*Poésies nouvelles. Une bonne fortune.* — Charpentier, éditeur.)

LA POÉSIE ET LA DOULEUR

LA MUSE.

Poëte, prends ton luth; c'est moi, ton immortelle,
Qui t'ai vu cette nuit triste et silencieux,
Et qui, comme un oiseau que sa couvée appelle,
Pour pleurer avec toi descends du haut des cieux.
Viens; tu souffres, ami. Quelque ennui solitaire
Te ronge; quelque chose a gémi dans ton cœur;
Quelque amour t'est venu, comme on en voit sur terre,
Une ombre de plaisir, un semblant de bonheur.

---

1. *Calleux* (*callus*, cal, callosité, durillon).
2. *Râteaux* avec lesquels le commis (appelé croupier) du banquier attire à lui l'argent perdu par le joueur.
3. *Bains*, bains thermaux, qui ont donné leur nom allemand à la ville de Baden.
4. Voilà un drame en deux tableaux. Et quelle âpre éloquence dans la

Viens, chantons devant Dieu ; chantons dans tes pensées,
Dans tes plaisirs perdus, dans tes peines passées ;
Partons, dans un baiser, pour un monde inconnu.
Éveillons au hasard les échos de ta vie,
Parlons-nous de bonheur, de gloire et de folie,
Et que ce soit un rêve, et le premier venu.
Inventons quelque part des lieux où l'on oublie ;
Partons, nous sommes seuls, l'univers est à nous.
Voici la verte Écosse, et la brune[1] Italie,
Et la Grèce, ma mère, où le miel est si doux,
Argos et Ptéléon [2], ville des hécatombes,
Et Messa la divine, agréable aux colombes ;
Et le front chevelu du Pélion changeant ;
Et le bleu Titarèse, et le golfe d'argent

brièveté du second ! Ils abondent dans A. de Musset. C'est quelquefois une simple esquisse en un vers :

La Nuit.

Les épaules d'argent de la nuit qui frissonne.....
La nuit aux pieds d'argent descend dans la rosée...

(Cf. HOMÈRE, *Il.*, I, 556, Ἀργυρόπεζα Θέτις.)

Ou en trois ou quatre : Regrettez-vous, dit le poète, le temps,

Les Sylvains.

Où les Sylvains moqueurs dans l'écorce des chênes
Avec les rameaux verts se balançaient au vent
Et sifflaient dans l'écho la chanson du passant ?
(*Rolla*.)

(Cf. SEGRAIS, p. 321, note.

Un vieux Faune en rioit dans sa grotte sauvage.)

Et encore :

Le Laboureur et l'Alouette.

Lorsque sur le sillon l'oiseau chante à l'aurore,
Le laboureur s'arrête, et, le front en sueur,
Aspire dans l'air pur un souffle de bonheur.
(*Stances à la Malibran*.)

(Cf. dans notre Recueil de prosateurs *Les laboureurs*, par G. SAND.)

L'Amandier.

Si jamais ta tête qui penche
Devient blanche,
Ce sera comme l'amandier,
Cher Nodier.

Ce qui le blanchit n'est pas l'âge,
Ni l'orage ;
C'est la fraîche rosée en pleurs
Dans les fleurs.
(*Stances à Charles Nodier*.)

1. *Brune*, au sol, aux rochers brunis par le soleil.
2. Ptéléon, en Thessalie, ληχεποίην (herbosam), HOMÈRE, *Il.*, II, 697. — Messa, en Laconie, πολυτρήρωνα (τρήρων, colombe, de τρέω, trembler), *Ib.*, 582. —Le Pélion, montagne de Thessalie, εἰνοσίφυλλον, *Ib.*, 757 ; *comans*, dirait le latin, boisé. *Changeant*, feuillu en été, dépouillé en hiver.— Titarèse, fleuve de Thessalie, ἱμερτὸν, amoenum, *Ib.*, 751.—Oloossone, en Thessalie, λευκήν, *Ib.*, 739 ; Camire, dans l'île de Rhodes, ἀργινόεντα, albicantem, *Il.*, 656 ; à cause de leur sol crayeux.

Qui montre dans ses eaux, où le cygne se mire,
La blanche Oloossone à la blanche Camire.
Dis-moi, quel songe d'or nos chants vont-ils bercer?
D'où vont venir les pleurs que nous allons verser?
Ce matin, quand le jour a frappé ta paupière,
Quel séraphin pensif, courbé sur ton chevet,
Secouait des lilas dans sa robe légère,
Et te contait tout bas les amours qu'il rêvait?
Chanterons-nous l'espoir, la tristesse ou la joie?
Tremperons-nous de sang les bataillons d'acier?
Suspendrons-nous l'amant sur l'échelle de soie?
Jetterons-nous au vent l'écume du coursier?
Dirons-nous quelle main, dans les lampes sans nombre
De la maison céleste, allume nuit et jour
L'huile sainte de vie et d'éternel amour?
Crierons-nous à Tarquin : « Il est temps, voici l'ombre [1]? »
Descendrons-nous cueillir la perle au fond des mers?
Mènerons-nous la chèvre aux ébéniers amers [2]?
Montrerons-nous le ciel à la Mélancolie?
Suivrons-nous le chasseur sur les monts escarpés?
La biche le regarde ; elle pleure et supplie :
Sa bruyère l'attend ; ses faons sont nouveau-nés ;
Il se baisse, il l'égorge, il jette à la curée
Sur les chiens en sueur son cœur encor vivant... [3]
Dirons-nous aux héros des vieux temps de la France
De monter tout armés aux créneaux de leurs tours,
Et de ressusciter la naïve romance
Que leur gloire oubliée apprit aux troubadours [4]?
Vêtirons-nous de blanc une molle élégie?
L'homme de Waterloo nous dira-t-il sa vie,
Et ce qu'il a fauché du troupeau des humains
Avant que l'envoyé de la nuit éternelle
Vint sur son tertre vert [5] l'abattre d'un coup d'aile
Et sur son cœur de fer lui croiser les deux mains?

---

1. Sextus Tarquin. Voyez la tragédie de *Lucrèce*, par PONSARD.
2. Le faux ébénier, appelé aussi *cytise laburnum*. Cf. VIRGILE, *Buc.*, I, 79 :
>Non, me pascente, capellæ
>Florentem cytisum et salices carpetis amaras;

LAMARTINE, *Méd.*, II, 15 :
>Ou suspendre la chèvre au cytise embaumé.

3. Voyez dans l'*Aveugle* de CHÉNIER des tableaux intercalés ainsi dans une énumération.
4. *Troubadours*, poètes de la langue d'oc (XIe-XIIe siècles).
5. Dans la tombe qui l'enferme sur un plateau de Sainte-Hélène.

Clouerons-nous au poteau d'une satire altière
Le nom sept fois vendu d'un pâle pamphlétaire,
Qui, poussé par la faim, du fond de son oubli,
S'en vient, tout grelottant d'envie et d'impuissance,
Sur le front du génie insulter l'espérance
Et mordre le laurier que son souffle a sali [1]?
Prends ton luth! prends ton luth! je ne peux plus me taire;
Mon aile me soulève au souffle du printemps.
Le vent va m'emporter; je vais quitter la terre.
Une larme de toi! Dieu m'écoute; il est temps.

LE POÈTE.

S'il ne te faut, ma sœur chérie,
Qu'un baiser d'une lèvre amie
Et qu'une larme de mes yeux,
Je te les donnerai sans peine;
De nos amours qu'il te souvienne,
Si tu remontes dans les cieux.
Je ne chante ni l'espérance,
Ni la gloire, ni le bonheur,
Hélas! pas même la souffrance.
La bouche garde le silence
Pour écouter parler le cœur.

LA MUSE.

Crois-tu donc que je sois comme le vent d'automne,
Qui se nourrit de pleurs jusque sur un tombeau,
Et pour qui la douleur n'est qu'une goutte d'eau?
O poète! un baiser, c'est moi qui te le donne.
L'herbe que je voulais arracher de ce lieu,
C'est ton oisiveté; ta douleur est à Dieu.
Quel que soit le souci que ta jeunesse endure,
Laisse-la s'élargir, cette sainte blessure
Que les noirs séraphins t'ont faite au fond du cœur:
Rien ne nous rend si grands qu'une grande douleur.
Mais, pour en être atteint, ne crois pas, ô poète,
Que ta voix ici-bas doive rester muette.
Les plus désespérés sont les chants les plus beaux,
Et j'en sais d'immortels qui sont de purs sanglots.
Lorsque le pélican, lassé d'un long voyage,

---

1. C'est-à-dire: ferons-nous ensemble des poésies lyriques? descriptives? dramatiques? pastorales? élégiaques? épiques? satiriques? Et le poète peint chacune d'elles de quelques traits rapides empruntés aux sujets qu'elle peut traiter.

Dans les brouillards du soir retourne à ses roseaux,
Ses petits effamés courent sur le rivage,
En le voyant au loin s'abattre sur les eaux.
Déjà, croyant saisir et partager leur proie,
Ils courent à leur père avec des cris de joie,
En secouant leurs becs sur leurs goîtres [1] hideux.
Lui, gagnant à pas lents une roche élevée,
De son aile pendante abritant sa couvée,
Pêcheur mélancolique, il regarde les cieux.
Le sang coule à longs flots de sa poitrine ouverte;
En vain il a des mers fouillé la profondeur :
L'Océan était vide et la plage déserte;
Pour toute nourriture il apporte son cœur.
Sombre et silencieux, étendu sur la pierre,
Partageant à ses fils ses entrailles de père,
Dans son amour sublime il berce sa douleur,
Et, regardant couler sa sanglante mamelle,
Sur son festin de mort il s'affaisse et chancelle,
Ivre de volupté, de tendresse et d'horreur.
Mais parfois, au milieu du divin sacrifice,
Fatigué de mourir dans un trop long supplice,
Il craint que ses enfants ne le laissent vivant;
Alors, il se soulève, ouvre son aile au vent,
Et, se frappant le cœur avec un cri sauvage,
Il pousse dans la nuit un si funèbre adieu,
Que les oiseaux des mers désertent le rivage,
Et que le voyageur attardé sur la plage,
Sentant passer la mort, se recommande à Dieu.
Poète, c'est ainsi que font les grands poètes.
Ils laissent s'égayer ceux qui vivent un temps;
Mais les festins humains qu'ils servent à leurs fêtes
Ressemblent la plupart à ceux des pélicans.
Quand ils parlent ainsi d'espérances trompées,
De tristesse et d'oubli, d'amour et de malheur,
Ce n'est pas un concert à dilater le cœur.
Leurs déclamations sont comme des épées;
Elles tracent dans l'air un cercle éblouissant :
Mais il y pend toujours quelque goutte de sang.

---

1. Goître (racine *guttur*), poche que le pélican porte sous sa mandibule inférieure. Le dévouement prêté au pélican, qui l'a toujours fait prendre pour symbole de l'amour paternel, et qui inspire si éloquemment notre poète, est aujourd'hui reconnu faux.

LE POÈTE.

O Muse, spectre insatiable,
Ne m'en demande pas si long.
L'homme n'écrit rien sur le sable
A l'heure où passe l'aquilon.
J'ai vu le temps où ma jeunesse
Sur mes lèvres était sans cesse
Prête à chanter comme un oiseau ;
Mais j'ai souffert un dur martyre,
Et le moins que j'en pourrais dire,
Si je l'essayais sur ma lyre,
La briserait comme un roseau [1].

(*Poésies nouvelles. La Nuit de Mai.* —
Charpentier, éditeur.)

LA SOUFFRANCE, LE PARDON ET L'OUBLI

LA MUSE AU POÈTE.

Si l'effort est trop grand pour la faiblesse humaine
De pardonner les maux qui nous viennent d'autrui,
Epargne-toi du moins le tourment de la haine ;
A défaut du pardon laisse venir l'oubli.
Les morts dorment en paix dans le sein de la terre ;
Ainsi doivent dormir nos sentiments éteints.
Ces reliques du cœur ont aussi leur poussière ;
Sur leurs restes sacrés ne portons pas les mains.
Pourquoi, dans ce récit d'une vive souffrance,
Ne veux-tu voir qu'un rêve et qu'un amour trompé ?
Est-ce donc sans motif qu'agit la Providence,
Et crois-tu donc distrait le Dieu qui t'a frappé ?
Le coup dont tu te plains t'a préservé peut-être,
Enfant ; car c'est par là que ton cœur s'est ouvert.
L'homme est un apprenti, la douleur est son maître,
Et nul ne se connaît, tant qu'il n'a pas souffert.
C'est une dure loi, mais une loi suprême,
Vieille comme le monde et la fatalité,
Qu'il nous faut du malheur recevoir le baptême,

1. Le poète a beau s'en défendre, il a chanté son « martyre », et il lui doit ses incomparables *Nuits*. Combien d'autres ont dû comme lui, soit à leur malheurs réels, soit à la sensibilité qui aiguisait les ennuis de leur cœur, ou les sujets, ou les inspirations de leur poésie ! Il suffit de citer les élégiaques latins, A. Chénier, Lamartine, et les mélancolies de Virgile, et les amertumes de Molière. Ajoutons-y bien des romans puisés dans la vie de leur auteur, et les *Rêveries d'un promeneur solitaire* de Rousseau. Les malheurs trempent le génie, quand même ce ne sont pas ses mal-

Et qu'à ce triste prix tout doit être acheté.
Les moissons pour mûrir ont besoin de rosée ;
Pour vivre et pour sentir l'homme a besoin des pleurs;
La joie a pour symbole une plante brisée,
Humide encore de pluie et couverte de fleurs.
Ne te disais-tu pas guéri de ta folie ?
N'es-tu pas jeune, heureux, partout le bienvenu ?
Et ces plaisirs légers qui font aimer la vie,
Si tu n'avais pleuré, quel cas en ferais-tu ?
Lorsqu'au déclin du jour, assis sur la bruyère,
Avec un vieil ami tu bois en liberté [1],

heurs qu'il chante ou raconte. Voyez Lamartine, *le Génie* (*Premières Méditations*, XIV), Victor Hugo, *le Génie* (*Odes*, IV, 6).

C'est de lui-même qu'ailleurs A. de Musset demandait à sa muse la consolation de ses chagrins.

   Salut, ma mère et ma nourrice !
   Salut, salut consolatrice !
   Ouvre tes bras, je vais chanter. (*Nuit d'Août*.)

  Jours de travail ! seuls jours où j'ai vécu !
   O trois fois chère solitude !
  Dieu soit loué, j'y suis donc revenu
   A ce vieux cabinet d'étude !
  Pauvre réduit, murs tant de fois déserts,
   Fauteuils poudreux, lampe fidèle,
  O mon palais, mon petit univers,
   Et toi, Muse, ô jeune immortelle,
  Dieu soit loué, nous allons donc chanter !
        (*Nuit d'Octobre*.)

A A. CHÉNIER aussi les Muses venaient apporter, dans la souffrance, les consolations de la poésie :

  Ah ! je les reconnais, et mon cœur se réveille,
  O sons ! ô douces voix chères à mon oreille !
  O mes Muses, c'est vous, vous, mon premier amour,
  Vous qui m'avez aimé dès que j'ai vu le jour.
  Leurs bras, à mon berceau dérobant mon enfance,
  Me portaient sous la grotte où Virgile eut naissance,
  Où j'entendais le bois murmurer et frémir,
  Où leurs yeux dans les fleurs me regardaient dormir
  Ingrat ! ô de l'amour trop coupable folie !
  Souvent je les outrage et les oublie ;
  Et, sitôt que mon cœur est en proie au chagrin,
  Je les vois revenir le front doux et serein....
  Elles viennent ! leur voix, leur aspect me rassure ;
  Leur chant mélodieux assoupit ma blessure ;
  Je me fuis, je m'oublie, et mes esprits distraits
  Se plaisent à les suivre et retrouvent la paix.
  Par vous, Muses, par vous, franchissant les collines,
  Soit que j'aime l'aspect des campagnes sabines,
  Soit Caïle ou Falerne, et leurs riches coteaux,
  Ou l'air de Blandusie et l'azur de ses eaux :
  Par vous de l'Anio j'admire le rivage,
  Par vous de Tivoli le poétique ombrage,
  Et de Bacchus, assis sous des antres profonds,
  La nymphe et le satyre écoutant les chansons ;
  Par vous la rêverie errante, vagabonde,
  Livre à vos favoris la nature et le monde ;
  Par vous mon âme, au gré de ses illusions,
  Vole et franchit les temps, les mers, les nations ;
  Va vivre en d'autres corps, s'égare, se promène,
  Est tout ce qu'il lui plaît, car tout est son domaine.
        (*Élégies*, IV.)

1. A. de Musset excelle à esquisser en un ou deux traits, à la fois larges et précis, un tableau que l'imagination du lecteur saisit au passage et achève.

Dis-moi, d'aussi bon cœur viderais-tu ton verre,
Si tu n'avais senti le prix de la gaîté?
Aimerais-tu les fleurs, les prés et la verdure,
Les sonnets de Pétrarque et le chant des oiseaux,
Michel-Ange et les arts, Shakspeare et la nature,
Si tu n'y retrouvais quelques anciens sanglots?
Comprendrais-tu des cieux l'ineffable harmonie,
Le silence des nuits, le murmure des flots,
Si quelque part là-bas la fièvre et l'insomnie
Ne t'avaient fait songer à l'éternel repos?...
De quoi te plains-tu donc? l'immortelle espérance
S'est retrempée en toi sous la main du malheur.
Pourquoi veux-tu haïr ta jeune expérience,
Et détester un mal qui t'a rendu meilleur[1]?...

(*Poésies nouvelles*. *La Nuit d'Octobre*. — Charpentier, éditeur.)

LA FONTAINE

C'est avec celui-là qu'il est bon de veiller;
    Ouvrez-le sur votre oreiller,
    Vous verrez se lever l'aurore.
Molière l'a prédit, et j'en suis convaincu,
    Bien des choses auront vécu
    Quand nos enfants liront encore
    Ce que le bonhomme a conté[2],
    Fleur de sagesse et de gaîté.
Mais quoi! la mode vient et tue un vieil usage;
    On n'en veut plus, du sobre et franc langage
    Dont il enseignait la douceur,
    Le seul français et qui vienne du cœur;

---

1. La souffrance est la loi de l'humanité.
    Ὡς γὰρ ἐπεκλώσαντο θεοὶ δειλοῖσι βροτοῖσι
    Ζώειν ἀχνυμένοις,

dit Achille à Priam (*Iliade*, XXIV, 525). Mortalibus ægris, dit Enée (*Æneid.*, II, 260): l'homme est *malade* de la souffrance et de la mort. Cf. LUCRÈCE, II, 15:

    Qualibus in tenebris vitæ quantisque periclis
    Degitur hoc ævi, quodcumque est!

Ainsi parle aussi Platon, qui rassemble plusieurs passages d'Homère en ce sens (*Axiochus*). Heureusement,

    Les larmes d'ici-bas ne sont qu'une rosée
    Dont un matin au plus la terre est arrosée,
    Que la brise secoue et que boit le soleil;
    Puis l'oubli vient au cœur, comme aux yeux le sommeil.
        (A. DE MUSSET, *Portia*.)

2. « Nos beaux esprits ont beau faire, ils n'effaceront pas le bonhomme, » dit un jour Molière.

Car, n'en déplaise à l'Italie [1],
La Fontaine, sachez-le bien,
En prenant tout, n'imita rien [2].
Il est sorti du sol de la patrie,
Le vert laurier qui couvre son tombeau;
Comme l'antique, il est nouveau.

(*Poésies nouvelles. Sylvia.*
Charpentier, éditeur.)

MOLIÈRE

J'étais seul, l'autre soir, au Théâtre-Français,
Ou presque seul; l'auteur n'avait pas grand succès.
Ce n'était que Molière, et nous savons de reste
Que ce grand maladroit, qui fit un jour Alceste,
Ignora le bel art de chatouiller l'esprit
Et de servir à point un dénoûment bien cuit.
Grâce à Dieu, nos auteurs ont changé de méthode,
Et nous aimons bien mieux quelque drame à la mode
Où l'intrigue, enlacée et roulée en feston,
Tourne comme un rébus autour d'un mirliton [3].
    J'écoutais cependant cette simple harmonie,
Et comme le bon sens fait parler le génie.
J'admirais quel amour pour l'âpre vérité
Eut cet homme si fier en sa naïveté,
Quel grand et vrai savoir des choses de ce monde,
Quelle mâle gaîté, si triste et si profonde,
Que, lorsqu'on vient d'en rire, on devrait en pleurer [4].
Et je me demandais : Est-ce assez d'admirer ?
Est-ce assez de venir, un soir, par aventure,
D'entendre au fond de l'âme un cri de la nature,
D'essuyer une larme, et de partir ainsi,
Quoi qu'on fasse d'ailleurs, sans en prendre souci ?...
    Puis je songeais encore (ainsi va la pensée)
Que l'antique franchise, à ce point délaissée,

---

1. Beaucoup de contes de Boccace, dont les sujets ont été traités par La Fontaine, venaient des trouvères de la Champagne, de l'Ile de France et de la Picardie. La Fontaine a repris notre bien à l'Italie.
2.   Mon imitation n'est pas un esclavage,
a-t-il dit lui-même.
3. C'est le ton de l'épître badine. A. de Musset sait les prendre tous : entendez l'accent des vers qui suivent.
4. On sent qu'en riant des boutades d'Alceste, il a été ému jusqu'aux larmes de ses généreuses indignations, qui vont le gagner lui-même.

Avec notre finesse et notre esprit moqueur,
Ferait croire, après tout, que nous manquons de cœur ;
Que c'était une triste et honteuse misère
Que cette solitude à l'entour de Molière,
Et qu'il est *pourtant temps*, comme dit la chanson,
De sortir de ce siècle ou d'en avoir raison…..
Ah ! j'oserais parler, si je croyais bien dire.
J'oserais ramasser le fouet de la satire,
Et l'habiller de noir, cet homme aux rubans verts [1],
Qui se fâchait jadis pour quelques mauvais vers.
S'il rentrait aujourd'hui dans Paris, la grand'ville [2],
Il y trouverait mieux, pour émouvoir sa bile,
Qu'une méchante femme et qu'un méchant sonnet [3] ;
Nous avons autre chose à mettre au cabinet.
O notre maître à tous ! si ta tombe est fermée,
Laisse-moi dans ta cendre, un instant ranimée,
Trouver une étincelle, et je vais t'imiter !
Apprends-moi de quel ton, dans ta bouche hardie,
Parlait la vérité, ta seule passion,
Et pour me faire entendre, à défaut du génie,
J'en aurai le courage et l'indignation [4] !

(*Poésies nouvelles. Une soirée perdue.* — Charpentier, éditeur.)

---

1. C'est ainsi que Célimène désignait Alceste dans la lettre lue au Ve acte, scène 4e, du *Misanthrope*.
2. Voyez la « vieille chanson » que dit Alceste (I, 2).
3. Célimène ; et le sonnet d'Oronte, « bon à mettre au cabinet » (I, 2).
4. Un autre jour il esquisse, par une sorte de prétérition improvisée, une vive satire de son temps, en se justifiant du silence et de la « paresse » qu'on lui reprochait, sur l'exemple d'un autre « fainéant », « esprit mâle et hautain », Mathurin Régnier,-

De l'immortel Molière, immortel devancier….
Ce cœur sans peur, sans gêne et sans inquiétude,
Qui vécut et mourut dans un si brave ennui,
S'il se taisait jadis, qu'eût-il fait aujourd'hui ?..
Franchise du vieux temps, muse de la patrie,
Où sont ta verte allure et ta sauvagerie ?
Comme ils tressailleraient, les paternels tombeaux,
Si ta voix douce et rude en frappait les échos !…
Et quel plaisir de voir, sans masque, ni lisières,
Courir en souriant tes beaux vers ingénus,
Tantôt légers, tantôt boiteux, toujours pieds nus !
Gaîté, génie heureux, qui fut jadis le nôtre,
Rire dont on riait d'un bout du monde à l'autre,
Esprit de nos aïeux, qui te réjouissais
Dans l'éternel bon sens, lequel est né français.
Fleurs de notre pays, qu'êtes-vous devenues ?
L'aigle s'est-il lassé de planer dans les nues ?…

(*Poésies nouvelles. Sur la Paresse.*)

TH. GAUTIER
1811-1872

Romancier, narrateur et peintre de voyages, critique d'art, critique dramatique, Théophile GAUTIER, de Tarbes, a pris une des premières places, après les maîtres, dans l'école romantique qu'il a défendue par sa propagande et enrichie par ses livres. Son caractère propre, celui qui fera vivre la partie la plus originale de son œuvre, ses tableaux de voyages, est un art achevé de peindre et de graver avec des mots. Il l'a pratiqué dans sa poésie comme dans sa prose. C'est un artiste (il avait passé par l'atelier d'un peintre) qui, en prenant une plume, a gardé de la main gauche la palette qu'il y trempe, et, à l'occasion, laisse l'une et l'autre pour le burin. Sa poésie de coloriste et de ciseleur est toute plastique ; son inspiration un peu courte (à part la *Comédie de la Mort*) est à l'aise dans un cadre réduit, et le dernier de ses recueils la resserre encore dans de petites pièces en strophes de quatre petits vers, qui suffisent à peindre ses *Emaux* et à sculpter le profil de ses *Camées*. Toute pensée y est image. Ami de la nature, comme tout le siècle, il en goûte, en décrit ou en peint avec le dilettantisme d'un amateur les mille détails qu'elle offre à un œil curieux, plutôt qu'il n'en chante avec la passion d'un amant ou l'enthousiasme d'un lyrique les grandeurs ou les splendeurs. Les larges horizons, le golfe de Naples ou les Alpes, ne lui sont pas nécessaires comme à Lamartine ou à V. de Laprade ; il n'a que faire du Gange, du Nil, des Cordillères ou des pampas, chers à Leconte de Lisle. Il regarde pendant la pluie

> Comme les larges gouttes
> Glissent de feuille en feuille et passent à travers
> La tourelle fleurie et les frais arceaux verts.
> (*Poésies complètes*, t. Ier, *Pluie*.)

Il regarde

> Le puceron qui grimpe et se pend au brin d'herbe...
> La chenille traînant ses anneaux veloutés....
> La limace baveuse argentant le sentier...

Moins que cela encore, un fil d'araignée perlé de rosée l'arrête la loupe en main. Il excelle à marier les effets pittoresques des œuvres de l'art humain à ceux des œuvres de la nature. Comme Victor Hugo, il aime les « vitraux diaprés », les dentelures des toits gothiques, les pignons et les ogives; comme lui, il va voir les « soleils couchants » dorer Notre-Dame et se refléter dans la Seine : mais un « pan de mur » dans le Marais lui suffit. — Il sait aussi d'ailleurs, comme ses frères en poésie, rêver sur le sentier où a passé un ami perdu : mais ses yeux distraient toujours son âme, et c'est l'âme qui immortalisera le « Souvenir » d'Alfred de Musset et la « Tristesse d'Olympio » de Victor Hugo.

LE POT DE FLEURS

Parfois un enfant trouve une petite graine,
Et tout d'abord, charmé de ses vives couleurs,

Pour la planter il prend un pot de porcelaine
Orné de dragons bleus et de bizarres fleurs.

Il s'en va. La racine en couleuvres s'allonge,
Sort de terre, fleurit et devient arbrisseau ;
Chaque jour, plus avant, son pied chevelu plonge,
Tant qu'il fasse éclater le ventre du vaisseau.

L'enfant revient; surpris, il voit la plante grasse
Sur les débris du pot brandir ses verts poignards;
Il la veut arracher, mais la tige est tenace ;
Il s'obstine, et ses doigts s'ensanglantent aux dards.

Ainsi germa l'amour dans mon âme surprise;
Je croyais ne semer qu'une fleur de printemps ;
C'est un grand aloès dont la racine brise
Le pot de porcelaine aux dessins éclatants [1].

(*Poésies complètes*, t. 1ᵉʳ. — Charpentier, éditeur.)

LES COLOMBES

Sur le coteau, là-bas où sont les tombes,
Un beau palmier, comme un panache vert,
Dresse sa tête, où le soir les colombes
Viennent nicher et se mettre à couvert.

Mais le matin elles quittent les branches :
Comme un collier qui s'égrène, on les voit
S'éparpiller dans l'air bleu, toutes blanches,
Et se poser plus loin sur quelque toit.

Mon âme est l'arbre où tous les soirs, comme elles,
De blancs essaims de folles visions
Tombent des cieux en palpitant des ailes,
Pour s'envoler dès les premiers rayons.

(*Ibid*. — Charpentier, éditeur.)

SOUVENIR ET RÊVERIE

SONNET

> Aux seuls ressouvenirs
> Nos rapides pensers volent dans les étoiles.
> (THÉOPHILE.)

Aux vitraux diaprés des sombres basiliques
Les flammes du couchant s'éteignent tour à tour;

---

[1]. Chez Th. Gautier toute pensée est image, disions-nous. Cet exemple et le suivant suffiront pour le montrer.

D'un âge qui n'est plus précieuses reliques,
Leurs dômes dans l'azur tracent un noir contour.

Et la lune paraît, de ses rayons obliques
Argentant à demi l'aiguille de la tour,
Et les derniers rameaux des pins mélancoliques
Dont l'ombre se balance et s'étend alentour.

Alors les vibrations de la cloche qui tinte
D'un monde aérien semblent la voix éteinte
Qui par le vent portée en ce monde parvient;

Et le poète, assis près des fleurs sur la grève,
Ecoute ces accents fugitifs comme un rêve,
Lève les yeux au ciel, et triste se souvient [1].

(*Ibid.* — Charpentier, éditeur).

[1]. Se souvient, de quoi ? d'un ami perdu ? de ses jours de jeunesse et de foi ? des siècles de foi que regrettait Rolla ? — L'expression est vague, comme la rêverie du poète, provoquée par l'ensemble des sensations que produisent le soir, la lune, la cloche, la grève et la mer, et qui, l'attendrissant, se transforment en sentiment. Les impressions physiques deviennent des impressions morales. Souvent la poésie n'est pas autre chose. En voilà un exemple.

Les poètes de ce siècle ont remis en honneur le sonnet, oublié au XVIIIe. Nous détachons du *Livre des Sonnets* (*quatorze dizains de sonnets choisis* dans les quatre derniers siècles, où le XVIIIe ne figure que par un sonnet de Voltaire, et un de J.-B. Rousseau), publié par A. Lemerre (1875), les deux sonnets contemporains que voici, deux modèles.

Les deux Cortèges.

Deux cortèges se sont rencontrés à l'église.
L'un est morne : il conduit la bière d'un enfant ;
Une femme le suit, presque folle, étouffant
Dans sa poitrine en feu le sanglot qui la brise.

L'autre, c'est un baptême. — Au bras qui le défend
Un nourrisson bégaye une note indécise :
La mère, lui tendant le doux sein qu'il épuise,
L'embrasse tout entier d'un regard triomphant !

On baptise, on absout, et le temple se vide.
Les deux femmes, alors, se croisant sous l'abside,
Echangent un coup d'œil aussitôt détourné ;

Et, — merveilleux retour qu'inspire la prière, —
La jeune mère pleure en regardant la bière,
La femme qui pleurait sourit au nouveau-né. (Soulary.)

Le Berceau.

Quel temple pour son fils elle a rêvé neuf mois!
Comme elle fêtera l'enfant dont Dieu dispose !
Il lui faut un berceau tel que les fils des rois
N'en ont point de pareil, si beaux qu'on les suppose !

Fi de l'osier flexible, ou bien du simple bois !
L'artiste a dessiné la forme qu'elle impose :
Elle y veut inscruter la nacre au bois de rose ;
Il serait d'or massif, s'il était à son choix !

Rien ne semble trop cher, dentelle ni guipure,
Pour encadrer de blanc cette tête si pure,
Dans le lit qu'on apprête à son calme sommeil.

Il est venu, le fils dont elle était si fière !
Il est fait, le berceau, — le berceau sans réveil
Il est de chêne, hélas ! et ce n'est qu'une bière.

(Eug. Manuel.)

MOYEN AGE

Quand je vais poursuivant mes courses poétiques,
Je m'arrête surtout aux vieux châteaux gothiques.
J'aime leurs toits d'ardoise aux reflets bleus et gris,
Aux faîtes couronnés d'arbustes rabougris,
Leurs pignons anguleux, leurs tourelles aiguës,
Dans les réseaux de plomb leurs vitres exiguës,
Légendes du vieux temps où les preux et les saints
Se groupent dans l'ogive en fantasques dessins,
Avec ses minarets moresques, la chapelle,
Dont la cloche qui tinte à la prière appelle.
J'aime leurs murs verdis, par l'eau du ciel lavés,
Leurs cours où l'herbe croît à travers les pavés ;
Au sommet des donjons leurs girouettes frêles
Que la blanche cigogne effleure de ses ailes ;
Leurs ponts-levis tremblants, leurs portails blasonnés,
De monstres, de griffons bizarrement ornés ;
Leurs larges escaliers aux marches colossales,
Leurs corridors sans fin et leurs immenses salles,
Où comme une voix faible erre et gémit le vent,
Où recueilli dans moi je m'égare en rêvant,
Paré de souvenirs d'amour et de féerie,
Le brillant moyen âge et la chevalerie [1].

(*Ibid.* — Charpentier, éditeur.)

LA DEMOISELLE

Sur la bruyère arrosée
De rosée ;
Sur le buisson d'églantier ;
Sur les ombreuses [2] futaies ;
Sur les baies
Croissant au bord du sentier ;

Sur la modeste et petite
Marguerite,
Qui penche son front rêvant ;

---

[1]. Cette fois l'imagination fait tous les frais : la rêverie ne va pas jusqu'à la mélancolie.

[2]. *Ombreux* signifie : 1° qui produit de l'ombre, comme ici ; 2° couvert d'ombre : « vallée ombreuse » (V. Hugo, *Feuill. d'aut.*, XXXVII.)

Sur le seigle, verte houle [1]
Que déroule
Le caprice ailé du vent ;

Sur les prés, sur la colline
Qui s'incline
Vers le champ bariolé
De pittoresques guirlandes ;
Sur les landes,
Sur le grand orme isolé ; —

La demoiselle se berce ;
Et, s'il perce
Dans la brume, au bord du ciel,
Un rayon d'or qui scintille,
Elle brille
Comme un regard d'Ariel [2].

Traversant, près des charmilles,
Les familles
Des bourdonnants moucherons,
Elle se mêle à leur ronde
Vagabonde,
Et comme eux décrit des ronds.

Bientôt elle vole et joue
Sur la roue
Du jet d'eau qui, s'élançant
Dans les airs, retombe, roule,
Et s'écoule
En un ruisseau bruissant.

Plus rapide que la brise
Elle frise,
Dans son vol capricieux,
L'eau transparente où se mire
Et s'admire
Le saule au front soucieux.

---

1. *Houle*, mouvement d'*ondulation* que la mer conserve après une tempête. Que de fois n'a-t-on pas dit que les épis *ondulent*, et aussi, *ondoient*. Godeau parle des blés :

Qui dans les sillons altérés
Font ondoyer leurs têtes blondes ;

il les appelle, avec un peu de recherche, « l'ondoyant espoir » des peines du laboureur.

2. Génie de l'air dans la mythologie scandinave.

Et quand la grise hirondelle
　　　Auprès d'elle
Passe, et ride à plis d'azur,
Dans sa chasse circulaire [1],
　　　L'onde claire,
Elle s'enfuit d'un vol sûr.

Bois qui chantent, fraîches plaines
　　　D'odeurs pleines,
Lacs de moire [2], coteaux bleus,
Ciel où le nuage passe,
　　　Large espace,
Monts aux rochers anguleux ;

Voilà l'immense domaine
　　　Où promène
Ses caprices, fleurs des airs,
La demoiselle nacrée [3],
　　　Diaprée
De reflets roses et verts [4].

　　　　　(*Ibid.* — Charpentier, éditeur.)

PROMENADE AUX CHAMPS

L'herbe courbe sa pointe où tremble un diamant
Devant vos pieds verdis et mouillés, par moment,

---

1. VIRGILE, *Géorg.*, I, 377 :
　　　Aut arguta lacus circumvolitavit hirundo.
2. C'est-à-dire : qui ont des reflets ondulés comme l'étoffe appelée moire.
3. *Nacrée*, qui réfléchit une lumière irisée comme la nacre.
　　La rose, vierge encor, se referme jalouse
　　Sur le frelon nacré qu'elle enivre en mourant.
　　　　　(A. DE MUSSET, *la Nuit de Mai*.)
— *Diaprée.* Voyez p. 67, n. 4. — LA FONTAINE, *Fabl.*, IV, 12 :
　　　　　　Un pré
　　Tout bordé de ruisseaux et de fleurs diapré.
V. HUGO, *Odes*, IV, 16, *La Demoiselle* :
　　Quand la demoiselle dorée
　　S'envole au départ des hivers,
　　Souvent sa robe diaprée,
　　Souvent son aile est déchirée
　　Aux mille dards des buissons verts.
　　Ainsi, jeunesse vive et frêle,
　　Qui, s'égarant de tous côtés,
　　Voles où ton instinct t'appelle,
　　Souvent tu déchires ton aile
　　Aux épines des voluptés.

4. Ce rythme gracieux a été employé, comme on sait, par Froissart, Ronsard, R. Belleau, etc.

Du milieu d'un buisson, d'un arbre ou d'une haie,
Part un oiseau caché que votre pas effraie ;
Un papillon peureux, dans son fantasque vol,
Comme un écrin ailé [1], rase, en fuyant, le sol.
Une abeille surprise, humide de rosée,
Déserte en bourdonnant sa fleur demi-brisée.
Plus loin c'est une source entre les coudriers
Qui coule babillarde [2], et sur les blonds graviers
Eparpille au hasard comme une chevelure
Les résilles d'argent de son eau fraîche et pure ;
Des joncs croissent auprès, que plie un léger vent ;
Le blême nénuphar, tel qu'un rideau mouvant,
Ondule sur les flots où plonge la grenouille
Parmi les fruits noyés et les feuilles de rouille,
Et dans un tourbillon d'or, de gaze et d'azur,
De lumière inondée aux feux d'un soleil pur,
Danse la demoiselle avec sa longue queue,
De ses ailes de crêpe [3] égratignant l'eau bleue [4].

(*Ibid.*, *le Retour*. — Charpentier, éditeur).

LE COIN DU FEU

Que la pluie à déluge au long des toits ruisselle !
Que l'orme du chemin penche, craque et chancelle
Au gré du tourbillon dont il reçoit le choc !
Que du haut des glaciers l'avalanche s'écroule !

---

1. On a appelé le papillon une « fleur ailée ». Pour Th. Gautier, c'est un « écrin ». Il a eu la folie de tout ce qui brille et chatoie dans les marbres et les métaux, les pierreries et les étoffes, soies, velours, brocarts et guipures. Il s'en entourait, il en a rempli ses livres, il en remplit la nature. C'est, ici, l'hiver qui couvre les herbes de « filigrane d'argent »; c'est, là, le printemps qui vient

> Pour les petites pâquerettes
> Sournoisement, lorsque tout dort,
> Et repasser les collerettes
> Et ciseler les boutons d'or,
> . . . .
> Et lacer les boutons de rose
> Dans leur corset de velours vert.
> (*Emaux et Camées*, *Premier Sourire du Printemps*.)

Ainsi fait V. Hugo dans les *Chansons des rues et des bois*. C'est un nouveau genre de « préciosité »; mais le goût public n'a plus besoin que Molière lui apprenne qu'elle court risque d'être « ridicule ».

2. Horace a dit « lymphæ *loquaces* »; Ovide, « *garrulus* rivus ».
3. Les « résilles d'argent » de l'eau, les « ailes de crêpe », toujours la sensation naturelle mélangée et compliquée d'une sensation artistique.
4. Cette description qui se prolonge, formée ainsi d'une suite de détails successifs et isolés, dont chacun saisit l'œil et retient le pinceau du poète, est son procédé familier, et donne un exemple de sa « manière ». On ren-

Que le torrent aboie au fond du gouffre, et roule
Avec ses flots fangeux de lourds quartiers de roc!

Qu'il gèle! et qu'à grand bruit, sans relâche, la grêle
De grains retentissants fouette la vitre grêle!
Que la bise d'hiver se fatigue à gémir!
Qu'importe? n'ai-je pas un feu clair dans mon âtre,
Sur mes genoux un chat qui se joue et folâtre,
Un livre pour veiller, un fauteuil pour dormir [1]?
(*Poésies complètes*, t. Ier. — Charpentier, éditeur.)

BARBIER

Né en 1805

Auguste BARBIER est resté, quoi qu'il ait depuis donné au public, *Rimes héroïques, Odelettes, Satires et Chants*, etc., le poète des *Iambes* de 1830. Dans ses *Sylves*, mot qui, par son origine, semble rajeunir un recueil sous un air de fraîcheur des bois, il a, comme tant d'autres en ce siècle, écrit au hasard de l'inspiration contre çà et là de petits tableaux parfaits. En voici deux. Le premier est pris sur un marais :

> Sous les lentilles d'eau qui rampent
> Les canards sauvages y trempent
> Leurs cous de saphir glacés d'or;
> La sarcelle à l'aube s'y baigne,
> Et, quand le crépuscule règne,
> S'y pose entre deux joncs et dort.
> (*Le marais.*)

Le second est pris sur un mur :

> Une treille stérile avec ses bras grimpants
> Jusqu'au premier étage en festonne les pans;
> Le bleu volubilis dans les fentes s'accroche;
> La capucine rouge épanouit sa cloche,
> Et mariant en l'air leurs tranchantes couleurs,
> A sa fenêtre font comme un cadre de fleurs.
> (*Pan de mur.*

[1]. Le poète cite en épigraphe le vers de Villon :

> Vente, gelle, gresle, j'ai mon pain cuit;

et celui de Tibulle :

> Quàm juvat immites ventos audire cubantem!

C'est, resserré dans un cadre particulier, l'égoïste « Suave mari magno » de Lucrèce. Maints poètes se sont arrêtés à « ce coin du feu » : tels, Ducis, Delille dans l'*Homme des champs*, etc. Il a inspiré quelques vers heureux au P. Ducerceau dans les *Tisons, les Pincettes*, où je trouve (*Mercure*, janvier 1717) :

> Je trépigne et sur pied je sèche de colère
> De voir à mes yeux un tison
> Qui peut-être fait bien, mais qui pourroit mieux faire.

des pages isolées sur quelque coin de la nature ou quelques souvenirs de sa vie : « le dormoir des vaches », « les feuilles du tremble », « une feuille morte », etc. Ses *Chants civils et religieux* embrassent, dans la suite de leurs « hymnes », un champ plus vaste dans une composition plus régulière. Mais son style y a moins d'éclat et de souplesse, sa muse, d'envergure et de souffle, que dans le petit volume qui contient les *Iambes*, *Il Pianto* et *Lazare*. La figure d'A. Barbier, un peu effacée depuis, y apparait mâle et ardente dans l'atmosphère brûlante d'une révolution, alors

> Que les cloches hurlaient, que la grêle des balles
> Sifflait et pleuvait dans les airs;
> Que dans Paris entier, comme la mer qui monte,
> Le peuple soulevé grondait,
> Et qu'au lugubre accent des vieux canons de fonte
> La Marseillaise répondait ; (*La Curée*)

dans l'haleine de feu de la meute qu'il déchaîne à la *Curée*; dans les vapeurs embrasées de la fournaise où il coule *l'Idole*; dans les brumes attristées où travaille le *Lazare* anglais, enchaîné sur

> Ce grand vaisseau de houille
> Qui fume au sein de l'Océan; (*Lazare*, Prologue).

sous les arcades muettes du *Campo Santo* de Pise, ou dans la solitude du *Campo vaccino* de Rome (*Il Pianto*). Les vers vigoureux, enfiévrés et colorés d'A. Barbier resteront une date dans une époque : ils y ont incrusté le médaillon d'un vrai poète, poète d'un jour, que ce jour fera vivre, et ont attaché à son nom le nom d'*Iambes*, dont il partage, dans la poésie française, la propriété avec A. Chénier.

LA CAVALE[1]

O Corse à cheveux plats, que ta France était belle,
    Au grand soleil de messidor[2] !
C'était une cavale indomptable et rebelle,
    Sans frein d'acier ni rênes d'or;
Une jument sauvage à la croupe rustique,
    Fumante encor du sang des rois;
Mais fière, et d'un pied fort heurtant le sol antique,
    Libre pour la première fois :
Jamais aucune main n'avait passé sur elle
    Pour la flétrir et l'outrager;

---

1. Allégorie célèbre de la France gouvernée par Bonaparte, consul, et Napoléon, empereur.
2. *Cheveux plats*, *messidor*. Ce coup du crayon et ce mot du calendrier républicain datent le commencement de l'allégorie. Qu'on se rappelle le visage creux et hâve du Bonaparte de Rivoli, des Pyramides et du 18 brumaire,
    Pâle sous ses longs cheveux noirs,
        (V. Hugo, *les Orientales*, XL, *Lui*.)
Le poète le conduit jusqu'en 1814, où le cavalier tombe, les « reins cassés. »

Jamais ses larges flancs n'avaient porté la selle
    Et le harnais de l'étranger ;
Tout son poil était vierge ; et, belle vagabonde,
    L'œil haut, la croupe en mouvement,
Sur ses jarrets dressée, elle effrayait le monde
    Du bruit de son hennissement.
Tu parus ; et, sitôt que tu vis son allure,
    Ses reins si souples et dispos,
Centaure impétueux, tu pris sa chevelure,
    Tu montas botté sur son dos.
Alors, comme elle aimait les rumeurs de la guerre,
    La poudre et les tambours battants,
Pour champ de course, alors, tu lui donnas la terre,
    Et des combats pour passe-temps ;
Alors, plus de repos, plus de nuits, plus de sommes,
    Toujours l'air, toujours le travail,
Toujours comme du sable écraser des corps d'hommes,
    Toujours du sang jusqu'au poitrail ;
Quinze ans son dur sabot, dans sa course rapide,
    Broya les générations ;
Quinze ans elle passa fumante, à toute bride,
    Sur le ventre des nations.
Enfin, lasse d'aller sans finir sa carrière,
    D'aller sans user son chemin,
De pétrir l'univers, et comme une poussière
    De soulever le genre humain ;
Les jarrets épuisés, haletante et sans force,
    Prête à fléchir à chaque pas,
Elle demanda grâce à son cavalier corse ;
    Mais bourreau, tu n'écoutas pas !
Tu la pressas plus fort de ta cuisse nerveuse,
    Pour étouffer ses cris ardents ;
Tu retournas le mors dans sa bouche baveuse,
    De fureur tu brisas ses dents.
Elle se releva : mais, un jour de bataille,
    Ne pouvant plus mordre ses freins,
Mourante, elle tomba sur un lit de mitraille,
    Et du coup te cassa les reins[1] !

        (*Iambes et Poèmes*. — *Iambes*, VI, *l'Idole*. —
        E. Dentu, éditeur.)

1. Remarquez l'harmonie sèche du dernier vers qui clot brusquement le large développement des périodes précédentes ; et, arrêtant les yeux sur le tableau final, le fixe dans l'imagination.

LA NATURE AU POÈTE

LE POÈTE[1]

. . . .
Est-il possible, ô toi dont le genou puissant
Sur le globe nouveau berça l'homme naissant,
Que tu laisses meurtrir ta céleste mamelle
Par les lourds instruments de la race mortelle?
Que tu laisses bannir ta suprême beauté
Des murs envahissants de l'humaine cité?
Et que tu ne sois plus, comme dans ta jeunesse,
Notre plus cher amour, cette bonne déesse
Qui, mêlant son sourire à nos simples travaux,
Des habitants du ciel nous rendait les égaux,
Éternisait notre âge et faisait de la vie
Un vrai champ de blé d'or toujours digne d'envie?
Hélas! si les destins veulent qu'à larges pas
Fuyant et reculant devant nos attentats,
Tu remontes aux cieux et tu livres la terre
A des enfants ingrats et plus forts que leur mère,
O nourrice plaintive! ô nature! prends-moi,
Et laisse-moi vers Dieu retourner avec toi.

LA NATURE

O mon enfant chéri! toi qui m'aimes encore,
Et devines en moi ce que la foule ignore;

---

1. Ces plaintes du poète sont, dans la dernière pièce du recueil intitulé *Lazare*, comme sa conclusion. Lazare personnifie l'ouvrier anglais, esclave de la machine qu'il fabrique ou qu'il manœuvre, de la mine qu'il creuse, de l'industrie qu'il sert et du luxe qu'il crée, représentant et victime d'une civilisation, ennemie de la nature, qui remplace le soleil et les fleurs par la vapeur et le fer. Celle à laquelle V. Hugo crie (*Les Voix intérieures*, XV):

O mère universelle, indulgente Nature!

qu'A. de Musset appelle « l'Immortelle nature », rassure ici la raison du poète, comme elle console le cœur du chantre des *Nuits*·

La Muse.
Poëte, prends ton luth, et me donne un baiser;
La fleur de l'églantier sent ses bourgeons éclore,
Le printemps naît ce soir; les vents vont s'embraser;
Et la bergeronnette, en attendant l'aurore,
Aux premiers buissons verts commence à se poser.
Poëte, prends ton luth, et me donne un baiser.

Poëte, prends ton luth; la nuit, sur la pelouse,
Balance le zéphyr dans son voile odorant.
La rose, vierge encor, se referme jalouse
Sur le frelon nacré qu'elle enivre en mourant.
Ecoute! tout se tait; songe à la bien-aimée.
Ce soir sous les tilleuls, à la sombre ramée,
Le rayon du couchant laisse un adieu plus doux.
Ce soir, tout va fleurir; l'immortelle nature
Se remplit de parfum, d'amour et de murmure.
La Nuit de Mai)

Toi qui, laissant hurler le troupeau des humains,
Viens souvent m'embrasser, me presser de tes mains,
Et, roulant par les airs tes plaintes enfantines,
Sur mon sein verser l'or de tes larmes divines :
Oh! je comprends tes cris, tes mortelles frayeurs,
Et dans tes yeux gonflés la source de tes pleurs !
Je conçois ce que vaut pour l'âme droite et pure,
Pour le cœur déchiré par l'ongle de l'injure,
Pour un amant du bon et du beau, dégoûté
Des fanges de la ville et de sa lâcheté,
Le sauvage parfum de ma rustique haleine ;
Je conçois ce que vaut la douceur souveraine
Des vents sur la montagne à travers les grands pins [1],
La beauté de la mer aux murmures sans fins,
Le silence des monts balayés par la houle,
L'espace des déserts où l'âme se déroule,
Et l'aspect affligeant même des lieux d'horreur,
Où le cœur se soulage et qui parlent au cœur.....
Qu'importe que le jeu de mes forces sublimes,
Sur la verte planète et dans ses noirs abîmes,
Soit en quelques endroits empêché par des nains?
Qu'importe que le bras des orgueilleux humains
S'attaquant à la terre, à ses formes divines,
Ecorche son beau sein du fer de leurs machines ?...
Toujours, ô mon enfant! toujours les vents sauvages
De leurs pieds vagabonds balayeront les plages [2] ;
La mer réfléchira toujours dans un flot pur
Et l'océan du ciel et ses îles d'azur ;
Comme un ardent lion aux [3] plaines africaines,
Le soleil marchera toujours en ses domaines,
Dévorant toute vie et brûlant toutes chairs ;
On entendra toujours frissonner dans les airs
De grands bois [4] renaissants, des verdures sans nombre,
Pour faire courir l'onde et faire flotter l'ombre ;

1. Voyez A. DE VIGNY, *La maison du berger* (dans *les Destinées*, VII).
2. Les vents *courent*, voilà l'expression ordinaire ; leur prêter des « pieds vagabonds », voilà la poésie. «... Ce qui caractérise l'écrivain d'un esprit au-dessus du commun, image et précision », dit VOLTAIRE (Lettre à Cideville, 5 sept. 1739). Comme Barbier prête des pieds aux vents « sauvages », ESCHYLE prête des « dents sauvages » (ἀγρίοις γνάθοις) à la lave de l'Etna *Prométh.* 368). Les vents « balayent » *verrunt*, les nuages, dans LUCRÈCE 280), et VIRGILE (*Æn.*, I, 59).
3. *Aux*, dans *les*... Tour renouvelé du XVIIe siècle, et ordinaire à Corneille.
4. De « grands bois ». Je retrouve cette largeur de touche dans Virgile, *Géorg.*, I, 140 :
   Et *magnos canibus circumdare saltus.*

Toujours on verra luire un sommet argenté
Pour les oiseaux divins, l'aigle et la liberté.
*Iambes et Poèmes. — Poèmes, Lazare, XV. —
E. Dentn, éditeur.)*

BRIZEUX

1806-1858

Auguste BRIZEUX, né à Lorient, eut toujours la nostalgie des rochers et des landes de la Bretagne, et dans le pays plat de l'Artois où, jeune, il fut transplanté pour y faire ses études, et à Paris où il arriva en 1826, connut le Cénacle et se lia avec A. de Vigny, et en Italie où en 1831 il voyagea avec Auguste Barbier, son ami. La Bretagne lui appartient, comme les Alpes à M. de Laprade et le golfe de Naples à Lamartine; et il appartient à la Bretagne: elle a marqué d'une empreinte ineffaçable son imagination et sa poésie. Il semble que cette nature vigoureuse et rude du sol, que traduit à l'oreille la brièveté sonore et quasi sauvage des noms, soit passée dans ce style dru, court, de tons vifs et crus, et lui ait donné cette fraîcheur saine et forte, cette saveur et ce parfum de bruyères et de genêts. Voilà le fond pittoresque et comme le tuf de sa poésie concentrée et pénétrante, à laquelle manque un peu d'épanouissement, mais sous laquelle le sang du cœur circule et bat, comme bruit l'eau vive sous le terrain pierreux des landes. « De mon pays, dit-il (Introduction aux *Histoires poétiques*, 1854) j'ai tracé d'abord une image légère dans l'idylle de *Marie* (1831), puis un tableau étendu dans l'épopée rustique des *Bretons* (1846), laquelle trouve son complément dans ces *Histoires poétiques* et le recueil de *Primel et Nola* (1852). Tout a son lien dans le livre lyrique de la *Fleur d'or* (intitulé d'abord *les Ternaires*, 1841). Enfin, issu de la race celtique, je ne devais pas négliger sa langue: plus d'un chant de la *Harpe d'Armorique* ou *Telen Arvor* (poésies en langue celtique avec une traduction française en regard, 1844), destiné à raviver la pensée et la poésie nationales, s'est répandu dans nos campagnes. » Une *Poétique nouvelle* (1855) en trois chants (la nature, la cité, le temple) compléta par un essai théorique l'ensemble de ses œuvres.

SOUVENIR DU PAYS

LA MAISON DU MOUSTOIR [1]

O maison du Moustoir ! combien de fois la nuit,
Ou quand j'erre le jour dans la foule et le bruit,
Tu m'apparais ! — Je vois les toits de ton village
Baignés à l'horizon dans des mers de feuillage,

---

1. Même sens que *moûtier* (monasterium, moustier), c.-à-d. monastère.

Une grêle fumée au-dessus, dans un champ
Une femme de loin appelant son enfant,
Ou bien un jeune pâtre assis près de sa vache,
Qui, tandis qu'indolente elle paît à l'attache,
Entonne un air breton, un air breton si doux,
Qu'en le chantant ma voix vous ferait pleurer tous. —
Oh! les bruits, les odeurs, les murs gris des chaumières,
Le petit sentier blanc et bordé de bruyères,
Tout renaît, comme au temps où, pieds nus, sur le soir,
J'escaladais la porte et courais au Moustoir;
Et dans ces souvenirs où je me sens revivre,
Mon pauvre cœur troublé se délecte et s'enivre!
Aussi, sans me lasser, tous les jours je revois
Le haut des toits de chaume et le bouquet de bois,
Au vieux puits la servante allant emplir ses cruches,
Et le courtil [1] en fleur où bourdonnent les ruches,
Et l'aire, et le lavoir, et la grange; en un coin,
Les pommes par monceaux et les meules de foin;
Les grands bœufs étendus aux portes de la crèche,
Et devant la maison un lit de paille fraîche.
Et j'entre; et c'est d'abord un silence profond,
Une nuit calme et noire; aux poutres du plafond
Un rayon de soleil, seul, darde sa lumière,
Et tout autour de lui fait danser la poussière.
Chaque objet cependant s'éclaircit; à deux pas,
Je vois le lit de chêne et son coffre [2], et plus bas,
(Vers la porte, en tournant), sur le bahut [3] énorme,
Pêle-mêle, bassins, vases de toute forme,
Pain de seigle, laitage, écuelles de noyer;
Enfin, plus bas encor, sur le bord du foyer,
Assise à son rouet près du grillon qui crie,
Et dans l'ombre filant, je reconnais Marie [4].

(*Les Bretons*, chant II. — Alph. Lemerre, éditeur.)

LE DÉPART DU PAYS

Il faut partir aussi, Daniel! adieu ta ferme,
Qu'un fossé large et creux contre les loups enferme,

---

1. Petit jardin attenant à la ferme (Etymol.: *curtis*, métairie; *curtile*, bas latin). — Usité aussi en Picardie.
2. La caisse en forme d'armoire, sur laquelle le lit est élevé. On dit de même le coffre de l'autel.
3. Etymologie incertaine.
4. Avant la douce et fraîche « idylle » (ainsi l'a appelée le poète) de *Marie*, deux figures contemporaines personnifiaient aux yeux du

Ton hameau recouvert d'un bois de châtaignier,
Et tes beaux champs de seigle ; adieu, jeune fermier!
Lorsqu'au lever du jour, joyeux, plein de courage,
Monté sur tes chevaux tu sortais pour l'ouvrage,
Avec toutes ses voix l'harmonieux matin
S'éveillait en chantant à l'horizon lointain ;
Le noir Ellé [1] d'abord, ou le Scorf à ta droite
Roulant ses claires eaux dans sa vallée étroite,
Et, tel qu'un doux parfum, le chant de mille oiseaux
S'élevant du vallon avec le bruit des eaux ;
La brise dans les joncs qui siffle et les caresse,

siècle la Bretagne: René de Chateaubriand, enfiévré ou attristé dans le sombre donjon de Combourg ou sur la grève de Saint-Malo, et Lamennais, aux traits durs et âpres, à l'œil de feu. Brizeux nous révéla la poésie de ses horizons, de ses paysages, de ses mœurs rustiques. Le lecteur vit passer sous ses yeux les enfants traversant les genêts et les chemins creux pour se rendre au catéchisme,

> Dans les beaux mois d'été, lorsqu'au bord d'une haie
> On réveille en passant un lézard qui s'effraie,
> Quand les épis des grains commencent à durcir,
> Les herbes à sécher, les mûres à noircir...
> Tous pieds nus, en chemin écartant le feuillage
> Pour y trouver des nids, et tous à leurs chapeaux
> Portant ces nénuphars qui fleurissent sur l'eau ;

et la jeune Bretonne dans son « corset rouge et ses jupons rayés » ; puis les pardons, les luttes sur le gazon, les marchés remplis de « beuglements de bœufs aux cornes acérées, » les conscrits en marche, le travail au champ, les grands et robustes paysans récoltant le blé noir :

> Un chêne de cent ans avec son grand feuillage,
> Un Breton chevelu dans la force de l'âge,
> Sont deux frères jumeaux au corps dur et noueux,
> Deux frères pleins de sève et de vigueur tous deux ;

et le recueillement des hommes « graves et mûrs » à l'église, ou leurs entretiens avec le « clerc » et le vicaire ; les fiançailles, les fêtes des morts, les veillées.

Voilà pour les habitants. Pour le pays, voici, épars, quelques traits caractéristiques :

> La lande
> Qui jette vers le soir une odeur de lavande.....
> Un lourd soleil d'aplomb sur un terrain pierreux.....
> Le murmure des pins sur le bord de la mer....
> ..... Bruyantes et gonflées
> Les sources vers la mer vont dégorger leurs eaux,
> Et les rocs de Penmark déchirent les vaisseaux......
> Nul bruit dans ce désert, hors le cri du vanneau,
> Immobile longtemps au bord des flaques d'eau,
> Le beuglement d'un bœuf lointain, ou la voix triste
> D'un cerf de Brécilien qu'un chien suit à la piste ;

Cette rude nature du Morbihan a eu ses bardes et sa mythologie druidique. Sur les bords de la *Baie des Trépassés* (*les Bretons*, chant Xe) le poète ne verra pas les souriantes Néréides de Raphaël, de Fénelon ou de Chénier, mais je ne sais quelle divinité dure, humide et glauque :

> Elle se tord sur son banc de limon ;
> Ses verdâtres cheveux, l'algue et le goémon,
> Elle les jette au vent, les vents par leurs haleines
> Réveillent en sursaut et requins et baleines ;
> Tout le ciel retentit d'épouvantables bonds.

1. El-lé (eau sombre). Quimperlé, ou Kemper-lé, ou Kemper-el-lé est situé au confluent (Kemper, confluent) de l'El-lé et de l'Izôle.

Puis, l'appel matinal de la première messe,
Répété tour à tour, comme un salut chrétien,
Du clocher de Cléguer à celui de Kérien. —
Adieu, Daniel! adieu le bourg, l'église blanche!
Adieu ton beau pays! Après vêpres, dimanche,
Tes amis te verront pour la dernière fois,
Et tu cacheras mal les larmes sous tes doigts ;
Car pour nous, vieux Bretons, rien ne vaut la patrie,
Et notre ciel brumeux, et la lande fleurie !

(*Marie*. — Alph. Lemerre, éditeur.)

LE RETOUR AU PAYS

Il est dans nos cantons, ô ma chère Bretagne !
Plus d'un terrain fangeux, plus d'une âpre montagne :
Là de tristes landiers [1] comme nés au hasard,
Où l'on voit à midi se glisser le lézard ;
Puis un silence lourd, fatigant, monotone,
Nul oiseau dont la voix vous charme et vous étonne,
Mais le grillon qui court de buisson en buisson,
Et toujours vous poursuit du bruit de sa chanson ;
Dans nos cantons aussi, lointaines, isolées,
Il est de claires eaux, et de fraîches vallées,
Et d'épaisses forêts, et des bosquets de buis,
Où le gibier craintif trouve de sûrs réduits.
Enfant, j'ai traversé plus d'un fleuve à la nage,
Ravi sa dure écorce à plus d'un houx sauvage,
Et sur les chênes verts, de rameaux en rameaux,
Visité dans leurs nids les petits des oiseaux...
Oh ! lorsqu'après deux ans de poignantes douleurs
Je revis ma Bretagne et ses genêts en fleurs,
Lorsque, sur le chemin, un vieux pâtre celtique
Me donna le bonjour dans son langage antique,
Quand, de troupeaux, de blés causant ainsi tous deux,
Vinrent d'autres Bretons avec leurs longs cheveux,
Oh ! comme alors, pareils au torrent qui s'écoule,
Mes songes les plus frais m'inondèrent en foule !
Je me croyais enfant, heureux comme autrefois,
Et, malgré moi, mes pleurs étouffèrent ma voix !.....

(*Marie*. — Alph. Lemerre, éditeur.)

---

1. Ajoncs. — Étymol.: *Lande*, terrain inculte, couvert de bruyères, genêts, fougères, etc. (venant de, soit *Land*, en allemand terre, soit *lann*, en bas-breton buisson d'épines). — Un autre mot *landier* signifie gros chenêt de cuisine.

LE CONVOI DE LOUISE

Quand Louise mourut à sa quinzième année,
Fleur des bois par la pluie et le vent moissonnée,
Un cortège nombreux ne suivit pas son deuil ;
Un seul prêtre en priant conduisit le cercueil ;
Puis venait un enfant qui, d'espace en espace,
Aux saintes oraisons répondait à voix basse ;
Car Louise était pauvre, et jusqu'en son trépas
Le riche a des honneurs que le pauvre n'a pas.
La simple croix de buis, un vieux drap mortuaire,
Furent les seuls apprêts de son lit funéraire ;
Et quand le fossoyeur, soulevant son beau corps,
Du village natal l'emporta chez les morts,
A peine si la cloche avertit la contrée
Que sa plus douce vierge en était retirée.
Elle mourut ainsi. — Par les taillis couverts,
Les vallons embaumés, les genêts, les blés verts,
Le convoi descendit au lever de l'aurore :
Avec toute sa pompe avril venait d'éclore,
Et couvrait en passant d'une neige de fleurs
Ce cercueil virginal, et le baignait de pleurs ;
L'aubépine avait pris sa robe rose et blanche ;
Un bourgeon étoilé tremblait à chaque branche ;
Ce n'étaient que parfums et concerts infinis,
Tous les oiseaux chantaient sur le bord de leurs nids.
                    (*Marie*. — Alph. Lemerre, éditeur.)

LES QUÊTEURS

Un jour de la semaine, après cette humble fête,
Le vicaire partit pour faire au loin sa quête.
Deux notables de Scaer, leur bâton à la main,
Décemment habillés, l'escortaient en chemin.
L'aube pointait, la terre était humide et blanche,
La sève en fermentant sortait de chaque branche ;
L'araignée étendait ses fils dans les sentiers,
Et ses toiles d'argent au-dessus des landiers :
Première heure du jour, lorsque, sur la colline,
La fleur lève vers toi sa tige verte et fine,
Que mille bruits confus se répandent dans l'air,
Et que vers l'orient le ciel devient plus clair,
Heure mélodieuse, odorante et vermeille,

Première heure du jour, tu n'as point ta pareille [1] !
 Ainsi tout s'animait : hommes, femmes, enfants,
Sortaient de leur village et s'en allaient aux champs.
En passant chacun d'eux saluait le vicaire.
Quelques-uns s'arrêtaient pour causer d'une affaire,
De leurs foins déjà mûrs, de la belle saison ;
Ils lui disaient aussi d'entrer dans leur maison,
Qu'il serait bien reçu ; puis, à chaque notable,
Qu'un verre de bon cidre était prêt sur la table.
 Bientôt le soleil d'or parut. Son globe en feu
Embrasa devant lui l'espace vide et bleu ;
Sur la terre à longs traits il pompa la rosée,
Et quand toute sa soif enfin fut apaisée,
Des bords de l'horizon l'astre silencieux
Avec tranquillité s'éleva dans les cieux.
Alors tout fut chaleur [2] : les herbes et les plantes
Inclinèrent encor leurs têtes nonchalantes,
Et les quêteurs, marchant au milieu des épis,
Penchaient comme eux leurs fronts par le hâle assoupis.
 Sous les chemins boisés, fatigués de leur course,
Parfois ils s'arrêtaient, ou bien près d'une source
Qui coulait fraîchement sur un lit de cailloux ;
Car sans cesse on ne voit et l'on n'entend chez nous
Qu'eaux vives et ruisseaux et bruyantes rivières ;
Des fontaines partout dorment sous les bruyères :
C'est le Scorff tout barré de moulins, de filets ;
C'est le Blavet tout noir au milieu des forêts ;
L'Ellé plein de saumons, ou son frère l'Izôle,
De Scaer à Kemperlé coulant de saule en saule,
Et de là, pour aller ensemble à Lo'-Théa,
Formant de leurs beaux noms le doux nom de Létâ ;
C'est l'El-Orn que la mer sale de son écume,
Et le triste Aber-Vrârh enveloppé de brume.
Dans le creux d'un chemin les deux vieillards assis
Sur les jours d'autrefois faisaient de longs récits...
     (*Marie.* — Alph. Lemerre, éditeur.)

COMBAT DE LOUPS ET DE TAUREAUX

L'été, lorsque du ciel tombe enfin la nuit fraîche,
Les bestiaux tout le jour retenus dans la crèche

---

1. Cf. Lebrun, p. 484
2. Cf. Leconte de Lisle, p 611.

Vont errer librement : au pied des verts coteaux
Ils suivent pas à pas les longs détours des eaux,
S'étendent sur les prés, ou, dans la vapeur brune,
Hennissent bruyamment aux rayons de la lune.
Alors, de sa tanière attiré par leurs voix,
Les yeux en feu, le loup, comme un trait, sort du bois.
Tue un jeune poulain, étrangle une génisse ;
Mais avant que sur eux l'animal ne bondisse,
Souvent tout le troupeau se rassemble, et les bœufs,
Les cornes en avant, se placent devant eux ;
Le loup rôde à l'entour, ouvrant sa gueule ardente,
Et, hurlant, il se jette à leur gorge pendante ;
Mais il voit de partout les fronts noirs se baisser
Et des cornes toujours prêtes à le percer.
Enfin, lâchant sa proie, il fuit, lorsqu'une balle
L'atteint, et les bergers, en marche triomphale,
De hameaux en hameaux, promènent son corps mort[1] :
Tel le loup qu'on voyait ce jour-là dans Coat-Lorh.

O landes ! ô forêts ! pierres sombres et hautes,
Bois qui couvrez nos champs, mers qui battez nos côtes,
Villages où les morts errent avec les vents,
Bretagne ! d'où te vient l'amour de tes enfants ?
Des villes d'Italie, où j'osai, jeune et svelte,
Parmi ces hommes bruns montrer l'œil bleu d'un Celte,
J'arrivai, plein des feux de leur volcan sacré,
Mûri par leur soleil, de leurs arts enivré ;
Mais dès que je sentis, ô ma terre natale !
L'odeur qui des genêts et des landes s'exhale,
Lorsque je vis le flux, le reflux de la mer,
Et les tristes sapins se balancer dans l'air ;
Adieu les orangers, les marbres de Carrare ;
Mon instinct l'emporta, je redevins barbare,
Et j'oubliai les noms des antiques héros,
Pour chanter les combats des loups et des taureaux !
(*Les Bretons*, chant II. — Alph. Lemerre, éditeur.)

2. Cf. VAUQUELIN DE LA FRESNAYE, p. 125.

HÉGÉSIPPE MOREAU
1810-1838

Né à Paris, ouvrier imprimeur, maître d'études, homme de lettres, à Provins et à Paris, mort dans sa vingt-huitième année à l'hôpital de la Charité, Hégésippe MOREAU a laissé, avec un petit nombre de pièces, épîtres, chansons, élégies, fabliaux, etc., suivies de quelques gracieuses nouvelles en prose, que l'amitié a pieusement recueillies et publiées sous le nom de *Myosotis* (1838, nouvelle édition 1851), le souvenir d'une vie attristée par la gêne, peut-être par un orgueil amer et déçu, et d'un talent trop tôt enlevé à de légitimes espérances. Son nom s'associe à ceux de Gilbert, chanté par lui à l'hôpital, et de Malfilâtre que « la faim, a dit Gilbert, mit au tombeau. »

SUR LA MORT D'UNE COUSINE DE SEPT ANS

Hélas ! si j'avais su, lorsque ma voix qui prêche
T'ennuyait de leçons, que sur toi, rose et fraîche,
Le noir oiseau des morts planait inaperçu ;
Que la fièvre guettait sa proie, et que la porte
Où tu jouais hier te verrait passer morte...
    Hélas ! si j'avais su !...

Je t'aurais fait, enfant, l'existence bien douce ;
Sous chacun de tes pas j'aurais mis de la mousse ;
Tes ris auraient sonné chacun de tes instants [1] ;
Et j'aurais fait tenir dans ta petite vie
Un trésor de bonheur immense..... à faire envie
    Aux heureux de cent ans !

Loin des bancs où pâlit l'enfance prisonnière,
Nous aurions fait tous deux l'école buissonnière [2]
Dans les bois pleins de chants, de parfum et d'amour ;
J'aurais vidé leurs nids pour emplir ta corbeille ;
Et je t'aurais donné plus de fleurs qu'une abeille
    N'en peut voir en un jour.

---

[1]. Même précision hardie dans ce vers que dans celui d'A. Chénier :
    Ma bienvenue au jour me rit dans tous les yeux.
L'un s'adresse aux yeux, l'autre aux oreilles.

[2]. Cette locution, appliquée d'abord aux écoles tenues par les hérétiques dans les lieux écartés, à la campagne, puis, par extension et métaphore, aux enfants qui courent les buissons au lieu de se rendre à l'école, s'harmonise ici heureusement aux idées et aux expressions qui remplissent la strophe.

Puis, quand le vieux Janvier, les épaules drapées
D'un long manteau de neige, et suivi de poupées,
De magots, de pantins, minuit sonnant accourt ;
Au milieu des cadeaux qui pleuvent pour étrenne,
Je t'aurais fait asseoir comme une jeune reine
    Au milieu de sa cour.

Mais je ne savais pas... et je prêchais encore ;
Sûr de ton avenir, je le pressais d'éclore,
Quand tout à coup, pleurant un long espoir déçu,
De tes petites mains je vis tomber le livre ;
Tu cessas à la fois de m'entendre et de vivre...
    Hélas ! si j'avais su !

LA VOULZIE [1]

ÉLÉGIE

S'il est un nom bien doux fait pour la poésie,
Oh ! dites, n'est-ce pas le nom de la Voulzie ?
La Voulzie, est-ce un fleuve aux grandes îles ? Non ;
Mais, avec un murmure aussi doux que son nom,
Un tout petit ruisseau coulant visible à peine ;
Un géant altéré le boirait d'une haleine ;
Le nain vert Obéron [3], jouant aux bords des flots,
Sauterait par-dessus sans mouiller ses grelots.
Mais j'aime la Voulzie et ses bois noirs de mûres,
Et dans son lit de fleurs ses bonds et ses murmures.
Enfant, j'ai bien souvent, à l'ombre des buissons,
Dans le langage humain traduit ses vagues sons ;
Pauvre écolier rêveur, et qu'on disait sauvage,
Quand j'émiettais mon pain à l'oiseau du rivage,
L'onde semblait me dire : « Espère ! aux mauvais jours
Dieu te rendra ton pain. » — Dieu me le doit toujours !
C'était mon Égérie [4], et l'oracle prospère
A toutes mes douleurs jetait ce mot : « Espère !
Espère et chante ! enfant, dont le berceau trembla.
Plus de frayeur : Camille et ta mère sont là.

---

1. Cf. les vers célèbres de Charles d'Orléans (xvᵉ siècle).
    Le Temps a laissé son manteau
    De vent, de froidure et de pluie, etc.

2. La Voulzie coule près de Provins.

3. Obéron, roi des génies de l'air, dans la poésie scandinave. Voir Shakespeare.

4. Le nom de la nymphe qui inspirait Numa est arrivé à personnifier toute cause inspiratrice exprimée par un mot féminin.

Moi, j'aurai pour tes chants de longs échos...» — Chimère !
Le fossoyeur m'a pris et Camille et ma mère.
J'avais bien des amis ici-bas quand j'y vins,
Bluet éclos parmi les roses de Provins ;
Du sommeil de la mort, du sommeil que j'envie,
Presque tous maintenant dorment ; et, dans la vie,
Le chemin dont l'épine insulte à mes lambeaux
Comme une voie antique est bordé de tombeaux[1].
Dans le pays des sourds j'ai promené ma lyre ;
J'ai chanté sans échos, et, pris d'un noir délire,
J'ai brisé mon luth, puis de l'ivoire sacré
J'ai jeté les débris au vent... et j'ai pleuré !
Pourtant, je te pardonne, ô ma Voulzie ! et même,
Triste, j'ai tant besoin d'un confident qui m'aime,
Me parle avec douceur et me trompe, qu'avant
De clore au jour mes yeux battus d'un si long vent,
Je veux faire à tes bords un saint pèlerinage,
Revoir tous les buissons si chers à mon jeune âge,
Dormir encore au bruit de tes roseaux chanteurs,
Et causer d'avenir avec tes flots menteurs[2].

UN SOUVENIR A L'HOPITAL

Sur ce grabat, chaud de mon agonie[3],
Pour la pitié je trouve encore des pleurs ;
Car un parfum de gloire et de génie
Est répandu dans ce lieu de douleur :
C'est là[4] qu'il vint, veuf de ses espérances,
Chanter encor ; puis, prier et mourir :
Et je répète en comptant mes souffrances :
Pauvre Gilbert, que tu devais souffrir !

Ils me disaient : Fils des Muses, courage !
Nous veillerons sur ta lyre et ton sort.
Ils le disaient hier, et dans l'orage
La Pitié seule aujourd'hui m'ouvre un port.

---

1. La plus célèbre des voies romaines bordées de tombeaux est la *Via Appia*, rendez-vous des élégants de Rome. Voir HORACE, *Epîtres*, I, 6, 26.
2. Cette élégie, considérée comme le chef-d'œuvre de l'auteur, est l'expression la plus poétique et la plus éloquente de son talent et de son caractère.
3. La mort trompa cette fois le poète. Cette pièce est de 1832.
4. Une tradition, reconnue fausse aujourd'hui, a fait mourir Gilbert à l'hôpital, non de la Charité, mais de l'Hôtel-Dieu.

Tremblez, méchants! mon dernier vers s'allume,
Et, si je meurs, il vit pour vous flétrir...
Hélas! mes doigts laissent tomber la plume :
Pauvre Gilbert, que tu devais souffrir!

Si seulement une voix consolante
Me répondait quand j'ai longtemps gémi!
Si je pouvais sentir ma main tremblante
Se réchauffer dans la main d'un ami!
Mais que d'amis, sourds à ma voix plaintive,
A leurs banquets ce soir vont accourir,
Sans remarquer l'absence d'un convive !...
Pauvre Gilbert, que tu devais souffrir!

J'ai bien maudit le jour qui m'a vu naître;
Mais la nature est brillante d'attraits,
Mais chaque soir le vent à ma fenêtre
Vient secouer un parfum de forêts.
Marcher à deux sur les fleurs et la mousse,
Au fond des bois rêver, s'asseoir, courir,
Oh! quel bonheur! oh! que la vie est douce!...
Pauvre Gilbert, que tu devais souffrir [1]!

DE LAPRADE

1812-1883

Victor DE LAPRADE, né à Montbrison, débuta en 1839 par *les Parfums de Madeleine*; il est de l'Académie française depuis 1858. Entre ces deux dates, et depuis, il a donné successivement plusieurs poèmes. Sous leurs titres divers, païens, chrétiens et autres, l'inspiration de M. de Laprade dérive d'une double source, la foi chrétienne et la nature : il monte toujours de la terre à Dieu. Dans *Psyché* (1840), poème mythique et mystique, fusion d'une légende grecque et de la tradition biblique, l'héroïne est l'âme qui, au sein de la nature bienfaisante, a la soif indiscrète de l'inconnu, l'idéal. Comme Eve, sa curiosité la perd. De là ses épreuves, son expiation, sa rédemption, et son union finale, sous la nature radieuse, avec Eros, l'idéal divin. — Dans quelques pièces des *Odes et Poèmes* (1844), le poète est encore en Grèce. — *Les Poèmes évangéliques* (1852), où prit sa place son premier essai, circonscrivent en Judée, et rapprochent de nous, sur la limite des

---

1. On remarquera dans cette pièce, pleine des souvenirs de Gilbert, quelques idées de ses *Adieux à la vie*

temps antiques et de l'ère chrétienne, les tableaux que la nature et la foi offraient à son pinceau. — *Les Symphonies* (1855), *les Idylles héroïques* (1858), *les Voix du Silence* (1865), le ramènent à la France et à nos jours : les Cévennes, son berceau, et les Alpes, voisines de Lyon, qui fut longtemps son séjour, en sont le cadre. Celui de *Pernette* (1868), roman en vers, n'est plus que son cher Forez Celui du *Livre d'un Père* (1876) est le foyer domestique.

Partout et toujours M. de Laprade, amant et interprète de la nature, a avec elle des entretiens; il entend ses voix, et les fait chanter en chœur aux oiseaux, aux fleurs, aux arbres, aux torrents, aux cimes, aux glaciers. L'air des montagnes l'enivre; les chênes sont ses « frères », il leur prête une « âme » qu'il envie. La continuité de ces transfigurations poétiques et mystiques risque un peu de gâter ce qu'il aime tant, et de donner un air d'apprêt à la nature, et de mythologie nouvelle à son culte pour la création et le créateur. Heureusement il sait voir la nature autant que l'entendre, et, vue, la peindre; et quand les Frantz, les Conrad et les Herman de ses *Idylles* sont tout bonnement rustiques, quand lui-même l'est avec Pernette, il trouve une veine franche et vraie. Les laboureurs de ses *Idylles* sont frères de ceux de *Jocelyn*; les paysans de son roman, frères de ceux de G. Sand. Et puis, heureusement encore, quand il n'a pas le bonheur d'être simple, il a au moins le mérite d'être élevé; si ses chênes parlent comme ceux de Dodone, ils ne disent que de grandes choses. Il peut égarer l'imagination, mais il hausse le cœur. Au lieu de s'humilier et de s'aigrir comme Oberman à mesure qu'il monte sur les sommets, son âme se dresse et s'épure. Le Manfred de Byron entendait dire aux esprits des Alpes : « Que nous veux-tu, enfant de boue ? » Il leur entend dire : « Viens à nous, enfant de Dieu. »

Les critiques que rencontra cette fraternité un peu verbeuse avec les chênes éveillèrent chez le poète, après les muses évangélique, mythologique, alpestre, forestière et quasi panthéiste, une muse nouvelle, celle de la satire; dans ses *Poèmes civiques* (1873) il rendit en amère rudesse ce qu'il recevait en sourires railleurs, et conseilla à ses concitoyens d'un siècle positif dont il flagellait les doutes railleurs, de se retremper dans le culte de l'idéal qui habite les sommets.

JÉSUS DANS LES SOLITUDES DE LA JUDÉE

Étoiles d'Orient ! belles nuits de Judée !
Plaine de Siloé[1] de soleil inondée !
Lit pierreux du Cédron ! palmiers de Nazareth !
Flots de Tibériade et de Génézareth !
Grands vents qui balayez les roches désolées !
Horizons infinis des grèves isolées !

---

1. *Siloé*, source intermittente d'eau vive, sortait de la montagne de Sion. Près des deux étangs ou piscines qu'elle formait, Jésus donna la vue à un aveugle-né. — *Cédron*, torrent qui se jette dans la Mer Morte et sépare Jérusalem de la montagne des Oliviers. — *Tibériade*, ville de Palestine (Galilée). Son lac, appelé aussi *Lac de Génézareth* et *Mer de Galilée*, est traversé du N. au S. par le Jourdain.

Solitudes qu'il aime, où ses pas sont gravés,
Oh ! dites s'il pleura, dites, vous le savez.
Que de fois il allait, au mépris des scandales,
Loin des Pharisiens secouant ses sandales,
Marchant où l'appelait l'esprit de vérité,
Porter dans les déserts sa sainte oisiveté !
Cueillez-y sur ses pas les fleurs immaculées,
Lavez vos fronts dans l'eau des sources reculées !
Là, parmi la rosée et l'herbe vierge encor,
Sur la neige d'argent et sur le sable d'or,
Dans l'haleine des mers et dans celle des plaines,
Dans la vapeur qui fume au-dessus des fontaines,
Dans l'ombrage odorant qui coule des forêts,
Des parfums sont restés, fruits de ses pleurs secrets.
　　　(*Poèmes Évangéliques* [1]. — *Les parfums de Madeleine.* —
　Calmann Lévy, éditeur.)

LE BÛCHERON

Le chêne aux flancs noueux dans l'herbe est couché mort [2];
Mais du vieux bûcheron c'est le dernier effort.
Il pose sa cognée et s'accoude au long manche [3];
Il se courbe, en soufflant, le pied sur une branche ;
Son morceau de pain noir est gagné pour demain ;
Et, s'essuyant le front du revers de sa main :

« Triste et rude métier que de porter la hache !
A ce labeur de mort quel Dieu m'a condamné ?
Sur tes plus beaux enfants j'ai frappé sans relâche,
Et je t'aime pourtant, forêt où je suis né !

---

1. La couleur et l'harmonie de leur style rappellent celui des fragments et poèmes bibliques d'A. de Vigny, dont le tissu est d'ailleurs plus serré, le grain plus brillant, l'essor plus haut. N'y a-t-il pas quelque parenté entre le début de *Moïse* et les vers cités ci-dessus, et aussi les suivants ?

　　Le matin colorant les gazons qu'il arrose
　　Faisait tout verdoyer dans une vapeur rose ;
　　Nul vent lourd et poudreux ne ternissait encor
　　Les bois tout d'émeraude et les froments tout d'or.
　　　　　　　　　(*Ibid., la Tentation.*)

　　Pas un brin d'herbe et pas une haleine de vent.
　　Lui seul [saint Jean] dans la fournaise a pu rester vivant.
　　Autour de lui sans fin le silence et le vide,
　　Et du sable éternel la mer morte et livide.
　　La lumière inondant son immense prison
　　D'un cercle épais de feu ferme tout l'horizon.
　　　　　　　　　(*Ibid., le Baptême au Désert.*)

2. Cf. dans nos *Prosateurs*, p. 692, les « Bois coupés en automne », par H. Taine.

3. *Au*, remplaçant une préposition suivie de l'article, était une construction usuelle au XVIIe siècle.

« Ton ombre est mon pays ; j'y vieillis ; je sais l'âge
Des grands chênes épars sur les coteaux voisins.
Jamais je ne dormis dans les murs d'un village ;
Je ne cueillis jamais le blé ni les raisins.

« Ma mère me berça dans la mousse et l'écorce ;
J'ai, dans un nid pareil, vu dormir mes enfants ;
Et, comme moi jadis, fiers de leur jeune force,
Ils grimpaient tout petits sur l'arbre que je fends.

« J'ai compté de beaux jours, hélas ! et des jours sombres
Que savent tous ces bois, complices ou témoins ;
J'ai connu d'autres maux que la faim sous leurs ombres :
Dans un corps endurci l'âme ne vit pas moins.

« Je la sens s'agiter sous le joug qui m'enchaîne ;
Et l'arbre, gémissant de mes coups assidus,
Parle au noir bûcheron qui fend le cœur du chêne
Comme aux pâles rêveurs sur la mousse étendus.

« J'eus chez vous mon printemps, mes songes, mes chimè-
Arbres qui modérez le soleil et le vent !   [res,
J'ai versé sur vos pieds des larmes bien amères,
Mais pour moi votre miel a coulé bien souvent.

« J'entends parfois de loin monter la voix des villes,
Elle m'arrive en bruits douloureux et discords ;
J'aime mieux écouter ces feuillages mobiles
D'où pleut un frais sommeil sur l'âme et sur le corps.....

« Si j'ai vos bras noueux, vos cheveux longs et rudes,
J'ai mes chansons aussi, mes bruits graves et doux,
Et sur mon front ridé le vent des solitudes,
O chênes fraternels, frémit comme sur vous !....

« Aussi mon âme est triste et mon regard est sombre ;
Destructeur des forêts, je me suis odieux ;
J'ai déjà dépouillé cent arbres de leur ombre ;
J'ai fait place aux humains ; pardonnez-moi, grands dieux[1]

« Mais c'est la pauvreté qui par moi vous profane,
Saints temples des forêts, arbres que j'aime en vain !
Pour mes fils affamés dans ma pauvre cabane,
Chaque arbre, hélas ! qui tombe est un morceau de pain.....

---

1. Locution interjective usuelle, qui n'implique en rien que ce bûcheron soit supposé un païen des temps du polythéisme.

« Il en reste un... marqué du sceau fatal du maître [1],
Mon plus cher souvenir... à frapper quelque jour,
Mon vieil hôte, du bois l'ornement et l'ancêtre ;
A lui de s'écrouler.... Puis ce sera mon tour [2] ! »
(Odes et poèmes, II. — 1, Le Poème de l'arbre, 3. —
Calmann Lévy, éditeur.)

LES HAUTES CIMES

J'irai boire l'eau vierge aux sources des grands fleuves;
Mes pieds se poseront sur l'azur du glacier.
Je veux baigner mon corps aux flots des brises neuves,
L'éther le trempera comme l'onde l'acier.

Dormons sur une cime avec effort gravie ;
Dans la neige éternelle il faut laver nos mains ;
L'air fait mouvoir là-haut des principes de vie,
Allons l'y respirer pur des souffles humains.

Montons ! le vent se meurt aux pieds du roc immense,
Le doute ne saurait flotter sur ce haut lieu ;
Montons ! enveloppé de calme et de silence,
Sur ces larges trépieds j'entendrai parler Dieu.

---

1. Le propriétaire qui exploite ses bois marque, à la couleur, d'un signe convenu les arbres qui doivent être abattus.

2. Quand, dans la deuxième partie du *Poème de l'arbre* (*la Mort d'un chêne*), renommée et souvent citée, le poète fait, à chaque coup de la « lâche » cognée, « rugir » la terre, « rouler »

  L'écho des grands soupirs arrachés à ses flancs,

et

  Le flot triste hésiter dans l'urne des fontaines,

ces fantasmagories me laissent froid ; encore aimé-je mieux l'indignation de Ronsard contre les bûcherons de la forêt de Gastine, quand

  Le sang dégoutte à force
 Des Nymphes qui vivoient dessous la dure écorce.

Je ne crois pas plus à cette mythologie ; mais je sais d'où elle vient, c'est un rêve grec. — Ce qui me touche davantage, c'est cette tristesse du rude et pauvre bûcheron, ami de sa vieille forêt. Je ne voudrais retrancher que la haine qu'il a contre lui-même et le pardon qu'il demande au ciel: ce n'est plus lui qui parle, c'est le poète.
Nous retrouvons ce chêne dans les *Voix du Silence* (1865). La pièce intitulée *Sylva nova* commence ainsi :

  Allons revoir la place où tomba le grand chêne
  Dont j'interrogeais l'âme et que j'ai tant pleuré.

En voici la conclusion :

  Que l'accord fraternel des hêtres et des chênes
  Serve aux humains d'exemple et leur dicte des lois,
  Et que la liberté, seul remède à nos haines,
  Règne autour des palais comme autour des grands bois.

ci ce n'est plus au bûcheron, c'est au poète lui-même que je m'en prends. Il donne des leçons plus pratiques dans ses *Poèmes civiques*.

L'air aspiré là-haut vivra dans ma poitrine,
Dans l'ombre de la plaine un rayon me suivra ;
Ceux qui m'ont vu gravir pesamment la colline
Ne reconnaîtront plus l'homme qui descendra.

Plus haut que le sapin, plus haut que le mélèze,
Sur la neige sans tache au soleil j'ai marché ;
Dans l'éther créateur je me baigne à mon aise ;
Le monde où j'aspirais, mes deux pieds l'ont touché.

J'ai dormi sur les fleurs qui viennent sans culture,
Dans les rhododendrons j'ai fait mon sentier vert,
J'ai vécu seul à seul avec vous, ô nature !
Je me suis enivré des senteurs du désert.

Je me suis garanti de toute voix humaine
Pour écouter l'eau sourdre et la brise voler ;
J'ai fait taire mon cœur et gardé mon haleine
Pour recevoir l'esprit qui devait me parler ;

Et voilà qu'entouré des cimes argentées,
Cueillant le noir myrtil, buvant au flot sacré,
Goûtant sous les sapins les ombres souhaitées,
Libre dans mes déserts, voilà que j'ai pleuré [1] !

(*Odes et Poèmes*, I. — III, *Alma parens*. — Calmann
Lévy, éditeur.)

POÈTE ET PÂTRE

LE POÈTE.

Je viens mêler mon deuil au deuil de la nature.
J'entends ici l'écho des tourments que j'endure ;
La voix de l'univers n'est qu'un gémissement ;
Mes pleurs unis aux siens coulent plus doucement,

---

[1]. On voit dans ces derniers vers, que suivent de longs développements sur sa « tristesse immense », que le poète a, lui aussi, payé son tribut à la maladie noire que les René et les Obermann avaient inoculée à la première partie de ce siècle. Mais il s'en est poétiquement et spirituellement raillé lui-même, comme on le verra dans la pièce suivante ; et il a donné et à la jeunesse de son temps, et aux Frantz et aux Herman de ses *Idylles héroïques* les conseils qu'il s'était donnés à lui-même et dont il s'était bien trouvé ; il ne les quitte que guéris, et guéris, comme lui, par la vue de la nature rustique et vraie. Enfin, dans le dernier de ses poèmes, le *Livre d'un père*, donnant un caractère de plus en plus pratique à son culte de la nature, il voit en elle la saine et forte éducation du corps et de l'âme de l'enfance. Ainsi se réduit et se dissipe peu à peu ce quasi panthéisme nuageux qui prêtait le flanc à la critique. — C'est cette évolution progressive de son esprit qu'on pourra remarquer dans la succession des morceaux suivants ; c'est le lien qui rattache ces morceaux à celui-ci et entre eux.

Et je sens plus de calme et plus de patience
Quand je me plonge à fond dans sa tristesse immense.

LE PÂTRE.

Je cherche autour de nous ces gémissantes voix
Et ces mornes tableaux, et ce deuil que tu vois :
Un large rayon d'or flotte sur les fougères ;
L'alouette s'égaie en ses notes légères ;
La cloche tinte au cou de mes taureaux joyeux,
Et les prés, tout en fleurs, réjouissent mes yeux.

LE POÈTE.

La nature se plaint : sa voix, terrible ou tendre,
Parle d'une souffrance à qui sait bien l'entendre.
Tout menace ou gémit. De la source au torrent,
Le flot, qui va gronder, s'écoule en murmurant.
Comme un soupir sans fin qui remplit tout l'espace,
Dans les sapins tremblants le vent passe et repasse ;
Et, même aux plus beaux jours, la voix qui sort des mers
Atteste un mal obscur dans leurs gouffres amers.
Ici, dans cette paix des douces bergeries,
Ecoute ces taureaux et ces brebis chéries,
Ton chien, tes blonds ramiers posés sur ces vieux ifs,
Et tes agneaux bêlants... Tous ces bruits sont plaintifs

LE PÂTRE.

J'entends, je vois, partout, s'appeler, se poursuivre,
Les animaux joyeux du seul bonheur de vivre.
Tous semblent à tes yeux ou tristes ou méchants,
Jeune homme aux blanches mains, qui crois aimer les
[champs!
Quel noir démon t'invite à ces pensers [1] moroses,
Enfant? Et tu n'as vu que la saison des roses !
La neige des hivers où nous marchons pieds nus,
Nos soucis, nos travaux, te sont tous inconnus !

LE POÈTE.

Ecoute, dans ces bois déjà pleins de ténèbres,
Du zéphyr qui s'endort les murmures funèbres.

LE PÂTRE.

J'entends plus près de nous, sur le frêne voisin,
Siffler le joyeux merle enivré de raisin [2].

---

1. Rare aujourd'hui, usité encore au XVIIIe siècle. Chénier a dit
   Sur des pensers nouveaux faisons des vers antiques.

2. C'est la grive qui est surtout réputée gourmande de raisin. Mme de Sévigné rapporte la plaisante bévue d'une dame qui dit « sourd » au lieu de « saoul » comme une grive.

LE POÈTE.

Ecoute ce torrent : quelle douleur profonde
Exhalent à nos pieds les soupirs de son onde !

LE PÂTRE.

J'entends sur les cailloux le bruit clair du ruisseau,
Du ruisseau qui gazouille aussi gai que l'oiseau.....

LE POÈTE.

Pauvre cœur, dupe, hélas ! de ta propre imposture,
Tu n'entends que toi-même à travers la nature[1] !
L'esprit qui t'a parlé de joie et d'avenir
T'a promis, ô pasteur, ce qu'il ne peut tenir.
Ainsi, pour t'affranchir de l'ennui qui me ronge,
O folle humanité, tu n'as que le mensonge !
Je trouve ta gaîté plus triste que mes pleurs,
Et mon front ne veut pas de ces trompeuses fleurs.
Adieu. Reste, ô berger, dans l'erreur qui t'est douce
L'ignorance est un lit plus tendre que la mousse ;
Reste, au bord de cette onde, à voir tes prés fleurir,
A vivre sans penser, pour vivre sans souffrir.

LE PÂTRE.

Ami, qu'un Dieu propice à ma voix te délivre
Du démon qui t'a dit : Reste à rêver sans vivre !

LE POÈTE.

Ah ! puissé-je abdiquer, au sein de quelque fleur,
De ce cœur importun la vie et la chaleur !
Pour la sève paisible en ces chênes dormante
Que j'échangerais bien l'âme qui me tourmente[2] ;
Que je voudrais jeter tout mon être à ce vent !
Je souffre, ami, tu vois que je suis bien vivant.

LE PÂTRE.

Tu souffres d'un corps faible et d'une âme impuissante ;
Ce mal dont tu te plains, c'est la vigueur absente.
Je le vois dans tes yeux, sur ton front sans couleur,
C'est un fruit de l'orgueil que ta lâche douleur.
Abdique ta mollesse et ces larmes superbes ;
Il est temps d'amasser quelques solides gerbes,

---

1. C'est justement ce qu'ici le poète fait lui-même, comme ils le font tous ; et ce n'est que de son interlocuteur qu'il le croit. Le trait est excellent, et on pourrait dire qu'il est du meilleur comique, n'était le ton du sujet. C'est l'histoire éternelle de la poutre et de la paille.
2. C'est ce que dit encore ailleurs le poète (*Poëme de l'Arbre*, dans les *Odes et poèmes*).

O rêveur; sors enfin de ton sommeil fatal!...
Mais tu ne peux guérir, car tu chéris ton mal [1].
    (*Les Symphonies*, II. — I, *Symphonie du Torrent*. — Calmann Lévy, éditeur.)

UN CHAMP SUR UN ROC

Jusqu'au champ suspendu sur cet étroit rocher
Où le chamois et l'aigle osent seuls se percher,
Quel sentier a conduit dans sa longue escalade,
Depuis ce toit qui fume au pied de la cascade,
Le hardi laboureur qui fait si haut moisson?
Quel oiseau lui prêta son aile et sa chanson?
Quelle occulte vertu, sous ses mains familières,
Fait jaillir tous les ans le bon grain de ces pierres?
Ses bœufs n'ont pu le suivre; et, seul dans le granit,
Il retourne en suant son fer que Dieu bénit;
Seul dans ces hauts sillons étayés de murailles
Il a monté la herse et le sac des semailles.
Le sol même est son œuvre. Au grain blond et vermeil
Dieu n'a rien pour sa part fourni que le soleil.
L'homme a seul amassé sur le roc qui l'appuie
Ce champ aérien repris par chaque pluie.
Toi-même, ô laboureur, toi seul as, sur tes reins,
Porté le riche humus à ces maigres terrains.
Ton blé germant, là-haut, dans la roche brisée,
Y boit plus de sueurs cent fois que de rosée!
Et, comme on bénit Dieu sous ton toit de sapin,
Nous devons te bénir quand nous mangeons ce pain.
Ah! qu'il est plein de vie et de saveur! Ah! comme
Ce pain, fait tout entier de la vertu de l'homme,
Donne un plus noble sang, un plus vaillant esprit
A l'aïeul qui le sème, aux enfants qu'il nourrit [2]!
    (*Idylles héroïques*. — *Herman*, II. — Calmann Lévy, éditeur.)

---

1. Chaque mot de cette réponse du pâtre porte et frappe juste. Le mal des faux désespoirs, ses caractères, les causes qui le produisent, le remède qui le peut guérir, et, dans le dernier vers, la cause qui l'entretient, sont indiqués, avec sens, précision, force et finesse. — Voyez page 579, note 1.

2. Voilà des idées qui ont un corps, dans des vers qui ont de la plénitude : le terme rustique et précis s'y incruste à propos. Le spectacle de ce labeur honnête et rude est plus efficace pour dissiper les agitations maladives et les ambitions hautaines de Frantz, de Conrad et d'Herman, trois frères du Frantz de *La Coupe et les lèvres* d'A. de Musset, que les voix de

LA MORT DE PIERRE

Le soir encor, du haut des cimes empourprées,
De sa rougeur suprême inondait nos contrées ;
Plus qu'à demi caché par les monts, le soleil
S'abaissa tout à coup sous son rideau vermeil,
Et l'ombre, à larges pas, des forêts aux villages
Glissa rapidement d'étages en étages.
Tour à tour s'éteignaient, en de noirs horizons,
Les clochers flamboyants et les blanches maisons.
Bientôt, submergeant tout de l'une à l'autre chaîne,
La pâleur de la nuit noya l'immense plaine.
Rasant l'herbe et les fleurs, un vent léger et frais,
Comme exhalé du sol, souffla vers les forêts ;
Dans les vignes épars, mais à leur nid fidèles,
Les oiseaux vers les bois rentraient à tire d'ailes :
Et l'âme, vers le ciel prêt à le recevoir,
Partit dans un soupir sur les brises du soir [1].

(*Pernette*, chant VII. — Librairie académique Didier et Cie.)

Léonidas, de Caton d'Utique, de Jeanne d'Arc, de Bayard, de Corneille, de sainte Elisabeth, de sainte Victoire, des sapins, d'une fleur de bruyère, des lacs, des chamois, que la cloche de l'Hospice et le chœur des Hospitaliers, que le poète fait retentir à leurs oreilles dans un pêle-mêle non pas discordant, au moins un peu disparate. Quoi qu'il en soit, ils atteignent sur le glacier, épurés et fortifiés,

> Le calme et la clarté de la neige éternelle.
> Comme on respire bien sur nos Alpes sublimes!...
> Leur souffle est plein de force et de chastes conseils.

dit l'un d'eux. — Nous voici arrivés à la conclusion des *Idylles héroïques:* les deux remèdes à l'humaine misère, ce sont la religion et la nature. Lamartine y arrivait aussi dans les *Harmonies*, avec moins d'appareil. Cette conclusion, M. de Laprade nous l'a donnée aussi en prose: «Commencé, dit-il dans les dernières lignes de son ouvrage théorique, intitulé *Le sentiment de la Nature chez les modernes*, au milieu de l'enivrement des solitudes alpestres, dans la société des chênes et des bruyères, continué dans la conversation des grands morts sur les hauteurs de la poésie, ce livre est achevé au pied du Christ. »

1. Tableau pur, calme et grand ; vers colorés et pleins, d'une harmonie sereine et grave. Le dernier a l'accent final des vers de La Fontaine.

> Approche-t-il du but, quitte-t-il ce séjour,
> Rien ne trouble sa fin, c'est le soir d'un beau jour.
> (*Philémon et Baucis.*)
>
> Quand le moment viendra d'aller trouver les morts,
> J'aurai vécu sans soins et mourrai sans remords.
> (*Fables*, XI, 4.)

Pierre, brave et robuste villageois du Forez, n'est pas un Céladon comme son compatriote du roman de d'Urfé, ni Pernette une Astrée. Fils d'un vieux soldat de la république de 1792, il s'est, en 1813, soustrait à la conscription impériale et a rejoint les réfractaires dans la montagne ; à leur tête il défend la patrie envahie par l'étranger en 1814, est blessé, épouse sa fiancée, et meurt. Pernette, veuve, consacre sa vie à instruire les enfants

LES FUNÉRAILLES DE PERNETTE

Jamais aucune mort, dans toute la contrée,
Ne retentit plus vite et ne fut tant pleurée.
Des bourgs les plus lointains et de chaque maison
Une foule accourut malgré l'âpre saison.
Tout ce peuple savait, aussi bien que moi-même,
Le lieu marqué par elle à son repos suprême.
Partis devant le jour [1], afin que tout fût prêt,
Là-haut des laboureurs, au bord de la forêt,
A grands efforts creusant la terre glaciale,
Ouvraient sous les sapins la fosse nuptiale [2].
Le clocher tant aimé sonnait son dernier glas.
Nous montions ; sous nos pieds craquait le dur verglas.
Au loin sur les coteaux tapissés par la neige
Lentement serpentait le funèbre cortège.
Les bois ainsi que nous restaient silencieux,
Un crêpe de brouillards s'étendait sur les cieux.
De l'endroit solennel nous étions déjà proche ;
On entendait encore un peu la triste cloche ;
Quoique sur les hauteurs l'air s'était attiédi,
Et le vent préludait au calme du midi.
Le prêtre seul parla durant la sépulture ;
Tout se taisait, la foule et la pâle nature,
Et la terre natale, enfin, selon leurs vœux
Se ferma sur leurs corps pour les garder à Dieu [3].

(*Ibid.*)

---

du village: on a signalé dans cette dernière partie du poème des rapports frappants avec plusieurs pages de *Jocelyn*. Dans ce roman M. de Laprade a donné un corps à ces idées de pureté, de force et de santé morale et de foi religieuse, inspirées par la nature, qu'il avait enveloppées de mysticisme dans ses poèmes précédents. De ses ascensions lyriques vers les nuages alpestres il revient au Forez, il y prend pied dans le réel, et, comme Antée, auquel il compare le poète (*Odes et Poèmes*), en touchant la terre qui est sa mère, il retrempe sa vigueur.

1. *Devant* pour *avant*, emploi familier au XVII° siècle. Ce demi-archaïsme a une sorte d'harmonie avec cette peinture des usages funéraires pieusement conservés au village.

2. Pernette avait demandé à être enterrée à côté de son mari, mort le jour même de ses noces.

3. Comparez avec ce tableau celui des funérailles de *Louise* (BRIZEUX, *Marie*). Plus d'un trait et d'une expression sont semblables. Le fond et la couleur du tableau, la saison et le ciel diffèrent.

LE POÈTE A SES ENFANTS

On s'instruit dans les champs rien qu'à se laisser vivre,
Rien qu'à n'y pas fermer obstinément les yeux,
Rien qu'à toucher du doigt les pages de ce livre,
En écoutant le maître[1] avec le cœur joyeux.

Venez donc, et montons à travers les bruyères,
Aspirant l'air chargé de parfums et d'accords,
Qui des flots et des fleurs porte en haut les prières.
Nous travaillons pour l'âme en exerçant le corps.

Toute vertu s'accroît de leur mâle équilibre.
Dans ces temps de bassesse et d'appétits sans frein,
Il faut, pour rester juste, il faut, pour rester libre,
Un ferme cœur servi par des membres d'airain.

Aussi bien qu'un penseur le sage est un athlète ;
Un fier combat l'attend, à toute heure, en tout lieu.
Il faut, pour lui forger une armure complète,
Que la sainte nature aide l'esprit de Dieu.

Allons nous raviver, nous récréer en elle !
Nous reviendrons plus forts et mieux prêts au combat,
Si nous pressons du cœur la terre maternelle
Qui relève son fils dès que l'ennui l'abat.

Armons-nous, mes amis, pour les luttes prochaines,
Du souffle des hauts lieux sous les pins toujours verts ;
Allons respirer l'air que respirent les chênes...
Les livres sont fermés et les bois sont ouverts[2].

(*Le Livre d'un père.* — *Les Vacances.* — J. Hetzel et Cie,
éditeurs.)

---

1. Le maître, c'est le père qui, à chaque pas, tire des spectacles de la nature une leçon pour ses enfants. Ainsi la mère de Lamartine instruisait son fils (Voyez les *Confidences*).
2. Voilà des vers vibrants. On sent que le père veut armer ses enfants pour la lutte dont il parle dans le passage suivant. Il avait déjà dit dans les *Poèmes civiques*.

> Lisez dans le printemps, les livres sont fermés.....
> Soyez forts, soyez bons ; c'est le meilleur parti,....
> Vous deviendrez savants, si Dieu le veut, plus tard.....
> (*Poèmes civiques*, I, *La Trêve de Dieu*.)

LE POÈTE A SES DÉTRACTEURS

J'exècre les railleurs :
Un bon mot n'a jamais rendu les gens meilleurs.
Je parle sérieux et me contiens à peine ;
Grâce à Dieu j'ai gardé la vertu de la haine.
Moi, quand j'ai vu le mal debout sur mon chemin,
J'y marche le front haut et la hache à la main.
. . . .
Sur mes froides hauteurs si nul ne vient m'entendre,
Moi j'y respire à l'aise et n'en veux pas descendre.
J'irais dresser ma tente au penchant des glaciers
Pour fuir votre esclavage et vos penchants grossiers.
J'aime ce large azur, ces cimes toujours blanches,
Où se forme la foudre avec les avalanches :
Sur ces remparts de neige abhorrés des tyrans
Un sang libérateur a coulé par torrents.
Moi-même en ces hauts lieux dont j'ai subi les charmes
J'allais chercher des fleurs moins souvent que des armes,
Et ma muse a déjà vidé plus d'un carquois
Des traits que m'ont fournis les rochers et les bois ;
Là, pour d'autres combats j'en trouverais encore.
Si j'ai frappé jamais des coups dont je m'honore,
J'ai pris dans ces déserts que l'on m'invite à fuir
Et la vigueur d'aimer et celle de haïr.
Par eux, par le contact de leur grandeur paisible,
J'ai mieux senti mon âme et le monde invisible ;
J'ai plus adoré Dieu, plus exécré le mal,
J'ai d'un accent plus ferme attesté l'idéal.
Je tiens quelque fierté de ce désert mon maître :
L'équitable avenir [1] m'en saura gré, peut-être.

(*Poèmes civiques*, l. — I, *Pro aris et focis*. — Librairie
académique Didier et Cie.)

---

1. Le mot est de Boileau, *Epître* VII, à Racine.

AUTRAN

1812-1877

Joseph Autran, de Marseille, né en 1812 comme M. de Laprade, son ami, entra à l'Académie française en 1868. A part son heureuse tragédie de la *Fille d'Eschyle* (1848), trois mots peuvent résumer son œuvre poétique : matelots, paysans et soldats, héros des *Poèmes de la Mer* (1852), de *Laboureurs et Soldats* (1854, réimprimés sous le titre de la *Flûte et le Tambour*, avec addition de *Milianah* et de *Roulements de Tambour*), et de la *Vie rurale* (1856). Son originalité propre est d'avoir le premier consacré un poème à la mer, son début, publié avec le titre « ambitieux, dit-il, sous son apparente simplicité » de la *Mer*, en 1835, enrichi depuis et devenu les *Poèmes de la Mer*. Enfant de Marseille, il a d'abord vu et chanté les horizons et la vie maritimes; mais enfant d'un siècle littéraire qui a la passion de la nature, il la cherche, la goûte et la respire dans les campagnes de la Provence comme aux bords de la Méditerranée. Si la Provence rustique est près de lui, l'Afrique guerrière n'est pas loin ; Marseille, son séjour et son centre, reçoit vite les échos d'Alger. Autran, enfant de la Révolution, aime à voir le soldat dans le paysan :

> Frère de Jeanne d'Arc, de Hoche et de Marceau,
> (*La Vie rurale*, I, 3.)

et à le saluer sur le quai de la Joliette au retour de Milianah: de là sa veine de poésie militaire. Ainsi se forme et se lie le faisceau de son œuvre, œuvre d'inspiration sincère, œuvre de bonne foi.

LE MONDE SOUS-MARIN

Qui de vous n'a perdu souvent de longues heures
A contempler, rêveur, le merveilleux tableau
Qui rayonne, qui tremble et rit au fond de l'eau?
Non, l'œil ne connaît pas de plus charmant spectacle !
Au regard, qui descend sous le flot sans obstacle,
Se révèlent d'abord, éclatants de reflets,
Des joyaux qui seraient l'orgueil de cent palais :
Merveilles à ravir les rois et les artistes,
Emeraudes, onyx, agates, améthystes,
Escarboucles, rubis que le flot patient
Met un siècle à polir rien qu'en les charriant.
Ces richesses, qui font clignoter les paupières,
Ne sont que des cailloux pourtant, que d'humbles pierres
Hors de l'eau, vils galets que l'on foule en passant,
Diamants sous la vague où le soleil descend !
Après ce long ruban d'humides pierreries
S'étendent des gazons frais et verts, des prairies

Telles que le rayon d'un printemps généreux
N'en fait point verdoyer sur un sol plantureux.
Qu'ils sont beaux ces jardins qu'aucun soleil ne fane!
Qu'ils sont brillants à voir, sous l'onde diaphane,
Ces vergers où chaque arbre, émaillé de couleurs,
Porte des fruits vivants et de vivantes fleurs!
Là tourmillent, au sein des ondoyants feuillages,
Les peuplades des eaux, poissons et coquillages ;
Là des tribus sans nombre, entre les roseaux verts,
Cachent leurs nids, leurs jeux et leurs instincts divers.

(*Les Poèmes de la mer*[1], II. — 8, *Pater Oceanus*
— Calmann Lévy, éditeur.)

[1]. La mer avait eu son peintre, Joseph Vernet; elle n'avait pas eu son poète. C'est elle qui porte Ulysse, Énée et Vasco de Gama ; c'est sur ses bords que pleurent Achille et Polyphème, que se tue Ajax, que s'assied l'*Aveugle* de Chénier, et que chante Lamartine à Ischia. Mais il semble que la poésie n'eût pas osé s'aventurer seule dans ses espaces, sans héros à y promener, et que sur elle pesât encore l'anathème d'Horace : *Illi robur...*, quand Autran, qui l'aimait comme une patrie, l'embrassa tout entière dans ses *Poèmes de la mer*.

Dans le premier livre il n'a de limites que l'Océan. Il allume les phares sur ses côtes, le feu des épaves sur ses grèves, et, comme V. Hugo, il plonge ses regards et sa pensée dans l'abîme pour y voir et y entendre pleurer les naufragés :

« Plaignez-nous! le destin fut pour nous bien amer :
O misère! vivants avoir couru la mer
  Vingt fois de l'un à l'autre pôle,
Usé dans la tempête et ses jours et ses nuits.
Connu tous les labeurs, subi tous les ennuis
  Dont le fardeau courbe l'épaule ;

« Avoir livré bataille à tous les éléments ;
Avoir souffert la faim, la soif, tous les tourments,
  Toutes les lentes agonies ;
Être morts dans la glace, être morts dans le feu,
Et n'avoir même pas, pour y dormir un peu,
  Un sillon de terres bénies !

« Heureux, bienheureux ceux que la mort a surpris
Dans le foyer natal, près des parents chéris
  Dont la main ferma leurs paupières ;
Ceux qu'on enveloppa dans un linceul de lin,
Et qui furent couchés par un groupe orphelin
  Sous le gazon des cimetières !

« Ceux-là, sur leur tombeau, quand revient le printemps,
Ont des gerbes de fleurs, ont des rayons flottants
  Et des vols de blanches colombes.
Ceux-là, dans un sommeil qui n'est pas sans douceurs,
Reconnaissent le pas des mères et des sœurs
  Qui viennent prier sur leurs tombes....

« Plaignez-nous! plaignez-nous! c'est là que nous dormons
Sur un lit de varech, d'algues, de goëmons,
  De débris de tous les rivages,
Au fond de cet abîme où s'élève en monceaux
Tout ce qu'ont englouti sous les pesantes eaux
  Soixante siècles de naufrages...

« Plaignez-nous! plaignez-nous! ô nos frères vivants,
Qui restez loin des flots, des écueils et des vents.

CALME DU SOIR

Ce soir, le flot dormant, qu'aucun vent ne soulève,
Sans écume et sans bruit s'étale sur la grève ;
C'est à peine si l'onde, en effleurant le bord,
Y module à mes pieds un insensible accord,

> Au doux foyer de la famille ;
> Dans la saison d'hiver, vous qui venez, le soir,
> Sous l'âtre hospitalier en cercle vous asseoir
> Devant le sarment qui pétille.... >
> (*Les Poèmes de la Mer*, I. — 18, *Les Naufragés*.]

Cf. Victor Hugo, *Oceano Nox*. (*Les Rayons et les Ombres*, XLII) :

Saint-Valery-sur-Somme.
Oh ! combien de marins, combien de capitaines,
Qui sont partis joyeux pour des courses lointaines,
Dans ce morne horizon se sont évanouis !
Combien ont disparu, dure et triste fortune !
Dans une mer sans fond, par une nuit sans lune,
Dans l'aveugle océan à jamais enfouis !...

Nul ne sait votre sort, pauvres têtes perdues !
Vous roulez à travers les sombres étendues,
Heurtant de vos fronts morts des écueils inconnus.
Oh ! que de vieux parents, qui n'avaient plus qu'un rêve,
Sont morts en attendant tous les jours sur la grève
Ceux qui ne sont pas revenus !

On demande : — Où sont-ils ? sont-ils rois dans quelque
Nous ont-ils délaissés pour un bord plus fertile ? —
Puis votre souvenir même est enseveli.
Le corps se perd dans l'eau, le nom dans la mémoire ;
Le temps qui sur toute ombre en verse une plus noire,
Sur le sombre océan jette le sombre oubli.

Bientôt des yeux de tous votre ombre est disparue
L'un n'a-t-il pas sa barque et l'autre sa charrue ?
Seules, durant ces nuits où l'orage est vainqueur,
Vos veuves aux fronts blancs, lasses de vous attendre,
Parlent encor de vous en remuant la cendre
De leur foyer et de leur cœur.

Et quand la tombe enfin a fermé leur paupière,
Rien ne sait plus vos noms, pas même une humble pierr
Dans l'étroit cimetière où l'écho nous répond,
Pas même un saule vert qui s'effeuille à l'automne,
Pas même la chanson naïve et monotone,
Que chante un mendiant à l'angle d'un vieux pont....

monte jusqu'aux mers polaires :

Formidables déserts ! solitudes sans borne !
Sous le firmament noir et sur l'Océan morne,
Rien que les récifs blancs aux sommets anguleux
Rien que les archipels dont les dents amincies
Se hérissent en dards, se découpent en scies,
Et déchirent de l'air le manteau nébuleux.

La neige ceint partout les pics étincelants ;
Elle y ruisselle à flots, à leurs pentes s'attache,
Et montre avec orgueil, pure de toute tache,
Une virginité vieille de six mille ans.
(*Ibid.*, I. — 12, *Voyage au Pôle arctique*.)

Dans le deuxième livre il ne dépasse pas la Méditerranée, où il rencontre les Tritons, la trirème d'Ulysse, les baigneuses de Castellamare et de Sorrente.
Le troisième livre le fixe sur les côtes de Provence. Il s'arrête dans les

Un murmure douteux, qui meurt ou se prolonge,
Comme un soupir d'enfant qui dort et parle en songe.
Silence de la mer, sommeil du firmament!
Est-il rien de plus doux que ce recueillement?
Au cœur le plus troublé des tumultes du monde
Rien vaut-il cette paix solennelle et profonde?
Muet, j'ai beau prêter l'oreille,... pas un bruit!
Une voix cependant au sein de cette nuit
S'élève : c'est la voix mélancolique et tendre,
C'est le chant qu'un pêcheur à l'écho fait entendre.
Sur son bateau, qu'à peine un vent fait ondoyer,
Il vient de rallumer sa lampe ou son foyer,
Et, tandis que ce feu, comme un reflet d'étoile,
Brille au loin sur la mer, il chante sous sa voile :
Il chante, car sa pêche est féconde, ce soir.
Quand ses enfants, au bord, viendront le recevoir,
Répandant à leurs pieds sa nasse qui fourmille,
Il verra le bonheur de sa pauvre famille,
Et puis il dormira demain sur les galets,
Pendant qu'un chaud soleil séchera ses filets.

(Les Poèmes de la mer, III. — 21, Les Pêcheurs. — Calmann Lévy, éditeur.)

LES FANEURS

Les voyez-vous là-bas, au bord de la rivière,
Marcher à pas égaux d'un rythme cadencé?
Ils mettent à profit ce reste de lumière
Pour finir le travail dès l'aube commencé.

Sous le feu du soleil, sans trêve ni relâche,
Ils ont coupé les foins au village attendus;
Ils ne partiront pas sans achever leur tâche :
Ils veulent qu'à la nuit tous leurs prés soient tondus.

---

criques, dans les anses connues de son enfance, monte à Notre-Dame de la Garde, écoute le chant des Alcyons, et salue Lamartine dans une villa de la plage du Prado.

L'inspiration s'éparpille un peu dans des pièces de formes et de mètres très variés; les vastes horizons maritimes ne s'y déroulent pas dans l'ampleur de larges périodes alexandrines, comme les immensités célestes dans celles de Lamartine (Les Etoiles, l'Infini dans les cieux); la mélancolie,

> Pensive et recueillie
> Aux bords silencieux des mers,

n'y rêve pas comme dans Ischia ou le Golfe de Baïa. Autran a de l'âme; il sent et il voit : la puissance et la souplesse du style lui manquent.

De la rapide faux l'éclair par instant brille.
A travers la distance il éblouit nos yeux ;
Par instants, une voix d'homme ou de jeune fille
Arrive à notre oreille en sons clairs et joyeux.

Dans le calme du soir, il fait bon de l'entendre !
Il fait bon d'aspirer, dans un air frais et doux,
Ces odeurs de gazons, ces parfums d'herbe tendre
Qui, du talus des prés, s'élèvent jusqu'à nous !

Le jour s'efface au loin ; ses lueurs étouffées
Meurent sur les hauteurs, s'éteignent sur les eaux ;
Et chaque vent qui passe apporte par bouffées
L'enivrante senteur des herbes en monceaux.

Et ce qu'on ressent là, c'est un calme suprême,
C'est une volupté sans ardeur ni transport,
C'est le recueillement de la nature même,
Qui, sous l'aile de Dieu, confiante s'endort !

(*La vie rurale*[1], II, — 18, *L'odeur des foins*. —
Calmann Lévy, éditeur.)

NUIT DE PRINTEMPS

La nuit régnait encor, belle nuit de printemps,
Pleine encor de rayons, pleine de bruits chantants.

---

1. Le poète ajoute : *Journal de campagne;* journal, en effet, écrit au jour le jour, *pendant que la terre est en fleur, pendant que les moissons mûrissent, pendant que les arbres s'effeuillent* (c'est la division du recueil), où, en des pièces de longueur et de mètres variés, il décrit et rend ce qu'il voit, ce qu'il entend, ce qu'il sent, dans la plénitude de cette vie pure et saine des champs où il se mêle fraternellement : poésie d'haleine un peu courte, mais d'allure franche, non sans une nuance de rêverie et de mélancolie quand « les arbres s'effeuillent », mais qui se plaît mieux aux tableaux des travaux rustiques égayés sous le soleil ardent par le chant de la caille, par les cris joyeux de l'enfant qui, sur le sein de sa mère, tire à lui la grappe mûre de la treille, par la danse improvisée près des meules ou des gerbes ; puis, le soir venu, à la peinture du repos goûté, entre sa femme qui file et son enfant qui joue, par le paysan,

   Assis devant sa porte,
Laboureur jeune encore, au front sévère et doux
Immobile et pensif, les mains sur ses genoux,
Il aspire, dans l'air égayé de murmures,
Le meilleur des parfums, celui des gerbes mûres...
Ces trésors de son cœur, réunis près du seuil,
Ces étoiles au ciel dont la fête commence,
Ces bruits errants du soir dans la campagne immense,
Cette nappe d'épis dont les flots onduleux
Roulent, roulent sans fin jusqu'aux horizons bleus
Avec le frôlement d'un lourd manteau de soie.
Tout cela dans son cœur met une sainte joie.

(*Vers la Saint-Jean*, II, 9.)

— Dans cet ordre de sujets et de poésie rustique, voici deux passages, de

Les brises qui de l'aile effleuraient sa fenêtre
Lui jetaient ces parfums que la nuit fait renaître.

formes très diverses, auxquels la précision du trait et la vérité du coloris donnent une valeur et un charme particulier.

La Ferme à midi.

Il est midi : la ferme a l'air d'être endormie :
Le hangar aux bouviers prête son ombre amie :
Là, profitant de l'heure accordée au repos,
Bergers et laboureurs sont couchés sur le dos,
Et, près de retourner à leurs rudes ouvrages,
Dans un calme sommeil réparent leurs courages.
Auprès d'eux sont épars les fourches, les râteaux,
La charrette allongée et les lourds tombereaux.
Par une porte ouverte, on voit l'étable pleine
Des bœufs et des chevaux revenus de la plaine.
Ils prennent leur repas : on les entend de loin
Tirer du râtelier la luzerne et le foin;
Leur queue aux crins flottants sur leurs flancs qu'ils caressent
Fouette à coups redoublés les mouches qui les blessent.
A quelques pas plus loin, un poulain familier
Frotte son poil bourru le long d'un vieux pailler,
Et des chèvres debout contre une claire-voie
Montrent leurs fronts cornus et leurs barbes de soie,
Les poules, hérissant leur dos bariolé,
Grattent le sol, cherchant quelques graines de blé.
Tout est en paix ; le chien même dort sous un arbre,
Sur la terre allongé comme un griffon de marbre.
Au seuil de la maison, assise sur un banc,
Entre ses doigts légers tournant son fuseau blanc,
Le pied sur l'escabeau, la ménagère file,
Surveillant du regard cette scène tranquille.
Seul, perché sur un toit, un poulet étourdi
Croit encore au matin et chante en plein midi.

(Ch. REYNAUD, 1821-1853, *Contes, Épîtres et Pastorales.*)

(*Pailler*, v. 16, signifie : 1° une basse-cour où il y a de la paille, 2° un hangar sous lequel on conserve de la paille entassée.)

Les Bœufs

CHANSON

J'ai deux grands bœufs dans mon étable,
Deux grands bœufs blancs marqués de roux;
Le charre est en bois d'érable,
L'aiguillon en branche de houx.
C'est par leur soin qu'on voit la plaine
Verte l'hiver, jaune l'été;
Ils gagnent dans une semaine
Plus d'argent qu'ils n'en ont coûté.
    S'il me fallait les vendre,
    J'aimerais mieux me pendre;
J'aime Jeanne ma femme; eh bien, j'aimerais mieux
La voir mourir que voir mourir mes bœufs.

Les voyez-vous, les belles bêtes,
Creuser profond et tracer droit,
Bravant la pluie et les tempêtes,
Qu'il fasse chaud, qu'il fasse froid?
Lorsque je fais halte pour boire,
Un brouillard sort de leurs naseaux,
Et je vois sur leur corne noire
Se poser les petits oiseaux.
    S'il me, etc.

Ils sont forts comme un pressoir d'huile,
Ils sont doux comme des moutons;
Tous les ans, on vient de la ville
Les marchander dans nos cantons,
Pour les mener aux Tuileries,
Au Mardi gras, devant le roi,

L'astre des claires nuits argentait l'orient ;
Tout flottait lumineux, limpide, souriant,
Tout nageait, les coteaux, les sillons, la vallée,
Dans un demi-jour doux comme une aube voilée.

. . . .

Calme, les bras croisés, à la fenêtre, Armand
Ecoutait les conseils de son recueillement [1].
(*Les Laboureurs* [2], livre II. — Calmann Lévy, éditeur.)

CE QU'ON ENTEND DANS LA PLAINE

Couché dans l'herbe sèche, au penchant des collines,
Qui de vous n'a passé de ces heures divines
A voir les champs, les bois, l'horizon spacieux,
La beauté de la terre et la splendeur des cieux ;
A sentir sur son front le vent, tiède caresse ;
A respirer cet air, plein d'une saine ivresse,
Ces parfums du genêt, de la sauge, du thym,
Plus pénétrants encor le soir que le matin ;
A recueillir, muet, les vagues harmonies,
Concert accoutumé de ces heures bénies ;
L'angélus d'un hameau dans le calme des airs,
La cloche des béliers sur les sommets déserts,
Le cri du laboureur qui, là-bas dans la plaine,
Gourmande encor ses bœufs las et manquant d'haleine,
Le bruit d'une charrette aux essieux cahotés,
Les longs mugissements plusieurs fois répétés,

Et puis les vendre aux boucheries ;
Je ne veux pas, ils sont à moi.
  S'il me, etc.

Quant notre fille sera grande,
Si le fils de notre régent
En mariage la demande,
Je lui promets tout mon argent ;
Mais, si pour dot il veut qu'on donne
Les grands bœufs blancs marqués de roux,
Ma fille, laissons la couronne,
Et ramenons les bœufs chez nous.
  S'il me, etc.

(Pierre DUPONT, 1821-1870.)

(*Régent*, v. 34, signifie maître d'école. *Couronne*, v. 39, signifie couronne de mariée).

1. Cf. dans notre Recueil de Prosateurs, *Une soirée d'été*, par J. Sandeau.
2. Petit roman rustique en 4 livres. Un jeune homme, qui n'a rapporté des plaisirs de la ville que le dégoût de l'existence, revient au manoir paternel pour s'y tuer. Il ne peut éviter, sur le chemin qui y mène, la ferme ; il n'y respire pas impunément l'air sain d'une vie laborieuse et honnête. Il ne se tue pas, dote la fille du fermier, et va servir en Afrique.

Le babil des oiseaux dans les branches, la note
Qu'en traversant les cieux y jette la linotte
Ces frissons dans les bois des vents alternatifs
Ces mille bruits confus, mystérieux, furtifs,
Qui, dans l'éther sans borne où l'esprit se balance,
Ne font, tous réunis, qu'un suprême silence.

(*Les Laboureurs*, livre III. — Calmann Lévy, éditeur.)

PONSARD

1814-1868

La chute des *Burgraves* de Victor Hugo et le retour du public à la tragédie du XVIIe siècle qu'en 1838 avait ramenée sur la scène le talent d'une grande tragédienne, Mlle Rachel, préparèrent le succès de *Lucrèce* que Francis PONSARD apporta de Vienne (Isère) à Paris en 1843. Il semble que les spectateurs haletants, surmenés par les convulsions du drame romantique, respirèrent enfin. Les oreilles, étourdies de cliquetis de mots, d'antithèses et de lyrisme, se reposèrent sur un style clair, sobre, ferme. Les yeux fatigués des détails, éblouis de l'éclat d'une mise en scène riche comme un musée, savante comme une collection, sourirent à ce fuseau, à cette urne, à ces toges blanches qui, avec le poignard classique de la fin, suffisaient au nouveau poète. Ponsard eut le double mérite de venir à propos, et, venu, accepté d'emblée, de ne pas faire, après le coup d'éclat de *Lucrèce*, d'un succès légitime un drapeau et une arme de réaction. Applaudi pour ses Romains, il laissa le regain de leur popularité nouvelle à la *Virginie* de M. Latour-Saint-Ybars (1845), et sut entretenir l'intérêt du public par la variété de ses sujets et par un judicieux usage des droits dont l'école rivale avait assuré au théâtre la conquête et l'exercice, les libertés de temps et de lieu. Chacune de ses pièces nouvelles l'éloigne de son point de départ et le rapproche de nous. Il est en France, au XIIe siècle, avec *Agnès de Méranie* (1845), dans le feu de la Révolution avec *Charlotte Corday* (1850) et sa comédie du *Lion amoureux* (1866), au milieu de ses contemporains avec ses comédies de *l'Honneur et l'Argent* (1853), et de *la Bourse* (1856), sans préjudice de ses excursions en pleine antiquité avec *Ulysse* (1852), en pays étranger avec *Galilée* (1867). Son style, quelquefois un peu nu, toujours naturel, souvent énergique, particulièrement touchant dans sa seconde tragédie, éloquent dans la troisième, brillant dans son drame italien, archaïque dans son étude antique, coloré dans sa comédie politique et militaire de 1795, simple dans ses comédies bourgeoises de nos jours, revêt partout des idées et des sentiments purs. *Charlotte Corday* est son œuvre la plus puissante; *Lucrèce* restera son œuvre originale.

---

1. Expression roide et terne, qui détonne en cette page, émue et colorée.

LES TEMPORISATIONS DE BRUTUS

JUNIUS BRUTUS, VALERIUS [depuis] PUBLICOLA

BRUTE [1].
Que me veux-tu, Valère ?
VALÈRE.
Ami, réjouis-toi : tes vœux sont satisfaits,
Et nous allons passer des discours aux effets.
On se lasse à la fin de trembler sous un homme.
J'ai visité plusieurs des principaux de Rome,
Et tous, patriciens, chevaliers, sénateurs,
Que déjà du tyran fatiguaient les hauteurs,
Se voient poussés à bout par la guerre aux Rutules,
Dont les énormes frais dévorent leurs pécules [2].
J'ai flatté leur rancune, enflammé leurs esprits,
Appuyé sur les points qui les avaient aigris ;
Puis, après le courroux éveillant l'espérance,
J'ai fait à leurs regards luire la délivrance,
Et ne les ai quittés qu'en laissant dans leur sein
Le germe enraciné d'un vigoureux dessein.
Déjà des mots hardis se disent à l'oreille ;
Déjà l'on s'interroge, on discute, on conseille,
Et, les Tarquins absents, de secrètes leçons
Circulent dans un air moins chargé de soupçons.
J'ai reçu ce matin le sénateur Procule :
Aucun n'ose avancer, mais aucun ne recule ;
On est sur la limite, et c'est l'instant précis
De pousser en avant ceux qui sont indécis [3].
Il manque, a dit Procule, un chef qui nous commande,
Et moi j'ai répondu : « Ce chef qu'on se demande,
Il vit ; il paraîtra quand il en sera temps,
Et, je vous le promets, vous en serez contents. »
Là, j'ai clos l'entretien sans plus ample ouverture.
C'est alors, plaise aux Dieux qu'il soit de bon augure,

---

1. Cette terminaison française rappelle déjà Corneille, qui dit aussi Crasse, Tulle, Cosse, Métel, comme l'usage dit encore Camille, Paul-Émile, Marc-Antoine, etc.
2. Mot pris dans un des sens du latin *peculium*, dont il vient : avoir, biens. Autres sens : épargne du père de famille, du fils de famille, de l'esclave. *Pécule* n'a, proprement. que le sens de : épargne de l'esclave, épargne faite par le travail et l'économie. — Racine : *pecus* (qui a produit aussi *pecunia*) parce que, à Rome, primitivement, le bétail représentait la richesse.
3. Comparer dans Tite-Live (III, 36 sqq.) l'état de Rome qui commence à se lasser des décemvirs: Circumspectare tum patriciorum vultus plebeii, etc.

C'est alors que le bruit me vint de ton retour.
Qu'en dis-tu, Junius ? n'est-ce pas à ton tour ?
Ne faut-il pas agir ?

BRUTE.
Il faut encore attendre.

VALÈRE.
Est-ce Brute qui parle ? Et que viens-je d'entendre ?
Brute tient sa vengeance, et diffère à punir !

BRUTE.
Je ne diffère, ami, que pour mieux la tenir.

VALÈRE.
Pourtant quand aurons-nous l'occasion plus mûre ?
Le tyran est absent, et le sénat murmure.

BRUTE.
Oui, de Tarquin ici le palais est vacant ;
Mais il a transporté son palais dans son camp,
Et, lorsqu'il reviendra suivi de ses cohortes,
Le trajet sera court des tentes à nos portes.
En outre, à Rome même il n'est pas sans appui ;
Le sénat est pour nous, mais le peuple est pour lui.
Le peuple se sent peu de son orgueil farouche :
Ce qui frappe les grands n'est pas ce qui le touche.
Les foudres de Tarquin, épargnant les lieux bas,
Sur les seules hauteurs concentrent leurs éclats [1],
Et le peuple, à couvert, voit courir, sur sa tête,
Vers d'autres régions, la royale tempête.
Indifférent au sort de ce débat lointain,
Son penchant est tourné du côté du butin.
C'est dans ce but secret que Tarquin fait ses guerres :
Il se gagne le peuple en lui gagnant des terres.
Chacun sans nuire à l'autre a sa proie à ronger :
Tarquin a le sénat, le peuple a l'étranger.
La foule ne s'émeut contre la tyrannie
Qu'au moment qu'elle en touche au doigt l'ignominie,
Lorsque, se répandant sur un terrain nouveau,
La licence descend jusques à son niveau,
Et quitte les sommets, où vit la politique,
Pour se ruer au sein du foyer domestique.

---

[1]. On sait par quel symbole muet le bâton de Tarquin, abattant les pavots les plus élevés, exprimait plus familièrement sa politique. L'image grandiose de Brutus rappelle le beau vers de Lucrèce (V, 1125) :

Invidiâ quoniam, ceu fulmine, summa vaporant.

Ces abus de pouvoir sont les plus odieux,
Car, d'un même danger instruisant tous les yeux,
Révoltant de chacun les entrailles intimes,
Ils forcent tous les rangs à plaindre les victimes,
Et, par leur attentat contre le droit commun,
En s'adressant à tous, font craindre pour chacun.
Athènes, récemment, en offrit un exemple :
Hipparque, autre Tarquin, fut frappé dans un temple.
Quinze ans il opprima, quinze ans on le souffrit :
Il outrage une femme, et, ce jour, il périt[1].

VALÈRE.

Mais quand en viendront-ils à ce point?

BRUTE.

Laisse faire ;
L'impunité les pousse, et c'est en quoi j'espère.
Un premier attentat, couronné de succès,
Est un chemin frayé vers les derniers excès.

VALÈRE.

Et voilà le hasard où[2] ton espoir se fonde !
D'un caprice dépend ta sagesse profonde !
Dans l'ombre de vingt ans un projet médité,
Tu le firais au sort plus qu'à ta volonté !
Et si l'occasion ne nous est plus offerte ?
Et si tout est trahi par une découverte ?
As-tu bien réfléchi ?

BRUTE.

J'ai bien balancé tout.

VALÈRE.

Et ton dernier avis ?

BRUTE.

Est d'aller jusqu'au bout.
Mieux j'ai mûri mon plan, plus je dois être ferme
A ne le pas risquer en en pressant le terme.

VALÈRE.

Ainsi, ton père mort...

---

1. L'auteur n'a jamais, depuis, rencontré plus sobre et plus mâle langage, ni vigueur plus cornélienne, que dans cette pièce, son début.
2. *Où* remplaçant le relatif précédé d'une préposition est une tournure usitée au XVIIe siècle, et familière à Corneille :

Comme le seul espoir où mon bonheur se fonde.
(CORNEILLE, *le Menteur*, IV, 4.)

Vous avez vu ce fils où mon espoir se fonde.
(MOLIÈRE, *l'Etourdi*, IV, 3.)

BRUTE.

Plus tard sera vengé.

VALÈRE.

Tes affronts...

BRUTE.

Je suis fait au rôle d'outragé [1].

(*Lucrèce*, tragédie, II, 2. — Calmann Lévy, éditeur.

1. L'évènement donna raison aux prévisions de Brutus, fondées sur l'exemple du passé, et confirmées mainte fois par l'histoire : les fils de Pisistrate, les Tarquins, les Décemvirs, la royauté de Charles d'Anjou en Sicile, périrent par la même cause. L'outrage subi par Lucrèce, la mort dont elle punit son déshonneur involontaire, font le sujet de la tragédie, trop connu pour qu'il soit nécessaire de l'analyser. L'appel de Brutus aux armes et à une révolution populaire en font le dénouement. « Comme dans le *Guillaume Tell* de Schiller le complot chemine à côte de l'attentat, et ils se joignent, au moment de la mort de Lucrèce, dans la colère vengeresse de Brutus. Voilà l'occasion que Brutus attendait, non pas celle qu'il aurait choisie, car il a pour Lucrèce la plus affectueuse estime; de plus, quand il faisait encore l'insensé, Lucrèce l'a deviné, et Brutus lui a avoué qu'il feignait la folie. Cette intelligence entre Brutus et Lucrèce est le lien des deux actions qui composent la pièce, la mort de Lucrèce et la liberté de Rome..., et un des plus heureux ressorts de la tragédie de Ponsard. » (SAINT-MARC-GIRARDIN, *Cours de litt. dram.*, LX.)

Lucrèce nous rendait donc, — pas pour longtemps, — ces antiques personnages de tragédie, contre lesquels, dès le commencement du siècle, avait été lancé le plaisant anathème :

Qui nous délivrera des Grecs et des Romains!

et, avec eux, la sévère gravité de l'alexandrin. On voit comme parle Brutus « le fou », et cela au lendemain des brillantes et amusantes saillies de verve de cet autre fou, de Don César de Bazan, traînant

Un tas de créanciers hurlant après ses chausses.

DON SALLUSTE.

... Une marquise
Me disait l'autre jour en sortant de l'église :
— Quel est donc ce brigand qui, là-bas, nez au vent,
Se carre, l'œil au guet et la hanche en avant,
Plus délabré que Job et plus fier que Bragance,
Drapant sa gueuserie avec son arrogance,
Et qui, froissant du poing, sous sa manche en haillons,
L'épée à lourd pommeau qui lui bat les talons,
Promène, d'une mine altière et magistrale,
Sa cape en dents de scie et ses bas en spirale?
. . . .

DON CÉSAR.

... De vos bienfaits je n'aurai nulle envie,
Tant que je trouverai, vivant ma libre vie,
Aux fontaines de l'eau, dans les champs le grand air,
A la ville un voleur qui m'habille l'hiver.
Dans mon âme l'oubli des prospérités mortes,
Et devant vos palais, monsieur, de larges portes
Où je puis à midi, sans souci du réveil,
Dormir, la tête à l'ombre et les pieds au soleil !
Adieu donc. — De nous deux Dieu sait quel est le juste.
Avec les gens de cour, vos pareils, don Salluste,
Je vous laisse, et je reste avec mes chenapans :
Je vis avec les loups, non avec les serpents.

(*Ruy Blas*, II, 2.)

L'ÉGLISE ET LES ROIS

MONOLOGUE DU MOINE LÉGAT

Vanités et néant ! — Voilà donc ce palais
Où les prospérités s'endormaient dans leur paix,
Où l'orgueilleux monarque et la femme étrangère,
Echangeant des plaisirs la coupe mensongère,
Ne se souvenaient pas qu'un plaisir défendu
Echappe au convié, comme un vin répandu !
Dieu renverse l'espoir sur qui l'homme se fonde,
Et n'épargne pas ceux qui gouvernent le monde ;
Il les trompe, et les perd dans de mauvais chemins,
Montrant que la sagesse est toute dans ses mains ;
Puis il frappe ; — et les rois descendent de leur gloire.
Tout instrument est bon, à l'heure expiatoire :
C'est un moine inconnu, qui, surgi par hasard,
Grave le triple arrêt aux murs de Balthazar ;
C'est moi qui suis la main de ce bras formidable
Qui s'allonge d'en haut sur le front du coupable.
— Salut ! royal palais foudroyé ! — Ton aspect
Retient[1] une grandeur qui me force au respect ;
Ta désolation elle-même est auguste ;
Et moi, l'exécuteur d'un jugement trop juste,
Emu du châtiment où j'ai participé,
Je te salue encore, après t'avoir frappé.

Puissance de l'Eglise ! A cette époque même
Où le droit de l'épée est la raison suprême,
Un homme seul, armé du seul glaive des lois,
Parmi leurs légions, peut triompher des rois !
O miracle inouï, que dans la turbulence[2],
Quand le pontife parle, il se fasse un silence ;
Qu'en ce débordement que l'on voit aujourd'hui,
Les flots des passions reculent devant lui !
— Parfois les royautés s'indignent de l'entrave :
On menace le pape, on l'insulte, on le brave,
On cherche à se venger, par un effort moqueur,
D'un respect inconnu qu'on sent au fond du cœur ;
Car en ces temps grossiers, où la règle est nouvelle,
Ce n'est qu'en l'outrageant qu'on s'incline sous elle ;

---

1. Latinisme : *retinet*, conserve.
2. 1º Caractère de celui qui s'agite bruyamment ; 2º troubles, désordre, comme ici.

Mais le pontife saint, fort de la vérité,
Dans les rébellions marche vers l'unité.
Il sait que de lui seul dépend le sort du monde
Et que l'œuvre des rois sans lui n'est pas féconde.
Quand des sociétés les antiques faisceaux
Sous des milliers de mains se brisent en morceaux,
En vain à rassembler la royauté s'efforce ;
La force est impuissante à contraindre la force.
Le seul nœud des États est une même foi ;
Il faut monter à Dieu pour retrouver la loi [1].
  (*Agnès de Méranie*, tragédie, III, 1. — Calmann Lévy, éditeur.)

LA JEUNE RÉPUBLIQUE

MADAME ROLAND, ROLAND, les GIRONDINS, DANTON.

DANTON [2].

....La République est un robuste enfant,
Messieurs ; elle est venue au monde en triomphant.
Sous le feu des canons nos jeunes volontaires
Ont montré le sang-froid des plus vieux militaires :
Puis à la baïonnette ils se sont élancés ;
Les Prussiens ont fui. — Voilà ce que je sais.
Jamais ces jeunes gens n'avaient vu la mitraille.
Le seul patriotisme a gagné la bataille.
Et nous, qui recevons un tel enseignement,
Ne rougirons-nous pas d'un moindre dévoûment ?
Ils ont sur nos confins sauvé la République ;
Mais elle est en danger sur la place publique.

---

1. Morceau plein et fort, dont le défaut est de resserrer le développement et l'essor de la pensée, une fois jusqu'à l'obscurité ou l'incorrection : comment supprimer à *rassembler* son régime ? Mais il donne au drame un fond de tableau sévère et grand, et en élargit le cadre. — Philippe-Auguste avait répudié Ingelberge de Danemark pour épouser Agnès de Méranie. Un moine, légat du saint-siège, le somme au nom de la religion, Guillaume des Barres, chancelier, lui conseille au nom de l'État, de reprendre sa première épouse. Le roi refuse l'abandon de sa nouvelle femme et au moine inflexible qui l'ordonne, et à la femme désespérée qui l'offre, et au peuple mutiné qui le réclame. Agnès sauve et le roi de la déchéance, et le royaume de l'interdit, en se tuant : elle s'empoisonne. Telle est cette tragédie où les scènes touchantes ne manquent pas. Agnès prête à partir recommande ses enfants à une de ses femmes (III, 7) dans un langage qui est loin de la perfection, mais qui a l'émotion de celui de l'Andromaque de Racine. Le moine en restant ferme contre ses prières est attendri par sa douleur (IV, 4).

2. Il annonce, en entrant, la victoire de Valmy, remportée le 20 septembre 1792, annoncée à la Convention et proclamée le lendemain, jour de son ouverture.

Nous la sauverons, nous, si nous sommes vainqueurs,
Non plus des ennemis, mais de nos propres cœurs.
Dans l'oubli du passé noyons notre rancune;
Ne songeons désormais qu'à la cause commune.
Nous sommes tous ici de francs républicains;
Nul de nous ne prétend rétablir les Tarquins;
Nul ne veut ramasser le sceptre d'un roi Charle;
Cromwell, — s'il en est un, — n'est pas celui qui parle
Quel démon nous excite à nous entr'égorger,
A donner cette fête à l'impie étranger [1]?
Où donc s'arrêtera la discorde civile,
Si dans le sénat même elle trouve un asile?
— Prenons garde, messieurs, à ces dissensions.
Je me connais, je crois, en agitations;
J'ai vu de près le peuple et j'en ai l'habitude;
Eh bien! — ne jouons pas avec la multitude;
N'appelons pas le peuple au secours des partis,
Si nous ne voulons pas être tous engloutis.
— La lave s'amoncelle et cherche une ouverture;
La Révolution demande sa pâture;
Tournons vers la conquête, et lançons sur le Rhin
Le torrent, rejeté hors de notre terrain!
Que d'un sublime élan la France tout entière
Se lève à notre appel et coure à la frontière!
Rendons aux ennemis, que nous avons chassés,
Les envahissements qui nous ont menacés!
Répondons à Verdun [2] par un acte énergique;
Que notre coup d'essai délivre la Belgique,
Et vengeons-nous des rois, contre la France armés,
Par l'affranchissement des peuples opprimés!
— Quels beaux destins pour nous! Quelles superbes œu-
Quoi! lorsque nous avons, ô débiles manœuvres!   [vres!
La raison pour appui, la France pour levier,
Nous ne soulevons pas encor le monde entier!
    Messieurs, si ma parole a votre confiance,
Je promets, pour ma part, une franche alliance,
Et comme je n'y mets aucun orgueil humain [3],

---

1. C'est l'argument de Nestor s'interposant entre Agamemnon et Achille (*Il.*, I, 255):

    Ἦ κεν γηθήσαι Πρίαμος Πριάμοιό τε παῖδες.

2. Verdun avait été pris par les Prussiens le 1ᵉʳ septembre 1792.
3. L'orgueil naturel à l'homme, l'orgueil *personnel*, qui eût été le mot juste.

Ie fais les premiers pas, et vous offre la main.
  (*Charlotte Corday*, tragédie[1], I, 2. — Calmann Lévy, éditeur.)

ENTHOUSIASME DE LA NATURE ET DE LA LIBERTÉ

CHARLOTTE CORDAY, *Faneuses*, *Faucheurs*

CHARLOTTE CORDAY.
Aux faucheurs et aux faneuses.

Oui, oui, Dieu soit loué ! la saison sera bonne.
Les foins sont abondants, et, quand viendra l'automne,
Si l'espoir des pommiers échappe aux vents du nord [2],
Le cidre remplira le pressoir jusqu'au bord.
— A demain. C'est assez. L'heure est trop avancée,
Faucheurs ; n'aiguisez plus votre faux émoussée.
— Emportez vos râteaux, faneuses, et demain
Aux premières chaleurs mettez-vous en chemin.

Seule.

Le soleil disparaît dans sa couche embrasée ;
L'azur du ciel a pris une teinte rosée ;
Après les feux du jour qui brûlaient le faucheur,
Voici le crépuscule apportant la fraîcheur.
— Que la soirée est belle, et comme on se sent vivre !
L'herbe coupée exhale un parfum qui m'enivre ;
Ces dernières lueurs, qui flottent au couchant,
Donnent à la campagne un aspect plus touchant,

---

1. Voici le sujet et la marche de la tragédie. Les Girondins, réunis chez Mme Roland, le 22 septembre 1792, pour célébrer la proclamation de la République, ont refusé à Danton, complice des massacres de septembre, l'alliance qu'il leur offrait (voir le morceau précité) et leur demandait contre la Commune révolutionnaire de Paris (Ier acte). Dix mois après, plusieurs d'entre eux arrivent proscrits à Caen et essayent d'armer la province pour délivrer la France du despotisme de la Terreur. Charlotte Corday, qui les voit, les plaint et les admire, prend la résolution d'y arriver par d'autres moyens dont elle garde pour elle le secret, et part pour Paris (IIe et IIIe actes). On sait le reste, sujet des actes IVe et Ve. C'est au IVe acte, dans la chambre où Marat sera frappé quelques instants après, qu'a lieu « l'admirable scène où Danton, Robespierre et Marat délibèrent sur ce qu'ils feront de la république tombée entre leurs mains » (Disc. de M. Nisard, recevant Ponsard à l'Académie); son étendue nous empêche de la reproduire.

2. La moisson de nos champs lassera la faucille
Et les fruits passeront la promesse des fleurs.
  (MALHERBE, *Stances pour le roi*, 1605.)

Notre écolier,
Qui, grimpant sans égard sur un arbre fruitier,
Gâtoit jusqu'aux boutons, douce et frêle espérance.
  (LA FONTAINE. *Fabl.* IX, 5.)

Et mon esprit ému suit le jour qui s'achève,
Par delà l'horizon, dans le pays du rêve...
Oh ! quand donc aurez-vous votre accomplissement,
Rêves qui m'agitez, rêves de dévoûment !
Dois-je perdre en soupirs cette force de vie
Qui par des actions voudrait être assouvie !
Ne puis-je concentrer dans un noble dessein
Ces stériles désirs qui me gonflent le sein !
— Et toi, mon compagnon, toi, l'écrivain que j'aime,
Jean-Jacques ! bien souvent tu l'as connu, toi-même,
Ce profond sentiment, triste et délicieux,
Qui devant l'infini met des pleurs dans nos yeux.
Toi seul tu comprenais la nature, ô mon maître !
Seul tu glorifias dignement le grand Être.
C'est que tu regardais l'œuvre du créateur
De l'œil d'un homme libre, adorant son auteur.
Celui qui n'a pas su haïr la servitude,
Celui-là ne peut pas t'aimer, ô solitude !

(*Ibid.*, II, 1 et 2. — Calmann Lévy, éditeur.)

LA LIBERTÉ

CHARLOTTE CORDAY, BARBAROUX [1]

BARBAROUX.

Alors, laissons Marat.
Pourquoi parler toujours d'un pareil scélérat ?

CHARLOTTE.

Oui, vous avez raison ; détournons la pensée
De ce qui la dégrade et la tient abaissée.
Montrez-moi des héros que je puisse honorer !
Après avoir haï, j'ai besoin d'admirer.
Parlez-moi, Barbaroux, de cette lutte immense
D'un monde qui finit, d'un monde qui commence [2] ;
De ces événements en trois ans accomplis,
Dont seraient illustrés trois siècles bien remplis ;
Répétez-moi comment tout un pays s'enflamme,
Comment un peuple entier semble n'avoir qu'une âme,

---

[1]. BARBAROUX (1767-1794), de Marseille, contribua, le 10 août 1792, à l'abolition de la royauté, et fut élu à la Convention. Proscrit avec les Girondins, il se retira à Caen, puis dans la Gironde, où il fut pris et guillotiné le 25 juin 1794.

[2]. Un grand destin commence, un grand destin s'achève.
(CORNEILLE, *Attila*, I, 1, vers 1.)

Comment on s'affranchit ; dites par quels moyens
De manants méprisés on fait des citoyens,
Et de ces citoyens, troupe mal aguerrie,
D'intrépides soldats, sauveurs de la patrie ;
Dites, dites comment les droits humains perdus,
Après plus de mille ans, nous ont été rendus [1];
Rappelez nos dangers, nos combats, nos victoires ;
Enorgueillissez-moi du récit de nos gloires !
— Non, tu n'es pas flétrie, ô sainte liberté,
Par les crimes commis sous ton nom emprunté !
S'il est une belle œuvre, elle est toute la tienne ;
Mais les iniquités n'ont rien qui t'appartienne ;
Elles sont à ceux-là dont les esprits pervers
A tes pures clartés ne se sont pas ouverts ;
Eux punis, nous pourrons faire admirer au monde
La mère des vertus, la liberté féconde.

(*Ibid.*, III, 1. — Calmann Lévy, éditeur.)

LA PLURALITÉ DES MONDES

GALILÉE, *seul dans son cabinet, à Florence.*

Non, les temps ne sont plus où, reine solitaire,
Sur son trône immobile on asseyait la terre [2] ;
Non, le rapide char, portant l'astre du jour,

---

1. Vergniaud dit de même (I, 1) :

> Certe, une royauté, vieille comme la France,
> Désarmée, en un an, de sa toute-puissance,
> Les volontés du peuple écrites dans les lois,
> Et tous les fronts courbés sous le niveau des droits
> C'était une si grande et si pleine victoire
> Que naguère pas un ne l'aurait osé croire.

Et, dans *le Lion amoureux*, comédie, la Marquise (II, 2) :

> Je me disais qu'il faut que ces hommes, au fond,
> Soient convaincus et forts pour faire ce qu'ils font ;
> Qu'avoir bouleversé le passé dans sa base,
> Des rangs, des lois, des mœurs, avoir fait table rase,
> Sur le sol déblayé fondé leurs nouveaux droits,
> Aborder toute idée et la tourner en lois.
> Au milieu des clameurs, des complots, des tempêtes,
> Tenir tête à l'Europe et marcher aux conquêtes,
> C'est une œuvre inouïe.

Cf. Emile AUGIER. Dans *la Jeunesse*, comédie, Hubert dit à son jeune beau-frère (II, 5), qui médit des hommes de 89 :

> Silence, enfant, silence ; on parle chapeau bas
> De ces grands ouvriers que tu ne connais pas..
> Fils rebelles déjà des sauveurs de la France, etc.

2. Voilà des métaphores poétiques au lieu de la précision scientifique. N'oublions pas que la passion et l'imagination vont de pair ; l'une, exaltée, éveille l'autre. Or, la grandeur des idées et la lutte exaltent ici le savant méconnu.

De l'aurore au couchant ne décrit plus son tour [1];
Le firmament n'est plus la voûte cristalline
Qui, comme un plafond bleu, de lustres s'illumine [2],
Ce n'est plus pour nous seuls que Dieu fit l'univers;
Mais, loin de nous tenir abaissés, soyons fiers !
Car, si nous abdiquons une royauté fausse,
Jusqu'au règne du vrai la science nous hausse ;
Plus le corps s'amoindrit, plus l'esprit devient grand ;
Notre noblesse croît où décroît notre rang;
Il est plus beau pour l'homme, infime créature,
De saisir les secrets voilés par la nature,
Et d'oser embrasser dans sa conception
L'universelle loi de la création,
Que d'être, comme aux jours d'un vaniteux mensonge,
Roi d'une illusion et possesseur d'un songe,
Centre ignorant d'un tout qu'il croyait fait pour lui [3],
Et que par la pensée il conquiert aujourd'hui.

    Soleil, globe de feu, gigantesque fournaise,
Chaos incandescent où bout une genèse [4],
Océan furieux où flottent éperdus [5]
Les liquides granits et les métaux fondus [6],
Heurtant, brisant, mêlant leurs vagues enflammées
Sous de noirs ouragans tout chargés de fumées,
Houle ardente, où parfois nage un îlot vermeil,
Tache aujourd'hui, demain écorce du soleil ;

1. PASCAL, conformant oratoirement son langage à l'apparence qui trompe les yeux de l'homme, dit aussi : Qu'il regarde cette éclatante lumière mise comme une lampe éternelle pour éclairer l'univers; que la nature lui paroisse comme un point, auprès du vaste tour que cet astre décrit...

2. Dans VIRGILE, *Æn.*, XI, 20 :

    Cælum stellis fulgentibus aptum.

Les anciens croyaient que le ciel était une sphère creuse et tournante, dont un hémisphère, convexe sur nos têtes pendant la nuit, devenait hémisphère concave sous la terre pendant le jour, et réciproquement. Après eux, on continua à croire le ciel solide et de cristal, et à lui appliquer le mot de la Bible *firmament* (*firmus*). Le mot resta:

    ... Je n'aurois pas alors
    Contre le Louvre et ses trésors,
    Contre le firmament et la voûte céleste, etc.
        (LA FONTAINE, *Fabl.*, IX, 2.)

3. Vers d'une concision excellente, qui résume l'illusion scientifique et l'illusion morale.

4. Terme de philosophie; système, ici production, cosmogonique (Γένεσις, production, engendrement.)

5. *Furieux, éperdus*. Le poète donne la vie et la passion à la nature inanimée. V. HUGO a dit (*Feuil. d'aut.*, *Pan*) les arbres *effarés*.

6. La science contemporaine détermine par l'analyse spectrale la nature de ces métaux.

Autour de toi se meut, ô fécond incendie [1],
La Terre, notre mère, à peine refroidie [2],
Et, refroidis comme elle et comme elle habités,
Mars sanglant, et Vénus, l'astre aux blanches clartés,
Dans tes proches splendeurs Mercure qui se baigne [3],
Et Saturne en exil aux confins de ton règne,
Et par Dieu, puis par moi, couronné dans l'éther
D'un quadruple bandeau de lunes, Jupiter [4].
Mais, astre souverain, centre de tous ces mondes,
Par delà ton empire aux limites profondes,
Des milliers de soleils, si nombreux, si touffus,
Qu'on ne peut les compter dans leurs groupes confus,
Prolongent, comme toi, leurs immenses cratères [5],
Font mouvoir, comme toi, des mondes planétaires,
Qui tournent autour d'eux, qui composent leur cour,
Et tiennent de leur roi la chaleur et le jour.
Oh! oui, vous êtes mieux que des lampes nocturnes
Qu'allumeraient pour nous des veilleurs taciturnes,
Innombrables lueurs, étoiles qui poudrez
De votre sable d'or les chemins azurés ;
Chez vous palpite aussi la vie universelle,
Grands foyers, où notre œil ne voit qu'une étincelle.

Montons, montons encor. D'autres cieux fécondés
Sont, par delà nos cieux, d'étoiles inondés.
Franchissant notre azur, mon hardi télescope
De notre amas stellaire a percé l'enveloppe ;
Hors de ce tourbillon monstrueux de soleils,
J'ai vu l'infini plein de tourbillons pareils ;
Oui, dans ces gouffres bleus, dans ces profondeurs som-
Dont la distance échappe au langage des nombres, [bres
Il est, — je les ai vus, — des nuages laiteux [6],

---

1. L'incendie aboutit à l'embrasement, l'embrasement à la consomption qui y met fin. Incendie, éveillant l'idée de continuité, est ici, dans son emploi hardi, le mot juste.
2. Voir *Les Epoques de la Nature*, de Buffon.
3. Mercure est la planète la plus voisine du soleil. Les planètes sont, dans l'ordre de leur proximité au soleil: Mercure, Vénus, la Terre, Mars, Jupiter, Saturne, Uranus, Neptune.
4. C'est Galilée qui découvrit les quatre satellites de Jupiter, petites planètes qui lui servent de lunes.
5. Cratère (κρατήρ, de κεράω, mêler) : 1o vaisseau d'une grande capacité où, dans la salle du festin, se faisait le mélange du vin et de l'eau; 2o par analogie avec la forme de l'ouverture de ce vaisseau, ouverture d'un volcan. Ici, par analogie avec l'incandescence des cratères de volcans en éruption, masse ignée des soleils.
6. Périphrase dont les deux termes désignent: 1o les *nébuleuses* (nebula, nuage), étoiles dont la lumière est faible et terne; 2o la *voie lactée*, blan-

Des gouttes de lumière aux rayons si douteux,
Qu'un ver luisant, caché dans l'herbe de nos routes,
Jette assez de lueur pour les éclipser toutes.
La lentille [1], abordant ces archipels lointains,
Résout leur blancheur vague en mille astres distincts,
Puis entrevoit encore, ascension sans borne!
D'autres fourmillements dans l'immensité morne.
Et quand, le télescope étant vaincu, mon œil
Du vide et de la nuit croit atteindre le seuil,
Au regard impuissant succède la pensée,
Qui, d'espace en espace éperdûment lancée,
Ne cesse de sonder l'infini lumineux
Que prise, en le sondant, d'effroi vertigineux.

Et partout l'action, le mouvement et l'âme!
Partout, roulant autour de leurs centres en flamme,
Des globes habités dont les hôtes pensants [2]
Vivent comme je vis, sentent ce que je sens,
Les uns plus abaissés, et les autres peut-être
Plus élevés que nous sur les degrés de l'être!
Que c'est grand! que c'est beau! Dans quel culte pro-
L'esprit, plein de stupeur, s'abîme et se confond!   [fond
Inépuisable Auteur, que ta toute-puissance
S'y montre dans sa gloire et sa magnificence!
Que la vie, épanchée à flots dans l'infini,
Proclame vastement ton nom partout béni [3]!

Allez, persécuteurs! Lancez vos anathèmes!
Je suis religieux beaucoup plus que vous-mêmes.
Dieu, que vous invoquez, mieux que vous je le sers:
Ce petit tas de boue est pour vous l'univers [4];
Pour moi sur tous les points l'œuvre divine éclate:

---

cheur irrégulière qui entoure le ciel en forme de ceinture, et qui, avec de forts télescopes, se résout presque partout en un nombre infini de petites étoiles (LITTRÉ, *Dictionn.*). Cette définition fait apprécier la précision d'un des vers suivants : Résout, etc. — Splendidissimo candore inter flammas circus elucens, quem vos, ut a Graiis accepistis, *orbem lacteum* nuncupatis (CICÉRON, *De Republ.*, VI, 8, *Songe de Scipion*).—Cf. A. CHÉNIER p. 426.

1. Nom donné par analogie au verre du télescope, taillé en forme de *lentille* (graine plate, ronde, biconvexe), même quand ce verre est biconcave.
2. L'hypothèse succède ici aux constatations scientifiques, et l'imagination à l'expérience et au calcul.
3. *Vastement*, employé une fois par Saint-Simon (voir LITTRÉ, *Dictionn.*) n'est pas autorisé par l'Académie.
4. VOLTAIRE, *Poème sur le désastre de Lisbonne* :

> Atomes tourmentés sur cet amas de boue,
> Que la mort engloutit, et dont le sort se joue,
> Mais atomes pensants...

Vous la rétrécissez, et moi, je la dilate;
Comme on mettait des rois au char triomphateur,
Je mets des univers aux pieds du Créateur.
　Science, amour du vrai, flamme pure et sacrée
Sublime passion par Dieu même inspirée,
Contre tous les périls arme-moi, soutiens-moi;
Élève ma constance au niveau de ma foi !
Et puisse le bûcher expier mon génie
Avant que ton amant, Vérité, te renie !
En étouffant ma voix, on n'étouffera pas
Mon vif enseignement, grandi par mon trépas :
Il vole, il est dans l'air, conquérant invisible ;
Il est dans les esprits, ce temple inaccessible.
La lumière a pour tous jailli de mon cerveau ;
Vous n'arrêterez plus, tyrans, ce jour nouveau.
Je lègue à l'avenir mon âme tout entière,
Et fais l'humanité de mon âme héritière !
　　　(*Galilée* [1], II, 1. — Calmann Lévy, éditeur.)

LECONTE DE LISLE

Né en 1820

Né à l'île Bourbon, le soleil tropical est resté dans les yeux et inonde d'une lumière crue la poésie de Charles LECONTE DE LISLE. Dans ses *Poèmes antiques* (1853), ses *Poèmes et Poésies* (1855), ses *Poèmes barbares* (1859), dont le recueil reproduit plusieurs pièces des recueils antérieurs, nous rencontrons à chaque page, gravés et peints, des tableaux saisissants de la Grèce et de la Judée antique, de la nature asiatique, africaine, américaine. Son art est proprement un don de seconde vue. Il voit dans Homère, Théocrite et Virgile, dans la Bible, dans les Védas, la nature comme dans un

---

1. *Galilée*, drame en trois actes. Si drame il y a, il se déroule tout entier dans la tête de Galilée: d'action, peu ou point. A Florence (actes Ier et IIe), les savants routiniers, les moines, sa femme, sont ligués contre lui : pour les uns c'est un fou, pour les autres un impie, pour la dernière un père qui rêve au lieu de faire une dot à sa fille. Son génie n'est reconnu que de quelques disciples enthousiastes, et de sa fille, qui sacrifie un honnête et ardent amour pour le suivre à Rome où le saint office le cite à comparaître. A Rome (acte IIIe), il cède aux alarmes et aux prières des siens; il abjure la vérité, abjuration contre laquelle proteste son dernier mot, le dernier du drame, le mot, aujourd'hui controversé, de l'histoire : *e pur si muove*,
　　　　　　　　Et pourtant elle tourne !
— Galilée (Galileo Galilei) né à Pise en 1564, mort à Florence en 1642 (année de la naissance de Newton), créateur de la philosophie expéri-

miroir que reflètent ses vers nets et brillants. Grec comme Pradier, il sculpte dans le marbre étincelant et dur de quelques strophes une blanche et pure statue d'Hélène, de Niobé, d'une dryade, et la détache sur un ciel bleu, sur une grotte moussue et verte, sur le sable argenté, avec l'éclat de Diaz, plus rarement avec la grâce vaporeuse de Corot. Il déroule les stations de la Passion de Jésus sur les horizons de la Judée ; il fait rêver le Bédouin dans l'immensité morne du désert de Syrie, le brahmine sous la nuit étoilée, aux bords du Gange, blanchis par le lotus, ou dans le voisinage des jungles, bruyants des bonds de la panthère, et les taureaux ruminant sur l'herbe des prairies ensoleillées de la France. Il vautre l'hippopotame dans les joncs du Nil blanc, accroupit le jaguar aux aguets dans les pampas de la Plata, enlève le condor planant et endormi au-dessus des neiges des Cordillères. Poésie toute plastique, toute de couleurs et de sons, faite plus pour les yeux que pour l'âme, excepté quand il arrive au poète de suivre dans leur rêve et dans leur essor les figures qu'évoque son imagination, ou quand les lieux eux-mêmes éveillent en lui les souvenirs de la patrie ou du cœur. (Voyez *Œuvres complètes*, édit. A. Lemerre).

CHRIST MORT

Et maintenant la tâche est faite, il faut mourir.
Et, vers la neuvième heure, avec un long soupir,
Le Rédempteur baissa la tête et rendit l'âme,
Et le ciel s'empourpra d'une sanglante flamme ;
On entendit des cris et des plaintes sans nom ;
Un grand vent accourut des bords de l'horizon,

---

mentale, inventeur du pendule, du télescope, etc. Le livre déféré à la cour de Rome en 1633 est intitulé : *Quatre dialogues sur les systèmes du monde de Ptolémée et de Copernic*, in-4o, Florence, 1632. Condamné à une détention perpétuelle, il obtint ensuite de rester dans une campagne près de Florence, où il fut visité par Milton, puis à Florence.
Comparez la leçon d'astronomie de Jocelyn aux enfants (LAMARTINE, *Jocelyn*, IXe époque) :

> La nuit tombait : des cieux la sombre profondeur
> Laissait plonger les yeux dans l'espace sans voiles,
> Et dans l'air constellé compter les lits d'étoiles.
> Comme à l'ombre du bord on voit sous des flots clairs
> La perle et le corail briller au fond des mers.
> « Celles-ci, leur disais-je, avec le ciel sont nées ;
> Leur rayon vient à nous sur des millions d'années
> Des mondes que peut seul peser l'esprit de Dieu
> Elles sont les soleils, les centres, le milieu ;
> L'océan de l'éther les absorbe en ses ondes
> Comme des grains de sable ; et chacun de ces mondes
> Est lui-même un milieu pour des mondes pareils,
> Ayant ainsi que nous leur lune et leurs soleils,
> Et voyant, comme nous, des firmaments sans terme
> S'élargir devant Dieu, sans que rien le renferme !
> Celles-là, décrivant des cercles sans compas,
> Après avoir passé, ne repasseront pas.
> Du firmament entier la page intarissable
> Ne renfermerait pas le chiffre incalculable
> Des siècles qui seront écoulés jusqu'au jour
> Où leur orbite immense aura fermé son tour.
> Elles suivent la courbe où Dieu les a lancées ;
> L'homme, de son néant, les suit par ses pensées ... »

Et, semblables aux mâts sur les flots blancs d'écume,
Courba les monts lointains oscillant dans la brume ;
Et le voile du Temple en deux parts éclata ;
Et la terre entr'ouvrit son sein et palpita ;
Et, surgissant du fond des anciens ossuaires,
Les morts, à pas muets, marchaient dans leurs suaires [1] ;
Et, comme un marbre noir sur la tombe jeté,
La nuit enveloppa le monde épouvanté !
Le peuple, amoncelé sur les pentes fatales,
Mêlait ses cris d'horreur aux bruits sourds des rafales,
Et le Romain, fuyant de ce sinistre lieu,
Cria : Malheur à nous : cet homme était un Dieu [2] !

        (*Poèmes et Poésies.— La Passion*, XIIe station.
        — Poulet-Malassis, éditeur.)

JUIN

Les prés ont une odeur d'herbe verte et mouillée,
Un frais soleil pénètre en l'épaisseur des bois ;
Toute chose étincelle, et la jeune feuillée
Et les nids palpitants s'éveillent à la fois.

Les cours d'eau diligents, aux pentes des collines,
Ruissellent, clairs et gais, sur la mousse et le thym ;
Ils chantent, au milieu des blanches aubépines,
Avec le vent rieur et l'oiseau du matin.

Les gazons sont tout pleins de voix harmonieuses,
L'aube fait un tapis de mousse aux sentiers,
Et l'abeille, quittant les prochaines yeuses,
Suspend son aile d'or aux pâles églantiers.

Sous les saules ployants la vache lente et belle
Paît dans l'herbe abondante au bord des tièdes eaux ;
Le joug n'a point encor courbé son cou rebelle,
Une rose vapeur emplit ses blonds naseaux.

---

1. Ces vers rappellent l'accent et l'harmonie de ceux de Virgile et de Lucain.
    Simulacra modis pallentia miris. (*Géorg.*, I, 471.)
    Tollentemque caput gelidas Anienis ad undas
    Agricolæ effracto Marium fugere sepulcro. (*Phars.*, I, 583.)
Et puis, *Si parva licet....*, comparez, pour l'effet harmonique, des vers de Saint-Amand, p. 310, n. 2.
2. Dans ce tableau, la sobriété du trait et la précision du vers, concentrant l'effet, en augmentent la puissance.

Et par delà le fleuve aux deux rives fleuries,
Qui vers l'horizon bleu coule à travers les prés,
Le taureau mugissant, roi fougueux des prairies,
Hume l'air qui l'enivre et bat ses flancs pourprés [1].

(*Poëmes antiques.* — A. Lemerre, éditeur.)

MIDI

Midi, roi des étés, épandu sur la plaine,
Tombe en nappe d'argent des hauteurs du ciel bleu.
Tout se tait. L'air flambloie et brûle sans haleine ;
La terre est assoupie en sa robe de feu.

L'étendue est immense [2] et les champs n'ont point d'ombre,
Et la source est tarie où buvaient les troupeaux ;
La lointaine forêt, dont la lumière est sombre,
Dort là-bas, immobile en un pesant repos [3].

Parfois, comme un soupir de leur âme brûlante,
Du sein des épis lourds qui murmurent entre eux,
Une ondulation majestueuse et lente
S'éveille et va mourir à l'horizon poudreux [4].

Non loin quelques bœufs blancs, couchés parmi les herbes,
Bavent avec lenteur sur leurs fanons épais,
Et suivent de leurs yeux languissants et superbes
Le songe intérieur qu'ils n'achèvent jamais [5].

(*Poëmes antiques.* — A. Lemerre, éditeur.)

NOX

Sur la pente des monts les brises apaisées
Inclinent au sommeil les arbres onduleux ;

---

1. Tous les sens sont intéressés et saisis par cette poésie pénétrée de lumière et de fraîcheur. Voyez le même caractère dans la pièce citée plus bas : *Bords du Gange, soleil levant*. — Virgile, dont tout tableau vrai et vivant de la nature rappelle le souvenir et les vers, a maints contrastes charmants de ce genre. Voyez par exemple *Géorgiq.*, III, 421-435.

2. VIRGILE, *Géorg.*, III, 343 :
... Tantum campi jacet !

3. ID., *ib.*, 333 :
Nigrum
Ilicibus crebris sacrâ nemus accubat umbrâ.

4. On nous passera pour une fois ces minuties : remarquez dans l'avant-dernier vers la souple et ondulante alternance des syllabes brèves et longues, le mouvement plus vif du rejet, et la calme lenteur du reste du vers.

5. L'harmonie continue de ces vers se retrouve en partie dans l'*Heure*

L'oiseau silencieux s'endort dans les rosées
Et l'étoile a doré l'écume des flots bleus.

Au contour des ravins, sur les hauteurs sauvages,
Une molle vapeur efface les chemins ;
La lune tristement baigne les noirs feuillages,
L'oreille n'entend plus les murmures humains.

Mais sur le sable au loin chante la mer divine,
Et des hautes forêts gémit la grande voix,
Et l'air sonore, aux cieux que la terre illumine,
Porte le chant des mers et le soupir des bois[1].

(*Poèmes antiques*. — A. Lemerre, éditeur.)

BORDS DU GANGE

SOLEIL LEVANT

La nue était d'or pâle, et d'un ciel doux et frais,
Sur les jaunes bambous, sur les rosiers épais,
Sur la mousse gonflée et les safrans sauvages,
D'étroits rayons filtraient à travers les feuillages.
Un arôme léger d'herbe et de fleurs montait ;
Un murmure infini dans l'air subtil flottait.
La brume bleue errait aux pentes des ravines,
Et de leurs becs pourprés lissant leurs ailes fines,
Les blonds sénégalis dans les gérofliers[2],
D'une eau pure trempés, s'éveillaient par milliers.
La mer était sereine, et sur la houle claire,
L'aube vive dardait sa flèche de lumière ;

---

de Midi. tirée des *Poëmes et paysages* (1852), de M. Aug. LACAUSSADE, couronnés par l'Académie française.

> Midi ! l'heure de feu ! l'heure à la rouge haleine !
> Sur les champs embrasés pèse un air étouffant :
> Le soleil darde à pic ses flammes sur la plaine ;
> Le ciel brûle implacable, et la terre se fend.
>
> La nature n'a plus ni brises, ni murmures ;
> Le flot tarit ; dans l'herbe on n'entend rien frémir ;
> Les pics ardents les bois aux muettes ramures,
> D'un morne et lourd sommeil tout semble au loin dormir.
>
> L'immobile palmier des savanes brûlantes,
> Abritant les troupeaux sous ses rameaux penchés,
> Courbe languissamment ses palmes indolentes
> Sur les bœufs ruminant dans son ombre couchés.

(A. Lemerre, éditeur.)

1. La justesse précise et pittoresque, l'accent doux et mélancolique de l'expression rappellent Virgile, avec un écho d'Homère (θεία θάλασσα) et une nuance de rêverie moderne.

2. Ou giroflier, arbre qui produit le girofle : c'est le bouton de ses fleurs

La montagne nageait dans l'air éblouissant [1]
Avec ses verts coteaux de maïs mûrissant,
Et ses cônes d'azur et ses forêts bercées
Aux brises du matin sur les flots élancées,
Et l'île, rougissante et lasse de sommeil,
Chantait et souriait aux baisers du soleil [2].
(*Poèmes barbares*. — *L'Aurore*. — A. Lemerre, éditeur.

BORDS DU GANGE

UNE NUIT

. . . .
Et la nuit formidable enveloppa les bois.
Les oiseaux s'étaient tus, et sur les rameaux frêles,
Aux nids accoutumés, se reployaient leurs ailes.
Seuls, éveillés par l'ombre, en détours indolents,
Les grands pythons [3] rôdaient dans l'herbe étincelants;
Les panthères, par bonds musculeux et rapides,
Dans l'épaisseur des bois chassaient les daims timides,
Et, sur le bord prochain, le tigre se dressant
Poussait par intervalle un cri rauque et puissant.
Mais le ciel, dénouant ses larges draperies,
Faisait aux flots dorés un lit de pierreries,
Et la lune, inclinant son urne à l'horizon [4],
Épanchait ses lueurs d'opale [5] au noir gazon.
Les lotus [6] entr'ouvraient sur les eaux murmurantes,
Plus larges dans la nuit, leurs coupes transparentes;
L'arome des rosiers dans l'air pur dilaté
Retombait plus chargé de molle volupté,
Et mille mouches d'or, d'azur et d'émeraude,
Étoilaient de leurs feux la mousse humide et chaude.
(*Poèmes antiques*. — *Baghavat*.
— A. Lemerre, éditeur.)

1. Voilà un de ces vers amples et éclatants qui donnent le ton d'un tableau.
2. Voyez une note plus haut: *Juin*.
3. 1° Serpent monstrueux qui désolait les environs de Delphes (Πυθώ) et qu'Apollon tua d'un coup de flèche: l' « Apollon de Belvédère » le représente vainqueur du monstre; 2° nom donné, par allusion au précédent, à un genre d'ophidiens asiatiques plus grands que tous les autres.
4. Un peu de surcharge dans ces métaphores successives, *draperies, pierreries, urne*.
5. Pierre chatoyante d'un blanc laiteux et bleuâtre; d'où *opalin*.
6. Ou *Lotos*, fleur d'Egypte et des Indes, du genre nymphéa ou nénuphar.

LE DÉSERT

Quand le Bédouin [1] qui va de l'Horeb en Syrie
Lie au tronc du dattier sa cavale amaigrie,
Et sous l'ombre poudreuse où sèche le fruit mort
Dans son rude manteau s'enveloppe et s'endort ;
Revoit-il, faisant trêve aux ardentes fatigues,
La lointaine oasis où rougissent les figues,
Et l'étroite vallée où campe sa tribu,
Et la source courante où ses lèvres ont bu,
Et les brebis bêlant, et les bœufs à leurs crèches,
Et les femmes causant près des citernes fraîches,
Ou sur le sable, en rond, les chameliers assis,
Aux lueurs de la lune écoutant les récits [2] ?
Non, par delà le cours des heures éphémères,
Son âme est en voyage au pays des chimères ;
Il rêve qu'Alborak, le cheval glorieux [3],
L'emporte en hennissant dans la hauteur des cieux.

. . . .

Mais sur la dune au loin le chacal a hurlé,
Sa cavale piétine, et son rêve est troublé.
Plus de Djennet [4], partout la flamme et le silence,
Et le grand ciel cuivré sur l'étendue immense [5].

(*Poèmes barbares.* — A. Lemerre, éditeur.)

LE NORD

O neiges, qui tombez du ciel inépuisable,
Houles des hautes mers qui blanchissez le sable,
Vents qui tourbillonnez sur les caps, dans les bois,
Et qui multipliez en lamentables voix,

---

1. Arabe nomade des déserts (*Bid*, désert) de l'Afrique et de la Syrie, pasteur et pillard.
2. Voyez, dans nos PROSATEURS, *Bivouac nocturne d'Arabes* (CHATEAUBRIAND), et la dernière note du présent morceau.
3. Ou Al Borak, ou Borak, cheval qui, selon le Coran, transporta Mahomet, en une seule nuit, à Jérusalem, puis dans les cieux.
4. Oasis citée antérieurement, à laquelle il rêvait.
5. Chaque mot est un trait précis et coloré qui reste dans l'œil du lecteur: il voit la cavale *amaigrie*, le *rude* manteau de laine, les troupeaux nomades, les citernes *fraîches*. Son imagination rassemble et groupe ces traits et reconstitue tout un tableau de la vie de la tribu dans le désert. Voilà l'art de peindre sans décrire.
   Les couleurs et l'harmonie du passage suivant, qui a quelques images communes avec celui de L. de Lisle, donnent une impression très vive de

> Par delà l'horizon des steppes infinies,
> Le retentissement des mornes harmonies [1]!
> . . . .

la nuit et du désert; il offre d'ailleurs un contraste frappant entre le tableau et le cadre.

Bivouac nocturne dans le désert.

Le bruit de la bataille expire, et dans la plaine
Le silence pensif a repris son domaine.
Alors les sons confus d'un étrange concert
S'élèvent lentement; l'immobile désert
Ecoute, comme un homme en sa vague insomnie,
Des cascades du Nil la lointaine harmonie;
Dans ses cris éternels, le nocturne grillon
Demande au sol brûlant un humide sillon;
Et, transfuge des eaux, sur le sable infertile,
Se traîne, en rugissant, l'immense crocodile.
A ces bruits solennels, pour la première fois,
Des hommes inconnus mêlent leur grande voix.
Sur la ligne du camp le cri d'éveil résonne
Et va s'éteindre au loin, comme un bruit monotone
Que, sous un long portique, au milieu de la nuit,
L'écho redit plus faible à l'écho qui le suit.
Aux rougeâtres lueurs dont la plaine est semée,
Comme une masse informe on distingue l'armée
Et les soldats errant dans les groupes confus.
Assis sur les tambours, couchés sur les affûts,
Les vétérans conteurs, accoutumés aux veilles,
De leurs premiers travaux redisent les merveilles.
Alors qu'au mont Cenis, d'un geste de sa main
Le jeune Bonaparte imposait un chemin
Et que, du haut des monts, l'armée enorgueillie
Contemplait sous ses pas l'éclatante Italie;
Ils passent tour à tour, dans leur rapide élan,
De Crémone à Lodi, de Mantoue à Milan,
Et répètent sans fin cette magique histoire,
Où chaque nom de ville est un nom de victoire...
Cependant autour d'eux leurs compagnons assis
Des Homères du camp écoutent les récits;
Et l'étrange bivac que la nuit enveloppe
Dans un cadre d'Asie offre un tableau d'Europe.
Les pieds heurtent souvent les sabres africains,
Les turbans dont les plis recèlent des sequins;
Des étalons sans maître, errant à l'aventure,
Passent en hennissant parmi la foule obscure;
Vers le fond de la scène, acteurs silencieux,
Des Mamelucks captifs on voit briller les yeux;
Et sur les rangs pressés des groupes circulaires
S'allonge pesamment le cou des dromadaires.

(BARTHÉLEMY et MÉRY, *Napoléon en Egypte.*)

Cf. Le bivouac des Césariens et des Pompéiens dans LUCAIN (*Phars.*, IV, 196 sqq.). — On dit *bivac* ou *bivouac* (de *beiwache*, allem.; *bei*, auprès, *wachen*, veiller). — Cf. (Recueil de prose, p. 500) une page de Chateaubriand.

1. Le poète semble avoir (voyez la fin du *Désert*), avec V. HUGO et A. DE VIGNY, le secret de ces vers grandioses et rêvés qui déroulent d'immenses horizons de la terre ou des cieux. Cf. par exemple, V. HUGO (*Les Burgraves*) :

> Morne sérénité des voûtes azurées!

et plus haut, p. 523.

Vous, fleuves, échappés des assises polaires,
Qui roulez à grand bruit sous les pins séculaires.[1]
(*Poèmes barbares.* — *Le Runoia* — A. Lemerre, éditeur.)

LE SOMMEIL DU CONDOR

Par delà l'escalier des roides Cordillères[2],
Par delà les brouillards hantés des aigles noirs,
Plus haut que les sommets creusés en entonnoirs
Où bout le flux sanglant des laves familières,
L'envergure pendante et rouge par endroits,
Le vaste oiseau, tout plein d'une morne indolence,
Regarde l'Amérique et l'espace en silence,
Et le sombre soleil qui meurt dans ses yeux froids.
La nuit roule de l'est, où les pampas sauvages[3]
Sous les monts étagés s'élargissent sans fin ;
Elle endort le Chili, les villes, les rivages,
Et la mer Pacifique et l'horizon divin ;
Du continent muet elle s'est emparée :
Des sables aux coteaux, des gorges aux versants,
De cime en cime, elle enfle, en tourbillons croissants,
Le lourd débordement de sa haute marée.
Lui, comme un spectre, seul, au front du pic altier,
Baigné d'une lueur qui saigne sur la neige[4],
Il attend cette mer sinistre qui l'assiège :
Elle arrive, déferle et le couvre en entier.
Dans l'abîme sans fond la Croix australe[5] allume
Sur les côtes du ciel son phare constellé.
Il râle de plaisir, il agite sa plume,
Il érige son cou musculeux et pelé,
Il s'enlève en fouettant l'âpre neige des Andes,

---

1. Nous plaçons à dessein cette vigoureuse esquisse de la nature septentrionale à la suite des tableaux frais ou éclatants des mondes asiatique et africain, pour faire apprécier la richesse et la souplesse du pinceau du peintre. Le morceau suivant permettra d'achever la comparaison.
2. *Cordillera* (en espagnol *chaîne*) *de los Andos*, ou Andes ; elles longent la côte occidentale de l'Amérique du Sud. Plusieurs de leurs cimes sont des volcans.
3. Vastes plaines qui s'étendent à l'est des Andes. Couvertes de broussailles et de forêts, elles nourrissent d'immenses troupeaux de bœufs et des chevaux sauvages.
4. Qui colore la neige d'un reflet rouge.
5. Ou Croix du Sud, nom d'une constellation de l'hémisphère austral.

Dans un cri rauque il monte où n'atteint pas le vent,
Et, loin du globe noir, loin de l'astre vivant,
Il dort dans l'air glacé, les ailes toutes grandes[1].

(*Poèmes barbares*. — A. Lemerre, éditeur.)

---

1. Ce dernier vers arrête l'œil du lecteur sur l'immobilité du condor, comme le dernier de *Clairs de lune* (*Poèmes barbares*) lui fait suivre l'ascension de la lune dans les cieux :

> Et dans le ciel couleur de perle
> La lune monte lentement.

— Ce morceau est le rêve d'une imagination puissante, qui a l'enflure de cette marée montante et débordante de la nuit, et aussi l'envergure immense que mesure le dernier vers.

FIN DES POÈTES

TABLE DES MATIÈRES

	Pages
AVERTISSEMENT	V

XVI· SIÈCLE

La poésie au XVIe siècle.. 1
CLÉMENT MAROT (1495-1544). — Notice..................... 12
  Epîtres. A son ami Lyon (1526)............................ 13
    — Au Roy, pour avoir esté desrobé (1531)............. 15
    — Du champ d'Attigny à madame d'Alençon (1521)..... 19
    — Aux dames de Paris (1529)............................ 20
  Élégies. Lettre écrite..................................... 21
    — Lettre reçue... 21
  Eglogue. L'enfance de Marot............................... 22
  Rondeau. A M. de Pothon................................... 24
    — De l'amour du siècle antique........................ 24
  Epigrammes. Du lieutenant criminel et de Semblançay..... 25
    — D'un yvrogne....................................... 25
    — De Cupido et de sa dame............................ 26
  Epitaphe. De monsieur Dutour, maistre Robert Gédoyn... 26
MELIN DE SAINT-GELAIS (1486-1558). — Notice............ 27
  Rondeau.. 27
  Dixain... 28
  Epigrammes. D'un païsan................................... 28
    — D'un charlatan..................................... 29
    — A un importun..................................... 29
  Malédiction contre un envieux............................. 29
THÉODORE DE BÈZE (1519-1605). — Notice................. 30
  Monologue d'Abraham...................................... 30
  Le sacrifice.. 32
JOACHIM DU BELLAY (1525-1560). — Notice............... 36
  Sonnets. Les Français à Rome............................. 36
    — Les « passetemps » de Du Bellay à Rome........... 37
    — Trois poètes exilés à Rome........................ 37
    — Regret du pays.................................... 38
    — Regret du foyer................................... 38

	Pages
Sonnets. Regret de l'indépendance	39
— L'idéal	39
D'un vanneur de blé aux vents	40
Le poète courtisan	41
RONSARD (1524-1585). — Notice	44
Sonnets. La mort d'une jeune fille	46
— La vieille amie	46
La rose	47
Chant d'un berger	48
A un roi	49
Contre les bûcherons de la forêt de Gastine. Élégie	50
Promenade, lecture et rêverie	52
Servitude et indépendance	54
Poète malgré son père	57
Remontrance au peuple de France	59
REMI BELLEAU (1528-1577). — Notice	63
Chant de la paix	64
Avril	66
Vendangeurs	69
J.-A. DE BAÏF (1532-1589). — Notice	71
Hymne de la paix	71
Sonnets. Les Muses au poète	74
— Epitaphe au comte de Brissac	74
Sixains moraux	75
JODELLE (1532-1573). — Notice	76
Cléopâtre à Octavien (Auguste) (*Cléopâtre captive*)	76
Didon à Enée. (*Didon se sacrifiant*)	77
GRÉVIN (1540-1570). — Notice	78
Brutus et Antoine devant le peuple après le meurtre de César. (*Tragédie de César*)	78
L'argent (*La Trésorière*)	80
Emoi. (*ibid.*)	81
R. GARNIER (1534-1590). — Notice	82
Rois et empereurs. Nabuchodonosor. (*Les Juifves*)	83
— César Auguste. (*Marc-Antoine*)	84
— Charlemagne. (*Bradamante*)	85
Confiance et défiance (*Cornélie*)	86
La piété filiale. (*Antigone*)	88
L'argent. (*Bradamante*)	90
MONTCHRESTIEN (mort en 1521). — Notice	91
La mort de Marie Stuart. (*L'Escossoise*)	91
Prière d'Esther (*Aman*)	93
DU BARTAS (1544-1590). — Notice	95
Dieu dans ses œuvres	96
Le déluge	98
Le cheval	99
VAUQUELIN DE LA FRESNAYE (1536-1607). — Notice	100
Portrait de Vauquelin par lui-même	101
Suite du portrait de Vauquelin par lui-même	102
Misère des poètes	104

TABLE DES MATIÈRES

	Pages
La vie champêtre	106
A son fils	109
Imité d'Anacréon	110
L'allégorie	111

D'AUBIGNÉ (1550-1630). — Notice 111
  La Muse des *Tragiques* 112
  Le style des *Tragiques* 113
  Prière à Dieu contre les persécuteurs 114
  Le jugement dernier 116

PASSERAT (1534-1602). — Notice 118
  Le rossignol 118
  La guerre. Sonnet 119
  Contre les Espagnols. Sonnet 120
  — Sixain 121
  Contre les Allemands 121
  Les procès 122

DESPORTES (1546-1606). — Notice 125
  La vie champêtre. Chanson 125
  Toujours plus haut 127
  Procez contre Amour au siège de la Raison. 129
  Épitaphe de Gilles Bourdin 129
  Épitaphe. Sonnet 129
  Sonnet au sommeil 130
  Sonnet 131

BERTAUT (1552-1611). — Notice 132
  Au Roy 132
  Cantique en forme de confession 134
  Chanson 134

MATHURIN RÉGNIER (1573-1613). — Notice ... 136
  La vraie science 138
  Contre Malherbe et son école 145
  Un fâcheux 149

Poésies *variorum*. — Notices 154
  Les roses (BONAVENTURE DES PÉRIERS) 155
  Au service d'autrui. Sonnet. (OLIVIER DE MAGNY) ... 156
  Le lyon, le loup et l'asne. Fable. (GUÉROULT) 156
  Une chasse royale (AMADIS JAMYN) 160
  A la cour (JEAN DE LA TAILLE) 161
  A la campagne (ID.) 161
  Vœux d'un vieillard (SCÉVOLE DE SAINTE-MARTHE) ... 162
  Quatrains moraux (PIBRAC) 163
  Plaisirs du gentilhomme champêtre (NICOLAS RAPIN) ... 164

Rois et Reines. — Notices 167
  Huitain (FRANÇOIS Iᵉʳ) 167
  Vers à un crucifix (ID.) 167
  Prière à Dieu pour son frère malade (MARGUERITE D'ANGOULÊME) ... 168
  Adieux à la France (MARIE STUART) 169
  A Ronsard (CHARLES IX) 169

XVIIᵉ SIÈCLE

	Pages
La poésie au XVIIᵉ siècle.	170
MALHERBE (1555-1628). — Notice	177
Ode au roi Louis XIII	177
Paraphrase du psaume CXXVIII	183
Les saints innocents	185
RACAN (1589-1670). — Notice	187
Plaintes d'Arténice (*Les Bergeries*)	187
Le couvent (*ibid.*)	188
Un druide (*ibid.*)	189
Un père (*ibid.*)	189
Monologue du vieil Alcidor (*ibid*)	191
A M. le comte de Bussy de Bourgogne. Ode	193
VOITURE (1598-1648). — Notice	195
Epistre à Monseigneur le Prince sur son retour d'Allemagne (1645)	195
Sonnets. L'amour d'Uranie	199
— La belle matineuse	200
ROTROU (1609-1650). — Notice	201
Après le meurtre (*Venceslas*)	202
Après la condamnation (*ibid.*)	204
Aspiration au martyre (*Saint-Genest*)	206
Dieu (*ibid.*)	208
Profession de foi chrétienne (*ibid.*)	209
Antigone à Créon (*Antigone*)	211
CORNEILLE (1606-1684). — Notice	212
Vengeance (*Rodogune*)	214
Un soldat de fortune (*Don Sanche*)	216
Un conflit d'autorité (*Agésilas*)	220
De la doctrine de la vérité	222
Corneille sur lui-même (en 1636)	224
Quarante ans après (1686)	225
Sur le cardinal de Richelieu	227
Une leçon. Stances	227
LA FONTAINE (1621-1695). — Notice	228
La mort et le bûcheron	229
Le rat et l'huître	231
Le songe d'un habitant de Mogol	233
Aurea mediocritas	235
Élégie aux nymphes de Vaux	235
Discours à madame de la Sablière (1684)	238
Épître à monseigneur l'évêque de Soissons	240
MOLIÈRE (1622-1673). — Notice	243
L'indulgence dans l'éducation (*L'École des maris*)	245
Une partie de chasse (*Les Fâcheux*)	246
Deux sosies (*Amphitryon*)	250
Le cœur d'un père (*Psyché*)	258
Sonnet à M. La Mothe Le Vayer	260

BOILEAU (1636-1711). — Notice. 261
   L'esprit de Boileau 262
   La verve de Boileau. 264
   Le cœur de Boileau. 266
   Une page d'histoire littéraire par Boileau 266
   Quelques jugements de Boileau. 268
   Vers à mettre en chant 269
RACINE (1639-1699). — Notice. 269
   La fierté de Porus (*Alexandre*) 271
   L'honnêteté de Burrhus (*Britannicus*) 274
   La jalousie de Roxane (*Bajazet*) 276
   Poésie lyrique. 280
   Épigrammes. 281
QUINAULT (1635-1688). — Notice 282
   Chœur des suivans de Pluton (*Alceste*) 282
   Un serment (*Isis*). 284
   Les géants vaincus (*Proserpine*) 285
   Typhon (*ibid.*) 285
   La tête de Méduse (*Persée*) 286
REGNARD (1655-1709). — Notice 287
   Le joueur (*Le Joueur*) 287
   C'est votre léthargie (*Le Légataire universel*). 291

XVIIᵉ SIÈCLE (*Suite*)

Les groupes secondaires. — Notices 299
   Conseils à un courtisan (Maynard) 304
   La retraite du sage (Id.). 306
   L'attente de la mort (Id.) 306
   Soleil de Provence (Godeau). 307
   Épigrammes (Gombauld) 307
   Sonnet (Des Barreaux). 308
   La sagesse. Sonnet (Hesnault) 208
   Esquisses pittoresques (Saint-Amand). 309
      Id.   (Théophile) 311
   Épitaphe (Scarron). 312
   Alphée trahie (Hardy). 312
   Massinisse à Scipion (Mairet) 313
   Défi aux dieux (Cyrano de Bergerac). 314
   Deux conspirateurs (La Fosse). 315
   Dieu (Chapelain) 317
   Marche de l'armée de Charles VII (Id.). 319
   Les tombeaux des rois d'Egypte (Le P. Lemoyne) 319
   Plaintes d'un berger (Segrais). 320
   Le matin (Id.). 321
   Réflexions diverses (Mᵐᵉ Deshoulières). 322
   Stances (Maucroix). 323

XVIIIᵉ SIÈCLE

	Pages
La poésie au XVIIIᵉ siècle.	324
J.-B. ROUSSEAU (1670-1741). — Notice.	333
Sur l'aveuglement des hommes du siècle.	334
Pour une personne convalescente.	336
Ode au comte du Luc.	337
LAMOTTE-HOUDAR (1672-1731). — Notice.	341
Ode sur l'amour-propre	342
La montre et le cadran solaire. Fable.	344
CRÉBILLON (1674-1762). — Notice.	345
Rhadamiste. (*Rhadamiste et Zénobie*).	346
Zénobie. (*ibid.*).	347
La mort de Rhadamiste. (*ibid.*).	348
VOLTAIRE (1694-1778). — Notice	350
La liberté.	351
Le pauvre diable. Satire.	354
La vanité. Satire.	358
Épître à un homme	361
Épître à M***.	362
Épître à Horace	362
L'aigle et le serpent.	366
A M. Arnaud.	367
Les adieux de Brutus et de son fils. (*Brutus*)	368
La vengeance d'un chrétien. (*Alzire*)	369
DESTOUCHES (1680-1754). — Notice.	372
Le glorieux et son futur beau-père. (*Le Glorieux*).	372
Le glorieux et son père. (*ibid.*)	376
PIRON (1689-1773). — Notice.	378
Plaidoyer pour la poésie. (*La Métromanie*).	378
Épigrammes.	382
GRESSET (1709-1777). — Notice.	383
Profession de méchanceté du méchant. (*Le Méchant*).	383
Réfutation. (*ibid.*)	386
La Chartreuse	391
DUCIS 1733-1816). — Notice	393
Songe de Macbeth. (*Macbeth*).	394
En Arabie. Abufar à sa fille Saléma. (*Abufar*).	395
— Abufar à son fils Farhan. (*ibid.*)	396
Vers écrits à la Grande-Chartreuse.	397
A mon ruisseau.	397
FLORIAN (1755-1794)). — Notice.	399
Fables. Le singe qui montre la lanterne magique	399
— Le perroquet	401
— Le paon, les deux oisons et le plongeon	402
— La chenille.	402
Le voyage.	402

TABLE DES MATIÈRES 625

	Pages
GILBERT (1751-1780). — Notice	403
Le dix-huitième siècle	403
Apologie de Gilbert par lui-même	407
Adieux à la vie	408
LE BRUN-ÉCOUCHARD (1729-1807). — Notice	409
Ode à M. de Buffon sur ses détracteurs	409
Épigrammes	413
DELILLE (1783-1813). — Notice	415
Présages de la mort de César	416
Le navire	417
Les digues de la Hollande	417
Nice	419
Le causeur méticuleux	420
ANDRÉ CHÉNIER (1762-1794). — Notice	420
La muse de Chénier	422
L'aveugle	427
Hymne à la France	436
Iambes	438

XVIIIᵉ SIÈCLE (*Suite*)

Les groupes secondaires. — Notices 439
   Ode sur la mort de J.-B. Rousseau (Le Franc de Pompignan) . . . 441
   Ode sur le temps (Thomas) 443
   Les lois (Panard) 445
   La discrétion (Id.) 446
   Poètes comiques 446
   Le disputeur (Rulhière) 447
   L'inconstant (Collin-d'Harleville) 448
   Paysages d'été (Léonard.) 449
   Mythologie (Id.) 450
   Mélancolie (Id.) 450
   Esquisse (Id.) 450
   Début d'un chant de Roucher 451

XIXᵉ SIÈCLE

La poésie au XIXᵉ siècle. 452
M.-J. CHÉNIER (1764-1811). — Notice 462
   Les dégoûts d'un tyran. (*Tibère*) 463
   Réponse aux calomniateurs 464
   Les lettres et le despotisme 465
   La promenade 465

	Pages.
MILLEVOYE (1782-1816)	468
L'anniversaire	468
La chute des feuilles	469
ARNAULT (1766-1834). — Notice	471
Fables. Le Colimaçon	472
— La Girafe et le Dromadaire	472
— Le riche et le pauvre	472
La feuille	473
BÉRANGER (1780-1857). — Notice	474
Chansons. Le chant du Cosaque	476
— Les souvenirs du peuple	477
— Le vieux vagabond	479
P. LEBRUN (1785-1873). — Notice	481
Le départ de la flotte	481
Le retour à Tancarville	482
Promenade matinale au bois de Ville-d'Avray	484
Marie Stuart dans le jardin (*Marie Stuart*)	485
Marie à Élisabeth (*ibid.*)	486
CASIMIR DELAVIGNE (1793-1843). — Notice	487
Le médecin d'un tyran (*Louis XI*)	488
Louis XI, roi (*ibid.*)	490
Les remords de Louis XI (*ibid.*)	492
Les applaudissements achetés (*Les Comédiens*)	494
Un corsaire (*La Popularité*)	495
Réponse au corsaire (*ibid.*)	496
LAMARTINE (1790-1869). — Notice	497
L'isolement	498
L'automne	500
Le lac	501
Hymne de la nature à Dieu	503
Une nuit d'été	504
Le cri de l'âme	505
Les laboureurs	506
Un plateau des Alpes de Savoie	509
Socrate à ses amis	510
VICTOR HUGO (1802-1885). — Notice	511
Napoléon II	512
Nuits de juin	520
Aux arbres	521
Pan	521
La conscience	523
ALFRED DE VIGNY (1799-1863). — Notice	526
Moïse	527
La terre avant le déluge	529
Le déluge	531
Le Highlander	531
Le cor	533
La bouteille à la mer	534
A. DE MUSSET (1810-1857). — Notice	538
Chœur de soldats	539
L'étoile du soir	540

TABLE DES MATIÈRES

	Pages.
Tableaux. Combats de louves.	541
— La cavale du désert	541
— Les paysans de la Forêt Noire aux jeux de Bade	541
La poésie et la douleur	542
La souffrance, le pardon et l'oubli	547
La Fontaine	549
Molière	550

TH. GAUTIER (1811-1872). — Notice 552

Le pot de fleurs. 552
Les colombes. 553
Souvenir et rêverie. Sonnet. 553
Moyen âge. 555
La demoiselle. 555
Promenade aux champs. 557
Le coin du feu. 558

BARBIER (né en 1805). — Notice 559

La cavale. 560
La nature au poète. 562

BRIZEUX (1806-1858). — Notice. 564

Souvenir du pays. 564
Le départ du pays 565
Le retour au pays. 567
Le convoi de Louise. 568
Les quêteurs 568
Combat de loups et de taureaux 569

HÉGÉSIPPE MOREAU (1810-1838). — Notice 571

Sur la mort d'une cousine de sept ans 571
La Voulzie. 572
Un souvenir à l'hôpital. 573

DE LAPRADE (1812-1883). — Notice. 574

Jésus dans les solitudes de la Judée 575
Le bûcheron. 576
Les hautes cimes. 578
Poète et pâtre. 579
Un champ sur un roc. 582
La mort de Pierre. 583
Les funérailles de Pernette. 584
Le poète à ses enfants. 585
Le poète à ses détracteurs 586

AUTRAN (1812-1877). — Notice. 587

Le monde sous-marin. 587
Calme du soir 589
Les faneurs. 590
Nuit de printemps. 591
Ce qu'on entend dans la plaine. 593

PONSARD (1814-1868). — Notice. 595

Les temporisations de Brutus (*Lucrèce*) 595
La jeune république (*Charlotte Corday*) 600
Enthousiasme de la nature et de la liberté (*ibid.*) 602

	Pages.
La liberté (*ibid.*).	603
La pluralité des mondes (*Galilée*).	604
LECONTE DE LISLE (né en 1820). — Notice	608
Christ mort	609
Juin	610
Midi	611
Nox	611
Bords du Gange. Soleil levant.	612
Bords du Gange. Une nuit	613
Le désert	614
Le nord	614
Le sommeil du condor	616

FIN DE LA LA TABLE DES MATIÈRES DES POÈTES

A LA ~~ME LIBRAIRIE

Compositions françaises Littérature et Histoire. A l'usage des élèves des classes de Troisième, Seconde et Rhétorique. *Programme du baccalauréat du 27 septembre 1880*; par MM. Robert et Jalliffier, professeurs au lycée Condorcet. In-18 jésus, cart. . . . . 3 »

Chanson de Roland. Nouvelle édition, avec une introduction grammaticale et un glossaire, par M. L. Cledat, professeur à la Faculté des lettres de Lyon. In-18 jésus, cart.

BOSSUET. — **Oraisons funèbres.** Éd. classique, avec notes et vocabulaire, par M. de Montigny, agrégé des lettres, inspecteur d'académie. In-18 jésus, cart. 1 60

—**Discours sur l'histoire universelle** (3e *partie*). Nouvelle édit., avec notes, par M. Person, professeur agrégé au lycée Condorcet. In-18 jésus, cart.

FÉNELON. — **Lettre à l'Académie française.** Éd. nouv., avec notes, par M. J.-B. Voisin, professeur de rhétorique au lycée de Versailles. In-18 jésus, cart. . . . . 1 »

LA BRUYÈRE.— **Les Caractères.** Nouv. éd. avec notice et notes, par M. A. Chassang, inspecteur général de l'instruction publique. In-18 jés., cart. 2 80

PASCAL. — **Pensées.** Nouvelle édition, avec notes, par M. Gidel, proviseur du lycée Louis-le-Grand. In-18 jés., cart.

CORNEILLE. — **Le Cid**, *tragédie*. Nouvelle édition avec notes, par M. Larroumet, maître de Conférences à la Sorbonne. In-18 jésus, cart. . 1 »

—**Cinna**, *tragédie*. Nouvelle édition, avec notes, par M. Robert, professeur au lycée Henri IV. In-18 jésus, cart. . . . . 1 »

—**Horace**, *tragédie*. Nouvelle édition, avec notes, par M. Marcou. In-18 jésus, cart. . . . . » 60

—**Nicomède**, *tragédie*. Nouvelle édition, avec notes, par M. Pellissier, professeur de rhétorique au lycée de Nancy. In-18 jésus, cart. . . » 80

MOLIÈRE. —**Les Précieuses ridicules.** Nouv. éd., conforme à l'édition originale, avec les variantes, une notice sur la pièce, des comment. histor., philol. et littér. et un appendice par M. G. Larroumet, docteur ès lettres, maître de Conférences à la Sorbonne. In-18 jés., cart. . 1 50

— **L'Avare**, *comédie*. Nouvelle édition, avec notes, par M. Marcou. In-18 jésus, cart. . . . . 1 »

— **Bourgeois Gentilhomme**, *comédie-ballet*. Nouvelle édition, avec notes, par M. Moland. In-18 jésus, cart. . . . . 1 »

—**Les Femmes savantes**, *comédie*. Nouvelle édition, par M. Person. In-18 jésus, cartonné. 1 »

—**Le Misanthrope**, *comédie*. Nouvelle édition, avec notes, par M. Leys, professeur au lycée Charlemagne. In-18 jésus, cart. . . . . . . » 80

RACINE.—**Andromaque**, *tragédie*. Nouv. édition avec notes, par M. Larroumet. In-18 jésus, cartonné . . . . 1 »

— **Britannicus**, *tragédie*. Nouv. édition avec notes, par M. Person. In-18 jésus, cartonné. » 80

— **Iphigénie**, *tragédie*. Nouv. édition avec notes, par M. Humbert, professeur au lycée Condorcet. In-18 jésus, cartonné . . . . » 80

—**Les Plaideurs**, *comédie*. Nouv. édition, avec notes, par M. Favre. In-18 jésus, cartonné. . . . .

MONTAIGNE. — **Extraits.** Édition classique, avec la vie de l'auteur, une notice bibliographique, une étude sur l'orthographe, la langue et la syntaxe des *Essais*, des variantes, des notes philologiques, grammaticales et historiques et un glossaire; ornée d'un portrait de Montaigne et d'un fac-similé de son écriture, par M. Voizard, professeur agrégé au lycée de Versailles. In-18 jésus, cart. 2 50

www.ingramcontent.com/pod-product-compliance
Lightning Source LLC
Chambersburg PA
CBHW050128240426
43673CB00043B/1598